《中国文化》三十年精要选编 // 05 // 刘梦溪主编

学术史的视域

北京时代华文书局

图书在版编目（CIP）数据

学术史的视域 / 刘梦溪主编 . -- 北京 : 北京时代华文书局 , 2024.3
ISBN 978-7-5699-3310-9

Ⅰ.①学… Ⅱ.①刘… Ⅲ.①学术思想—思想史—中国—文集 Ⅳ.① B2-53

中国版本图书馆 CIP 数据核字 (2019) 第 277123 号

XUESHUSHI DE SHIYU

出 版 人：陈　涛
选题策划：余　玲
项目统筹：余　玲
责任编辑：耿媛媛
文字校订：黄彦伟
责任校对：张彦翔
装帧设计：程　慧
责任印制：訾　敬

出版发行：北京时代华文书局 http://www.bjsdsj.com.cn
　　　　　北京市东城区安定门外大街 138 号皇城国际大厦 A 座 8 层
　　　　　邮编：100011　电话：010-64263661　64261528

印　　刷：北京盛通印刷股份有限公司
开　　本：787 mm×1092 mm　1/16　　成品尺寸：175 mm×260 mm
印　　张：46　　　　　　　　　　　　字　　数：842 千字
版　　次：2024 年 3 月第 1 版　　　　 印　　次：2024 年 3 月第 1 次印刷
定　　价：328.00 元

版权所有，侵权必究
本书如有印刷、装订等质量问题，本社负责调换，电话：010-64267955。

目　录

中国学术思想的自立之道 …………………………………… 熊十力　001

答诸生论大学 ………………………………………………… 钱基博　009

从大学之道说中国哲学之方向 ……………………………… 金耀基　011

学问的生命 …………………………………………………… 苏渊雷　026

二千多年来中国士人的两个情结 …………………………… 缪　钺　031

中国二千五百年以来的"清议" …………………………… 何佑森　034

传统转化与传统解释学 ……………………………………… 徐葆耕　043

"文化托命"与中国现代学术传统 ………………………… 刘梦溪　052

"史学天赋"与"叙述传统"　中国人文学术传统管窥 …… 何怀宏　071

司马谈所创造的"六家"概念 ……………………………[美]苏德恺　083

诸子的黄昏：中国中古时代的子书 ………………………… 田晓菲　086

得意忘言与义疏之学　魏晋至唐代的古典解释 …………… 张伯伟　107

论南宋湖湘学脉之形成与其发展 …………………………… 戴景贤　125

南宋浙东学术论稿 …………………………………………… 吴　江　184

打破道统　重建学统　清代学术思想史的一个新观察⋯⋯⋯⋯张寿安　200

新旧之间　民国学术流变管窥⋯⋯⋯⋯⋯⋯⋯⋯⋯⋯⋯⋯⋯张旭东　249

近世史家与考证学的发展⋯⋯⋯⋯⋯⋯⋯⋯⋯⋯⋯⋯⋯⋯⋯祁龙威　262

"求是"与"致用"　章太炎学术思想核论⋯⋯⋯⋯⋯⋯⋯⋯陈平原　286

陈寅恪先生的宋代观⋯⋯⋯⋯⋯⋯⋯⋯⋯⋯⋯⋯⋯⋯⋯⋯⋯王水照　318

一种文化史的批评　兼谈陈寅恪的古典文学研究⋯⋯⋯⋯⋯傅璇琮　332

傅斯年学术思想初探⋯⋯⋯⋯⋯⋯⋯⋯⋯⋯⋯⋯⋯⋯⋯⋯⋯雷　颐　350

求其是与求其古　傅斯年《性命古训辨证》的方法启示⋯⋯桑　兵　361

严耕望先生唐史文献研究方法发微⋯⋯⋯⋯⋯⋯⋯⋯⋯⋯⋯陈尚君　383

瓜饭楼述学⋯⋯⋯⋯⋯⋯⋯⋯⋯⋯⋯⋯⋯⋯⋯⋯⋯⋯⋯⋯⋯冯其庸　395

兰克的《世界史》为何没有中国⋯⋯⋯⋯⋯⋯⋯⋯⋯⋯⋯⋯刘小枫　423

国人自撰中国文学史"第一部"之争及其学术史启示⋯⋯⋯王水照　457

现代中国学术变迁的一段缩影　重读《隋唐五代史纲要》………张国刚　474
历史的转向　二十世纪晚期人文科学历史意识的再兴…………黄进兴　483
通识教育的经典意识与功夫进路……………………………………邓新文　500
现代人文教育中阿波罗的威权　阿诺德、白璧德和瑞恰慈文学思想论
　　略……………………［美］W. 斯潘诺斯　著　胡继华　译　516

屈原原型　屈赋的思想史意义……………………………………杨儒宾　548
我为什么研究董仲舒…………………………………………………周桂钿　579
修身与治国　董仲舒身心修炼的功夫论…………………………彭国翔　596
苏东坡：传统批判与环状思维　关于中国的"近代"问
　　题………………………………［德］顾　彬　著　马树德　译　619
朱陆无极太极之辩　周敦颐《太极图》与《太极图说》的矛盾……张立文　628
朱熹的逃禅归儒与潮州之旅………………………………………郭伟川　635
王守仁"四句教"新解………………………………………………张立文　644

崔述学术中的几个问题……………………………………邵东方　677
颠覆天下篇　熊十力与《庄子·天下篇》………………刘小枫　702

前　记

　　《中国文化》是国内唯一的一家在北京、香港、台湾同时以繁体字印行的高端学术刊物,是为了回应二十世纪八十年代的"文化热",于1988年筹办,1989年创刊。"深研中华文化,阐扬传统专学,探究学术真知,重视人文关怀",是办刊的宗旨,以刊载名家名篇著称,是刊物的特色。三十年来,海内外华文世界的第一流的学术人物,鲜有不在《中国文化》刊载高文佳构者。了解此刊的行内专家将"它厚重,它学术,它名士,它低调,它性情",视作《中国文化》的品格。

　　《中国文化》是经文化部会同国家新闻出版署核准的有正式期刊号的学术期刊,国内统一刊号为 CN11-2603/G2,国际标准刊号为 ISSN1003-0190,系定期出刊的连续出版物,每年推出春季号、秋季号两期。创刊以来已出版54期,总字数逾2000万,为国内外学界人士一致所认可。本刊选篇衡文,着眼学术质素,以创获卓识、真才实学为依凭,既有老辈学者的不刊之说,也有学界新秀的出彩之论。杜绝门户成见,不专主一家,古典品格与现代意识兼具、修绠汲古和开源引流并行。提倡从现代看传统,从世界看中国,刻刻不忘本民族的历史地位。

　　《中国文化》怀有深切的文化关怀,1988年12月撰写的《创刊词》写道:"《中国文化》没有在我国近年兴起的文化热的高潮中与读者见面,而是当文化热开始冷却,一般读者对开口闭口大谈文化已感觉倦怠的情势下创刊,也许反而是恰逢其时。因为深入的学术研究不需要热,甚至需要冷,学者的创造力量和人格力量,不仅需要独立,而且常常以孤独为伴侣。"《创刊词》又说:"与学界一片走向世界的滔滔声不同,我们想,为了走向世界,首先还须回到中国。明白从哪里来,才知道向哪里去。文化危机的克服和文化重建是迫在眉睫的当务之急。如果世界同时也能够走向中国,则是我们的私心所愿,创办本刊的目的即在于此。"这些话,在当时的背景下,多少带有逆势惊世的味道。所以创刊座谈会上,李泽厚说:"金观涛要走向未来,刘梦溪要走向过去,我都支持。"

《中国文化》对中国经学、诸子学等四部之学的深入研究给予特别重视;对甲骨学、敦煌学、简帛学、考古学等世界性专学和显学给予特别重视;对宗教信仰与文化传播的整理与研究给予特别重视;对中国文化发生学和各种不同文化圈的参证比较给予特别重视。学术方法上提倡宏观与微观结合、思辨与实证结合、新学与朴学结合。

《中国文化》创刊以来开辟诸多学术专栏,主要有"文史新篇""专学研究""古典新义""旧学商量""文化与传统""经学与史学""文物与考古""学术史论衡""宗教信仰与文化传播""古代科技与文明""明清文化思潮""现代文化现象""文学的文化学阐释""中国艺术与中国文化""国学与汉学""域外学踪""学人寄语""学林人物志""文献辑存""旧京风物""人文风景""序跋与书评"等。丰富多样的栏目设置,可以涵纳众多领域的优秀成果,一期在手,即能见出刊物的整体面貌和当时国内外学界的最新景况。

《中国文化》由中国艺术研究院主办,文化部主管,《中国文化》杂志社编辑出版。中国文化研究所创所所长、文史学者刘梦溪担任主编,礼聘老辈硕学和海内外人文名家姜亮夫、缪钺、张舜徽、潘重规、季羡林、金克木、周一良、周策纵、饶宗颐、柳存仁、周有光、王元化、冯其庸、汤一介、庞朴、张光直、李亦园、李泽厚、李学勤、裘锡圭、傅璇琮、林毓生、金耀基、汪荣祖、杜维明、杨振宁、王蒙、范曾、龚育之等为学术顾问,形成阵容强大的学术支持力量。

现在,当《中国文化》创刊三十周年之际,为总结经验、汇聚成果、交流学术、留住历史,特编选"《中国文化》三十年精要选编",共分十二个专题,厘定为十二卷,分别是:

一　中国文化对人类未来可有的贡献

二　三教论衡

三　经学和史学

四　甲骨学、简帛学、敦煌学、考古学

五　学术史的视域

六　旧学商量

七　思想与人物

八　明清文化思潮

九　现代文化现象

十　信仰与民俗

十一　古代科技与文化传播

十二　艺文与审美

第一卷《中国文化对人类未来可有的贡献》，直接用的是国学大师钱穆先生最后一篇文章的原标题，该文首发于台湾《联合报》，经钱夫人胡美琦先生授权，大陆交由《中国文化》刊载。此文于1991年秋季号刊出后，引起学界热烈反响，季羡林、蔡尚思、杜维明等硕学纷纷著文予以回应，杜维明称钱穆先生的文章为"证道书"。第一卷即围绕此一题义展开，主要探讨中国文化的特质、价值取向和对人类的普世意义，包括总论、分论、与其他文化系统比较研究及对未来的展望。

第二卷《三教论衡》，是对中国文化的主干——儒、释、道三家思想的深入研究。

第三卷《经学和史学》，是对传统学术的经史之学的专题研究。

第四卷《甲骨学、简帛学、敦煌学、考古学》，是对学术史的专学和显学部分所做的研究，此一领域非专业学者很难置喙。

第五卷《学术史的视域》，是中国学术史研究的优选专集。

第六卷《旧学商量》，是就中国学术各题点的商榷讨论。

第七卷《思想与人物》，是对中国文化最活跃的部分思想和人物的专论。

第八卷《明清文化思潮》和第九卷《现代文化现象》，是研究中国历史两个关键转变期的文化的时代特征和思想走向。

第十卷《信仰与民俗》，集中研究中国文化的精神礼俗，很多文章堪称"绝活"。

第十一卷《古代科技与文化传播》，是《中国文化》杂志特别关注的学术领域，三十年来刊载的这方面的好文章，很多都精选在这里了。

第十二卷《艺文与审美》，是对古今艺术、文学，包括书法、绘画、艺文理论等审美现象的研究。

每一卷都是中国文化的一个重大研究专题。由于作者大都是大师级人物，或者声望显赫的国内外一流学者以及成就突出的中青年才俊，使得每个专题的研究都有相当的学术深度，学者们一个一个的个案研究，往往具有领先性和突破性。虽然，"《中国文化》三十年精要选编"是《中国文化》杂志三十年来优秀成果的选编，也可以视作近三十年我国学术界中国文化研究成果的一次汇总。

"《中国文化》三十年精要选编"是中国艺术研究院的资助课题，由主编刘梦溪和副研究员周瑾协同编选，经过无数次拟题、选目、筛选、调整，再拟题、再选目、再筛选、再调整，前后二十余稿，花去不知多少时间，直至2021年9月，终于形成十二卷的最后选目定篇。

最后，需要感谢北京时代华文书局和陈涛社长、宋启发总编辑对此书的看重，特别是余玲副总编的眼光和魄力，如果不是她的全力筹划，勇于任责，此书的出版不会如此顺利。美编程慧，编辑丁克霞、李唯靓也是要由衷感谢的，她们尽心得让人心疼，而十二卷大书的精心设计，使我这样一个不算外行的学界中人除了赞许已别无他语。真好。

刘梦溪

2022年4月28日时在壬寅三月二十八识于京城之东塾

中国学术思想的自立之道

熊十力

　　余年四十后，深感民国以来，唾弃固有学术思想，一意妄自菲薄，甚非自立之道。吾国古代，科学思想发达已盛。虽古籍沦亡，而汉人已言，八卦与《九章》相表里。是《九章算术》，发明在鸿古代，岂非奇迹！《易经》为囊括大宇、包罗万象之哲学大典，虽完成于孔子，而实由羲皇本之数理，以造其端，岂不神哉！天文、地理、博物、医药、工程诸学，古代并精。指南针、舟舵、木鸢（飞机之始）、机械（公输子以机械称于战国时）、候风地震仪、音律，种种制作，皆在古代。吕政焚百家语以愚黔首，汉承其毒而为术益巧。科学亡绝，咎在专制。非中国从古无科学也。哲学思想，晚周盛极。虽亡于秦汉，然六籍广大之蕴尚可窥。诸子现存者，虽残缺，亦甚足珍贵。汉以后，道藏、佛藏，宝物弥多。宋明理学，清人妄诋，何伤日月。其真是处，不可颠扑也。哲学有国民性。治哲学者，自当以本国思想为根底，以外国思想为资助。吸收外人之长，以去吾固有之短。亦当考察外人之短，而发挥吾固有之长，供其借鉴。学术者天下之公器也，容不得一毫自私心，更容不得一毫自薄心。余尝言，将来世界大同，犹赖各种文化系统各自发挥其长处，以便互相比较，互相观摩，互相取舍，互相融合，方有大同之福。否则人类精神界，将有颓废之忧，岂明哲所希愿哉。真正哲学家当有空诸倚傍、危岩独立精神。始得有远识明见，堪为暗室孤灯。民国近四十年，谈哲学者，只知有西洋，而不知有中国。学者或自况于旧瓶新酒，然瓶固此方之旧，酒非今时自造之新，正恐犹是他方旧沙砾耳。子玄《庄注》曰："头奚不履，足奚不语。"头足各保其独立之能，始有全体发展之幸。言近旨远，子玄有焉。余平生抱曩哲之遗文，泛扁舟于孤海。惟守先待后，惶惶如不及是惧。犹忆梁任公尝以清世汉学，拟之欧洲文艺复兴。其言甚无识。欧人文艺复兴时代，自有一段真精神。申言之，即其接受前哲思想，确能以之激发其内部生活力，而有沛然不可御与欣欣向荣之机，否则能有善果乎。清世帝王以边地夷人入主（春秋所谓夷狄，乃蛮野之称。如吴楚失道，皆狄之，是也。并非与汉族不同种），以利禄奴化文人。清儒为学，每专一经，而博览故籍，搜集其有关之材料，如是则已耳。清世所称经学大师，皆抄胥之业。《清经解》具存，有目者当能辨之。清人考据，本承宋儒遗绪。但宋儒义理，若辈卑陋，不肯希求，则无忌惮而抹煞之，以汉学自标榜。夫汉学非孔子之真，余已言之矣。然西汉诸儒，尚有苦心护持古义者（古义谓孔子微言）。清儒则于明季大儒，船山、亭林、青主、习斋、梨州、晚村诸老之劲节宏愿，与其民主思想、民族思想，及不专靠读书而注重明物析理之精神，皆不惜斩绝尽净。假令此曹当汉初，其肯密传《春秋》口义，延至东京而后绝乎；其肯存《礼运》大同小康之文乎；其肯不将《周官》毁尽乎。清儒自称汉学，可谓无耻极矣。且西汉之儒，尚有笃信经义，至以身殉之者。如睦孟、盖宽饶诸公，欲实行天下为公之道，乃悍然据经义，上书皇帝，请其退位，至死不悔。此等伟大精神，清儒污贱，决不起丝毫感触。而犹自托汉学，可乎。汉儒虽奴化，尚有正义未泯。唐儒言礼，渐除封建锢习。《仪礼·士冠礼》，父母并拜子，重宗嗣也。杜佑《通典》以为渎乱人伦，讥之诚是。古时重男轻女，父尊而母卑，以与尊君而贱臣民相配合（不引《仪礼》及《礼记》，避繁故）。故丧服，父在，为母期。唐以后，母丧加至三年（子妇于舅姑亦然）。古嫂叔无服。男女有界，虽嫂叔不容泯也。唐以后，叔嫂也有服。吾觉汉唐诸儒，犹有可取。唯清儒奴化最深，无正义感。谓其考据之勤，于治古籍者有助，余亦何尝没其功。若许其于学问有得力处，至拟之欧洲文艺复兴，自非浅识，何忍妄言惑世？余以为辛亥光复，帝制告终，中国早应有一番文艺复兴之绩。唯所谓复兴者，决非于旧学不辨短长，一切重演之谓。惟当先从孔子六经，清理本源。次则晚周诸子犹未绝者（如老庄、孟荀、管墨之类）。或残篇仅存（如公孙龙子之类），及有片言碎义见于他籍者,皆当详其本义,而后平章得失。

晚周而后,魏晋玄家,王辅嗣卓然独创。向秀、张湛、郭象皆承其流,而演《庄》《列》。辅嗣注《老》,而先说《易》(有《易略例》及《易注》)。道家祖老聃,而老学源出大易,其渊源可考也。现行《列子》,或即张湛杂采故籍,以成此书,复自为注。郭象注《庄》,而盗向义,不著其名,千秋秽事,智者弗为。漆园之学,有极高深处,亦有极下劣处,向、郭未精析也。

玄学始于辅嗣。清谈者托之,以招为祸,是辅嗣不及料也。魏晋迄陈隋间,南北宗浮屠者,其始皆深于玄,而以玄迎佛,终乃归佛,而背其本宗。是又辅嗣不及料也。

汉世伪儒学,弃孔子微言(微言详前注),而发扬封建思想,以护帝制,思想锢蔽,至后汉而极矣。此时思潮,当有一种转变。郑玄崇尚《周官经》,确有卓见。惜乎犹是考据家态度,终无实践精神,不足激引群情众志。王辅嗣乃以玄学起而代之,离群众而遗实用,虽恶帝制,訾封建(详辅嗣《老子注》),而以不争为宗极,亦复何济。如《老子》七十三章云:"勇于敢则杀。"又云:"天之道,不争而善胜。"辅嗣于上注云:"必不得其死也。"于下注云:"夫唯不争,故天下莫能与之争。"夫勇于敢者,革命之事、斗争之事,志不在得其死也。而辅嗣不辨老之非,可乎?天者,谓自然之势(老子言天,非谓神帝),自然不与天下争。而天下无有得抗自然者。如今帝国主义者,正在自然之下崩溃去,虽欲与自然争,不可得也。就此一方看去,辅嗣赞同老子,未可厚非,但道理不可说向一边(佛家去边见,犹儒云去偏见)。帝者积恶久而必溃,此即自然之势。帝者至此,固无可抗自然。反帝者勇于敢以争,正是顺自然。《大易》于《坤卦》,著玄黄血战之义。老氏似不省,余故不以老氏为尼山肖子也。然儒者用斗争为去不平以求平,或去暗以求明时,不得已,而从权以济,绝非以斗争为正常之道。此义万不可忽。老氏、辅嗣,必偏主不争,是率天下偏向恶浊,万古不返也。郑玄颇识《周官》,而未通《大易》(汉世《易》家,皆谈象数,与孔子之《易》无关,说见前文),故无革鼎之盛事。辅嗣宗老氏。老氏学《易》,而变其宗,虽欲自树,适形其短。惜哉,辅嗣不宗儒而宗老也。辅嗣崇无(详《老注》),既非善变,如外来思想有与《春秋》《周官》接近者,自可因新感摄,而引发内蕴之生命力。不幸外来者为印度佛教,佛氏明空,与老氏崇无，本相似，而实不相同也（相似与相同，其区别太大）。余虽欲略辨之，而苦于难下语，亦非不能下语也。学者于两家思想体系及其根底，若非各别精研过，吾虽以简单语句，判定两家异同，闻者不唯无实解，正恐引生许多恍惚之见，益成毒害（颇有谓东方古哲之学，不是一套空思想，因而疑吾用思想体系之词，为不合者。此等见解，如欲与辨，似太麻烦，兹不暇及）。黄君所述《摧惑显宗记》，于佛氏本义，持衡正确（近印二百部）。学者肯虚心于此，再细玩若干部大经、大论，自有真悟入。佛法确高于老。高者透，则其低一级者自易彻。擒贼先擒王，为学何独不然？

两汉以来，孔子六经之真已晦蔽不可见。二千数百年所谓儒者，若概斥为奴，似难过。然平情究究，不谓其奴化之深不得也。魏晋以来，佛法在中国思想界，确为主流。南北隋唐以及五季，聪明奇特人，几被空王一网打尽。南北朝时期，不唯江左佛法盛行，中国北部则罗什宏宣力大，徒众之多，殊过洙泗。唐世，儒学无人才，佛家为盛。五季俊杰，尽在禅宗。宋明理学，虽云反佛，其实始终与禅学夹杂。至明季诸子始大攻心学，欲别于禅，而本原上终欠宏深。然清人入关，诸子之学亦斩于奴化之汉学家矣。

佛法东来，其演变极复杂。余于历史，素不甚留意。但肤俗之论，每以华梵融通之业专归宋明理学，确甚错误。魏晋迄隋唐，中国人已自创许多宗派，而同有玄佛合流之意味。其最著者，如肇公《物不迁论》，文字极少，而境界极高。《起信论》，不生灭与生灭和合（乍见和合二字，似不甚妥。其实此中义旨，深广无边。明儒管东溟论性，于此似有窥）。杜顺《法界玄镜》，理事圆融（《十力语要》卷二，有一书谈及），皆澈法源底（借用《胜鬘经》语）。诸公倘遇龙树、无著诸大菩萨，亲说法要，自当令其心折，况论师之流乎？余尝言，玄家融佛者，其直凑单微，颇有超过宋明诸师处，然亦有不逮宋明者。玄家会"三玄"以归于佛（晋人以《大易》与《老》《庄》称"三玄"），毕竟与佛氏三法印，究竟空寂者不尽合。而自命为佛之徒，不肯宗"三玄"，却自失所据。佛言依自不依他，此是极亲切语，而亦无妨作宽泛解。诸公如此行径，似未免依他之失。然诸公所以自居于佛者，"三玄"虽有《大易》，而玄家实以《老子》为宗。其于《易》也，亦本《老子》之旨趣会去，终不悟孔子本义。老氏崇无，故易投入空寂之教。且老氏于世间法，有呵毁而无经纶(呵毁者,如"天地不仁,以万物为刍狗",及攻击帝者,与訾仁义之类。老庄皆主清净自正,而无开物成务之道,故无经纶),其趋于出世也又甚易。玄佛融通之业,自吾国思想界视之,并不稀奇,亦非民生困敝之国家所需要,故影响不及宋明。向来研佛教史者,或只知佛法之来,玄家首与迎合。实则不止迎合而已,其融通之业,确亦大有可观,不容茫然莫察也。

孔子六经与佛氏出世法,确为两不相容之物(两家根本不同处,《摧惑显宗记》略言之,见《十力丛书》)。宋明儒始作此大难事,所以可贵。然余于宋学,总有拘碍偏枯之感,今此不及论。明学本继承两宋。自王阳明出,确不守程朱绳墨。张江陵继阳明而兴,其取精用物宏多,又为王学所收拾不下。然以佛法出世精神,转为吾儒经世精神,则两先生所同也。

晚明船山、亭林、习斋、梨州、晚村诸子,承宋学、王学之绪,而发起新变化,《读经示要》曾略言之(旧作《示要》,未言及傅青主,此是一大疏脱。青主于民主思想、民族思想,皆极真切。惜其微言以见志,人或不察)。诸子致力于学,颇注意观测事物,虽博极群书,而不谓读书即是学问。此与考据家死守书册者迥异,而理学家空谈心性者尤所不取。亭林、船山此种态度更显著,是为变化之最大者。民主思想、民族思想,一向被奴儒埋没,无从启发。而诸子脱然超悟,此一变化更奇特。独惜诸子虽反帝制,而犹不能完全扫除汉宋以来根深蒂固之奴化。易言之,封建社会礼制,与纲常名教之信条,诸子犹被牵缠,不能自拔。如亭林论父在为母期,即据《丧服》四制,国无二君、家无二尊之义,而断定父在不可为母行三年丧。此明是封建社会之礼制,所以拥护君权。而亭林竟莫之省。夫父母,尊同也,恩同也。今母在,为父行三年丧。父在,又何忍为母期?制父母之丧礼而不本乎人心之安,无端加上政治意义,其贼人性如此。王船山论郊祭之礼,谓后世郊祀皇地,伉北郊以拟天,无阴阳崇卑之别,乱自此生云云(汉以来言《易》象者,以阳有天象、有君象、有男象,以阴有地象、有臣民之象、有女象。尊阳而贱阴,即谓天尊而地卑,君尊而臣民卑,男尊而女卑。此等谬解,源于古代术数家,而经师盛演之,以护帝制,实非孔子之《易》,兹不及详),其误与亭林同。余以为,《仪礼》是周室之制,虽本于周公,而后王附益者必多。《礼记》为汉人所记,颇杂采故籍,不尽为孔子本义。后人考礼,必依据《大易》《随卦》,及《革》《鼎》

《损》《益》诸卦，与春秋三世之旨，随时精义，方可得孔子之意。不当为汉儒增窜之文所误也。汉儒所弘阐者，鲜不为封建思想也（今人言破封建，须将汉以来礼制研究一番，不当鲁莽破去）。上言丧祭礼，不过一例，若细考之，不胜其烦，非此所及。

余之一生，于吾国学术思想确曾用过苦功，非以广见闻为务，非欲以学问家自鸣。余常思秦以后二千数百年颓运，不得不明了秦以后之学术思想，此一意也。欧化东来，吾固有学术思想似日就湮废。余常设想，今当舍旧图新。不守其故而新生，则诚然矣。不用其故而新生，恐不应理。不守故而新生者，如米变为粥。米故也，粥新也。米守故而不变，则新粥不生矣。是知新生，由不守故。然复须知，新生之粥，却是用已故之米，方变得来。如将故米毁尽，欲新粥生，其可得乎？知用故与守故，不可并为一谈。则留心国故，不为浪耗心力，此又一意也。以上二意，而竭平生之力，为无用之学。今临暮年，略抒感想。窃以为中国人之做人与立国精神，毕竟在孔子六经。六经遭秦火后，出于汉者，又经汉人窜易，但保存孔子本义尚不少。唯汉宋群儒皆以封建思想说经，今当慎重整理。

晚周诸子可考无多。唯老庄自后汉以来，影响颇大（西汉黄老并言，后汉则老庄之风已盛，魏晋后玄佛合流）。此于吾社会之停滞不进确有关系。然道家穷玄，已窥众妙之门，堪与梵方之佛并称两大，抉其长而存之，发其短而勿效，是在吾人。

古今任何学派，其立义，必皆持之有故（故者，所以义，亦即所据。此有总有分。总者，凡一派思想或理论，其最初找出问题而作解决时，胸中必先有所据，乃从其所据而推析去，便演出许多条理，然后完成系统。唯此所据在哲学上每由玄想得之。分者，每下一义，即有其所据。如因明三支比量，其因喻二支，皆宗之所据也），言之成理（凡成一完整体系之理论，其中各方面必不相违反。故云成理）。但其所持之故不能尽确，而必有正确不摇者在。其所成之理，不能皆当，而必有至当不易者存。佛氏在宗教方面之教证、理证，余平生存而不论（教证、理证者，诸大菩萨宗经而造论，每立一义，或引佛说为证。佛之所说，称为教故，是为教证。若以此量，推求义理，论证足以自圆其说。如三十论，以十理，成立赖耶识，是为理证）。唯念佛家最奇特处，即在其以宗教而包含至高深至广博之哲学思想。其体系伟大无涯，唯儒家与之相类（佛家派别极多，其间矛盾之论确不少，而有判教等方法以调融之，便不相妨。儒者六经广大，无所不备。晚周诸儒虽不可考,而汉以来群儒著述及经生注疏,亦各有独到处,惜未加整理耳)。印度佛法已式微。中国自魏晋以来,吸收佛法之成绩,确甚伟大。今后当在评判与融通两方面着手,不堪废坠。

宋明学不可忽视。《读经示要》曾言其变迁之大概。宋学有许多问题,许多派别;明学亦有许多问题,许多派别,都无人继续研究。帝制时代,不肯奖励思想。学者以考据不触世主之忌,又易成名,故自汉以来,群趋于考据之业,亦渐失其思辨之能力,此甚可痛。

共和已二年。文教方针宜审慎周详。学术空气之提振,更不可缓。余以为马列主义,毕竟宜中国化。而于中国固有之学术思想,似亦不能谓其无关系。以余所知,其遥契于《周官经》者似不少。凡新故替代之际(故者替而新者代兴,曰替代),新者必一面检过去之短而舍弃之,一面又必因过去之长而发挥光大之。新者利用过去之长而凭借自厚,力量益大。过去之长经新生力融化,其质与量皆不同已往,自不待言。佛氏有云:"因赅果海,果彻因源。"斯言可玩。万有虽皆变动不居,然后之变,承前而起。应说前为后作因,后望前而名果。因方在前,固非已有后果。然后果之可能性,则因中确已赅备。故曰"因赅果海"也(果而曰海者,形容其广大故)。果变后起(后之变,对前而名果。即以果变二字连属,而为复词),虽与前不为同物,然此广大之变,要不无因于前。故由后望前,决非中断而不可上通也。是云"果彻因源"(前因为后果之源,故因源二字亦复词)。明夫前因后果连续,无有中断,则前法不可一刀斩绝(法,犹云物。借用佛典,此词可虚用。前法,谓过去所有学术思想)。唯评判一事,确不容易。政府必须规设中国哲学研究所,培养旧学人才。凡在研究机关工作之学者,只须对于新制度认识清楚,不得违反,而不必求其一致唯物。其有能在唯心论中发挥高深理趣,亦可任其流通。但唯物论者可依其本宗之观点而予以批驳。如此,即与辨证之旨无不相符。凡高深理趣之影响于人类生活,恒在无形中。无形也,故久乃大。不当持实用之观点以苛求之。民国近四十年,新人物对于固有学术思想太疏隔,此为彰明之事实,无待余言。今日诚欲评判旧学,必先养才。养才必须成立一种研究机关,搜求老辈素为义理之学者,请任指导(暂不定额)。研究生名额,宜定为八十名左右,肄业年限宜较长。但马列主义,研究生必须自习,使有温故知新之效。或谓研究生八十名,恐太多。殊不知,中国如此广大,学派纷繁,故籍极多,向来只有考据之业,而思想方面,毫未理出头绪。八十名研究生,岂得云多?纵目前省减,亦非有三四十名不可。又在过去私立讲学机关宜恢复者,约有三:一、南京内学院。此为欧阳竟无居士所创办,实继承杨仁山居士金陵刻经处之遗业。杨公道行,犹在众口。欧翁一代大师,不烦称述。谭浏阳在清季,为流血之第一人,即与欧翁同受佛法于杨公者也。同盟会中巨子如章太炎等,皆与杨公、欧翁有关系。南京佛学研究机关,对革命人物,不无相当影响。欧翁虽下世,而其弟子吕秋逸居士,克宏前业。当请政务院,函商南京省市政府,觅一房屋,为内学院院址,邀秋逸主持,暂聚生徒数名,由公家维持其生活,以后徐图扩充。吾于佛学,本不完全赞同,世所共知。然佛法在中国,究是一大学派,确有不可颠仆者在。内学院为最有历史性及成绩卓著之佛学机关,如其废坠,未免可惜。其次,杭州马一浮先生主持之智林图书馆。一浮究玄义之殊趣,综禅理之要会,其学行久为世所共仰。抗日时,曾在川主持复性书院,不许某党干涉教学,而院费卒无着。当世知其事者不少,尚可查询。一浮以私人募资,选刻古书,皆有精意卓裁,于学术界大有贡献。后改立智林图书馆,绝无经费。清季以来,各书局翻印古籍,甚多错误。保存木刻,不失古代遗法,似亦切要。拟请政务院函杭州省府、市府,酌予资助其刻书事业,并得聚讲友及生徒数名,存旧学一线之延。一浮之友叶左文先生,博文约礼之醇儒也,同居讲学,实为嘉会。其三,梁漱溟先生主持之勉仁书院。在民国十年左右,彼与北大哲学系诸高才生,有私人讲习之所,曰勉仁斋。青年好学者,颇受影响。抗日时,始在四川北碚,成立勉仁书院。漱溟方奔走民盟。余时栖止勉院,曾以《大易》《春秋》《周官》三经教学者。漱溟本非事功才,以讲学为佳。愚意,拟请政府,准予资助其恢复勉院。规模不必大,使其培养旧学种子可也。中国文化在大地上自为一种体系。晚周学术复兴运动,此时纵不能作,而搜求晚周坠绪,存其种子,则万不可无此一段工夫。中国五千年文化,不可不自爱惜。

(本文系熊氏《论六经》之末章,题目为编者所拟)

【熊十力(1885—1968) 哲学家、思想家】
原文刊于《中国文化》1991年02期

答诸生论大学

钱基博

　　余来华中，见诸生，必问以感想如何？余应曰：诸生可以安心学，余可以安心教，即此便是难得，其他则更何求。方今学潮汹涌，天下汹汹，京沪一带，以迄北平，所谓全国文化灿烂之区，然国立大学既成政治斗争之市场，此一是非，彼一是非，相为敌仇，士不安于弦诵，大师亦只有依席讲而已。至于私立大学，则以取费不廉，非措大所能问津，而为暴发子弟开一幸门以造资格，以造孽钱之来路易，而可予取求也。师不专心于所教，饥来驱我以多兼课；生不专心于所学，日以骛外而多旷课；来学既以不诚，善教自无从谈，滔滔者天下皆是！几见如华中大学之教授无不专任，学生不许旷课，上课必点名，缺席必扣分，一年之开学放学有定日，一日之上课下课有定时，诸生愿安承教，余亦不敢不力，而取费亦斟酌中人之家力所能及，此在事理本属寻常，而在今日则成凤毛！固由韦校长之主持有方，诸院长之洞心匡济；而要之校风之安定，亦非一朝一夕之所能养成！然而校风安定之继续畏难，则以社会动荡波及甚易！所以良善校风之养成不易，须良善校风之维持尤难！凡我共学，苟一思天下汹汹之今日，无一大学可以安定读书，惟华中大学可以安定读书；则必一心一德以维持校风之安定，而力保其终；则必群策群力以不许一人之破坏，而相观于善；吾人不能谋一国之安定以求生活之保障，吾人且从事一校之安定以维学术于不坠？凡我共学，苟一思政治之上轨，学术之进步,无不于安定之中求之,而不能出之于混乱;则必不许混乱之波及我华中,而力保其安定。凡我共学,苟一思国于大地,必有与立;百年之大计在树人,而树人必先自树;倘社会动荡而吾亦与为动荡,无心问学,以自暴自弃;长此以往,天下之读书种子将绝,聪明亦以澌灭,人道或几乎息,以返于洪荒草昧,张脉偾兴,人将相食,此则吾之所大惧!而不唯吾之所大惧,吾发如此种种,吾生亦复几何;然吾大惧读书种子之绝,及吾生而身亲见之,吾亦唯有馨香祷祝校风安定之继续,以维斯文于一脉。

【钱基博(1887—1957) 古文学家,钱锺书之父】

原文刊于《中国文化》1996年01期

从大学之道说中国哲学之方向

金耀基

今天是香港中文大学哲学系六十周年、新亚书院六十周年,也是新亚哲学系创立人唐君毅先生诞辰百岁周年。我从中大退休有年,今应邀为哲学系研讨会讲话,甚感荣幸。对于哲学,我是门外汉,却是爱好之人。今次会议以"中国哲学之新方向"为主题,我注意到中国哲学之新方向,英文是"New Directions",用多数,也即是说应该有多元发展的可能性。我现在试从"大学之道"来讲中国哲学之方向。

一、大学之道与中国的经学时代

首先,我们讲大学之道。大学之道是讲大学之理念、大学之目的。《大学》一书中,开卷即说:"大学之道,在明明德,在新民,在止于至善。"这是大学之"三纲领",是与大学之"八条目"(格物、致知、诚意、正心、修身、齐家、治国、平天下)紧紧联系的。而这三纲领清楚地以"至善"为大学终极之目的。

需要说明,大学之道的"大学"并非指今日的 university,而是指"大人之学"。"大人之学"之对是"小童之学",古人八岁入小学,学识文字及洒扫应对之事,十五岁则开始"成人"或大人之学,所学为上述之"八条目"。自董仲舒倡独尊儒学后,孔子所以教人之六艺(《诗》《书》《礼》《乐》《易》《春秋》),即成为儒家之经典。至宋代,更以《论语》《孟子》《中庸》《大学》为"四书"。四书具有经典之地位,其权威且在六艺之上。自此之后,四书五经(《乐经》已失传)遂为读书人尊奉之经典。中国古时之高等教育机构,从汉之太学到后代之国子监,皆是国家养士之所,类近今日之大学。其攻读钻修者,固以四书五经为核心内容,而一千三百年的科举取士,所考试者亦以儒家之经典为主。故自汉以迄清末,从学术思想上言,如冯友兰所言是中国的"经学时代"。①

在二千年的"经学时代",中国读书人读书应试是以儒家之经学(四书五经)为主的,讲的是从修己而齐家而治国而平天下的学问,其核心是成德之学,根本上是"做人"之道,是建立社会之道德秩序之道;一言之,即是"大学之道"。钱穆先生指出中国的学问传统向来有三大系统,他说:

> 第一系统是"人统",其系统中心是一人。中国人说:"学者所以学做人也。"一切学问,主要用意在学如何做人,如何做一有理想有价值的人。
> 第二系统是"事统",即以事业为其学问系统之中心者。此即所谓"学以致用"。
> 第三系统是"学统",此即以学问本身为系统者,近代中国人常讲"为学问而学问"即属此系统。②

钱先生显然是认为"人统"是中国学问的根本。相对地说,"学统"是比较不发达的。唐君毅先生也认为中国没有一个所谓"认识心的主体",因此没有发展出真正的学统。中国学问重视"人统",即"学如何做人"。换言之,中国重视的学问是"做人的学问",这种学问是指德性之知,不是理智之知,也就是《大学》所讲的"明明德"的学问;用牟宗三先生的话,这是"生命的学问"。③

---

① 冯友兰:《中国哲学史》(上海:商务印书馆,1947),第 485 页。
② 钱穆:《有关学问之系统》,见《中国学术通论》(台北:台湾学生书局,1977),第 225—226 页。
③ 牟宗三:《生命的学问》(台北:三民书局,1970)。

二、"从经学到科学"：大学之道之变

中国的"大学之道"到了二十世纪发生了变化。这个变化与中国学术性格之转换是密不可分的。中国学术性格出现了一个"从经学到科学"的主轴性转换。

1905年，清王朝覆亡前六年，清廷下诏"废科举、设学校"，这是力图求存，晚清"新政"的一项大举措。此举固然挽救不了清之覆灭，但无疑是中国百年现代化运动中一桩大事件。"废科举、设学校"，不啻是宣告了"经学时代"的结束。士大夫这个阶层从此退出了历史的舞台，而"西学"，特别是"科学"，也因此进入中国的新教育的视域。诚然，作为中国的新高等教育机构的大学制度，也是从欧洲移入中国的。大学取代了传统的太学、国子监。须特别指出者，中国从欧洲移植的大学制度，是欧洲的新的大学制。欧洲的中古大学绵延近千年，到了十九世纪，德国的大学首先推行改革，倡导科学研究，创造新知识，把以宗教为本的"尊信仰"的中古大学转化为以科学为本的"尊理性"的现代大学。德国大学最大的改革是把中古大学的核心——神学（圣经）——由科学取代了。讲到这里，我想指出，中国现代大学的范典奠基人蔡元培先生于二十世纪初留学欧洲，他考察接触到的正是开西方大学新风气的德国现代型大学。无疑地，德国柏林大学是他日后铸建中国的大学的参照范式。1911年辛亥革命后，蔡元培在临时大总统孙中山领导的政府中担任教育总长之职，他在任内颁布《大学令》，废去"忠君""尊孔"等信条，确定大学分为文、理、法、商、医、农、工七科，以文、理为主，取消经学科。民国元年（1912），严复任北京大学（原"京师大学堂"之改称）首任校长，将经学与文科合并，1917年蔡元培任北大校长时说："民国元年，北大始并经学于文科，与德国新大学不设神学相类。"[④]应说明者，所谓"并经学于文科"是指就经学内容性质，选择地分别收纳到哲学、历史与文学中。这个"合并"在学术思想

---

④ 梁柱：《蔡元培与北京大学》（北京：北京大学出版社，1996），第41页。

上是革命性的,因为经学的独立身份与主体性已经消失,当然也没有了圣典(sacred books)的光环。冯友兰在《中国哲学史》中说:"于是此二千年来为中国人思想之君主之经学,乃始被革命而退位。"⑤在一定意义上,中西的现代大学在学术性格上出现了一个范典式的转换。在中西的现代大学中,科学分别取代了经学与神学而践学术之主位。自二十世纪初到今天二十一世纪,我们从学术思想与文化的性格与发展来看,中国的"经学时代"结束后,进入一个新时代,就是"科学时代"。其实,这是一个世界性的变化,西方也已从"神学时代"转到"科学时代"。现代大学,无论中、西,已无圣典,诚如雷斯曼(David Riesman)所说:大学已成为"世俗的学术殿堂"了。

在二十世纪,科学(包括科技)发展之大与速是史无前例的。鲍亭(Kenneth Boulding)在他的《二十世纪的意义:大转变》(*The Meaning of the Twentieth Century: The Great Transition*)中指出,二十世纪之意义在于人类文明之第二次大转变,而科学(科技)则是这个大转变的基础。他最有洞察力的观察是:二十世纪科学之升起,根源于一个事实,即科学(活动)已成为社会实质的有机的组成部分,科学之研创是科学工作者在专业及全天候的基础上进行的。⑥ 我在此进一步提供一个科学在二十世纪为何突飞猛进的解释:这是因为现代大学的制度创新。现代大学,今日世上有规模的现代国家,无不有百千间之数,它们为各门各类有专业训练的学者,提供长期性的教研职位,这数以万千计的教师,除了教学之外,便是在专业基础上,全天候地从事学术与科研的工作,这是为什么二十世纪有如许丰硕的科研成果,这也是为什么二十世纪有知识爆炸的现象。诚然,如克尔(Clark Kerr)所说,现代大学已成为"知识工业"(knowledge industry)的重地。⑦

讲到这里,我们要再审看大学的学术(知识)结构。以中国言,自二十世纪初创设大学以来,科学即成为大学学科中的重心。最早的大学是文理并立,人文还可以与科学平分秋色。之后,科学的范畴越来越扩大,理论科学之外,还扩展到应用科学、社会科学,以及多类专业学科,从此人文在大学整个知识谱系中的

---

⑤ 冯友兰:《中国哲学史》,第489页。
⑥ Kenneth Boulding, *The Meaning of the Twentieth Century: The Great Transition* (London: George Allen & Unwin, 1964),40.
⑦ Clark Kerr, *The Uses of the University* (New York: Harper Torch Books, 1963),87—88.

位置则"相对地"变小了。不宁唯此,科学作为一种知识体,在大学中位序之上升不只是量之增大,更重要的是科学几乎成了知识的尺度与范典。今日,不论在西方或东方的大学(特别是"研究型大学"),出现了贝拉(Robert Bellah)所说的"科学知识的文化范典"(cultural paradigm of scientific knowledge)。[8] 科学是一种追求理性的客观规律的知识,它是一种"理论的知识"(theoretical knowledge)。科学讲"is"(实然),不讲"ought"(应然),因此当科学知识作为一切知识的尺度与范典时,凡是讲"应然"的道德、伦理或价值的言说,在大学课程中已无位置或被边缘化了。贝拉说现代大学"对于什么是好的人生与什么是好的社会的伦理学的反思已不再是教育之中心了"。[9] 牟宗三先生指出:

> 中国从古即说"大学之道,在明明德"。试问今日之大学教育,有哪一门是"明明德"？今日之学校教育是以知识为中心的,却并无"明明德"之学问。"明明德"的学问,才是真正"生命"的学问。[10]

从大学之终极目的来说,现代大学自觉与不自觉地是寻求真理(truth),科学之真理,也即求"止于至真"了。如前所述,中国学术有个"从经学到科学"的转换,从而中国的大学之道发生了根本性之变化,实际上(虽非理论上),今天的大学之道可以写成:

> 大学之道,在明明"理"(科学之理),在新"知"(创立新知识),在止于至"真"(科学之真理)。

在今日的大学,由于科学这一支配性的心智思维,因此而出现了海耶克(F. A. Hayek)和哈贝马斯(Jürgen Habermas)等学者所批评的"科学主义"(scientism),即科学不只是知识的一种,科学已等同于知识。从而,钱穆先生所

---

[8] Robert Bellah et al., *The Good Society* (New York: Alfred A. Knopf, 1991).
[9] 同上注,第163页。
[10] 牟宗三:《生命的学问》,第37页。

说中国学问的三大系统中,今日大学学术发展得特别迅速的是"学统",而传统上最重视的"人统"则被冷漠了。

2006年,鲁易士(Harry Lewis)出版了《卓越而没有灵魂:一间伟大学府如何忘掉了教育》(*Excellence without a Soul: How a Great University Forgot Education*),我认为这本书很具体生动地论述了我对现代大学的看法,即现代大学的"大学之道"是追求"至真",而不再是传统大学(中西)的追求"至善"的"大学之道"了。鲁易士是原哈佛大学的哈佛本科的人文与科学院院长,他是一位电脑科学的教授。他所批评"没有灵魂"的大学正是他服务多年的哈佛大学。他说哈佛在科研、在创造知识上无疑是"卓越"的,但哈佛却已忘掉了大学教育的目的——即如何培养学生为德、智双修的人。他说哈佛已不知"什么是好的教育"了。鲁易士说哈佛这间伟大学府已忘了为学生应担承的"更重要的教育角色"。他说,哈佛忘了:

> 帮助他们(学生)成长,帮助他们寻求自我,帮助他们寻求生命中更高的目标,帮助他们毕业时成为更好的人。

他认为大学的教育责任是:

> 使学生的脑与心一起成长——使学生成为一个学识与德行兼有的青年。

他批评哈佛大学说:

> 大学已失去,诚然,已自愿地放弃,它铸造学生灵魂的道德权威。

鲁易士说,现在人们在怀疑:"大学所代表的价值,甚至有时候,大学是否还能代表任何价值了。"⑪

在很大程度上,鲁易士对哈佛的批评也一样适用到世界上绝大多数优秀的"研究型大学"。鲁易士说哈佛已不再措心于道德教育与价值教育,实则这是现代大学很普遍的现象,因为现代大学所重的是科学理性,如社会学家柏森斯(Talcott Parsons)指出,大学已成为"认知性复合体"(Cognitive complex),价值教育在大学中已无位置。大学已自觉或不自觉地只专注于韦伯(Max Weber)所批判的"工具理性"(instrumental rationality)了。

诚然,求真理是大学应有的伟大理念。求真之知识,无逾科学,科学对人类文明之贡献了无可疑,科学使人类更像人类,人类由农业文明进入工业文明,其基本的动力就在科学(科技),今日否定科学之贡献者可谓非愚即妄。但大学教育之目的,在求真之外,必不能不求善。古代的求"善"的大学之道必须与今日求"真"的大学之道结合为一,不可偏废,否则大学很难培育出德智兼修的学生。中国现代化企求建构的"现代文明秩序"也就不能是完整无缺了。真的,在中国的思想中,善与美是并在的。最好的人生境界是"尽善尽美"。大学可以在求真外,不求善与美乎?

我们理解,"真"与"善"是二个不同的知识范畴,西方大哲康德(Immanuel Kant)早指出,科学真理不能指示我们作道德的判断,社会学家韦伯在他著名的《科学作为一种志业》的演讲中更指出,科学与理性不能为"意义"问题提供答案。科学与理性只能为我们提供"手段",而"目的"则是由我们的价值决定的。我为何这样做,而不那样做?因为我有一种价值取向,所以价值是最后决定的声音。我们理解到科学的性质,也知道了科学的限制,这样,大学教育,或大学所传授、探索的知识,就不能抱持"唯科学论",必须承认科学不等同于知识,科学只是知识的一种、一型。在承认"理智的理性"运作的科学知识外,还需承认"实践的理性"(practical reason)运作的"实践知识"(practical knowledge)或"价值知识"。这里我引著名哲学家普南(Hilary Putnam)在《意义与道德科学》(*Meaning and the Moral Sciences*)的一段话:

---

⑪ Harry R. Lewis, *Excellence without a Soul: How a Great University Forgot Education* (New York: Public Affairs, 2006), 71.

我认为亚里士多德视伦理学是关乎人之如何活及人之快乐的知识是无比正确的,他视这种知识(实践知识)不同于"理论知识"也是无比正确的。在我看来,如果我们想对我们自己或者对科学有一种清醒与人性的观点,那么,一种承认知识之领域是大于"科学"之领域的知识观就成为一种文化上的必须了。⑫

　　"唯科学论"的知识观是站不住脚的。我可以理解也同意贝拉等学者的建议,即我们应该回复古希腊时代的"一个更扩大的知识范典"。

三、哲学的目的与任务

　　今天讲"中国哲学",当然是就世界或全球的学术语境中说的。二十世纪之前,我们有儒学、道学、佛学、理学、心学等称谓,但都不会冠以"中国"二字,之所以说"中国哲学"乃是西学进入中国以后的事,盖用以别"西方哲学"耳。而"哲学"二字却是日本用汉字译 philosophy 再传至中国的。须特别指出者,西方的现代大学的学术或知识谱系的结构已经是"世界化""全球化"了。香港中文大学之有文学院、文学院之内设有哲学系,这样的知识结构与哈佛大学、东京大学、北京大学都是一样的。

　　哲学不同于科学。科学之普世性鲜少质疑,故不闻有中国物理学、中国化学者,盖科学是跨国家跨文化的。哲学在不同地域的发展则可因文化、国族甚至个人性而各有其特色。中大哲学系所开设之课程,是以世界哲学为范围的,其中有中国哲学,但还有更多的其他哲学。这些其他哲学则可说是"哲学在中国",而不是中国哲学。

　　民国八年(1919),胡适著《中国哲学史大纲》问世,无可争议,它是中国哲学

---

⑫ Hilary Putnam, *Meaning and the Moral Sciences*(London:Routledge & Kegan Paul,1978),177.

史开山之作。此书是以当时的世界学术眼光看中国哲学,并提出"中国哲学在世界哲学史上的位置"的看法,很有意思的是,他说:

> 我们今日的学术思想,有这二个大源头。一方面是汉学家传给我们的古书,一方面是西洋的新旧学说。这两大潮流汇合以后,中国若不能产生一种中国的新哲学,那就真是辜负了这个好机会了。[13]

中国哲学,是哲学之一种,因此我们要问"什么是哲学?"我认为胡适是把"研究真理"作为哲学之本质与目的的。他所说的"真理"是指科学的真理。胡适心目中的哲学应该是一种"科学的哲学"。[14] 胡适是一位真实的理性主义者。科学的理性是他所信仰与推崇的。他把哲学视为是求"真理(科学的真理)"的知识是很自然的。不过,胡适对哲学,特别是对中国哲学的看法绝不是中国哲学界的共识。在这里,我只举冯友兰为例。"文化大革命"结束后,冯友兰已重获"文革"前享有的一定程度的学术自由与自主,在1992年出版的《中国现代哲学史》中,他对哲学的本质有一段很有独立思维的论述。他说有一派人把哲学看作是"太上科学",他特别指出,毛泽东就是这一派最突出的代表。冯友兰是不同意这一派的看法的。他说"真正的哲学不是初级的科学,不是太上科学,也不是科学"。[15] 冯友兰说哲学是"仁学",也是"人学",仁是儒家所说的人的最高精神境界,也是人之所以为人的最高标准。[16]

实则,"什么是哲学"这个问题是西方哲学家不断提问的。西方中古以后,哲学与科学的关系有合有分。哲学之终极目的在求"真"与求"善"间有合有离。牟宗三先生以哲学之词之古义是"爱智慧"。何谓"智慧"?洞见到"最高善"即谓智慧。故哲学亦可直名"最高善论"。[17] 他说:哲学一方固是"爱智慧"("哲学"一词之原义),一方亦是"爱学问","爱一切思辨的理性知识","爱学问"就

---

[13] 胡适:《中国哲学史大纲》(卷上)(北京:商务印书馆,1987年影印,1919年版),第9—10页。
[14] 同上注,第389—390页。
[15] 冯友兰:《中国现代哲学史》(香港:中华书局,1992),第244—245页。
[16] 同上注,第252页。
[17] 牟宗三:《圆善论》(台北:台湾学生书局,1985),第Ⅳ—Ⅴ页。

是使"爱智慧"成为一门学问。思辨性的理性知识,如不歧离漫荡,往而不返,而守住其主要目的,即"爱智慧"之目的,这样这些思辨性的理性知识始可叫作"实践的智慧论"(智慧学)。这就是哲学(智慧学)——最高善论之意义。[18] 以此,西方古代哲学,有"爱智"、求真之一面,但哲学之终极目的则是求"至善"的境界。

西方哲学之古义为"最高善论",但牟宗三先生说:"依近世而言,当然不如此,近代哲学甚至已不讨论最高善了。"[19]诚然,如英国著名哲学家杜梅特(Michael Dummett)指出,西方近代哲学自笛卡儿(René Descartes)以来,都想把哲学转为一种"严格的科学"(rigorous science),从哲学找到一"系统性的方法论",建立哲学为一切知识的"根基学科"(foundational discipline)。[20] 用上面冯友兰的说法,杜梅特认为西方哲学是希冀成为一种"太上科学",把哲学变成一种所谓"严格的科学",不外是要把哲学论证为一种最牢靠、最可信的"知识",并不意外的,到十九世纪末,知识论(epistemology)不只成了哲学的核心,甚至于几乎等同于哲学了。到了二十世纪三四十年代,逻辑实证主义在卡纳普(Rudolf Carnap)、亨佩尔(Carl Hempel)、塔尔斯基(Alfred Tarski)三者手上获得重大声势。二次大战后,美国大学的专业哲学之主流无疑是分析哲学(analytic philosophy)。它的核心领域是知识论、语言哲学与科学哲学。分析哲学根本上展现的是实证主义的气质。这是近代哲学的理性传统的展延,它所寻求的是理性的、客观的知识。这种知识是"理论的知识",它的目的或任务简单说就是求"真",求科学真理。诚然,这个哲学的理性传统,特别是逻辑实证与经验论身上展示的就是(自然)科学的知识性格,任何涉及道德哲学或政治哲学所严肃关注的实质性问题,皆予以排斥。总之,一切价值的判断都被视为具有"非认知"(non-cognitive)的性格,也就不具有"知识"的资格。在最好的情形下,伦理学(ethics)被视为是"元伦理学"(metaethics),也即只对伦理的名词与语句作概念性的分析。以此,这一路的哲学对于伦理与政治问题的讨论与解决已无所贡献;

---

[18] 牟宗三:《圆善论》(台北:台湾学生书局,1985),第Ⅵ页。
[19] 同上注,第Ⅴ页。
[20] Michael Dummett, *Truth and Other Enigmas* (Cambridge, MA: Harvard University Press, 1978), 437-458.

当然,它本来也就无意对"价值"之论述有所贡献。

在二十世纪中叶以前,分析哲学在英美大学中可说处于当阳称尊的地位,但它却并没有在哲学上成为库恩(Thomas Kuhn)所说的范典,事实上在学院哲学中,也大有不同的声音,甚至出现洛蒂(Richard Rorty)所说的"多元范典"的现象,即哲学界出现多种竞争性的研究课题。美国哲学界对于什么是哲学的问题与什么是哲学的方法并没有共识。[21] 应指出,二十世纪六十年代社会上出现的世界性的不安、抗议、学生的激进行为,对于"元伦理学"与"价值无涉"的分析哲学的立场感到不满,是不足惊讶的。此其时,欧陆的哲学家,以马库斯(Herbert Marcuse)、阿兰德(Hannah Arendt)、哈贝马斯等人之著作则成为知识界、文化界最感兴趣的话题,因为他们的著作对于时代的问题、文化日常生活中的实际议题都有直面的论述,而美国学院的哲学则只措意哲学内部问题,对学院外大社会的时代问题则几乎完全失声。般恩斯坦(Richard J. Bernstein)对于当代西方哲学的发展态势有深刻的观察。他指出西方哲学中长期处于隔绝或各行其是的态势已经出现汇流现象,也即欧陆哲学与英美哲学都有转向"实用主义传统"(pragmatic tradition)之倾向。这表现在哲学的任务的新方向的思维。根本上说,哲学已从解决"哲学的问题"(problems of philosophy)转为解决"人的问题"(problems of man)。[22] 在般恩斯坦言,这是回到杜威(John Dewey)的实用主义传统。我则以为这更是回到希腊亚里士多德的实践哲学(practical philosophy)的传统。诚然,实用主义哲学家也好,实践哲学的哲学家也好,都不以为哲学能够或应该成为一种"太上科学"。就般恩斯坦特别提及的伽达玛(Hans-Georg Gadamer)、哈贝马斯、洛蒂三位当代哲学家来说,他们都拒绝"根基主义"(foundationalism),他们都拒斥科学(知识)是一切知识之尺度的立场,他们都重视亚里士多德讲的"实践知识"(practical knowledge)。般恩斯坦认为他们三人异中有同,其所同者即都在建构一个他名之为"非根基主义的实用主义的人文主义"(nonfoundational practical humanism)的方案。简言之,这个方案企求一个

---

[21] Richard Rorty, *Consequences of Pragmatism* (Minneapolis: University of Minnesota Press, 1982), 215-216.

[22] Richard J. Bernstein, *Philosophical Profiles* (Cambridge: Polity Press, 1986), 17-48.

多一点人性化的世界,一个更理性、更有实践智慧的自由与正义的人间秩序。[23]

伽达玛是当代"诠释哲学"(hermeneutic philosophy)的奠基人。在我看,诠释哲学是现代哲学中与"实存主义哲学"〔existentialism,以齐克果(Søren Kierkegaard)、海德格(Martin Heidegger)、沙特(Jean-Paul Sartre)、耶斯培(Karl Jaspers)最为代表〕具有同样反"理论知识"的知识特性,实存主义哲学(及文学)在社会上具有深远的影响,而诠释哲学则导发了哲学圈对哲学自身根本性的反思。伽达玛宣称:"诠释哲学是实践哲学这个老传统的承继者",他以为哲学之主要任务是"卫护实践和政治理性来反对基于科学的科技的支配"。他说:"诠释哲学旨在纠正现代意识的特殊虚妄,这包括对科学的盲目崇拜、对科学的莫名的权威感,诠释哲学更旨在规复公民的最可贵的任务——依据个人的责任而作决定,而不是把这个任务交给专家。"在这里,我要指出,伽达玛对亚里士多德之无上推崇,特别是因为亚里士多德一早就把"实践知识"与"理论知识"及"技术知识"(technical knowledge)区别开来。[24]

从今天的学术语境来说,科学当然是一种知识,但科学却不等同于知识,科学之外还有其他的知识。我上面引用当代哲学家普南的一段话,就是对伽达玛的多元知识观的强烈认同与回响。至于伽达玛强调的"实践知识"(亚里士多德称之为 phronesis),不是一种具有"认知性"性格的知识,而是一种讲价值的伦理学,它既非科学,也非艺术,而是关心于价值之分析的学问,也是最有关于 praxis (实践)的、行动取向的,它是探究什么是好、什么是善及如何达到"好"与"善"的知识或智能。这也是我一开始讲的"大学之道"在求"止于至善"所不可或缺的学问。

四、中国哲学的方向

香港中文大学的哲学系,据我了解,六十年来所开设的课程,或教授们所从

---

[23] Richard J. Bernstein, *Philosophical Profiles*(Cambridge: Polity Press, 1986), 58–93.
[24] Hans-Georg Gadamer, "Hermeneutics and Social Science," *Cultural Hermeneutics* 2(1975): 307–316.

事的研究课题,是十分开放与多元的,有分析哲学的,有现象学的,有实存主义的,有诠释学的,这些都可说是"哲学在中国",但不论在哪个时期,中国哲学始终是重要的一员。应该指出,自"经学时代"结束后,中国哲学除承继经学的儒学外,道学、佛学等皆是以中国哲学的面目展现的。中国哲学今后发展应取怎样的方向?这就不能不问"什么是中国哲学的任务?"这又必须直面当前或未来我们要面对的问题或挑战;用唐君毅先生的话,即是"当前时代对吾人之所呼唤命令者为何?"唐先生说现代世界是一个"神魔混杂的时代"。诚然,我们身处的是一个以科学(及科技)为基底的科学文明的时代,科学对人类现代文明之贡献是难以比拟的,科学使人更能像人一样的生活、生存,但启蒙后的"科学文明"却也有它的黑暗与病态。二次世界大战之罪恶已不言而喻,而今更有核武的威胁、生态失衡、价值无序等关乎人类存亡绝续的问题。唐先生说"救世界之道,在宗教道德与哲学",但这不是昔之宗教道德与哲学智慧,他认为"新哲学"必须是"与一切道德相感通之仁德之哲学"。唐先生说"此是时代之呼召,或哲学之大方向"。他还说,人类今后之哲学,当本理性以建立理想,重接希腊哲学之由理性知识以通至人之理想的德性。[25] 在上面讲话中,我们看到西方哲学中诠释哲学也正有重接希腊哲学(特别是亚里士多德哲学)的意向。可以说与唐先生之所说同声相应、同气相求。

我们上面提到二十世纪初"废科举"之后,"经学时代"已经结束。经学部分内涵已分别并入文科中的文学、史学与哲学中。中国的学术文化出现了"从经学到科学"的大转向。在中国现代的大学结构与运作中,古之"大学之道"的求"止于至善"已不知不觉转为今之"大学之道"的求"止于至真"。唐君毅、牟宗三等先生对此自有深刻体认,他们是既感到忧心且又有纠正此一学术文化趋势的决心与信心的。唐先生曾说:"昔之通经致用之经学家之任,则又转落为哲学思想者之手。"[26] 此亦是说他是认为中国哲学思想者是承继经学家的"求明明德"

---

[25] 唐君毅:《当前时代之问题:〈生命存在与心灵境界〉思想背景之形成及哲学教化的意义》,收入刘国英、张灿辉编:《修远之路:香港中文大学哲学系六十周年系庆论文集,同寅卷》(香港:香港中文大学出版社,2009),第71—72、79页。

[26] 唐君毅:《中国哲学研究之一新方向》,收入《中华人文与当今世界》(上册)(台北:台湾学生书局,1975),第380页。

的、求"至善"的学问的。事实上,唐先生一生致力发挥的是孔孟仁德之学、宋明儒的义理心性之学,用唐、牟二位先生的说法,即"生命的学问""立人极之学问"。不过,必须指出,被称为当代新儒学之代表的唐君毅与牟宗三先生,虽一生尽献于求"善"之学问,但对求"真"的科学知识毫不排斥或低看,并认为发展科学是中国文化理想当有之伸展。他们认为中国所缺者是西方"理论科学精神",要发展科学,"则中国人不仅当只求自觉成为一道德的主体,以直下贯注于利用厚生,而为实用活动之主体;更当兼求自觉成为纯粹认识之主体"。[27] 唐、牟二先生承认并尊重科学知识,他们所不能同意的是科学为一切知识之尺度,或科学等同于知识之知识观。在这里我想引介唐君毅先生与他同道对知识或学问的看法。1958年元旦,由唐先生捉笔,以牟宗三、徐复观、张君劢、唐君毅四人署名发表了《我们对中国学术研究及中国文化与世界文化前途之共同认识》宣言。此宣言中就提出在科学之学门外人类应当还有一种学问,一种:

> 把人类自身当作一主体的存在者,而求此主体之存在状态,逐渐超凡入圣,使其胸襟日益广大,智慧日益清明,以进达于圆而神之境地,情感日益深厚,以使满腔子是恻怛之仁与悲悯之心的学问。

宣言指这种学问,是:

> 一种由知贯注到行,以超化人之存在自己,以升进于神明之学。此即中国儒者所谓心性之学,或义理之学,或圣学。

又说:

> ……此一种学问,……亦即中国之所谓立人极之学问。人极立而后人才能承载人之所信仰,并运用人之所创造之一切,而主宰之。这是这个时代

---

[27] 牟宗三、徐复观、张君劢、唐君毅:《中国文化与世界:我们对中国学术研究及中国文化与世界文化前途之共同认识》,收入《中华人文与当今世界》(下册),第899页。

的人应当认识的一种大学问。㉘

今天我讲"从大学之道说中国哲学之方向"。上面我提到,百年来中国的学术文化发生了"从经学到科学"的转向。传统时代"太学"的教学核心是经学,现代中国大学的教学核心是科学。古之"大学之道"的目的是求"止于至善",今之大学之道已变为求"止于至真"。这现象是不能令人完全满意的。我们知道,大学是文明的载体,也是文明的表征。他不只有传承、保存过去文明的职责,也有孕育、创造新文明的责任。毫无疑问,中国现代化的主旋律之一的工业化,靠的就是科学(及科技)的知识。科学对于中国新的现代文明之建构是至关重要的,但讲到底,中国的现代文明不止需有"真",也必须有"善"与"美",而现代文明中道德、伦理与政治秩序之建立则不能不需要求"善"的价值知识、价值教育。今天的大学之道必须是求"真"与求"善"二纲并举,缺一不可。

唐君毅、牟宗三诸先生所主张与宣扬的中国哲学发展的新方向是十分契合"大学之道"之求"止于至善"之愿景的。我相信大学如能在追求"至真"又"至善"之道路上,自强不息,则大学的教育就会既"卓越"又有"灵魂"了。谢谢。

此文是根据2009年香港中文大学哲学系六十周年、哲学系研讨会上讲话的讲演记录,修删补充写成。

【金耀基　香港中文大学社会学系教授】
原文刊于《中国文化》2015年01期

㉘　牟宗三、徐复观、张君劢、唐君毅:《中国文化与世界:我们对中国学术研究及中国文化与世界文化前途之共同认识》,收入《中华人文与当今世界》(下册),第926—927页。

学问的生命

苏渊雷

1

生命的意义在于创造,奋斗只是它的手段。

2

文化是价值生活的创造,指某一时代某一民族生活之最高的形式。它包括物质生产、精神活动以及两者关联与发展的全程。文化有三性:一、继承性;二、吸收性;三、创造性。继承是历史的传统,吸收是时代的潮流,创造是民族的形式。

3

二十世纪是综合的时代,亦是批判的时代。批判实为综合的先行程序。没有批判的"综合",是机会主义的"综合",近于"调和";没有综合的"批判",是无政府主义的"批判",则为"抹煞"。二者皆讥,未符中道。

所谓近代哲人中,惟康德为善"批判",黑格尔为善"综合",马、恩为知"依他起性",柏格森为明"流转真如",罗素不湍于心物,杜威参用乎辩证。故能谈言微中,不同凡响。

4

传称"大人与日月合其明",又曰"继明以照于四方"。诸佛说法,必先放光明。老云"知常日明",庄曰"莫若以明"。"明"之时义大矣哉!

5

学术以践证为本。夫理求讲明,践履始实;学贵解析,证悟始满。举凡孔墨微言、五天玄旨、希腊哲学、现代思潮,如何返求其真面目,如何重建其新体系;今古之异、汉宋之分、大小之辨、心物之争,如何融摄,一归至当?自非离群索居、孤陋寡闻者,所可胜任。必也师友切磋,精进无懈,始克有成。又必返心应物,尽性皈诚,不离世间,随顺法尔,始足自立。渐修顿悟,日窥其大,然后资深居安,左右逢源矣。

6

事业以利他为本。儒家仁为己任,环顾皆人。佛家以他为自,等视有情,作一子想。墨子兼爱,以"爱人不外己,己在所爱之中"立宗。近代功利派哲学,则以求"最大多数最大幸福"为归。括此数义,"利他"二字足以尽摄。

7

生活以净化为本。希腊哲人以真、美、善为生活之止境,孟子则以善、信、美、大、圣、神,立人生六等之教;要其归趋,不外一净。故大学以明明德开宗,内典以证涅槃立极。盖明诚相应,则性净用显;辗转洗练,精光愈出,转依之功,于焉眼著。西人习称柏拉图式之爱,中土诗人亦以爱菊爱莲为性命。此种感情之升华作用,抑亦生活净化之一法也。唯感觉生活,不外触受;必有动于中,价值较量乃得其据。所以必须强调感觉生活与价值生活(即物质与精神生活)的调和。然生活以充实而有光辉为大,快乐以同人而无使向隅为本。若是则利用厚生之道,因不应摒弃,有如山林枯槁之士,以善行为极;然亦异彼都市人之刹那享乐主义,以自我陶醉求解脱也。宋人词:"蝴蝶上阶飞,风帘自在垂。"恰到好处,渐近自然。此则生活净化之理想境界也。

8

长寿固人所祈求,然寿而不健,厥乐减半。健身首须健心,即今所谓心理卫生是也。庄子养生,主"喜怒哀乐不入于胸次";《金刚经》亦曰"应无所住而生其心"。余生平以此二语治心,益以四句:一曰凡事须"看得穿",一切通过现象以窥其本质,正面反面侧面,面面俱到。二曰须"想得透",前因后果,过去现在未来,处处回顾反省,自然不惑。三曰须"忍得住",遇事不惊,从容镇静,横逆之来,不与硬拼,痛定思痛,接受教训。四曰须"放得下",此者最难。功名、男女、死生之际,最为人生考验之关键,能闯过此三关,则得大自在。孔子所谓"七十随心所欲不逾矩"是也。

9

历史为鉴往知来之学,应当树立辩证的整体历史进化观点。社会上某种意识形态、思想体系的形成,从横的方面说,是反映一定的社会经济生活;从纵的方面说,则是继承着若干历史的传统而又呈现出它本身的时代特征来。这一历史的传统,随着每个时代每个社会形态的改变,不断更新其内容。假使我们从历史长流上割断任何一个时期的发展阶段,就没有办法说明它"积厚流光"的过程。史之所以为史,人必有联,事必有联,空间有联,时间有联。铜山西崩,洛钟东应,抽刀断水,水自长流。因此,必须观史迹之风势,探索其发展的规律。这样,定能发现整个人类文化不久的将来,必将进入一个世界范围大一统的新时期。

10

禅宗是摆脱了外来影响的桎梏和烦琐经院"义学"的束缚,以一股"革新"精神,在与本国传统文化互相结合融会的情况下,逐渐演变、发展而广为流传的。禅者质朴,不尚博雅多闻,"义学"词章可观,而此则代以语录。它是我国特定历史条件下的产物,既有传承,也有创新,以其独特的面貌呈现于中古以来错综复杂的思想生活领域。那种独立自主、打倒既成权威,追求适己、顺乎自然的生活方式和思想体系,无论在积极或消极方面,都会给每一时代的人心,投下深远而广泛的影响。

禅师当机煞活,首在不执着文字,句不停悉,用不停机。眼前风景,世上波涛,信手拈来,俱成妙谛。临济的"一句三玄、一玄三要"的提法,曹洞"参活句"的门风,都给禅宗、诗人们开辟了新的途径。

他们强调"自觉",否认人类有通过逻辑思维认识客观真理的可能,在人生种种矛盾挂碍的观念海中,借助悟性,悲智双运,行解一致,运用清新活泼的语言,把人们积极应世的心意活动,引向繁富生动、错综复杂的现象世界中来,进而使人们领会彻天彻地"心佛众生三无差别"的精神,不致我执蔽心,只会向外驰求满足,而能消受一种解放了的圆满自足的生活。禅宗的思想方法,为那些陷入种种文字名相的戏论中不能自拔的人们,开辟了一个新的精神世界。

11

　　古今中外一切学问的总归趋,无非是帮助人们对于世界,获得更明确的认识;对于思维,获得更严密的训练;对于人生,获得更合理的态度。因而利用厚望,戡天弘道,一方创造人类的历史,一方改变世界的现状,使虱于天地的微躯,得鸟瞰八方之乐,而兴俯仰无穷之志,打叠起人生向上的勇气,鼓荡着灵魂的远征。

【苏渊雷　华东师范大学历史系教授】
原文刊于《中国文化》1993 年 01 期

二千多年来中国士人的两个情结

缪 钺

中国古代,自春秋末战国以后,所谓"士"者,即是如今日所说的"知识分子"。古代士阶层的兴起,在孔子开讲学风气之后。孔子于春秋末开私人讲学之风,传播《易》《诗》《书》《礼》《乐》等殷周以来的古代文化典籍,又因鲁史而修《春秋》,广收弟子,有教无类,于是官守之学散于私家,到战国时,百家争鸣,士阶层因而兴起,战国诸子都是所谓"士"。二千多年来,士人在中国历史上发挥着极其重要的作用。其中杰出者,常能辅佐君主,治国安民,成为良相,如诸葛亮、王猛、谢安、张九龄、范仲淹、张居正等皆是。而每当国家民族遭受危难之时,有志之士常是挺身而出,进行保卫。譬如朝政腐败之时,士人则起而主张正义,针砭弊政,以澄清天下为己任,如东汉末党锢之士与明末之东林党人。如果遇到外侮侵凌时,士人则发扬爱国忠义之情,举兵抗击,誓死不屈,如南宋末之文天祥、陆秀夫,明末之史可法、张煌言,清代鸦片战争时期之林则徐等。至于在文化上承先启后、发明创新之作用,如士人在宗教、哲学、史学、文学、艺术、科学技术等各方面之卓越贡献,则更是尽人皆知,无待详说的。但是,尽管二千多年来中国优秀的知识分子对国家民族做出了如此重要的贡献,他们生活道路却常是坎坷的,命运常是悲凉的,这也正足以说明古代封建制度之不合理。

有两个问题经常困扰中国古代士人的心灵:一是道与势的矛盾;一是求知音之难与感知遇之切。这两个问题也可以说是两个"情结"。

士人有道（文化学术），而统治者（君主）有势（政治权力）。士人的理想是以道指导势，或辅助势，所谓为王者师，为王者佐；而君主则要以势制道，使士人为臣、为奴。在战国之时，群雄并立，争取人才以图富强，而才智之士亦可以周游列国，寻求知遇。当时贤明君主，如魏文侯师卜子夏，友田子方，礼段干木；齐宣王稷下养士，待以宾友之礼，魏、齐两国因而富强，受到称赞。但是像魏文侯、齐宣王这样的贤君终究是不多见的，所以孟子又慨叹当时君主"好臣其所教，而不好臣其所受教"（《孟子·公孙丑》）。即便是为臣，士人也要求"君使臣以礼，臣事君以忠"（《论语·八佾》）。如果"君之视臣如土芥，则臣视君如寇仇"（《孟子·离娄》）。可见君臣间之关系是相对的，臣并不必绝对的、无条件地效忠于君主。但是自秦汉以后，建立了大一统的专制政权，君主拥有绝对的权威，战国时士人以"道"抗"势"之风荡然无存。士为王者师之事也绝迹了，为王者友之事也是凤毛麟角（如刘备与诸葛亮、苻坚与王猛），一般都是为王者臣，下者为王者奴（俳优畜之），更下者则为刀俎上之鱼肉，任人宰割（如历代之文字狱）。偶有骨鲠之士敢于犯颜直谏，揭发弊政者，常是受到谴责、惩罚，甚至杀戮。于是高蹈远引、鸿飞冥冥者有之，容身自保、苟全性命者有之。"避席畏闻文字狱，著书都为稻粱谋。"（龚定庵诗句）士人遂陷于极可悲悯之境地。至于曲学阿世、卖论求官、谄媚君王、以求荣宠者，则更卑鄙不足道矣。故道与势的矛盾是困扰士人心灵的第一个问题。

第二个是求知音、感知遇的问题。士人有志用世，想得时行道，必须求得君主的知赏。但是才智之士真正能得到君主的知赏，如诸葛亮之遇刘备，那是极难得的。一般说来，都是失望。屈原之于楚怀王，是忠而得谤，信而见疑。贾谊上书于汉文帝，切中事情，但是由于绛、灌诸人的排挤，文帝不得已将贾谊远贬长沙（司马迁作《史记》，将屈、贾二人合传，是有深意的。屈、贾是中国贤士悲剧性遭遇的典型，司马迁本人大概也想借此自慨）。范仲淹虽然以天下为己任，但是宋仁宗并非他的知音。范仲淹一度被任命为参加政事，革新庶政（即是所谓"庆历变法"），而甫及一年，即被外放。

至于那些在学术思想、文学艺术方面擅长的士人，其求知也是不易的。庄子谈哲学，与惠施最相知，惠施死后，庄子过其墓，借郢人斫鼻端垩土故事而兴"臣之质亡矣"之叹。俞伯牙鼓琴，只遇到钟子期一位知音，钟子期卒后，伯牙遂绝弦不复鼓琴。董仲舒、司马迁、陶渊明都写过《感士不遇赋》；陶渊明感到知音之无望，说："知音苟不存，已矣何所悲。"（《咏贫士》第一首）扬雄甚至寄期望于后世，他说："世不我知，无害也，后世复有扬子云，必好之（按，指其所著《太玄》）矣。"（韩愈《与冯宿论文书》）我们听一听古代诗人求知的慨叹吧！《古诗十九首》的诗人说："不惜歌者苦，但伤知音稀。"此叹求知之难也。陈师道说："春风永巷闭娉婷，长使青楼误得名。不惜卷帘通一顾，怕君着眼未分明。"（《放歌行》）此自高身价，不愿轻易求知也。张九龄说："兰叶春葳蕤，桂华秋皎洁。欣欣此生意，自尔为佳节。谁知林栖者，闻风坐相悦。草木有本心，何求美人折？"（《感遇》）王国维说："妾身但使分明在，肯把朱颜悔？从今不复梦承恩，且自簪花坐赏镜中人。"（《虞美人》）此因求知不得而孤芳自赏也。

正是因为知音难遇，所以如果幸遇知音，则有感激无尽之深情，所谓"士为知己者死"。陈师道受知于其师曾巩，曾巩卒后，陈师道作《妾薄命二首》以志悼念，其中有"死者如有知，杀身以相从"之句。黄祖因一时愤怒而杀祢衡，一直遭受后世的谴责，但是黄祖平日对于祢衡代他所作的书札，倾心佩服，见于言辞。汪中看到这一点，感到自己虽然也是"博极群书，文藻秀出"，但是囊笔四方，在所事府主中，还没有遇到像黄祖这样的知音者，于是在其所作《吊黄祖文》中，对于黄祖能真赏祢衡之文，特加称赞，并且说："苟吾生得一遇兮，虽报以死而何辞！"这是何等的愤慨与沉痛。所以说，二千多年中，士人求知音、感知遇一直是困扰其心灵的第二个问题。

以上所说的两个问题，也就是两个"情结"，困扰中国古代士人，在他们心灵中孕育着许多沉忧积愤，于是发抒于文学作品中。二千多年来，自屈原《离骚》起，无论是辞赋、诗词、骈散文、小说、戏曲等任何种不同体裁的文学作品，都是或多或少、或显或隐地发泄对这两个问题（道与势的矛盾、求知感知之情）的沉忧积愤。所以掌握了这两个情结，就可以深入探寻中国古代士人的心态，也是开启中国古典文学深层的钥匙。

【缪　钺　四川大学历史系教授】
原文刊于《中国文化》1991年01期

中国二千五百年以来的"清议"

何佑森

一、前言

"清议"一词,较早出现在《三国志·张温传》,传中说:暨艳"好为清议"①。事实上,在春秋时代,记载历史的古籍,早已透露了清议的消息。

清议和横议是对立的。孟子所说的"处士横议",这段文字,明言杨朱和墨翟的邪说,为迎合群众,而颠倒是非,满足人们对现状的不满,孟子指摘这些言论,全都是无父无君的横议。②

有保守必有革新。孔子和少正卯同时在鲁国讲学,一讲古书义理,一讲当今时务,荀子记录了这件事,从此,孔子是否杀少正卯,成为后人争论的课题。因为文献不足,直到今天,尚未得出结论,这是中国二千五百年来,第一件杀人的重要疑案。③

无论哪一个时代,思想从来就未曾统一过,而史家的清议,俨然就成为唯一的裁判者了。

---

① 暨艳性格狷厉,敢于臧否人物。所以清议,这是性格使然。
② 《滕文公》下。孟子所惧的是杨朱、墨翟之言,一属道家,一属墨家,在现代,已不再视之为邪说了。
③ 孔子诛少正卯事,最早见《荀子·宥坐篇》。后世尊孔者,都说此非史实。

清代史家龚自珍(定庵),举了一个例子:

一出戏的演出,有的扮演正派角色,有的扮演反派角色。这些艺人,都在堂下卖力地表演唱做功夫;而坐在堂上史家,是一个观众。他静静地观察,耳听唱腔,眼看演技,不时指指点点,看谁尽责,谁未尽责。这时,史官万万不可跳到台下,穿上戏服,混在艺人中,客串演出。④

史官又好比是一个法官,坐在审判椅子上,聆听案情,岂可走到台下,参与原告和被告双方的辩论,否则,最后由谁来作判决呢?

史家是一个公正的清议者,既不是艺人,也不是原告和被告。今人侯外庐联系"尊史"和清议写了一篇文章,题为《尊史清议》⑤。引申说,清议是史家最大的职责;如果扭曲历史事实,满纸谎言,欺骗世人,那便是横议了。

二、史家的清议

孔子是儒家的创始了,最重视史学,创作了一部不朽的《春秋》。早于孔子的史官董狐,深受孔子的推崇,称赞他是"古之良史"。晚于孔子的史官司马迁,自谓师法《春秋》,作《史记》一书。后世的史家,多属儒家,亦纷纷效法孔子。所以史家的清议,亦可说是儒家的清议。

《左传》记载了两件弑君的例子,一在宣公二年(前607):

> 太史书曰:赵盾弑其君。

晋灵公十四年(前607),欲杀专权的赵盾。赵盾事先得知消息,即匆匆逃命,欲往邻国避难,当他到达边境,突然传来报告,获知他的从弟赵穿已杀了晋君,赵盾随即返回国内。晋国史官董狐,在竹简上写下"赵盾弑其君",这是春秋史的实录。难怪孟子追述春秋衰世时的乱象,说竟然发生"臣弑其君"和"子弑

---

④ 《龚自珍全集·尊史篇》,中华书局出版。译文用意译,其中有笔者的意见。
⑤ 《近代中国思想学说史》下册,第622页,生活书店发行,1947年5月。

其父"的人伦悲剧。那时的孔子,为此而"惧",决心继承董狐的清议精神,发愤完成一部记述两百余年史事的《春秋》,当时的乱臣贼子,也为此而"惧"。惧的是,从此在历史上背负弑君弑父的恶名。

另一则弑君的例子,在襄公二十五年(前548),《左传》记载:

> 太史书曰:崔杼弑其君。

齐庄公私通崔杼的妻子棠姜⑥,杼杀了庄公。太史记录了这件弑君之事,杼为此杀了太史。太史的两个弟弟相继再写,又先后被崔杼杀死。第三个弟弟又写,杼终于不忍再杀,放了他。齐国设置在外的史官南史氏,听说太史全都被杀,随即手持竹简,准备回朝,情愿冒死完成史官的职责,听说崔杼弑君实录,已经保留下来,南史氏这才心安。这是史官不畏死,秉笔直书,开后世写史者的先例。

史官除记录政事外,也记录民情风俗。他们不敢违背道德伦理和上下尊卑的规范,不怕死,实事实录,留下了许多真实的文献。

以上讨论的是文字的清议。

三、清议与"学生运动"

(一)胡适与朱一新的论点

清黄宗羲(梨洲)写《学校篇》一文,认为设置学校的本意,为的是要培养人才,以备将来领导政府、服务百姓。而这些在学校读书的学生,经常打击"豪强",臧否人物,干预政府的用人政策。梨洲最后总结说,政府应该以学校的非是为非是。

梨洲举了两个例子:一是东汉太学生三万人的清议;一是北宋太学生请用被

---

⑥ 齐庄公和崔杼之妻私通,卫灵公夫人南子和宋公子朝私通,这就是孔子所谓的女子难养,"近之则不孙,远之则怨",见《论语·阳货篇》。朱熹《论语集注》云:"女子,妾也。"笔者以为,这仅是理学家的看法。

罢免的主战的宰相李纲⑦。

将历史上的清议,说成是"学生运动",这是胡适,他为了衬托五四学生运动的合理性,写了一篇《黄梨洲论学生运动》⑧,主要内容是:

> 国立大学要干预政治,还要一切学校都要做到纠弹政治的机关。国立学校要行使国会的职权,地方学校要执行议会的职权。

胡适将学校喻为西方的国会和议会,赋予求知的大学生,未经选举,即拥有议员立法和监督政府的职权;那么,二千五百年前的孔子,应该算得上是"学生运动"的祖师爷了。

《论语》记载,季孙氏比周公富有。孔子的学生冉求,在政府任职,帮助季氏向鲁国百姓征税敛财。孔子知道了这件事,说:一个人有了第一次贪财行为,就有第二次、第三次,贪财的念头永远是不会满足的。孔子气得忍不住了,对弟子们说:现在的冉求居然变了,做了季氏的帮凶,我不再认他是我的弟子了,你们不必顾忌,"鸣鼓而攻之可也"。⑨《左传》哀公十一年,也记载了这段史事。不知这算不算是胡适所说的学生运动呢?

胡适之前,清末的朱一新(鼎甫),也读了黄梨洲的《学校篇》,针对太学生的品德问题,借南宋陈东上书一事,提出了他的独特见解。朱氏说:

> 梨洲但知清议之出于学校,不知横议之亦出于学校也。⑩

学校中有清议,亦有横议,无形中有了两股敌对势力,一有运动,意见相左,内部必然起哄。

---

⑦ 黄梨洲,《明夷待访录·学校篇》。此书收入《黄宗羲全集》,浙江古籍出版社出版。
⑧ 收入《胡适文存》第二集第三卷。又见《胡适作品集》第九册,远流出版公司印行。
⑨ 《论语·先进篇》。叙述文字中有笔者的意见。
⑩ 朱一新,《无邪堂答问》卷三。

> 但知陈东、欧阳澈之为太学生,不知贾似道颂功德者,亦太学生也。⑪

太学生良莠不齐,如何能凝聚成一股清议的力量,实现他们的理想呢?

> 学校之习一坏,则变乱是非之说,多出乎其中。⑫

陈东是太学生领袖,于钦宗靖康元年(1126)上书请起用主战者李纲,太学生与军民数万人齐集宫前,秩序大乱,打死内侍多人。钦宗见情势严重,不得已答应陈东的要求;不久就罢免李纲,杀了陈东。陈东一死,清议势衰。

贾似道是一个攀附权贵的太学生,他的姐姐是理宗皇帝的宠妃,有了这层关系,后来独揽大权共二十一年。有太学生萧规等,上书攻击贾似道专权;但贾似道亦以金钱笼络太学生,以禄位引诱在野的假名士,使学校的习气和士风大坏,横议者因而得势。贾似道私下和北方入侵的敌人妥协,皇帝始终被蒙在鼓里,后来南宋终于亡于蒙古。

(二)朱熹与赵翼的论点

朱熹从形势分析,他说:

> 绍兴初,只斩陈少阳(即陈东),便成江左之势。⑬

只不过杀了一个太学生,政策错了,南宋自此困守在长江下游以东一带地方,造成了偏安的局面。

"势"字是一个重要观念,小至于一个人事业成败,大至于国家的盛衰兴亡,都和这个观念有关。因为顺自然之势的人会成功,逆自然之势的人会失败。朱熹认为:

---

⑪ 朱一新,《无邪堂答问》卷三。
⑫ 朱一新,《无邪堂答问》卷三。
⑬ 《朱子语类》卷九十四。

> 天下之势……，重极则反之也难，识其重之机而反之则易。⑭

势也可说是一种力量，这就是人们所谓的"势力"。势力有大有小，有轻有重。势力由小变大，由轻变重。"势"必然先有征兆，当征兆出现的时候，不让它萌芽、茁壮，此所谓"识其重之机而反之则易"。譬如说，宦官不过是皇帝身边的侍从，不得干预政治；如果皇帝不管政事，交书经内侍传送批阅，内侍的权势变大了，横议的力量大于清议的力量，便再无法收拾，结果造成如东汉党锢之祸。明朝宦官魏忠贤毁天下书院，杀了东林和复社无数的士人和学生。两股势力的不断冲突，连带政权也给断送了。

赵翼将南宋当时的知识分子，分为"义理之说"与"时势之论"两派势力。⑮讲义理的主战，在野的朱熹是主要人物；重时势的主和，在朝的韩侂胄是主要人物，两人互相攻击。孰是孰非，很难论断。其实，义理和时势之争，关键只在利禄二字。古代所谓的君子和小人，组党结派，又何尝不是为了利禄。试看陆九渊（象山）讲学的故事。

陆九渊游江西南康，朱熹邀请他到白鹿洞书院演讲，讲题是《论语》"君子喻以义，小人喻以利"。题目点出了君子和小人的分别，就在义和利这两个字上，当时在座听讲的都是朱熹的学生，平日读圣贤书，却一心想进入政府，弄个高官厚禄的职位，不能说是没有。不然，为何听讲的这些学生，并非身穿厚衣，却听得汗流浃背、满脸通红呢？因为陆九渊的每句话，刺中了每个学生的求利之心，连朱子听了也感动不已。

任何一个国家、社会、团体，都同时存在着相反的两种敌对的势力。在义利的取择下，从东汉到南北朝，有真名士，就有假名士；有真隐士，就有假隐士。从宋到明，有真理学，就有假道学，明李贽、清初魏禧、彭士望等，就先后讨论到这个真假的问题。真者为义，假者为利。赵翼所区分的义理和形势的知识分子如此，胡适等反对理学的理由亦在此。

---

⑭ 《朱子语类》卷九十四。
⑮ 赵翼，《廿二史札记·和议》。

四、清议所衍生的问题

(一) 顾亭林论生员[16]

在中央学校学习的是太学生,在地方学校学习的是生员。朱一新说道,明代嘉靖以后,学生习气愈变坏。顾炎武(亭林)写了三篇专论生员的文章,指出生员横行的事实。

1. 出入公门,阻挠政事。

2. 仗势武断乡里。

3. 巴结胥吏,甚至自为胥吏。

4. 官府一拂其意,则群起而哄。

5. 专找官府之阴事,然后讨价还价。

亭林认为:生员如此横行不法,官吏和百姓都不堪其扰,那么选拔人才,何必出于生员一途呢?只出一途,必然产生种种弊端,倒不如尽量废除生员,采用乡论清议,实行荐举方法,让品德好、有才能的人才,出来为国家效力。

亭林的改革议题有二:一是讲求"经世要务"[17],一是"明学术,正人心"[18]。前者指的是变法,后者指的是风俗人心。有清一代,谈变法的人很多,而论风俗人心的人则少。历史上,任何政权的灭亡,实际是失去民心,风俗变坏。风俗人心,是每一个人的责任,所以亭林说:"国家兴亡,匹夫有责。"

(二) 道家的清议

老子曾为柱下史,掌管国家图书馆的文献。孔子曾拜访老子,觉得他说的话,高深莫测。孔子对弟子说,老子像是一条"乘风云而登天"的飞龙,若隐若现,无法形容。[19]《易经·乾卦》说:"龙德而隐者也。"唐孔颖达疏云:"圣人有龙

---

[16] 《顾亭林诗文集·生员论》,中华书局出版。
[17] 《日知录·潘耒序》。
[18] 《日知录·亭林序》。
[19] 《史记·老庄申韩列传》。

德而隐居者也。"果然,老子终于辞去史职,骑牛西隐,经函谷关,守关的官吏说:"子将隐矣,强为我著书。"[20]班固《汉书·艺文志》记载:道家一派,"盖出于史官"。

老子、庄子用哲学语言,提出他们不扰民的政策,是积极的,而不是消极的态度。这是道家的清议,也是史官的清议。

孔子说荷蓧丈人是"隐者",其他见于《论语》的楚狂接舆、长沮、桀溺等;"逸民"如伯夷、叔齐、柳下惠等,都是廉洁不贪,"隐居放言"的君子[21],可惜为小人排挤,不得已而逃世隐居。所以桀溺说:在污浊的政治里,像洪水猛兽一样的小人,随处可见。做"隐者",做"逸民",是不得已呀!

《后汉书》《宋书》等史书都有《隐逸传》,所收的都是在野的隐者逸民。陶、谢并称,陶入《隐逸传》,而谢入《文苑传》。一是不为五斗米折腰的隐者,是道家;一是在朝的权贵,是文人。

清龚自珍说:"孔子述《六经》,则本之史。史也,献也,逸民也。"[22]将在野不仕的史家、贤者、隐者,通通视为"山中之民"。

自珍以史家自居,以议论政治、社会,改善"人心风俗"为己任。

龚自珍提出改革,警告在朝的保守人士,若不自行改革,未来将出现在野的豪杰——"山中之民",他们不会乐于臣服爱新觉罗一姓,必推翻旧朝,强行改革。[23]

改革的对象有二:一是法令,法是人为使然,从顾亭林到龚自珍和魏源,都认为祖宗之法没有不变的道理,一切事物每分每秒都在变,变字很重要。王船山和魏源,两人很重视这个变字,所以说,法随时在变。二是人心。法令易改,人心却难改革。康有为公车上书,到戊戌变法,未能完成清议的愿望,牺牲了变法六君子的性命。这时人心思变,满清政府失去民心,造成由变法转而革命,两百多年的基业,从此结束。历史上的盛衰兴亡,出在人心这两个字上;历史上有汤武革命和辛亥革命,而革命亦出在人心这两个字上。

[20] 《史记·老庄申韩列传》。
[21] 《论语·述而篇》。
[22] 《古史钩沉论》四。
[23] 《乙丙之际箸议》第七。

五、结语

一、清议不完全能代表民意，清议中亦有横议。清议和横议两者，有时只是利益之争。为了利益，讲义理者转而讲时务，讲时务者转而讲义理，说穿了，为的不过是私利而已。

二、学校有清议，也有横议；太学生中，有清流，亦有浊流。黄梨洲说"学校所以养士也"，学校应该培养的是有学、有识、有品德的太学生和生员，不应让横议者养成习气、破坏风气。

三、儒家有清议，道家也有清议。儒者恪守道德规范，言行保守，是当权者笼络的对象；道家不为道德束缚，想说就说，敢于直言，身为贤者，却不受欢迎，只好过着隐居的生活。他们有学有识，等待机会，往往是改革的先驱人物。

四、风俗人心决定清议的存亡，所以改革风俗人心最为重要，变法次之。

五、儒道都是史，是记录，是裁判，关键在心，所以史家议政，要把良心入在第一。

六、有言论的清议，也有文字的清议，两者同等重要。

七、民心重于权势和法令，权势法令是短暂的，而抓住人心是治国的良方，最为紧要。

【何佑森　台湾大学中文系教授】

原文刊于《中国文化》2001年 Z1 期

传统转化与传统解释学

徐葆耕

"传统转化"是一个富有中庸哲理的口号,它把我们从"传统—理性"的二元对抗模式中解放出来,这个提法既标识出传统之必须改变,又没有说"彻底决裂",更没有说必须用西方的理性或非理性文化范型来取代传统,它否定了两极:对传统的全面肯定与全面否定,除此之外,它既没有告诉你必须做什么,也没有告诉你不能做什么。这恰好符合中庸哲学。吴宓说:"中庸是变化不定的,中庸≠某一固定数。"事实上,即使最激进或最保守的学者也都不承认自己是站在口号所否定的两个极点上,因此,几乎所有的学术观点都可在这同一框架下操作。中国的传统文化也许就在各派的合力之间左摇右摆地向着现代的方向蜕变。它不可能固定在某一点上,但又总会有它的一个位置。

一、两种操作经验:摧毁与解释

纵观世界文化发展的历史,传统转化的操作路线大体有两类:一曰"摧毁",二曰"解释"。"摧毁"的方法着重于从外部打击传统,促其转化;"解释"则着重于内部的消解与创造。

在西方,早在古希腊时期就对语言或文本持怀疑态度。苏格拉底发现,作为神的传信人赫尔墨斯,他的头具有温柔的神性而身子却是山羊。也就是说语言的发明者具有神魔双重性格,语词既有晓示又有隐瞒的力量。揭破隐瞒、寻求真理的办法就是发展普遍的二元对抗。欧洲中世纪文化的主要特征就是希伯来与古希腊文化、拉丁与条顿文化的对抗(参见罗素:《西方哲学史》)。到了文艺复兴时代,对上帝的人间信使——教会与神职人员的怀疑终于发展到抨击。又过了几百年,启蒙学者正式向基督教神学宣战,开始了理性王国时代。但没过多久,浪漫主义者以"回到中世纪"相号召开始了对新古典主义的战斗,他们并不是向基督教的教义回归,而是希望开辟一个个体解放的新纪元。此后,现代主义又向一切理性主义思潮宣战。统观起来,西方文化发展的历史是二元对立的历史,每一种文化思潮都是以批判或否定另一种思潮为自身存在的前提,而当自己发展到一定程度又被另外一种思潮所摧毁,相激相荡而又相汇相融。这股文化浪潮从对"意义"的批判(如文艺复兴时对基督文化的否定、巴洛克对文艺复兴的否定、现代主义对古典主义的否定)到对"形式"的批判(如十九世纪浪漫派对三一律等古典形式的否定、现代派对现实主义创作原则的否定)到对"结构"的批判乃至对语音、语素的批判。这是一个从宏观向微观逐渐深入的过程,恰同物理学从分子到原子到夸克的发展过程相对应,是"物质无限可分性"的逻辑发展的必然结果。它的基本精神是分析、是摧毁。正如当代法国诗人伊夫·博纳富瓦所云:

  必须摧毁、摧毁、摧毁,
  只有拯救才值得付出这般代价。

而中国文化发展的历程却呈现出与西方不完全相同的形态。在春秋战国时期,曾有过诸子学说纷然并存的局面,各种思想、学说、学派相互对立、相互批评,但同时又相互吸收、相互融会;如荀子是尊孔宗儒的,但其又吸收了法家思想,某些观点则近于墨家。战国时的《吕氏春秋》则试图综合诸子,具有融汇各派的特色。到了西汉,"罢黜百家,独尊儒术",又有所谓"今文经学"与"古文经学"的争论,两派对孔子及五经的看法有很多不同,在学风上也各有侧重,但它们之间的分歧和对立显然是由于政治因素的支配而被扩大到了你死我活的地步。到了东汉末年,郑玄以古文为主、兼采今学,实现了一次综合。魏晋以后,由于外来佛教的冲击,儒学面临新的挑战,儒、佛对立曾发展到相当激烈的程度,但从总的方面看,学术界对两派取沟通态度,产生了"格义"之学,佛学被融进了儒学,而"援佛入儒"的结果使儒学发生了巨大变化。到了宋代,形成了颇有特色的儒学形而上建构,把儒家学说推进到宋明理学的新阶段。明末清初,一批学者不满意于宋学"束书不观,游谈无根"的恶习,乃反求之于古经(参见梁启超《清代学术概论》);又有宗汉贬宋、倡经世致用之学派。晚清之际,张之洞等融汇汉、宋,倡言"汉学,学也;宋学,亦学也"(张之洞《劝学篇》)。显然,二千多年来,纵然时有学说、学派之对立、冲突,但大都不带根本性的对立,这种冲突又以"会通"而缓解或消失。中国文化发展的历程,自先秦到清末,主要特点不表现为二元对立,而表现为对立中的融汇,不表现为"分析",而是"综合"。

  出现上述情况,一个重要的原因是中国传统文化的柔性,占据主流地位的儒家一贯主张中庸哲学,对异质文化也以中和态度相待。从外部来说,大一统的政治独裁也导致学术上的异端难以存活。自西汉独尊儒学以后,也有人曾力谋独树异帜,建立"非孔"的对立学派,如明代李贽,也一度形成气候,"万历中年,王李之学盛行,黄茅白苇,弥望皆是。"(钱谦益《列朝诗集小传丁集》)但这类非孔学派的主要人物大都没有好下场。相反,以昌明儒学为主要营生的学者则可官进百级,名利双收。这就迫使得学者们即使有了新的思想,也不敢另立山头,而只是以"解释儒学"的面目,将其融入儒学。所谓学术争论也常常表述为"谁代表真正的儒学"的分歧,辨明古书的真伪、校勘内容的讹误并将已为时人读不懂的字、词、句予以考证并作出注解——这本来就是继承前人成果的需要,再加上前述的政治背景,使得中国的传统解释学远比西方发达。中国文化发展的历程不是如西方那样彼此在"摧毁"中再生,而仿佛只是在对前人著作的"解释"中累进。政治上的独裁统治越严酷,传统解释学越发达。清代是一个有名的文字狱时代,恰在这个皇朝统治时期,中国特色的解释学——训诂学达到了登峰造极的地步。

  当然,西方与中国在传统转化方面的操作区别只是相对的。西方的"摧毁"

过程中有肯定、综合、融汇；中国的"解释"过程中也有否定、消解、摧毁。世界上每一种传统的转化都是在两种操作的交互作用中实现，只是各自的侧重面不同，从宏观上便显示出如上的区别与特色。

二、文本的弹性与解释的可能

《说文解字·言部》："训，说教也"。段玉裁注："说教者，释而教之。"吕忱《字林》："诂，故言也。"张揖《杂字》："诂者，古今之异语也。"故"训诂"即对古代语言文字的解释与依此而进行的教化。王力认为："我们所谓语义学（Semantics）的范围，大致和旧说的训诂学相当。"（《龙虫并雕集》第一册，第315页）张世禄则认为："依照中国过去训诂学的性质看来，与其说它是字义学，不如说它是解释学。"（《张世禄语言学论文集》，第221页，学林出版社）而训诂学标举的唯一目的是让古圣贤之学说教诲能为当时人所了解和接受，用陈澧的话说："有训诂则使古今如旦暮，所谓通之也。"（《东塾读书记》）由此，严谨和准确地解释经典就成了训诂所必须遵循的标准，所有的训诂学家都标举自己的注疏是最符合经典之原意的。但正如前所述，由于中国没有批判主流文化的客观环境，学人的批判欲、破坏欲和创造欲都受到压抑。因而，这些欲望往往以"解释"的形态曲折地表现出来。对经典名为解释，实际上隐含着批判、修正。萧公权在为康有为辩护时说："他（指康有为——本文作者注）的确是个修正者，而非格古者。其实名儒名贤如孟子、荀子、董仲舒、朱熹、陆九渊、王守仁等都是修正派。"（《康有为思想研究》，第41页，汪荣祖译，台北联经出版公司）史书记载，孔学一出，宗孔者即分为八个不同流派。如把《诗经》《易经》等经典文本的历代解释作一纵向考察就可明显看出，两千年间大都有若干次大的修正。至于晚清、民初由于引进西方的思想和逻辑方法，则不仅是"修正"，而且开始了"重构"。另外，如果我们对解释文本作横切面考察亦可发现同代人之间对文本的解释亦会有重大不同。尽管解释者都声言忠实原文，但每个人的"前理解"都在解释中导致偏离。解释不只是原文的传递，也是原文的变形、消解和再创造。解释的过程实质上是传递／修正、保存／消解的对立统一。

西方解释学源于对《圣经》的阐释。出于对基督的信仰，西方传统解释学者有一种强烈的追求"逻各斯"即"圣言"的意欲，到文艺复兴乃至十八世纪启蒙时代，对基督的信仰衰落了，但对"唯一真理"的追求依然是一种神圣的信仰，反映在文本解释上，尽管有分歧、冲突甚至为此而发生战争，但对"逻各斯"的忠诚始终贯穿在对文本的解释里。中国的情况多少有些不同。中国学者自古宗教观念淡薄，孔子尽管是"至圣先师"，他终究是个凡人，对孔子的尊敬与推崇缺少西方对基督的那种神圣性质，反映在文本解释上尽管强调"无一字无出处"，即每走一步都要以历史文本为依据，但从内心深处而言，中国传统解释学家没有亵渎圣言即是犯罪的罪感，他们对前人的解释更多考虑的是自己所处政治、人文环境的需要。当康有为引证孟子的话说"大人者言不必信，惟义所在斯言也"并声称孔子所谓三代先王纯系虚构时，可以说他道出了许多解释学者内心之不敢言，反映了中国传统解释学的实用理性本质。

从形式上看，中国的解释学是以历史话语（引经据典）为主体，解释人所处的当代话语几乎没有地位，因而使文本具有一种由历史文本缝缀而成的"克里斯玛"式的权威气质。当我们阅读这种文本时，仿佛在耸立着各种历史经典的密林中穿行，而走到一个出人意料的"目的地"时，再回过头看看全部繁密的引证，一种敬畏之情不禁油然而生。即使读今人的考证文章如陈寅恪、王国维的皇皇巨著时也仍然会有这种敬畏之感。陈寅恪先生的学生何成武教授谈到，"先生（指陈寅恪——本文作者注）的学问，我只有望洋兴叹，佩服得五体投地。但我却时常不免感到，越是读它，就越觉得从其中所引证的材料往往得不出他那些重要的理论观点来，这引导我认为，历史学家的理论并不是从史料或史实中推导出来的，反倒是历史学家所强加于史实之上的前提，也可以说，历史学家乃是人文（历史）世界真正的立法者。"（《历史理性批判散论》，第8页，湖南教育出版社，1994）可见，历史话语的新体系并非历史本身，而是解释人制造的历史幻觉，它不过是操纵者的一个投影，而操纵者的背后又是他所处的政治、人文背景。所以，解释文本实际上含有历史话语——解释人的话语——解释人所处的政治、人文背景的三重结构。

学术史的视域

容许中国传统解释学家如此纵横驰骋的根本原因在于中国经典文本的"弹性",即多文本与古汉字的多义性。西方传统解释学的主要对象比较单一,即《圣经》,虽也有《旧约》与《新约》及版本之间的歧义,但终比中国的情况要简单。中国在春秋战国时诸子纷出,而一家又分多派,据史书载,孔门曾一分为八。西汉独尊儒术后,哪些书算作儒家经典,众说不一,古今文之争其实就是文本之争。汉武帝立诗、书、礼、易、春秋为经典,但后人(如钱穆)就认为易经与儒家思想多有不合。宋人于五经之后添上"四书",想补五经之不足,而事实上,官方是把四书置于五经之上的。到晚清,康有为把大部分经书考证为"伪书"而独尊公羊。清楚地显示出,中国经典之多文本给了解释学者的选择的自由,而文本的选择本身即透露出解释者本身的思想与情趣,今人钱锺书的《管锥编》对所诠释的文本的选择也可以使我们窥出作者的思想、兴味。

解释学赖以存在的最根本的理由是人们对语言的表意能力的怀疑。解释学家把戳破欺骗、把握真实当作自己的任务。但这一任务在西方与在中国由于文字类型的不同而取不同的途径:拉丁语系国家采用拼音文字,较早地摆脱了表象模仿的阶段而使声音与意义直接对应,但在这一过程中间,意义的信息量大批失落。语音的单一性与意义的丰富性不谐调。当语言自认为已经充分表达意义的时候,意义却跳出来申言远非如此,语言背叛或强奸意义成为普遍问题。而中国文字属表意系统保留了比较多的表形因素,它不仅有声与义的对应,而且有形与义的对应,从而形成"形、音、意"的三角形结构,这就使得中国文字保留了较多的意义信息量。同时,在古汉字中间,每一个字(词)都可引申。这种引申至少包括以下十种类型:因果、时空、空虚、动静、施受、反正、同形、同状态、同感觉、同作用。按照汉字史上的说法,同声字(或近声字)则义通,一个字(词)都有一个同(近)声链,链中的每个字(词)又有了它的引申义。这样,我们面对一个字,就是面对一串字及每个字的本义和引申义组成的"电义之网"。中国人试图用这种办法摆脱文字表意上的窘境,应该说是一种聪明的办法。这种办法给后来的解释学者带来了困难,也带来了自由。因为你的解释每前进一步都面对多条可走的路,如果你的智力不够,难免陷入歧路亡羊的困境,但对于一个富于创造而又博学于文的学者,无疑有了多种选择的自由。他们能够在意义之网中走出自己的轨迹,编出自己的解释图案。中国文字迥异于拉丁语系文字的独特性,给中国传统解释学提供了更为广阔的用武之地,也决定了中国的解释学应该有区别于西方解释学的理论体系与操作方法。

三、传统解释学的新生机

十九世纪末、二十世纪初,中国的传统和传统解释学遇到了严重的挑战。

这种挑战主要来自西方。康有为曾想用传统解释学故伎来实现"援西入中",在孔子的旗帜下大量引进西方的政治、思想和文化。但当人们读他的学术著作时,常感到传统的这件旧衬衫怎么也遮盖不住来自西方的肥硕的躯体,传统解释学在康有为那里显出了自己的窘迫。即使如此,二十世纪初的激进青年仍不满意于康、梁、严等人的恋旧,断然认为,传统文化已将近死亡,唯有西方文化才能拯救中国。于是,"解释"变成了保守的代名词,"摧毁"成为必不可少的操作。从新文化运动起,批判传统(有时也谈继承)便成了中国文化运动的主潮。二十世纪初,在哈佛学习时,陈寅恪还认为采用程朱"援佛入儒"的办法可以解救二十世纪中国文化危机(参见《吴宓与陈寅恪》第11页,清华大学出版社1993年版),但到了二十年代后期,王国维自沉之后,他认为中国文化已成"不可救疗之局"(参见《王观堂先生挽词并序》),他的论据是由于外族侵迫导致中国经济之剧变,而文化是依托于经济的。"纲纪之说,无所凭依,不待外来学说之撞击,而已销沉沦丧于不知觉之间。"(《王观堂先生挽词并序》)

但是,曾在西方创造了灿烂文化的"摧毁"型操作,在中国都有些不灵。这是因为,西方自启蒙运动以降,对立面历次转型之、皆产生于西方之身。即使有外界文化参与也处于从属地位,而中国用以摧毁自身传统的武器却来自西方,这就不能不遇到民族自尊意识的抵抗。中国有着远比西方源远流长的文化历史,由此构成了极其深重的民族文化情结,即使是五四时代的激进者如鲁迅、胡适等也常在传统文化的某些深层意识面前越趄不前。应该说,摧毁型操作给中国带来了巨大的社会进步,其功不可没,但对传统的每一次轰毁,几乎都有"复古"浪潮回应。对传统的轰击到二十世纪八十年代的《河殇》达到了它的高峰。而作为回应的电视连续剧《渴望》也轰动了大半个中国,剧中以坚忍为主要性格特征的传统中国妇女形象倾倒了万千观众,被倾倒者大半属于市民阶层。这一现象使我们意识到,当先驱者们呼啸着大步踏倒传统时,普通的市民们却以非常冷静的态度决定着对传统文化的弃取。联系到鲁迅、胡适、闻一多等学者对传统的双重态度,不禁使我们想到著名的解释学家伽达默尔说的:"我们其实是经常地处于传统之中,而且这种处于决不是什么对象化(Vorgegenstand lichend)行为,以至于传统所告诉的东西被认为是某种另外异己的东西——它一直是我们自己的东西,一种范例和借鉴……"(《真理与方法》,第279页,洪汉鼎译,上海译文出版社)

特别应该说明的是,五四时代的激进派尽管对传统文化曾说过一些决绝的话,但事实上并没有全盘否定,胡适当时就试图兵分两路的:一方面提倡白话文,一方面要"整理国故"。整理的方法叫"大胆假设,小心求证"。所谓"小心求证",胡适明确指出即使用"训诂方法",其目的在于扫荡覆盖在经典文本上的历史迷雾,还其本来面目。这恰好符合解释学的宗旨。激进派沿此取得重要实绩的是顾颉刚编撰的《古史辨》和闻一多的《古典新义》。冯友兰称他们为疑古派。疑古其实也是一种释古,只是带有更多"六经注我"的色彩,他们在阐释传统方面的贡献是不在"我注六经"者之下的。

如果说,二十年代由于经济制度剧变而使陈寅恪对传统感到悲观的话,那么,八十年代末,同样是经济因素使人们看到了传统的新的生机。这就是日本和亚洲"四小龙"的崛起,它使人们看到一种区别于西方的另一种现代化社会,在这种社会中,汉文化传统仍占有它的一定地位,甚至是相当重要的地位。西方分析哲学的走投无路,使人们寄希望于东方的综合哲学,学者们关于二十一世纪东方文化将要复兴的论断也并不像二十世纪初梁启超的预言那么显得缺少根据(梁的预言参见《欧游心影录》)。

当然,即使对传统估计最高的人也不能不承认,传统不可能原封不动地存在,它必须改变、转型。因此传统解释学就重新引起了人们的注意。梁启超、王国维、陈寅恪、冯友兰乃至闻一多、朱自清以及海外新儒家所做的工作重新引起了人们的注意和兴趣。特别是钱锺书先生的《管锥编》,从哲学、心理学和情感世界的深层沟通了中西文化,在中国经典与外国多种文本的相互参照中开出了一个新的精神世界。正像物质生产的目的是最大限度满足人的物质需求一样,精神生产的目的也只有一个即满足人们精神生活的最大需要,别无其他。传统文本还能不能为人们提供精神营养?传统解释学还有无存在的价值?答案均在于此。我们无法概括出现代人的精神需要,但二十世纪大师级学者们所做的工作却使我们产生信心,并对上述两个问题做出肯定的答案。同时还要补充的是,在对传统的重新解释的过程中一定会诞生中国自己的现代解释学。

【徐葆耕　清华大学中文系教授】
原文刊于《中国文化》1995年01期

"文化托命"与中国现代学术传统

刘梦溪

【内容提要】中国现代学术以何时为开端？历史学界通常把1840年鸦片战争至1919年五四运动这段时间，称为中国历史的近代时期，而以1919年五四运动至1949年为现代时期。但学术史和文化史的分期也以此为依据，不容易解释清末民初以来的许多文化现象。用政治事变来例同学术文化变迁，反映不出学术文化本身的嬗变规律。

实际上，中国传统学术向现代学术转型，可以追溯到晚清的经今文学运动，现代学术的种子即埋藏其中。但今文学运动本身还不具有现代学术的特征。1898年，严复发表《论治学治事宜分二途》，1902年，梁启超发表《论学术之势力左右世界》和《新史学》，1904年，王国维发表《红楼梦评论》，现代学术思想和学术规范得到比较集中的体现。因此中国现代学术发端的时间，应为十九世纪和二十世纪之交；标志是承认学术具有独立之价值，并在研究中开始吸收西方现代的观念和方法；代表人物是严复、梁启超、王国维等，而尤以王国维扮演着现代学术开山祖的角色。

王国维1927年自沉于颐和园鱼藻轩，社会上异说异是，察察为揣。惟史学家陈寅恪能够从文化兴衰和一代学者的命运的角度，对王氏的死因给以正解。包括王、陈在内的中国现代学者中的大师巨子，声闻显晦或有所殊异，但与本民族的文化共同着命运,欲以学术为宗基"承续先哲将坠之业",同为一代文化所托命之人则一。他们的学术流向包含着省察传统和回应西学两个方面,既不忘记本民族的地位,又能够做到与世界文化对话交流,为中国现代学术奠立了难能可贵的传统。

但中国现代学术的发展仍然困难重重。就学者的主观认知而言,有四重障蔽应予以破除。第一,学术是手段还是目的;第二,"有用之学"与"无用之学";第三,中学和西学之争;第四,新旧古今之辨。这四个问题之所以产生,主要是中国传统学术一向缺少学术独立的传统,特别是"经世致用"之说束缚了人们的头脑,使人们忽视学问本身的独立价值。王国维、梁启超等现代学术的开关人物,为破除这四重障蔽曾做出巨大努力,可是时至今日,也不能说此一问题已获致完全解决。

任公先生说:"就纯粹的学者之见地论之,只当问成为学不成为学,不必问有用与无用,非如此则学问不能独立,不能发达。"又说:"为学问而学问,断不以学问供学问以外之手段,故其性耿介,其志专一,虽苦不周于世用,然每一时代文化之进展,必赖有此等人。"信哉斯言。学术之求得独立,首先还要有独立的学者。四重障蔽不能破除,宜乎中国现代学者难于安身立命也。

从陈寅恪的《王观堂先生挽词》谈起

一九二七年六月二日(农历五月初三)上午十时,中国现代学术的开山泰斗王国维自沉于颐和园鱼藻轩,年仅五十一岁。这一突如其来的噩耗,在中国现代学术的摇篮清华园引起巨大震撼。第二天傍晚,清华国学研究院师生向死者遗体告别,恭谨致礼,哀默如仪。正在这时,清华四导师之一的史学家陈寅恪莅临现场,出人意料地行三跪九叩大礼。[①] 这一举动产生了精神共感效应,在场的姜亮夫、刘盼遂等国学研究院同学,当即痛哭失声,对已故国学大师的哀感和对眼前这位年轻导师的敬意无形中融作一片。

---

① 王国维逝世后清华国学研究院师生向遗体告别情景,系杭州大学姜亮夫教授向笔者所讲述,时在一九八九年十一月四日下午四时于姜先生寓所。

陈寅恪当时三十八岁，与王国维有十三岁之差，但他们相知甚深，既是学术同道，又是精神契友。王国维自沉前一日所写遗嘱，书籍一项，特标出"可托陈、吴二先生处理"。② 吴指吴宓，陈即寅恪先生。而书籍之于王国维不啻为生命本身，他早就说过："余平生惟与书册为伍，故最爱而最难舍去者，亦惟此耳。"③托陈寅恪先生为之处理书籍，无异于以生命相托，当然也可以看作是一种文化托命。实际上，很少有像寅恪先生这样，对王国维的精神世界和文化怀抱有如此深切的了解。为了寄托哀思，他写有一诗一词，即《挽王静安先生》诗和《王观堂先生挽词》，后者与王国维的《颐和园词》④差堪比并，同为冠绝当世的名篇。《挽词》的前面有一长序，其中写道：

> 凡一种文化值衰落之时，为此文化所化之人，必感苦痛，其表现此文化之程量愈宏，则其所受之苦痛亦愈甚，迨既达极深之度，殆非出于自杀无以求一己之心安而义尽也。⑤

又说：

> 盖今日之赤县神州值数千年未有之巨劫奇变，劫尽变穷，则此文化精神所凝聚之人，安得不与之共命而同尽，此观堂先生所以不得不死，遂为天下后世所极哀而深惜者也。⑥

---

② 参见一九二七年七月出版的第二卷第八、九、十期合刊的《国学月报》，其中柏生所作《记王静安先生自沉始末》有载。
③ 参见清华国学研究院编印之《国学论丛》第一卷第三号"王静安先生纪念号"上，《王静安先生手校手批书目》一文的"跋文"，1928 年出版。
④ 王国维的《颐和园词》作于一九〇二年春在日本留学时期，全诗百四十句，述有清一代之兴亡，是王氏自己最满意的诗作之一。陈寅恪先生《挽词》中"一死从容殉大伦，千秋怅望悲遗志。曾赋连昌旧苑诗，兴亡哀感动人思。岂知长庆才人语，竟作灵均息壤词"句，即指《颐和园词》而言。吴宓《空轩诗话》第十二则："王静安先生国维自沉后，哀挽之作应以义宁（今改修水县）陈寅恪君之《王观堂先生挽词》为第一。"罗振玉在致陈寅恪函中亦说："奉到大作忠悫《挽词》，辞理并茂，为哀挽诸作之冠，足与观堂集中《颐和园词》《蜀道难》诸篇比美。忠悫以后，学术所寄端在吾公也。"
⑤ 陈寅恪《寒柳堂集》所附之《寅恪先生诗存》，第 6—7 页，上海古籍出版社，1980 年版。
⑥ 同上。

王国维自沉以后，社会上异说异是，谣诼纷纷，不乏昧于大道者的察察为揣，只有陈寅恪先生能够从文化兴衰和一代学者的命运的角度，对死因给以正解，使那些"流俗恩怨荣辱委琐龌龊之说"⑦，得到一定程度的廓清。

七年之后，即一九三四年，陈寅恪又在《王静安先生遗书序》中申论说："自昔大师巨子，其关系于民族盛衰学术兴废者，不仅在能承续先哲将坠之业，为其托命之人，而尤在能开拓学术之区宇，补前修所未逮。故其著作可以转移一时之风气，而示来者以轨则也。"⑧又谓："古今中外志士仁人，往往憔悴忧伤，继之以死。其所伤之事，所死之故，不止局于一时间一地域而已。盖别有超越时间地域之理性存焉。而此超越时间地域之理性，必非其同时地域之众人所能共喻。然则先生之志事，多为世人所不解，因而有是非之论者，又何足怪也？"⑨对王国维死因的探究又进了一步，已达至深层意义的理性升华。

也就是说，在陈寅恪看来，王国维之死是一个"能承续先哲将坠之业"的学者，以生命殉其文化，与纯属为实现道德的自我完成所做的抉择不同。一九一八年十一月十日，梁漱溟的父亲梁济在北京净业湖自沉⑩，虽也有"超越时间地域之理性存焉"，却不带有更多的自觉文化意识，而是当传统秩序解体之际寻找到的心理安顿的一种方式。把两者区分开来的关键，在于是否以文化托命为职志。因为十九世纪末叶以后，由于西学东渐，欧风美雨狂袭而至，延续几千年的中国传统思想文化发生了深刻的危机，站在时代潮流前沿的人文学者在预设重重挽颓救弊方案的同时，必不可免地会激发起续命传薪的历史责任感。王国维如此，陈寅恪亦复如此。王国维死后不久，陈寅恪先生在《国学丛刊》上发表一篇《大乘稻芊经随听疏跋》，由吐蕃沙门法成撰集的经论注疏，如《般若波罗蜜多心经》等，系译自藏文一事，联想到玄奘曾把汉文《大乘起信论》译成梵文，但玄奘的名字家喻户晓，法成却不为人所知，因而发为感慨，说"同为沟通东西学术，一代文

---

⑦ 陈寅恪《寒柳堂集》所附之《寅恪先生诗存》，第6—7页，上海古籍出版社，1980年版。
⑧ 陈寅恪《王静安先生遗书序》，《金明馆丛稿二编》，第219—220页，上海古籍出版社，1980年版。
⑨ 同上。
⑩ 关于梁济自杀问题，林毓生教授撰有《论梁巨川先生的自杀——一个道德保守主义含混性的实例》一文，析论甚详，可参阅。载林著《中国传统的创造性转化》，第105—226页，三联书店，1988年版。又《梁漱溟全集》第二卷之《自述》亦有说，可参阅此卷第18页，山东人民出版社，1990年版，中国文化书院学术委员会编。

化所托命之人,而其后世声闻之显晦,殊异若此,殆有幸有不幸欤"[11]。中国现代学者中的大师巨子,声闻显晦或有不同,但与本民族文化的兴衰共同着命运,同为中国传统社会向现代社会转型时期的一代文化所托命之人则一。

只不过在中国现代学者群中,王国维和陈寅恪的文化托命意识更为自觉,毕生奋力以赴,未尝稍忽,不仅发为论议,主要是以学术为宗基,通过具体的学术创获实现托命之旨;而且尽可能融入现代的比较科学的观念和研究方法,去化解传统思想文化的危机,为中国现代学术传统的奠立树起了新典范。

中国现代学术以何时为开端

我所谓中国现代学术,指的是十九世纪末和二十世纪初,随着西学东渐和外来思想的冲击所产生的文化震荡,中国学术衍生出来的新规范和新方向。因此不简单是一个时间的概念,也无法全由政治断限来替代。

历史学界通常把一八四〇年鸦片战争至一九一九年五四运动这段时间,称为中国历史的近代时期,而以一九一九年五四运动至一九四九年为现代时期。把这种划分拿来作为学术史和文化史分期的依据,并不一定妥当。文化的嬗变比政治事变要宽泛得多,也深刻得多,前因后果,简错百端,历史延伸度很长;学术蜕分,也是一个思潮递嬗和历史衍化的过程。以政治事变来例同学术文化的变迁,反映不出学术文化本身的特殊发展规律。中国治学术史和文化史的学者,每困于在研究中难于有所突破,窃以为除了别的原因之外,就与以政治分期来例同于学术断限有很大关系。分期不明,将学术混同于政治,不可能正确评价学者们的学术创获。特别是研究清末民初以来的学术文化,"近代""现代"两个概念常常混淆不清。王国维的学术活动始于第一次从日本留学回来的一九〇二年,自然在一九一九年五四运动以前,但他许多学术著作是在生命的最后十年,即一九一七年至一九二七年完成的,已跨过五四运动很多年,所谓"近代"和"现代"

---

[11] 陈寅恪《金明馆丛稿二编》第225页。

的概念,在王国维身上就不易说清楚。章太炎生于一八六九年,比王国维大八岁,卒于一九三六年,时间跨度比王国维长得多,五四前和五四后都有重要的学术建树,虽然前期作为思想家和革命家的影响更大,后期以国学大师的身份成为学界儒宗。那么站在学术史的角度,章太炎是"近代"学者,还是"现代"学者?政治断限往往不能对学术文化现象做出正确说明。因此笔者认为,不应把五四运动作为中国现代学术的起点,而应当振叶寻根,沿波讨源,上溯到在内涵上可以体现现代学术特征的时候开始。

中国学术发展的历史,要而言之,可以说经历了先秦子学、两汉经学、魏晋玄学、隋唐佛学、宋明理学、清代汉学和晚清今文学几个阶段,各个阶段之间斥而相续、异中见同,形成一个个连接而不重复的瑰丽景观。但这些个历史阶段都属于传统学术的范畴,进入现代学术需要铺设新的条件。本来晚清今文学已带有过渡时期的特点,现代学术的种子已开始萌动发芽,只是从根本方面考察,还不能把庄存与和刘逢禄开其端、龚自珍和魏源集其成、康有为殿其后的今文学运动,与现代学术混为一谈。现代学术的奠立,应具备三个起码的条件:第一,学者的思想自由;第二,以学术独立为目标;第三,在研究方法上尽量吸收新的观念,能够与二十世纪前后的世界学术文化对话交流。用这三个条件来衡量晚清今文学,显然不合现代学术的规范。即以康有为来说,他的目的并不在学术,而是拿了学术去做维新改制的手段,与学术独立大异其趣。他的学术好依傍,恰好是不独立的。所用的方法,也不是以新的科学观念去治旧学,而是采取大胆证伪的方法开传统学术的玩笑,自己则未脱传统学术的框架。

那么中国现代学术究竟应该以何时为其开端?笔者认为有四篇文章值得注意。一篇是严复的《论治学治事宜分二途》[12],明确提出"治学"与"治事"两者不能相兼,"惟其或不相侵,故能彼此相助"。所以他建议给予学成者以名位,把"学问之名位"和"政治之名位"区别开来,多少已流露出提倡学术独立的思想。严复是晚清时期系统介绍西方学说的第一人,他力主不宜把学术混同于事功,学理上的依据易为人们所接受。这篇文章发表在一八九八年七月二十八和二

---

[12] 《严复集》(王栻主编)第一册,第88—90页,中华书局,1986年版。

十九日两天的《国闻报》上。第二篇是梁启超的《论学术之势力左右世界》,对学术在世界上的地位和社会作用,给予超乎常人想象的评价,文章一开头即写道:

> 亘万古,衷九垓,自天地初辟以迄今日,凡我人类所栖息之世界,于其中而求一势力之最广被而最经久者,何物乎?将以威力乎?亚历山大之狮吼于西方,成吉思汗之龙腾于东土,吾未见其流风余烈,至今有存焉者也。将以权术乎?梅特涅执牛耳于奥地利,拿破仑第三弄政柄于法兰西,当其盛也,炙手可热,威震环瀛,一败之后,其政策亦随身名而灭矣。然则天地间独立无二之大势力,何在乎?曰智慧而已矣,学术而已矣。[13]

称学术为亘古以来天地间独一无二的大势力,就中自然有梁启超式的夸诞,但能够把学术从社会诸因素中抽象出来,置于极尊崇的地位,看到学术具有永久性的品格,在认知上已接近主张学术独立的思想。第三篇文章是梁启超的《新史学》,向传统学术中最具根底的乙部之学发起猛攻,历数过去史学的"四蔽""二病""三恶果",诸如"知有朝廷而不知有国家""知有个人而不知有群体""知有陈迹而不知有今务""知有事实而不知有理想",以及"能铺叙而不能别裁""能因袭而不能创作",致使读者"难读""难别择""无感触",[14]等等。所指虽未必尽是,攻击力还是很强大的。特别针对传统史学的争正统、重书法的史家模式,揭剥得体肤全靡。文章又引来进化论的和文化人类学的历史观,以驳斥历史循环论,确在理论上为新史学的奠立开辟出新的天地。梁启超的这两篇文章都发表于一九〇二年。

第四篇文章是王国维的《红楼梦评论》,这是自有文学批评以来第一次用西方的哲学和美学观点解释中国文学名著的尝试,在此之前从没有人这样做过。只这一点,就足以奠定其在中国现代学术史上的地位,至于尝试的得失利弊是否成功还在其次。说来凑巧,中国传统学术以文学和史学最能反映学科特征,而梁

---

[13] 《饮冰室合集》第一册文集之六,第110页,中华书局,1989年影印版。
[14] 《饮冰室合集》第一册文集之九,第1—32页。

启超和王国维一以史学一以文学为现代学术奠基。当然梁的《新史学》主要是清算过去,王的《红楼梦评论》则直接为未来树立典范。《红楼梦评论》写于一九〇四年,在王氏一九〇二年自日本归来正式开始学术活动之后,同时撰写的还有《论叔本华之哲学及其教育学说》《国朝汉学派戴阮二家之哲学说》以及《释理》《论性》等篇⑮。此时之王国维,一方面迷恋于康德、叔本华、尼采的学说并为之介绍,一方面则尝试着用这几位哲学家的观点来回观和解释中国传统。《红楼梦评论》是其中的代表作。中国现代学术就是在此时开其端,时间在一八九八年至一九〇二年和一九〇四年前后这一时期,也就是在十九世纪和二十世纪交替之时,代表人物为严复、梁启超、王国维,而尤以王国维扮演着中国现代学术开山祖的角色。

马建忠的《马氏文通》一书,也是在一八九八年出版,著述本身的疏漏舛误,前贤多有是正,兹不论。但这是在西学启示之下中国学者撰写的第一部有系统的文法书,则无异议。不论其题旨其观念其方法其结构,传统学术的固有范围已无法包容,而是在语言文法一科为中国现代学术导夫前路之作。我想这并非偶然。说明十九世纪和二十世纪之交,确是中国传统学术向现代学术转型时期。当然学术思想是江河之流,学术断限只能相对而言,不好一刀断开。梁启超的《论中国学术思想变迁之大势》一文,把中国传统学术划分为七期,即胚胎时代、全盛时代、儒学统一时代、老学时代、佛学时代、儒佛混合时代和衰落时代;但随即亦指出:"时代与时代之相嬗,界限常不能分明,非特学术思想有然,即政治史亦莫不然也。一时代中,或含有过去时代之余波,与未来时代之萌蘖。"⑯中国传统学术向现代学术转换,自然也有此种情况。

因此笔者认为,当我们把"现代"这一概念运用于学术史的时候,重要的是寻找到只有现代才具有的标志性特征,正是这些特征把现代学术与传统学术区别开来;谁的治学经历和学术论著体现出这些特征,谁就是现代学者;而出现这些特征的时代,就是中国现代学术史的开端。

---

⑮ 这组文章后来均收入《静安文集》,载《王国维遗书》第五册,商务印书馆,1940 年版。
⑯ 《饮冰室合集》第一册文集之七,第 3 页。

学术独立与中国现代学术传统

如果我们把学者的思想自由和追求学术独立,以及在研究方法上融入了二十世纪以来的新的思想观念,看作是中国现代学术的主要标志性特征,那么在王国维身上确实体现得比较突出,宜乎扮演中国现代学术开山祖的角色。他在研究中最早融入西方的观念和方法,前面已论及。在重视学者个人思想自由方面,王国维也是先期的觉醒者。所谓思想自由,是指学者论必己出,不是为某种现实需要来立说陈义,而是为文化托命,求一己之心安,目的和需要就在研究过程之中。陈寅恪在一九二九年所作《清华大学王观堂先生纪念碑铭》中写道:

> 士子读书治学,盖将以脱心志于俗谛之桎梏,真理因得以发扬。思想而不自由,毋宁死耳。斯古今仁圣所同殉之精义,夫岂庸鄙之敢望。先生以一死见其独立自由之意志,非所论于一人之恩怨,一姓之兴亡。⑰

陈氏称王国维有"思想而不自由,毋宁死"的精神,并以"一死见其独立自由之意志",可谓深得静安先生为学进境之言,反映出寅恪先生自己以及王国维在实现学者个人思想自由方面所达到的高度。王国维在一九○四年写的《教育偶感》中曾说过:"人有生命,有财产,有名誉,有自由,此数者,皆神圣不可侵犯之权利也。"⑱把自由与生命、财产并列,同视为人类的一种权利,这种认知,只有现代学者才可能有。从而亦可见出,王国维对学者个人思想自由的追求,已不是作为感情的寄托,而成为一种自觉的理性规范,在中国传统学术中我们看不到这种状况。

主张学术独立比之追求学者个人的思想自由更能反映现代学术的特征。因

---

⑰ 陈寅恪《金明馆丛稿二编》第218页。
⑱ 《静安文集》第105页,载《王国维遗书》第五册。

为在中国古代,向来没有学术独立的传统。先秦时期诸子百家各自为言,学术气氛是很宽松的,因而士阶层活跃,国君可以待之以礼以师以友,但诸子竞言的目的,在于为治。儒家不必说,孟子雄辩滔滔,几乎要强加于人,而孔子不惜开空头支票:"苟有用我者,期月而已可也,三年有成。"[19]又说:"如有用我者,吾其为东周乎。"[20]但《史记·儒林列传》称"仲尼干七十余君无所遇",设身处地,我们今天也不免为之悲凉。齐国稷下学派是以"不治而议论"著称的,可是《史记·孟子荀卿列传》说:"自驺衍与齐之稷下先生如淳于髡、慎到、环渊、接子、田骈、驺奭之徒,各著书言治乱之事以干世主。"我们宁可相信司马迁的史笔。这还不说,据张舜徽先生考证,包括老子五千言在内的先秦道论,讲的都是人君南面之术[21]。如是,则先秦时期最多可以说,尚不失士阶层发表言论的自由,学术独立根本无从谈起。而竞相为别人立说,急不可待地追求现实功利的需要,诸子个人的思想并未获得学术上的自由。即便是当时那种有利于学术发展的自由气氛,也是在"天下大乱,圣贤不明,道德不一,天下多得一察焉以自好"[22]的特定情况下,才有可能维持。大前提是"周室衰而王道废,儒墨乃始列道而议,分徒而讼"[23]。当时是天下未治,有道无统,如《庄子·天下篇》所说:"如耳目鼻口,皆有所明,不能相通。"不通故不能成统。一旦政权归一,治而有统,"列道而议"的局面便不复存在。所以秦有焚坑之举,汉有罢百家之策。儒学虽被尊为正统,直接的意义是为士子升官晋爵提供机会,促进治、道合一,站在纯学术的立场,会发现尊之适足以卑之,与学术独立无缘。

这种情况直到晚清也未见根本的改变。王国维在《教育小书》中写道:"今之人士之大半,殆舍官以外,无他好焉。其表面之嗜好集中于官之一途,而其里面之意义,则今日道德、学问、实业等,皆无价值之证据也。夫至道德、学问、实业等皆无价值,而惟官有价值,则国势之危险何如矣。"[24]又说:"吾人亦非谓今之学

---

[19] 分别见《论语·子路篇》和《论语·阳货篇》。
[20] 同上。
[21] 张舜徽《周秦道论发微》,中华书局,1982年版。
[22] 《庄子·天下篇》。
[23] 《淮南子·俶真训》。
[24] 《静安文集续编》第56—58页,载《王国维遗书》第五册。

者绝不悦于学也。即有悦之者,亦无坚忍之志,永久之注意。若是者,其为口耳之学则可矣,若夫绵密之科学、深邃之哲学、伟大之文学,则固非此等学者所能为事也。"[25] 王国维对晚清学术界的状况可以说不满意到了极点,尤其对学者不能一心向学、经常受学术以外因素的羁绊疾首痛心。并且他指出,由于我国从来缺少学术独立的传统,致使哲学、美术诸科没能得到应有的发展。他在一九〇五年撰有《论哲学家与美术家之天职》一文,其中写道:

> 披我中国之哲学史,凡哲学家无不欲兼为政治家者,斯可异已。孔子大政治家也,墨子大政治家也,孟荀二子皆抱政治上之大志者也。汉之贾、董,宋之张、程、朱、陆,明之罗、王,无不然。岂独哲学家而已,诗人亦然。"自谓颇腾达,立登要路津,致君尧舜上,再使风俗淳。"非杜子美之抱负乎?"胡不上书自荐达,坐令四海如虞唐。"非韩退之之忠告乎?"寂寞已甘千古笑,驰驱犹望两河平。"非陆务观之悲愤乎?如此者,世谓之大诗人矣。至诗人之无此抱负者,与夫小说戏曲图画音乐诸家,皆以侏儒倡优自处,世亦以侏儒倡优畜之。所谓"诗外尚有事在""一命为文人,便无足观",我国人之金科玉律也。
>
> 呜呼,美术之无独立之价值也久矣。此无怪历代诗人多托于忠君爱国、劝善惩恶之意,以自解免。而纯粹美术上之著述,往往受世之迫害,而无人为之昭雪者也。此亦我国哲学、美术不发达之一原因也。[26]

应该说明的是,王国维所说的"美术"一词,兼有美学与艺术双重含义,他是站在追求学术独立的角度,批评中国历来"无纯粹之哲学"及"纯粹美术",认为这种状况是"哲学家、美术家自忘其神圣之位置与独立之价值"[27]。哲学就是哲学,美术就是美术;哲学与美术的价值即藏于哲学与美术自身。从历史上看,王氏所论也许有偏执一端之嫌,但联系晚清学术界的实际情形,鉴于士大夫"之嗜

---

[25] 《静安文集续编》第 56—58 页,载《王国维遗书》第五册。
[26] 《静安文集》第 102 页。
[27] 同上。

好集中于官之一途",不对学术形态作如此分野,从理论上剔除学术以外因素的纷扰,不足以让学术独立的思想得以确立。

不只是王国维,现代学者中的大师巨子许多都对学术应该独立问题有所共识。熊十力大声疾呼:"今日所急需者,思想独立,学术独立,精神独立。一切依自不依他,高视阔步,而游于广天博地之间。空诸依傍,自诚自明,以此自树,将为世界文化开辟新生命,岂为自救而已哉。"[28]冯友兰《南渡集》下编设专节探讨"大学与学术独立"问题,提出"我们必须做到在世界各国中,知识上的独立,学术上的自主"[29]。陈寅恪一九三一年撰有《吾国学术之现状及清华之职责》一文,说"吾国大学之职责,在求本国学术之独立,此今日之公论也"[30]。在谈到搜集学术研究资料不易,对有的人视奇书珍本为奇货,秘不示人,甚而"待善价而沽之异国",寅恪先生认为不仅是辜负了新材料,同时也是"中国学术独立之罪人"[31]。梁启超晚年对学术独立问题也有极深刻的反省,认为自己平生"屡为无聊的政治活动所牵率,耗其精而荒其业"[32],是不可挽回的损失。陈独秀更以《学术独立》为题,撰写专论,提出:"中国学术不发达之最大原因,莫如学者自身不知学术独立之神圣。"(《独秀文存》卷二)这么多学术大家和思想健将众口一词,共道学术独立之重要,或展望未来,或回思猛醒,都以极沉痛之言表而出之,我们可不能小视这一点。须知,当他们倡言学术独立的时候,为民族文化托命之志未曾有稍许改变,相反,他们从自己的亲身经历中体认到,争得学术独立是实现为民族文化托命的前提条件。

王国维等现代学者这种苦苦追求思想自由和学术独立的精神弥足珍贵。正是这一点构成了中国传统学术向现代学术转换的最主要的标志,并将成为中国现代学术的一个传统规范永远流传开去。至于事实上是否争得了学术独立,是另一个问题,下面笔者将予以探讨。

---

[28] 蔡仁厚撰《熊十力先生学行年表》第121页,台北明文书局,1987年版。
[29] 冯友兰《三松堂全集》第五卷,第482—483页,河南人民出版社,1986年版。
[30] 《金明馆丛稿二编》第317—318页。
[31] 同上。
[32] 《梁启超论清学史二种》(朱维铮校注)第74页,复旦大学出版社,1985年版。

中国现代学者何以难于安身立命

中国现代学者对学术独立的追求,实际上是在为自己寻找和建立文化托命的安立之基。不幸得很,这样一块理想的基地他们并没有找到。原因是多方面的。既有学者主观方面的原因,也有客观环境的原因;既有学术本身的原因,又有学术以外的原因。单就学术本身而言,我认为有四重障蔽在妨碍着学者的主观认知。这些障蔽在现代学术开辟人物比如王国维那里,本来已获得解决,但就学术思想的总体来看,一直是论而未断、议而不决的大课题,尤其没有成为社会公认的学术思想潮流。而这些障蔽能否破除,不仅关系到中国学术的独立问题,也关系到如何从思想上完成传统学术向现代学术的转变。下面请分别试论之。

障蔽之一:学术是手段还是目的

在中国传统学术里,学术从来是一种手段,没有人把学术当作目的的看待。所以中国古代没有学术独立的传统。其实对研究学术的学者来说,学术本身就是目的。就是为了学术而研究学术,为研究而研究,才能保持学术的独立性。王国维对此看得很清楚,他在《论近年之学术界》一文中写道:"欲学术之发达,必视学术为目的,而不视为手段而后可。"又说:"学术之所争,只有是非真伪之别耳。于是非真伪之别外,而以国家、人种、宗教之见杂之,则以学术为一手段,而非以为一目的也。未有不视学术为一目的而能发达者。学术之发达,存其独立而已。"[33]他竭力反对把哲学、文学当作政治附庸的做法,认为哲学也好、文学也好,自有其独立价值。他说"彼等言政治则言政治已耳,而必欲渎哲学文学之神圣,此则大不可解者也。"[34]王氏此文写于一九〇五年,正是他从叔本华转向康德时期,上述对哲学与美术独立价值的看法,不无康德审美超功利理论的影响。但强调学术不是手段而是目的,则是一种现代学术意识,对促进学术的发展甚具

---

[33] 《静安文集》第 96—97 页,载《王国维遗书》第五册。
[34] 同上。

助力。

梁启超一生颠簸多变，但对于学问不曾一刻稍忽，越到晚年越能省察自己，尤多明通深识之论。一九二〇年撰写《清代学术概论》，走笔至晚清一节，不觉痛乎言之："而一切所谓新学家者，其所以失败，更有一种根源，曰不以学问为目的而以为手段。时主方以利禄饵诱天下，学校一变名之科举，而新学亦变质之八股。学子之求学者，其十中八九，动机已不纯洁，用为敲门砖，过时则抛之而已。"㉟谁都知道任公先生是晚清新学家的文化班头，他这样批评新学家，无疑把自己也包括在内了。从而可见他对学术是目的这一真理性认知，持论多么坚决。

障蔽之二："有用之学"和"无用之学"

学者为学，究竟是否一定要求其有用，也是历来争论不休的问题。中国传统上是强调学术的适用性的，所以才认为学术是手段。其实学术的有用与无用，不是可以简单回答的问题。王国维看得最辩证，他认为"凡学皆无用也，皆有用也"，理由是："天下之事物，非由全不足以知曲，非致曲不足以知全。虽一物之解释，一事之决断，非深知宇宙人生之真相者，不能为也。而欲知宇宙人生者，虽宇宙中之一现象，历史上之一事实，亦未始无所贡献。故深湛幽渺之思，学者有所不避焉；迂远繁琐之讥，学者有所不辞焉。事物无大小，无远近，苟思之得其真，纪之得其实，极其会归，皆有裨于人类之生存福祉。己不竟其绪，他人当能竟之；今不获其用，后世当能用之。"㊱如果一定要求学问有今天的用处、直接的用处、现实的用处，不用说人文学科，即使自然科学，也不能满足此项要求。梁启超在《清代学术概论》里也曾探讨过这个问题，他写道：

> 正统派所治之学，为有用耶？为无用耶？此甚难言。试持以与现代世界诸学科比较，则其大部分属于无用，此无可讳言也。虽然，有用无用云者，不过相对的名词。老子曰："三十辐共一毂，当其无，有车之用。"此言乎以无用为用也。循斯义也，则凡真学者之态度，皆当为学问而治学问。夫用之

㉟ 《梁启超论清学史二种》（朱维铮校注）第80页，复旦大学出版社，1985年版。
㊱ 王国维《国学丛刊序》，《观堂别集》卷四，第7页，载《王国维遗书》第四册。

云者,以所用为目的,学问则为达此目的之一手段也。为学问而治学问者,学问即目的,故更无有用无用之可言。庄子称"不龟手之药,或以霸,或不免于洴澼絖",此言乎为用不为用,存乎其人也。循斯义也,则同是一学,在某时某地某人治之为极无用者,易地易时易人治之,可变为极有用,是故难言也。其实就纯粹的学者之见地论之,只当问成为学不成为学,不必问有用与无用,非如此则学问不能独立,不能发达。㊲

任公先生所论非常明通达辩,与王国维的看法相得益彰,可以说已经把学术的有用无用问题析论得至为透辟。但理论上获致解决,不等于实践中不发生纷扰。何况传统学术中的"经世致用"思想根深蒂固,早已影响了中国学术的整体面貌。

"经世致用"之说最早为清初学者顾炎武所力主,在矫正明代读书人空谈心性、以理学为禅学的空疏学风方面,有进步作用。这本来是学术思想的嬗变之常——一则以虚,一则以实,风气相消,流转递长。问题是宋明理学以及心学也未尝不讲究"致用",只不过它强调"用"在内敛方面,先"正"其"心",尔后"治国平天下"。在"治平"的中间环节"正心"阶段稍事整顿,人们便认为宋明学者不重视"致用",实乃大错。要之,这种思想在中国学术史上实在是一以贯之的。影响所及,直到今天仍在起作用。也可以说这是华夏民族的一种思想文化传统,原没有什么不好,与其说是缺点,不如说是特点。只是到了二十世纪以后,这一传统需要加以转化,方能有利于现代学术的发展。梁启超说得好:"殊不知凡学问之为物,实应离'致用'之意味而独立生存,真的谓'正其谊不谋其利,明其道不计其功'。质言之,则有书呆子,然后有学问也。"㊳

障蔽之三:中学西学之争

中国现代学术是在西方学术思潮的冲击与刺激之下,传统学术发生蜕变的产物。在流向上包涵着对传统的省察和对西学的回应两个方面。省察传统,必然要联系世界;回应西学,不能不联系传统。因而一开始就有一个如何处置中国

㊲ 《梁启超论清学史二种》(朱维铮校注)第40页,复旦大学出版社,1985年版。
㊳ 同上,第80页。

学术与西方学术的关系问题。本来在古代学术发展过程中,涉及不同国度和民族之间的文化交流,也碰到过这类关系,但并不成为问题。因为华夏文化的特点,向以强大的融化力著称于世,对外来思想初不以如何迎拒为意。显例是对印度佛教的吸收,一方面化作认知上的幽渺之思,另一方面易地嫁接,开出艺术与文学的灿烂花朵,直到后来演变为禅宗,完全变成本民族的宗教思想体系。可以毫不夸张地说这是中外思想接触史上的奇观。但到了晚清,情况有所不同,西方思想如狂风暴雨般袭来,而且是伴随着船坚炮利长驱直入,受动一方便大有招架不住之势。一时迎拒乏策,进退维谷,于是发生了激烈的中学西学之争。南皮太保张之洞提出的"中学为体,西学为用",就是因应西方文化冲击的一种主张。这种主张的政治效果如何,非本文范围,姑且不赘,仅就学术层面而言,则是一种文化防守主义,殊不利于学术本身的发展。可是谁曾想到,张氏的说法却成了近百年来中国思想文化界永说不尽的话题,每到东西方文化剧烈冲突之时,就有人重新议论一番。

其实在这个问题上,人为的障蔽比实际分歧要多得多。王国维曾说这是个不成问题的问题,根本否认中西在学问上会有什么不可调和的矛盾。他的结论是"学无中西"。为什么这样主张?他做了详细分析:

> 世界学问,不出科学、史学、文学,故中国之学,西国类皆有之,西国之学,我国亦类皆有之。所异者,广狭疏密耳。即从俗说,而姑存中学西学之名,则夫虑西学之盛之妨中学,与虑中学之盛之妨西学者,均不根之说也。中国今日实无学之患,而非中学西学偏重之患。京师号学问渊薮,而通达诚笃之旧学家,屈十指以计之,不能满也。其治西学者,不过为羔雁禽犊之资,其能贯串精博、终身以之如旧学家者,更难举其一二,风会否塞、习尚荒落,非一日矣。余谓中西二学,盛则俱盛,衰则俱衰,风气既开,互相推助。且居今日之世,讲今日之学,未有西学不兴而中学能兴者,亦未有中学不兴而西学能兴者。特余所谓中学,非世之君子所谓中学,所谓西学,非今日学校所授之西学而已。治《毛诗》《尔雅》者,不能不通天文、博物诸学,而治博物学者,苟质以《诗》《骚》草木之名状而不知焉,则于此学固未为善。必如西

人之推算日食,证梁虞㴋、唐一行之说以明《竹书纪年》之非伪,由《大唐西域记》以发见释迦之支墓,斯为得矣。故一学既兴,他学自从之。此由学问之事,本无中西,彼鳃鳃焉虑二者之不能并立者,真不知世间有学问事者矣。㊴

这番论述见于一九一四年王氏代罗振玉为《国学丛书》所写的序言,正值他的学术成熟期,所谓中学西学,早已在他心目中熔为一炉,不见隔梗。请注意,王国维讲的是"学""学问",不是泛指东西方文化。对文化现象进行专门研究谓之学。文化联系着人种和民族,不同民族具有不同的文化系统。但学术上的广狭、深浅、密疏与文化的异同不能等量齐观。由于文化背景殊异,所处社会历史的发展阶段有别,中西学术思想的表现形态和思维惯性纵使参差互见,学理的正误和心理的规律,应该是殊途同归,化百为一。王国维提出中西学术"互相推助"说,反对把两者人为地对立起来,甚具卓识。钱锺书先生在《谈艺录》序言里亦曾说过:"东海西海,心理攸同;南学北学,道术未裂。"㊵此联可为中国现代学术史上的中学西学之争下最后断语。实际上,现代学术思想必然是一个并纳兼容的具有开放性格的体系。所谓学术上的中西之争,无异于强分畛域,自结牢笼。人类进入二十世纪,为学而不能与世界文化对话,算不得现代学者。王、钱两位现代学术大家在这个问题上异口同音,殊堪玩味。

障蔽之四:新旧古今之辨

如果说中西之争是中国传统学术向现代学术转型必然遇到的问题,那么新旧古今之辨比中西之争要古老得多,只不过发展到清末民初表现得更为激烈。当时社会变动加剧,思想波涛汹涌,新党旧党、新学旧学,人人说得口滑。而时尚趋新,人情恋旧,中外古今歧见旁出,学问之道遂为此无尽的争论所蔽。只有洞明世事、空诸依傍的大家,能够越纷沓而执一,不为新旧之说所惑。散原老人在谈到父尊陈宝箴时说过:"府君独知时变所当为而已,不复较孰为新旧,尤无所

㊴ 王国维《国学丛刊序》,《观堂别集》卷四,第8页,载《王国维遗书》第四册。
㊵ 钱锺书《谈艺录》第1页,中华书局,1984年版。

谓新党、旧党之见。"㊶陈寅恪为学为文,也是有宗无派,"惟偏蔽之务去,真理之是从"㊷,殊不以新旧为然。义宁学风,祖孙三代一以贯之。

王国维在驳难学术的中西之争和有用无用的同时,对新旧古今之辨也有极透辟的说明。他认为"学无新旧",理由是:

> 天下之事物,自科学上观之,与自史学上观之,其立论各不同。自科学上观之,则事物必尽其真,而道理必求其是。凡吾智之不能通,而吾心所不能安者,虽圣贤言之,有所不信焉。何则?圣贤所以别真伪也,真伪非由圣贤出也;所以明是非也,是非非由圣贤立也。自史学上观之,则不独事理之真与是者足资研究而已,即今日所视为不真之学说,不是之制度风俗,必有所以成立之由,与其所以适于一时之故。其因存于邃古而其果及于方来,材料之足资参考者,虽至纤悉不敢弃焉。故物理学之历史,谬说居其半焉,哲学之历史,空想居其半焉,制度风俗之历史,弁髦居其半焉,而史学家弗弃也。此二学之异也。然治科学者,必有待于史学上之材料,而治史学者,亦不可无科学上之知识。今之君子,非一切蔑古,即一切尚古。蔑古者出于科学上之见地,而不知有史学,尚古者出于史学上之见地,而不知有科学。即为调停之说者,亦未能知取舍之所以然,此所以有古今新旧之说也。㊸

王国维把学问分为三大类,即科学、史学和文学。他认为三者之间互相有待,不必自设畛域,是丹非素。斤斤于古今新旧的畛域难通,是学者的自蔽,大不利于学术的发展。况且学术上的新与旧、今与古,彼此之间总会有联结贯穿的思想脉络,今由古时来,新自旧中生,主要看是否合乎科学,接近真理。一九六一年,当年清华国学研究院的主任诗人吴宓,赴广州中山大学探望清华国学研究院四导师之一的陈寅恪先生,长时间交谈后得一结论:"在我辈个人如寅恪者,决

㊶ 陈三立《巡抚先府君行状》,《散原精舍文集》第114页。
㊷ 陈寅恪《三论李唐氏族问题》,《金明馆丛稿二编》第304页。
㊸ 《观堂别集》卷四,第7—8页,载《王国维遗书》第四册。

不从时俗为转移。"㊹此一结论代表着中国现代学术传统的真精神。而吴、陈两位,就是王国维遗嘱托为处理书籍实即文化托命之人。

王国维写道:"学之义不明于天下久矣。今之言学者,有新旧之争,有中西之争,有有用之学与无用之学之争。余正告天下曰:学无新旧也,无中西也,无有用无用也。凡立此名者,均不学之徒,即学焉,而未尝知学者也。"㊺说得激切而不留余地,可见其体认之深。但这个问题当时后世是否已获致解决?应该说没有。几十年后提出的"厚今薄古""古为今用""洋为中用",毋庸说也是因应此一问题的一种对策罢。单是在学理的认知上就蒙上这许多障蔽,而且左扯右拌,不得廓清,宜乎中国现代学者难于以学术为宗基求立命安身也。

一九九一年十一月写定

【刘梦溪　中国艺术研究院终身研究员,中央文史研究馆馆员,《中国文化》杂志社社长兼主编】

原文刊于《中国文化》1992 年 01 期

㊹ 蒋天枢《陈寅恪先生编年事辑》,第 158 页,上海古籍出版社,1997 年版。
㊺ 《观堂别集》卷四,第 7—8 页,载《王国维遗书》第四册。

"史学天赋"与"叙述传统"

中国人文学术传统管窥

何怀宏

  本文试图通过描述两千多年中华学术传统的一个"重视历史"[①]的持久特点,指出这种特点渐渐构成了这个民族在学术方面的最突出"天赋",而这种"天赋"又和一种以"叙述"为主的传统风格紧密联系在一起。但在中国最近一百多年的激烈动荡中,这一"特长"似乎又有些隐晦不显,被弃而不顾甚至屡遭压抑。这大概也是现代中华学术要开新局所难免,比如从广度上说,古代的中华学术就几等于人文学术,而现代的学术是大大地扩展了,或可划分为人文学科、社会科学和自然科学三大类。[②] 现代中华学术也从域外文化,尤其是西方世界的文化中,获得了过去的学术远不能比拟的一种眼界和深度。但是,中华学术在大片拓荒补短的同时,似也不应忘记"吾家之所长",更不必"尽弃家之所藏"。尤其是传统文化在二十世纪还曾遭到过多次的严重打压和颠覆,我们还有恢复历史记

[①] 在中文"历史"的两个含义上均极重视:一是重视既往的历史过程;二是重视对这一过程的研究即史学。
[②] 我这里是取人文学科、社会科学与自然科学的三分法,而非社会科学与自然科学的两分法,而且,宁愿将"人文"一块称之为"学科"而非"科学"。人文学科主要包括文、史、哲三个方面(或还有艺术理论与批评、考古等,但前者或可归入"文",后者仍可视作"史")。将这种现代划分拿来和古代的"四部"划分比较,则只有"史"的范畴是前后完全一致的,而"经"的大部仍可归之于"史",小部或可归之于广义的"哲";而"子"也是属于广义的"哲",而"集"则多属"文"但也不乏"史"。这里的"文"还可再分作:作为学术的"文"(如文艺理论、鉴赏和批评)和作为创作的"文"(诗歌、小说、散文一类),当然,另一方面,所有的典籍又都可以从文学的角度去观察。不过我们还是着眼于划分,这样,我们或可以说,前一种作为学术的"文"和"哲"一样,在中国历史上都不是很发达,只有"史"一家在中国历史上最为源远流长、繁荣兴盛。这也正是本文要讨论的主题。

忆,尤其是"重新叙述"我们的历史的必要。

不过,本文还主要是就人文学术来讨论我们的"天赋"和传统。自然科学的内容其实是有一种不论中外、不必求古的普遍性的;社会科学也较多地和现实社会相联系;只有人文学科和历史文化最为紧密相关。舍历史无以言人文。

一、史学天赋

"天赋"一般是指个人的天资禀赋,这里专用于指民族的特性,[3]是为了显示民族之一种长久固定的"积淀",即一种民族特性的不断积累和强化,以致可以说最终形成了一种民族的"天资",从而使这个民族中的人很难摆脱这一"积淀",几乎可以说先天地就具有了某种心理和思维的定式,加上他自小就濡染的语言、文字和求学训练,一直到后来治学的氛围,都具有了一种民族的鲜明和固定的特点。

除了在肤色、体质等生理方面,在精神文化学术方面有没有一些不同民族的不同特性?应当说是有的。这些特性也是历史地、文化地形成的。它们多是渐变,但有时也有突变。尤其在某些开端或转折期。比如在雅斯贝尔斯所说的公元前五六百年左右的世界"轴心时代",在各个分离的文明中不约而同地出现了一些影响后世极其重大和长远的创造,而这些伟大的创造在各民族那里是具有鲜明的不同特点的,这首先可分为此世的人间文化和超越的宗教精神两个方面:中国和古希腊可归为重视人间文化的一类;古印度和古代犹太人则可归为重视超越精神的一类。而它们又还各有自己的特点,如古印度的佛教信仰精神是非人格化的,而古犹太人是信仰一个"人格化"的上帝,古希腊主要是以它的哲学

---

[3] "民族特性"或"民族性""国民性"是二十世纪初比较流行的概念,后来西方世界因为涉及某种"政治正确"不太提到了,在中国也因上述及其他原因较少讨论了。但我以为,一个长期共同生活的群体总是会形成自己不同于其他群体的一些特性,我希望这一真相不致因时代的缘故而被过分遮蔽。

思想最为显著和影响深远,而中国则是以它的史学文化最为见长。④

中国"轴心时代"的主要代表孔子应该说是一个最有历史意识的"历史中人",他唯一自著的著作就是一部历史,一部《春秋》,而且他最为重视的也是这部书,唯独这本书"笔则笔,削则削,子夏之徒不能赞一辞"。并说:"后世知丘者以春秋,而罪丘者亦以春秋。"⑤孔子要写这本书其实是出于他"不求仕"之后的一种道德和政治哲学的考虑,他本意是要作一种对政治的道德评价,甚至为此建立一套道德评价体系,但他并没有去写一部道德哲学的著作,而是通过历史来进行褒贬,即通过一套"书法"来显示"春秋大义"。如太史公所言:"余闻董生曰:'周道衰废,孔子为鲁司寇,诸侯害之,大夫壅之。孔子知言之不用,道之不行也,是非二百四十二年之中,以为天下仪表,贬天子,退诸侯,讨大夫,以达王事而已矣。'"⑥

重视历史,一是和孔子思想的一个基本特点有关,正如他所说:"我欲载之空言,不如见之于行事之深切著明也。"⑦孔子所代表的儒家思想学术甚至扩大到整个"周文",都可以说是一种重人间、重人事的文化;二是和他"尚古",将最高理想放在过去了的时代有关,他自称"信而好古""周监于二代,郁郁乎文哉,吾从周"。这就使他更倾向于以历史来"载道",以史学为道德和政治哲学。

所以,孔子也重视整理古代典籍,除了自著的《春秋》,他整理的五经也多属历史。后世章学诚有一名言是:"六经皆史也。……古人未尝离事而言理,六经皆先王之政典也。"⑧龚自珍也说:"六经者,周史之宗子也。《易》也者,卜筮之史也;《书》也者,记言之史也;《春秋》也者,记动之史也;《风》也者,史所采于民而编之竹帛付之司乐者也;《雅》《颂》也者,史所采于士大夫也;《礼》也者,一代之律令,史职藏之故府,而时以诏王者也。故曰五经者周史之大宗也。"⑨但龚自珍

---

④ 另外,古希腊文学主要在剧作,尤其悲剧方面最为发达;而中国则主要在诗歌、散文方面比较发达;古希腊史学有希罗多德、修昔底德、色诺芬的杰作,但其后长期中断,未能连贯发展,还是无法与中国的史学相比。
⑤ 《史记·孔子世家》。
⑥ 《史记·太史公自序》。
⑦ 《史记·太史公自序》。
⑧ 《文史通义·易教上》。
⑨ 《古史钩沉论》。

的主要理由看来实际是说这些经典都和古代史官有关,或者说"掌于史"而已。章学诚也曾努力解释《易》也是史,但我们从今天的分类看来,《易》或还是更接近于"哲"而非更接近于"史";而《诗》除了几篇史诗或许既是"文"也是"史"之外,其他诗篇都还是属于"文"。而即便我们就这样划分,史学在"六经"——这后世作为最重要经典也是思想文化的最重要源泉中所占的分量已经可以说是够重了。

金毓黻指出:"龚自珍又云,诸子也者,周史之支孽小宗也;张尔田本之,以作《史微》,乃云,不惟六经皆史,诸子亦史之支与流裔也。近人刘师培亦云九流学术皆源于史;江瑔本之,乃作《百家之学俱源于史》一文。然考其所引之证,皆缘古代典籍概掌于史为说。"⑩

在我看来,说先秦诸子百家之学皆"源于史"还是有些道理的,但它们本身并不是"史"。当然,这还可以具体分析。从中国先秦诸子百家对后世影响较大的几家来看,道家的老子偏重哲思,庄子的思想则相当具有文学色彩,不过老庄也都有一种思远古之幽情;法家是重视现实的;儒家则最重视史,而中国之学术、学思主要是由儒家主导的。尤其自西汉尊孔崇儒之后,后世两千余年的学者大都继承和发扬了这种重视历史、重视史学的态度。总的来说,中华民族的确不像是一个很重抽象和玄思的民族,似也不是最富激情和想象的一个民族,这一点我们可以在与当今世界其他民族的比较中清楚地看到。

大略观察近代以来的世界各民族国家的人文文化,⑪德国自然最以哲学见长,尤其是具有形而上学意味或者说体系化的哲学。哲学在古代最辉煌的发展是在雅典文化圈内,在不到一百年间竟然接连出现了苏格拉底、柏拉图、亚里士多德三位哲学大师,这样的奇迹后世再没有发生过,唯一接近的是在近代德国,接连出现了莱布尼兹、康德、费希特、谢林、黑格尔、尼采等大哲学家。而对二十世纪哲学影响最大的两位哲学家,也都是出自德国或德语文化圈,他们一位是海德格尔,另一位则是维特根斯坦,今天还在世的影响最大的哲学家,大概也应推

---

⑩ 金毓黻著《中国史学史》第34页,河北教育出版社,2000年版。
⑪ 以下由于是在缺乏专门深入研究的基础上做一极其简略的通观,可能不免有妄言处;又因自身知识的限制,也主要是以西方国家作为参照系。

德国的哈贝马斯。

英国的哲学则走了另一条路子,不是很综合和思辨的,而是比较强调经验和分析的。所以,较具经验主义性质的哲学——比如说功利主义还有分析哲学在英国,以及后来的美国最为发达。法国以及欧洲其他国家的哲学发展自然胜过欧美以外的地方,但是还不能达到德国哲学的水准,一个现成的例子是:萨特的《存在与虚无》的哲学思辨程度虽然够高,但无论如何还是无法达到海德格尔的《存在与时间》的思辨水准。

而法国文化看来还是最以文学见长,不论是作为创作的文学还是作为学术的文学。在十八、十九世纪,法语的语言文化还一度执世界文化之牛耳。它的哲学家、思想家,无论是法国的启蒙派、伏尔泰、卢梭,还是后来的托克维尔及二十世纪的萨特、加缪等,文学表达的能力都非常强,有些甚至其文学的创作更为突出。而俄罗斯似乎更是如此,甚至可以说不仅它的哲学,整个"俄罗斯思想"、俄罗斯精神文化都主要是通过文学来表现的。[12]

史学在西方世界,虽然在德国有兰德学派、在法国有年鉴学派都影响甚大,但似乎还是在重视经验的英国相对来说最为发达。英国不仅在研究自身和欧洲的历史,也在研究古希腊、罗马以及欧洲以外的历史方面成绩斐然。英国不仅有像吉本等史学名家,包括一些哲学家(如近代的休谟)、政治家(如现代的丘吉尔)也都曾著史。

美国是一个移民国家,又是一个长期国力最强的国家,它不断地吸引了许多外来学者,渐渐培育壮大了自己的文化学术。美国今天的自然科学、社会科学大概代表了目前世界的最高学科水准,但人文方面还难说。它的确从学问的广度上,从研究队伍的数量、素质和训练上,都是走在世界最前列的,但从目前达到的最高成就来看,窃以为美国在哲学上还是没有超过德国,文学上还是没有超过法国乃至俄国,历史研究上或许也还是没有超过英国。当然,这也可能还有整个人文世界的最高成就都已趋于下降,有些领域的最高峰本就在近代而不在当代的缘故,可以另当别论。

---

[12] 可参见拙著《道德·上帝与人》第一章第一节,北京大学出版社,2010年版。

而以上西方民族国家的历史和中国比较起来都还显得很短。中国在自己漫长的历史过程中,也发展起来了自己璀璨壮观的史学。⑬ 我以为,至少在以下几点上,中国史学所取得的成就和造成的影响是世界上任何其他民族国家都无法匹敌的:第一,任何其他民族都没有像中国这样有自己长达三千多年的、连贯的、细密的历史记录。中国不仅有二十五史这样正史类型、以断代纪传体为主的连贯巨著,还有许多其他类型的史著,如编年体历史、别史、典章制度的记录乃至丰富的野史、笔记,等等。第二,任何其他民族也没有像中国这样有如此大量和连贯的地方志、家谱、年谱等地域和个人的历史记录和资料。比如说,孔子一族能够相当明晰地追溯两千多年、七八十代的家谱,大概也是世界上唯此一家。第三,任何其他民族的学者估计也没有像中国直到近代以前的学者那样相当普遍地具有一种历史感、历史意识。这并不仅是指史学领域的学者,其他思想和文学领域的学者也大抵如是。像前述的"六经皆史""诸子亦史"的说法其实也都反映出这样一种浓厚的历史意识的影响。古代的学者可以说几乎都是文史哲打成一片的,经史子集的书都读,⑭但在这中间,史学占据了最突出的地位,也取得了最丰硕的成果。即便主要在文哲领域耕耘的学者,也是相当贴近历史在思考和创作,甚至就吸纳或采取某种历史或好古的形态,像诗歌文论中对"用典"的强调,朱子以注四书的方式来阐发自己的思想。

所以,我想我们是有理由说中国人在三千多年的历史中是形成或者说强化了一种浓厚的对历史的兴趣、习惯,也培养了一种很高的史学能力的,甚至我们可以将这种积淀的民族能力称之为"天赋",可以说中华民族是世界上最有"史学天赋"的一个民族。这种能力不仅在我们已经取得的史学成果中得到了辉煌的证明,今天也可以说作为潜能和兴趣在中国人那里广泛地存在。史学也是中国进入近代以后,唯一和新世界能够直接和自然接轨的古老学科,正如梁启超在其1902年发表的《新史学》中说:"于今日泰西通行诸学科中,为中国所固有者,惟史学。"⑮

---

⑬ 而中国的历史悠久连贯,多次分而又合,或其中也有史学的贡献?
⑭ 而在这些书里,也是史部最多。如梁启超说:"试一翻四库之书,其汗牛充栋浩如烟海者,非史学书居十六七乎?"见梁启超《新学》,载《梁启超全集》第二册,第737页,北京出版社,1999年版。
⑮ 《梁启超全集》第二册,第736页,北京出版社,1999年版。

二、叙述传统

在中国历史和史学的演变和发展过程中,上述的"史学天赋"又可以说是和一种"叙述传统"紧密联系在一起的。我们仍从孔子谈起。孔子说:"述而不作;信而好古;窃比我于老彭。"[16]"述而不作"的确是和一种"好古""尊古"的态度联系在一起的。它也表现出一种古代学者特有的谦虚,低调。不像现代学风似乎多以批判前人、标新立异为尚,古代学者则宁愿保有一种对传统的尊重或者说"自然的虔诚"(natural piety)。[17]

这里更重要的是体现出来的一种学术精神和态度,我以为孔子并不是"述而不作"的,从后来的历史看,他实际是一个影响了后世两千多年的中国思想和学术史上的最大"作者",但是,他的确又常常是含蓄的,常常以"述"为"作"的,即让道德和政治的思想通过对史籍和事实的叙述显示出来。之所以如此,章学诚有一个评论,他说:孔子"所谓述而不作;非力有所不能,理势固有所不可也。若夫六经,皆先王得位行道,经纬世宙之迹,而非托于空言"。而他以为后人的态度也应该是:"故以夫子之圣,犹且述而不作。如其不知妄作,不特有拟圣之嫌,抑且蹈于僭窃王章之罪也,可不慎欤!"[18]

又不仅是儒家,像较偏向于道家思想的司马迁也不认为他的《史记》是"作",而认为还是"述",像孔子的《春秋》才是"作"。他说:"余所谓述故事,整齐其世传,非所谓作也,而君比之于春秋,谬矣。"[19]

后世传统学者也的确大致遵循了这一强调"述"的传统,即在态度上注重传承,不轻易推翻前人前说,不仅从思想观点上,包括从方法体例上也不轻易做大的突破,一般都先大致遵循,后再进行增补或改易,然后在一些好的变例后面又

---

[16] 《论语·述而》。
[17] 这是罗尔斯在阐述他所构建的正义理论为何利用传统社会契约论的思想资源时说的,参见拙译《正义论》第一编第一章第三节,第13页,中国社会科学出版社,2009年版。
[18] 《文史通义·易教上》。
[19] 《史记·太史公自序》。

继之以续作。如《史记》主要为纪传体,《汉书》则加上断代,后世正史就大致都遵循了这一体例;司马光撰《通鉴》,后世则续有通鉴,以及发展到通鉴纪事本末;他如从三通到九通、从《明儒学案》到其他朝代的学案等也都是如此,从而使各种历史体裁和体例的著作比较明晰一贯。

"述"并不就意味着"浅",或还意味着一种"深"。最为原原本本的"述"就是抄书了,古代书本来就不多,古人因印刷条件的限制或家贫能拥有的书籍就更少,做学问往往就从抄书和背书开始,甚至就主要通过抄录变成一种学问。比如顾亭林干货十足的《日知论》,就是这样慢慢通过抄录辑成的,而它不仅是学术,还是上等的学术。[20] 甚至现代钱锺书的巨著《管锥编》也基本上是通过这样的抄录而辑成的。当然,这时已是抄古今中外各种语言的书。古人还经常通过抄录经典,甚至是反复抄录一篇经典而入静、而入神,进入一种很高的思想和精神的境界。一位西方学者本雅明曾注意到其中贯注的一种精神态度,他如此写道:"一个人誊抄一本书时,他的灵魂会深受感动;而对于一个普通的读者,他的内在自我很难被书开启而产生新的向度……中国人誊抄书籍是一种无与伦比的文字传统,而书籍的抄本则是一把解开中国之谜的钥匙。"[21] 本雅明自己也曾梦想写一本全是引语的书。这种精神态度在学术的意义上也可以说是一种"青灯古卷"的安静,是一种从容浇铸的"比慢"。所以,古人不止有本人"皓首穷一经"者,甚至不乏数代治一经的家学。

当然,通过这种抄录辑成好的学术作品,除了花大的功夫,还必须要有一种上等的眼光。只是我们说,对于有学术天资的人来说,他是能够通过大量抄录或抄录似的精读而提升自己的眼光和扩展自己的眼界的。需要精读的一般是经典,通过抄或者述可以不断加深对经典的理解。今天的学者已经处在一个能够非常便利地查找、索引和统计海量资料的网络时代,和古人的研学条件自然是大

---

[20] 梁启超在《中国历史研究法》(补编)中谈到过顾亭林的勤于抄录和工夫之大,说《日知录》有时几年工夫才筛选出几条。"因为陆续抄录,杂凑而成,先成长编,后改短条,所以功夫大了。"又"顾氏《天下郡国利病书》原稿,写满了蝇头小楷,一年年添上去的,可见他抄书之勤。顾氏常说:'善读书不如善抄书。'"还有像钱大昕的《十驾斋养新录》、陈兰甫的《东塾读书记》等许多有分量的书,也大都以这种方式写成。参见《梁启超全集》第八册,第 4802 页,北京出版社,1999 年版。

[21] 本雅明,《单向街》,译文转引自张新颖著《读书,这么好的事》,第 101 页,广西师范大学出版社,2004 年版,略有改动。

大不同了,不一定要像古人那样抄书了,但有些一般的原则并没有改变。真正深厚的学问大概还是得从首先从"述"开始,从努力理解和叙述前人的研究成果开始,就像现代中国的一位哲学家冯友兰所说的那样,不妨先"照着说",再"接着说"。㉒

强调所有学者从"述"开始,甚至一部分人就终身以"述"为主,或可使我们对学术抱有一种谦卑心,正是尊重学术的一种表现。正如前述,这种以"述"为主的学术的地位也并不就低下,它其实胜过许多空洞的"玄思"或不断舶来的时兴"新话"。而且它是所有学者都可以做的工作,只要专心致志,积以时日就可以取得相当的成绩,亦即它符合我们大多数人的才情,甚至也符合我们大多数学者的使命:我们大多是在做一种传承文明、传承学术思想薪火的工作,真正有重大意义的创制并不会太多。并不是所有人都能胜任创新的工作,也不是所有情况下都适合创新。而一种以"述"为主的工作也自有一种神圣和崇高。经常不断有人说"创新、创新",这甚至似乎成了一种"现代病"。创新固有必要,但不是喊叫出来的。它经常需要"得其人",也"得其时"。

三、重新叙述我们的历史

当然,我们的确也注意到,强调"述"的传统还是给历史上的中华学术带来了一些负面的影响。过去的中华学术过于循规蹈矩,以致在先秦之后相当缺乏新理论的建树和新学科的开拓。梁启超曾经在《新史学》中对此有过严厉的批评,说旧的史学是"陈陈相因,一丘之貉,未闻有能为史界辟一新天地"。㉓ 而"推其病源,有四端焉。一曰知有朝廷而不知有国家。二曰知有个人而不知有群体。

㉒ 我也曾在一篇叫作"问学之路"的讲演中浅显地谈道:学术首先是学"述",即在"术"字下加一个走之旁,先要学会"述",我们才能行走,最后甚至奔跑起来。参见《问题意识》,山东友谊出版社,2005年版。
㉓ 梁启超甚至说:"二十四史也,九通也,《通鉴》《续通鉴》也,《大清会典》《大清通礼》也,《十朝实录》《十朝圣训》也,此等书皆万不可读,不读其一,则挂漏正多。然尽此数书而读之,日读十卷,已非三四十年不为功矣。"这里的意思我想是不可"尽"读,我读乙部书的经验似乎也可印证此言,二十世纪九十年代初,我曾想尽读二十五史,但后来觉得从思想的角度看重复和相似的内容太多,于是在通读过前四史之后就改为结合《通鉴》而选读了。

三曰知有陈迹而不知有今务。四曰知有事实而不知有理想。"而缘此四蔽，又复生二病，其一是"能铺叙而不能别裁"；其二是"能因袭而不能创作。"㉔

不仅是对"重视叙述"的传统，对整个"重视历史"的风气，尼采在《历史的用途与滥用》中也有过尖锐的批评。他的主要观点是认为过于推重和沉湎于历史会弱化生命力，弱化生命的行动力，尤其是生命的创造力，所以没有必要给自己加上太多历史的负担，有些过去的事情不妨忘记。他引歌德的话说："我痛恨一切只是教训我却不能丰富或直接加快我行动的事物。"而他相信，"我们都正患着一场恶性的历史狂热病"。但他仍然没有否定历史的意义和用途，他反对的只是对历史的滥用。他说："我们的确需要历史，但我们的需求完全不同于那些知识花园中的疲乏的闲人。不管他们会如何高傲地鄙视我们粗鄙平淡的需求，情况都是如此。换言之，我们为了生活和行动而需要它，而不是将它作为逃避生活和行动的一条便宜之计，或是为一种自私的生活和一种怯懦或卑鄙的行动开脱。"㉕

这些批评在一百多年前，即在尼采所处的那个强调和重视历史的十九世纪，尤其在梁启超所处的二十世纪初的那个时期是有其合理性的。当时古老的中国面对强劲的西潮似有倾覆之势，亟须吸收外来的新文化。但是，在天翻地覆的二十世纪之后，中国的文化传统可以说在相当大的程度上是断裂了，现在我们亟须做的工作倒可能是反过来更需要强调重新"返本"或者说"返本以开新"。这样我们也许就有必要重新检点和转化我们丰富的历史遗产，重新叙述我们自己的历史，讲述好我们自己的故事。

这一"重新叙述"的主体的确需要有一种新的世界眼光，吸收百年来许多新的学识。"重述"的对象也不仅包括我们三千多年的历史，也包括刚刚过去、充满激荡的一百多年的历史。现在的史著将不会再像过去那样只有那几种写法了。但是，一种基本的，也是和古人一贯的史学精神和态度还仍然是必要的，即需要尊重前人，尊重事实，如实阐述历史的真相，不因政治的意识形态或其他偏见而无视和扭曲事实。这就意味着我们也许还要从"述"开始，甚至以"述"为

㉔ 《梁启超全集》第二册，第737—738页，北京出版社，1999年版。
㉕ 尼采：《历史的用途与滥用》第1页，陈涛、周辉荣译，上海人民出版社，2000年版。

主,接上历史的这一"述"的传统。无论如何,尊重历史事实、不任意剪裁甚至歪曲史实为一己所用,这应当是第一位的,是应当先于各种各样的理论解释的,这对于医治一种动辄以新理论和新概念扭曲事实的"现代病"尤其重要。

二十世纪从"破四旧"到"批孔"的"文化大革命"曾试图与历史传统实行最彻底的决裂,但是,在这之后,尤其是最近一二十年,我们又看到一种对中国历史的兴趣在大规模地恢复,甚至可以说有一种关注历史的热潮在社会上出现,例如广受注意、不断打造明星学者和畅销书的"百家讲坛",其中所讲的内容多属历史;而各种戏说、正说中国历史的网络读物和电影、电视连续剧也非常流行。这种对于历史的全民兴趣是否也在某种程度上反映出我们民族的"史学天赋"?

但是,人们对于历史的兴趣虽然已经重新在开始广泛和浓厚,精深的史学研究还是多有缺憾,有待发展。近百年来,我们的确在社会史、下层史、经济史等方面的研究多有进展,但在理论观点上还过于受政治化的影响;新的史料由于考古发现等手段也多有扩展;较具传统精神的史学通过陈寅恪、钱穆、余英时等也仍有顽强的生长和新的气象,尤其是近年来改革开放,运动时代结束,物质生活比较稳定,史学工作者终于能够比较专心地做学问了,从而涌现了许多新的成果。但是,相比于中国史学在世界历史中曾经取得的辉煌(虽然当时文明隔绝,并不一定能够意识到这种辉煌);相比于我们已经潜在的某种"史学天赋"可望达到的高度,我们又还做得很不够。的确,当说到中华民族是有一种"史学天赋"的,并不是说今天我们就已经很好地实现了这种"天赋"。这种"天赋"的确在古代世界有辉煌的表现,但在现代中国还难说得到了充分的展露。而如果说当代中国学者,尤其是大陆学者还没有很好地实现这种潜能,其中一个原因是否与他们还没有充分意识到自己的这种"天赋"和潜能有关呢?而未来中国要培植和展现自己的"软实力",最有可能的生长领域或就是承接千年、从历史中成长起来的一种精神文化。

这一使命当然并不是说要仅仅靠专门的史学工作者去完成。可能我们需要不仅不单单注目于史家,甚至也不单单注目于包括了史家和非史家的历史著述,而是要强调所有学者,至少是人文学者都应该具有的对自身学术的某种历史意识,这也是我们的一种历史位置感乃至使命感。即便不做史学的专门工作,有没有这样的历史意识和位置与使命感对一个学者的学术研究的影响还是会不一样，因为这也涉及中华学术的主体性问题。

有关历史的意义，司马迁从其史官职责所论社会方面的意义是："废明圣盛德不载，灭功臣世家贤大夫之业不述，堕先人所言，罪莫大焉。"而在个人方面的意义则是：正像能够留传千古的经典大抵皆"贤圣发愤之所为作也"，他也希望借《史记》来舒心中所郁结，"故述往事，思来者。"[26]班彪亦言："若《左氏》《国语》《世本》《战国策》《楚汉春秋》《太史公书》，今之所以知古，后之所以观前，圣人之耳目也"。[27] 以上所言基本上概述了古人所看待的历史的意义，即一代代的人们需要通过历史来鉴古知今，从历史中吸取经验的教训乃至行动的力量，而这又特别需要通过注目那些先前的贤圣来这样做，所以，古代的历史比重物重事更重视人，尤其是注重使那些有立德、立功、立言的人们垂范永久。

现代历史则还有更广泛的意义。梁启超在《新史学》中说："史学者，学问之最博大而最切要者也，国民之明镜也，爱国心之源泉也。"[28]而在后来的《中国历史研究法》中，梁启超对史学有超出国界的更高和更广的期待，他说："史者何？记述人类社会赓续活动之体相，校其总成绩，求得其因果关系，以为现代一般人活动之资鉴者也。""使读者领会团体生活之意义，以助成其为一国民为一世界人之资格也。"中国史学的一个主旨是"说明中国民族在人类全体上之位置及其特性与其将来对于全人类所应负之责任。"[29]故此，我们或可以说，今天我们的史学不仅可以在熏陶我们的人格修养方面，也能在培养国人普遍地成为一个合格的中国公民，同时也成为一个合格的世界公民方面做出较大的贡献。而我们或还可希望，确立了一种健全的历史意识和主体性的当代中华人文学术，也最有可能继续在史学的领域取得突破，从而对人类文明做出较大的贡献。

【何怀宏　北京大学哲学系教授】
原文刊于《中国文化》2011 年 02 期

[26] 《史记·太史公自序》。
[27] 《后汉书·班彪列传》。
[28] 《梁启超全集》第二册，第 736 页，北京出版社，1999 年版。
[29] 《中国历史研究法》第 4、6、13 页，广西师范大学出版社，2000 年版。

司马谈所创造的"六家"概念

［美］苏德恺

　　任继愈教授于1963年发表了一篇题为《先秦哲学无"六家"——读司马谈〈论六家要旨〉》的文章（收集在任教授的《中国哲学史论》，上海人民出版社，1981）。他认为司马谈所说的"六家"不可能是先秦哲学的学派而是司马谈当时的现象。任教授在分析战国时代哲学家的主张时说："总起来看，'六家'之说，不是讲的先秦的学术流派……先秦有的只是老子学派、庄子学派、公孙龙学派等。道家、名家、阴阳家，先秦根本没有过。"（第433页）他由此提出："那么，司马谈《论六家要旨》是不是造谣？也不是。他讲的六家，是汉初当时流行的重要学派。"（第433页）我认为任教授的论点一半对，一半不对，先秦哲学本来没有六家，而司马谈自己创造了汉初的"六家"概念及其抽象的类目。下面我想把我的看法做个简单的说明。

　　当代学者对司马谈的《论六家要旨》比较熟悉。司马谈在《要旨》中分析当时政治的六个主要学派，即阴阳、儒、墨、法、名、道德。他的论点是：道家的地位在其他家之上，因为道家选拔和采用了各家的所长。当然《要旨》并不是一篇当时学术界的客观反映——因为它偏指道家思想。我认为它的价值在于把中国哲学史概念化，将它提高到一个更高的水平。

　　为了更清楚地了解司马谈的看法，我们把《要旨》和庄子的《天下篇》做一下比较。《天下篇》写于战国末期，将当时十几位思想家分成五六类。《天下篇》与

《要旨》一样,提出各派思想各有所长,但是都只取了"大道"的一部分。所以《天下篇》说:"判天地之美,析万物之理,察古人之全,寡能备于天地之美,称神明之容。"但是这两篇文章又各有其不同:《天下篇》提出一个学派都要指出其代表人物,但是并没有给这些学派家名;相反《要旨》没有提及任何一位具体的代表人物,直接将当代思想界划分、归纳为抽象六类。

司马谈的分析用了"家"字来指代不同流派。除了韩非子在《定法篇》中以"此二家之言"来指代申不害和商君的主张外,在中国思想史上还属首次。荀子、庄子虽然曾使用"百家"一词,但是没有具体使用"某家"或者"某人之家"一说。司马谈用"家"字有其用意。但是这个用意是什么?首先为什么这六家之内包括墨家与名家?汉初没有重要的墨家或名家的思想家。司马谈认为墨家"强本节用",但是这是战国初年的墨翟本人的思想。由此可知,司马谈忽略了战国末年的墨家逻辑思想的发展变化。司马谈所注重的是抽象的概念,而不是汉初重要人物或主张。

司马谈对法家的论述能帮助我们更进一步了解他的看法。他在中国历史上最早使用"法家"这一个名词。司马迁自己不用。到了刘向的《七略》才有别人使用它。《七略》中的法家包括商君、申不害、慎到与韩非(见《汉书·艺文志·法家》)。司马谈的"法家"概念与这四个人的主张完全一致。但是在《史记》中这四个人列入《老子韩非列传》《商君列传》与《孟子荀卿列传》之内。由此可知,司马谈虽然很清楚地指出思想内容,这个"法家"的类目还是抽象。如果他提出了具体的思想学派的代表人物,那么司马迁就能使用他父亲的分析,把所谓"法家思想家"列入同样一个列传中。

我的意见如此:司马谈从一个新的角度分析当时思想界。他所重视的是概念,而不是各个门派或者不同观点的渊源。他将天下各个历史时期的见解与论述集合起来分为六部分。这些概念不再停留在狭义的各"家"内,而是被司马谈归入一些综合的新类目。

正如"法家"一样,"道家"也是一个综合的新类目。我认为"道家"的类目也是司马谈所创造的。他所描写的"道家"的特点是"使人精神专一,动合无形……与时迁移,应物变化……其术以虚无为本,以因循为用,无成势,无常形,故能究万物之情"。看这句话可以知道司马谈的"道家"与刘安的《淮南子》思想有很密切的联系。虽然我们不能肯定司马谈是否于建元二年(前139)看到了刘安所奉上的书钞,但是如果将《要旨》与《淮南子》和董仲舒的《春秋繁露》比较一下,就可以知道这三篇历史文献都具有综合性,都受到了同一历史时期的影响。

只有到了汉初时代才真正出现了这一个"道家"与所谓的"道主义"。在此之前有像任教授所说的"老子学派""庄子学派",等等。如果我们指责司马谈主观臆造了六家的概念,我们应该记住我们现在常使用"法家"或"道家"来指出战国的学派不仅与司马谈当时所指不同,而且与战国时期的历史现实也大不相同。

【[美]苏德恺　美国缅因州波德温学院教授】
原文刊于《中国文化》1992年02期

诸子的黄昏：中国中古时代的子书

田晓菲

在上古中国，"作者"的概念和"圣人"的概念息息相关。这不是说圣人必然要"作"——创作和写作，而是说只有圣人才有"作"的特权。中国上古思想史学者普鸣在他题为《成圣的诱惑：上古中国圣人写作之兴衰》的文章里，指出自公元二世纪以来，随着纸的逐渐普及，书写变得日益常见，圣人的地位也就慢慢不再是建立文本权威的前提了。① 技术的进步导致写作以及圣人地位在文化结构中的意义发生改变，结果是各种各样的文本大批量地问世。但在本文中，我将专门探讨一种具体的书写形式，也就是所谓的"子书"。

"诸子"是汉代对先秦思想家的称谓；把诸子进一步划分为六或十家，则是西汉皇家图书馆的两位目录学家——司马谈和刘向——给图书分门别类的结果。尽管子书的编撰和传播史疑问重重，专治上古文学与思想史的学者对哪些属于经典子书具有基本的共识；但是，当我们想要确定子书的"下限"，我们就遇到了问题。换句话说，我们可以容易地界定子书之兴，却难以界定子书之衰。这正如 Wiebke Denecke 所言："子书写作的终结点是一个可以进一步讨论的话题。"② 在这篇文章里，我打算从一个纯粹形式的角度来探究这一复杂的问题，指

---
① Michael Puett, "The Temptations of Sagehood, or: The Rise and Decline of Sagely Writings in Early China." In *Books in Numbers: Seventy-fifth Anniversary of the Harvard-Yenching Library Conference Papers*, Harvard Yenching Library, 2007: 23-47.
② Wiebke Denecke, *Mastering Chinese Philosophy: A History of the Genre of "Masters Literature"*（诸子百家 zhuzi baijia）*from the Analects to the Han Feizi*. Ph.D. Dissertation, Harvard University 2004; p.10.

出一个很少有人注意到但是十分重要的事实：也就是说，子书的形式——也即以《某子》为题，包括一系列探讨社会、道德、政治等方面问题的章节，每一章均有独立的主题和标题——在整个早期中古时代一直延续不绝。公元三四世纪的子书写作有增无减，只有到了公元五世纪才开始销声匿迹。

到底发生了什么？自东汉以降，作者已经不能依靠所谓的圣人身份为自己的子书写作进行辩护，为什么人们还要继续子书写作的传统？更重要的是，子书的形式为什么失去了吸引力？子书的形式是完全消失不见了，还是演化成了其他的形式？子书的命运反映了中国文学、文化和思想史上什么样的演变和趋势？这是本文旨在探讨的问题。

一、"一家之言"：中古时期的子书写作

在我们讨论中古时期的子书写作之前，有必要首先界定子书的范围。一般来说子书以《某子》为题，某可以是作者姓氏或者称号。但这里我们需要考虑两点。第一，我们必须考虑在手抄本文化时代标题的流动性。比如说，《淮南子》原名《鸿烈》。③ 杜夷（258—323）的《幽求子》在《隋书·经籍志》中又称《杜氏幽求新书》。④ 桓范（d.249）的《世要论》又称《政要论》《桓范新书》《桓范世论》《桓公世论》《桓子》。⑤ 六朝后期的《刘子》又名《新论》《刘子新论》，或者《德言》。⑥ 在中古时代，无论是一首诗、一篇文章，还是一部书著，都可有多种不同的标题，而且这些标题往往未必是作者自己所定，而是抄写者或编者加给作品的。⑦

第二，就是以"论"指称子书。在中古早期，开始出现就某一个问题发表议

---

③ 见高诱（约公元三世纪）《淮南子》序。严可均（1762—1843）：《全上古三代秦汉三国六朝文》，北京中华书局 1958 年出版，卷 87，第 945 页。
④ 《隋书》，北京中华书局 1973 年出版，卷 34，第 1002 页。
⑤ 严可均《全三国文》卷 37，第 1258 页。
⑥ 《刘子集校》，上海古籍出版社 1985 年出版，第 1 页。
⑦ 关于手抄本文化中文本流动性问题，我在《尘几录：陶渊明与手抄本文化》（中文版由北京中华书局 2007 年出版）一书中有详细讨论。

论的单篇论文,比如嵇康(223—262)著名的《声无哀乐论》。这样的论文与传统子书的一个章节很相似,但是独立成篇。与此同时,比较传统的子书形式,也就是说一部包括了一系列章节的大部头著作,仍然十分常见,虽然不一定总是以《某子》为题,比如东汉王符的《潜夫论》和仲长统(180—220)的《昌言》。刘勰显然把这些著作当成子书看待。在《文心雕龙》"诸子"篇中,刘勰列举了从西汉到西晋的一系列子书,包括上面所举的王符、仲长统、杜夷;随后说:"虽标论名,归乎诸子。何者?博明万事为子,适辨一理为论。彼皆蔓延杂说,故入诸子之流。"⑧刘勰还专门开辟一章题为"论说",但是这里所举的例子都是篇幅较短的单篇论文。在这一章,他把"论"的源头上溯到《论语》,这样总算为"论"找到儒家经典作为源头,但是他列举的第一篇"论"就是《庄子》中的《齐物论》,这正好说明"论"实际上相当于从一部子书里面抽取出来的一个章节。又有时一部子书会被冠以"某子+某论"的题目,比如蒋济(d.249)的《蒋子万机论》,阮武(公元三世纪初)的《阮子正论》。这些以"论"为题的著作,在《隋书·经籍志》里都列于"子"部。

建安七子之一的徐幹(170—217)有一部《中论》,就正是这样的一部子书著作。《中论》序言的无名作者把"徐子"直接置于先秦诸子的传统中,视之为荀子、孟子的一脉真传:"予以荀卿子、孟轲怀亚圣之才,著一家之法,继明圣人之业,皆以姓名自书,犹至于今厥字不传……岂况徐子《中论》之书不以姓名为目乎?"这位作者随即把徐幹的名、字、出生地、家庭背景和生平一一做了详细交代,以补徐子"不以姓名为目"的不足。⑨

这一序言有两点值得注意。第一,关于子书,人们有一种强烈的意识,就是它是一种非常"个人化"的著述,这体现在"著一家之法"的说法里。而所谓"一家之法",乃是司马迁所谓"一家之言"的变形。司马迁的"一家之言"自然是指他和他父亲共同创作的洋洋巨著《史记》,"一家之言"与《左传》之"三不朽"——立德、立功、立言——遥相呼应。但值得我们注意的是:到了公元三世纪,"一家之言"往往和子书写作联系在一起,而且,公元三世纪的"一家之言"特

---

⑧ 詹锳:《文心雕龙义证》,上海古籍出版社1989年出版,卷17,第656页。
⑨ 严可均《全三国文》卷55,第1360页。

别强调一己之著述如何给作者个人带来不朽的声名。

《阮子正论》的作者阮武曾经向杜恕(d.252)建议："今向闲暇,可试潜思,成一家言。"杜恕于是写成了《体论》。⑩ 曹丕(187—226)则多次对徐幹的《中论》表示赞美,称之为"一家言"。在曹丕心目中,这正是使徐幹有别于其他建安七子的地方,而且也是徐幹得以不朽的主要原因。在写给吴质的信里,曹丕曾经伤感七子之一的应场英年早逝,没有来得及写一部子书:"德琏常斐然有述作之意,其才学足以著书,美志不遂,良可痛惜。"⑪应场实际上留下不少诗赋作品,但是它们显然不算是"著书"。

这把我们的注意力引向《中论》序言中第二点引人注目的地方,也就是说,在公元三四世纪,写作子书和写作诗赋被有意识地区别开来,写作子书被视为更严肃、更堂皇的事业。而且,有意思的是,虽然"诗言志"是人人都承认的经典议论,在公元三世纪,是子书,而不是诗,被视为能够给作者带来不朽声名的,而且也是更加"私人化"的书写形式。因此,《中论》序言的无名作者说:

> 君之性,常欲损世之有余,益俗之不足。见辞人美丽之文,并时而作,曾无阐弘大义,敷散道教,上求圣人之中,下救流俗之昏者,故废诗赋颂铭赞之文,著《中论》之书二十二篇。

公元四世纪的思想家葛洪也赞美子书而轻视诗赋。在《抱朴子·外篇》"尚博"章中,他痛斥那些"贵爱诗赋浅近之细文,忽薄深美富博之子书"的同时代人。在最后一章"自叙"里,他说:"洪年十五六时,所作诗赋杂文,当时自谓可行于代。至于弱冠,更详省之,殊多不称意,天才未必为增也,直所览差广,而觉妍媸之别……洪年二十余,乃计作细碎小文妨弃功日,未若立一家之言,乃草创子书。"⑫和《中论》序的无名作者一样,葛洪在子书和诗赋之间划分出清楚的界限;曹植也曾在给杨修的信里表示过同样的态度。⑬ 当然了,葛洪对子书的偏爱也

---

⑩ 《三国志》,北京中华书局 1959 出版,卷 16,第 507 页。
⑪ 《全三国文》卷 7,第 1089 页。
⑫ 《抱朴子外篇校笺》,北京中华书局 1997 年出版,第 105、695—697 页。
⑬ 《全三国文》卷 16,第 1140 页。

许和他自觉诗赋才能不足有关,但是,"立一家之言"的愿望和司马迁、徐幹、曹丕、曹植一脉相承,而且,同样的说法,一直到公元六世纪,总是和子书的写作联系在一起。

以上的讨论向我们表明,在魏晋时期,子书被视为代表了一个士人对他所处的社会发表的全面看法,从政治、道德直到文化;而且,这些个人看法旨在达到"中""正""典"的效果,为子孙后代所尊重和效法。到了后代,诗歌成为文学史中最个性化和私人化的表述方式之一,但是在魏晋时期,子书似乎承担了"自我表述"的责任,尽管这些子书里面的有些篇章对一个后代读者来说可能显得十分缺少个性。这里,我们必须放弃现代人的"自我"或者"个体"观念,认识到对于一个早期中古士人来说,"自我"或"个体"意味着作为"士"的个人生命之精华,而一部厚厚的子书,提炼了这位士人对于社会人生的全部看法,可以最好地体现这种精华。正是在这个意义上,我们说:子书承当了"自我表述"的责任。那么,这是不是说诗赋就不是"自我表述"呢?不是的。但是,诗赋的"自我表述"和子书具有深刻的差别,这一差别在于:诗赋只能抒写一时一地的情怀,在人生不同的阶段和不同的情境下都可以写作诗赋以抒情言志,因此一个作者在一生中可以创作很多诗赋,但在一个士人的一生中,却一般只写作一部子书。这一部子书,以其丰厚的卷帙,甚至在物质的层次上也最好地体现了(embody)作者的生命,体现了从"身体"到"书体"的转化。所以,我们说:早期中古士人在写作子书时,是在自觉地把个体的生命提炼和融入笔下的巨著的,这部巨著旨在成为这位士人最具有代表性的生命精华的凝聚物。

为了进一步说明子书"私人化和个人化"的观点,让我们最后再引一个例证,这也就是子书作者的"自叙"篇。

一般来说,自叙出现于一部子书的末尾,作者在其中自叙家世和生平。这一形式首次见于司马迁《史记》,其最后一章乃是"太史公自序"。这一作法,是为了给这部洋洋巨著打上个人的印记。其后,司马迁的自序被子书作者袭用,如王充《论衡》有"自纪";曹丕《典论》亦有"自叙";杜恕的《体论》、傅玄(217—278)的《傅子》、袁准(公元三世纪)的《袁子正论》都有类似的自叙,现在只存残篇。相比之下,葛洪《抱朴子》"自叙"保存得较为完好。我们可以下结论说:子书作者在全书最后加上一篇自序是常见的作法。我们可以想象徐幹如果没有死于217年的瘟疫，也一定会在《中论》里面附上一篇自序。无名作者为《中论》所作的序言，详细叙述徐幹的生平、家世、为人，正是为了补缺之用。

在子书正文和作者自序之间存在着很多张力。子书正文是自序的必要框架，而自序则是子书的皇冠。换句话说，我们必须把子书正文和作者自序视为一个缺一不可的有机整体，它们共同构成了作者的"自我"和"自我表述"。《史记》记叙的历史从上古直到当代，司马迁在写作这样一部前无古人的历史著作时，以"自序"作为全书也即中国历史的终点，实在令人惊叹，这一作法使得这部书俨然成为家族财产，"一家之言"，而"家"在这里一语双关。司马迁甚至在自序中报告全书的字数——五十二万六千五百字——进一步保证了"家族产业"的不变性和真实性。但是，更令人惊叹的是，作者"自序"这一形式从史书被移植到子书，这一作法确证了子书乃是一部个人的历史，是个人最全面的"自我之表述"。

这里需要提到：在魏晋时代，"一家之言"不是自我封闭的，而是可以接受外来的干涉或者"补缺"，而且时人对于"代作"或者"补亡"尽皆不以为非。比如葛洪是陆机、陆云兄弟的热烈崇拜者，他曾说过如下一段话：

> 吾门生有在陆君军中，常在左右，说陆君临亡曰："穷通，时也；遭遇，命也。古人贵立言以为不朽，吾所作子书未成，以此为恨耳。"余谓仲长统作《昌言》未竟而亡，后缪袭撰次之；桓谭《新论》未备而终，班固为其成《琴道》。今才士何不赞成陆公子书？[14]

子书的补缺，与诗歌写作中"代作"的现象恰好形成对应。这种情况到了公元六世纪在萧绎《金楼子》写作中全然改观，而《金楼子》也就正式宣告了诸子的黄昏。在我们检视《金楼子》之前，有必要先看一看子书文本的存亡，以及子书的存亡情况如何影响到我们对于六朝时期文学史和思想史的认识。

---

[14] 这是《抱朴子》残篇，见《全晋文》卷117，第2132页。

学术史的视域

二、文本存亡给我们的教训

在这一节,我们开宗明义就早期中古文学研究提出这样一个观点:我们的研究基本上一直浮在表面,只触及冰山一角,没有触及海面下的冰山。这座冰山就是中古早期广大的文本世界,虽然已经大量亡失,但是残片尚存,在史书、序跋、书信、言论的记载中可以窥见凤毛麟角。我们传统的文学史写作是由一座又一座凸起的高峰构成的:曹魏父子,建安七子,二陆三张两潘一左,陶渊明,大小谢,等等。在思想史研究领域,则有葛洪及其《抱朴子》。这些人物不过是一个广大世界的一小部分而已。我们当然不能完美地复制那个失去的广大世界,但是就算只是为了更好地了解这些凸起的高峰,我们也必须试图把握那个失去的世界的大致形状。仅仅把视线转向文学史中的"次要人物"也是不够的。虽然我们不能凭空悬想已经不复存在的文本,但是我们在书写文学史的时候必须考虑到我们知道曾经存在过的文本。短简残篇,没有内容的标题,对不复存在的文本的指称:这些都好像是路标,指向一个曾经存在的、更加丰满的文化世界。

我们面临的一个简单事实是:魏晋时期的子书写作之丰富到令人不安的程度。这里所谓"不安",是指魏晋时人对于书籍生产之容易感到困扰。这时候的文字产量和近现代当然无法相比,但是比起上古中国来说,可以算是"大跃进"了。东晋时的苏彦,《苏子》的作者,对此现象作过评价。他先是列举六经、史书和法典,然后说:"孟轲之徒,溷淆其间。世人见其才易登,其意易过,于是家著一书,人书一法。雅人君子,投笔砚而高视。"[15]所谓"家著一书,人书一法",无非是说:人人都在写作子书。

唐代魏徵(580—643)的《群书治要》和马总的《意林》[建立在萧梁时代庾仲容(476—549)《子钞》的基础上]是我们探索这一时期子书的主要基本材料。此外,《隋书·经籍志》开列了一系列公元七世纪初仍然存在的子书的标题。下

---

[15] 《全晋文》卷138,第2256页。

面开列的仅仅是至今尚有片断存在的魏晋子书，不包括有目无篇者：

1. 徐幹，《中论》
2. 刘廙（180—221），《政论》
3. 曹丕（187—226），《典论》
4. 谯周（200—270），《法训》
5. 夏侯玄（209—254），《夏侯子》
6. 傅玄，《傅子》
7. 钟会（225—264），《钟子刍荛论》
8. 蒋济（d.249），《蒋子万机论》
9. 桓范（d.249），《桓子》
10. 任嘏（fl.early 3rd century），《任子道论》
11. 杜恕（d.252），《体论》
12. 阮武，《正论》
13. 袁准，《袁子正论》
14. 夏侯湛（243—291），《新论》
15. 华谭（244—322），《新论》
16. 张显（fl.260s），《析言》
17. 葛洪，《抱朴子》
18. 梅陶（fl.ca.326），《梅子新论》
19. 孙绰（314—371），《孙子》
20. 苏彦，《苏子》
21. 苻朗（fl.380s），《苻子》

在这些子书中，葛洪的《抱朴子》是存留最完整的，但是就连《抱朴子》也还是不完全，大量残片可以见于隋唐宋类书，如《北堂书钞》《艺文类聚》《太平御览》。《典论》和《傅子》也有一些较长的残篇存世。有些子书，像张显的《析言》，只剩下一个短句。这些子书基本采取朴素直白的写作风格，对文学学者来说显得不够华美,对思想史家来说往往又过于零星,不够系统。就这样,这些子书落入两个研究领域之间的缝隙中,学者很少注意到它们。

三、在公元五世纪到底发生了什么?

然后我们看到一个奇特的现象:到了公元五世纪,子书创作突然衰落下来。《隋书·经籍志》只记载了这一时期的两部子书:贺道养(约424—453)的《贺子述言》十卷和张融(444—497)的《少子》,又称《通源论》。南齐萧子良(460—494)的《净住子》虽以"子"为名,但全言佛理,不是传统意义上的子书,故不算在内。到了公元六世纪,子书写作仍然不景气:道家类有张太衡《无名子》,无名氏的《玄子》,张讥(513—589)的《游玄桂林》;儒家类则有周舍(469—524)的《正览》。这些著作都已不存。除此之外,还有两部内容多少存留下来的子书值得一提:《刘子》,以及《金楼子》。《刘子》作者不详,或以为是刘勰。这部书之所以有意思,是因为它的内容枯燥无味,如何能够经受时间的考验而存留下来实在是个奇迹。《金楼子》则继承和颠覆了子书的传统,其内容和写作契机都充满兴味,我们将在下一节详细讨论。公元七世纪以来,子书写作仍然若存若亡、断断续续,但是再也没能达到公元三四世纪的高潮。因此,我们可以总结说:公元五世纪是子书写作传统的转折点。

到底发生了什么,使魏晋时期硕果累累的子书写作突然衰落下来?我们不能全都怪在文本散佚上,因为从《隋书·经籍志》来看,不太可能公元三四世纪的子书保存得比公元五六世纪的子书更为完好,特别是《经籍志》还记载了那些梁代尚存的书籍题目。子书的衰落是一个复杂的问题,我们可以在此尝试进行分析和解答。

首先我们要指出一点:中国文学体裁,就好像文学主题和意象那样,是累积型的。赋是最古老的文学体裁之一,可是直到清朝,人们仍然在创作赋。四言诗从《诗经》以来就存在,虽然后来五、七言占主导地位,但是诗人从未彻底抛弃四言形式。直到现当代,写古典诗词的人恐怕比写新诗的人还多。也许,当一种写作体裁开始衰落,它并没有完全消失,而是发生了某种变形,或者,人们认为某种其他体裁和形式可以更好地起到类似的作用。

在这里,我们必须提到公元五世纪另一引人注目的文化现象。在公元五世纪初期或晋、宋之际,文学活动出现了一个重要的转折点。我们看到:时人对"古诗"和乐府发生了新的兴趣,并对"文学之过去"开始产生强烈的自觉意识,这表现在当时首次出现的数种文学史叙事以及许多模拟过去某诗人风格的作品中。[16] 这一时期还涌现出大量文学作品,这从当时丘渊之编撰的《晋义熙以来杂集目录》可以看出端倪,这一目录本身就长达三卷。[17] 除此之外,还有谢混(？—412)编撰的《集苑》,谢灵运(385—433)编撰的《诗集》和《诗英》,刘义庆(403—444)编撰的《集林》,谢庄(421—466)编撰的诔、赞、铭文集,以及殷淳(379—438)编撰的《妇人集》。总而言之,在公元五世纪前半叶,出现诗文总集数量之多,与前代相比不可同日而语。这一方面说明诗文创作活动空前兴盛,另一方面,诗文总集的编撰本身掀起了一个前所未有的高潮,这显示了时人对文学活动的极大兴趣。

这里的问题是,与公元四世纪相比,为什么文学活动会突然出现一个新的高峰？这可能涉及很多因素,但首先很可能和东晋军队在军事上取得的数次胜利有关。我们应该记得,东晋王朝在渡江时没有来得及带走大批藏书,依靠口头传授音乐传统的太乐伎人也多流散在北方。383 年淝水之战,东晋获得一批苻坚的乐人；但是更大的文化收获是刘裕(363—422)在 417 年北征时从长安带回的 4000 卷书籍和——更重要的——上百位宫廷乐师,这些乐师以及他们的弟子曾

---

[16] 我在《剑桥中国文学史》(北京生活·读书·新知三联书店 2013 年出版)第一卷第三章中对此有详细论述,此不赘言。

[17] 唐人避唐高祖讳,故丘渊之又称丘深之。此书在《隋书·经籍志》《旧唐书·经籍志》《新唐书·艺文志》中均归于"簿录""目录"类,与刘向《七略》、王俭《四部目录》等相邻,故知为书籍目录类著作无疑。《世说新语》"言语"篇刘孝标注引"丘渊之《新集录》",称谢灵运"以罪伏诛",故知其书成于公元 433 年谢灵运死后。《世说》刘注又多处引"丘渊之《文章录》"或"丘渊之《文章叙》",以刘注引用体例来看,与《新集录》似应为一书。诚如是,则证明此书乃是作者文集目录,作者包括顾恺之、谢灵运、袁豹、傅亮、伏系之、卞范之等公元四至五世纪时人。然《隋书》《新唐书》均作《晋义熙以来新集目录》,刘注亦同。陈引驰教授以为"新集"二字,如果按照《出三藏记集》中《新集某某录》等置于书名最前面的用法,则有"新近汇集"之意,但此处用法蹊跷,特别是放在"义熙以来"之后,其例甚罕。斯言诚是。因丘书已佚,无从进一步考察其内容,此处暂依《旧唐书》作"杂集"。新、杂二字字形相似,或致混淆。

辗转经过前秦、西燕、后燕,于 407 年落入后秦宫廷,被刘裕大军在破秦后带回江南。[18] 这些从北入南的文本(包括乐师代代相传的音乐和曲词)很有可能刺激了南方的文化事业,特别是激发了时人对"古诗"和乐府的兴趣。除此之外,刘宋皇帝和诸王对文学的兴趣也构成了公元五世纪前半叶文化复兴的另一重要原因。

文学活动的繁荣固然表示人们的创造能量得到一个巨大的释放管道,但是本身并不能完全解释为什么人们对子书写作失去兴趣,我们还可以从另外的角度进一步探讨这一问题。如果子书写作曾被视为"著书""立言"的重要手段甚至唯一手段,那么在公元五世纪,"文集"的地位则变得越来越突出。这体现于以下几个方面。

首先,在公元五世纪之前,我们较少见到作者编撰自己文集的记载。曹植自编文集是引人注目的少数例外之一。但是到了公元五世纪,作者自编文集的记载开始变得多起来。张融不仅自编文集,而且还给这些文集一一取名,如《玉海》之类。江淹把自己诗文编成《前集》和《后集》。还有其他很多例子,就不一一列举。[19] 正如《四库全书》编者所说,在齐、梁之际,别集的种种体例开始建立,被后世一直沿袭下来。[20] 这些别集主要包括诗、赋和各种杂文体,换句话说,它们正是葛洪等人所蔑视的"细碎小文"和"辞人美丽之文"。然而,到了公元五世纪,作者们在编辑自己文集时花费的精力说明文集的地位已经和前代很不一样了。

其次,公元五世纪的诗歌和前代相比,变得越来越个人化。陶渊明就是一个很好的例子,他的诗已被不少学者描述为具有"自传性"。谢灵运的诗也是个人经历的记录。两位公元四至五世纪转折时期的大诗人,在诗歌题目、题材、细节描绘方面都非常具体入微,与前代诗人相比十分不同。如果公元二三世纪的"古诗"往往呈现某一普遍适用的类型角色和类型情境,比如思妇、游子、征人

---

[18] 参见《晋书》卷 23,第 698 页;卷 128,第 3179 页。
[19] 我在《烽火与流星:萧梁文学与文化》(哈佛东亚中心出版社 2007 年出版;中文版中华书局 2010 年出版)一书第二章中对此有详细讨论,兹不赘述。
[20] 《四库全书总目提要》,上海商务印书馆 1933 年出版,卷 148,第 3101 页。

等,那么陶、谢二人的诗则非常个体化、个性化;如果建安七子写的诗往往通用一种语气和语汇,那么陶、谢二人各有独特诗风,读者一望而知是陶是谢,绝对不会混淆。

也正是在这时,开始出现了题为"效某某体"的诗。这样的诗与以前的"拟作"不同,不是对原作进行逐字逐句的模拟,而是试图仿效和传达一位诗人的整体风格。鲍照的《效阮步兵体》《效陶彭泽体》以及江淹的《杂体》三十首就是好例。这些诗说明,在公元五世纪,人们开始对"个人风格"发生意识,并且在前代诗歌中寻求个人风格,尽管前代诗歌往往缺乏鲜明的个人风格。就比如谢灵运的《拟魏太子邺中集》八首,虽然谢灵运在每首诗前都加一小序,说明这一诗人的特质,但是这些诗总体看来风格划一,而这倒也正好符合建安诗歌的实际风貌。

诗的地位到了公元五世纪明显有所提高,这在时人的记载中也可以看出端倪。檀道鸾在《续晋阳秋》中,沈约在《宋书》"谢灵运传论"中,都曾对诗歌发展史作过简述,这在文学史上是非常新鲜的现象。裴子野(469—530)在公元五世纪末年所写的《宋略》中如是论述元嘉、大明时期的文学风气变化:"宋初迄于元嘉,多为经史,大明之代,实好斯文……自是闾阎年少,贵游总角,罔不摈落六艺,吟咏情性。"[21]

综上所述,我们可以说在公元五世纪人们对诗发生了一种新的认识,开始把诗文写作视为代表了个人声音、个体生命的最佳扬名后世之手段。不能够"吟咏情性"的子书不再能够满足人们留存自传性记录的需要。至此,"集"取代了"子",成为表达自我的唯一方式。

最后我们需要提到:针对当代某一个问题所写的"论"仍然是十分活跃的文体,这些"论"都可以收入个人文集。张融所作的《少子》是公元五世纪寥寥无几的子书之一,但《少子》不像传统子书那样,是关于各种社会和文化文体的通论,而是好像一篇独立的短"论"那样是关于一个具体问题的(也即佛道同源的问题)。在公元五世纪后期,刘勰进一步把"论"的专题性和子书的长度这两种特

---

[21] 《全梁文》卷53,第3262页。

点结合起来,创作了专门论文的《文心雕龙》。《文心雕龙》共五十章,最后一章是"序志",这可以说全盘继承了传统子书的形式,只是它并不陈述作者对社会、政治、道德、文化的全面看法,而是陈述了作者对广义和狭义的"文"的看法而已。

到了公元七世纪,刘勰后继有人:刘知幾(661—721)创作了《史通》,《史通》可以说是一部历史学家的《文心雕龙》。它一共五十二章,最后一章就像传统子书那样是"自叙"。有意思的是,刘知幾有意识地把《史通》的源头上溯到《淮南子》,因为他认为《淮南子》无所不包;然后,他列举了一系列专门性的著作,包括刘劭的《人物志》和刘勰的《文心雕龙》,最后以自己的《史通》作结。

在很多意义上,颜之推(ca.531—591)《颜氏家训》都可以说代表了六朝晚期对传统子书形式的另一种变形。虽然《家训》的文体源头是"诫",但是颜之推远远超越了"诫子书"的传统,写出一部长达二十章的洋洋巨著。《家训》的形式接近子书,因为每一章都专门论述一个特定的题目,涉及的内容宽广,从家庭关系、道德、教育到治学和写作等,无所不包,就连"终制"一章都可以在曹丕《典论》中找到前例。颜之推把"自序"放在全书开始而不是末尾,但是自序内容和传统子书结尾处的自序如出一辙。在"自序"里,颜之推甚至明确提到魏晋子书,有意识地把自己的作品放在子书的传统中。他说:"魏晋以来,所著诸子,理重事复,递相模教,犹屋下架屋,床上施床耳。"

那么,颜之推又是如何使自己的书区别于这些"理重事复"的魏晋诸子呢?他宣称,他并不想以自己的书"轨物范世",只是想教育子孙、整肃门规而已。对于一部在结构上和形式上完全出自子书传统的著作来说,作者把注意力从国家治理和社会道德规范转向个人家庭,显示了家族与个人利益在六朝时期的重要。同时,颜之推对魏晋子书的批评相当具有代表性,也很能说明为什么人们不再写作子书。

四、"金楼子"

虽然如此,总是存在着例外,而"例外"也可以反过来证明"常态"。在文章最后一节,让我们把眼光转向《金楼子》,一位不寻常的作者写下的一部不寻常的子书。《金楼子》的作者萧绎是梁武帝的第七个儿子,在552年即位之前,一直是湘东王,他的子书因此也称为《湘东鸿烈》,就像淮南王刘安的《淮南鸿烈》一样。[22]

萧绎出生于公元508年9月16日,是梁武帝与阮令嬴夫人(477—543)之子。据《南史·梁元帝萧绎本纪》记载,梁武帝曾梦见眇目僧手执香炉,声称来托生王宫,后来阮夫人遂生下萧绎。萧绎从童年时代起即患眼病,梁武帝通医药,自己下意治疗,结果萧绎目力转弱,至十四岁而盲一目。梁武帝从此对这个儿子格外怜爱,也许其中有愧疚的成分。萧绎的眼疾成为他一生的困扰。他的兄弟萧纶(507?—551)曾写了一首打油诗嘲讽萧绎:"湘东有一病,非哑复非聋。相思下只泪,望直有全功。"[23]萧绎的妻子徐昭佩夫人,因不得萧绎宠爱,也曾作半面妆嘲弄一目失明的丈夫。[24] 据萧绎自己在《金楼子》中说,他从十四岁起即不能自己看书,只好依靠侍从大声读书给他听。[25]

又据《金楼子》所言,萧绎还有另外一种慢性病。公元520年,王僧孺(465—522)编撰了《百家谱》。南朝士庶等级严明,家庭背景于一个人的社会特权和政治生涯至关重要,熟知百家谱是任用官吏所需的重要技能。年幼的萧绎决定背诵《百家谱》,结果虽然全部烂熟于心,却因此得了所谓的"心气病"。这种心气病,现在看起来似乎是精神紧张和心理压力造成的心悸、心律不齐,甚至伴有暂时的理智失常。萧绎终身没有痊愈。后来,他曾在一段时间内连丧五子(可能是感染了某种流行病),导致萧绎旧病复发:"居则常若尸存,行则不知所适,有时觉神在形外,不复附身。"[26]

萧绎是一位有才华的诗人、画家、辩士。但是最令人瞩目的是萧绎其人:多亏《金楼子》,使我们得以窥见一个复杂而充满矛盾的人的自画像。在历史上,

---

[22] 《湘东鸿烈》在《隋书·经籍志》中和《金楼子》分别记载,似乎是两部不同的书,但是《隋书·经籍志》的编撰者并没有亲眼见到过所谓的《湘东鸿烈》,称其书已亡。我以为这两部书应该就是一部。见《隋书》卷34,第1005页。
[23] 逯钦立:《先秦汉魏晋南北朝诗》,北京中华书局1983年出版,《全梁诗》卷24,第2030页。
[24] 《南史》卷12,第341—342页。
[25] 许德平:《金楼子校注》,台北嘉新水泥公司文化基金会丛书,1969年版,卷14,第263页。
[26] 同上,第262页。

萧绎的形象并不光彩：在侯景之乱中，他迟迟不救建康之围；和兄弟子侄进行内战争夺权柄；使他尤为臭名昭著的，是554年江陵被西魏大军包围时他的焚书之举。据公元七世纪丘悦《三国典略》记载："帝入东合竹殿，命舍人高善宝焚古今图书十四万卷，将自赴火，宫人左右共止之。又以宝剑斫柱令折，叹曰：'文武之道，今夜尽矣！'"㉒据隋朝牛弘（545—610）向隋文帝上书，这些书大概只有百分之十到二十保存下来。㉓从书的绝对数量上来说，萧绎焚书超过了秦始皇，是中国历史上对书籍的最大规模的有意毁灭。

据《隋书·经籍志》记载，《金楼子》共十卷。十二世纪的学者晁公武在《郡斋读书志》中，称《金楼子》分为十五章。现存《金楼子》共十四章，它们是：

1. 兴王
2. 箴诫
3. 后妃
4. 终制
5. 诫子
6. 聚书
7. 二南五霸
8. 说藩
9. 立言
10. 著书
11. 捷对
12. 志怪
13. 杂记
14. 自序

《金楼子》全书在明朝散佚。现存文本是《四库全书》的编者从《永乐大典》

㉒ 引自司马光《资治通鉴》，北京古籍出版社1956年出版，卷165，第5121页。
㉓ 《隋书》卷49，第1299页。

中搜集整理出来的。《永乐大典》引文则建立在 1343 年叶森刊本上,这一刊本已经亡佚了。因此,现存《金楼子》的章节顺序乃至文本排列顺序都是清代学者的整理结果,不能代表《金楼子》原貌。

虽然面貌残缺,《金楼子》仍然称得上是一部奇书。首先,它采取了传统子书的形式,而在萧绎写作此书的年代,子书形式早已失去了先前的吸引力,很少人写作子书了。其次,《金楼子》的写作过程长达三十余年,可以说贯穿了萧绎一生。[29] 据萧绎本人说:"年在志学,躬自修纂,以为一家之言。"[30] 萧绎又在《金楼子》"聚书"篇中说:"吾今年四十六岁。"[31] 萧绎四十六岁之年是公元 553 年,他被杀之前一年。如果说子书是作者对"自我生命"的体现,那么《金楼子》这部子书竟可以说是和萧绎一起成长的。

不仅如此,萧绎还非常强调自己是这部书的唯一作者,甚至不允许任何幕僚阅读未完成的书稿。据他在《金楼子》里记述,裴子野曾问萧绎为什么要如此辛苦著述而不"询之有识,共著此书",萧绎回答,他著此书是有感于自己"名节未树",既然没有机会立功疆场、报效国家,那么就希望依靠著书立说来传名后世。至于不肯令宾客参与,则是因为粗衣恶食者"难与道纯棉之密致,不足论太牢之滋味",他平生最反感的就是吕不韦和淮南王刘安"谓为宾游所制"。然而,正因为《金楼子》是一个公开的秘密,就越发引起人们好奇,萧绎在书中提到当他从外任回到京都时,竟然有人以为金楼是用金子铸造的阁子,屡次要求观赏,令萧绎感到既好笑又自得。[32]

上述种种表明,《金楼子》是一部非常私人化的著作,这种印象因为萧绎在书中屡屡谈到很多有关个人生活的细节而得到印证和加强。在这一方面,他很有可能是受到曹丕《典论》的影响,曹丕在《典论》中提供了很多生动的个人生活细节,这和他的前辈王充《论衡》中较为直白抽象的自叙形成了鲜明对比。因为《典论》保存不完整,我们不知道曹丕有没有另辟一章描述他的父母。相比之下,萧绎不但对自己的私人生活多有叙述,而且在"兴王"篇和"后妃"篇中特别

---

[29] 参见钟仕伦对这一点的讨论,《金楼子研究》,北京中华书局 2004 年出版,第 243 页。
[30] 见《金楼子》自序,《全梁文》卷 17,第 3051 页。
[31] 《金楼子校注》卷 6,第 102 页。
[32] 同上,卷 9,第 155—157 页;卷 13,第 252 页。

浓墨重彩地叙述了他的父母亲的生平。在《由儿子写的一篇母亲传》一文里，日本学者兴膳宏把萧绎的阮妃传称之为第一篇现存的儿子写的母亲传，[33]这虽然不尽准确，但是，毋庸讳言，在子书中为自己父母作传是很不寻常的作法。

把这两个章节，"兴王"和"后妃"，和专门论述前代皇族的"箴诫""说蕃"两章放在一起，我们可以看出，萧绎对自己作为皇子作者的身份具有强烈的自觉意识。纵观全书，萧绎屡次自谓："吾于天下亦不贱也。"[34]这句话本是周公自述，因为他是"文王之子，武王之弟，成王之叔"。萧绎作为武帝之子，皇太子之弟，当然会对周公的地位感到认同。但是，对于一个子书作者来说，拥有这样的地位是很有意思的，因为哪怕他在谈论国事，他也同时是在谈论家事。[35]

不过，如果子书作者身为皇子有前例可循（如淮南王刘安），那么，子书作者的身份和皇帝的身份则难以协调。何况对萧绎说来，登上皇位相当出乎预料，他在开始写作《金楼子》的时候，肯定绝对没有想到有朝一日会成为皇帝。作为皇子，子书作者可以既是皇族成员，又是臣子，换句话说，他仅仅是一个普通的臣民和个人，一个"夫子"而已；但是，贵为天子，还可以同时是"诸子"之一员的"夫子"吗？这对我们的作者金楼子来说是个问题，而这一问题在"聚书"篇中表现得最为明显。

"聚书"篇详细记叙了萧绎从六岁收到父亲赠送的两套"五经"以来，数十年间通过各种管道聚书的经过。萧绎在这一章明确提到他写作时的年龄：

> 吾今年四十六岁，自聚书来四十年，得书八万卷。河间之侔汉室，颇谓过之矣。[36]

这段话引发了好几个问题。第一，这八万卷是否包括公元552年，梁军收复

---

[33] 《汉魏六朝文学与宗教》，葛晓音编，上海古籍出版社2005年出版，第8页。兴膳宏以为曹植为自己的母亲卞太后所作的诔、钟会为自己的母亲张夫人所作的传记已经佚失了，但实际上二文皆存。见《全三国文》卷15，第1157页；卷25，第1190页。

[34] 见《金楼子》自序，《全梁文》卷17，第3051页。又见《金楼子校注》卷9，第156页。

[35] 这和曹魏家族还有所不同，因为曹操虽然手握权柄，但曹氏成为王族和皇族却是很晚的事情：曹操216年才封魏王，距他去世和曹丕即皇帝位仅仅四五年时间。

[36] 《金楼子》卷6，第102页。河间指西汉的河间王刘德，景帝之子，好书爱学。

建康后,萧绎命人从建康皇家图书馆运到江陵的七万卷书?如果包括,那为什么萧绎详细缕述了每一次得书的机缘来历,却偏偏没有提到这一数量最大的收获?如果不包括,又是为什么?第二,如现代学者余嘉锡所指出的,萧绎既然自比河间王,那么这段话应该写在即皇帝位之前。余氏以为,"吾今年四十六岁,自聚书来四十年"这句话有误,因为这把萧绎写作这段话的时间放在了553年,这时萧绎已经即皇帝位了。㊲

另一位学者钟仕伦则认为这句话并没有错。钟氏以为萧绎的八万卷藏书是个人藏书,而这确实超过了宫廷藏书七万卷的数量。至于为什么萧绎不肯提到宫廷藏书,钟氏以为这是因为:第一,现存"聚书"篇有残缺,也许萧绎提到了宫廷藏书,而他的话却没有保留下来;第二,把"公家图书"包括在"私家撰述"中于理未安。第一个原因不足言,不仅无法证明或者否认,而且与钟氏"八万卷不包括七万卷"的说法相抵牾,因为钟氏好像是在说"七万卷其实包括在了八万卷之内,只不过在本章亡佚的部分里提到,所以我们没有看到"。同时,这也就把萧绎552年之前的藏书降为一万卷,而这并不能解释为什么萧绎觉得自己的藏书可以与皇家藏书比肩。因此,愚意以为:萧绎在获得宫廷图书之前,确实原有八万卷藏书。这里的卷数虽然显得十分庞大,但是,八万卷书不等于八万部书,换句话说,这八万卷里有很多是副本(这一点可以在"聚书"篇中看得很清楚),所以,藏书"八万卷"虽然听上去很夸张,不是没有可能的。

这把我们带回到原来的问题:为什么萧绎不把建康运来的宫廷藏书包括在他的八万卷藏书之内呢?钟仕伦"公家"与"私家"的说法很有见地,但是需要进一步深入剖析。我在《烽火与流星:萧梁文学与文化》一书中对此作过如下分析:

> 对于一位君主来说,聚书是建立国家政体的一部分内容。如杜德桥所说,"国家图书馆成为国家统一和国家文化的象征,因为它确立了统治王朝的合法地位以及作为文化守护者的合法身份。"因此,获得前朝藏书不是一

㊲ 参见钟仕伦《金楼子研究》,第9—10页。

件小事。皇家藏书从建康运到梁朝的新首都江陵,象征了权力的合法转移,这一事件应该加载史册。

然而这正是问题所在。萧绎"聚书"篇不是皇朝历史的一部分,而是子书的一部分。萧绎不是作为"天子",而是作为"夫子",作为"金楼子",作为私人藏书家,在进行写作。这种区别决定了"聚书"篇材料的取舍。在这样一种私人语境中,提到皇家图书馆藏书简直是亵渎。我们在此看到的是作为君主的公众角色和作为藏书家的私人角色之间的矛盾。这不是说,一位君主不可以同时也是爱书人,而是说:对于这两个角色来说,聚书行为的动机和目的各不相同,甚至相互抵牾:君主是艺术的保护人,文化的合法守护者;而私人藏书家则任凭对书的狂热激情成为个人身份的中心表现方式……如果作者和藏书家萧绎不想提到皇家图书馆藏书,那是因为在公私价值之间的矛盾撞击中,他的著作的性质——一部子书——使他不能够以皇帝的身份讲话。我们不能忘记,萧绎从十四岁起就开始写作《金楼子》,《金楼子》是一部属于私人的书,是旨在最终被收入皇家图书馆的。在这样一部书里,没有君主话语的空间。[38]

余嘉锡指出萧绎自比河间王不符合皇帝身份,这一见解完全正确,但是,我不认为这是因为《金楼子》的文本有误,因为自比河间王可以在(而且也只能在)"子书"的语境里得到合理的解释。

这样一来,《金楼子》"聚书"篇在好几个层次上都具有丰富的象征意义。萧绎的"夫子"身份和"天子"身份之间的矛盾,更突出了子书"立一家之言"的私人性质。更重要的,是这一章凸显了萧绎的"收藏家"身份。其实,《金楼子》一书本身就是一种"收藏",因为它充斥着萧绎从前代文本中,包括从他自己的作品中,摘取下来的文字,种种趣闻轶事、"志怪"叙述、名言警句和俗语谚语,萧绎自己撰写和命幕僚撰写的书籍标题,从大到小的各种历史事件,甚至包罗了各种文体形式和体裁,比如传记,志怪,志人小说,历史记载,等等。有些学者,如谭献

---

[38] 见《烽火与流星》第二章。

（1832—1901）、兴膳宏，指责《金楼子》是"稗贩"之作，有些学者，如钟仕伦则极力为之进行辩护，称其不是"稗贩之作"。㊴ 私意以为，这样的指责和辩护虽然各有其道理，却都还没有触及问题关键。问题的关键，在于子书传统发生的巨大深刻的变化。如果说《淮南子》这部由西汉皇子所写的子书旨在囊括所有前此以往的文本与智慧，那么《金楼子》从来不曾作过这样的宣称，因为萧绎对于过去的文字传统采取了一种完全不同的态度。他担当的，是收藏家、裁判和编辑的角色：

> 诸子兴于战国，文集盛于二汉，至家家有制，人人有集。其美者，足以叙情志，敦风俗；其弊者，只以烦简牍，疲后生。往者既积，来者未已。翘足志学，白首不遍。或昔之所重，今反轻；今之所重，古之所贱。嗟我后生博达之士，有能品藻异同，删整芜秽，使卷无瑕玷，览无遗功，可谓学矣。㊵

从这样一种收藏家、裁判和编辑的角色手下诞生出来的著作，不再是传统意义上的子书，而是一种在后代日益盛行的全新形式：笔记。而这些文字所呈现出来的，也不再是那个以理智控制感情的传统子书的作者，而是一个充满野心、欲望、焦虑、嫉妒，性格缺点重重，一生被身体残疾所苦，甚至被身体残疾所定义的个人。就这样，萧绎用一部既沿袭传统又改造了传统的子书，宣告了子书的黄昏。

萧绎很有可能曾经打算以一生的时间写作《金楼子》，使之在完全意义上成为一部体现个人生命的著作。他曾说："颜回希圣，所以早亡；贾谊好学，所以速陨……生也有涯，智也无涯。以有涯之生，逐无涯之智——余将养性养神，获麟于金楼之制也。"㊶ "获麟"是对孔夫子编撰《春秋》止于获麟之年的指称。㊷ 所谓

㊴ 见《金楼子研究》，第 262 页；兴膳宏《六朝文学论稿》，长沙岳麓书社 1986 年出版，第 117 页；又见《金楼子研究》，第 32—37 页。
㊵ 《金楼子》卷 9，第 164 页。
㊶ 同上，第 165—166 页。
㊷ 在《金楼子》一书中，萧绎屡次把自己置于周公、孔子和司马迁这些"作者"的嫡系传统中，他说："周公没五百年有孔子，孔子没五百年有太史公，五百年运，余何敢让焉！"同上，第 152 页。

105

"获麟于金楼之制"者,则萧绎似乎是准备把《金楼子》作为他的绝笔的。但是,"金楼子"和"梁元帝"是两种互不相容的身份。在公元553至554年之间,萧绎停止了《金楼子》的写作。公元555年1月27日,梁元帝被西魏军队以土囊压死。只不过早期中古子书的最后一位作者"金楼子",在此之前已经死去多时了。

结论

在这篇文章里,我探讨了中古时代子书的衰落。普鸣曾经指出,"哲学巨著时代"在公元二世纪宣告终结。然而,值得注意的是,哲学巨著的外壳——子书的形式——又继续生存了二百余年,而且,这些魏晋子书与先秦甚至两汉子书相比,出发点和旨趣都有所不同。魏晋子书尽可以像颜之推所抱怨的那样单调重复,但是,这些子书作者却无不认为他们的子书著作是"立一家之言"、展现和保存自我以求实现不朽声名的唯一重要途径。虽然赋、诗写作不辍,但是被视为小道,至少在理论的层次上是如此,即如曹丕所谓"文章乃经国之大业"者,在很大意义上恐怕也是自指像《典论》这样的子书。这一情形到了公元五世纪有所改观,别集代替子书,成为备受瞩目的文化形式;诗歌,特别是五言诗,逐渐成为最受到尊崇并最具文化光环的文学体裁。在这一背景下,我们看到传统子书的变形,如《文心雕龙》和《颜氏家训》;但同时也出现了《金楼子》,一部以子书形式作为外壳的笔记类"收藏"(collection),宣告了子书的黄昏。以先秦两汉为高峰期的思想时代,至此被诗的时代代替;直到两宋时期,新儒家思想向文学宣战,"文"被视为"害道者",从此揭开了中国文化史上一个新的篇章。但那已经属于"下回分解"的范围了。

本文承 Paul W. Kroll 教授和陈引驰教授提出宝贵意见,在此一并致谢。

【田晓菲　美国哈佛大学东亚语言文明系教授】
原文刊于《中国文化》2008年01期

得意忘言与义疏之学

魏晋至唐代的古典解释

张伯伟

魏晋以来,中国的古典解释出现了一些新面貌,虽然在经书解释史上,有的学者还是将这一时期总归为汉唐阶段[①]。这种划分从历史的长时段来看,自然有其成立的理由,但对于长时段中各个短时段的变化,学者理应予以必要的注意。概括地说,这些新面貌可以归结为两点,即"得意忘言"与"义疏之学"。前者是精神上的,后者是体式上的。经典解释的这些新特征,对于文学解释来说,也起到了不容忽视的先导和影响作用。

一、魏晋以来古典解释新貌的形成

汉武帝置"五经"博士、设弟子员以后,博士为了教授弟子的需要,往往详细阐释经典之文,引申传记之义,从而逐步兴起一种章句之学。辗转相传,乃至"一经说至百余万言"(《汉书·儒林传赞》),从而流于饾饤、烦琐。因此,从西汉

[①] 如加贺荣治的《中国古典解释史·魏晋篇》将中国古典经书解释史分作三期:第一期自汉武帝立五经博士官到唐初五经正义的撰定;第二期从中唐经宋、元到明初四书五经大全的编纂。这一期持续到晚明中叶,到明末开始转变;第三期从明末到辛亥革命。第一期为汉唐训诂学,以五经为中心;第二期为宋明性理学,以四书为中心;第三期为清朝考证学。劲草书房,1964年版。

末年开始,就出现了对这种风气的批判。《汉书·艺文志》指出:

> 后世经传既已乖离,博学者又不思多闻阙疑之义,而务碎义逃难,便辞巧说,破坏形体。说五字之文,至于二三万言。后进弥以驰逐,故幼童而守一艺,白首而后能言。安其所习,毁所不见,终以自蔽。此学者之大患也。

这种意见,在汉哀帝时,刘歆《移书让太常博士》中已经指出②。到了东汉,从朝廷到经师,就有人提出删减章句并加以实践③。虽然这种改变是局部性的,却显示出对于烦琐解释之学的脱离与背弃的倾向。与此相应,就是对于"通儒"之学的崇尚。例如:

> 扬雄——"少而好学,不为章句,训诂通而已,博览无所不见。"(《汉书·扬雄传》)
> 桓谭——"博学多通,遍习五经,皆诂训大义,不为章句。能文章,尤好古学。……熹非毁俗儒,由是多见排抵。"(《后汉书·桓谭传》)
> 班固——"及长,遂博贯载籍,九流百家之言,无不穷究。所学无常师,不为章句,举大义而已。"(《后汉书·班固传》)
> 卢植——"少与郑玄俱事马融,能通古今学,好研精而不守章句。"(《后汉书·卢植传》)
> 韩融——"少能辨理,而不为章句学。"(《后汉书·韩韶传附韩融传》)

"通儒"的特色是不守章句、博古通今、举其大义,他是与"俗儒"相对的。例如王充"好博览而不守章句。……博通众流百家之言。……以为俗儒守文,多失其真"(《后汉书·王充传》);荀淑"少有高行,博学而不好章句学,多为俗儒所

---

② 《汉书·刘歆传》载:"往者缀学之士不思废绝之阙,苟因陋就寡,分文析字,烦言碎辞,学者罢老不能究一义。"

③ 《后汉书·章帝纪》载其诏曰:"(光武帝)中元元年诏书,'五经'章句烦多,议欲减省。"又《桓荣传》载:"初,荣受朱谱学章句四十万言,浮词繁长,多过其实。及荣入授显宗,减为二十三万言。(桓)郁复删省,定成十二万言。由是有《桓氏大小太常章句》。"均为其例。

非"(《后汉书·荀淑传》)。应劭《风俗通义》也指出了"通儒"与"俗儒"的区别④。博古通今在当时其实更重在"好古学",即对于古文经传的重视,以此来否定章句之学。在强调博览古今的同时,通儒之学在古典解释上更强调对经传的"通理究名"⑤,所批评的还是"守文"的俗儒。如上文举到的卢植"好研精而不守章句",韩融"少便辨理,而不为章句学",郑玄则"义据通深"(《后汉书·郑玄传》)。魏晋的经典解释所出现的新貌,实际上与东汉以来的通儒之学是有着明显的继承关系的。强调贯通古今,就必然重视博览;强调通理究名,则必然导致简约。由于东汉末年的郑玄在博古通今方面已做出集大成的贡献,此下的发展,也就自然走上偏于通理究名的方向。

魏晋以来的经典解释⑥,表现出由名物训诂到辨名析理的转变,由烦琐到简明的转变。刘勰《文心雕龙》将解释经典的传注看成"论"的一种,其要旨应是"弥纶群言,而研精一理"(《论说》)。他又指出:"毛公之训《诗》,安国之传《书》,郑君之释《礼》,王弼之解《易》,要约明畅,可为式矣。"这种倾向自魏晋以下成为一时风气。如王弼在《老子指略》中指出:

夫不能辩名,则不可与言理;不能定名,则不可与论实也。⑦

郭象《庄子注》云:

夫庄子之大意,在乎逍遥游放,无为而自得,故极小大之致以明性分之适。达观之士,宜要其会归而遗其所寄,不足事事曲与生说,自不害其弘旨,

---

④ "儒者,区也,言其区别古今,居则玩圣哲之词,动则行典籍之道。稽先王之制,立当时之事,纲纪国体,原本要变化,此通儒也。若能纳而不能出,能言而不能行,讲诵而已,无能往来,此俗儒也。"王利器《风俗通义校注》,第619页。中华书局,1981年1月版。
⑤ 参见加贺荣治《中国古典解释史·魏晋篇》第一章第三节。
⑥ "经典"一词,一般指的是儒家典籍,但在魏晋以来直至唐初,经典实可包括老庄之书。如陆德明《经典释文》即包括《周易》《古文尚书》《毛诗》《三礼》《春秋》《孝经》《论语》《老子》《庄子》《尔雅》等书,就是明显的一例。这里所说的"经典",亦作如是观,故举例不限于儒家。
⑦ 楼宇烈《王弼集校注》,第199页。中华书局,1980年8月版。

皆可略之耳。⑧

又指出：

　　膏粱之子，均之戏豫，或倦于典言，而能辩名析理，以宣其气，以系其思，流于后世，使性不邪淫，不犹贤于博奕乎？⑨

杜预《春秋序》指出：

　　若夫制作之文，所以章往考来，情见乎辞，言高则旨远，辞约则义微，此理之常，非隐之也。

范甯《春秋穀梁传序》指出：

　　凡传以通经为主，经以必当为理。夫至当无二，而三传殊说，庸得不弃其所滞，择善而从乎？既不俱当，则固容俱失。若至言幽绝，择善靡从，庸得不并合以求宗，据理以通经乎？虽我之所是，理未全当，安可以得当之难，而自绝于希通哉？

这种方法，如果用当时的表述，就是"得意忘言"的解释方法。作为开一代玄学之风的王弼，他就"言""象""意"三者的关系提出了一段著名的论述：

　　夫象者，出意者也。言者，名象者也。尽意莫若象，尽象莫若言。……然则忘象者，乃得意者也；忘言者，乃得象者也。得意在忘象，得象在忘言。⑩

---

⑧ 郭庆藩《庄子集释》卷一上，第3页。中华书局，1961年7月版。
⑨ 同上，第1114页。
⑩ 《周易略例·明象》。《王弼集校注》，第609页。

在这里,王弼提出了著名的"得意忘言"说,从而形成了魏晋乃至整个南朝的新学风、新方法。汤用彤在《魏晋玄学和文学理论》一文中指出:

> 盖真正的学问不在讲宇宙之构成与现象,而在讲宇宙之本体,讲形上学。此"得意忘言"便成为魏晋时代之新方法,时人用之解经典,用之证玄理,用之调和孔老,用之为生活准则,故亦用之于文学艺术也。[11]

总之,作为一种新的解释方法,它渗透到经、史、子、集四部著作的注释中,正所谓"宛转关生,无所不入"(《世说新语·文学》)。

如果翻阅《隋书·经籍志》经部的著录,可以发现这样一个大致的趋向,即对于各经书的传注至东晋可告一段落,此后的经典解释便是以音、序以及义疏的名称而出现。因此,义疏之学的兴起可以说是魏晋以下经典解释的又一特色。然而义疏体的形成并非完全来自儒家内部,而是受到佛经义疏的影响。

有关佛经义疏体的形成及其对儒家之讲经撰疏的影响,学者已做出卓有成效的研究[12],兹撮其旨要如下:

> 义疏之体,或为印度所原有。中国僧人撰作义疏而见于史传者,实以东晋法崇为最早[13]。但如果从广义的佛教经典解释来看,而不拘泥于"疏"在文字上的解释或其原始意义的话,那么佛教注疏可分两类,即"(一)则随文释义,谓之曰注,此即普通之所谓章句。……(二)则明经大义,不必逐句释文"[14]。前者文字较繁,而后者文字从简。从时代来看,晋、宋时的佛经义疏较为简略,而齐、梁以下的义疏则有卷帙浩繁的趋向。

---

[11] 汤用彤《理学·佛学·玄学》,第319—320页。北京大学出版社,1991年2月版。
[12] 代表性的论著有:汤用彤《汉魏两晋南北朝佛教史》第十五章,中华书局,1983年3月版;戴君仁《经疏的衍成》,收入《梅园论学续集》,第93—117页。《戴静山先生全集》本,1980年9月版。牟润孙《论儒释两家之讲经与义疏》,收入《注史斋丛稿》,中华书局,1987年3月版。张恒寿《六朝儒经注疏中之佛学影响》,载《中国社会与思想文化》,第389—410页。人民出版社,1989年8月版。
[13] 此牟润孙说,汤用彤认为始于道安。
[14] 汤用彤《汉魏两晋南北朝佛教史》,第396页。

汤用彤指出：

> 盖当时玄学盛行，主言简意约，故所作书类卷帙不多。及其后译品日多，口义愈繁。于是事数则分门别类，详其同异，而义旨则广选群家，作为集解。于是注疏则纯为经师之学，由此而启隋唐章疏之广博。⑮

这种简约和广博的差别也可以从功用方面得到说明，佛经义疏或用于讲说，或用于阅读，前者之重心在言语，而后者之重心在文章。"讲述则辞句繁复，以求详尽。撰著则文字简约，以免芜杂。"⑯这方面的史料，在《出三藏记集》《高僧传》和《续高僧传》中都有不少记录⑰。还有一点需要指出的是，这种差别与地域似亦有关。孔颖达《周易正义序》云："江南义疏十有余家，皆辞尚虚玄，义多浮诞。"玄虚则必然简约，此南方之学的特色，依此类推，北方之学质实繁复则不难想见。

儒家的经典解释受到佛教影响，也就出现了注疏体。牟润孙指出："南朝首讲儒家经典而撰为义疏者，似非儒生，而为慧远和尚。"⑱《高僧传》卷六《慧远传》载：

> 远内通佛理，外善群书，夫预学徒，莫不依拟。时远讲《丧服经》，雷次宗、宗炳等并执卷承旨。次宗后别著《义疏》，首称"雷氏"，宗炳因寄书嘲之曰："昔与足下共于释和尚间，面受此义，今便题卷首称雷氏乎？"其化兼道俗，斯类非一。

陆德明《经典释文叙录·注解传述人》指出："宋征士雁门周续之（字道祖，及雷次宗俱事庐山惠远法师）、豫章雷次宗、齐沛国刘瓛并为《诗序义》。"可知除

---

⑮ 汤用彤《汉魏两晋南北朝佛教史》，第397页。
⑯ 牟润孙《注史斋丛稿》，第257页。
⑰ 例如，《续高僧传》卷九《道庄传》云："讲《法华》，直叙纲致，不存文句。"卷十《净愿传》："愿执卷披文，泠然洞尽，乃造疏十卷，文极该赡。"也有删繁就简者，如卷十三《道岳传》："以三藏本疏，文句繁多，学人研究，难用详览。遂以真谛为本，余则错综成篇。……减于本疏三分之二，并使周统文旨，字去意留。"
⑱ 牟润孙《注史斋丛稿》，第281页。

《礼》学以外,慧远还深于《诗》学。又慧观撰有《老子义疏》,见于《隋书·经籍志》,而慧观"晚适庐山,又谘禀慧远"(《高僧传》卷七)。由此可见,仅从对外学经典义疏体的贡献来看,慧远也的确可以称得上"化兼道俗,斯类非一"。此后,儒家和道家经典的注疏之作越来越多,注疏体成为一时风尚。

在儒家的经典注疏中,另有一体同样受到佛教的影响。《日本国见在书目》有皇侃撰《礼记子本义疏》百卷,《通宪入道藏书目录》(又称《信西藏书目录》)有《礼记子本疏》两卷,所谓"子本",就是当时僧徒研究佛教经典的方法之一,即以一本为母,其余译本为子,合数译为一本,陈寅恪称之为"合本子注"[19]。《出三藏记集》卷八录支愍度《合维摩诘经序》云:

> 此三贤者(指支恭明、法护、叔兰)并博综稽古,研机极玄,殊方异音,兼通关解,先后译传,别为三经,同本、人殊、出异。或辞句出入,先后不同,或有无离合,多少各异,或方言训古,字乖趣同,或其文胡越,其趣亦乖,或文义混杂,在疑似之间,若此之比,其途非一。若其偏执一经,则失兼通之功。广披其三,则文烦难究,余是以合两令相附,以明所出为本,以兰[20]所出为子,分章断句,使事类柑从。令寻之者瞻上视下,读彼案此,足以释乖迂之劳,易则易知矣。若能参考校异,极数通变,则万流同归,百虑一致,庶可以辟大通于未寤,阖同异于均致。

由于魏晋以来译本繁多,每有异同参差,或为辞句,或为章节,或有方言之异,或有文义之别,若执守一本,则有失兼通;遍考三部,又"文烦难究"。于是创为合本之法,既能"瞻上视下,读彼案此",又能"参考校异,极数通变"。这种方法首创于支谦,"愍度盖深知合本之益……其制合本当系取法于谦也"[21]。"合本子注"的方式在当时影响很大,不仅儒家之经典注疏用之,而且影响及史学,如

---

[19] 见陈寅恪《支愍度学说考》(《金明馆丛稿初编》)、《读洛阳伽蓝记书后》(《金明馆丛稿二编》),上海古籍出版社,1980年8月版。此说后为学术界普遍接受,汤用彤《汉魏两晋南北朝佛教史》亦用之,自注云:"通常呼曰会译,此佚陈寅恪先生。"见第151页。
[20] 汤用彤《汉魏两晋南北朝佛教史》,疑"兰"字上脱"护"字。
[21] 汤用彤《汉魏两晋南北朝佛教史》,第151页。

杨衒之《洛阳伽蓝记》、裴松之《三国志注》、刘孝标《世说新语注》、郦道元《水经注》等②。文学解释似亦不能例外。

注疏体颇重视对于经典大义的发挥,《高僧传》中记载著有义疏的僧人,多在"义解篇",由此影响到当时的儒家义疏,也十分重视"大义"。以见于《隋书·经籍志》而言,略举如下:

《易》类

《周易义》一卷,宋陈令范歆撰。

《周易大义》二十一卷,梁武帝撰。

《周易大义》一卷。

《周易大义》二卷,陆德明撰。

《书》类

《尚书大义》二十卷,梁武帝撰。

《尚书义》三卷,巢猗撰。

《尚书义》三卷,刘先生撰。

《诗》类

《毛诗集解序义》一卷,顾欢等撰。

《毛诗序义》二卷,宋通直郎雷次宗撰。

《毛诗大义》十一卷,梁武帝撰。

《毛诗大义》十三卷。

《礼》类

《礼记大义》十卷,梁武帝撰。

《礼记文外大义》二卷,秘书学士褚晖撰。

《礼大义》十卷。

《制旨革牲大义》三卷,梁武帝撰。

《三礼义宗》三十卷,崔灵恩撰。

---

② 参见陈寅恪《读洛阳伽蓝记书后》。

《三礼大义》十三卷。

《三礼大义》四卷。

《三礼杂大义》三卷。

《春秋》类

《春秋左氏传立义》十卷,崔灵恩撰。

《春秋左氏传义略》二十五卷,陈国子博士沈文阿撰。

《王元规续沈文阿春秋左氏传义略》十卷。

《春秋义略》三十卷,陈右军将军张冲撰。

《春秋左氏义略》八卷。

《春秋榖梁传义》十卷,徐邈撰。

《徐邈答春秋榖梁义》三卷。

《孝经》类

《孝经敬爱义》一卷,梁吏部尚书萧子显撰。

《孝经义》一卷。

《古文孝经述义》五卷,刘炫撰。

《孝经义》一卷,梁扬州文学从事太史叔明撰。

《论语》类

《论语别义》十卷,范廙撰。

《论语述义》十卷,刘炫撰。

五经总论

《五经大义》三卷,戴逵撰。

《五经大义》十卷,后周县伯中大夫樊文深撰。

《经典大义》十二卷,沈文阿撰。

《五经通义》八卷。

《五经要义》五卷。

总之,魏晋以来的经典解释,其特色主要体现在得意忘言和义疏之学,贯通两者的便是对于"大义"的追寻。儒家的经典注疏是如此,玄学也注重"大义",

学术史的视域

故在《南史》中对玄学或称义学,或称名理。需要略加辨析的是,东汉的"大义"是与章句相对,魏晋的"大义"则多与幽旨相对。魏晋以下解释学的特色在于求"大义",相对于微言则求其大旨,相对于章句则求其博通。前者是得意忘言,后者是义疏之学、合本子注,总之为"通达"。颜延之《庭诰》指出:"观书贵要,观要贵博,博而知要,万流可一。"㉓便是绾合二者而言。这样的经典解释也就影响到魏晋以来的文学解释。

二、从经典解释看文学解释

和两汉相比,魏晋以下的文学解释出现了一些新面貌,这与当时经典解释的影响是分不开的。根据《隋书·经籍志》的记载,魏晋以下的文学解释所涉及的有《楚辞》以及赋、诗、连珠等文体,其中大多数已经亡佚,少数注释保存在敦煌遗书、《文选》李善注以及一些类书的征引中。

汉人说经,尤其是今文经学家,喜好追求微言大义。故汉人说诗论文,也往往是执象指意,即所谓"善鸟香草,以配忠贞;恶禽臭物,以比谗佞;灵修美人,以媲于君;宓妃佚女,以譬贤臣;虬龙鸾凤,以托君子;飘风云霓,以为小人"(王逸《离骚经序》)。而玄学的"得意忘言"说则认为,"言""象"仅是"意"之代表,而非"意"之本身,二者间并没有必然的联系,故不能以"言""象"等同于"意"。因为"义苟在健,何必马乎?类苟在顺,何必牛乎?爻苟合顺,何必《坤》乃为牛?义苟应健,何必《乾》乃为马"(王弼《周易略例·明象》)。受其影响,六朝人说诗论文,较少拘于言辞而执象指意,推测诗人之志。这只要将郭璞的《楚辞注》和王逸的《楚辞章句》略加对比即可清楚看出㉔。然而"言""象"虽不是"意"本

㉓ 严可均《全上古三代秦汉三国六朝文·全宋文》卷三十六,第 2637 页。中华书局,1958 年 12 月版。
㉔ 据《隋书·经籍志》四著录,魏晋以来《楚辞》音训计有十种,今所残存者有二:一为释道骞《楚辞音》,敦煌所出唐写本残卷,存《离骚》残八十四行。这是关于《楚辞》音读的,参见姜亮夫《敦煌写本隋释智骞楚辞音跋》,收入其《楚辞学论文集》。上海古籍出版社,1984 年 12 月版;另一为郭璞注《楚辞》,胡小石先生有《楚辞郭注义征》,收入《胡小石论文集》。上海古籍出版社,1982 年 6 月版;饶宗颐有《晋郭璞楚辞遗说摭佚》,见《楚辞书录》外编。

身,但"尽意莫若象,尽象莫若言"。得鱼忘筌,抵岸舍筏,但在未得鱼、未抵岸之前,则"筌"也忘不得,"筏"也舍不得。阮裕(光禄)有言:"非但能言人不可得,正索解人亦不可得。"(《世说新语·文学》)所以"言""象"又不可尽废。六朝人解诗释文,大抵"依文立解"(黄侃《阮步兵咏怀诗笺序》),不在现实层面上寻求其微言大义。如应璩的《百一诗》,其内容上的主要特征是"讥切时事"[25],李充《翰林论》曰:"应休琏五言诗百数十篇,以风规治道,盖有诗人之旨焉。"(李善《文选注》卷二十一引)《文心雕龙·明诗》亦曰:"若乃应璩《百一》,独立不惧,辞谲义贞,亦魏之遗直也。"但其子应贞为《百一诗》作注,丝毫没有"美刺""讽谏"的痕迹,只是诠典故,释名词[26]。又如阮籍的《咏怀诗》,颜延年《五君咏·阮步兵》谓其诗"寓辞类托讽"(《文选》卷二十一),但颜延年、沈约对阮籍诗的解释,以阮诗"虽志在刺讥,而文多隐避,百代之下,难以情测。故粗明大意,略其幽旨也"(李善《文选注》卷二十三《咏怀诗注》引)。钟嵘《诗品》也说阮诗"厥旨渊放,归趣难求,颜延年注解,怯言其志"。这里的"志"和"意"显然是有区别的,"意"即指文意,文意可以由字而句、由句而章加以贯通,可以通过注典故、释名词而加以把握,所以是"粗明大意";"志"乃其文意背后的"幽旨""归趣",在阮诗也就是"刺讥",这是当时人所不欲言、不必言的。再如陆机的《演连珠》,据傅玄《连珠序》称:"其文体辞丽而言约,不指说事情,必假喻以达其旨,而贤者微悟,合于古诗劝兴之义。"(李善《文选注》卷五十五引)张铣也指出:"连珠者,假托众物陈义,以通讽喻之道。"(《文选五臣注》卷五十五)但刘孝标注没有任何现实层面的隐喻。这与汉人的解经论文恰可形成鲜明的对比。

　　义疏之学与合本子注也是魏晋以来经典解释的特色之一,它同样影响到文学解释。最能体现这一点的,是隋唐之际形成的"《文选》学"。《隋书·儒林

---

[25] 张方贤《楚国先贤传》语,李善《文选注》卷二十一《百一诗注》引。关于应璩的诗,可参见吉川幸次郎《应璩の百一诗について》,收入《吉川幸次郎全集》第七卷,第142—175页。筑摩书店,1968年5月版;张伯伟《应璩诗论略》,收入《钟嵘诗品研究》杂篇,第376—390页。南京大学出版社,1999年7月版。
[26] 《太平御览》卷四九〇"人事部"一三一"痴"条下引应璩《新诗》(即《百一诗》)曰:"汉末桓帝时,郎有马子侯。自谓识音律,请客吹笙竽。为作《陌上桑》,反言《凤将雏》。左右伪称善,亦复自摇头。"小注:"马子侯为人颇痴,自谓晓音律。黄门乐人更往嗤诮,子侯不知。名《陌上桑》,反言《凤将雏》,辄摇头欢喜,多赐左右钱帛,无复惭也。"此即注典故。又卷三四"时序部"一九"寒"条引《新诗》曰:"岚山寒折骨,面且尽生疮。"小注:"岚山,羌中山名。"又卷八三四"资产部"十四"罾"条引《新诗》曰:"洛水禁罾罟,鱼鳖不为殖。"小注:"罾,罟,网名。"此即注名词。以上小注当为应贞《百一诗注》遗说,可参。

传·萧该传》载：

> （该）性笃学，《诗》《书》《春秋》《礼记》并通大义，尤精《汉书》。……该后撰《汉书》及《文选》"音义"，咸为当时所贵。

《旧唐书·儒学传·曹宪传》载：

> 宪又精诸家文字之书。自汉代杜林、卫宏之后，古文泯绝，由宪此学复兴。……时人称其该博。……所撰《文选音义》，甚为当时所重。初，江淮间为"《文选》学"者，本之于宪。又有许淹、李善、公孙罗，复相继以《文选》教授，由是其学大兴于代。

同上《许淹传》载：

> （淹）博物洽闻，尤精诂训，撰《文选音》十卷。

公孙罗也撰有《文选音义》十卷。从这些史料的记载上，可以看到这些作者的学问特色是"通大义""该博""博物洽闻"，以此推之，他们的注释特色也应该是崇尚博通的。可惜这些注多已散佚，保存在李善《文选注》中的遗文也多只有"音"而没有"义"。以现存文献来看，李善的《文选注》是最具代表性的，他除了吸收前人有关《文选》的注释成果外[27]，还保存了不少魏晋以来的旧注，如《两都赋》薛综注，《蜀都赋》《吴都赋》刘逵注，《魏都赋》张载注，《射雉赋》徐爰注，《鲁灵光殿赋》张载注，《咏怀诗》颜延之、沈约注，《演连珠》刘峻注等。这些注中体现的特色，除了上文已经指出的一点之外，就是和义疏之学与合本子注有关的另一点特色。

李善"人号'书簏'"（《新唐书·文艺传·李邕传》），据日本学者的考订统

---

[27] 阮元《扬州隋文选楼记》指出："公孙罗等皆有《选》注，至李善集其成。然则曹、魏（模）、公孙之注，半存李善注中矣。"《揅经室集》二集二卷，第388页。中华书局，1993年5月版。

计,其《文选注》引书达一千八百九十一种[28],可见其繁富。关于李善注的特色,古往今来中外学者的研究成果并不少见[29],但其注释和六朝以来义疏之学与合本子注之传统的关系,则尚未见抉发。

李善注的引书繁夥,人所尽知。其引书可分两类:一是为注典而引,一是为旁征而引,特别是后一种,是李善注的最大特色之一。他曾这样自述其注释条例:

> 班固《两都赋序》曰:"或曰:赋者,古诗之流也。"李善注:"《毛诗序》:诗有六义,二曰赋。故赋为古诗之流。诸引文证,或举先以明后,以示作者必有所祖述也,他皆类此。"(《文选》卷一)
>
> 同上:"臣窃见海内清平,朝廷无事。"李善注:"蔡邕《独断》:或曰,朝廷亦皆依违尊者都。连举朝廷以言之。诸释义或引后以明前,示臣之任不敢专。他皆类此。"(同上)
>
> 何晏《景福殿赋》:"温房承其东序,凉室处其西偏。"李善注:"温房、凉室,二殿名。卞兰《许昌宫赋》:则有望舒凉室,羲和温房。然卞、何同时,今引之者,转以相明。他皆类此。"(《文选》卷十一)
>
> 嵇康《琴赋》:"若次其曲引所宜,则《广陵》《止息》《东武》《太山》。"李善注:"《广陵》等曲,今并犹存,未详所起。应璩《与刘孔才书》:听《广陵》之清散。傅玄《琴赋》:马融谭思于《止息》。魏武帝乐府有《东武吟》,曹植有《太山梁甫吟》,左思《齐都赋注》曰:《东武》《太山》皆齐之士风谣歌讴吟之曲名也。然引应及傅者,明古有此曲,转以相证耳,非嵇康之言出于此也。他皆类此。"(《文选》卷十八)

"举先以明后""引后以明前"是纵向的比较,"转以相明""转以相证"是横向的参照。这种以本文为主,详引他文以资比较和参照的方式,同样能够"瞻上

---

[28] 参见小尾郊一、富永一登、衣川贤次《文选李善注引书考证》。研文出版,1992年2月版。
[29] 俞绍初、许逸民主编《中外学者文选学论集》中曾收录讨论李善《文选注》的文章多篇,可参看。中华书局,1998年8月版。最新研究成果为富永一登《文选李善注の研究》。研文出版,1999年2月版。

视下,读彼按此""参考校异,极数通变",极似魏晋以来颇为流行的合本子注的方式。裴松之《三国志注》"引诸家之论以辨是非,参诸家之说以核讹异"[30]是这种方式,刘孝标《世说新语注》、郦道元《水经注》也是这种方式,史部和子部注释有此一体,集部注释似亦未能例外。正如刘逵在《注左思蜀都吴都赋序》中所说:"非夫研核者不能练其旨,非夫博物者不能统其异。"(《晋书·左思传》)这种类似合本子注的方式,是要以博学通大义为基础的。

在文学解释中,最能体现义疏体与合本子注特色的,是佚名唐人所著之《文选集注》[31]。此书汇聚了李善《文选注》《文选钞》《文选音决》、五臣《文选注》、陆善经《文选注》等书,从注释的文体看,就是合本子注的方式。如《招隐》诗下云:

> 李善曰:《韩子》曰:闲静安居谓之隐。《钞》曰:招者召呼为名,隐者藏匿之号。隐有三种:一者求于道术,绝弃喧嚣,以居山林;二者无被征召,废于业行,真隐人;三者也求名誉,诈在山林,望大官职,召即出世,非隐人也,徼名而已。[32]

对于"招隐"一题的解释十分详赡,类似于义疏中的解题。又如《挽歌诗》下云:

> 李善曰:谯周《法训》曰:挽歌者,高帝召田横,至尸乡自杀,从者不敢哭,而不胜哀,故作此哥,以寄哀音焉。《音决》:挽音晚,又音万。李周翰曰:田横自敛从者,为悲歌以寄其情。其后广之为《薤露》《蒿里》,歌以送丧也。至李延年分为二等:《薤露》送王公贵人,《蒿里》送士大夫、庶人。使挽柩者歌之,因呼为挽歌矣。陆善经曰:《左传》云:公孙夏命其徒歌《虞殡》。注曰:葬歌曲也。则古已有其事,非起田横也。[33]

---

[30] 《四库全书总目》卷四十五《三国志》提要语,第403页。中华书局,1965年6月版。
[31] 关于此书的编纂者及编纂年代,学术界存在不同看法。兹据周师勋初先生说,"为唐代中期之后某一唐代《文选》专家所编"。见《唐钞文选集注汇存·前言》,第3页。上海古籍出版社,2000年7月版。
[32] 《唐钞文选集注汇存》一,第220页。
[33] 同上,第419—420页。

此综合诸家之说，兼有对前注的增广与辨正，的确收到了合众本为一本的效果。

从解释的角度评价李善的《文选注》，前人有"释事而忘义"（《新唐书·文艺传·李邕传》）、"唯只引事，不说意义"[34]之评。对于这些批评，自唐代以来就不断有人为之辩解[35]，今人更就李善注在字义、词义、句义、喻义和音注方面的情况详细考论，以证明李善注是具有释义性的[36]。从释义方面来看，最值得注意的是李善自明的以下一则条例：

> 《两都赋序》："以兴灭继绝，润色鸿业。"李善注：言能发起遗文以光赞大业也。《论语》：兴废国，继绝世。然文虽出彼而意微殊，不可以文害意也。他皆类此。（《文选》卷一）

因此，笼统地批评李善注"释事而忘意"显然是不合实际的。但同时需要指出，李善的"释义"更多的是"依文立解"，只是就字、词、句的本身解释其意义，而很少对其背后所蕴含的"志"做进一步推究[37]。因此，这种义疏体与合本子注的方式，就其体现出的注释者的精神而言，仍然是"得意忘言"。李善的文章流传至今者仅有一篇，即《上文选注表》，其中便多用《周易》《老子》和《庄子》"三玄"中的典故[38]，如果再结合其祖先李充、李颙、李轨等人多有对"三玄"的注释之作[39]，那么，他具有"得意忘言"的注释精神也就不令人感到奇怪了。此外，《文选》中也收录了与佛教有关的作品，如孙绰《游天台山赋》、沈约《钟山诗应西阳王教》、王巾《头陀寺碑文》、任昉《齐竟陵文宣王行状》等，从李善的注释来看，他

---

[34] 唐玄宗语，见吕延祚《进五臣集注文选表》附"上遣将军高力士宣口敕"。
[35] 最有代表性的是《四库全书总目》卷一八六《文选注》提要的说法："考李匡义《资暇录》曰：李氏《文选》有初注成者，有复注、有三注、四注者，当时旋被传写。其绝笔之本皆释音训义，注解甚多。是善之定本本事义兼释，不由于（李）邕。匡义唐人，时代相近，其言当必有征。知《新唐书》喜采小说，未详考也。"
[36] 总结性的意见可参见富永一登《文选李善注の研究》，第227—238页。
[37] 李善注亦间有探索其微旨者，但并不过分作穿凿之解，而五臣注则不免于牵强附会。参见王运熙、杨明《隋唐五代文学批评史》第一编第三章第六节"李善和《文选注》"，第156—169页。上海古籍出版社，1994年10月版。
[38] 参见高步瀛《文选李注义疏》中对李善《上文选注表》的注释，第34—48页。中华书局，1985年11月版。
[39] 据《隋书·经籍志》的著录，李充有《周易旨》六篇、《释庄子论》上下二篇，李颙有《周易卦象数旨》六卷，李轨有《周易音》一卷。

学术史的视域

引用到的佛教经论注疏数量不少[40]。钱谦益曾指出:"今注诗者动以李善为口实,善注《头陀寺碑》,穿穴三藏,注《天台赋》,消释三幡,至今法门老宿,未窥其奥。"[41]他对于义疏体必不陌生,受到影响也在情理之中。

对此一现象做更深一层的考索,它实际上是与玄学密切相关的。这大致可以从两方面来看:

其一,对文学的理解方法,起于孟子的"以意逆志"法,其产生的哲学基础是儒家人性论,是由"推此心"和"求放心"的思想结构中延伸而来[42]。但是在魏晋乃至南朝,这一时代在知识界占主导的思想以玄学为主,玄学的哲学依据主要是道家,"学者以《庄》《老》为宗而黜六经"[43],正是对这一时代主潮特征的概括。道家对"道"的体认,是不可言说、不可名状的,即"可道非常道","可名非常名"(《老子》第一章),它是"玄之又玄,众妙之门"(同上)。因此,必须以一种直观思维方能切入其中。这一思维过程,在道家就叫作"意致"。《庄子·秋水》中云:"可以言论者,物之粗也;可以意致者,物之精也。"它不是用"推",而是用"止"。魏晋名士所叹服、欣赏的正是这种思维方式。例如,支道林"善标宗会,而章句或有所遗,时为守文者所陋",谢安赞之曰:"此乃九方堙之相马也,略其玄黄,而取其骏逸。"(《高僧传》卷四《支道林传》)《列子·说符》篇记载九方皋之相马,乃"得其精而忘其粗,在其内而忘其外;见其所见,不见其所不见;视其所视,而遗其所不视"。这正是一种直觉法,是当下的领悟,而非逻辑的推理。范晔"往往有微解,言乃不能自尽,为性不寻注书。……至于所通解处,皆自得之于胸怀耳"(《狱中与诸甥侄书》)。同样,陶渊明"好读书,不求甚解,每有会意,辄欣然忘食"(《五柳先生传》),他在凝望"山气日夕佳,飞鸟相与还"的刹那间,悟到"此中有真意",但这种"真意"也只能停留在领悟之中,若要加以条理分辨,则"欲辨已忘言"(《饮酒》之五)。归根结底,这还是一种"得意忘言"的思维

---

[40] 参见平野显照《唐代文学と佛教の研究》第二章第五节"李善の佛教",第 209—228 页。朋友书店,1978 年 5 月版。
[41] 《复吴江潘力田书》,《牧斋有学集》卷三十九,第 1351—1352 页。上海古籍出版社,1996 年 9 月版。
[42] 参见张伯伟《孟子"以意逆志"说的现代意义》第一节,《中国诗学研究》,第 173—180 页。辽海出版社,2000 年 1 月版。
[43] 干宝《晋纪总论》,严可均辑《全晋文》卷一百二十七。

方式。所以，对于诗人之志也就只能在直观中把握，在"忘言"中获得，一旦形诸语言文字，便已非诗人之志了。这就导致了六朝批评家对诗人之志的"怯言"乃至"不言"。

其二，汉人说诗，专究作品中的"美刺"与"讽谏"，换言之，他们认为作品的微言大义是在作品之外的，这种言在此而意在彼的手法（仅就这一点而言），在西方文学批评传统中称之为"讽喻"（allegory）。从这个意义上来讲，中国文学批评是具有一个讽喻传统的。曾有人从西方文学批评的观点对中国古代文学及文学批评中的"讽喻"问题做过研究[44]，从而认为中国文学中的讽喻传统与西方是有区别的，或者说，按照西方传统的讽喻标准，是很难在中国文学传统中找到其对应物的。我这里所要强调的，不是中国文学传统中有无类似于西方文学的讽喻的问题，而是强调这两种讽喻传统的区别问题（如果可以援用"讽喻"一词的话）。概言之，西方文学传统中的讽喻概念，是以二元论为基础，它所指向的是某种哲学或神学的思想体系。由于讽喻文学起源于初期的诠释学（hermeneutics）与基督教神学，所以它的言在此而意在彼的"彼"，乃存在于"形而上"的超乎现实的层面。但是在中国固有的文化传统中，没有"来世"或"彼岸"的概念，所以中国文学中的讽喻传统，其所指向的总是在历史或现实的层面，是真实存在过或存在着的人或事。从汉人对《诗经》《楚辞》的说解来看，其"美刺""讽谏"的对象都是确有所指的。然而，如前所述，玄学所讨论的是属于"形而上"的问题，它对现实是超越的。因此，在玄学思想占统治的魏晋时期，"美刺""讽谏"的概念既不会在"形而下"的现实中生根，因为这不符合玄学的性格，又不会在"形而上"的层面上伸展，因为它不同于西方的传统。所以，尽管应璩的诗"讥切时事"，尽管阮籍的诗"志在刺讥"，但是解说者不将其所"讥"的"事"与所"刺"的"人"一一指名坐实。总之，思想上玄学时代的开始，就是批评上讽喻传统的中断。它从魏晋开始，贯穿整个南朝，并延续到唐代。

---

[44] 参见 Andrew H. Plaks（蒲安迪），"Allegory in His-yu Chi and Hung-lou Meng"，载 *Chinese Narrative: Critical and Theoretical Essays*，pp.163–202；Pauline R. Yu（余宝琳），"Allegory, Allegories, and the Classic of Poetry"，载 *Harvard Journal of Asiatic Studies*，43:2, pp.377–412.

"得意忘言"说产生于魏晋"言意之辨"的讨论中,当时流行的是"言不尽意"[45]。既然是"言不尽意",则执于"言"就不能"得意",故而引出了"得意忘言"说。然而另一方面,"言不尽意"论使批评家考虑到如何在文学创作中,利用语言表达思想的局限性以达到语言表达思想的丰富性。汤用彤指出:"自陆机之'课虚无以责有,叩寂寞以求音',至刘勰之'文外曲致''情在词外',此实为魏晋南北朝文学理论所讨论的核心问题也,而刘彦和《隐秀》为此问题作一总结。"[46]《文心雕龙·隐秀》云:"是以文之英蕤,有秀有隐。隐也者,文外之重旨也;秀也者,篇中之独拔者也。隐以复意为工,秀以卓绝为巧。"张戒《岁寒堂诗话》卷上引刘勰语云:"情在词外曰隐,状溢目前曰秀。"当是《隐秀篇》中的佚文,对隐、秀二字的含义释之甚明。刘勰以后,钟嵘《诗品序》中所谓"文已尽而意有余,兴也",也还是这一理论原则的继续。这一原则经过唐人大量的艺术实践,到了宋代几乎成为当时文学艺术家共同追求的审美理想,其源盖出于此。

【张伯伟　南京大学中文系教授】
原文刊于《中国文化》2002 年 Z1 期

---

[45] 欧阳建《言尽意论》云:"世之论者,以为言不尽意,由来尚矣。至乎通才达识,咸以为然。若夫蒋公之论眸子,钟、傅之言才性,莫不引此为谈证。"(《全晋文》卷一百九)可见"言不尽意"在当时是很流行的观点。
[46] 《魏晋玄学和文学理论》,《理学·佛学·玄学》,第 330 页。

论南宋湖湘学脉之形成与其发展

戴景贤

  提　要：湖湘之学自胡安国以来，可继承之传统有二：一为经史之学，一为性理之学。经史之学方面，可注意之焦点有二：一在重视经史之学之当代性；另一，则是于历史成败之探讨中，着重分析决定历史发展走向之历史人物及其影响。至于性理之学方面，则可分述为二：

  就哲学系统之建构言，安国之以"不起不灭"为心之体，"方起方灭"为心之用，"心"为无所不有，谓"物物致察而能一贯"有三境，以及合"操存"与"省察"为一；凡此诸项观点，确实具有于程颢、程颐之外，另辟一径之空间。其后胡宏于"生成"义，说"性"之遍在，而仍于"终极"义，释"性"为"有限"之论法；乃至主张一切"存有"之内部，皆内涵一特殊之具有形上意义之"存有因素"，此一特殊而遍在之因素，与"气"之形构条件结合，形塑为"性""心"展现于气化整体之成因，从而有"性无善恶""心无死生"之表述，皆是一种企图于宇宙构成论与存有学方面，向前推进之努力。其发展，并非无成功之可能。

  而在义理学方面，由胡安国"心"之体、用说，落实为合"操存"与"省察"为一；此一路向，发展至胡宏，有"智""仁"合一之论，乃至"圣人执天之机，惇叙五典，庸秩五礼"之说，亦是一大推进。所难者，在于其所建立之"心""理"合一之论，由"识仁"始，即须有一"能观"之位置；此点对于一般儒者而言，不易理解，亦不易掌握。以张栻之为胡宏高弟而不免为朱子所动摇，仅残余一种

"体用论"之争议;即是显示此项困难。张栻之后,湖湘弟子有从陈傅良、戴溪游者,而如胡大时,且犹疑于朱子、陆九渊之间;以是于性理之义,其学无得而再传,亦是实情。故就朱子而言,得吕祖谦、张栻之助,乃其成学之历程中,属于积极之因素;然张栻因朱子而受注意,湖湘理学之传,却亦因朱子、张栻之讲论而逐渐模糊化。理学之成系,以历史发展之结果论,实亦仍止有程朱、陆王之形成对峙,真正具有"导引"之力。故就"理学"之严格义言,湖湘之学乃发源于胡安国,拓展于胡宏;其功不专在胡宏。而张栻之不足以继承其脉,乃湖湘之学虽仍重视性理,却无法形成明确之"学派特质",仅能凭借"议题关注点"之特殊走向,发展成为地域性学风之原因。唯若就"儒学"之宽泛义而言,则湖湘之经、史,乃至其重视"性理"之观点,历元迄明,其风习不少衰,不仅支脉分衍各有传承,其于南宋所形塑之若干特色,即于其后兼受阳明学之冲击而复杂化,亦仍有所延续。特须另有大儒,出于其间,将之涵融而出新,乃能见出力量。明末王夫之之崛起于衡阳,于理学另创新局,彼受世变之激励,由经而史,以之深透于性理,彼之所论,不仅具有一种变朱子之"静态形而上学"为"动态论"之势能,彼基于"历史哲学"之观点而提出之独创之"理势论",乃至于"事变"中见"人物",于"群体"与"个体"之关系中,辨析"事理"与"事理中之义理"之眼光,皆非已有之理学、心学之旧轨,所可概括。此点显示:南宋以后,湖湘于儒学之积蕴,乃至彼所受多方文化因素之影响,实有其属于一地之独特性,值得重视。

关键词:宋明理学　湖湘之学　胡安国　胡宏　张栻

一、"湖湘之学"之确立及其所奠定之理学基础

"湖湘之学"之概念,始于胡文定(安国,字康侯,号青山,学者称武夷先生,1074—1138)之教授诸子,而论者谓其确立成为学统,则始自胡五峰(宏,字仁仲,1105—1161)。全谢山(祖望,字绍衣,1705—1755)云:

绍兴诸儒所造,莫出五峰之上。其所作《知言》,①东莱(吕祖谦,字伯恭,1137—1181)以为过于《正蒙》,卒开湖、湘之学统。②

以是全氏补定梨洲《宋儒学案》,遂将仁仲自《武夷》卷中别出,为《五峰学案》。③ 而五峰同时,致堂(胡寅,字明仲,一字刚仲,1098—1156)、籍溪(胡宪,字原仲,1086—1162)、茅堂(胡宁,字和仲),亦与之并以大儒树节南宋之初;谢山谓当时伊洛(程颢,字伯淳,号明道,1032—1085;程颐,字正叔,号伊川,1033—1107)世适,盖莫有过于文定一门者。④ 则论所谓"湖湘之学",亦不能不自文定公溯其源。

谢山述《武夷学案》云:

私淑洛学而大成者,胡文定公其人也。文定从谢(良佐,字显道,1050—1103)、杨(时,字中立,号龟山,1053—1135)、游(酢,字定夫,号廌山,1053—1123)三先生以求学统,而其言曰:"三先生义兼师友,然吾之自得于《遗书》者为多。"然则后儒因朱子(熹,字元晦,一字仲晦,号晦庵、考亭,1130—1200)之言,竟以文定列谢氏门下者,误矣。今沟而出之。南渡昌明洛学之功,文定几侔于龟山,盖晦翁、南轩、东莱,皆其传也。⑤

---

① 五峰《知言》,今日易见之本有二:一为中华书局吴仁华点校《胡宏集》本;其《知言》部分,系以清道光三十年刊刻《粤雅堂丛书》本为底,校之以明嘉靖五年正心书院刊本,并参考《子书百家》本、《百子全书》本,及民国二十九年复性书院校刊本。另一则是王立新点校《胡宏著作两种》本;其《知言》部分,系以《文渊阁四库全书》中之六卷本为底,校之以粤雅堂本。此外,尚有冈田武彦(1909—2004)、荒木见悟(1917—2017)主编之《和刻本汉籍丛刊》(东京、台北:中文出版社出版,广文书局印行),据日本宝庆六年(1757)景印之六卷本,由友枝龙太郎解题;书前有张栻(字敬夫,后改字钦夫,号南轩,1133—1180)序,与四库本同,另《目录》后有真德秀(本姓慎,避孝宗讳改,始字实夫,后更字景元、希元,号西山,1178—1235)之识语,则为四库本所无。本文以下所引,以《胡宏集》本为主,其为吴校粤雅堂本所缺者,则补之以王校之四库本。
② 黄宗羲(字太冲,号梨洲,1610—1695)原本,〔清〕黄百家(字主一,1643—1709)纂辑,〔清〕全祖望补定:《五峰学案》,《宋元学案》〔二〕,卷四十二,收入〔清〕黄宗羲撰,沈善洪(1931—2013)主编,吴光执行主编:《黄宗羲全集》,杭州:浙江古籍出版社,2005年,第 4 册,第 669 页。
③ 王梓材(初名梓,字楚材,1792—1851)云:"五峰传与及门诸子,梨洲本亦附武夷卷中,谢山始别为《五峰学案》。"(同前注)
④ 语出全祖望《书宋史胡文定公传后》,见《鲒埼亭集外编》,卷二十八,《题跋二》,收入全祖望撰,朱铸禹(1904—1981)汇校集注:《全祖望集汇校集注》,上海:上海古籍出版社,2000 年,中册,第 1298—1299 页;亦见黄宗羲原本,黄百家纂辑,全祖望修定:《武夷学案》,同前注,卷三十四,第 462 页。
⑤ 同前注,《武夷学案》,第 449 页。

夫文定之注《春秋》，系因宋初以来以经取士，乃至经筵讲义，率皆轻忽之，故被诏撰为《春秋传》一书，以申其义。⑥ 其体例，大致依《经》不依《传》，事不明者以《传》补之，义之当解者，参于《传》说而以己意断之。⑦ 论中用意，以余之见，

---

⑥ 文定自序其书云："古者列国各有史官，掌记时事。《春秋》鲁史尔，仲尼就加笔削，乃史外传心之要典也，而孟氏发明宗旨，目为天子之事者。周道衰微，乾纲解纽，乱臣贼子接迹当世，人欲肆而天理灭矣。仲尼天理之所在，不以为己任而谁可？五典弗惇，己所当叙；五礼弗庸，己所当秩；五服弗章，己所当命；五刑弗用，己所当讨。故曰：'文王既没，文不在兹乎？天之将丧斯文也，后死者不得与于斯文也。天之未丧斯文也，匡人其如予何！'圣人以天自处，斯文之兴丧在己而由人乎哉！故曰：'我欲载之空言，不如见诸行事之深切著明也。'空言独能载其理，行事然后见其用。是故假鲁史以寓王法，拨乱世反之正。叙先后之伦，而典自此可惇；秩上下之分，而礼自此可庸；有德者必褒，而善自此可劝；有罪者必贬，而恶自此可惩。其志存乎经世，其功配于抑洪水、膺戎狄、放龙蛇、驱虎豹，其大要则皆天子之事也。故曰：'知我者，其惟《春秋》乎！罪我者，其惟《春秋》乎！'知孔子谓此书遏人欲于横流，存天理于既灭，为后世虑至深远也；罪孔子者无其位而托二百四十二年南面之权，使乱臣贼子禁其欲而不得肆，则戚矣。是故《春秋》见诸行事，非空言比也！公好恶，则发乎《诗》之情；酌古今，则贯乎《书》之事；兴常典，则体乎《礼》之经；本忠恕，则导乎乐之和；著权制，则尽乎《易》之变。百王之法度，万世之绳准，皆在此书。故君子以谓《五经》之有《春秋》，犹法律之有断例也。学是经者，信穷理之要矣；不学是经，而处大事、决大疑能不惑者，鲜矣。自先圣门人以文学名科如游（言偃）、夏（卜商），尚不能赞一辞，盖立义之精如此。去圣既远，欲因遗经窥测圣人之用，岂易能乎？然世有先后，人心之所同然一尔，苟得其所同然者，虽越宇宙，若见圣人亲炙之也，而《春秋》之权度在我矣。近世推隆王氏（安石，字介甫，号半山，1022—1086）新说，按为国是，独于《春秋》，贡举不以取士，庠序不以设官，经筵不以进读，断国论者无所折衷，天下不知所适，人欲日长，天理日消，其效夷狄乱华，莫之遏也。嘻，至此极矣！仲尼亲手笔制，拨乱反正之书，亦可以行矣。天纵圣学，崇信是经，乃于斯时，奉承诏旨，辄不自揆，谨述所闻为之说以献。虽微辞奥义，或未贯通，然尊君父、讨乱贼、辟邪说、正人心、用夏变夷，大法略具，庶几圣王经世之志，小有补云。"（胡安国：《〈春秋传〉序》，见〔宋〕胡安国撰，钱伟强点校：《春秋胡氏传》，杭州：浙江古籍出版社，2010年，序第1—2页）

⑦ 此书于明初虽立学官，然可议者多，故清以后渐不为治经家所重。文渊阁《钦定四库全书总目提要》云："《玉海》载绍兴五年四月诏：'徽猷阁待制胡安国，经筵旧臣，令以所著《春秋传》纂述成书进入。十年三月书成，上之。诏奖谕，除宝文阁直学士，赐银币。'是安国此书，久已属稿，自奉敕撰进，又覆订五年而后成也。俞文豹（字文蔚）《吹剑录》称其自草创至于成书，初稿不留一字，其用意亦勤焉。顾其书作于南渡之后，故感激时事，往往借《春秋》以寓意，不必一一悉合于《经》旨。《朱子语录》曰：'胡氏《春秋传》有牵强处，然议论有开合精神。'亦千古之定评也。明初定科举之制，大略承元旧式，宗法程、朱。而程子《春秋传》仅成二卷，阙略太甚。朱子亦无成书。以安国之学出程氏，张洽（字符德，号主一，1160—1237）之学出朱氏，故《春秋》定用二家。盖重其渊源，不必定以其书也。后洽《传》渐不行用，遂独用安国书。渐乃弃《经》不读，惟以安国之《传》为主。当时所谓经义者，实安国之传义而已。故有明一代，《春秋》之学为最弊。"（〔清〕永瑢〔号九思主人，1744—1790〕、纪昀〔字晓岚，又字春帆，晚号石云，1724—1805〕等撰：《钦定四库全书总目》，收入《景印文渊阁四库全书》，台北：台湾商务印书馆，1983年，第1册，卷二十七，第12页，新编第547页）文溯阁本《提要》则云："是书其提举江州太平观时被诏撰进者也。《春秋》之学，或屈经从传，或舍传经经，人各异师，莫能别白。自朱子病是经之难通，教学者以姑从胡氏之说，至明初，遂得立于学官，用以试士。然夏时冠周月之说，见斥于朱子；而说元年以为体元立极，黄仲炎（字若晦）尤讥之。我圣祖仁皇帝（爱新觉罗玄烨）钦定《传说汇纂》，于其说既多所驳正。逮我皇上御制《日讲解义序》，谓其虽著功令，终不足以服学者之心。则安国之论定，而千古说《春秋》家之论亦定矣。特以其义本《公》《谷》，而又采取孟子、庄周、董仲舒、王通（字仲淹）、邵雍（字尧夫，号安乐、百源，1011—1077）、张载（字子厚，号横渠，1020—1077）、二程子之说，以润色其文，持议博赡，亦可为非圣无法之徒目为断烂朝报者痛下针砭。故得久而不废焉。安国《传》外别有《议论》《条例》，证据史传之文二百余章，其子宁辑为《通旨》一书，今未见流传。昔吴莱（字立夫，1297—1340）尝谓欲观《正传》，必先求之《通旨》，则其说亦可知矣。"（永瑢、纪昀等编，金毓黻〔原名毓玺，一名玉甫，字谨庵，后改字静庵，1887—1962〕等编：《文溯阁四库全书提要》，北京：中华书局，2014年，第1册，卷十六，《经部·春秋类二》，第6b—7a页，总第508—509页）

大旨不外有二：即"义不离事"，而"理不离心"；其所谓"天理""人欲"之辨在此。⑧ 至于"义理之学"之部分，有一最足依据者，见于其子致堂所为《先公行状》。文中叙文定壮年尝观释氏书，亦接禅客谈话，后遂屏绝；并引文定《答赣川曾幾书》云：

> 穷理尽性，乃圣门事业。物物而察，知之始也。一以贯之，知之至也。无所不在者理也，无所不有者心也。物物致察，宛转归己，则心与理不昧。故知循理者，士也。物物皆备，反身而诚，则心与理不违。故乐循理者，君子也。天理合德，四时合序，则心与理一，无事乎循矣。故一以贯之，圣人也。子以"四端五典每事扩充，亦未免物物致察，犹非一以贯之之要"。是欲不举足而登泰山，犹释氏所谓不假证修而语觉地也。四端固有非外铄，五典天叙不可违。在人则一心也，在物则一理也。充四端可以成性，惇五典可以尽伦，性成而伦尽，斯不二矣。学佛者，其语则欲一闻便悟，其行则欲一超直入。纵有是理，必无是人。如舜，可谓上上根矣，然犹好问，犹察言，犹取诸人以为善。独闻斯行之，若决江河，与人异耳。今以中才欲了此事，不从博学、审问、慎思、明辨、笃行以求之，则亦何以异于谈饮食而欲疗饥渴乎？释氏虽有了心之说，然知其未了者，为其不先穷理，反以理为障，只求见解于作用处，全不究竟也。以理为障而求见解，故穷高极大而失其居。失其居，则感人也，故无地以崇其德。至于流遁莫可致诘，于作用处全不究意，故接物应事颠倒差谬，不堪点检。圣门之学，则以致知为始，穷理为要，知至理得，不昧本心，如日方中，万象毕见，则不疑其所行而内外合也。故自修身至于天下国家无所处而不当矣。子又曰："四端五典，起灭心也。有所谓自本自

---

⑧ 如《春秋·文公十四年》"晋人纳捷菑于邾，弗克纳"句下，文定释云："邾文公元妃齐姜生定公，二妃晋姬生捷菑。文公卒，邾人立定公，捷菑奔。晋赵盾以诸侯之师八百乘，纳捷菑于邾，邾人辞曰：'齐出貜且长。'宣子曰：'非吾力不能纳也，义实不尔克也。'引师而去之。故君子善之，而书'弗克纳'也。在《易·同人》之九四曰：'乘其墉，弗克攻，吉。'《象》曰：'乘其墉，义弗克也。其吉，则困而反则也。'其赵盾之谓矣。圣人以改过为大，过而不改，将文过以遂非，则有怙终之刑；过而能悔，不贰过以远罪，则有迁善之美。其曰'弗克纳'，见私欲不行，可以为难矣。然则何以称'人'？大夫而置诸侯，非也，闻义能徙，故为之讳。内以讳为贬，外以讳为善"（胡安国撰，钱伟强点校：《春秋胡氏传》，卷第十五，《文公下》，第235页），即可作为其书撰写方式之一例。

根,自古以固存者。"夫自本自根,自古以固存者,即起灭心是也。不起不灭心之体,方起方灭心之用。体用一源,显微无间,能操而常存者,动亦存,静亦存,虽百起百灭,心固自若也。放而不知求者,静亦亡,动亦亡,燕居独处,似系马而止也。事至物来,视而不见,听而不闻矣。是以善学者,动亦察,静亦察,无时而不察也。持之以敬,养之以和,事至物来,随感而应,燕居独处,亦不坐驰,不必言致其精明以待事物之至也。子又谓:"充良知良能而至于尽,与宗门要妙两不相妨,何必舍彼取此。"则非某之所敢知也。夫良知不虑而知,良能不学而能,此爱亲敬长之本心也。儒者扩而充之达于天下,立万世之大经,经正而庶民兴、邪慝息矣。释氏则指此为前尘,为妄想,批根拔本,殄灭人伦,正相反也。而谓不相妨何也?孔子曰"道不同不相为谋","恶似是而非者"。差之毫厘,谬以千里,故善学之君子慎所取焉。⑨

此所据文定语,其要义有七,即:

一、穷理尽性,乃圣门事业。

二、物物而察,知之始也。一以贯之,知之至也。无所不在者理也,无所不有者心也。

三、物物致察,须能一贯,有三境,即:心与理不昧、心与理不违、心与理一。

四、四端非外铄,五典不可违;在人则一心,在物则一理,性成而伦尽,斯不二矣。

五、中才欲了此事,必从博学、审问、慎思、明辨、笃行以求之。

六、圣门之学,以致知为始,穷理为要,知至理得,不昧本心,如日方中,万象毕见,则不疑其所行而内、外合也。

七、不起不灭心之体,方起方灭心之用。体用一源,显微无间,能操而常

---

⑨ 胡安国:《答赣川曾幾书》,引自胡寅:《先公行状》,收入胡寅撰,尹文汉校点:《斐然集·崇正辩》,长沙:岳麓书社,2009年,卷二十五,《行状》,第522—524页。

存者,动亦存,静亦存,放而不知求者,静亦亡,动亦亡。善学者,初亦察,静亦察,持之以敬,养之以和,事至物来,随感而应。

以上七点,其中所强调"穷理尽性"之义,云"在人则一心,在物则一理","体用一源,显微无间",皆二程所共讲;至于以"致知"为始,"穷理"为要,"知至理得"为不昧本心,从而主"物物而察,知之始也。一以贯之,知之至也"之说,亦近伊川。所殊别者,则在以"不起不灭"为心之体,"方起方灭"为心之用,"心"为无所不有,谓"物物致察而能一贯"有三境,以及合"操存"与"省察"为一。此则为文定独发之旨。其中"心"之体、用说,尤为关键。

盖"心"之分体、用,有儒家之义、道家之义与佛家之义。儒家之义,心体即是诚体,[10]语默动静皆可以为本体流行,然而有失节之时,故须有工夫;关键一面在能依所谓"明之"与"诚之"之功,致"中和"之道,[11]一面在能"极深而研几",

---

[10]《中庸》曰:"诚者,天之道也;诚之者,人之道也。诚者,不勉而中,不思而得,从容中道,圣人也。诚之者,择善而固执之者也。"(参见朱熹:《四书章句集注·中庸章句》,收入〔宋〕朱熹撰,朱杰人等主编:《朱子全书》〔修订本〕,上海:上海古籍出版社、合肥:安徽教育出版社,2010年,第6册,徐德明校点,第48页)此所谓"天道之诚",以道之无所假而言,即道自体之诚;以命于人而言,即性之诚;以心之于人可以动而无失言,即心之诚。
[11]《中庸》曰:"天命之谓性,率性之谓道,修道之谓教。道也者,不可须臾离也,可离非道也。是故君子戒慎乎其所不睹,恐惧乎其所不闻。莫见乎隐,莫显乎微,故君子慎其独也。喜怒哀乐之未发,谓之中;发而皆中节,谓之和。中也者,天下之大本也;和也者,天下之达道也。致中和,天地位焉,万物育焉。"(同前注,第32—33页)又曰:"自诚明,谓之性;自明诚,谓之教。诚则明矣,明则诚矣。"(同上,第49页)

学术史的视域

以通天下之志、成天下之务。[12] 道家之义,如以庄子之立论为言,心有真宰,念不必应真,必人之中证得真人,而后知有真知;[13] 关键在于去人以合天。[14] 佛家

---

[12] 《易传》云:"《易》无思也,无为也,寂然不动,感而遂通天下之故。非天下之至神,其孰能与于此!夫《易》,圣人之所以极深而研几也。唯深也,故能通天下之志;唯几也,故能成天下之务;唯神也,故不疾而速,不行而至。子曰《易》有圣人之道四焉者,此之谓也。"(参见朱熹:《周易本义》,《周易系辞上传第五》,同前注,第1册,王铁校点,第132—133页)

[13] 《庄子》内篇《齐物论》云:"大知闲闲,小知间间;大言炎炎,小言詹詹。其寐也魂交,其觉也形开;与接为构,日以心斗;缦者,窖者,密者;小恐惴惴,大恐缦缦。其发若机栝,其司是非之谓也。其留如诅盟,其守胜之谓也。其杀如秋冬,以言其日消也;其溺之所为之,不可使复之也。其厌也如缄,以言其老洫也;近死之心,莫使复阳也。喜、怒、哀、乐、虑、叹、变、慹,姚佚启态,乐出虚,蒸成菌,日夜相代乎前,而莫知其所萌。已乎!已乎!旦暮得此,其所由以生乎!非彼无我,非我无所取。是亦近矣,而不知其所为使。若有真宰,而特不得其眹;可行己信,而不见其形,有情而无形。百骸、九窍、六藏,赅而存焉,吾谁与为亲?汝皆说之乎?其有私焉?如是皆有为臣妾乎?其臣妾不足以相治乎?其递相为君臣乎?其有真君存焉?如求得其情与不得,无益损乎其真。一受其成形,不亡以待尽;与物相刃相靡,其行尽如驰而莫之能止,不亦悲乎!终身役役而不见其成功,苶然疲役而不知其所归,可不哀邪!人谓之不死,奚益!其形化,其心与之然,可不谓大哀乎?人之生也,固若是芒乎?其我独芒而人亦有不芒者乎?"(参见〔战国〕庄周撰,〔晋〕郭象〔字子玄,252?—312〕注,〔唐〕陆德明〔元朗,字德明,550?—630〕音义:《南华真经》,台北:艺文印书馆,1972年,据北宋、南宋合璧本景印,卷第一,第13b—16a页,新编第34—39页)论中云"日以心斗"而莫知其所萌,即"念不应真"之义;"旦暮得此,其所由以生",则是以"丧我"为"见真"之要径。至于《大宗师》云:"知天之所为,知人之所为者,至矣。知天之所为者,天而生也;知人之所为者,以其知之所知,以养其知之所不知,终其天年而不中道夭者,是知之盛也。虽然,有患。夫知有所待而后当,其所待者特未定也。庸讵知吾所谓天之非人乎?所谓人之非天乎?且有真人,而后有真知"(同上,卷第三,第1—2a页,新编第129—131页),则是一面以能得"知"之真者为真人,另一面,则以"证至真人"者为实得其智;前者以初境言,后者以终境论。

[14] 《齐物论》云:"可乎可,不可乎不可。道行之而成,物谓之而然。恶乎然?然于然。恶乎不然?不然于不然。物固有所然,物固有所可。无物不然,无物不可。故为是举莛与楹,厉与西施,恢诡憰怪,道通为一。其分也,成也;其成也,毁也。凡物无成与毁,复通为一。唯达者知通为一,为是不用而寓诸庸。庸也者,用也;用也者,通也;通也者,得也。适得而几矣,因是已。已而不知其然谓之道。劳神明为一而不知其同也,谓之朝三。何谓朝三?曰:狙公赋芧,曰:'朝三而莫四',众狙皆怒;曰:'然则朝四而莫三',众狙皆悦。名实未亏,而喜怒为用,亦因是也。是以圣人和之以是非,而休乎天钧,是之谓两行。"(同前注,卷第一,第18b—20a页,新编第44—47页)所谓"唯达者知通为一",即是于"人"之中见"天";所谓"不用而寓诸庸",则是寄"非用之用"于一切之"用",而有以休乎天钧。此道家之"以人合天"义。

之义,有生灭门、有真如门,⑮染、净相资,⑯而智、境有"异""无异"双重之义。⑰

今文定辟佛而以"不起不灭"为心之体,"方起方灭"为心之用,"心"为无所不有,其说乃以"近佛之语",诠"差别之义"。由"当下"之义言,体在用中,无起灭外之不起灭;由"究竟"之义言,心通有、无,⑱博理合内、外,世无理外之事,物无心外之理,格物之所以得有三阶者,以此。而正因以"心之相"言,生灭灭生,

---

⑮ 论云:"依一心法,有二种门。云何为二? 一者、心真如门,二者、心生灭门。是二种门,皆各总摄一切法。此义云何? 以是二门不相离故。心真如者,即是一法界大总相法门体。所谓心性不生不灭,一切诸法唯依妄念而有差别,若离妄念则无一切境界之相。是故一切法从本已来,离言说相、离名字相、离心缘相,毕竟平等、无有变异、不可破坏。唯是一心,故名真如,以一切言说假名无实,但随妄念不可得故。言真如者,亦无有相。谓言说之极因言遣言,此真如体无有可遣,以一切法悉皆真故;亦无可立,以一切法皆同如故。当知一切法不可说、不可念故,名为真如。"又曰:"复次,真如者,依言说分别有二种义。云何为二? 一者、如实空,以能究竟显实故。二者、如实不空,以有自体,具足无漏性功德故。所言空者,从本已来一切染法不相应故,谓离一切法差别之相,以无虚妄心念故。当知真如自性,非有相、非无相、非非有相、非非无相、非有无俱相;非一相、非异相、非非一相、非非异相、非一异俱相。乃至总说,依一切众生以有妄心念念分别,皆不相应,故说为空,若离妄心实无可空故。所言不空者,已显法体空无妄故,即是真心常恒不变净法满足,故言不空,亦无有相可取,以离念境界唯证相应故。"又曰:"心生灭者,依如来藏故有生灭心,所谓不生不灭与生灭和合,非一非异,名为阿梨耶识。此识有二种义,能摄一切法、生一切法。云何为二? 一者、觉义,二者、不觉义。所言觉义者,谓心体离念。离念相者,等虚空界无所不遍,法界一相即是如来平等法身,依此法身说名本觉。何以故? 本觉义者,对始觉义说,以始觉者即同本觉。始觉义者,依本觉故而有不觉,依不觉故说有始觉。又以觉心源故名究竟觉,不觉心源故非究竟觉。此义云何? 如凡夫人觉知前念起恶故,能止后念令其不起,虽复名觉,即是不觉故。如二乘观智、初发意菩萨等,觉于念异,念无异相,以舍麁分别执著相故,名相似觉;如法身菩萨等,觉于念住,念无住相,以离分别麁念相故,名随分觉;如菩萨地尽,满足方便一念相应,觉心初起心无初相,以远离微细念故得见心性,心即常住,名究竟觉。是故修多罗说:'若有众生能观无念者,则为向佛智故。'又心起者,无有初相可知,而言知初相者,即谓无念。是故一切众生不名为觉,以从本来念念相续未曾离念故,说无始无明。若得无念者,则知心相生住异灭。以无念等故,而实无有始觉之异,以四相俱时而有,皆无自立,本来平等同一觉故。"又曰:"复次,本觉随染,分别生二种相,与彼本觉不相舍离。云何为二? 一者、智净相,二者、不思议业相。智净相者,谓依法力熏习,如实修行,满足方便故,破和合识相,灭相续心相,显现法身,智淳净故。此义云何? 以一切心识之相皆是无明,无明之相不离觉性,非可坏非不可坏。如大海水因风波动,水相风相不相舍离,而水非动性,若风止灭动相则灭,湿性不坏故。如是众生自性清净心,因无明风动,心与无明俱无形相、不相舍离,而心非动性。若无明灭相续则灭,智性不坏故。不思议业相者,以依智净能作一切胜妙境界,所谓无量功德之相常无断绝,随众生根自然相应,种种而见,得利益故。"见马鸣菩萨造,〔梁〕释真谛(499—569)译:《大乘起信论》(收入《大正新修大藏经》,台北:新文丰出版公司,1983 年,第 32 册,论集部全,第 1666 号),第 576 页。

⑯ "染净相资",论详〔唐〕释法藏(643—712)述,释宗密(780—841)录:《大乘起信论疏》(收入《明版嘉兴大藏经》,台北:新文丰出版公司,1987 年,第 7 册),卷第三,第 461—465 页。

⑰ 《摄大乘论释》云:"根本智依止非心非非心,后得智则依止心故。二智于境有异:根本智不取境,以境智无异故,后得智取境,以境智有异故;根本智不缘境,如闭目,后得智缘境,如开目。"见世亲菩萨释,释真谛译:《摄大乘论释》(收入《大正新修大藏经》,第 31 册,瑜伽部下,第 1595 号),卷第十二,《释依慧学差别胜相第八》,第 242 页。

⑱ 此处所谓"心通有、无","有、无"指语默动静。

学术史的视域

无可拘定,以"心之体"言,不起灭者常在,故得其生发之几者,因性而发智,[19]不唯"操存""省察"可以分、合为用,[20]物物致察者,亦能终极一贯。[21]

至于文定长子致堂,本文定弟之子,所著文集外,有《读史管见》《论语详说》《崇正辩》等,大体亦文定矩矱,而斥佛过之;乃至盛赞周武(宇文邕,543—578)之毁释。至于彼之辟释氏之教,则曰:

> 佛教以心为法,不问理之当有当无也。心以为有则有,心以为无则无。理与心一,谓理为障,谓心为空。此其所以差也。圣人心即是理,理即是心,以一贯之,莫能障者。是是非非,曲曲直直,各得其所,物自付物,我无与焉。故曰:"如天之无不覆,如地之无不载,如四时之错行,如日月之代明,如飞走动植并育而不相害,仁义礼智并行而不相悖。"夫又何必以心为空,起灭天地,伪立其德,以扰乱天下哉?今夫人目视而耳聪,手执而足行,若非心能为之主,则视不明、听不聪、执不固、行不正,无一而当矣。目瞽、耳破,心能视听乎?手废、足蹇,心能执行乎?一身之中,有本有末,有体有用,相无以相须,相有以相成,未有焦灼其肌肤而心不知者也。学佛者言空而事忍,盖自其离亲毁形之时已失其本心矣。积习空忍之久,无封剔焚炼而不以为痛,盖所以养心者素非其道也。凡人之生无不自爱其身,彼学佛者,于蚊蚋之微、草芥之细犹不忍害,广悲愿也。自爱乃能爱人,爱人乃能爱物,故养心保身者,济人利物之本也。今乃残之如此,将何为哉?非有丧心之疾而然乎?[22]

---

[19] 文定因主世无理外之事,物无心外之理,故境、智之相因缘而契理,依其说皆自"性"生;此所以"智""仁"得为一体。此处所云"几",即后注[62]所揭引文中所指"圣人执天之机"之"机";注[33]所云"仁者,人所以肖天地之机要也",亦同指此。

[20] 文定云:"学以立志为先,以忠信为本,以致知为穷理之门,以主敬为求养之道"(《胡氏传家录》语,见黄宗羲原本,黄百家纂辑,全祖望修定:《武夷学案》,《宋元学案》[二],卷三十四,收入黄宗羲撰,沈善洪主编,吴光执行主编:《黄宗羲全集》,第4册,第452页),此以"分"言;前引其说,所谓"能操而常存者,动亦存,静亦存","善学者,动亦察,静亦察,无时而不察也"。"持之以敬,养之以和,事至物来,随感而应","不必言致其精明以待事物之至"(参注[9]所揭引文)云云,则是以"合"言。此种"分""合"之论,来自伊川,而与伊川不同。

[21] "一以贯之,圣人也"之义,详注[9]所揭引文。

[22] 胡寅撰,尹文汉校点:《斐然集·崇正辩》,卷二上,第689—690页。

又曰：

　　佛氏以理为障，安得称其穷理？父子、君臣，理之不可易也，而佛氏以为幻妄，是于理未尝穷也。理既不穷，而曰尽性者，犹人未尝食稻而曰饱，未尝衣帛而曰暖，吾不信也。世无可出之道，佛氏有出世之说，犹人闭目不见鼻曰无有鼻也，而鼻自存耳。既曰出世，则当超乎覆载之外，而不免于戴皇天、履后土，冬裘而夏葛，渴饮而饥食，是言为出世而实未尝出也。"理无不周"，而于忠孝之理则不周，"事无不尽"，而于臣子之事则不尽。大抵为美言、夸奇行，窃取儒书之近似者以文其说。惑者不考，从而信之。以予观之，儒、佛之异，宜如冰炭熏莸，必无相合之理，此是则彼非，彼非则此是，精义无二，至当归一。苟以圆融和会谓之大同者，犹盗人之物而曰可以通财，以己之妻与人而曰可以通好，理之所决不可行者也。㉓

又曰：

　　佛氏所谓了心，异乎圣人所谓尽心也。举心之所有者皆归之空，了心也，举心之所包者各臻其理，尽心也。了心之弊，至于一身亦不欲存也。若非自绝于人伦之类，则刳剔焚灼，喂饲饿虎，无所不至，要皆空而后已。空虚寂灭，莫适于用，道之弃也。此亦狷介褊小之极，其智不足以尽万物之变，其才不足以周万事之务。顾视一己无可奈何于天地之间，遂谓人理皆可以如此，而终于不可言、不可行。彼草木飞走之类，莫之夭阏，犹能尽其天年，可以人不如草木飞走乎？㉔

又曰：

　　圣学以心为本，佛氏亦然，而不同也。圣人教人正其心，心所同然者，谓

㉓　胡寅撰，尹文汉校点：《斐然集·崇正辩》，卷二上，第699—700页。
㉔　同前注，卷二下，第716页。

理也、义也。穷理而精义,则心之体用全矣。佛氏教人以心为法,起灭天地而梦幻人世,擎拳植拂、瞬目扬眉以为作用,于理不穷,于义不精,几于具体而实则无用,乃心之害也。㉕

文中于"尽心"之旨,辨所谓"虚""实",盖亦同于文定。

谢山云:

武夷诸子,致堂、五峰最著,而其学又分为二,五峰不满其兄之学,故致堂之传不广。然当洛学陷入异端之日,致堂独皭然不染,亦已贤哉! 故朱子亦多取焉。㉖

以是而论,似在当日,湖湘之学由文定而致堂,论政、研史、辟异,㉗皆乃于儒义所指大处、实处看;㉘所谓"皭然不染",自另一端言,亦是显示彼之于程门流衍中诸家所辨,并未一一理会。湖湘之学于理学之传承占重要地位,产生影响,依谢山所析,应始自五峰;其在致堂,则仅是守其家学而已。

唯居今而检致堂书,彼所为《先公行状》,不仅叙事详明,备见当日情事,文中具录文定所为政论,使其德业,得以表显于世,实颇有得于史家之笔;择取先人手泽《答赣川曾幾书》以入《行状》,则更是于文定理学精诣,知所简择。凡此,皆未可因其学为五峰所掩而遂轻之也。

致堂而外,论及五峰之所以于当时,别开生面,不同于一般洛学流衍,而于湖湘一地形成理学风气,依余之见,则在建构一种特殊之"理""气"论;既不同于伊川,亦与明道差异。五峰于《知言》中云:

㉕ 胡寅撰,尹文汉校点:《斐然集·崇正辩》,卷一下,第669页。
㉖ 黄宗羲原本,黄百家纂辑,全祖望补定:《衡麓学案》,《宋元学案》〔二〕,卷四十一,收入黄宗羲撰,沈善洪编:《黄宗羲全集》,第4册,第641页。
㉗ 致堂论史、辟佛之外,于所为《先公行状》(参注⑨所揭引文),详引文定所为政论,正是此种家风之表显。
㉘ 此处所谓"大处""实处",即朱子所云"大纲"。《语类》记朱子语云:"文定大纲说得正,微细处,五峰尤精,然大纲却有病。"(〔宋〕黎靖德辑:《朱子语类》〔四〕,卷第一百四,收入朱熹撰,朱杰人等主编:《朱子全书》〔修订本〕,第17册,郑明等校点,庄辉明审读,第3436—3437页)

非性无物,非气无形。性,其气之本乎!㉙

又曰:

气之流行,性为之主。性之流行,心为之主。㉚

又曰:

气主乎性,性主乎心。心纯,则性定而气正。气正,则动而不差。动而有差者,心未纯也。㉛

又曰:

有而不能无者,性之谓欤! 宰物而不死者,心之谓欤! 感而无息者,诚之谓欤! 往而不穷者,鬼之谓欤! 来而不测者,神之谓欤!㉜

又曰:

仁者,人所以肖天地之机要也。㉝

上引诸说,最要之论点,在主张"气之流行,性为之主。性之流行,心为之主"。而此论之所以为特出,则在彼所立"于流行中见主宰"之义。其说有二层,而皆以"常然能动"之旨说之。第一层"常然能动",释气、性:气之能动以性,动而无妄动亦以性;于性见气之常然。此所以指"性"为"气"之本。第二层"常然

㉙ 胡宏:《知言》,《事物》,收入〔宋〕胡宏撰,吴仁华点校:《胡宏集》,北京:中华书局,1987年,第22页。
㉚ 同前注;校记于下句云:"'为之',原作'之为',据复性书院本及上句文例乙正。"
㉛ 同前注,《仲尼》,第16页。
㉜ 同前注,《一气》,第28页。
㉝ 同前注,《纷华》,第25页。

能动",释性、心:性之能动以心,动而无差以见天地之机要,亦以心;于心见性之常然。此所以谓"心"乃"宰物而不死"。

上二说,由第一层"气""性"之说,得出"性无善恶"之论;由第二层"性""心"之说,得出"心无死生"之论。此二者之论,虽皆文定所未发,然大体仍是承文定所云"不起不灭心之体,方起方灭心之用;体用一源,显微无间"之意而益进。以下分项诠释五峰之说:

五峰所指第一层"气""性"之说,略似张横渠《正蒙》;㉞正犹其论中所云"往而不穷者,鬼之谓欤?来而不测者,神之谓欤",亦与横渠以鬼、神为"二气之良能"之说相类。㉟特对于横渠而言,彼虽云:

> 太和所谓道,中涵浮沈、升降、动静、相感之性,是生絪缊、相荡、胜负、屈伸之始。其来也几微易简,其究也广大坚固。㊱

气之体与性之体之"合一",对于横渠而言,仍是于观念分立后合言之,谓"性涵于太和";横渠之不免为伊川、朱子所指摘,谓其言"虚"之义时有抵牾,即是为此㊲。今五峰于动态中说有主,则无此弊。伯恭谓五峰似横渠而有过之之处,㊳此亦一例。然亦因此,性既无分于"既命之后"与"未命之先",亦将无"善""恶"之可言,故有"性无善恶"之说。

至于第二层"性""心"之说,其义尤奥。《知言》云:

㉞ 致堂书中引李师政《内德论》以驳释氏"业力"(karma)之说,尝举横渠《正蒙》之"气"论为证(胡寅撰,尹文汉校点:《斐然集·崇正辩》,卷一上,第645—646页),可见当时胡氏门中区辨儒、释,横渠之说为一重要之参考。

㉟ 横渠云:"鬼神者,二气之良能也。圣者,至诚得天之谓;神者,太虚妙应之目。凡天地法象,皆神化之糟粕尔。天道不穷,寒暑(已)〔也〕;众动不穷,屈伸(已)〔也〕;鬼神之实,不越二端而已矣。"(张载:《正蒙》,《太和篇第六》,收入〔宋〕张载撰,章锡琛点校:《张载集》,北京:中华书局,2006年三刷,第9页)

㊱ 同前注,第7页。

㊲ 论详拙作《释张横渠之二重性论及其位于北宋理学中之位置》(初稿曾受邀于2014第十一届两岸中山大学中国文学学术研讨会中宣读;见刘昭明主编:《2014第十一届两岸中山大学中国文学学术研讨会论文集》,高雄:台湾中山大学中国文学系、清代学术研究中心、宋代文学史料研究室,2014年,第235—281页。收入戴景贤撰:《宋元学术思想史论集》上编,香港:香港中文大学出版社,2018年,第129—185页)一文。

㊳ 参注②所揭引文。

> 万物生于天，万事宰于心。性，天命也。命，人心也。而气经纬乎其间，万变著见而不可掩，莫或使之，非鬼神而何？㊴

又曰：

> 天命为性，人性为心，不行己之欲，不用己之智，而循天之理，所以求尽其心也。㊵

又记云：

> 或问："心有死生乎？"曰："无死生。"曰："然则人死，其心安在？"曰："子既知其死矣，而问安在耶？"或曰："何谓也？"曰："夫惟不死，是以知之。又何问焉。"或者未达。胡子笑曰："甚哉，子之蔽也！子无以形观心，而以心观心，则知之矣。"㊶

依此所引说，天之所以生物无穷，以有"命化"之动因。此"具目的之动因"（causae finales/finalcause），于"遍在"（omnipresent）之展现言之，即是依"天"之施为而说之"命"。若就禀赋而有之"生"言之，则是依"宰物"之义而释之"心"；于此见"目的性"（finality）之实有。

至于论中有"以心观心"之论，此若合之以五峰"心无死生"之说，则成"所观者生灭而能观者无生死，"近于佛家之义；故朱子评此，谓乃几乎释氏轮回之说，而足骇学者之听，㊷南轩亦以为当删。㊸然此在五峰亦非不知，则以湖湘之严分儒、释，自必有说。《知言》另一条云：

㊴ 胡宏：《知言》，《修身》，收入胡宏撰，吴仁华点校：《胡宏集》，第 6 页。
㊵ 同前注，《天命》，第 4 页。
㊶ 胡宏：《知言》，卷四，收入〔宋〕胡宏撰，王立新点校：《胡宏著作两种》，长沙：岳麓书社，2008 年，第 30 页。此条亦见朱熹：《胡子知言疑义》（《晦庵先生朱文公文集》〔五〕，卷第七十三，收入朱熹撰，朱杰人等主编：《朱子全书》〔修订本〕，第 24 册，戴扬本、曾抗美校点，第 3559 页），"死生"作"生死"。
㊷ 朱熹：《胡子知言疑义》，同前注，第 3559—3560 页。
㊸ 同前注，第 3560 页。

学术史的视域

  彪居正(字德美)问:"心无穷者也,孟子何以言尽其心?"曰:"惟仁者能尽其心。"居正问为仁,曰:"欲为仁,必先识仁之体。"曰:"其体如何?"曰:"仁之道,弘大而亲切,知者可以一言尽,不知者虽设千万言,亦不知也。能者可以一事举,不能者虽指千万事,亦不能也。"曰:"万物与我为一,可以为仁之体乎?"曰:"子以六尺之躯,若何而能与万物为一?"曰:"身不能与万物为一,心则能矣。"曰:"人心有百病一死,天下之物有一变万生,子若何而能与之为一?"居正竦然而去。他日,某㊹问曰:"人之所以不仁者,以放其良心也。以放心求心,可乎?"曰:"齐王见牛而不忍杀,此良心之苗裔因利欲之间而见者也。一有见焉,操而存之,存而养之,养而充之,以至于大。大而不已,与天同矣。此心在人,其发见之端不同,要在识之而已。"㊺

  此论中云"齐王见牛而不忍杀,此良心之苗裔,因利欲之间而见者也。一有见焉,操而存之,存而养之,养而充之,以至于大,大而不已,与天地同矣",说本于文定合"操存"与"省察"为一之旨;而其取径,则益近于明道所谓"识仁"之意。然明道虽云"性无内外",并无"性无善恶""心无死生"之说,二人之立论依据,仍有不同。

  即如此,"识仁"必仍当为五峰论"性""心"最核心之要义;彼与释氏之论之差异在此。㊻ 此乃缘:五峰所以谓心虽放失,无害一念之正,操而存之,存而养之,养而充之,仍可至大者,以能仁之心,当体具在,无少亏欠,故但反之,即于利欲之间,仍可直识而得,知其为本有主宰;此第一层位置。第二层位置,则是依前所云"以心观心"而知此体"大而不已,与天地同",不因生死而有无;人但禀之而实有,则与天地同流。此即"性之流行,心为之主"义。五峰于此,既不以"净"

㊹ 四库本无"某"字;是。
㊺ 朱熹:《胡子知言疑义》,《晦庵先生朱文公文集》〔五〕,卷第七十三,收入朱熹撰,朱杰人等主编:《朱子全书》〔修订本〕,第24册,戴扬本、曾抗美校点,第3560—3561页。
㊻ 五峰尝云:"释氏直曰吾见其性,故自处以静,而万物之动不能裁也;自处以定,而万物之分不能止也。是亦天地一物之用耳。自道参天地、明并日月、功用配鬼神者观之,则释氏小之为丈夫矣。其书夸大,岂不犹坎井之蛙欤?"(见胡宏:《知言》,《天命》,收入胡宏撰,吴仁华点校:《胡宏集》,第3—4页)其说以释氏之"定"(samādhi)、"慧"(prajñā)仅为"一物之用",乃缘不识仁体之实,与其道发用之弘大亲切;此一"小""大"之辨,与理学各家皆视释氏之释"理"乃蹈虚,用词虽见为缓,意则相当。

140

"染"区分"空""假"如释氏;亦不以"形上""形下"区分"理""气"如伊川;亦不以"主""客"区分"无形""有形"如横渠。于其论中,"气""性",乃至"性""心",皆可绾合之于一体。而一切论述之所以可能,皆系奠立于"心"之于我,具有此"能观"之位。五峰云:

> 天理人欲,同体而异用,同行而异情。进修君子,宜深别焉。㊼

此一说中,将"进修君子"安置于建构"了别"之核心;以是见所谓"天""人",胥是一体之流行。其为论,基本上,虽是以"性之流行,心为之主"之"能主"义,区分出正、变;然无"能观者",则亦不能诠之如此。此一于"能观"建构"同""异"之观法,虽于最终之究竟义,与释氏不同;然于"行"之当下,分别有"理""欲"之异情,若取之与天台之以一心而得三观之说相较,其立论之结构方式,仍有若干相近之处。㊽

对于五峰而言,正由于其所谓"了别"之深者,乃是于"识仁"之同时,见出"理""欲"之差异,故彼所云"察""养"者,乃以"观""处",施之于动、静之起灭,为"察""养"于心与天地同流之所诚然;"察"在"养"先,而其中自有"观理"之义。㊾ 五峰云:

㊼ 胡宏:《知言》,卷一,收入胡宏撰,王立新点校:《胡宏著作两种》,第9页。此条亦见朱熹《胡子知言疑义》(《晦庵先生朱文公文集》〔五〕,卷第七十三,收入朱熹撰,朱杰人等主编:《朱子全书》〔修订本〕,第24册,戴扬本、曾抗美校点,第3556页)。
㊽ 天台所释三种三观,以"次第三观""不定三观"而言,其功夫或阶等,皆有特殊之命义,与儒义无可比论。至于"圆融三观",彼于胜义,则可因圆修而同断三惑,故即一念而得三千。就中"一念之心,即具三谛"之观法,虽亦非儒义所有,然五峰于同一"所行",以仁、智兼具之力,辨别天、人,而谓能得融通之理,其中转折,则可与之参较。
㊾ 五峰诗云:"忙中不识本来心,一点灵光自在明。只向静中寻底事,恐遭颠沛不员成。""心由天造方成性,逐物云为不是真。克得我身人欲去,清风吹散满空云。"(胡宏:《次刘子驹韵》,收入胡宏撰,吴仁华点校:《胡宏集》,《绝句》,第72页)此诗所明,以"一点灵光自在明"不受纷扰,正是五峰立说关键处;由此可见五峰"定""慧"一体之功,确有非常人所可比拟者。五峰它诗云:"动中涵静是天机,静有工夫动不非。会得存存底事,心明万变一源归。"(同上,《和子驹存存室》,第77页)、"阴阳妙合互藏精,万物森然各有神。靡草露机坤是复,野龙交战指迷津。"(同上,《靡草》,第78页)皆同此旨。相较而言,朱子中年由"中和旧说"之契合五峰,终至己丑改弦(参见拙作《论朱子思想先后之转变与其关键议题》),其体验之与五峰迥别,才性差异之外,固是展现即在儒学,义理心法,法门亦可不同;不必归于一是。

141

静观万物之理，得吾心之说也易，动处万物之分，得吾心之乐也难。是故仁智合一，然后君子之学成。(50)

又曰：

自观我者而言，事至而知起，则我之仁可见矣，事不至而知不起，则我之仁不可见也。自我而言，心与天地同流，夫何间之？(51)

又曰：

情一流则难遏，气一动则难平。流而后遏，动而后平，是以难也。察而养之于未流，则不至于用遏矣，察而养之于未动，则不至于用平矣。是故察之有素，则虽婴于物而不惑；养之有素，则虽激于物而不悖。《易》曰："艮其背，不获其身，行其庭，不见其人。无咎。"此之谓也。(52)

又曰：

行纷华波动之中，慢易之心不生，居幽独得肆之地，非僻之情不起，上也。起而以礼制焉，次也。制之而不止者，昏而无勇也。理不素穷，勇不自任，必为小人之归，可耻之甚也！(53)

又曰：

性定，则心宰。心宰，则物随。(54)

---

(50) 胡宏：《知言》，《天命》，收入胡宏撰，吴仁华点校：《胡宏集》，第1页。
(51) 同前注，《好恶》，第12页。校记云："嘉靖本'之'下有'有'字。"
(52) 同前注，《一气》，第28页。
(53) 同前注，《纷华》，第24页。
(54) 同前注，《义理》，第30页。

即是所以阐明其义。其标示“智”“仁”合一之旨,由于乃由一观而得,故可无分于语、默而一致;特“流”与“未流”有辨。对于五峰而言,必以“行纷华波荡之中,慢易之心不生;居幽独得肆之地,非僻之情不起”为工夫之至境;虽分时节,皆是“性之流行”。“心”能时时为之主,则动、静一如;此之谓“性定而心宰”。

若然,则所谓“喜怒哀乐”之发与未发,未发者在中即是性,已发者见于外即是情;即在居幽独得肆之地,心为之主,“能观者”当体而在,其仁、智“知”“宰”之用,亦是已发,不必另说有“未发之时”。故曰:

寂然不动感而遂通天下之故,与未发已发不同。体用一源,不于已发未发而分也。宜深思之。(55)

又曰:

性,天下之大本也。尧、舜、禹、汤、文王、仲尼,六君子先后相诏,必曰心而不曰性,何也?曰:心也者,知天地,宰万物,以成性者也。六君子,尽心者也,故能立天下之大本,人至于今赖焉。不然,异端并作,物从其类而瓜分,孰能一之?(56)

依其论,所谓“心”,必于“知天地,宰万物”见之;不于心之“能知”“能宰”义见所谓“大本”,则无以明“尽性”之义。《易传》之所以云“寂然不动感而遂通天下之故”,并非于“已发”前另举“未发”,而系于语默之间,申说“性”“心”一源之义。

至于“性”“心”二者之别,五峰则以“有则俱有,无则俱无”之法释之。其说云:

有聚而可见谓之有者,知其有于目,故散而不可见者谓之无。有实而可

(55) 胡宏:《书》,《与彪德美》,收入胡宏撰,吴仁华点校:《胡宏集》,第135页。

(56) 胡宏:《知言》,卷一,收入胡宏撰,王立新点校:《胡宏著作两种》,第7页。此条亦见朱熹《胡子知言疑义》(朱熹:《晦庵先生朱文公文集》〔五〕,卷第七十三,收入朱熹撰,朱杰人等主编:《朱子全书》〔修订本〕,第24册,戴扬本、曾抗美校点,第3555页)。

蹈谓之有者,知其有于心,故妄而不可蹈者谓之无。(57)

又曰:

天地,圣人之父母也,圣人,天地之子也。有父母,则有子矣,有子,则有父母矣。此万物之所以著见,道之所以名也。非圣人能名道也,有是道则有是名也。圣人指名其体曰性,指名其用曰心。性不能不动,动则心矣。圣人传心,教天下以仁也。(58)

又曰:

诚者,命之道乎! 中者,性之道乎! 仁者心之道乎! 惟仁者为能尽性至命。(59)

又曰:

仁者,天地之心也。心不尽用,君子而不仁者有矣。(60)

盖依五峰之意,所以云"体""用"者,犹如有父母则有子,有子则有父母;有则俱有,无则俱无。故指明其体曰性,指明其用曰心;以"能""所"分,性为心本,以"能""所"合,则性不能不动,动则心,"传心"方是教本。于此说"中者,性之道""仁者,心之道"。

(57) 胡宏:《知言》,《好恶》,收入胡宏撰,吴仁华点校:《胡宏集》,第 12 页。

(58) 胡宏:《知言》,卷六,收入胡宏撰,王立新点校:《胡宏著作两种》,第 45 页。此条亦见朱熹《胡子知言疑义》,唯句中"名"字作"明"(朱熹:《晦庵先生朱文公文集》〔五〕,卷第七十三,收入朱熹撰,朱杰人等主编:《朱子全书》〔修订本〕,第 24 册,戴扬本、曾抗美校点,第 3562 页)。

(59) 胡宏:《知言》,《天命》,收入胡宏撰,吴仁华点校:《胡宏集》,第 1 页。

(60) 同前注,第 4 页。

五峰此论,所谓"性不能不动,动则心矣。圣人传心,教天下以仁",由于乃自天地说来,以性为气之流行之主,以心为性之流行之主;故其所释"仁",乃通天地之能知、能觉而成宰言,于其论中,"仁"之义,并非仅是如朱子所言乃"爱之理",而"心之德"。故依其说,亦可谓:性之所以为气流行之主,乃在气中而以所诚然者为之体;凡诚然者即是"命"。心之所以为性流行之主,则是于性之流行中,实有此能知、能觉者,以所知所觉,和物而不疑;由是以著见天地之德。

以上所述,为五峰立说之大要。其说之不同于明道、伊川,乃至程门诸子者,盖甚明。于其论之架构中,最令人讶异者,莫如彼所云"性无善恶""心无死生"之义。盖如确认此义为无从删除,[61]则其所延伸之推论,必将引致"哲学系统结构"(systematic structure of philosophy)之全面改作。此点是否于"理学"为可行?势须予以深究。

首先论者,为五峰所析"体一"与"分殊"之义。

就此点而言,五峰既以"气之流行,性为之主",则"体一"之义,应乃即"性"之源而论之。五峰云:

> 中者,道之体,和者,道之用。中和变化,万物各正性命而纯备者,人也,性之极也。故观万物之流形,其性则异,察万物之本性,其源则一。圣人执天之机,惇叙五典,庸秩五礼。顺是者,彰之以五服,逆是者,讨之以五刑。

---

[61] 南轩于五峰《知言》有疑者,由朱子之书中见之,共七处:一、"心统性情"之"统"字未安;二、五峰云"好恶,性也",此语无害,然句后接云"小人好恶以己,君子好恶以道。察乎此,则天理人欲可知",则不免有病;三、"性无善恶"一语未当;四、"心无死生"章当删;五、《知言》云"凡天命所有而众人有之者,圣人皆有之。人以情为有累也,圣人不去情;人以才为有害也,圣人不病才;人以欲为不善也,圣人不绝欲;人以术为伤德也,圣人不弃术;人以忧为非达也,圣人不忘忧;人以怨为非弘也,圣人不释怨。然则何以别于众人乎? 圣人发而中节,而众人不中节也。中节者为是,不中节者为非;挟是而行则为正,挟非而行则为邪。正者为善,邪者为恶,而世儒乃以善恶言性,邈乎辽哉"一段,意偏而词杂,当悉删去;六、"欲为仁,必先识仁之体"一段可疑;七、五峰云"圣人指明其体曰性,指明其用曰心",以心性分体用,语有病。(朱熹:《胡子知言疑义》,《晦庵先生朱文公文集》〔五〕,卷第七十三,收入朱熹撰,朱杰人等主编:《朱子全书》〔修订本〕,第 24 册,戴扬本、曾抗美校点,第 3555—3563 页)。此七处,其中即有"'心无死生'章当删"之说。

调理万物，各得其所。此人之所以为天地也。[62]

五峰此说援《中庸》所言之"中""和"义，以释道之体、用；而以人之正命，为性之极。此点显示就五峰之论而言，道之变化、性之变化与心之变化，三者所以皆得以致中和，其机实一。[63] 依"气"而言，属于"物性"之存有，与依"心"而言，属于"精神"之存有，来源一致，为同一体之变化；精神之存有位阶，不仅高于物性之存有，精神之感应性，且系普遍存在于一切"存有"(being)之中。此即所谓"心无死生"。五峰之云"穷理"，所以可合"尽人之性"与"尽物之性"于一，而不于"事上工夫"之外，别说"格物"，即是因此。故又曰：

子思子曰："率性之谓道。"万物万事，性之质也。因质以致用，人之道也。人也者，天地之全也。而何以知其全乎？万物有有父子之亲者焉，有有君臣之统者焉，有有报本反始之礼者焉，有有兄弟之序者焉，有有救灾恤患之义者焉，有有夫妇之别者焉。至于知时御盗如鸡犬，犹能有功于人，然谓之禽兽而人不与为类，何也？以其不得其全，不可与为类也。夫人虽备万物之性，然好恶有邪正，取舍有是非，或中于先，或否于后，或得于上，或失于下，故有不仁而入于夷狄禽兽之性者矣。惟圣人既生而知之，又学以审之，

---

[62] 胡宏：《知言》，《往来》，收入胡宏撰，吴仁华点校：《胡宏集》，第 14 页。五峰此处论圣人之教，依"惇叙五典""庸秩五礼""彰以五服""讨以五刑"说之(注㉑所揭者略同)，其要义实自文定所强调于"四端五典"之旨来(参注⑥，及注⑨所揭引文)。五峰它处且由文定所申《春秋》之旨，进而提出"大纲无定体"之说；主张"正大纲"与"应时而变法"乃一理，两不相牾。其说云："荀子曰：'有治人，无治法。'窃譬之欲拨乱反之正者如越江湖，法则舟也，人则操舟者也。若舟破楫坏，虽有若神之技，人人知其弗能济矣。故乘大乱之时必变法。法不变而能成治功者，未之有也。"(同上，《事物》，第 23—24 页)又曰："欲拨乱兴治者，当正大纲。知大纲，然后本可正而末可定；大纲不知，虽或善于条目，有一时之功，终必于大纲不正之处而生大乱。然大纲无定体，各随其时，故鲁庄公之大纲在于复仇也，卫国之大纲在于正名也。仇不复，名不正，虽有仲尼之德，亦不能听鲁、卫之政矣。"(同上，第 24 页)彼文中所举之二例，鲁庄之当讥，事理见于文定所论庄公九年"公及齐大夫盟于蔇"条下(胡安国撰，钱伟强点校：《春秋胡氏传》，卷第八，《庄公中》，第 100 页)；卫国大纲之不正所以致乱，则见于文定所论哀公二年"晋赵鞅帅师纳卫世子蒯聩于戚"条下(同上，卷第二十九，《哀公上》，第 483—484 页)。凡此，皆可见五峰所受家学影响之深刻。
[63] 五峰诗云："苍天映清水，下见白云飞。天水从何来，飞云更何依。人生亦如此，融结中有机。此机即天命，吾心端不违。"(胡宏：《苍天》，收入胡宏撰，吴仁华点校：《胡宏集》，《古诗》，第 54 页)于"水"见"天""云"，以譬喻而言，即如同谓"道之变化""性之变化"与"心之变化"三者之机之合一。

尽人之性，尽物之性，德合天地，心统万物，故与造化相参而主斯道也。不然，各遍其适，杂于夷狄禽兽。是异类而已，岂人之道也哉！是故君子必戒谨恐惧，以无失父母之性，自别于异类，期全而归之，以成吾孝也。(64)

次论者，为五峰所论“观”与“所观”之义。

盖正因依五峰说，“人也，性之极”，而可备万物之性，故天地之仁见于人，人之知与人之仁，乃一体而见；无心外之事，亦无心外之理。人与天地，乃于此为“无间”。(65) 此种“心与天地同流”之设义，为五峰“识仁”之主张，充足其义。

再次论者，为五峰所论“智”“仁”之义。

前释五峰之论，曾谓其“识仁”之说，略近明道。然此中实有歧义。因对于明道而言，所谓“识仁”，关键在于真实感受与物同体，于此一体之觉知中，无“能”与“所”之分位；必“识得此理，以诚敬存之”，始是其次义之存养。五峰则不然。五峰之“识仁”，同时乃知、乃觉、乃识，故直觉之知外，尚有“观”之“能”“所”；与明道不同。彼论中所谓“智仁合一，然后君子之学成”，即是于此立说。

再次论者，为五峰所论“察识”与“存养”之义。

前叙五峰之“观物”，既观万物之流形，亦察万物之本性，而彼之所凭者，即所谓“执天地之机”；于此说“智”“仁”之合一。故于其论中，“察识”乃先于“存养”，其论与程门龟山一脉所传“观喜怒哀乐未发前气象”之取径，自是迥别。于五峰之说义中，并不认心有未发之时。(66)

以上各点，大体亦依据《易》《庸》，而有非《易》《庸》本旨所可范围者。至于与二程乃至程门相传之说之差异，则辨在深细；从之问学者，虽觉五峰之精识有过人者，于其间所当辨明者，则未必能察。故于湖湘一地，五峰之学虽因从游之众，卓然成派，其发展之前景，以当时而言，实际未明。五峰之学之备受注意，尚有待于南轩、东莱与朱子三人之讨论，其学始成为此后理学发展中必当厘清之环节之一。以下续论之。

---

(64) 胡宏：《知言》，《往来》，收入胡宏撰，吴仁华点校：《胡宏集》，第 14 页。

(65) 参注(45)(51)(58)(59)(60)所揭引文。

(66) 此点乃承之于文定。

二、朱子对于五峰之夸议及五峰立说之理论建构

朱子之受五峰影响，初因读其书而觉有可采，[67]后则因困扰于所谓龟山派下之教法问题，依违难决，以是注意及于湖湘一派之说，遂往访张南轩于长沙而有讲论。会后朱子遂于五峰集中，得其"中""和"之论，以是益坚其初时所疑，从而有所谓"中和旧说"之主张。特未久之后，朱子与友人问辨，忽然自疑，而有新悟，于是一改前说，尽弃旧见；凡彼前所契于五峰之论，自是亦不复道矣。此事备见于朱子所撰《中和旧说序》。其文云：

> 余蚤从延平李先生学，受《中庸》之书，求喜怒哀乐未发之旨，未达而先生没。余窃自悼其不敏，若穷人之无归。闻张钦夫得衡山胡氏学，则往从而问焉。[68]钦夫告余以所闻，余亦未之省也，退而沉思，殆忘寝食。一日，喟然叹曰："人自婴儿以至老死，虽语默动静之不同，然其大体莫非已发，特其未发者为未尝发尔。"自此不复有疑，以为《中庸》之旨果不外乎此矣。后得胡氏书，有与曾吉父论未发之旨者，其论又适与余意合，用是益自信。虽程子之言有不合者，亦直以为少作失传而不之信也。然间以语人，则未见有能深领会者。乾道己丑之春，为友人蔡季通（元定，字季通，号西山，1135—1198）言之，问辨之际，予忽自疑，斯理也，虽吾之所默识，然亦未有不可以告人者。今析之如此其纷纠而难明也，听之如此其冥迷而难喻也，意者乾坤易简之理，人心所同然者，殆不如是，而程子之言出其门人高弟之手，亦不应一切谬误，以至于此。然则予之所自信者，其无乃反自误乎？则复取程氏书，

---

[67] 此事之曲折，参见拙作《论朱子思想先后之转变与其关键议题》。
[68] 南轩《南岳唱酬序》云"乾道丁亥秋，新安朱熹元晦来访于湘水之上，留再阅月，将道南山以归，乃始偕为此游"（〔宋〕张栻撰，朱熹编：《南轩先生文集》，卷第十五，《序》，收入朱杰人等主编：《朱子全集外编》，上海：华东师范大学出版社，2010年，第4册，刘永翔、许丹校点，第241页），即其事。关于此事之考证，参见拙作《论朱子思想先后之转变与其关键议题》；收入戴景贤撰：《宋元学术思想史论集》中编，香港：香港中文大学出版社，2018年，第247—374页，此不赘。

虚心平气而徐读之,未及数行,冻解冰释,然后知情性之本然,圣贤之微旨,其平正明白乃如此。而前日读之不详,妄生穿穴,凡所辛苦而仅得之者,适足以自误而已。至于推类究极,反求诸身,则又见其为害之大,盖不但名言之失而已也。于是又窃自惧,亟以书报钦夫及尝同为此论者。惟钦夫复书深以为然,其余则或信或疑,或至于今累年而未定也。夫忽近求远,厌常喜新,其弊乃至于此,可不戒哉!暇日料检故书,得当时往还书叶一编,辄序其所以,而题之曰《中和旧说》,盖所以深惩前日之病,亦使有志于学者读之,因予之可戒而知所戒也。独恨不得奉而质诸李氏之门,然以先生之所已言者推之,知其所未言者,其或不远矣。壬辰八月丁酉朔新安朱熹仲晦云。[69]

文中朱子所举五峰《与曾吉甫书》,此曾吉甫(幾,号茶山居士,1085—1166),即前文所提及与文定通函者。其书共三札,朱子所举乃其中之第二;文云:

> 杨先生《中庸解》谓:"中也者,寂然不动之时也。"按子思说,喜怒哀乐未发谓之中,则是杨先生指未发时为寂然不动也。项侍坐时尝及此,谓"喜怒哀乐未发",恐说"寂然不动"未得。吾文曰:"杨先生如此解,某悚然愧惧。"窃谓于先觉所言,但当信受奉行,遂不覆启齿。今来教举尹先生之说亦如是。某反复究观,茫然莫知所谓。"心性"二字,乃道义渊源,当明辨不失毫厘,然后有所持循矣。窃谓未发只可言性,已发乃可言心,故伊川曰"中者,所以状性之体段",而不言状心之体段也。心之体段,则圣人无思也,无为也,寂然不动感而遂通天下之故是也。未发之时,圣人与聚生同一性,已发,则无思无为,寂然不动感而遂通天下之故,圣人之所独。夫圣人尽性,故感物而静,无有远近幽深,遂知来物;众生不能尽性,故感物而动,然后朋从尔思,而不得其正矣。若二先生以未发为寂然不动,是圣人感物亦动,与众人何异?尹先生乃以未发为真心,然则圣人立天下之大业,成绝世之至

---

[69] 朱熹:《中和旧说序》,《晦庵先生朱文公文集》[五],卷第七十五,收入朱熹撰,朱杰人等主编:《朱子全书》[修订本],第24册,戴扬本、曾抗美校点,第3634—3635页。

行,举非真心耶?某虽粗承过庭之训,而未尝广交天下之英,寡陋为甚,矧今孤露,苟不肆言,激精微之论,以祛蒙除蔽,则终身如是而已矣。故此言非敢直诋二先生,所以求教也。⑦

而朱子未引之第三札,则曰:

二先生,万夫之望,百世师表,所言但当信从,不可妄疑其失。然审问明辨,《中庸》之训也。有所未明,不敢但已,承举先君子之言为诲,怆然内伤,如见颜色。惟先君子所谓"不起不灭"者,正以"静亦存,动亦存"而言也,与《易》"无思无为,寂然不动,感而遂通天下之故"大意相符,非若二先生指喜怒哀乐未发为寂然不动也。某愚谓方喜怒哀乐未发,冲漠无朕,同此大本,虽庸与圣,无以异也,而无思无为,寂然不动,乃是指易而言,易则发矣。故无思无为,寂然不动圣人之所独,而非庸人所及也。惟无思无为,寂然不动,故感而遂通天下之故,更不用拟议也。"喜怒哀乐未发"句下,还下得"感而遂通天下之故"一句否?若下不得,即知其立意自不同,不可合为一说矣。恐伊川指性指心,盖有深意,非苟然也。心性,固是名,然名者,实之表著也。义各不同,故名亦异,难直混为一事也。尹先生指喜怒哀乐未发为真心,既以未发,恐难指为心。又读前教,盖尹先生所论已发未发,却偏指未发为真心,故某疑其不然。今蒙坐诲,若见真心,则已发未发皆真,自是释然无疑矣。⑦

此二、三二札,论《中庸》"已发""未发",本因曾氏第一札有"至于未发时一段,须力行以造极,自然明见"之语,⑦故与之分辨其义。依五峰说,未发之"中",乃所以状性之体段,而非心之体段;未发之时,圣人与众生同一性,已发,则无思无为,寂然不动,感而遂通天下之故,圣人之所独。此乃缘:圣人尽性,故感物而

---

⑦ 胡宏:《与曾吉甫书三首》之二,收入胡宏撰,吴仁华点校:《胡宏集》,《书》,第115页。断句小异。
⑦ 胡宏:《与曾吉甫书三首》之三,同前注,第116页。
⑦ 胡宏:《与曾吉甫书三首》之一,同前注,第115页。

静,无有远近幽深,遂知来物;众生不能尽性,故感物而动,然后朋从尔思,而不得其正矣。以是谓程门杨、尹以"未发"为"寂然不动",非正解。

五峰此一关于"未发"之义之分疏,源自文定所云"不起不灭,心之体"之说,乃以性言,而非以心论;故谓其说以"静亦存,动亦存"为旨。《学案》引《拙斋纪问》云:

> 胡文定尝言:"读《系辞》,须是都将作《易》看,不可泛说。且如'寂然不动,感而遂通天下之故',才说性本寂然,感之斯通,便泛滥,须于《易》中求之。四十九筮著,当其未揲时,固寂然矣,'间焉以言,其受命也如响',岂非感通乎?'无有师保,如临父母',读《易》时,其心自然肃敬,非有以使之也。其余皆然。互体亦岂可不信?如《归妹》互体为《泰》。而《泰》五爻有'帝乙归妹'之语,《归妹》之义,有'天地不交'之语。此类可见。"[73]

文定论中,有云"才说性本寂然,感之斯通,便泛滥",其不以所谓"寂然"者,别说有"心之体"可知;[74]五峰盖亦沿其教而然。朱子初时闻湖湘学者于洛学之流衍中,有不同于龟山之论,即是指此。特文定之释此,并未曾举出程子之说为之细辨,故未甚决裂。

至于朱子之所以于前,引之以为据,于后,则又翻然弃去之,关键则在于:"心"虽有天机之不可掩,反之而可默识,然以朱子之所认定者言,心既属气,习气所生,固时时混杂其间;若必待念念而自辨之,"所辨"与"所以辨",必纷纠而难明。此点与五峰之视我心乃与天地同流,主张"性定则心宰,心宰则物随",义理之体验不同。故一且改从龟山所传程门旧轨,必与五峰处处不合;朱子之《知言疑义》,乃因是而作。《语类》云:

---

[73] 黄宗羲原本,黄百家纂辑,全祖望修定:《武夷学案》,《宋元学案》〔二〕,卷三十四,收入黄宗羲撰,沈善洪主编:《黄宗羲全集》,第4册,第458页。
[74] 以"寂然"者释心体,乃伊川说〔朱子有文释此甚明,论详所撰《易寂感说》(见《晦庵先生朱文公文集》)〔四〕,卷第六十七,收入朱熹撰,朱杰人等主编:《朱子全书》(修订本),第23册,徐德明、王铁校点,第3257—3258页〕,故龟山亦以之解《中庸》,从而有"中也者,寂然不动之时也"之论(参注⑦所揭引文),而文定不之契,故此处有"泛滥"之疑。

151

《知言》疑议，大端有八：性无善恶，心为已发，仁以用言，心以用尽，不事涵养，先务知识，气象迫狭，语论过高。[75]

此八端，就前六义而言，几乎即是《知言》之精义，朱子无一赞同。至于后二项，"气象迫狭"云云，乃是朱子潭州会后，思维南轩所云"求仁为急"之旨后所体会。[76] 其意可参见于学者论"中和旧说"时所举朱子《与张敬夫》四书中之第三札。其文云：

> 大抵日前所见累书所陈者，只是伥伥地见得个大本达道底影象，便执认以为是了，却于"致中和"一句全不曾入思议，所以累蒙教告以求仁之为急，而自觉殊无立脚下功夫处。盖只见得个直截根源倾湫倒海底气象，日间但觉为大化所驱，如在洪涛巨浪之中，不容少顷停泊，盖其所见一向如是，以故应事接物处但觉粗厉勇果增倍于前，而宽裕雍容之气略无毫发。虽窃病之，而不知其所自来也。而今而后，乃知浩浩大化之中，一家自有一个安宅，正是自家安身立命、主宰知觉处，所以立大本、行达道之枢要。所谓体用一源，显微无间者，乃在于此。而前此方往方来之说，正是手忙足乱，无著身处。道迩求远，乃至于是，亦可笑矣。
>
> 《正蒙》可疑处，以熹观之，亦只是一病。如定性则欲其不累于外物，论至静则以识知为客感，语圣人则以为因问而后有知，是皆一病而已。"复见天地心"之说，熹则以为天地以生物为心者也，虽气有阖辟、物有盈虚，而天地之心则亘古亘今未始有毫厘之间断也。故阳极于外而复生于内，圣人以为于此可以见天地之心焉。盖其复者气也，其所以复者，则有自来矣。向非天地之心生生不息，则阳之极也一绝而不复续矣，尚何以复生于内而为阖辟之无穷乎？此则所论动之端者，乃一阳之所以动，非徒指夫一阳之已动者而为言也。夜气固未可谓之天地心，然正是气之复处，苟求其故，则亦可以见

---

[75] 黎靖德编：《朱子语类》〔四〕，卷第一百一，同前注，第17册，郑明等校点，庄辉明审读，第3389页。

[76] 参见拙作《论朱子思想先后之转变与其关键议题》。

天地之心矣。[77]

函中虽云"而今而后,乃知浩浩大化之中,一家自有一个安宅,正是自家安身立命、主宰知觉处,所以立大本、行达道之枢要。所谓体用一源,显微无间者,乃在于此",若已同意于湖湘学者之见,然最终仍以为不可行;故其疑《知言》,亦以为五峰之所以辞意多急迫、少宽裕,即坐此而然。至于所谓"语论过高",则是朱子以五峰之说,专务以智力探取,全无涵养之功,故有此评。[78]

以上八端,六端为实,二端为虚,可舍后二不论。而前六者,亦不过就朱子之立场言之,谓之"可疑";如以湖湘之学自身之角度而论,重点则应在:五峰之说,是否可自成一完整之系统? 倘若能之,其对于理学之发展,是否具重要性? 其重要性为何? 倘此数点,皆有可论,则朱子之疑,仅属异同;不必然即成定论。

五峰之论是否得以成说,关键之处,应在分析其哲学之立场,是否可有完整之"理论建构"(theoretical construction)? 其次方是就"义理学"之角度论之,讨论此说是否可于理学之发展中,自成一脉络。此一状况,与象山之说,乃先于"义理学"立定脚跟,而后乃应哲学之需求"建立须有之支撑",有所差异。

依前所析,五峰所议,最要之旨,在于彼所谓"气之流行,性为之主。性之流行,心为之主"之说;其他之论,皆由此衍生。

而此所谓"为之主",由于其义可分述为二层,于"性"、于"心"各有其义,故彼之云"主",不得等同"命化";依理,盖仅有作为"能变"层次之"自主"义,而无"管束"意涵之"支配"义。此一论法,以哲学之建构言,命使其说既不属"唯气"之论,亦非"理先"之论;而系一以"整体"为说之"性实"之论。

---

[77] 朱熹:《答张敬夫》,《晦庵先生朱文公文集》〔二〕,卷第三十二,收入朱熹撰,朱杰人等主编:《朱子全书》〔修订本〕,第21册,刘永翔、朱幼文校点,第1392—1393页。

[78] 朱子《答范伯崇》云:"前书所论数事,大概得之,但语意多未着实。曾子有疾之说,近尝通考诸说,私论其故。今以上呈,幸更为订之。'心无死生',所论意亦是。但所谓'自我而立,自观我者而言',此语却大有病。《知言》中议论多病,近疏所疑,与敬夫、伯恭议论,有小往复。文多未能录寄,亦惧颇有抵捂前辈之嫌。大抵如'心以成性,相为体用''性无善恶,心无死生''天理人欲,同体异用''先识仁体,然后敬有所施''先志于大,然后从事于小'(本注:如本天道变化,为世俗酬酢,及论游、夏问孝之类。)此类极多。又其辞意多迫急,少宽裕,良由务以智力采取,全无涵养之功,所以至此,可以为戒。然其思索精到处,亦何可及也。"(朱熹:《晦庵先生朱文公文集》〔三〕,卷第三十九,同前注,第22册,刘永翔、徐德明校点,第1787页)

此所云"性实"之观点,究其根源所起,实乃对应于佛氏所谓"性空"之说而有。佛氏之云"性、相二空",性空者,乃谓诸法之性,不自生、不他生、不共生、不无因生,以是为"空";而"相空",则是因一切诸法本性既空,一切诸法自性无性,则一相无相,以无相故,故彼得清净。[79] 而五峰之驳此"性空"之义,则云:

> 释氏以尽虚空沙界为吾身,大则大矣,而以父母所生之身为一尘刹幻化之物而不知敬焉,是有间也。有间者,至不仁也,与区区于一物之中沈惑而不知反者何以异?[80]

又曰:

> 释氏见理而不穷理,见性而不尽性,故于一天之中分别幻华真实,不能合一,与道不相似也。[81]

此说义之所以可与释氏之论对照,系因:释氏之云诸法实性,乃谓法性无有变异,无有增益,无作无不作;复于一切处通照平等,于诸平等中善住平等,不平等中善住平等,于诸平等不平等中妙善平等;又谓法性无有分别,无有所缘,于一切法能证得究竟体相。[82] 彼之云"实",虽非谓性但于净,亦说即染是

---

[79] 经云:"一切诸法本性皆空,一切诸法自性无性。若空无性,彼则一相所谓无相。以无相故,彼得清净。若空无性,彼即不可以相表示。如空无性不可以相表示,乃至一切诸法亦复如是。是空无性非染非净,然是一切诸法本性。若是一切诸法本性,非由染净之所建立,无住无起。"见〔唐〕菩提流志译:《大宝积经》(收入《大正新修大藏经》,第11册,宝积部上,第310号),卷第五,《第二无边庄严会无上陀罗尼品第一之二》,第29页。

[80] 胡宏:《知言》,《往来》,收入胡宏撰,吴仁华点校:《胡宏集》,第13页。

[81] 同前注。

[82] 经云:"舍利子!所谓无有变异、无有增益、无作无不作、不住、无根本,如是之相是名法性。又复于一切处通照平等,诸平等中善住平等,不平等中善住平等,于诸平等不平等中妙善平等,如是等相是名法性。又法性者无有分别、无有所缘,于一切法证得决定究竟体相,如是名为诸法实性。"见菩提流志译:《大宝积经》(收入《大正新修大藏经》,第11册,宝积部上,第310号),卷第五十二,《菩萨藏会第十二之十八般若波罗蜜多品第十一之三》,第304—305页。

净,⑧³然既云"破著空故,故言不空",终乃立基于"空"义。⑧⁴ 对于儒家之主宇宙造化皆是"诚体流行"而言,此种"空"义,即是隔断体、用。故五峰斥其说,以为乃于一天之中,分别"幻华""真实",非如儒义,乃以气中为之主者即性,而说此性为实。

倘依此衍义,则可进而区辨释氏所言"空理"。故五峰云:

> 释氏定其心而不理其事,故听其言如该通,征其行则颠沛。儒者理于事而心有止,故内不失成己,外不失成物,可以赞化育而与天地参也。⑧⁵

又曰:

> 释氏之学,必欲出死生者,盖以身为己私也。天道有消息,故人理有始终。不私其身,以公于天下,四大和合,无非至理,六尘缘影,无非妙用,何事非真,何物非我?生生不穷,无断无灭,此道之固然,又岂人之所能为哉?夫欲以人为者,吾知其为邪矣。⑧⁶

又曰:

---

⑧³ 论云:"性非但净,性且具染,即染是净,见非染净,方为究极。"见〔宋〕释了然(1076—1141)述:《大乘止观法门宗圆记》(收入《新编卍续藏经》,台北:新文丰出版公司,1994 年台一版三刷,第 98 册,中国撰述:法相宗著述部、天台宗著述部),卷第三,第 794 页。
⑧⁴ 论云:"幻有空不空二谛者,俗不异前,真则三种不同。一俗随三真即成三种二谛。其相云何?如《大品》明非漏非无漏,初人谓非漏是非俗,非无漏是遗著。何者?行人缘无漏生著,如缘灭生,使破其著心还入无漏,此是一番二谛也。次人闻非漏非无漏,谓非二边别显中理,中理为真,又是一番二谛。又人闻非有漏非无漏,即知双非正显中道。中道法界力用广大,与虚空等,一切法趣非有漏非无漏,又是一番二谛也。《大经》云:声闻之人,但见于空不见不空,智者见空及与不空。即是此意。二乘谓著此空,破著空故,故不空,空著若破,但是见空,不见不空也。利人谓不空是妙有,故言不空利。利人闻不空,谓是如来藏,一切法趣如来藏,还约空不空。即有三种二谛也。复次约一切法趣非漏非无漏,显三种异者,初人闻一切法趣非漏非无漏者,谓诸法不离空,周行十方界还是瓶处。如又人闻趣知此中理须一切来趣发之,又人闻一切趣即非漏非无漏,具一切法也。是故说此一俗随三真转。"见〔隋〕释智顗〔字德安,世称智者大师,538—597〕说:《妙法莲华经玄义》(收入《大正新修大藏经》,第 33 册,经疏部一,第 1716 号),卷第二下,第 703 页。
⑧⁵ 胡宏:《知言》,《天命》,收入胡宏撰、吴仁华点校:《胡宏集》,第 3 页。
⑧⁶ 同前注,《修身》,第 4 页。

学术史的视域

　　天命不已,故人生无穷。具耳目、口鼻、手足而成身,合父子、君臣、夫妇、长幼、朋友而成世,非有假于外而强成之也,是性然矣。圣人明于大伦,理于万物,畅于四肢,达于天地,一以贯之。性外无物,物外无性。是故成己成物,无可无不可焉。释氏绝物遁世,栖身冲寞,窥见天机有不器于物者,遂以此自大。谓万物皆我心,物不觉悟而我觉悟,谓我独高乎万物。于是颠倒所用,⑧莫知所止,反为有适有莫,不得道义之全。名为识心见性,然⑧四连而实不能一贯。展转淫遁,莫可致诘。世之君子信其幻语而惑之。孰若即吾身世而察之乎?⑧

又曰:

　　有情无情,体同而用分。人以其耳目所学习,而不能超乎见闻之表,故昭体用以示之,则惑矣。惑则茫然无所底止,而为释氏所引,以心为宗,心生万法,万法皆心,自灭天命,固为己私。小惑难解,大碍方张,不穷理之过也。彼其夸大言辞,颠倒运用,自谓至极矣,然以圣人视之,可谓欲仁而未至,有智而未及者也。夫生于戎夷,亦闲世之英也,学之不正,遂为异端小道。惜哉!⑨

又曰:

　　释氏窥见心体,故言为无不周遍。然未知止于其所,故外伦理而妄行,不足与言孔、孟之道也。明乾坤变化、万物受命之理,然后信六道轮回之说,具⑨彼淫邪遁之辞,始可与为善矣。⑨

---

⑧ 校记:"所",嘉靖本作"作"。
⑧ 四库本"然"作"洞然"。
⑧ 胡宏:《知言》,《修身》,收入胡宏撰,吴仁华点校:《胡宏集》,第6页。
⑨ 同前注,《阴阳》,第9页。
⑨ "具",四库本作"真"。
⑨ 胡宏:《知言》,《事物》,收入胡宏撰,吴仁华点校:《胡宏集》,第22页。

156

又曰：

> 释氏有适而可，有适而不可，吾儒无可无不可。人能自强于行履之地，则必不假释氏淫遁之词以自殆矣。释氏惟明一心，亦可谓要矣，然真孔子所谓好仁不好学者也不如是。岂其愚至于无父无君，而不自知其非也哉！[93]

又曰：

> 一往一来而无穷者，圣人之大道也，谓往而复来、来而复往者，释氏之幻教也。[94]

又曰：

> 人心应万物，如水照万象。应物有诚妄，当其可之谓诚，失其宜之谓妄。物象有形影，实而可用之谓形，空而不可用之谓影。儒者之教践形，释氏之教逐影，影不离乎形者也。是故听其言则是，稽其行则非。惟高明笃实之君子，乃知释氏之妄大有害于人心。圣王复起，必不弃中华之人，使入于夷类也。[95]

又曰：

> 释氏隐不知奉天，显不知理物，窃弄鬼神之机以自利者也。君子居敬，所以精义也，理于义，所以顺于道德也。盛德大业，至矣哉！[96]

---

[93] 胡宏：《知言》，《事物》，收入胡宏撰，吴仁华点校：《胡宏集》，第22页。
[94] 同前注，《一气》，第28页。
[95] 同前注，《大学》，第34页。
[96] 同前注，《汉文》，第41页。

凡此诸端,皆是循此立说。此一论法,较之致堂《崇正辩》一书之辟佛,专在形迹上辟之,自是不同。湖湘之学,自此方属择定、完成一种属于自身之学说,而可与其他学派之立场区判。

唯以今日哲学分析之角度言之,此种"性实"之论,究竟应如何诠释？仍须有说。依余之见,可分五方面明之,即：一、宇宙构成论(cosmology)；二、存有学(ontology)；三、认识论(epistemology)；四、工夫论；五、治化论。以下分项述之：

第一项、关于"宇宙构成论"之部分。

五峰之"性实"论,究其宇宙构成论之立论基础而言,有一相近之形态,即是横渠之说。五峰云：

> 天地根于和,日月星辰根于天,山川草木根于地,而人根于天地之间者也。有其根,则常而静,安而久。常静安久,则理得其终,物遂其性。故封建者,政之有根者也,故上下辨,民志定,教化行,风俗美,理之易治,乱之难亡,扶之易兴,亡之难灭。郡县反是。⑰

所谓"天地根于和",此"和"字依"气"之全体而说,略近于横渠所云"太和"。横渠于《正蒙》一书中,援《周易·彖传》"乾道变化,各正性命,保合大和,乃利贞"⑱之"大和"二字,自为申义云：

> 太和所谓道,中涵浮沉、升降、动静、相感之性,是生絪缊、相荡、胜负、屈伸之始。其来也几微易简,其究也广大坚固。起知于易者乾乎！效法于简者坤乎！散殊而可象为气,清通而不可象为神。不如野马、絪缊,不足谓之太和。语道者知此,谓之知道,学《易》者见此,谓之见《易》。不如是,虽周公才美,其智不足称也已。⑲

---

⑰ 胡宏：《知言》,《中原》,收入胡宏撰,吴仁华点校：《胡宏集》,第48页。
⑱ 参见朱熹：《周易本义》,《周易彖上传第一》,收入朱熹撰,朱杰人等主编：《朱子全书》〔修订本〕,第1册,王铁校点,第90页。
⑲ 张载：《正蒙》,《太和篇第一》,收入张载撰,章锡琛点校：《张载集》,第7页；部分已见前引,参注㊱。

即是其说。五峰所云,根源处在此;彼它处谓:

> 阳中有阴,阴中有阳,阳一阴,阴一阳,此太和所以为道也。始万物而生之者,乾坤之元也。物正其性,万古不变,故孔子曰:"成之者性。"[100]

论颇近之,可为其证。

唯就横渠之论言,彼所谓"性",以"合两"为总义,[101]于"性"有二重之说,[102]与五峰之"专一为论"不同。盖对于五峰而言,所谓"和",乃天地之化自然之效,而究其根源,则因有"性之实"为之主,故"性"以义而言,即是"在中为中",不须于"极总之要"始说其义。[103] 此点较之横渠,更近于《中庸》。虽则如此,以一"和"字论气之体,而云"性"为之主,终是受横渠影响。横渠以井田得均平之义,故主当复,[104]而此引其说,则谓封建乃政之有根者也,二人所见亦似。

至于在其论中,是否因此"中""和"之实义,而说有一种"目的之因"在于整体之"化"中?关键之处,则在五峰如何看待气化中"偶然"(chance)因素之形成。五峰云:

> 一气大息,震荡无垠,海宇变动,山勃川湮,人消物尽,旧迹亡灭,是所以为鸿荒之世欤?气复而滋,万物生化,日以益众,不有以道之则乱,不有以齐之则争。敦伦理,所以道之也,饬封井,所以齐之也。封井不先定,则伦理不可得而敦。尧为天子,忧之而命舜。舜为宰臣,不能独任,忧之而命禹。禹

---

[100] 胡宏:《知言》,《大学》,收入胡宏撰,吴仁华点校:《胡宏集》,第32页。
[101] 横渠云:"性其总,合两也;命其受,有则也;不极总之要,则不至受之分,尽性穷理而不可变,乃吾则也。天所自不能已者谓命,〔物所〕不能无感者谓性。虽然,圣人犹不以所可忧而同其无忧者,有相之道存乎我也。"(张载:《正蒙》,《诚明篇第六》,收入张载撰,章锡琛点校:《张载集》,第22页)
[102] 参见拙作《释张横渠之二重性论及其位于北宋理学中之位置》一文。
[103] "极总之要",参注[101]。
[104] 横渠云:"治天下不由井地,终无由得平。周道止是均平。"(张载:《经学理窟》,《周礼》,收入张载撰,章锡琛点校:《张载集》,第248页)又曰:"井田至易行,但朝廷出一令,可以不笞一人而定。盖人无敢据土者,又须使民悦从,其多有田者,使不失其为富。借如大臣有据土千顷者,不过封与五十里之国,则已过其所有;其他随土多少与一官,使有租税人不失故物。治天下之术,必自此始。"(同上,第249页)

周视海内,奔走八年,辨土田肥瘠之等而定之,立其收多寡之制而授之,定公、侯、伯、子、男之封而建之,然后五典可敷而兆民治矣。此夏后氏之所以王天下也。后王才不出庶物,大侵小,强侵弱,智诈愚,禹之制寖臞寖紊,以至于桀,天下大乱。而成汤正之,明其等,申其制,正其封,以复大禹之旧,而人纪可修矣。此殷之所以王天下也。后王才不出庶物,大侵小,强吞弱,智诈愚,汤之制寖臞寖坏,以至于纣,天下大乱。而周武王征之,明其等,申其制,正其封,以复成汤之旧,而五教可行矣。此周之所以王天下也。后王才不出庶物,大吞小,强侵弱,智诈愚,武王之制寖臞寖乱,先变于齐,后变于鲁,大坏于秦,而仁覆天下之政亡矣。仁政既亡,有天下者,汉、唐之盛,其不王,人也,非天也,其后亡,天也,非人也。噫!孰谓而今而后无继三王之才者乎?病在世儒不知王政之本,议三王之有天下不以其道,而反以亡秦为可法也。[105]

又曰:

圣人之应事也,如水由于地中,未有可止而不止、可行而不行者也。[106]

又曰:

有而不能无者,性之谓欤!宰物而不死者,心之谓欤!感而无患者,诚之谓欤!往而不穷者,鬼之谓欤!来而不测者,神之谓欤。[107]

论中五峰以气有"成""坏",循环不尽,近于横渠;而有一差异之处,在于:依

---

[105] 胡宏:《知言》,《一气》,收入胡宏撰,吴仁华点校:《胡宏集》,第27—28页。
[106] 同前注,第28页。
[107] 同前注。

五峰说,性之为气之主,成之者有其理,坏之者无其理;[108]故彼之释"气"或"性",皆未有如横渠所举"主""客"之论。所谓"屈伸",对于五峰而言,亦仅是"寝燎寝坏"以至"人消物尽"之后,重新再造;屈而复伸者,唯"性"之必不能无,与"心"之"不死"。此二者之"必有"与"不死",前者属"存有之本质",而后者属"存有中必有之功能"。至于"样态",则因气之结体,古今差异、世世不同,并无常然之相。

依于此说分析,五峰之说中,确实承认"气"之为动态,其间存在"不确定之因素"(uncertainty factors),足以造成"成""坏"之偶然。然此"不确定"之因素,仍由"性"为之主,并无"性管气不得"之说;此点与朱子一面强调"气虽是理之所生",另一面却说"既生出,则理管他不得",[109]可谓迥别。五峰此种于"生成"义,说"性"之"遍在"(omnipresent),而仍于"终极"义,释"性"为"有限"之论法,亦是展现一种"重构儒学之哲学支撑"之可能,与明道、伊川、横渠,皆所不同。其

---

[108] 所谓"成之"者,乃依气化中"生成"条件之"固有"而语其常,故云"有其理";即所谓"诚然之道"。"坏之"之因,则来自气之运化中,所存在之"动态之不确定性"(dynamic uncertainty),从而有变合之非常,故云"无其理"。若以死生为言,凡生皆有死,"死"非非常之变;五峰云"物之生死,理也。理者,万物之贞也"(胡宏:《知言》,《阴阳》,收入胡宏撰,吴仁华点校:《胡宏集》,第8页),即是以"生"括"死"而言受命之贞。至于国之有存亡、兴废,于常理之外,竟至于人道绝灭,则为非常之变。顾亭林(炎武,字宁人,1613—1682)尝云有"亡国""亡天下"([清]顾炎武撰,陈垣校注:《日知录校注》,合肥:安徽大学出版社,2007年,中册,卷十三,《正始》条,第722页),其辨亦在此。逢此之时,则不仅应有"顺常""应变"之智,如君子所备,更须有高阶之智慧,阐释"天""人"之理,以拨乱反正。五峰之云"天道有消息,故人理有始终"(参注⑧所揭引文),即是以此为"人"之所以继天而为"理"之全者。其说另谓:"孝莫大于宁亲,宁亲莫大于存神。神存天地之间,顺其命,勿绝灭之而已矣。死生者,身之常也。存亡者,国之常也。兴废者,天下之常也。绝灭者,非常之变也。圣人制四海之命,法天而不私己,尽制而不曲防,分天下之地以为万国,而与英才共焉。诚知兴废之无常,不可以私守之也。故农夫受田百亩,诸侯百里,天子千里;农夫食其力,诸侯报其功,天子享其德。此天下之分,然非后世擅天下者以大制小、以强制弱之谋也,诚尽制而已矣。是以虞、夏、商、周传祀长久,皆千余岁。论兴废,则均有焉;语绝灭,则必至暴秦郡县天下,然后及也。自秦灭先王之制,海内荡然无有根本之固。有今世王天下,而继世无置锥之地者。有今年贵为天子,而明年欲为匹夫不可得者。天王尚焉,况其下者乎?是以等威不立,礼义难行,俗化衰薄,虽当世兴废之常,而受绝灭之祸也。其为不孝孰大焉!悲夫!秦、汉、魏、晋、隋、唐之君,真可谓居绝灭之中而不自知者也。是故《大易》垂训,必建万国而亲诸侯;《春秋》立法,兴灭国而继绝世"(同上,《知言》,《修身》,第5页)云云,盖亦是阐明此理。

[109] 朱子云"气虽是理之所生,然既生出,则理管他不得。如这理寓于气了,日用间运用都由这个气,只是气强理弱。"(黎靖德辑:《朱子语类》[一],卷第四,收入朱熹撰,朱杰人等主编:《朱子全书》[修订本],第14册,郑明等校点,庄辉明审读,第200页)关于朱子理论结构原理,参见拙文《朱子理气论之系统建构、论域分野及其有关"存有"之预设——兼论朱子学说衍生争议之原因及其所含藏之讨论空间》(刊登《文与哲》第25期,2014年12月,第217—301页;收入戴景贤撰:《宋元学术思想史论集》中编,第83—181页)。

学术史的视域

创新之处在此。

第二项、关于"存有学"之部分。

五峰思维"存有"如何成为"存有",有一必究之观点,即是其"理一"之论。五峰云:

> 万物不同理,死生不同状,必穷理,然后能一贯也,知生,然后能知死也。人事之不息,天命之无息也。人生在勤,勤则身修、家齐、国治、天下平。虽然,勤于道义,则刚健而日新,故身修、家齐、国治、天下平也,勤于利欲,则放肆而日怠,终不能保其身矣。禹、汤、文、武、丹朱、桀、纣可以为鉴戒矣。贵为天子,富有天下,尚不能保其身,而况公卿大夫士庶人乎?[⑩]

此一"理一"之说,如与前文所叙五峰之言"气之流行,性为之主。性之流行,心为之主"之论合观,则见一切"存有"之内部,皆内涵一特殊之具有"形上"意义之"存有因素"(internal principle of Being);此一特殊而遍在之因素,与"气"之"形构条件"结合,发展为"性、心显现于气化整体"之成因。因而彼与其他"存有因素"相较,具有"先在"之优越性。五峰强调"性无善恶""心无死生",即是欲以说明此种具有特殊"形上"意义之"存有因素"之实有。就"存有学"而言,此一立场,虽非即是佛教式之"唯心"之论,[⑪]仍是带有若干"观念论"(idealism)之色彩。

第三项、关于"认识论"之部分。

五峰之于认识论,有"智""仁"合一之说,乃至"圣人执天之机,惇叙五典,庸

[⑩] 胡宏:《知言》,《义理》,收入胡宏撰,吴仁华点校:《胡宏集》,第30—31页。
[⑪] "唯心"二字,佛经语。《华严经》记华严第四会,夜摩天宫,无量菩萨来集,说偈赞佛。尔时觉林菩萨承佛威力,遍观十方,而说颂言:"譬如工画师,分布诸彩色。虚妄取异相,大种无差别。大种中无色,色中无大种。亦不离大种,而有色可得。心中无彩画,彩画中无心。然不离于心,有彩画可得。彼心恒不住,无量难思议。示现一切色,各各不相知。譬如工画师,不能知自心。而由心故画,诸法性如是。心如工画师,能画诸世间,五蕴悉从生,无法而不造。如心佛亦尔,如佛众生然。应知佛与心,体性皆无尽。若人知心行,普造诸世间。是人则见佛,了佛真实性。心不住于身,身亦不住心。而能作佛事,自在未曾有。若人欲了知,三世一切佛。应观法界性,一切唯心造。"(〔唐〕实叉难陀奉制译:《大方广佛华严经》,收入《大正新修大藏经》,第10册,华严部下,第279号,卷第十九,《夜摩宫中偈赞品第二十》,第102页)此偈末二句"应观法界性,一切唯心造",即说释氏之"唯心"义。

162

秩五礼"之辨义,见于前引。此点对于五峰之欲于"理学流衍"中,讲明其道而言,至关重要。五峰之与朱子差异,亦即在此。而追溯其说,其根据,亦由其"气之流行,性为之主。性之流行,心为之主"之论来。五峰云:

人欲盛,则于天理昏。理素明,则无欲矣。处富贵乎?与天地同其通。处贫贱乎?与天地同其否。安死顺生,与天地同其变,又何宫室、妻妾、衣服、饮食、存亡、得丧而以介意乎?[112]

又曰:

人尽其心,则可与言仁矣,心穷其理,则可与言性矣,性存其诚,则可与言命矣。[113]

又曰:

至亲至切者,其仁之义也欤!至通至达者其义之理也欤!人备万物,贤者能体万物,故万物为我用。物不备我,故物不能体我。应不为万物役而反为万物役者,其不智孰甚焉![114]

又曰:

探视听言动无息之本,可以知性,察视听言动不息之际,可以会情。视听言动,道义明著,孰知其为此心?视听言动,物欲引取,孰知其为人欲?是故诚成天下之性,性立天下之有,情效天下之动,心妙性情之德。性情之德,庸人与圣人同,圣人妙而庸人所以不妙者,拘滞于有形而不能通尔。今欲通

---

[112] 胡宏:《知言》,《纷华》,收入胡宏撰,吴仁华点校:《胡宏集》,第24页。
[113] 同前注,第26页。
[114] 同前注,《事物》,第22页。

之,非致知,何适哉?[115]

盖正因"心"为整体,其气志之"清明",[116]必包"智"与"仁"两种功能。就始教而言,"识仁"为先,人欲盛,则于天理昏;若就终教而言,探视听言动无息之本、察视听言动不息之际,其领会皆须用智。特此智,随性情之德日积而日启,足以达妙;为庸人所不知。[117] 人之备万物,唯贤者为能"实然体之"。

第四项、关于"工夫论"之部分。

前言五峰,有所谓"心纯,则性定而气正。气正,则动而不差。动而有差,心未纯也"之说。就此点言,五峰仍是程门以来书"义理"之传统。其所特异之点,在于点出孟子所谓"良心",以为不仅乃"仁善"之根,亦系"启智"之下手处;此即前引其说,所云"圣人执天之机"之说。南轩之进朱子以"识仁为先",必以此为人之安宅,亦是根源于此。五峰云:

物欲不行,则志气清明而应变无失。[118]

又曰:

人之生也,良知良能,根于天,拘于己,汨于事,诱于物,故无所不用学也。学必习,习必熟,熟必久,久则天,天则神,天则不虑而行,神则不期而应。[119]

又曰:

---

[115] 胡宏:《知言》,《事物》,收入胡宏撰,吴仁华点校:《胡宏集》,第21页。
[116] "志气清明",参注[119]所揭引文。
[117] 五峰诗云:"贫病离居莫厌侵,满床黄卷静披寻。情通不碍天机妙,行到方知学海深。宇宙一身虽小小,乾坤万象总森森。分明此意人难会,长望青衿肯嗣音。"(胡宏:《和范公授》,收入胡宏撰,吴仁华点校:《胡宏集》,《律诗》,第62—63页)所谓"情通不碍天机妙,行到方知学海深",即是其功。
[118] 胡宏:《知言》,《义理》,收入胡宏撰,吴仁华点校:《胡宏集》,第30页。
[119] 同前注,第31页。

欲修身平天下者,必先知天。欲知天者,必先识心。欲识心者,必先识乾。乾者,天之性情也。乾道变化,各正性命,命之所以不已,性之所以不一,物之所以万殊也。万物之性,动殖[120]、小大、高下,各有分焉,循其性而不以欲乱,则无一物不得其所。非知道者,孰能识之?是故圣人顺万物之性,惇五典,庸五礼,章五服,用五刑,贤愚有别,亲疏有伦,贵贱有序,高下有等,轻重有权,体万物而昭明之,各当其用,一物不遗。圣人之教可谓至矣![121]

又曰:

　　请问大学之方可乎?曰:致知。请问致知。曰:致知在格物。物不格,则知不至。知不至,则意不诚。意不诚,则心不正。心不正而身修者,未之有也。是故学为君子者,莫大于致知。彼夫随众人耳目闻见而知者,君子不谓之知也。[122]

　　由此诸论可知,五峰之以"识仁"为先,进之以"格物",二者合一为功,皆在"用"处明"体";[123]近明道非明道,近伊川非伊川,近象山亦非象山。[124] 以此湖湘之所以可自成一脉。

第五项、关于"治化论"之部分。

　　五峰之承家学,推本治道于义理,似经学而不仅经学;本史学而深究于天人;覃思于性理,而不流于迂阔。盖犹可表现湖湘之特色。五峰于此,除著有论史之

---

[120] "殖",四库本作"植"。
[121] 胡宏:《知言》,《汉文》,收入胡宏撰,吴仁华点校:《胡宏集》,第41页。
[122] 同前注,《大学》,第32页。
[123] 五峰赠友人诗,中云:"清漳见公二十载,论仁一句期超然。致知两字足功力,方信能行穷化先。"(胡宏:《送友人归荆南》,收入胡宏撰,吴仁华点校:《胡宏集》,《古诗》,第49—50页)即可见出此义。
[124] 此处所指近象山之处,如五峰诗云:"此心妙无方,比道大无配。妙业果在我,不用袭前辈。得之眉睫间,直与天地对。混然员且成,万古不破碎。"又云:"体道识泰否,涉世随悲欢。迹滞红尘中,情寄青云端。早年勤学道,晚节懒为官。心活乾坤似,机员身自安。"(同前注,《示二子》,《律诗》,第68页)又云"湘上初见故乡人,万事不论惟论心。要识此心真面目,不知君意向沉吟""章句纷纷似世尘,一番空误一番人。读书不贵苟有说,离得语言才是真"(同上,《绝句二首》,《绝句》,第72页)等,皆是。

165

书外,《知言》中亦颇有精书,可见其识。五峰云:

> 为天下者,必本于理义。理也者,天下之大体也,义也者,天下之大用也。理不可以不明,义不可以不精。理明,然后纲纪可正,义精,然后权衡可平。纲纪正,权衡平,则万事治,百姓服,四海同。夫理,天命也;义,人心也。惟天命至微,惟人心好动。微则难知,动则易乱。欲著其微,欲静其动,则莫过乎学。学之道,则莫过乎绎孔子、孟轲之遗文。孔子定《书》,删《诗》,系《易》,作《春秋》,何区区于空言?所以上承天意,下悯斯人,故丁宁反复三四不倦,使人知所以正心诚意、修身齐家、治国平天下之本也。孟轲氏闲先圣之道,慨然忧世,见齐、梁之君,间陈理义,提世大纲,一扫东周五霸之弊,发兴衰拨乱之心要。愚因其言,上稽三代,下考两汉、三国、东西晋、南北朝,至于隋、唐,以及于五代,虽成功有小大,为政有治忽,制事有优劣,然总于大略,其兴隆也,未始不由奉身以理义,其败亡也,未始不由肆志于利欲。然后知孟轲氏之言信而有征,其传圣人之道纯乎纯者也。[125]

又曰:

> 法制者,道德之显尔。道德者,法制之隐尔。天地之心,生生不穷者也。必有春秋冬夏之节、风雨霜露之变,然后生物之功遂。有道德结于民心,而无法制者为无用。无用者亡。(本注:刘虞之类。)有法制系于民身,而无道德者为无体。无体者灭。(本注:暴秦之类。)是故法立制定,苟非其人,亦不可行也。[126]

又曰:

> 胡子假汉高(刘邦,字季,前256/247—前195)听贾言,征鲁二生曰:帝

---

[125] 胡宏:《知书》,《义理》,收入胡宏撰,吴仁华点校:《胡宏集》,第29—30页。
[126] 同前注,《修身》,第6页。

于是因张良(字子房,前250—前185)以问四皓。四皓曰:"吾志其道,未传其业,盍征鲁二生?"乃命鲁郡守以礼征之。二生曰:"上素轻儒,好嫚骂,吾不忍见也。"太守以闻。帝曰:"吾所骂者,腐儒耳。"则命大臣以玉帛聘焉。二生曰:"上以布衣提三尺,用天下豪杰取天下,今天下已定矣,安用儒生?"坚卧不起。使者复命。上即日车驾见之。二生见曰:"陛下已定天下矣,尚安求士?"上曰:"定天下者,一时之事尔,吾欲与生谋万世之业。"二生再拜稽首,曰:"陛下真天下之君也!"上命副车载归未央宫,东乡坐而师问焉。上曰:"吾生战国之末,不闻二帝三王之道,愿生以教我。"二生对曰:"天下之道有三:大本也,大几也,大法也。此圣人事,非常人所知也。"上曰:"何谓也?"二生对曰:"大本,一心也,大几,万变也,大法,三纲也。此圣人事,非常人所知也。"上曰:"何谓也?"二生对曰:"陛下明达广大,爱人喜施,有长人之本矣。知人,好谋,能听,得应变之几矣。项王杀君,举军缟素,布告天下而伐之,知提纲之法矣。'维天之命,于穆不已'。王者法天,心不可息放,息则应变必失其几,放则三纲不得其正。几一失,则事难定,纲不正,则乱易生。陛下已定天下矣,其亦少息矣乎!放者,其不可收矣乎?"上不觉促膝而前曰:"生何谓也?"二生对曰:"王者,法天以行其政者也。法天之道,必先知天。知天之道,必先识心。识心之道,必先识心之性情。欲识心之性情,察诸乾行而已矣。"上曰:"生言甚大,愿明以教我。"二生对曰:"乾元统天,健而无息,大明终始,四时不忒,云行雨施,万物生焉。察乎是,则天心可识矣。是心也,陛下息之则放,放之则死,死则不能应变投机,而大法遂不举矣。臣子可以乘间而谋逆,妾妇可以乘间而犯顺,夷狄可以乘间而抗衡矣。后嗣虽有贤明之君,亦终不能致大治矣。"上曰:"何为而然?"二生对曰:"本不正也。陛下不见大本乎?木充本完,故能与天地阴阳相应,枝叶茂盛,华秋而实美焉。本一病,则蠹生其中,虽天覆之,地载之,阴阳承之,而枝叶不能茂,华实不能美矣。"上曰:"我知之矣,愿闻所以行之。"二生对曰:"法始于伏羲,继乎神农,大乎轩辕,成乎尧、舜,损益于禹、汤、文、武。夏之亡,非大禹之法不善也,桀弃法而亡也。商之亡,非成汤之法不善也,纣弃法而亡也。周之亡,非文、武之法不善也,幽、厉弃法而亡也。秦则不然,创之

学术史的视域

非法,守之非法而亡也。天下初定,革弊起度,今其时矣!臣愿陛下勇于法天心,大明其用于政事,以新天下。"上曰:"吾愿闻其目。"对曰:"历世圣帝明王应天受命之大法,小臣其敢专席而议!愿陛下与天下共之。"上曰:"善。"于是诏天下搜扬岩穴之士焉。[127]

凡此诸论,五峰之核心观念,在于:治化之道,必本于理义,以人之性命根于心,而心无死生;以是而有"理""义"之体、用。就史学而书,辨物于大本、大几、大法,则得其关键。舍此无治道,儒者盖以是为有用。

以上所述,为湖湘之学中,五峰之学之所成就。依此所释,文定得五峰,实已卓然开派,而不必依附于程门。[128] 然自五峰之得高弟南轩,湖湘之学可显未显,却反因朱子之争议而逐渐令自身之特色褪淡,难与朱、吕、陆并峙。[129] 以下续论之。

---

[127] 胡宏:《知书》,《复义》,收入胡宏撰,吴仁华点校:《胡宏集》,第37—39页。
[128] 近人牟宗三(字离中,1909—1995)论理学,取伊道之说,以之为彼所指"圆教"之模型,伊川则为系统之转向,从而有"三系"之说。亦即:视五峰、蕺山为承接濂溪、横渠、明道而回归于《论》《孟》上所应有之恰当开展之一系;视伊川、朱子为落于《大学》上,以《大学》为定本之一系(牟氏称此为"歧出之一系");视陆、王为纯自孟子学而开出之一系(参见牟宗三:《心体与性体》〔二〕,台北:正中书局,2002年十二刷,第432页)。并谓五峰之消化濂溪、横渠、明道所言之天道性命相贯通中之性体义,并本明道之识仁、孟子之求放心,正式言"逆觉体证"之功夫入路,乃一"内在的逆觉体证"(同上,第430页)。说与此异;可参看。关于牟氏所使用"圆教"一词之义,及其特有之"逆觉体证"说,参见拙作《中国现代哲学思惟中之认识论议题》(刊登《文与哲》第24期,2014年6月,第193—257页;后收入戴景贤撰:《中国现代学术思想史论集》,香港:中文大学出版社,2016年,第337—423页)、《中国现代哲学建构与宗教思惟发展中之儒释交涉》(刊登《长江学术》总第43期,2014年第3期,第5—22页;亦收入前揭书,第425—491页)二文。
[129] 谢山云:"宋乾淳以后,学派分而为三:朱学也,吕学也,陆学也。三家同时,皆不甚合。朱学以格物致知,陆学以明心,吕学则兼取其长,而复以中原文献之统润色之。门庭径路离别,要其归宿于圣人则一也。"(黄宗羲原本,黄百家纂辑,全祖望修定:《东莱学案》,《宋元学案》〔三〕,卷五十一,收入黄宗羲撰,沈善洪主编,吴光执行主编:《黄宗羲全集》,第5册,第7页)它处又曰:"水心天资高,放言砭古人多过情,其自曾子、子思而下皆不免,不仅如象山之诋伊川也。要亦有卓然不经人道者,未可以方隅之见弃之。乾淳诸老既殁,学术之会,总为朱、陆二派,而水心断断其间,遂称鼎足。然水心工文,故弟子多流于辞章。"(黄宗羲原本,黄百家纂辑,全祖望补定:《水心学案序录》,卷五十四,同上,第106页)则见诸老既殁,浙学得水心而延,亦有一种融会(关于乾淳以后之学派分野,参见拙作《论宋代经史学发展之类型、样态、取径、议题与其所形成之特殊之文献之学》,刊登《文与哲》第28期,2016年7月,第83—152页;收入戴景贤撰:《宋元学术思想史论集》中编,第1—81页)。

三、五峰后之南轩及南轩所展现湖湘之学之困境

前论谓五峰之于理学自成一脉,在以"性无善恶""心无死生"之说,确立一义理学之原则,即是:以"识仁"为先,后进之以"格物",二者合为一功,而皆在"用"处明"体"。彼之先察识后持养,亦是基于此一主张而然。唯当时湖湘学者,虽于此一"义理之学"之原则,略能掌握,却于其所以如此主张之哲学原理,并未透彻认知;南轩之称五峰高弟,乃随朱子之疑《知言》,而谓"心无死生"一句当删,[130]即是其例。

虽则如此,南轩之从学五峰,确曾有获而得所从入,则属事实;其要点,则在五峰所提"智、仁合一"之旨。[131]特南轩乃以之合于二程之教,谓之"主一"。彼所作《主一箴》云:

> 伊川先生曰:"主一之谓敬。"又曰:"无适之谓一。"嗟乎,求仁之方,孰要乎此!因为箴书于坐右,且以谂同志:
> "人禀天性,其生也直。克顺厥彝,则靡有忒。事物之感,纷纶朝夕。动而无节,生道或息。惟学有要,持敬勿失。验厥操舍,乃知出入。曷为其敬,妙在主一。曷为其一?惟以无适。居无越思,事靡它及。涵泳于中,匪忘匪亟。

---

[130] 参注[61]。
[131] 朱子《右文殿修撰张公神道碑》云:"公讳某,字敬夫,故丞相魏国忠献公之嗣子也。生有异质,颖悟夙成,忠献公爱之。自其幼学而所以教者,莫非忠孝仁义之实。既长,又命往从南岳胡公仁仲先生问河南程氏学。先生一见,知其大器,即以所闻孔门论仁亲切之指告之。公退而思,若有得也,以书质焉,而先生报之曰:'圣门有人,吾道幸矣。'公以是益自奋厉,直以古之圣贤自期,作《希颜录》一篇,早夜观省,以自警策。所造既深远矣,而犹未敢自以为足,则又取友四方,益务求其学之所未至。盖玩索讲评,践行体验,反复不置者十有余年,然后昔之所造,深者益深,远者益远,而反以得乎简易平实之地。其于天下之理,盖皆了然心目之间,而实有以见其不能已者,是以决之勇,行之力,而守之固,其所以笃于君亲,一于道义而没世不忘者,初非有所勉慕而强为也。"(朱熹:《晦庵先生朱文公文集》[五],卷第八十九,收入朱熹撰,朱杰人等主编:《朱子全书》[修订本],第24册,戴扬本、曾抗美校点,第4131页)文中所云"以所闻孔门论仁亲切之指告之",盖即二人所授受。

斯须造次，是保是积。既久而精，乃会于极。勉哉勿倦，圣贤可则。"[132]

文中拈出"主一""无适"，虽乃云"敬"，然其意之所指，则非仅以"心系于一"为言，而系以"直生之仁"所萌蘖之机为本，持敬勿失，故云"克顺厥彝"。此即前释五峰之论时，所谓"识仁"后之持守。南轩终身得力之处在此；《文集》中，如《艮斋铭》《克斋铭》等，皆阐此意。而此"求仁"之义，亦见《洙泗言仁序》与《论语说序》。《洙泗言仁序》云：

> 昔者夫子讲道洙泗，示人以求仁之方。盖仁者天地之心，天地之心而存乎人，所谓仁也。人惟蔽于有己，而不能以推，失其所以为人之道，故学必贵于求仁也。自孟子没，寥寥千有余载间，《论语》一书家藏人诵，而真知其指归者何人哉？至本朝伊洛二程子始得其传，其论仁亦异乎秦汉以下诸儒之说矣，学者所当尽心也。某读程子之书，其间教门人取圣贤言仁处，类聚以观而体认之，因裒《鲁论》所载，疏程子之说于下，而推以己见，题曰《洙泗言仁》，与同志者共讲焉。嗟乎！仁虽难言，然圣人教人求仁，具有本末。譬如饮食乃能知味，故先其难而后其获，所以为仁。而难莫难于克己也，学者要当立志尚友，讲论问辨，于其所谓难者，勉而勿舍，及其久也，私欲浸消，天理益明，则其所造将有不可胜穷者。若不惟躬行实践之胜，而怀蕲获之心，起速成之意，徒欲以聪明揣度于语言求解，则失其传为愈甚矣。故愚愿与同志者共讲之，庶几不迷其大方焉。[133]

《论语说序》则曰：

> 学者，学乎孔子者也。《论语》之书，孔子之言行莫详焉，所当终身尽心者，宜莫先乎此也。圣人之道至矣，而其所以教人者，大略则亦可睹焉。盖自

---

[132] 张栻：《主一箴》，见张栻撰，朱熹编：《南轩先生文集》，卷第三十六，《箴》，收入朱杰人等主编：《朱子全书外编》，第4册，刘永翔、许丹校点，第537—538页。

[133] 同前注，《洙泗言仁序》，卷第十四，《序》，第229页。

始学则教之以为弟、为子之职,其品章条贯,不过于声气容色之间,洒扫应对进退之事,此虽为人事之始,然所谓天道之至赜者,初亦不外乎是,圣人无隐乎尔也。故自始学则有致知力行之地,而极其终则有非思勉之所能及者,亦贵于行著习察,尽其道而已矣。孔子曰:"道之不行也,我知之矣,知者过之,愚者不及也。道之不明也,我知之矣,贤者过之,不肖者不及也。"秦汉以来,学者失其传,其间虽或有志于力行,而其知不明,挞埴索涂,莫适所依,以卒背于中庸。本朝河南君子始以穷理居敬之方开示学者,使之有所循求,以入尧舜之道。于是道学之传,复明于千载之下。然近岁以来,学者又失其旨,曰吾惟求所谓知而已,而于躬行则忽焉。故其所知特出于臆度之见,而无以有诸其躬,识者盖忧之。此特未知致知力行互相发之故也。孔子曰:"学而不思则罔,思而不学则殆。"历考圣贤之意,盖欲使学者于此二端兼致其力,始则据其所知而行之,行之力则知愈进,知之深则行愈达。是知常在先,而行未尝不随之也。知有精粗,必由粗以及精;行有始终,必自始以及终。内外交正,本末不遗,条理如此,而后可以言无弊。然则声气容色之间,洒扫应对进退之事,乃致知力行之原也,其可舍是而他求乎!顾某何足以与明斯道,辄因河南余论,推以己见,辑《论语说》,为同志者切磋之资,而又以此序冠于篇首焉。

乾道九年五月壬辰朔广汉张栻序。[134]

此二篇,前一文所序《洙泗言仁》,乃早年作,序中之意,重点唯在"存天理、去人欲",虽仍依伊洛为途辙,其所辨"理""欲",亦是承沿自五峰。后一书《论语说》,则为晚作;其序撰于朱子己丑之悟后四年。此时所强调,则在"自始学则有致知力行之地,而极其终则有非思勉之所能及者,亦贵于行著习察,尽其道而已矣";明显已严肃面对"明""诚"应如何两进之问题;彼论中所主"知常在先,而行未尝不随之也。知有精粗,必由粗以及精,行有始终,必自始以及终。内外交正,本末不遗,条理如此,而后可以言无弊"云云,明显已折向朱子。朱子编《南轩文集》,将《论话说序》置于《洙泗言仁序》前,欲人先读之,或亦以此故。

---

[134] 同前注,《论语说序》,第227—228页。

唯自朱子己丑之悟后，南轩虽于旧说有所转折，二人于共同注意之问题，理解亦有不同。其差异，尤在有关濂溪《太极图说》之解义。今录其说，以为之释。南轩之《解义》云：

〔无极而太极〕：此极夫万化之源而言之也。曰"无极而太极"，其立言犹云"莫之为而为之"之辞也。有无本不足以论道，而必曰"无极而太极"者，所以明动静之本，著天地之根，兼有无，贯显微，该体用者也。必有以见乎此，而后知太极之妙不可以方所求也，其义深矣！〔太极动而生阳，动极而静，静而生阴，静极复动。一动一静，互为其根，分阴分阳，两仪立焉〕：太极涵动静之理者也，有体必有用。太极之动，始而亨也，动极而静，利而贞也。动静之端立，则阴阳之形著矣。一动一静，互为其根，动为静之根，而静复为动之根，非动之能生静，静之能生动也。动而静，静而动，两端相感，太极之道然也。故曰："一阖一辟谓之变，往来不穷谓之通。"语其体，则无极而太极，冥漠无朕，而动静阴阳之理，无不具于其中。循其用，则动静之为阴阳者，阖辟往来，变化无穷，而太极之体各全于其形器之内。此《易》之所以为《易》也。

〔阳变阴合而生水、火、木、金、土，五气顺布，四时行焉〕：阳主乎变，阴主乎合，其性情然也。阴阳变合，五行之质形焉。五行之质形于地，而气行乎天。质之所生，则水为首，而火、木、金、土次焉。气之所行，则木为先，而火、土、金、水次焉。五气顺布，四时之所以行也。二气五行，乃变化之功用，亦非先有此而后有彼。盖无不具在于太极之中，而命之不已者然也。

〔五行—阴阳也，阴阳—太极也，太极本无极也。五行之生也，各一其性〕：此复沿流以极其源也。言五行—阴阳，阴阳—太极，而太极本无极，然则万化之源可得而推矣，非太极之上复有所谓无极也。太极本无极，言其无声臭之可名也。五行生质虽有不同，然太极之理未尝不存。故曰"各一其性"。（原按：正本"五行之生各一其性"附于下段）

〔无极之真，二五之精，妙合而凝。"乾道成男，坤道成女。"二气交感，化生万物，万物生生而变化无穷焉〕：无极之真与夫二五之精，妙合凝聚，故有男女之象,非无极之真为一物,与二五之精相合也。言无极之真未尝不存于其中也。无极而曰真,以理言也。二五而曰精,以气言也。男女之象既成,则二象交感,而化生万物,万物生生而变化不穷矣。盖有太极则有二气五行,而万物生焉,此所谓性外无物也。万物之生,禀二五之气,虽成质各不同,而莫不各具一太极,此所谓物外无性也。故《通书》曰"二气五行,化生万物",五殊二实,是万为一,一实万分,此之谓也。

〔唯人也,得其秀而最灵。形既生矣,神发知矣,五性感动,而善恶分,万事出矣〕:人与物均禀乎天而具太极者也。然人也,禀五行之秀,其天地之心之所存,不为气所昏隔,故为最灵。物非无是,而气则昏隔矣。然就万物之中亦有灵者,盖于其身有气之所不能尽隔者也。人则为最灵矣,然人所禀之气,就其秀之中亦不无厚薄昏明之异,故及其形生神发,五行之性为喜怒忧惧爱恶欲者感动于内,因其所偏,交互而形,于是有善恶之分,而万事从此出焉。盖原其本始,则天地之心,人与物所公共也。察其气禀之分,则人独为秀而最灵,而物则有异焉。又察其成质之后,于人之中又有厚薄昏明之殊焉。然人之赋质虽有殊,而其殊者可得而反也。其可得而反者,则以其气为最灵。太极之未尝不在者,有以通之故尔。物虽有昏隔,而太极之所以为者亦何有亏欠乎哉!

〔圣人定之以中正仁义(原注:圣人之道,仁义中正而已矣)而主静(原注:无欲故静),立人极焉。故圣人与天地合其德,日月合其明,四时合其序,鬼神合其吉凶〕:人不能以反其初,则人极不立,而去庶物无几矣。故定之以中正仁义而主静,圣人所以立人极也。动为诚之通,静为诚之复。中也、仁也,动而通也,始而亨者也。正也、义也,静而复也,利以贞者也。中见于用,所谓时中者也。仁主乎生,所谓能爱者也,故曰动而通也。正虽因事而可见,然其则先定。义虽以宜而得名,然其方有常。故曰:静而复也。中也、仁也本为体,而周子则明其用。正也、义也本为用,而周子则明其体。盖道无不有体有用,而用之中有体存焉。此正乾始元而终贞之意。动则用行,静则体立,故圣人主静,而动者行焉。动者行而不失其静之妙,此太极之道,圣人所以为全尽之也。太极立则天地、日月、四时、鬼神之理其有外是乎?

173

故无所不合也,则以其一太极而已矣。

〔君子修之吉,小人悖之凶〕:圣人者,不勉而中,不思而得。降于圣人,则贵乎修为。君子修之而人极立,所谓吉也。小人悖之而绝于天,所谓凶也。修之之要,其惟敬乎!程子教人以敬为本,即周子主静之意也。要当于未发之时,即其体而不失其存之之妙,已发之际,循其用而不昧乎察之之功,则人欲可息,天理可明,而圣可希矣。

〔故曰:"立天之道,曰阴与阳。立地之道,曰柔与刚。立人之道,曰仁与义。"又曰:"原始反终,故知死生之说"〕:此说明三才之所以立也。天之阴阳,地之柔刚,人之仁义,皆太极之道然也。故《易》曰:"六爻之动,三极之道也。"死生之说,非别为一事也,亦不越乎动静阴阳者而已。原始而知其所以生,则反终而知其所以死矣。

〔大哉《易》也,斯其至矣〕:《易》有太极,是生两仪,两仪生四象,四象生八卦,八卦定吉凶,吉凶生大业,《易》之道盖备于此图,亦尽之矣![33]

而其序则曰:

二程先生道学之传,发于濂溪周子,而《太极图》乃濂溪自得之妙,盖以手授二程先生者。或曰:"濂溪传《太极图》于穆修(字伯长,979—1032),修之学出于陈抟(字图南,号希夷,871/872?—989)。"岂其然乎?此非诸子所得而知也。其言约,其义微,自孟氏(轲)以来未之有也。《通书》之说,大抵皆发明此意,故其首章曰:"诚者,圣人之本。大哉乾元,万物资始,诚之原也。乾道变化,各正性命,诚斯立焉。"夫曰"圣人之本""诚之原"者,盖深明万化之一原也,以见圣人之精蕴。此即《易》之所谓"密",《中庸》之所谓"无声无臭"者也。至于乾道变化,各正性命,则是本体之流行发见者,故曰"诚斯立焉"。其篇云五行阴阳,阴阳太极,四时运行,万物终始,混兮辟兮,

---

[33] 南轩《太极图说解义》久无完本,近杨世文据日本名古屋市蓬左文库所藏明弘治刻本《濂溪周元公全集》卷一,予以复原;今依之。见杨世文:《张栻〈太极图说解义〉新辑》,收入《宋代文化研究》第十九辑,成都:四川文艺出版社,2011年,第203—206页。

其无穷兮。道学之传,实在乎此。愚不敏,辄举大端,与朋友共识焉。虽然,太极岂可以图传也?先生之意,特假图以立义,使学者默会其旨归,要当得之言意之表可也。不然,而谓可以方所求之哉?广汉张栻敬夫序。[136]

依此所引述,可见就大端而言,南轩之以二程继濂溪,且说其义云:人与物均得乎天而具太极者,人集五行之秀,不为气所昏隔,故为最灵。然人所禀之气,其中亦不无厚薄昏明之异,故及其形生神发,五行之性为喜怒忧惧爱恶欲者感动于内,因其所偏,交互而形,于是有善恶之分,而万事从此出焉。特人之赋质虽异,其殊者未尝不可得而反也。其可得而反者,则以人之得生,于万物为最灵,太极之未尝不在者,有以通之故尔。以是物虽有昏隔,而太极之所以为者无亏欠;而修之之要,则惟在乎敬。当于未发之时,即其体而不失其存之之妙,已发之际,循其用而不昧乎察之之功,则人欲可息、天理可明,而圣可希矣。凡彼所申之义,皆乃接受朱子对于理学源流之论述,且以程门龟山所传"未发""已发"之旨为无误;不再认有湖湘自身之学脉。其唯一与朱子有异见者,则在强调"太极"之体,仅具"遍在性"(omnipresence)、"内在性"(immanence),与"整体性"(wholeness),而无"超越性"(transcendentality)。故虽就"道体"所涵之无穷言,具理之全备与整一,以其"用"之肇生万化论,于二、五变化之功能,理、气之为一体,不必更别"先""后"。亦正因此,南轩依旧认为:仁、智之用,可合于一机。乾道变化,各正性命,无论已发、未发,皆是本体流行之发见。所谓"知常在先""知有精粗",仍非究竟;必内、外交正,本、末不遗,始是得乎条理而契境。

综此所论以观,南轩虽受朱子启发,五峰之于其说,仍有部分影响留存。以是,继之所当问者,应为:此一留存之影响,依整体而言,既已非五峰系统之旧,则就湖湘之立场而言,必须南轩之所树立者,确然有以区隔于朱子,且此一差异,足够形成一种持续之"理论对峙",如象山之于朱子,否则以五峰之后继无人而南轩之仅为朱子"讲友"言,湖湘之学终止能成为一种地域性之"学术氛围"与风气,难于大成。

---

[136] 杨世文:《张栻〈太极图说解义〉新辑》,收入《宋代文化研究》第十九辑,成都:四川文艺出版社,2011年,第206—207页;杨氏云:"又见宋本《元公周先生濂溪集》卷一,四库本《周元公集》卷一,《濂溪志》卷首,《经义考》卷七一,道光《永州府志》卷九上。"

而若以此项需求,回视南轩,则南轩之学之延伸,唯一可能之出路,即是返还于濂溪《太极图说》之本旨,以与朱子画界。然令检南轩所为《解义》,彼论中明以"无极之真"为"理","二五之精"为"气",则依然呈显为朱子"理""气"论之架构。推极而言,设使天假南轩以年,南轩终仍须面对"理""气"二项概念于哲学上不易"并说"之难题;南轩不必然能跳出此一格局,从而另辟新径。

四、南轩后之湖湘之学及其延续之影响

由上论可知,湖湘之学自文定以来,其可继承之传统有二:一为经史之学,一为性理之学。

若以经史之学为说,无论于经、于史,若进一步加以审视,其学大致可得二项关注之焦点:一在重视经史之学之"当代性"(contemporariness);凡文定于《春秋传》与史论、政论中,合今于古、证古于今,皆是重要之示例。另一,则是于历史成败之探讨中,着重分析决定历史发展走向之历史人物及其影响;于此观点下,事理与事理中之义理,成为辨析史学中所谓"天""人"之际之关键。[137] 后一项特

---

[137] 文定《答罗仲素书》云:"夫《春秋》大要明天理。世衰道微,臣子弑(按,一作"杀"。)君,妾妇乘其夫,夷狄侵中国,天理灭矣。圣人为是作《春秋》,戒履霜之渐,明嫡妾之别,谨夷夏之辨,其微辞隐义、抑纵予夺、是非进退,必欲求博取贯通类例,未易以一事明也。必心解神受,超然自得,非可以闻见到也。观百物,然后知化工之神;聚众材(按,一作"才"),然后知作室之用。"([宋]罗从彦撰:《豫章文集》,收入《景印文渊阁四库全书》,第1135册,卷十六,附录下》,第4b—5a页,总第770页;亦见胡安国撰,钱伟强点校:《春秋胡氏传》,附录三《胡传余沈·论学文汇》,第580页)其《与参政秦桧书》则曰:"《春秋》大略贵前定,是故拨乱兴衰者,其君臣合谋,必有前定不可易之策。管仲(姬姓,名夷吾,?—前645)相齐,狐偃(姬姓,字子犯)辅晋,乐毅(子姓)复燕,子房兴汉,孔明(诸葛亮,181—234)立蜀,王朴(字文伯,?—959)佐周,莫非策昼前定,令出必行,故事功皆就。建炎改元,圣主忧勤愿治于上,大臣因循习乱于下,国制抢攘,漫无定论。玩岁愒日,寝失事几,于今五年,已极纷扰。天下之事,未有极而不变者也。至于极而不变,则危者遂倾,乱者途亡。考今民情,尚未溃散,犹可更张。虽事几已失,无半古必倍之功,而危可复存,乱可复治,无倾亡之患必矣。宜及时建白前定之计,振颓纲,修弊法,变薄俗,苏穷民,庶几观听有争,以启中兴之兆。《春秋》序正官名,而网纪重事,责归宰相。盖位隆则所任者大,上则启沃人主,经理朝网;中则选用百官,赏功罚罪;下则兴利除害,阜安兆民。仰而深思,夜以继日,犹恐有不得者,而暇省文书,接词诉乎?顷者遵用元佑大臣奏议,合中书、门下二省为一,而事不分决于六部,是循名而不得实,并与不并无以异也。宜及时建白,令列曹尚书各得专达,各辟其属,久于其任,责以事功,而宰执不复亲细务,庶几奸蠹消除,渐可为矣。"(胡寅:《先公行状》,收入胡寅撰,尹文汉校点:《斐然集·崇正辩》,卷二十五,第501—502页;亦见《春秋胡氏传》,同上,第584—585页)凡此所云,言虽简,亦可约见文定论史之旨。

质,与浙学之注重"形势"与"制度",[138]形成差异。就此点而论,由于其拿捏,在于论经、论史之个人,并非处理史学与经学中明确之议题从而造成"形式化"之影响,以是仅能于儒学之地域传承中,因人物之出现,形成风格。

至于"性理之学"方面,则可分述为二:

就"哲学系统"之建构言,文定之以"不起不灭"为心之体,"方起方灭"为心之用,"心"为无所不有,谓"物物致察而能一贯"有三境,以及合"操存"与"省察"为一;凡此诸项观点,确实具有于明道、伊川之外,另辟一径之空间。五峰之于"生成"义,说"性"之遍在,而仍于"终极"义,释"性"为"有限"之论法;乃至主张一切"存有"之内部,皆内涵一特殊之具有"形上"意义之"存有因素",此一特殊而遍在之因素,与"气"之"形构条件"结合,形塑为"性""心"展现于"气化整体"之成因,从而有"性无善恶""心无死生"之表述等,皆是一种企图于"宇宙构成论"与"存有学"方面,向前推进之努力。其发展,并非无成功之可能。

而在"义理学"之建构方面,由文定"心"之体、用说,落实为合"操存"与"省察"为一;此一路向,发展至于五峰,有"智""仁"合一之论,乃至"圣人执天之机,惇叙五典,庸秩五礼"之说,亦是一大推进。所难者,在于其所建立之"心""理"合一之论,由"识仁"始,即须有一"能观"之位置;此点对于一般儒者而言,不易理解,亦不易掌握。以南轩之为五峰高弟而不免为朱子所动摇,仅残余一种"体用论"之争议;即是显示此项困难。南轩之后,湖湘弟子有从陈止斋(傅良,字君举,1141—1203)、戴岷隐(溪,字肖望,或作少望,1144—1215)游者,[139]而如胡季随,且犹疑于朱子、象山之间;[140]以是于性理之义,其学无得而再传,亦是实情。

---

[138] 参见拙作《论宋代经史学发展之类型、样态、取径、议题与其所形成之特殊之文献之学》。

[139] 谢山云:"宣公身后,湖、湘弟子有从止斋、岷隐游者,然如彭忠肃公(龟年,字子寿,1142—1206)之节概,吴文定公(猎,字德夫,1143—1213)之勋名,二游文清(游九言,字诚之,初名九思,1142—1206)、庄简公(游九功,字勉之,1163—1243)之德器,以至胡盘谷(大时,字季随)辈,岳麓之巨子也。再传而得漫塘(刘宰)、实斋(王遂)。谁谓张氏之后弱于朱乎?"(黄宗羲原本,黄百家纂辑,全祖望补定:《岳麓诸儒学案》,《宋元学案》〔三〕,卷七十一,收入黄宗羲撰,沈善洪主编:《黄宗羲全集》,第5册,第839页)

[140] 谢山云:"胡大时字季随,崇安人。五峰季子。(云濠〔冯姓,字文浚,号五桥,1807—1855〕案:《序录》'岳麓巨子胡盘谷',当即先生。)南轩从学于五峰,先生从学于南轩,南轩以女妻之。湖、湘学者,以先生与吴畏斋为第一。南轩卒,其弟子尽归止斋,先生亦受业焉,又往来于朱子,问难不遗余力。或说季随才敏,朱子曰:'须确实有志,而才敏方可,若小小聪悟,亦徒然。'最后师象山。象山作《荆公祠记》,朱子讥之,先生独以为荆公复生,亦无以自解。先生于象山最称相得云。"(同前注)

故就朱子而言,得东莱、南轩之助,乃其成学之历程中,属于"积极"之因素;然南轩因朱子而受注意,湖湘理学之传,却亦因朱子、南轩之讲论而逐渐模糊化。理学之成系,以历史发展之结果论,实亦仍止有程朱、陆王之形成对峙,真正具有"导引"之力。

综括以上二论,余见以为:就"理学"之严格义言,湖湘之学乃发源于文定,拓展于五峰;其功不专在五峰。而南轩之不足以继承其脉,乃湖湘之学虽仍重视性理,却无法形成明确之"学派特质",仅能凭借"议题关注点"之特殊走向,发展成为地域性学风之原因。唯若就"儒学"之宽泛义而言,则湖湘之经、史,乃至其重视"性理"之观点,历元迄明,其风习不少衰,不仅支脉分衍各有传承,其于南宋所形塑之若干特色,即于其后兼受阳明学之冲击而复杂化,亦仍有所延续。特须另有大儒,出于其间,将之涵融而出新,乃能见出力量。明末王船山(夫之,字而农,号姜斋,1619—1692)之崛起于衡阳,于理学另创新局,彼受世变之激励,由经而史,以之深透于性理,彼之所论,不仅具有一种变朱子之"静态形而上学"(static metaphysics)为"动态论"(dynamism)之势能,彼基于"历史哲学"(philosophy of history)之观点而提出之独创之"理势论",乃至于"事变"中见"人物",于"群体"与"个体"之关系中,辨析"事理"与"事理中之义理"之眼光,皆非已有之理学、心学之旧轨,所可概括。[44] 此点显示:南宋以后,湖湘于儒学之积蕴,乃至彼所受多方文化因素之影响,实有其属于一地之独特性,值得重视。

参考书目

世亲菩萨释,释真谛译:《摄大乘论释》,收入《大正新修大藏经》,台北:新文丰出版公司,1983年,第31册,瑜伽部下,第1595号。

永瑢、纪昀等撰,金毓黻等编:《文溯阁四库全书提要》,北京:中华书局,2014年,第1册。

永瑢、纪昀等撰:《钦定四库全书总目》,收入《景印文渊阁四库全书》,台北:

---

[44] 以上所论,关于船山之部分,参见拙作《王船山学术思想总纲与其道器论之发展》,香港:香港中文大学出版社,2013年。

台湾商务印书馆,1983年,第1册。

全祖望:《书宋史胡文定公传后》,见《鲒埼亭集外编》,卷二十八,《题跋二》,收入全祖望撰,朱铸禹汇校集注:《全祖望集汇校集注》,上海:上海古籍出版社,2000年,中册,第1298—1299页;亦见黄宗羲原本,黄百家纂辑,全祖望修定:《武夷学案》,《宋元学案》〔二〕,卷三十四,收入黄宗羲撰,沈善洪主编,吴光执行主编:《黄宗羲全集》,杭州:浙江古籍出版社,2005年,第4册,第462页。

朱熹:《四书章句集注》,收入朱熹撰,朱杰人等主编:《朱子全书》〔修订本〕,上海:上海古籍出版社、合肥:安徽教育出版社,2010年,第6册,徐德明校点。

——:《周易本义》,同上,第1册,王铁校点。

——:《胡子知言疑义》,《晦庵先生朱文公文集》〔五〕,卷第七十三,同上,第24册,戴扬本、曾抗美校点。

——:《中和旧说序》,《晦庵先生朱文公文集》〔五〕,卷第七十五,同上,第24册,戴扬本、曾抗美校点,第3634—3635页。

——:《右文殿修撰张公神道碑》,《晦庵先生朱文公文集》〔五〕,卷第八十九,同上,第24册,戴扬本、曾抗美校点,第4130—4141页。

——:《易寂感说》,《晦庵先生朱文公文集》〔四〕,卷第六十七,同上,第23册,徐德明、王铁校点,第3257—3258页。

——:《答范伯崇》,《晦庵先生朱文公文集》〔三〕,卷第三十九,同上,第22册,刘永翔、徐德明校点,第1787—1788页。

——:《答张敬夫》,《晦庵先生朱文公文集》〔二〕,卷第三十二,同上,第21册,刘永翔、朱幼文校点,第1392—1393页。

牟宗三:《心体与性体》〔二〕,台北:正中书局,2002年十二刷。

冈田武彦、荒木见悟主编:《和刻本汉籍丛刊》,东京、台北:中文出版社出版,广文书局印行,据日本宝庆六年景印。

胡安国:《胡氏传家录》,见黄宗羲原本,黄百家纂辑,全祖望修定:《武夷学案》,《宋元学案》〔二〕,卷三十四,收入黄宗羲撰,沈善洪主编,吴光执行主编:《黄宗羲全集》,第4册,第452—453页。

胡安国撰,钱伟强点校:《春秋胡氏传》,杭州:浙江古籍出版社,2010年。

胡安国：《〈春秋传〉序》，见胡安国撰，钱伟强点校：《春秋胡氏传》，第1—2页。

——：《答罗仲素书》，见罗从彦撰：《豫章文集》，收入《景印文渊阁四库全书》第1135册，卷十六，《附录下》，第4b—5a页，总第770页；亦见胡安国撰，钱伟强点校：《春秋胡氏传》，附录三《胡传余沈·论学文汇》，第580—581页。

——：《答赣川曾几书》，引自胡寅：《先公行状》，收入胡寅撰，尹文汉校点：《斐然集·崇正辩》，长沙：岳麓书社，2009年，卷二十五，《行状》，第522—524页。

——：《与参政秦桧书》，见胡寅：《先公行状》，收入胡寅撰，尹文汉校点：《斐然集·崇正辩》，卷二十五，第501—504页；亦见胡安国撰，钱伟强点校：《春秋胡氏传》，附录三《胡传余沈·论学文汇》，第584—588页。

胡宏撰，王立新点校：《胡宏著作两种》，长沙：岳麓书社，2008年。

胡宏：《知言》，收入胡宏撰，吴仁华点校：《胡宏集》，北京：中华书局，1987年。

——：《示二子》，收入胡宏撰，吴仁华点校：《胡宏集》，《律诗》，第68页。

——：《次刘子驹韵》，同上，《绝句》，第72页。

——：《和刘子驹存存室》，同上，《绝句》，第77页。

——：《和范公授》，同上，《律诗》，第62—63页。

——：《送友人归荆南》，同上，《古诗》，第49—50页。

——：《绝句二首》，同上，《绝句》，第72页。

——：《与彪德美》，同上，《书》，第135页。

——：《与曾吉甫书三首》，同上，《书》，第114—117页。

——：《苍天》，同上，《古诗》，第54页。

——：《靡草》，同上，《绝句》，第78页。

胡寅撰，尹文汉校点：《斐然集·崇正辩》，长沙：岳麓书社，2009年。

胡寅：《先公行状》，见胡寅撰，尹文汉校点：《斐然集·崇正辩》，第485—526页。

马鸣菩萨造，释真谛译：《大乘起信论》，收入《大正新修大藏经》，第32册，论集部全,第 1666 号。

张栻:《主一箴》,见张栻撰,朱熹编:《南轩先生文集》,卷第三十六,《箴》,收入朱杰人等主编:《朱子全书外编》,上海:华东师范大学出版社,2010 年,第 4 册,刘永翔、许丹校点,《序》,第 537—538 页。

——:《南岳唱酬序》,同上,卷第十五,《序》,第 241—243 页。

——:《论语说序》,卷第十四,《序》,第 227—228 页。

——:《洙泗言仁序》,同上,卷第十四,《序》,第 229 页。

——:《周子太极图解序》,见杨世文:《张栻〈太极图说解义〉新辑》,收入《宋代文化研究》第十九辑,成都:四川文艺出版社,2011 年,第 206—207 页。

张载:《正蒙》,收入张载撰,章锡琛点校:《张载集》,北京:中华书局,2006 年三刷。

——:《经学理窟》,同上。

庄周撰,郭象注,陆德明音义:《南华真经》,台北:艺文印书馆,1972 年,据北宋、南宋合璧本景印。

菩提流志译:《大宝积经》,收入《大正新修大藏经》,第 11 册,宝积部上,第 310 号。黄宗羲原本,黄百家纂辑,全祖望修定:《东莱学案》,《宋元学案》〔三〕,卷五十一,收入黄宗羲撰,沈善洪主编,吴光执行主编:《黄宗羲全集》。第 5 册,第 1—46 页。

——:《武夷学案》,《宋元学案》〔二〕,卷三十四,同上,第 4 册,第 444—482 页。

黄宗羲原本,黄百家纂辑,全祖望补定:《五峰学案》,《宋元学案》〔二〕,卷四十二,收入黄宗羲撰,沈善洪主编,吴光执行主编:《黄宗羲全集》,第 4 册,第 667—698 页。

——:《水心学案序录》,《宋元学案》〔三〕,卷五十四,同上,第 5 册,第 106 页。

——:《衡麓学案》,《宋元学案》〔二〕,卷四十一,同上,第 4 册,第 639—666 页。

——:《岳麓诸儒学案》,《宋元学案》〔三〕,卷七十一,同上,第 5 册,第

835—880 页。

杨世文:《张栻〈太极图说解义〉新辑》,收入《宋代文化研究》第十九辑,第 199—208 页。

实叉难陀奉制译:《大方广佛华严经》,收入《大正新修大藏经》,第 10 册,华严部下,第 279 号。

黎靖德辑:《朱子语类》〔一〕、〔四〕,收入朱熹撰,朱杰人等主编:《朱子全书》〔修订本〕,第 14、17 册,郑明等校点,庄辉明审读。

戴景贤:《王船山学术思想总纲与其道器论之发展》,香港:香港中文大学出版社,2013 年。

——:《中国现代哲学思惟中之认识论议题》,刊登《文与哲》第 24 期,2014 年 6 月,第 193—257 页。收入戴景贤撰:《中国现代学术思想史论集》,香港:香港中文大学出版社,2016 年,第 337—423 页。

——:《释张横渠之二重性论及其位于北宋理学中之位置》,《2014 第十一届两岸中山大学中国文学学术研讨会》论文,见刘昭明主编:《2014 第十一届两岸中山大学中国文学学术研讨会论文集》,高雄:台湾中山大学中国文学系、清代学术研究中心、宋代文学史料研究室,2014 年,第 235—281 页。收入戴景贤撰:《宋元学术思想史论集》上编,香港:香港中文大学出版社,2018 年,第 129—185 页。

——:《中国现代哲学建构与宗教思惟发展中之儒释交涉》,刊登《长江学术》总第 43 期,2014 年第 3 期,第 5—22 页。收入戴景贤撰:《中国现代学术思想史论集》,第 425—491 页。

——:《朱子理气论之系统建构、论域分野及其有关"存有"之预设——兼论朱子学说衍生争议之原因及其所含藏之讨论空间》,刊登《文与哲》第 25 期,2014 年 12 月,第 217—301 页。收入戴景贤撰:《宋元学术思想史论集》中编,香港:香港中文大学出版社,2018 年,第 83—181 页。

——:《论宋代经史学发展之类型、样态、取径、议题与其所形成之特殊之文献之学》,刊登《文与哲》第 28 期,2016 年 7 月,第 83—152 页。同上,第 1—81 页。

——:《论朱子思想先后之转变与其关键议题》。同上,第247—374页。

释了然述:《大乘止观法门宗圆记》,收入《新编卍续藏经》,台北:新文丰出版公司,1983年,第98册。

释法藏述,释宗密录:《大乘起信论疏》,收入《明版嘉兴大藏经》,台北:新文丰出版公司,1986年,第7册。

释智顗说:《妙法莲华经玄义》,收入《大正新修大藏经》,第33册,经疏部一,第1716号。

顾炎武撰,陈垣校注:《日知录校注》,合肥:安徽大学出版社,2007年。

【戴景贤　台湾中山大学中国文学系特聘教授】
原文刊于《中国文化》2018年02期

南宋浙东学术论稿

吴 江

一

浙江是我国开发较早地区之一,从载入史册的春秋吴越算起,浙江至少已经有二千四百余年文字记载的历史了。宋室南迁以后,浙江的经济文化发展更为迅速,人才济济。以当时排得上名的学者人数论,浙江居全国之首,远超过湘湖、江西、河南等地。南宋以后的浙东学术,史称"浙东学派"。有人说"浙东学派"在我国文化史上为最有光彩,恐是过誉之词,但若说浙东学术在南宋以后的儒林中独具异彩,且其影响深远,这一点我想还是说得过去的。

自魏晋南北朝直到隋唐,由于战乱频仍,儒佛道三家竞争,儒学的独尊地位实际上已经丧失,欧阳修称之"三纲五常之道绝,君君臣臣父父子子之道乖"。隋唐科举兴起后,儒学也只不过是门面上权作做官的敲门砖而已。宋初从"三先生"(孙复、石介、胡瑗)始,以复兴儒学直追三代为己任,重《周易》《春秋》《周礼》,提倡"明体达用""通经致用",尤其企图重振伦常名教。此时儒学已经破碎不堪,大不成系统。于是各学派相继竞起。濂学与洛学臭味相投,标榜道学。关学虽独树一帜,但其后学多附从伊洛道学。王安石的新学和苏氏的蜀学与道学相对。围绕着改革与反改革的斗争,新学与蜀学又互不相容。新学一度成为官学,但斗争仍然反反覆覆。南渡以后,新学遂被禁而趋于衰微。

中国封建时代的学术如果要说有什么规律性现象的话,那么,这个规律性现象就是:学竞君择,适者生存。"君"代表封建统治阶级。各学派的命运视统治者的需要与选择而定。江左偏安,国已不国,"君"也者,其实亦如丧家之犬,无暇顾及此道。因此,很长一个时期,学术上亦无真正的权威可言。"宋儒好附门墙,明儒喜争同异"。其时新学虽失势,绪风尚存;而道学虽多门徒,却一时难成气候。《宋元学案》作者之一全祖望说:"宋乾淳以后学派分而为三:朱(熹)学也,吕(祖谦)学也,陆(九渊)也。"同时指出:"三家同时皆不甚合,朱学以格物致知,陆学以明心,吕学则兼取其长,而复以中原文献之传润色之。门庭径路虽别,要皆归于圣人则一也。"(《鲒埼亭集》集外编卷十六)这里所谓朱学即理学,陆学即心学,是道学的两大门派。以当时著名儒者而论,则如陈亮所说:"乾道间,东莱吕伯恭(祖谦),新安朱元晦(熹)及荆州(张栻)鼎立,为一世学者宗师。"(《龙川文集》卷二一)时称"东南三贤"。

其中唯吕祖谦为浙东人,且不表。这里首先要提到的是张栻其人。张栻(1133—1180),是南宋名将张浚之子,二程再传弟子胡宏的学生,当时为湖湘学派的主要代表,而湖湘学派在南宋乾淳间则是程氏理学的第一大学派。张的理论是天、性、心一体,阐发《孟子》尽心、知性、知天之说。他是南宋诸儒中唯一被朱熹称为"醇儒"的人,而朱熹自认是从张栻而"识乾坤"的。可见张栻在继承与创建理学中的地位。但张栻年不足四十八而亡,来不及完成将北宋以来的理学体系化。朱熹继其后,集其成,建立起宏大的理学体系,并撰《伊洛渊源录》(此书成于宋孝宗乾道九年),专用以说明伊洛之学即程朱理学乃孔孟正宗,继承孔孟之道统,是治经明道的必由之路。朱熹开创了南宋理学的大宗派,儒者声声攀缘,竞相依附。所以《宋史》张、朱合传,是有道理的。

当时学术界的特点是:儒学已支离破碎,内部斗争激烈,而且儒学内部之纷争与儒佛道三家之同异与交融纠织在一起,呈现出错综复杂的情势。此种情势下,伊洛之学要确立其合法正统地位,实非易事。宋时,理学前后遭遇过三次厄运:一次是北宋"元祐学禁",理学被视为荒诞不经之"伪学",并非孔子真传,徒滥发"无根之语"以惑圣听;并立"元祐党籍",程颐首当其冲。程颐乃闭门谢客,不事讲学,死时洛人"无敢会葬致词以祭者"。此次"学禁"从元祐二年(1087)直至北宋亡。第二次是"绍兴学禁",那是南渡以后的事了,从宋高宗绍兴六年(1136)开始,也是集中反对程颐的伊洛之学,指控程氏"惑乱天下",为"专门曲学",其道统说纯属"狂言怪语淫说鄙喻",且有结党营私之弊,因此皇帝"旨准"罢黜其学,"一律屏绝之"。此次"学禁"一直持续到绍兴末年(1162)。第三次"庆元学禁"(宋孝宗时,1196年后),矛头就直指朱熹了。朱熹被夺职罢祠,其高徒蔡元定获罪流放,死于途中。直到宁宗嘉定五年(1212),这次"学禁"始解除。此后,程朱理学的合法地位才得到朝廷的承认,并立朱熹的《四书集注》于学官。到宋理宗时(1225年以后),理学才开始发扬光大,成为钦定官方哲学。周敦颐、二程及朱熹亦于此时从祀孔庙。

在中国古代文化史上,朱熹完成的理学体系比董仲舒的体系影响更大,其统治时间达八百年之久(董学的统治时间不过四百年)。程朱理学在这个时期内重建了儒学的独尊地位(在援佛入儒的基础上)。

浙东学术就在南宋国势飘摇、学无统绪、儒佛道三家交融、儒学内部斗争激烈的环境中崭露头角并日益形成一股鼎足的势力。现在我们就可以来考察浙东学术本身了。

二

这里,我想首先应说明浙东学术的特点,其在中国文化史上的地位,以及浙东学术的渊源及来龙去脉。

浙东即浙江东路,这个地区北宋时已有一些名学者,全祖望在《宋元学案》中提到的"明州(即宁波)杨杜五子、永嘉儒志、经行二子"即是。"杨杜五子"即北宋庆历年间的杨适、杜醇等五人,"儒志、经行二子"即永嘉地区的王开祖和丁昌期,他们多数以讲学为职业。南宋时浙东的学术更昌盛。南宋时期三学派,浙东除吕学外,程学、陆学亦传入。陆学流传不广,与陈亮、叶适同时的杨简(慈溪人,称慈湖先生,曾任富阳主簿)曾拜陆九渊为师,传陆学,但未成气候;真正传陆学而至大明者为明代陈献章、王阳明两人。陈是广东新会人,称白沙先生;王阳明浙江余姚人。陆九渊、陈献章、王阳明这个心学系统这里不去说它。南宋浙东学术(亦称"浙东学派")乃是指永嘉学派和金华永康学派两大支。金华、永康当时属婺州,所以亦称婺学。这两支学派在南宋时甚盛,形成与朱、陆对垒的形势,并且其后续势力很大。浙东学术的特点是什么呢?多数学者认为浙东学术以史学著称,倡王霸、事功、经世之学,为学讲究经济、实用,反对空谈性命,且与佛道两家关系甚少。这是浙东学术的优良传统所在。所以世人直称浙东学术为史学,并指出其统纪:南宋的浙东学者吕祖谦吕祖俭兄弟、陈亮、唐仲友、薛季宣、陈傅良、叶适、王应麟、胡三省等人为浙东史学第一期,明清时的宋濂、刘宗周、黄宗羲、万斯同万斯大兄弟、谈迁、全祖望、邵晋涵、章学诚等人为浙东史学第二期。这种说法,我看大体是符合史实的。

  浙东学术本身有一个分化发展过程,而且各个时期甚至同一时期各代表人物的思想也各不相同。浙东学术在当时儒林中可算得上是异军突起。若问这种学术渊源究竟是什么,各家说法不一。我见到的专谈这个问题的书,是已故的近代史学家何炳松的《浙东学派溯源》,收在王云五主编的万有文库内。概括何先生的见解有二:第一,认为浙东学术源自程颐,程为浙东学派的宗主、开山。理由是:"程氏学说本以妄兴怀疑为主,此与史学之根本原理最为相近。加以程氏教人多读古书,多识前言往事,并实行所知,此实由经入史之枢纽。"并说:"传其学者多为浙东人。……浙东人之传程学者有永嘉之周行己、郑伯熊,及金华之吕祖谦、陈亮等,实创浙东永嘉金华两派之史学,即朱熹所谓'功利之学'也。金华一派又由吕祖俭传入宁波而有王应麟、胡三省等史学之辈出。"第二,何先生认为,程颐、朱熹的思想根本不同,程颐为理一元论者(物我一理,天人无二),朱熹则为理器二元论者(道器有别,体用有别)。因此,他认为浙东史学是程氏学派的真传。他并进一步指出:"浙东学派的领袖究竟是谁,到如今好像还是恍惚依稀,没有定论。著者的意见以为现在我国的学者所以始终不能指出谁是浙东学派的领袖,就是因为他们还没有发现谁是浙东学派的真领袖。其实浙东学派的真领袖既不是金华人,亦不是永嘉人,实在是北宋末年远居北方的小程子。"(俱

引自何著《浙东学派溯源》一书)

关于何氏所谓程、朱思想根本异趣之说,我想现在能同意者大概百不及一。就世界观而言,程、朱两人皆分理器为二:理为形上,是为本,为"理一";器为形下,是为末,为"分殊"。只是朱熹吸取了张载的"气"说,但他也只是把"气"作为由"器"达"理"的中介,与本体无干。所以这个问题我们在这里可以放下。这里所要讨论的,是关于程颐究竟是不是浙东学派的宗主,小程子是不是浙东学派的真领袖这个问题。

自古到今,学术思想之间的关系往往极为复杂。在根本方面或本质方面有大异者,在具体方面或枝节方面则或有小同。我们说浙东学术主要是史学,但史学家的世界观各不相同,如吕祖谦基本上属理学,而黄宗羲则是心学。所谓学术渊源,用我们现代的话来说,就是某种学术以以往那种学说或思想资料为根据、为基础,这更是一个十分复杂的问题。新学说的渊源往往不止一种,有时是多种,也有本国的和外国的。特别是,一种新学术、新学派,其创立不仅缘于以往的学术、以往的思想资料,更主要的还是根据现实政治经济的需要,根据"世变"的需要。所以要说"渊源",也有两种"渊源":一种是学术渊源,一种是现实渊源。新学说的创立,或者一种学说自身的变异发展,往往主要决定于后者。就拿儒学自身来说吧,孔子本人的学说,先秦儒学,汉儒学,宋明儒学,本根一也,而其具体内容则很不相同。这一切皆由时代的变化发展决定。诚如全祖望所说,宋乾淳以后之学虽分而为三:朱学也,吕学也,陆学也,"三家门庭径路虽别,要皆归于圣人则一也。"就是说,三种学说都不过是儒学的不同派别,包括当时延伸的史学在内。

程学为浙东学术的渊源之一,这是没有问题的,尤其是永嘉一支初期受程学的影响甚深,周行己、许景衡皆为传程学者。但依当时情况看,浙东学术的渊源除程学外,尚有古文经学的传统(即所谓"中原文献之传")及苏学和王氏新学的影响。王安石的《三经新义》至南宋虽废,而其墨义之法尚存。与朱熹同时的王淮则指出,"朱为程学,陈(亮)为苏学"。南宋末年的周密也说"朱氏主程而抑苏"。这些都说明当时北宋各学派的影响犹存。

先说永嘉学派。浙东永嘉学派一支创始于北宋时的许景衡、周行己而中兴于郑伯熊,但真正发展学派并开始与程学异趣者为薛季宣,陈傅良,最后叶适总其成。永嘉属温州,当时为"僻远下州"的经济发达地区,是一个对外贸易口岸。永嘉人早在北宋神宗元丰年间(1078—1085)就有许多人入太学。全祖望说:"伊川讲学,浙东之士从之者自许景衡始。"(《宋元学案》卷三二)又说:"周行己游太学时,新经之说方盛(按:新经指王氏新学),而先生独之西京从伊川游。"(同上)除许、周两人外,尚有刘安节、刘安上、戴述、张辉、赵霄、沈躬行、蒋毛中等人,一时号称"永嘉九先生"。关于这些人的门派,全祖望指出:"所谓九先生者,其六人及程门,其三人则私淑也。"(同上)周行己为程氏及门弟子,有盛名。朱熹《伊洛渊源录》中有其大名,《宋史·道学传》中亦名列前茅。不过也有人指出周行己颇重实用之学,并以此影响后来的学者。由于"绍兴学禁",至绍兴末伊洛之学稍息,永嘉学人亦相继沦丧。这是永嘉学派的早期。此后,郑伯熊复起而振之。郑伯熊为周行己弟子,"于古人经制治法,讨论尤精"(《宋史·陈傅良传》),当时声望颇著,但其学未越出伊洛樊笼。真正自为门庭而与朱、陆相鼎足者,自薛季宣、陈傅良两人始。

薛季宣(号艮斋,1134—1173),传别派袁道洁之学。袁道洁虽曾师从二程,但其学甚杂,重事功。全祖望说:"道洁之学,自六经百氏,下至博弈小数,方术兵书,无所不通。先生(按:指薛季宣)得其所传,无不措之可用也。"薛季宣之学"又得陈傅良继之,其徒益众。此亦一时灿然学问之区也,然为考定之徒所不喜,目之为功利之学。"(《宋元学案》卷五十二)薛季宣的功绩在于将早期永嘉学派的性理之学转向经世实用之学,他说:"求经学之正,讲明时务本末利害,……无有空言,无戾于行。"(《浪语集》卷二五)薛的弟子陈傅良(号止斋,1137—1203),温州瑞安人,少有重名,他是永嘉事功学承先启后的人物。全祖望介绍这两人说:永嘉本言理性之学,"艮斋后出,加以考订千载,自井田、王制、司马法、八阵图之属,该通委曲,真可使之实用。先生(按:指陈傅良)既得之,而又解剥于周官、左史,变通当世之治具条画,本末粲如也。"(《宋元学案》卷五三)这说明,原来永嘉之学宗性理,自此别为门庭,而宗史学、事功之学了。

叶适(字正则,1150—1223),十四岁即与陈傅良相识,从其学,二十岁后出外听名师讲学,访薛季宣于婺州,于是尽得两人之学。永嘉之学自薛、陈两人之后大变,薛陈初入伊洛之门而又跳出伊洛,颇如墨学之出于儒而反儒或异于儒相似。故叶适说:"永嘉之学,必弥纶以通世变者,薛经其始,而陈纬其后也。"(《水心文集》卷一)叶适不仅尽得薛、陈两人之学,而且进一步发扬光大之,完成了永嘉事功新学。对此,全祖望在《水心学案序》中说:"水心较止斋稍晚出,其学始同而终异。永嘉功利之说,至水心一洗之。"(《宋元学案·水心学案》)这就是说,永嘉之学到叶适才洗却早期伊洛遗留的影响而另辟新路。永嘉新学的特点,在于就事功剖析事理,使事功与义理相统一。黄宗羲在《艮斋学案》案语中说:"永嘉之学,教人就事上理会,步步着实,言之必可使行,足以开物成务。盖鉴于一种闭眉合眼、矇瞳精神、自附道学者,于古今事物之变,不知为何等。"

周行己时代的永嘉之学转变为叶适时代的永嘉新学,由一种"闭眉合眼,蒙瞳精神"之学转变为一种与之相对立的"必弥纶以通世变"之学,其故安在?为何同一地区的学术前后有如此大的变化?此无他,"世变"使然也,即南宋的偏安危殆局面及种种弊制使然也。有人"闭眉合眼"不承认这种变化,有人单就学术论学术,而置"世变"于不顾,因此"不知今古事物之变为何等"。何炳松氏之失,我想其故恐即在此。

乾淳之际,当永嘉出现薛季宣、陈傅良、叶适三氏时,婺州亦出现"三大头",即金华的吕祖谦(1137—1181)、唐仲友和永康的陈亮(1143—1194)。其时,婺学之盛超过永嘉。"东莱兄弟以性命之学起,同甫(陈亮)以事功之学起,而说斋(唐仲友)则为经制之学。"(全祖望语)三人中,吕祖谦虽为性命之学,但不专尚空疏,相传他有一种传家之学,即所谓"中原文献之传",他的家风是"不主一门,不私一说"。吕祖谦同朱熹时相讨论,见解虽不尽同,关系尚好。陈亮则"崛兴于永康,无所接承,其学俱以读书经济为事,嗤黜空疏、随人牙后谈性命者,以为灰埃。亦遂为世所忌,以为此近于功利,俱目之为浙学"。(黄百家《宋元学案》卷五六)他同朱熹有激烈的论战,但两人交往不断。只有以经世治术的唐仲友"独不与诸子接,孤行其教"(全祖望),尤其同朱熹一派水火不相容,关系甚恶,终遭迫害。

永嘉和金华永康"左祖非朱,右祖非陆",对朱、陆都持异见(正因如此,所以统称为"浙东学派"亦不为过)。朱熹是怎样评价浙东学派的呢?《宋元学案》卷五〇《东莱学案》附录记载朱熹的话:"伯恭(祖谦)之学合陈君举(傅良)、陈同甫两人之学问而一之。永嘉之学理会制度,偏考究其小小者。唯君举为其所长。若正则(叶适)则涣然无统纪。同甫则谈论古今,说王说霸。伯恭则兼君举、同甫之所长。"朱熹这番话包含两个意思:一是宣称金华、永嘉为一家;二是隐然以吕祖谦为浙东学派的领袖。朱氏同时又拿浙东学派与陆九渊相比:"陆氏之学虽是偏,尚是要去做个人;若永嘉、永康之说,大不成学问,不知何故为此?"(《朱子语类》卷一二二)朱熹对永嘉永康之学即浙东学派,可说是持彻底否定的态度。

下面,我就准备来谈谈关于朱熹与浙东学派的代表人物——吕祖谦、陈亮、叶适之间的论争,兼及唐仲友一案,以见浙东学派的主旨及其影响。

三

我们还是从吕祖谦的史学谈起。浙东学术的根底和特色在史学。我说浙东学术在儒林中独具异彩,也是指其史学而言。浙江之地,自古就有史学传统。东汉以后,历代都修地方志(最早的地方志就是东汉会稽袁康编纂的《越绝书》,有"一方之志始于越绝"之称)。从宋代起,浙江修史之风更盛,史家辈出,代代相传。

经与史,自古未分家(分经、史、子、集,是从隋志才开始的)。古人对经的解释有多种,概言之,无非是说:凡古代圣哲之言行政教,其载在典籍,可以垂训诫而作法则,示人以修身、处世、治国、施政之大道者,谓之"经"。《庄子·天运篇》首称诗、书、易、礼、乐、春秋为"六经";扬雄《法言》则首称"五经",因当时乐经已散佚。不管怎样,读经是要到经籍中去找到古圣哲之足以垂范于后世的言行政教,而古圣哲的这种言行政教自然已是历史了。我国近代出了一个"古史辨"派,考出东汉以后的古文家只就经书的文字释义,把经书看成了历史。所以"六经皆史"之说并非章学诚所首创,章学诚不过是强调浙东学术之精髓在"史"而已。

南宋的风气是空谈义理说经,但并不废史。如朱熹除撰《伊洛渊源录》(此书对开创因人立案的史学学案体有功)外,还有其他史学著作如《资治通鉴纲目》等,不过其修史的目的立于"求经于理",或者说,"求理学道统于经"。朱熹以四书代五经,也是为了便于"求理"。陆九渊则是"六经注我"四个大字,尽矣!吕祖谦修史,则与朱、陆俱不同。吕氏虽也是宋代一位理学家,以性命之学起,但他却是一位难得的史才、史学家,是浙东学术由经入史的前茅人物之一。作为理学家,吕力图调和朱、陆之间的矛盾,委曲拥护(发起鹅湖之会即为此),自己则兼取两家之长,兼收并蓄,欲使两者"会归于一"(吕在世界观上偏重心学);同时又注意吸收永嘉、永康学派的经世致用思想,其历史观与永嘉学派的进步历史观最相接近。总的说,吕的学术思想有"综博"的特点,自相矛盾之处甚多,但他基本上是站在事功学的立场上会通朱、陆。

吕祖谦被史家称为南宋"东南三贤"之一,但现在研究古代学术思想史的人(包括《中国思想通史》的作者)已很少提到他,这恐怕也是因为研究家们对于中国古代史学重视不够的缘故。前面说过吕祖谦接承一种家学,主要是其从祖吕希哲(号称"大东莱")之学,其学主张"多识前言往行以蓄德",以研究历史文献为主。吕希哲少从孙复、石介学,又从二程、张子及王安石父子游,所以其学出入于数家之中。"南渡后,北方之学散而吕氏一家独得中原文献之传。"(王崇炳《重刻吕东莱文集序》)吕的重史,大概与其"多识前言往行"、着重研究历史文献的家学有关。吕主张经史并重,并认为史官和孔子一样值得受人敬重。他说:"仲尼之圣未生,是数百年间中国所以不沦丧,皆史官扶持之力也。"(《东莱博议》)吕祖谦认为,"观史先自书(尚书)始,然后次及左氏(左传)、通鉴。"(《吕东莱文集》卷四)他不赞成朱熹的把"天理"作为修史的"大经大法",朱认为须先读经"会归一理"然后才可以去谈史编史。吕氏主张为学当"求其实,不为腐儒所眩"(《吕东莱文集》卷四),而"求实"首先当弄清史实,这样才能陶镕历代之偏驳。他身体力行,读书着重考察历史上各朝代的经济、政治、军事、文化教育等制度,从中找寻可以用于当今国计民生的办法。他读《左传》主张"须看一代之所以升降,一国之所以盛衰,一君之所以治乱,一人之所以变迁。能如此看,则所谓先立乎其大者,所以看一书之所以得失"。(《左氏传说》卷二)这突破了汉代以来重经轻史的学风,同时将读书的目的引导到事功方面来。吕祖谦一生编写了不少史籍,晚年所编自春秋至五代的皇皇巨著《大事记》更是其呕心沥血之作,自成一家言,可惜因病中辍,只写到汉武帝就搁笔了。此外,他还曾为国史馆编修官,修史一百多卷。

朱熹对于吕氏的史学主张十分不满,说:"伯恭勤劝人看《左传》《迁史》,今子约(按:指吕祖俭)诸人抬得司马迁不知大小,恰比孔子相似。"(《朱子语类》卷一二二)朱熹教训吕祖谦、陈亮等人,说学者必以读经为本,读经接受了"天理"之后,然后才能读史,否则,"看史只如看人相打"。朱熹对吕祖谦不惜采取冷嘲热讽的态度。《朱子语类》卷一二二载:"问东莱之学。曰:伯恭于史分外仔细,于经却不甚理会。义刚(按:指朱的学生黄义刚)曰:'他也是相承那江浙间一种史学,故恁地。'曰:'史甚么学!只是见得浅。'"这段对话恰说明了江浙间自来确有一种务实史学,与空谈性理格格不入,而吕祖谦则更进一步开浙东史学研究之新风气。

朱熹和吕祖谦对史学的态度及史学见解之不同,说明理学家阵营也不是铁板一块。就那个时代的水平说,吕祖谦的一些史学观点很值得我们注意。如吕祖谦明确提出,经史不可分,而观史"当如身在其中,见事之利害,时之祸患,必掩卷自思,使我遇此等事,当如何处之"。又说:"看史须看一半便掩卷,料其后成败如何。"(《吕东莱文集·史说》)这就是要求为学须从具体的历史环境来观察问题,总结历史经验,然后才能提出恰当的救时方略。吕祖谦这种史学见解,对于陈亮的说王道霸、事功之学,乃至叶适的经世致用之学,无疑是有影响的。与此相关,吕祖谦反对朱熹的认帝王"心术"为天下万事的"大根本"。吕认为决定国事成败的不是帝王个人的"心术",而必须"合群策,定成算","采天下之善",才是成事的"大根本"。特别指出:"古人灼见天地之间无独立之理",并举出历史上许多帝王的成败得失以为鉴。此外,我们知道,程朱理学是历史的倒退论者,认夏商周三代是天理运行,三代以下则是人欲横行,历史一代不如一代。吕祖谦则认为历史是前进的,变革是必然的。"事极则须有人变,无人变则势自变。"并说:"祖宗之意,只欲天下安,我措置得天下安,便是承祖宗之意,不必事事要学也。"(《吕东莱文集·易说》)这就是说,当师祖宗之意,不当师祖宗之法,

"法"是要随时因革的。这就颇有些近于王安石的思想了。

吕祖谦与朱熹之间的争论于此足见一斑。那么陈亮又如何呢？

陈亮字同甫，号龙川，永康人，是一个"散落为民，语不可系"的特立士大夫。少时即热心国事，好言"伯王大略，兵机厉害"，著《酌古论》考论古今用兵之道；又作《中兴五论》力主抗战。《宋元学案》卷五六载："当乾道、淳熙间，朱（熹）张（栻）吕（祖谦）陆（九渊）皆谈性命而辟功利。学者各守其师说，截然不可犯。陈同甫崛起其旁，独以为不然。"如果说，朱、吕之争还比较心平气和的话，那么陈亮就不是这样了。陈亮敢于同朱熹正面开火。陈亮曾公然对朱熹说自己是"口诵墨翟之言，身从杨朱之道，外有子贡之形，内有原宪之实"。（《龙川文集》卷二〇）陈亮更谈到"异端"之学有"其脱颖独见之地"（《文集》卷一一），并举出贾谊、孔明、魏徵等皆学"异端"而成事功。陈亮公然这样讽刺理学家："举一世而安于君父之仇，而方低头拱手以谈性命，不知何者谓之性命乎？""始悟今日之儒士，自以为得正心诚意之学者，皆风痹不知痛痒之人也。"朱熹强调独思冥索，"寂然"以求天理，陈亮又讽刺说："风不动则不入，蛇不动则不行，龙不动则不能变化；今之君子欲以安坐感动者，真腐儒之谈也。"（《龙川文集》卷二）这当然引起朱熹的大不满，但亦无可奈何，只愤愤然批评陈亮"才高气粗""血气粗豪"而已。

陈亮之学通常称为"功利之学"，概括起来是八个字："王霸并用，义利双行"。陈亮说："为士者耻书文章行义，而曰尽心知性；居官者耻言政事书判，而曰学道爱人。相蒙相欺，以尽废天下之实，则亦终于百事不理而已。"（《送吴元成序》）朱熹怕陈亮的功利之学，其影响所及损害他的"道统"，说："陈同甫学已行到江西，浙人信向已多，家家谈王霸，……可畏，可畏！"（《朱子语类》卷一二三）又说："江西之学只是禅（按：指陆之心学），浙学却专是功利。禅学，后来学者摸索，一旦无可摸索，自会转去。若功利，学者习之便可见效，此意甚可忧。"（《朱子语类》卷一二三）陈亮驳朱熹之处甚多，如对历史退化论，对做人的标准等。

关于如何做人的问题，陈亮驳斥朱熹的言论极有价值。朱熹教人"以醇儒自律"，终身以研究义理为职志。陈亮则主张学者应过问国家大事，做一个"才德双行,智勇、仁义交出而并见"的人。他批评朱熹,说一个人如果只有"德"与"仁义"而没有"才"和"智勇",便只是一个"守规矩准绳而不敢有一毫走作","儒",而"成人之道亦未尽于此"。(《又甲辰秋书》)他说:"人生只是要做个人。……学者,所以学为人也,而岂非儒哉?"(《又乙巳春书之一》)他说先圣如孔子,主张学问之道在于做人,只闭眼俯首读书是不行的,只有立志建立事功的学者才合乎先圣做人的标准。正是由此出发,他盛赞历史上建功立业的英雄人物,而对当时空谈义理的腐儒们则进行毫不留情的谴责。

陈亮和吕祖谦的学术思想虽不同,但两人关系较密切。尤其是吕祖谦的史学功夫对陈亮有明显的影响。陈亮会说:"亮平生不曾会与人讨论,独伯恭于空闲时,喜相往复,亮亦感其相知,不知其言语之尽。伯恭既死,此事尽废。"(《龙川文集》卷二)又说:"伯恭晚岁于亮尤好,盖亦无不尽,箴切诲戒,书尺具存。"(同上)因此,朱熹曾再三要求吕祖谦去说服陈亮,起码不要以史学去影响陈亮。朱熹说过这样的话:"看史只如看人相打,相打有甚好看?陈同甫一生被史坏了。"(《朱子语类》卷一二二)这话实际上是并责陈亮、吕祖谦两人的,怪吕祖谦的史学把陈亮引坏了。

再说叶适的永嘉新学与朱学的对立情况。

从薛季宣到叶适的五十年间,是永嘉新学形成时期;叶适二十四岁从政,时当孝宗淳熙二年(1175)。淳熙八年(1181)吕祖谦就死了,年仅四十八岁。宋光宗绍熙五年(1194),陈亮也死了。至于与永嘉"最为同调"的唐仲友死于何时,则不详。至此,婺州之学稍息。叶适与吕、陈、唐均有交往,但史书记载不多。绍熙以后南宋学派主要为朱、陆、叶三家鼎立。全祖望说:"乾、淳诸老既殁,学术之会,总为朱、陆二派。而水心(叶适)斳斳其间,遂成鼎足。"(《宋元学案·水心学案》)到了宋宁宗庆元二年(1196)开始第三次"学禁"即所谓"庆元学禁",朱熹被夺职。宁宗开禧二年(1206)韩侂胄贸然发动伐金战争。叶适向韩建议此非用兵之时,应守边以蓄实力,并向宁宗连上三札要求"守定而后战",均不听。结果战败,江南震动。这时叶适受命于危难之际,知建康府兼沿江制置使,收拾残局,前后十数次与金兵交战,所向克捷,金兵被迫撤退,江南稍安。不料此时朝廷反根据韩侂胄党徒之诬告,将叶适落职。自此,叶适退出了政治舞台,居永嘉城外水心村授徒讲学。到宁宗嘉定五年(1212)学禁解除,朱学获得了合法、正统地位,实际上成了官学,地位日益显赫。明代的李贽曾评论叶适从政的实际事功,说:"此儒者乃无半点头巾气,胜李纲、范纯仁远矣。真用得,真用得!"(《藏书》卷一四)嘉定十六年,叶适亡,享年七十五,在同辈中要算是高寿的了。

无论从世界观、政治、经济、军事各方面的实学看,叶适都称得上是南宋浙东学术最有代表性的学者之一,而且是最有实际事功者,确实做到了"就事上理会,步步着实,书之必可使行,足以开物成务"的地步,也就是真正实践了"以事功来剖析义理"的主旨。所以叶适不仅以其进步的政治立场与投降派对立,尤其可贵的是,他在学术上与朱熹的唯心主义理学做了坚决的斗争。在南宋的浙东学派中,叶适是表现唯物主义思想最多的一个人。

《习学纪言》是叶适的一部主要哲学著作,这部著作对哲学遗产做了总批判,批判对象包括孔子之外的古今百家。叶适提出"以物为本"的主张来与程朱的"以理为本"的主张相对立。他的批判主要集中在道、器关系上,从反对老子关于道"先天地生"的观点开始。他认为,"道可言,未有于天地之先而言道者。"说:"物之所在,道则存焉。……道虽广大,理备事足,而终归之于物。"叶适认为,"道"存在于具体的"器"和"物"之中,必须对"器""物"做具体分析,然后"道"乃见。他认为,"道"不离"器",乃是古代儒者的真正传统。叶适特别批判理学的太极说,认为并非太极有物而且生物,相反,有物才有太极。

叶适反对唯心主义理学的所谓"子思得之曾子,孟轲本之子思"的道统说,态度严正而激烈。他说:"曾子不在四科之目……舍孔子而宗孟轲,则于本统离矣。"他对周、程、张、朱所代表的"近世之学"进行了尖锐的批判,认为他们"出入佛老甚久","非孔子本旨"。(以上俱见《习学纪言》)

叶适也是一位史学家,他的进步政治立场是和他的深邃的历史见解分不开的。他考察宋代的政治,竭力主张改革内政,改革南宋社会财竭、兵弱、民困、势衰的颓局,要求限制皇帝及贵族们的特权,"修实政,引实德",以缓和社会矛盾。他提出精兵简政之策,"兵以多为累而至于弱";又主张改革"赋税繁重,役法太坏"之弊,等等。叶适特别反对历代重农抑商的政策,这和当时永嘉地区的商业发达有关。以上就是叶适所谓"今日之实谋"。叶适发人之所未发,言人所不敢言,处处和空谈性命的道学家们针锋相对。叶适主张"善为国者,务实而不务虚"。

尤其难能可贵的是,叶适要比明清时代的思想家(如宋濂、黄宗羲等)早二三百年就指出宋以来皇帝高度集权之弊。他认为,宋自立国以来,由于专务矫正唐末五代藩镇割据之弊,对于军、民、财政一概实行高度集权,皇帝"尽收权变,一总事机,视天下之大如一家之细",结果,中央的军事力量并未真正增强,地方却丧失了必要的自卫能力,到靖康年间,遂演出"远夷作难而中国拱手,小臣伏死而州郡迎降,边关莫御而汴关摧破"之祸。这在政治上真是一针见血之谈。由此足见叶适的史学见解也卓越的。

叶适被人看作是古代事功主义革新派,看来是有道理的。

叶适亡后,南宋浙东学术的第一期活动(或称"第一个高潮")基本告一段落。最后我们也要略提一下唐仲友的冤案。

作为婺学"三大头"之一的唐仲友(说斋),生卒年不详,但他是绍兴二十一年进士,除著作郎,后知信州和台州,和朱熹同时从政。当时朱熹任浙东通判,是唐的上司。两人不相容,互相奏论(向皇帝告状)。最后说斋力不胜朱熹,被纠劾落职。朱、唐不相容,据全祖望《说斋学案序录》说,是由于"说斋恃才,颇轻晦翁,而同甫尤与说斋不相下"。同甫是因为企图通过说斋获一妓,说斋不帮忙,遂恨之,并在朱熹面前讲说斋的坏话。

《说斋学案序录》中说:说斋以经术史学负重名于乾淳年间,但为人特立自信,素伉直,平素不与诸子接,独行其教,虽以东莱、同甫,绝不过从,其简慢或有之。由此看来,此人有一种古怪脾气。东莱是说斋的同乡,但在东莱的文字中,从未提说斋一句。《宋元学案》说:说斋既落职,遂不出,益肆力于学,上自象纬方舆、礼乐刑政、军赋职官,以至一切掌故,本之经史,参之传记,旁通午贯,极之茧丝牛毛之细,以求见先王制作之意,推之后世,可见之施行。可见他用的也是一种史学功夫。他痛斥佛、老,并斥当时的心学者。从游者尝数百人。

可惜这样一位负重名于当时的经术史学家,其著作竟被朱熹一派毁灭殆尽,史传上更没有他的位置。章学诚为此说过几句不平的话:"唐仲友为与朱子不协,元人修宋史乃至不为立传。门户之见末流为甚,于此见矣。宋文宪公作唐氏

补传,公论终不泯也。"(章学诚《章氏遗书外编》卷四)

这里所说的宋文宪公就是宋濂,宋濂元时不出山,明时官至翰林学士,《元史》是他编修的。但宋濂所作《唐仲友补传》,后亦亡去。清代的张作楠再作《补宋潜溪唐仲友补传》,一场七八百年的冤案终于大白于天下。

因为唐仲友的著作少有传者,所以后人对唐氏之学看法不一。黄宗羲认为,"唐说斋创为经制之学,薛士龙(季宣)、陈君举(傅良)和齐斠酌之,为说不皆与唐氏合,其源流则同也"。(《南雷文集》卷二)全祖望不赞成黄说,认为"永嘉诸先生(按:指薛、陈)讲学时,最同调者说斋唐氏也"。(《宋元学案》卷二)近人何炳松则又是另一种说法,他认为,唐氏和薛、陈一样都是程颐的私淑弟子,因此,"以私淑程氏自命的朱氏竟会把真正的私淑程门的唐氏压迫到这样一个永不超生的地步,恐怕朱氏在夜深人静的时候亦不免要汗流浃背感到没有面目可以见程氏于地下了。"(《浙东学派溯源》)

以上诸说何是何非,姑皆存之,以待后人公论。

末后,还想赘说几句话。

综上所述,南宋浙东学术的主要特点是史学。浙东学术在中国文化史上的主要贡献也在史学。就此而论,争辩谁是浙东学派的真领袖并无什么意义,倒是应该指出浙东学术的主要代表人物是哪些人。我以为,南宋浙东学术的主要代表人物是吕祖谦、陈亮、薛季宣、陈傅良、叶适等人。这些人的学术思想也各不相同,其世界观基本上分属心学、理学两派。他们大抵从程氏理学分化出来(分化的促成因素之一,恐怕就是江浙间的经术史学传统),最后分道扬镳,而且不管他们自觉或不自觉,他们实际上就是在程朱理学形成和确立正统地位过程中第一批对朱学持异见的人,有的人还在某些方面做了坚决的斗争。这是浙东学术史上颇有光彩的一页。

南宋以后,浙东史学的第二期也是人才辈出。吕祖谦、吕祖俭兄弟曾到宁波、鄞县一带(古称明州)讲学。宋著名史学家王应麟即受业于吕祖俭。而天台有名的《通鉴》专家胡三省则是王应麟的弟子。宋亡后胡三省隐居不仕。撰《通鉴注》二百九十四卷,这部书不仅对《资治通鉴》做了详细的校勘、考证,而且在史学上有重要的价值。明代宋濂撰《元史》二百十卷，前已提及。明代陆王心学开始在浙江大行，但史学并不稍息，且有后来居上者，如明清之际和清代的刘宗周、黄宗羲、万斯同万斯大兄弟、谈迁、全祖望、邵晋涵、章学诚等人，均是浙东史学第二期的重要成员。黄宗羲出自刘宗周之门而又开万氏兄弟及全祖望的经史之学，故被称为清代史学之祖。黄宗羲指出"史学要经世致用"，他编写的《明儒学案》是中国最早的一部学术思想史专著。其弟子万斯同是《明史》的实际总修撰人（以布衣身份），世称其史学要超过刘知幾、郑樵。全祖望除协助黄宗羲完成《宋元学案》外，全力研究宋史及南明史事，著《鲒埼亭集》。海宁人谈迁撰《国榷》，收录明代史事甚多。章学诚提出"六经皆史"说，其所著《文史通义》在史论上与唐史学家刘知幾的《史通》齐名而又过之，梁启超称赞《文史通义》"实为乾嘉以后思想解放之源泉"，如此等等。我所见到的1985年出版的《浙江风物志》一书，对浙东史学的成就也津津乐道，是不足怪的。

文章到此已经做完，但趁此还想提出一个问题：古有经史关系之争，今有史论关系之争。古之经史分家论与今之史论分家论，或者说，古之轻视史学偏重经学与今之轻视历史而偏重原理之学，两者之间究竟有无可比之处？或者这里有什么历史教训可以借鉴？我提出这个问题来可能是忽发奇想，大概是忘掉古今异时、古今之学更非同道的道理了。不过既然有见及此，就姑且记下以存疑，或者今之学者有兴趣于此而愿意思考或讨论，亦未可知。

1992年9月于北京

【吴　江　文史学者】
原文刊于《中国文化》1993年01期

打破道统　重建学统

清代学术思想史的一个新观察

张寿安

一、前言：从"传统学术转型"观察清代学术思想史

"中国近代知识转型"（Constructing Modern Knowledge in China, 1600—1949）是一个庞大且具重要意义的课题。欲探讨这个近代史上中、西学术援引、裂变与互渗的复杂过程，至少得从两大面向展开：一是探讨中国传统学术自身的统系及变化，一是寻绎近代科学式知识在中国的建构过程，而前者尤其重要。无后者，固不足以知中国学术知识体系的近代性发展；无前者，则不仅无以知吾国传统学术体系及特质，更将因学无所据而不知如何展开中西比对。甚且将因科学知识体系之不断移植而丧失反省与重整中国文化之能力，遑论再次复兴与重启对话。"传统学术转型与近代知识建构"是双向拉扯的多元力道，其间含括的议题非常丰富，得靠各种知识专才分头进行、共同切磋，或可窥其全貌。然无论从任何角度切入，"传统学术如何变化"永远是论述对话中不可或缺的一方。欲开拓这方面的资源，作为近代早期的明清学术思想史，则成为必须重新探勘的场域。

回顾明清以降的三四百年，我们或可将知识转型的近代发展分为三个阶段：（一）十七世纪耶稣会士传入西学；（二）十九世纪中期以降东、西洋学大量译入；

(三)二十世纪初科举废除(1905)、新式学制建立。其中每一时段都呈现中、西对话的局面,唯独十八九世纪作为清代盛世的乾嘉学术,令人摸索不清它与近代学术之间的衔系?本文从此"提问",企图探讨乾嘉的儒学性质及儒学知识,亦即寻绎儒学学术在十八九世纪所展现的转型意义。当然,这牵涉到如何重新诠释"乾嘉学术"的问题。不过我们绝不能狭窄地认为这仅指乾嘉时期的学术特色而已。事实上,乾嘉学术作为清学中坚,其特质自明代中晚期以降即延续发展,直至晚清,甚至今日仍在持续。本文试图从近代知识转型的角度,观察清代学术相较于前期所呈现的新发展,并试着提出一个新的解释,以彰显清代学术在传统知识转型与近代性知识形构过程中的地位。

欲对清代学术提出新解释,首先得破除以"考证学"称谓清代学术的刻板印象,唯如此,才能打开视域、观察清学的新面貌。事实上,相对于道学的说理,考证只是清代学术呈现的方式,考证工夫开拓出的多元知识才是清代学术的新面貌。回顾二十世纪对清代学术提出新诠释的重要学者,不难发现他们或多或少都曾从不同角度触切到"知识"议题,只不过尚未进行细致的专题开采。

梁启超(1873—1929)从"理学的反动"立论,赞美清代经史考证是"用科学的方法治学",辟专章表扬清学乃"科学之曙光"。他讨论戴震及其科学精神时指出:清学的实事求是理念令传统小学由附庸蔚为大国,音韵、校勘都成专门之学;他甚至在经学家行列之外独立出天算名家,表示清学已有专门知识的出现。[①] 而作为新旧交替时代最重要的旧学大师之一的章太炎(1869—1936),则更深刻地指出小学在清代已成为一"有系统之学问",不仅是构成考据学的主要方法,甚至说出清儒治小学的目的"固非专为说经",把小学从经学中独立出来。[②] 钱穆(1895—1990)虽从"理学的延续性"观察清学,认为"清代乾嘉经学考据之盛,亦理学进展中应有之一节目",[③]故"清学不当与汉唐经学等量并拟"。[④]

---

① 梁启超,《清代学术概论》,上海:上海古籍出版社,1998,第 11、14—16 章;《中国近三百年学术史》,北京:中国书店,1987,第 1—4、11 章。
② 章炳麟,《章太炎讲演集》,石家庄:河北人民出版社,2004,第 100—102 页。1932 年北京师范大学讲演稿。
③ 钱穆,《中国近三百年学术史》,台北:台湾商务印书馆,1972,自序、第 1 章。引文见钱穆,《清儒学案序目》,《中国学术思想史论丛》,台北:东大图书出版公司,1980,册 8,第 365 页。
④ 钱穆,《中国学术思想史论丛》,册 8,第 366 页。

但所述清代经、史、子学之独立发展,诚乃传统学术转型之大关键。

余英时先生承钱穆之绪,又深受胡适(1891—1962)与西方学术影响,学思有多层转进。1970 到 1975 年间,余先生发表了三篇重要文章和一本专书重新诠释清代思想史。细绎余先生的主张,从提出"内在理路"的诠释方法,到给清代思想史一个新解释——"道问学",到最终指出清代儒学的新动向:智识主义兴起。⑤ 这当中的转折和他深邃研治清学所得之睿智紧密相关。论者或谓余先生影响晚近学界最大者是"内在理路"。然本人则认为余先生的苦心孤诣是提出:今日儒门淡薄收拾不住,"问题的关键已不复在于心性修养,而实在于客观认知的精神如何挺立。"⑥余先生在《略论清代儒学的新动向》一文中宣称:

> 我们必须承认,儒学的现代课题主要是如何建立一种客观认知的精神。因为非如此便无法抵得住西方文化的冲击。传统儒学以道德为"第一义",认知精神始终被压抑得不能自由畅发。更不幸的是现代所谓道德已与政治力量合流,如果知识继续以"第二义"以下的身份维持其存在,则学术将永远成为政治的婢女,而决无独立的价值可言。⑦

余先生批评冯友兰(1895—1990)等所自诩的新儒学是"接着宋、明理学讲",也反对他们说清学无思想,终不免是中国哲学精神进程中的"一次逆转"。⑧他指出:清代考证学若从思想史的观点审视,实具有更深一层的意涵,就是儒学由"尊德性"转入"道问学",余先生称此一转变为"儒家智识主义"(Confucian Intellectualism)的兴起。⑨ 当然,考证学和智识主义并不等同,余先生解释说:"我并不认为清儒已具有一种追求纯客观知识的精神,更不是说清代的儒学必然会导致现代科学的兴起。"但是,"清代学术始于考经,进而考史,乾嘉以下更

---

⑤ 余英时,《从宋明儒学的发展论清代思想史——宋明儒学中智识主义的传统》(1970),《清代思想史的一个新解释》(1975.2),《略论清代儒学的新动向——〈论戴震与章学诚〉自序》(1975.9),皆收入氏著,《历史与思想》,台北:联经出版事业公司,1977。专书为《论戴震与章学诚》,香港:龙门书局,1976。
⑥ 余英时,《略论清代儒学的新动向——〈论戴震与章学诚〉自序》,《历史与思想》,第 164 页。
⑦ 同上,第 162 页。
⑧ 同上,第 162 页。
⑨ 余英时,《论戴震与章学诚》,第 17 页。

转而考及诸子,儒家知识传统的逐步扩张于此已见端倪。"⑩从余先生这几篇文章可以看出,他后期的观点已不再似早期的战场转移说,而是从近代儒学转型之可能的角度上推,转而彰显清学所蕴含的"知识"议题,取其积极意义。我们毋须说这转向是倾向梁启超或胡适的看法,但不觉莞尔的是:清学确有此一新动向,故治清学者无论从理学的断裂性切入或理学的连续性切入,最终都将嚼出这层滋味。

近代史学大家杜维运先生在精研乾嘉史学后,跳出早期的反满说和文字狱,指出清儒走上考证之途实因乾嘉学者爱书、爱知识(纯学术的研究),遂提出"为学问而学问"之说(1962、1984)。⑪ 确实掌握了清儒的治学兴味。

二十世纪八十年代后,学界对清代学术又提出不少新解。如:Benjamin A. Elman 的 From Philosophy to Philology《从理学到朴学》(1984),林庆彰的"回归原典"(1988),⑫及本人提出的《以礼代理》(1994)等。这当中本人特别关怀的仍是知识议题的发展。Elman 三本书在研究方法上侧重学术团体与社会、政治的互动,有别于余先生的内在理路;但对知识议题,两人则有其同。Elman 指出:清代朴学传统追求的是经验性实证知识的系统研究;又说现代中国学术固深受西方影响,但中国现代社会史、文化史确曾受惠于考证成果;尤其考据学者动用古代遗物复原古史,成为现代考古学的先驱。他还讨论了江南考据学家的职业化。日本学者宇安七四郎有相同的见解。⑬

数十年后,反思余先生的创解,发现其主要理据是源自理学和史学,较少经学。宋明理学留下的"闻见之知"议题,是余先生《略论清代儒学新动向》一文的焦点,也是从理学的连续性此一内在理路最终逼出的关键性议题。而余先生特重章学诚(1738—1801)的"专家之学",也正说明了一个史家对清代学术走势的

---

⑩ 余英时,《略论清代儒学的新动向——〈论戴震与章学诚〉自序》,《历史与思想》,第 160 页。
⑪ 杜维运,《清乾嘉时代之史学与史家》,台北:台湾大学文学院,1962,第 15 页;《清代史学与史家》,台北:东大图书出版公司,1984;及《忧患与史学》,台北:东大图书出版公司,1993,第 3 篇第 1 章,《清乾嘉时代流行于知识分子间的隐退思想》。
⑫ 林庆彰,《明末清初经学研究的回归原典运动》,《明代经学研究论集》,台北:文史哲出版社,1994,第 333—360 页。
⑬ Benjamin A. Elman, From Philosophy to Philology: Intellectual and Social Aspects of Change in Late Imperial China (Cambridge, Mass.: Harvard University Press, 1984), pp. 87-169;赵刚译,《从理学到朴学——中华帝国晚期思想与社会变化面面观》,南京:江苏人民出版社,1997,中文版自序,第 3、4 章。

锐利观察。至于余先生提出"儒家知识传统的逐步扩张",本人则认为应是余先生清学诸论中最深睿的一个指示,未积数十年之功力不能企及。只是这当中还有极丰富复杂的知识议题与学思力点,可待细究。包括:儒学知识传统如何展开、经学的重新定位、考证学的基础知识、史学、文学与子学的独立等,广大图骥有待详勘。至于探索的新路径,本人则认为势必得回到"经学学术史"这个传统中国的学问之源。

  本人研治清代学术思想二十余年,早期侧重由概念入手探讨思想变化,近十年则转向由学术流变入手,尤其关注制度性的变化。研究清代礼学,用意在此。清代研治三礼之学,具有多重学术意义:一则全面反省社会礼教和礼意,反映出十八世纪的中国,其传统社会权威正逐步瓦解。另一重要用意则欲说明:礼学复兴所带起的典章、制度、名物、地理、技艺、方术等的大规模考证,其重要性绝非只是科学方法而已,我认为更应被重视的是考证工夫所展开的知识面向。此一层面的观察,绝非理学反动、理学延续所能涵盖,而是儒学本源的重新探勘;它牵涉到经史考证内蕴的基本知识。换言之,礼学、考证和知识很可能是今后研究清代学术最具吸引力的议题之一。同时"制度变革"也是得留意的,尤其剖析其符号内容时,更能具体掌握其学思变化。⑭ 特别是对重视建制和形式工具的清学而言。

  本文把观察重点放在经学学术的转变,从制度变革的角度切入,为近代学术转型中的清代学术提出一个新观察,最终关切的则是:儒学知识如何展开。在相当程度上是接续余先生提示的"客观知识"议题,唯研究资源则以经学相关议题为主。在展开本文论述前得先做一个说明,即:研治清代学术,无论从理学、史学、经学、小学、文学入手,钻研到相当程度都将汇为一源——全系"儒学"而已。故本研究亦可说是重新发现儒学。余先生三篇大文,总其成者被命名为"儒学"新动向,不再沿用先前的"理学"或"思想史"为题,即是明证。故本文虽从经学切入,观照的乃是儒学。

  学界皆知清代考证学的内容可谓经、史、子、集无所不包,还扩及金石、辑佚、

---

⑭ 张寿安,《以礼代理——凌廷堪与清中叶儒学思想之转变》,台北:"中央研究院"近代史研究所,1994;《十八世纪礼学考证的思想活力——礼教论争与礼秩重省》,台北:"中央研究院"近代史研究所,2001。关于本人清代礼学研究的几层反思,详后书的前言、绪论。简体字版,前书:河北教育出版社,2001年11月。后书:北京大学出版社,2005年12月。

校勘、文字、音韵、天文、历算、舆地、医律等,梁启超称之为"俨然是对中国学术的一次总整理",并在《中国近三百年学术史》中用半本书的篇幅介绍清儒经学整理的总贡献。今日我们接续前贤想追问的是:清儒"为何"要进行这么大规模的学术整理?这些学术整理工作在学术思想上有何意义?经此重新整理,传统学问有何变化?

本人思忖此一议题已近十年,今试提出,请学界指正。我对清代学术思想史的一个新观察,暂名之为:"打破道统、重建学统"。前语意取戴震(1724—1777):"发狂打破宋儒家中太极图耳!"[15]后语摘自阮元(1764—1849):"儒以六艺教民","道与艺合,兼备师儒","绝无所谓独得道统之事"。[16] 前句话说明清儒打破理学式的道统观念,批判理学限囿了儒学的知识性质,企图把儒学从道学中释放出来。[17] 后句话则指儒学自秦汉以来自有其学术传统与知识性质,绝非道学所能含摄。

清儒"打破道统、重建学统"的学术目标,不仅对宋明道学性质下的儒学作出批判,更展现于积极开发儒学的知识内容。这项学术大工程,经由多样性的学术文化活动来呈现,包括:探溯学术流变、辨析学问观念、推动学术工作、修改教育内容、重塑学人形象、大规模编书、出版、祀典更革,等等。可谓从制度、观念、价值,到实务面的编书、教育、典范,囊括净尽。本人无意指称这是个有计划、有步骤的团队式活动——虽然在"阮元学圈"确实有此倾向。我的观察只是想指出,清儒此一学术活动,无论在经、史、子、集或其他技艺性知识上,都具有学术意义的"同构型",更重要的是,清儒是有意识地在进行这项学术建设。或许我们可以用一句话表明这种同构型:"知识论述"——"考证学的知识论述"。

因此一议题牵涉极广,非单篇文字所能涵盖。故本文只拟先从"祀典"这个制度面入手,说明清儒如何破除理学道统,另立儒学学统。毕竟,制度是最具范式意义的符号,象征合法性(legitimacy),代表信仰。本文将讨论传统中国最具

---

[15] 〔清〕段玉裁,《答程易田丈书》,《经韵楼集》,收入《段玉裁遗书》,台北:大化书局,1977,道光元年七叶衍祥堂藏版刊本影印,卷7,第1004页。
[16] 〔清〕阮元,《拟国史儒林传序》《曾子十篇注释序》,《揅经室一集》,收入(上海)商务印书馆编(以下略编者),《丛书集成初编》,上海:商务印书馆,1935,册2197,卷2,第31、40页。
[17] 详拙文《道无统·道寓于学——清儒知识意涵下对道统的反思与批判》(2005,未刊稿)。

学术指标意义的两种制度符号:一、孔庙祀典、五经博士;二、书院祀典。前者代表官方制度,后者代表学术界自立标帜。并阐释其学术转型意义。

二、确立传经之儒:孔庙改制

明末清初的学术界,可说是道统攒聚、学脉林立。不仅理学内部如此、儒学如此,甚至道家学术内部也是如此。[18] 学者汲汲营营为自身学脉定位,高倡"辨章学术、考镜源流",目的不外乎厘清师承、争取"正统"。最明显的莫过于"学案体裁"著述的大量出现。此一事实,学界尽知。然罕为人留意的是:此一学脉林立运动,意外地开启了古代学术的丰富源头活水。

(一)明清之际学统林立与知识溯源

学案体裁式的撰述,可溯自朱熹《伊洛渊源录》。全书上起北宋周敦颐、邵雍、张载,下迄南宋胡安国、尹焞,主要辑录与程氏学术有渊源、流衍关系的师友学者及学行,目的在建立以程氏道学为中心的"道统",争取儒学的正统地位。学界普遍认为该书颇拘囿门户、党同伐异。宋元间朱学立为官学,正式获登儒学正统,虽则在学术界,朱、陆之争仍余波断续。明代中晚期王阳明学说盛行,朱陆之争益形尖锐,学案体裁的著述就成为道统认定与否的重要论证。早在明万历三十三年(1605)周汝登(1547—1629)即承阳明之学,撰《圣学宗传》,上起三皇五帝,下迄明儒罗汝芳(1515—1588),企图通过详述古今学术递嬗,以确立王阳明学派的儒学正统地位。该书虽也上溯宋元诸儒,却不以周敦颐为首,反倒远溯穆修(979—1032)、胡瑗(993—1059),表示王阳明的学说乃源自伏羲、神农,未尝中断,[19]意指王学源流较程朱更为古早。周汝登这种论述方法,确实在时空上扩大了为王学争正统的学术资源。明清间,孙奇逢(1584—1675)费了三十年功

---

[18] Liu Xun, "In Search of Immortality: Daoist Inner Alchemic in Early 20th Century China," (Ph. D. dissertation, History Department, University of Southern California, 2000).
[19] 〔明〕周汝登,《圣学宗传》,台北:"中央研究院"傅斯年图书馆藏,民国二十年吴兴刘氏据明刻本影印巾箱本。

夫编撰《理学宗传》〔书成清康熙五年(1666)〕,该书虽先著录宋明理学十一家,但有趣的是接着却加入汉、隋、唐"经师"13人。当然,孙氏学术仍以理学为宗,撰书目的也是为阳明争正统;虽则有王学上接程朱之语,也只因受当时学界朱陆调和之风影响。[20] 值得深味的反倒是汉、唐经师居然名列"理学宗传",岂非学术性质改写之一大暗示? 到清康熙间,学案体裁著述大兴,魏裔介(1616—1686)《圣学知统录》、汤斌(1627—1687)《洛学编》、熊赐履(1635—1709)《学统》、万斯同(1638—1702)《儒林宗派》、黄宗羲(1610—1695)《明儒学案》,及至雍正时李绂(1673—1750)的《陆子学谱》,乾隆时全祖望(1705—1755)订补黄宗羲《宋元学案》等,风行一时。[21] 谱系与学术理念,另有一番重组。

争朱、陆正统,虽是一桩理学内部的斗争,但在论辩过程中,却因学术渊源不断上溯,开启了儒学的广大资源,学术反思的主线也从"何谓理学"转向"何谓儒学"? 儒学的原初资源,被一一翻出。孙奇逢在《理学宗传》中特辟五卷论列汉、魏、唐儒13人,虽厕列为"副"、为"外",以别于(低于)理学家的为"主"、为"内",却反映出清初学界急于"开发学术新资源"的事实。

顾炎武(1613—1682)倡导"所谓理学,经学也",从学术史的意义观察,也是打开了一条宽广的知识溯源之途。下迄雍、乾,此一学术视域的开展更是明显。尤其钱大昕(1728—1804)、王鸣盛(1722—1797)、汪中(1745—1794)等对荀子的尊崇,而戴震、凌廷堪(约1755—1809)的道统视域,更明显从"周公—孔子—孟子",转向"六经—孔子—荀子"。[22] 这和程朱道统建构时,有意识地摆脱孔子—荀子,使上转成孔子—孟子,大异其趣。

在清初"学脉重理"的氛围下,孔庙祀典成为学界的争议焦点。当然,孔庙祀典代表官方对学术的认定,是制度面最重要的象征。历代孔庙祀典有三次更革最为紧要:唐贞观二十一年(647),明嘉靖九年(1530),清雍正二年(1724)。

---

[20] 〔明〕孙奇逢,《理学宗传》,台北:"中央研究院"傅斯年图书馆藏,清光绪六年(1880)浙江书局刊本。
[21] 参考陈祖武,《中国学案史》,台北:文津出版社,1994;黄进兴,《"学案"体裁产生的思想背景:从李绂〈陆子学谱〉谈起》,收入氏著,《优入圣域:权力、信仰与正当性》,台北:允晨文化出版公司,1994,第394—423页。
[22] 参考李纪祥,《继孟思维下的道统视域——戴东原与〈孟子字义疏证〉》,收入林庆彰、张寿安主编,《乾嘉学者的义理学》,台北:"中央研究院"中国文哲研究所,2003,下册,第391—453页;张寿安,《以礼代理——凌廷堪与清中叶儒学思想之转变》,第3章。

每次更革都代表学术意义的转移。清代汉学复兴,就反映在这第三次(包括乾嘉以降)的祀典更革上。欲了解清代祀典更革的意义,得先回顾一下历代祀典更革与学术变化的关系。

(二)孔庙从祀、罢祀的学术意义

从礼典上看,孔庙是"道统"的制度化。入祀孔庙代表学术正统地位的肯定。回顾历代祀典,不难发现入祀人物与正统认定之间的不断变化。

孔庙从祀制,大约起于初唐。唐太宗贞观二年(628)修定学校祀典,罢周公升孔子为"先圣",以颜回配享。到贞观二十一年(647),诏左丘明等22人配享孔庙,孔庙从祀制规模大致底定。计:左丘明、卜子夏、公羊高、穀梁赤、伏胜、高堂生、戴圣、毛苌、孔安国、刘向、郑众、贾逵、杜子春、马融、卢植、郑康成、服虔、何休、王肃、王弼、杜预、范甯。㉓ 从所挑选之孔门弟子以子夏为首,及所选秦汉魏晋经生,可以看出唐代孔庙重在传经之儒。

宋代理学兴起,孟子地位高升。宋神宗元丰七年(1084),孟子入祀孔庙与颜子并列。㉔ 首倡道统之说的韩愈(768—824)亦从祀孔庙。其后两宋理学大师皆陆续入祀孔庙,到明代已有:朱熹、周敦颐、程颢、邵雍、杨时、胡安国、李侗、吕祖谦、薛瑄、胡居仁、张载、程颐、司马光、张栻、陆九渊、真德秀、蔡沈、许衡、吴澄,几乎囊括了所有重要的理学家。这些理学家与两汉经师并列,看似孔庙"传经"之外兼重"明道",二者不作区判,但相较之前,已有变化。

推尊"明道之儒"贬斥"传经之儒"的言论,大约是在南宋末年逐渐出现。宋神宗元丰七年祀仪,将邹国公孟子的地位提高到与颜子同列;荀子、扬雄亦并加封爵从祀孔庙。㉕ 当时,熊鉌(1247—1312)首倡"五贤祠"专门崇祀周、二程、张、朱五贤,取代荀子、扬雄。在熊氏看来,此举乃"大明洙泗之正传,亦以一洗汉唐之陋习"。㉖ 诋斥汉唐经师为"陋",表彰伊洛为"洙泗正传",说明了熊鉌认定程朱正统、排斥汉唐的心态。到明代中期,理学已俨然成为孔门正传,宋代五贤超

㉓ 〔宋〕欧阳修等,《新校本新唐书》,台北:鼎文书局,1987,卷15,"礼乐志",《吉礼》,第373—374页。
㉔ 〔宋〕李焘,《续资治通鉴长编》,北京:中华书局,2004,卷345,"元丰七年"条,册14,第8291页。
㉕ 〔宋〕李焘,《续资治通鉴长编》,卷345,"元丰七年"条,册14,第8291页。
㉖ 〔宋〕熊鉌,《三山郡泮五贤祠记》,《勿轩集》,卷2,收入〔清〕纪昀等总纂、台湾商务印书馆编,《景印文渊阁四库全书》,台北:台湾商务印书馆,1983,册1188,总第780页。

越汉唐经师的信仰益形坚固。再到明末,崇祯十五年(1642),周、张、二程、朱、邵六子同时升为"先贤",祀位提高,仅次于七十弟子,远在汉唐诸儒之上。学术理念的变化,显然可见。

明世宗嘉靖九年(1530)孔庙改制。以祀典言,固然是"继嗣""继统"之争所引发的一连串礼制改革。但从孔庙从祀诸儒的或罢祀,或改祀于乡,或增配上看,显然是学术信仰改变反映在制度上的必然更革。基本上,这次孔庙改制由张璁(1475—1539)主奏,张璁据程敏政(1445—1499)之言以"传道之师"取代"传经之师"。在新价值的取舍下,唐贞观从祀孔庙的诸位汉代经师,遂一一遭到贬迁。张璁的主张是:

> 孔子祀典自唐宋以来,溷乱至今,未有能正之者。今宜称先圣先师,而不称王。祀宇宜称庙,而不称殿。祀宜用木主,其塑像宜毁撤。笾豆用十,乐用六佾。叔梁纥宜别庙以祀,以三氏配。公侯伯之号宜削,只称先贤、先儒。其从祀申党、公伯寮、秦冉、颜何、荀况、戴圣、刘向、贾逵、马融、何休、王肃、杜预、吴澄,宜罢祀。林放、蘧瑗、卢植、郑玄、服虔、范甯,宜各祀于其乡。后苍、王通、欧阳修、胡瑗、蔡元定,宜增入。㉗

其中13人遭罢祀,是最严重的否定。改祀于乡者7人,理由是"有功于一方者,一方祀之,逾境则已"。增祀者5人。其中,戴圣宜罢是因为"治行不法,身为赃吏",指其为官不廉;刘向被罢是因为"喜诵神仙方术,流为阴阳术家",指其学术不醇。至于郑玄等5人改祀于乡则是:虽若无过,"然其所行亦未能以窥圣门,所著亦未能以发圣学。"至于增祀后苍,表面看来颇似"存经",增祀胡瑗、王通(584—617)亦有"尊经"之义。事实上,完全不然。盖王通、胡瑗说经,已弃汉师家法自立新解,宋儒说经,则颇采其言。可见,增祀此二人的真正理由还是张璁所称:王通、胡瑗经说同于程朱经说,故得入祀。蔡元定亦因辅佐朱熹解经,遂得入祀。据此,则张璁所议孔庙从祀之进退原则完全以程朱学派为准。孔庙经

㉗ 〔明〕张居正等,《明世宗实录》,收入黄彰健校勘,《明实录》,台北:"中央研究院"历史语言研究所,据北平图书馆藏红格钞本微卷复印件缩印,1984,册8—9,卷119,第2823页。

此改革,堪称从制度上完成理学系统的"传道之儒",贬斥(甚至否定)汉唐的"传经之儒"。汉儒郑玄等遂在此一改制下,退出孔庙。[28]

(三)清初学界为传经之儒请命

首先得说明,清代孔庙祀典更革是结合了学术界和朝廷两股力量共同推动的。而秦汉经师得复(增)祀孔庙,绝非只是礼制变革,它其实是很严肃的学术变革,意义十分深远。此下依序论述。

1. 康熙朝

清代前期对文庙礼典提出更革建议的重要学者有:阎若璩(1636—1704)、朱彝尊(1629—1709)、程廷祚(1691—1767)、杭世骏(1695—1773)、全祖望(1705—1755)。他们的主要论点包括:祀典礼仪、增祀、复祀、位次,其中尤以为汉唐传经之儒争取进入孔庙,最为紧要。以下依时序论其要点并述理由,以示学术理念之变化。

康熙四十二年(1703)阎若璩撰《孔庙从祀末议》,主要讨论:增隆祀典礼仪、复祀、增祀和位次。其中最值得注意的是,他对孔门弟子的从祀人选提出很多增入名单,如:十哲宜进有若、公西华,使成为十二哲。据他考证,有若长于孔门言语之科,地位与宰我、子贡相堪;公西华长于孔门政事之科,地位与子路、曾皙相等。又建议复祀秦冉、颜何,补入县亶。在他看来,这些弟子都是孔门之学的主要传人,不可遗漏。他甚至以《史记》为证,说明唯如此才能齐全太史公所称孔门弟子八十人之数,而非一般所言七十二人。此外,汉初河间献王刘德(？—前131)开献书之路(《周官》《孝经》《礼记》《毛诗》《左氏春秋》)开启前汉经学,也应从祀。阎氏还特别提到孔庙从祀位次之错乱、凌躐,应予厘正。阎若璩私撰的这篇文章原附于所撰《尚书古文疏证》后,康熙四十三年朝廷增隆太学文庙祀典,其子阎咏遂将该文单篇付梓,流传学界,彰显乃父先见之明。[29] 我们试归纳阎若璩的议论,可见其关怀的要点为:1.争取在孔庙建立孔门弟子的完整谱系;

---

[28] 有关孔庙祀典更革,参考黄进兴,《优入圣域:权力、信仰与正当性》;朱维铮,《中国经学史十讲》,上海:复旦大学出版社,2003。

[29] 以上俱见〔清〕阎若璩,《孔庙从祀末议》,收入《丛书集成续编》,上海:上海书店,1994,史部、文集及其他,册40,第936—939页。其他建议增祀者:曾申、申详、诸葛亮、范仲淹、黄榦。后者的理由是:有功于礼学。学术立场可见一斑。

2.肯定秦汉学者对经书的搜讨、辑佚贡献。阎若璩这篇以考证形式撰述的文字,虽未见他对传道之儒有任何申斥,但从他列举宜增补入祀的名单和理由,不难看出他的关怀是:如何补全孔门学术的传衍,使无遗漏。

另一位借孔庙祀典为汉代学术和汉代经生争声气的重要学者是朱彝尊。朱彝尊的议论不只言词严峻,而且焦点清晰,全在为汉儒争肯定。朱彝尊的主要建议有:增隆祀典礼仪、复祀郑玄、增祀孺悲、建子夏祠堂。朱彝尊在孔庙祀典礼仪上的建议和看法,和阎若璩相当一致。朱氏也认为礼乐隆杀是主于主祭者,而非主于所祭神祇爵位之崇卑。他说:唐开元祭孔已用太牢、舞八佾,故今日天子在太学亲自祭孔,当然应该用八佾、十二笾豆礼。[30] 其中,朱彝尊最重要的一个建议就是《郑康成不当罢从祀议》,要求清廷恢复郑玄从祀孔庙。全文用词严厉,先批评明嘉靖帝(1537—1572)听程敏政之言罢郑玄从祀,是受制于学派之私,不合公论;接着指出:郑玄在后汉诸儒中兼治众经,各为笺注,会通诸家,考证驳诘,凡《易》《书》《诗》《周官》《仪礼》《礼记》《论语》《孝经》皆有注释;又论六艺、七政,笺毛《诗》,议禘祫,驳许慎(约58—约147)《五经异义》,著《发墨守》《针膏肓》《起废疾》,与何休(129—182)辩难,在汉儒中无人可匹。尤其是西汉诸儒多专治一经,东汉以降始渐有兼治数经者,郑玄当东汉之末兼治群经,真可谓集经学之大成。若无郑玄,秦汉以来的经书流衍、经师经说、古代典制,焉能留存至今!至于学界批评郑玄说经好引纬书一事,朱彝尊辩解说,其目的在考证古制典章,以补经说之遗;而且郑玄所作笺传,持守经自经、纬自纬,从不相杂;对纬书中最喜言之灾祥神异之说,亦未尝滥及。更何况,宋儒解经亦时时引证纬书,蔡沈的《书集传》就引《洛书·甄曜度》《尚书·考灵曜》,又引《河图·帝览嬉》之文。为何"其在汉儒则有罪,在宋儒则无诛"?[31]

郑玄之外,朱彝尊建议增祀孔门弟子孺悲。孺悲自唐至明从未入祀孔庙,主要是因为《论语》载:孺悲欲见孔子,孔子以疾辞;世人遂认为孺悲非孔门弟子。朱彝尊考证,孺悲曾受哀公之命习礼(士丧礼)于孔子,确实是孔门弟子、传经之

---

[30] [清]朱彝尊,《孔庙礼乐议》,《曝书亭集》,台北:中华书局,四部备要本,1981,卷60,第1a—1b页。
[31] [清]朱彝尊,《郑康成不当罢从祀议》,《曝书亭集》,卷60,第2b—3b页。

人,岂可因小疵而摈大功!㉜ 这个看似无甚高论的考证,实蕴含着深长的学脉传承意义:不使任何传经的孔门弟子遗漏于孔庙之外。㉝

接着,朱彝尊慨叹经学式微,并归咎于元明两代科举的轻经义、专重《四书》。他批评朱熹编《四书》变乱读书方法,说:

> 朱子注《论语》,从《礼记》摘出《中庸》《大学》为之章句,配以《孟子》,题曰《四书》。谆谆诲人以读书之法,先从四子始。由是淳熙而后,诸家解释四书渐多于说经者矣。元皇庆二年定为考试程序,凡汉人、南人第一场试经疑二问,于《大学》《论语》《孟子》《中庸》内出题,并用朱氏章句集注;经义一道,各治一经。若蒙古、色目人第一场试经问五条,以《大学》《论语》《孟子》《中庸》内设问,亦用朱氏章句,则舍五经而专治《四书》矣。明代因之,学使者校士以及府州县试,专以《四书》发题,惟乡会试有经义四道,然亦先四书而后经。沿习既久,士子于经义仅涉略而已。㉞

科举考试既专从《四书》取题,士子遂不再研读经书,纵使读经,也是断章取义,不求本末。他描述经学衰颓现象说:"士子于经义仅涉略而已,至于习《礼》者恒删去经文之大半,习《春秋》者置《左氏传》不观,问以事之本末茫然不知,经学于是乎日微。"朱彝尊把这种现象称为"学术枯晦",至于振起之方,他认为必须回到"学术之海"——"五经"。于是呼吁改革科举,以"经书取士"。㉟ 朱彝尊最为人称道的大作《经义考》,就是他搜讨五经的总集。这部三百卷的大书,是一部经学文献工具书,它著录了自秦至清初的八千四百多种经学著作,是最详博

㉜ 〔清〕朱彝尊,《孺悲当从祀议》,《曝书亭集》,卷60,第2a—2b页。
㉝ 朱彝尊曾详考孔门弟子,见《孔子门人考》,《曝书亭集》,卷57,第1—9页。乾嘉后孔门弟子成为主要考证议题之一,其意在此。
㉞ 〔清〕朱彝尊,《经书取士议》,《曝书亭集》,卷60,第3b—4b页。
㉟ 同上。

的一部私家撰著的目录学专书。㊱ 梁启超称之为:研治"经史学"者所不可少之书。㊲

为了争取经书和秦汉传经之儒在孔门学脉中的地位,朱彝尊又撰《文水县卜子祠堂记》,文中详述子夏在孔子之后的传经贡献。他说:"诗书礼乐,定自孔子;发明章句,始于子夏。"㊳把孔子殁后到前汉经师四百年间,六经得传的脉络系于子夏;虽未排斥孟子,但相较于理学的孔孟学脉,朱氏已另立学统矣。其后,乾嘉间尊经崇汉之风大盛,举凡孔门弟子考、经书流传考都成为考证要题,"尊经阁"亦在各地纷纷建立,多受朱氏直接影响。㊴

2. 雍正乾隆间

雍乾间,议请增祀之风最盛。焦点集中在为汉唐传经之儒请命。程廷祚的《圣庙崇祀议》是一篇立意恢宏的文字,其所论不只复祀、增祀,兼及从祀原则。首先,他全面批判了唐宋元明的孔庙从祀制,不仅提出宜增宜黜的人物和理由,还提出一套孔庙祭祀与从祀的原则。程廷祚认为学校祀孔的目的在尊师敬学,不需蔓衍太广。在他看来,唐宋以降孔庙不断增祀根本就是"渎祀"。他分析孔庙渎祀之因:唐代尊章句训诂之儒太过,宋代喜空谈性命太过。他说:自唐贞观以左丘明等22人配享孔庙,尔后历代慕效,到宋景定二年时,不仅广进汉唐诸儒,还旁及立德立言之士,连北宋五子之徒也得从祀,遂令孔庙成了"一哄之市",俎豆争荣之所。程氏遂建议撇开传道与传经之争,回到礼的原意:"祀曰:夫礼,为可传、为可继。"只需择取后儒中于孔门之学行有可传可继者从祀即可。他提出的名单首列孔门七十子,其次秦汉之际传经之儒13人,计:田何、伏生、孔

㊱ 朱彝尊藏书三十楹,近八万卷,为东南之冠。乾隆元年(1736)开三礼馆,内府为藏书甚少而苦。李绂即言:"所开三礼书目应行征阅者共一百一十六种,今查馆中止有五种,尚有一百一十一种未到",遂建议"查浙江藏书之家,惟故检讨朱讳彝尊藏书最多。某从前与修《春秋》时,请总裁太仓王公,将其孙名稻孙者,奏令入馆纂修,即令将所有《春秋》各家批注带来,共得一百二十七种,遂不待别有征求而采集大备。今馆中出有纂修官阙,若仍用此法将朱稻孙奏请入馆,即令将所有三礼各家批注带来,则所少之书,十得七八矣。"〔清〕李绂,《与同馆论征取三礼批注书》,《穆堂别稿》,收入续修四库全书编纂委员会编(以下略编者),《续修四库全书》,上海:上海古籍出版社,1995,集部,册1422,卷34,第519—520页。
㊲ 梁启超,《中国近三百年学术史》,第203页。
㊳ 〔清〕朱彝尊,《文水县卜子祠堂记》,《曝书亭集》,卷65,第1—2页。
㊴ 效朱彝尊建尊经阁,如全祖望撰有《尊经阁祀典议》,《鲒埼亭集外编》,收入《全祖望集汇校集注》,上海:上海古籍出版社,2000,上册,卷39,第1551—1552页。稍后金岱峰用全祖望之议在临安建尊经阁(详下文)。

安国、申公、辕固、韩婴、毛公、高堂生、张苍、贾谊、胡母生、董仲舒、瑕丘江公,又建议增祀河间献王刘德,[40]再次北宋五子。至于"消除五子之徒"的理由是:既未传经亦无高行,"以杜空谈标榜之习"。[41] 其他唐宋元明诸儒,则"改祀于乡"即可。程廷祚的崇祀议有三个要点:1.特尊前汉经师。在他看来,无秦汉经师则无宋明道学。他说:"秦汉之际六经不绝如缕,使非有旷代大儒抱残守缺以俟将来,则二郑贾马何由施其笺疏?濂洛关闽安所致其颂法?"若无传经之儒,焉有唐宋学术发展?2.详考孔门弟子,详考《尚书》在秦汉间的流传。3.厘清传经之儒、章句之儒、道学之儒的差异。[42] 从程廷祚对道学的批判和对汉儒的尊崇,不难想见学术界急于恢复湮灭已久的经学传统。

雍正二年(1724)祀典改革后(详下一节),为汉儒请命的声音也日益增大。杭世骏(1695—1773)在获知汉儒郑玄复祀孔庙后,立刻议请复祀卢植。他推崇卢植传《礼记》,尤长于考释名物、存先秦殷周制度典章,不只学问的难度高于推寻义理,同时在后汉唯郑玄与卢植二人得师说于不传之余,堪称是孔门学术正宗。鉴于卢植的礼说早已散失,杭世骏又做了一番辑佚工作,分别从唐孔颖达(574—648)、陆德明(约550—630)的书中把"零章断句有裨于经术者录出",[43]附于文末。这种搜讨辑佚的工作,其后成为汉学界的学术工作要点,看似琐碎,其背后实含有深刻的"学术钩沉"使命。

为秦汉唐经师请命,立论最有系统的是全祖望。这位有学案编撰经验的学者,对学术流变、学脉传衍确实十分敏感。他撰写《前汉经师从祀议》,专门为秦汉经师请祀。全祖望首先指出,孔庙从祀当以"传学统"为最要原则。他把秦至西汉的经学流传分成三阶段,并根据各阶段学术特质的不同订定相异的从祀择人标准。1.汉高祖、惠帝间。因在秦火之后,凡修经传绝学的儒者都得报其继绝之功,有:田何《易》、伏胜《书》、浮丘伯《诗》、毛亨《诗》、张苍《春秋左氏》、高堂

---

[40] 〔清〕程廷祚,《汉河间献王宜从祀孔子议》,《青溪集》,收入《丛书集成续编》,台北:新文丰出版公司,1989,册190,第727—729页。
[41] 〔清〕程廷祚,《圣庙从祀议》,《青溪集》,收入《丛书集成续编》,卷5,第724—727页。
[42] 〔清〕程廷祚,《伏生尚书原委考》,《青溪集》,收入《丛书集成续编》,卷5,第729—730页;《贾生传尚书考》,《青溪集》,收入《丛书集成续编》,卷5,第730—731页。
[43] 〔清〕杭世骏,《拟请复汉儒卢植从祀议》,《道古堂文集》,收入《续修四库全书》,集部,册1426,卷23,总第429页。

生《礼》,计6人。2.文帝、景帝、武帝间。承学经师接踵而出,笺注撰述有别子为宗之势。选择的标准就得注重在"择其言行不诡于道者从祀"。有:传《易》:丁宽、费直,传《书》:孔安国,传《诗》:申培、毛苌、辕固、韩婴,传《左氏春秋》:贾谊,传《公羊》:胡母子都、董仲舒,传《穀梁》:江公,传《礼》:后苍,传《周礼》:河间献王,计13人。3.宣帝、元帝以后。经术大昌,选择标准就得兼顾传师学与躬行两方面,必得"躬行学术,以承学统",而后许之。其中,全祖望特尊刘向,称其集诸经之大成,又精忠有大节,值得从祀。至于后汉,除了贾逵、郑玄、卢植之外,皆不足取。㊹ 全祖望的从祀议中最值得留意的是,他特别看重"承学统",无论是列秦汉传经之儒或六经在前汉的传脉,都特别关注"传衍谱系"。他甚至用"宗子"和"别子"的观念分辨学脉之正统与否。比如说:田何之大宗是丁宽,毛亨之大宗是毛苌等。全氏这种突出宗子视为正统的学脉观念,和他编学案的理念完全一致。综观他的取舍标准,可以说:凡能在经学不绝如缕之际有存亡继绝之功者,都得纳入学脉,至于个人的言行还在其次。最明显的莫过于他论唐代经师从祀。唐代以诗赋取士,经学极衰,史称"经学的衰颓期"。学界多谓唐代经师存亡继绝不足望汉人、明道敦行又不足望宋人,不必从祀。全祖望则说"天之未丧斯文,际时之厄,亦不得不于驳杂之中,求稍可寄者而寄之",若无此数人,"则经学将遂为哑钟,是亦不可不稍存其学派也。"㊺全祖望是清初重要的理学家和史学家,并不以经学见长,却持论如此,很可以表明清代前期的学术界(理学、史学、经学)有一股上复儒学学统的势力,目的在矫正道学独大所造成的学术偏蔽局面。

(四)孔庙从祀之更革

清初学界兴起的孔庙礼议之风,和清初统治者有直接关系,尤以雍正二年(1724)孔庙改制最为关键。

先是顺治朝推崇先师孔子,发工修缮孔庙,增新礼器,亲祭孔子。康熙朝更扩增礼典,授宋儒周敦颐后裔五经博士世职,诏修曲阜、国子监孔庙,亲率文武官祭孔,又增建子思专庙。盖康熙中年后转向朱学,每言朱熹乃孔孟以后第一人,

---

㊹ 〔清〕全祖望,《前汉经师从祀议》,《鲒埼亭集外编》,收入《全祖望集汇校集注》,上册,卷39,第1548—1549页。

㊺ 〔清〕全祖望,《唐代经师从祀议》,《鲒埼亭集外编》,收入《全祖望集汇校集注》,上册,卷39,第1549—1550页。

学术史的视域

欲特加优崇,经反复咨议,终于决定在五十一年(1712)升朱熹配大成殿位居十哲卜商之次,以昭表彰之至意。清初皇帝对儒学的推尊助长了孔庙祀典的议论。雍正二年,雍正帝决定对孔庙祀典做全面整理,上谕言:先儒从祀文庙,关系学术人心,乃国之重典,凡宜祔宜增者,都得详加考证,折中至善,使万世遵守,永无异议。嘱"九卿翰林詹事科道,会同国子监,详考以闻"。一时间,孔庙祀典成为朝野儒生的大论题。在雍正上谕中最值得留意的是,他特别声明凡羽翼圣经、维持名教者皆得祔飨,并指责前代对贤儒进退不一,造成孔庙失序。遂昭告天下:"凡先罢而今宜复者""旧缺而今宜增者"皆可议请;还特别指示:"周程朱蔡外,或有可升而祔者",务必遵旨议定,以昭崇报。显然鼓励学术界对唐宋元明以来的孔庙祀典做一反省。于是孔庙复祀、增祀成为学界大事,尤其经学界最是热切。当时议请宜增宜复者计22人,经雍正裁夺后,把明洪武至嘉靖间所罢黜的汉唐诸儒做了个反正。[46] 其中复祀者6人:蘧瑗、颜何、林放、秦冉、范甯、郑康成;增祀者20人,含孔子弟子2人:县亶、牧皮,孟子弟子4人:乐正子、公都子、万章、公孙丑。其他议请却未获准的汉儒有:戴圣、何休,被评为"未为纯儒";郑众、卢植、服虔、范甯被讥为"谨守一家之言"。唯郑玄以"纯质深通",终得恢复从祀孔庙的地位。[47] 虽然同时增祀的理学诸儒远多过两汉经师,但对致力于尊经崇汉的清初学者而言则是一大鼓励。

乾隆十八年(1753),乾隆皇帝对孔庙从祀再做修整,此次重点是"两庑从祀先儒位次,依史传按年序次",革除了先前贤儒位次错乱之弊。厘正位序,对汉学界而言,意义深重。首先,关于孔庙东西两庑的座次问题,一直是学术界关怀

---

[46] 明代文庙罢黜诸儒有三次:明太祖洪武二十九年(1396),黜扬雄从祀;孝宗弘治八年(1495),黜吴澄从祀;世宗嘉靖九年(1530):林放、蘧瑗、郑康成、郑众、卢植、服虔、范甯7人,改祀于乡。公伯寮、秦冉、颜何、申党、荀况、戴圣、刘向、贾逵、马融、何休、王肃、王弼、杜预13人,黜其从祀。见〔清〕昆冈等奉敕,《钦定大清会典事例》,北京:中华书局,1991,据光绪二十五年(1899)石印本影印,卷436,礼部147,中祀4,"先师庙制"雍正二年谕,第940—942页。

[47] 〔清〕昆冈等奉敕,《钦定大清会典事例》,卷436,礼部147,中祀4,"先师庙制",康熙五十一年及雍正二年谕,第940—941页。又参考《世宗宪皇帝实录》,收入《清实录》(北京:中华书局,1986),册7,卷20,雍正元年五月至八月,第326—327,341页。《钦定大清会典事例》,乾隆十八年所定孔庙两庑位次有蜀汉1人,宋6人,元4人,明2人,清1人,第941页。

的要点。清初王士祯(1634—1711)、⑱顾炎武、⑲徐乾学(1631—1694)、⑳陆陇其(1630—1692)都撰专文讨论。据清初诸儒所载:凡孔庙新儒增祀,其位次安排,历代不同,有依入祀年代先后入座者、有依学术重要性插入者、有依学脉师承连坐者、有依生年先后列次者,也有序昭穆排次者等。序次原则不固定,造成东西两庑人数不一,座次杂乱,章法全无。乾隆这次改"依年次序列",摒除前代任何主观意识下的学术武断,把学术的古今传衍当成主轴,完全归回历史的发展,彰显先师弟子的相继之功。不仅排除了传道重于传经之弊,也表明汉学是宋学之源。这个意义是很重大的。

孔庙祀典改革直接影响到乾嘉汉学的学术工作内容,雍乾以降汉学界的一大要务就是考证孔子以降的经书授受脉络,凡孔门弟子、秦汉经生、两汉家法师承,皆细究其流脉传承,不容含混。同时也因重修祀典祭礼带动起黄帝陵、商汤墓、孔门弟子、秦汉经师弟子生卒年、墓葬的考证风潮。当然,这和乾隆崇尚经史实学、不喜玄谈的学术爱好直接相关。今本《大清会典事例》该年下,还不厌其详地登录了自前汉公羊高以至清代陆陇其等55位儒者的科名年次。㉑依年代序列从祀诸儒,代表官方从形制上泯除了传经、传道的高下分辨,肯定了汉学开源流传之功。

(五)郑玄复祀、许慎从祀孔庙的重大意义

在这波孔庙改制事件中,郑玄复祀孔庙、许慎从祀孔庙,绝非单纯的礼制更革,实具有重大的学术转型意义。分述如下。

---

⑱ 王士祯入清后任国子祭酒期间,与司业刘芳喆(顺治十八年进士)一起上疏言:"自明去十哲封爵,称冉子者凡三,未有辨别。宋周敦颐等六子改称先贤,位汉、唐诸儒之上,世次殊有未安,宜予厘定。"又疏言:"田何受易商瞿,有功圣学,宜增祀。郑康成注经百余万言,史称纯儒,宜复祀。"又疏言:"明儒曹端、章懋、蔡清、吕柟、罗洪先,并宜从祀。"赵尔巽等撰,《清史稿》,北京:中华书局缩印本,1998,卷266,第9952—9953页。其后孙星衍为王氏作传,彰美此事。见〔清〕孙星衍,《资政大夫经筵讲官刑部尚书王公传》,《平津馆文稿》,收入《丛书集成初编》,册2526,卷下,第71—73页。

⑲ 〔清〕顾炎武,《书〈孔庙两庑位次考〉后》,《亭林文集》,收入氏著,《顾亭林诗文集》,台北:汉京文化事业公司,1984,卷5,第110页。

⑳ 〔清〕徐乾学,《孔庙两庑位次议》,《憺园文集》,收入四库全书存目丛书编纂委员会编(以下略编者)《四库全书存目丛书》,台南:庄严文化事业有限公司,1995,集部,册243,卷13,总第24—27页。

㉑ 〔清〕昆冈等奉敕,《钦定大清会典事例》,北京:中华书局,1991,据光绪25年(1899)石印本影印,卷436,礼部147,中祀4,"先师庙制"雍正二年谕,乾隆十八年奏准圣庙两庑从祀位次,第941—942页。

217

1.郑玄与六经

郑玄再度入祀孔庙,对清儒(尤其专门汉学者)而言,意义重大。不只从制度上肯定了两汉经师和两汉经学的地位,也承认了汉学是孔门学术正统。对其后经学界复兴两汉学术具有积极推动力,是清儒"学统重建"的重要步骤。换言之,郑玄复祀此一制度上的成功只是开始,清儒的更大目标是恢复以经学六艺为主体的儒学正统。乾嘉以降研究郑玄学术蔚为大宗,正是这个缘故。兹举陈鱣(1753—1817)、郑珍(1806—1864)为例说明。

陈鱣是阮元学圈的重要学者,举孝廉出阮元门下,后从学于诂经精舍,为钱大昕(1728—1804)、卢见曾(1690—1768)、段玉裁(1735—1815)、黄丕烈(1763—1825)等所推重,有"汉学领袖"之美誉。㊾ 阮元更称陈鱣是"浙中经学之冠",堪比徽州程瑶田(1725—1814)。㊿ 陈鱣为学最精许、郑,以"复兴郑学"自任,每言郑玄复祀孔庙乃"国朝盛举"。陈鱣指出,自汉至唐郑玄之学都居孔门学术正宗,实因郑学集两汉学术之大成,注《毛诗》《周官礼》《仪礼》《礼记》《周易》《尚书》《论语》等,所以说欲述孔门之书必由郑学入手,舍此别无进路。又因郑玄经说多所散失,遂为之广搜辑采,编成《郑注孝经》《六艺论》,又约其生平撰《郑君年纪》一书,教学更专以"郑氏家法"授徒,于郑氏一家之学可谓尽心尽力。54

事实上,乾隆以降专门汉学兴起,郑玄的地位日益提高,搜辑郑氏经说、考证郑氏弟子、郑学流衍的著作更是蜂拥而起。其致力有成者如:王昶(1724—1806)《郑氏书目考》、55卢见曾辑《郑司农集》56等不胜枚举。尤以道咸间郑珍〔道光十七年(1837)举人〕贡献最大。郑珍从学程恩泽(1785—1837),长期为程氏幕客,走着以字通经的路子。这位在仕途上磋磨不顺的落拓举人,留下丰富的经学、小学、文学和地方文献著作。他在经史学上的成就被称为"通汉宋之津",

---

㊾ 〔清〕吴衡照,《海昌诗淑》,收于陈鱣著《简庄文钞》,卷首"杂缀",收入《续修四库全书》,集部,册1487,总第234页。
㊿ 〔清〕阮元,《定香亭笔谈》,收于陈鱣著《简庄文钞》,卷首,收入《续修四库全书》,总第233页。
54 〔清〕陈鱣,《郑君年纪叙》,《简庄文钞》,卷2,收入《续修四库全书》,总第252页。
55 〔清〕王昶,《郑氏书目考》,《春融堂集》,收入《续修四库全书》,集部,册1437—1438,卷34,总第34—37页。
56 〔清〕卢见曾辑,《郑司农集》,收入《丛书集成初编》,册2353。

又因为长年执教贵州,有"西南儒宗"美誉,[57]学界甚至封以"乾嘉以来东南诸巨子无以过之"[58]之令名。郑珍精许、郑之学,自言生平治学"服膺郑氏家学"。积三十年工夫完成《郑学录》四卷,包括《郑玄传注》《郑玄年谱》《郑玄书目》《郑学弟子目》。[59] 考证《史记》《家语》等史传之误,对郑玄学脉做了全面整理,至今仍是研究郑学最重要的参考书。郑珍于诸经中最深三礼,尝言他研礼的意图是:"苦前儒聚讼,而思权衡得失。"无怪乎今日学界仍称他的郑玄研究是介乎史学和经学之间的大著。[60]

乾嘉学界致力于考证郑玄学术、郑玄弟子、孔门弟子、秦汉经学传流,目的在于重建孔门儒学的传授脉络、重新整理儒学的学术统系。试举嘉道间受业于诂经精舍的阮元高弟洪颐煊(1765—1833)之言为证。洪颐煊在道光间再度撰文批评张璁、程敏政,并直接宣称从祀孔庙的原则应该是"传经"而非宋元的"空谈性命之学"。言:

> 孔子之志在六经,故后世之从祀孔庙者,当以传经之功为断。郑君生当汉末,章句繁多,群言淆乱。学徒劳而少功,后生疑而莫定。郑君囊括六艺,屏斥俗儒,范模正旨,诚百代之儒宗,千秋之绝业也。明嘉靖九年议更祀典,张璁据程敏政议,谓康成注书无关于圣人之旨,罢从祀。夫程氏所谓圣人之旨者,乃宋元以后空谈性命之学也。孔子生当周季,遗文片义皆当从周秦以前之语言文字求之。若乃谬执臆见,谬袭异说,是犹陟泰山而上丘垤,探河海而酌蠡测也。其去圣人也远矣。[61]

洪颐煊主张从祀以传经为断,较诸清初全祖望所言"传学统",确实把焦点

---

[57] 〔清〕黎庶昌,《巢经巢文集序》,附于郑珍著《巢经巢文集》,收入《续修四库全书》,集部,册1534,总第270页。
[58] 〔清〕高培谷,《巢经巢文集序》,附于郑珍著《巢经巢文集》,收入《续修四库全书》,集部,册1534,总第271页。
[59] 〔清〕郑珍,《郑珍集·经学》,贵阳:贵州人民出版社,1991,第253—347页。
[60] 〔清〕郑珍,《郑珍集·经学》,"点校前言",第6—7页。
[61] 〔清〕洪颐煊,《郑康成不应罢从祀议》,《筠轩文钞》,台北:艺文印书馆,董金榜辑《邃雅斋丛书》本,1971,卷1,第16a页。

更集中于经学,但他所谓的经绝非指六本经书,而是指六艺之学。其次值得留意的是,洪颐煊特别举出汉儒的两种贡献也是专门汉学治学最重要的入门知识,即章句遗文片义和周秦以前的语言文字,亦即章句、训诂、校雠、文字之形声义。我们试回想仪礼学在清代的艰难复兴过程:从张尔岐句读,顾炎武赴西安拓熹平石经,再到阮元等校勘一字一句,再到凌廷堪归纳释例,胡培翚写成正义,使这本遭王安石罢黜科考近八百年的经书重现人间,最终成为被学界誉为清儒治经的"最大成就"——仪礼学。这当中每一步都需要借助文献与文字知识,就不难了解为何为郑玄、许慎争取正统地位认定是如此之重要!

2.许慎与《说文》

其次再谈清儒争取许慎从祀孔庙一事。

许慎成为郑玄之外,乾嘉学界最积极争取从祀孔庙的汉儒,其实并不意外。这位在清初从祀议论中未被提及的学者,在乾嘉后受到汉学界的特别重视,和当时学术发展走向是相一致的。盖乾隆初期以后,学术界就有一股从经史实学转向专门汉学的风气,学术界以"实事求是""说经"为号召,坚信"治经必先识字"的治学方法,提倡许慎、郑玄之学。王鸣盛言:

> 学问之道,首识字,次穷经,次究史。然使学不必有专主,而字学、经学则必定有所宗。文字宜宗许叔重,经义宜宗郑康成。此金科玉条,断然不可改移者也。[62]

所谓文字、经义必得有所"宗",前者所宗是许慎,后者所宗即郑玄。钱大昕(1728—1804)也阐扬经义和郑注的密切关系:"夫经与注相辅而行,破注者,荒经之渐也。"[63]显然,这是针对理学界"义理先行"治学态度而做出的修正。倡导"由字通经",不可离字(包括字形、字音、字义)率言义理。其实,早在乾隆三十七年(1772)朱筠就奏请依《说文》等校定十三经文字,揭于国子监。当时的目

---

[62] 〔清〕王鸣盛,《〈仪礼管见〉序》,收于褚寅亮著《仪礼管见》,卷首,收入《续修四库全书》,经部,礼类,册88,总第373页。

[63] 〔清〕钱大昕,《〈仪礼管见〉序》,收于褚寅亮著《仪礼管见》,卷首,收入《续修四库全书》,经部,礼类,册88,总第374页。

的,表面看来是"纠正别字俗体",[64]实际上是欲新立一套治学的基本方法。因此,探究先秦古字古音之原形成为治学的基础功。许慎《说文解字》一书,风行天下,《说文》之学亦大盛于天下,造成"家家许郑,人人贾马",学界以"精许、郑之学"相标榜。

嘉庆时,以复兴汉学为己任的陈鳣就撰写《拟请汉儒许慎从祀议》上书礼部。他在文中推尊许慎是和郑玄一样重要的汉代经学家,时称"五经无双许叔重",接着又用相当长的文字说明许慎《说文解字》的重要性:

> 文字者,经义之本、王政之始。士子读书必讲求于形声故训,而义理出焉。许氏受学贾逵,博采通人,作《说文解字》。其自序云:将以理群类、解谬误、晓学者、达神恉。其称《易》孟氏、《书》孔氏、《诗》毛氏、《礼》《周官》《春秋左氏》《论语》《孝经》,皆古文也。子冲上书云:六艺,群书之诂,皆通其意,而天地、鬼神、山川、草木、鸟兽、蚑虫、杂物、奇怪、王制、礼仪,世间人事莫不毕载。然则,许氏诚经师之大统、圣门之功臣也。[65]

陈鳣这段文字,除了说明文字与经书的关系,最引人注意的应是他指出许慎这本字书所蕴含的多样性知识,尤其是这些知识都与治理天下相关。他说许慎《说文》一书乃旷古之作,不只保存了先秦战国以至汉初的古籀、大、小篆各体文字,最可贵的是这些文字还承载了那些时代的各种名物事典,遍及天地、鬼神、山川、草木、鸟兽、蚑虫、杂物、奇怪、王制、礼仪,凡世间人事之词莫不毕载。若回顾一下唐贞观时的孔庙增祀,不难发现增祀22人中并无许慎。陈鳣进一步批评唐代经学观念狭隘,说:

> 盖唐人但知依经注为师尔。时贡举之政,凡明书试《说文》《字林》,其

---

[64] 朱筠奏请颁《说文》。见《高宗纯皇帝实录》,收入《清实录》,册20,卷917,乾隆三十七年九月,第298—301页。"安徽学政朱筠奏:蒙恩简任以来,时以实学训迪诸生亦蒸蒸向风。第试卷中别字俗体,触目皆是,江南且然,何况小省。请敕下儒臣,取《十三经》正文,依许慎《说文》、顾野王《玉篇》、陆德明《释文》,校定点画。择翰林中书之工书者,以清汉二体书之,摹勒上石,揭于国子监之壁。昭示万世。"

[65] 〔清〕陈鳣,《拟请汉儒许慎从祀议》,《简庄文钞》,卷6,总第279页。

书虽列学官,未尝专尊许慎。……不知康成注礼,每引《说文解字》,必称许叔重字以尊之。(66)

陈鳣批评唐人治经只依经注,未能发现许慎《说文》一书的重要性。显然,他认为《说文》最精彩的不在保留经注文字,而是由字、辞、义类所带出的古代文化知识。接着他批评一般人把《说文》当作“字书”遂小觑之,是一大错误。陈鳣先分辨“字书”“小学”之异,其次说明小学与治经的关系:

论者又以《说文》为字书,无关实学。夫小学本附群经,与《尔雅》相表里。向非许氏稽撰其说,分别部居,后之从事经术者,于声音、文字、训诂之学,何由以明? 安得比于小道目之?(67)

《说文》表面看来似是字书,但其实和《尔雅》一样属于小学。若回顾一下《说文》发展史,不难看出唐宋时《说文》仍被视为字书供教学所用,唯独郑樵(1104—1160)发现《说文》的价值,在《六书略·六书序》慨叹:“经术之不明,由小学之不振;小学之不振,由六书之无传。”“六书明则六经如指诸掌。”(68)盖字书随时代需要而异,《说文》所载却是文字之源、经义之本,意涵丰富,绝非字体而已。《尔雅》在汉代已立为七经之一,就因为汉儒坚信治经得先通字义,而《说文》不仅将字进行分类,还兼及声音、字义、字形,重要性胜过《尔雅》,甚至可以说《说文》本身就是一门学问。

《说文解字》一书从清初以降治者、刻者不断,实因清儒认识到文字是小学的根本、经义之原出,“固人人之所肄业”。清代最著名的两位说文学专家:一是桂馥(1736—1805),他费四十年之力钻研《说文》,写成《说文义证》,又寻绎许慎

(66) 〔清〕陈鳣,《拟请汉儒许慎从祀议》,《简庄文钞》,卷6,总第279—280页。

(67) 〔清〕陈鳣,《拟请汉儒许慎从祀议》,《简庄文钞》,卷6,总第280页。

(68) 〔宋〕郑樵,《通志》(上海:商务印书馆,1935,万有文库本),志487,卷36,《六书序》。事实上,郑樵不如清儒之推崇许慎。盖运用金石考证文字始于南宋,尤以薛尚功《历代钟鼎彝器款识》最为著名。该书指出许慎《说文》所列古文籀文多有字形不同之处,遂有以钟鼎文字考订《说文》者。

以下至唐宋治《说文》者,绘成《说文统系图》。[69]另一位是段玉裁,他已将《说文》发展成一专门学问矣。清代《说文》之学大盛,具有非常重要的意义。盖隋唐时《说文》多被视为字书,南宋元明以降六书之学兴起,但说六书者并不专宗许慎,到清儒讲六书始专宗许慎,同其时经史考古之风大盛,六书之外,《说文》所蕴藏的古文字和古文化知识逐渐受到重视。换言之,从学术发展的角度观察,《说文》一书在历代的性质变化,实在可称为一专门知识:"说文学"。也就是说,《说文》这本中国古文字的宝藏,如何从字书发展为六书学,到了清代又再转变为经书,终至晚近被学界视为是中国古代文化史、知识史之宝藏,正见证了传统学术的近代转型。此一议题还有待开发。

同时为许慎请祀者还有任兆麟(嘉庆元年举孝廉方正,任大椿族弟)。兆麟曾撰《论复郑康成从祀》,[70]争取郑玄的传经地位,惜未得见。任氏又撰《请许慎从祀圣庙议》,争取许慎入祀孔庙。任氏的观念和当时所有的汉学家一样,主张"圣人之道在六经,而经必赖文字以传。文字者,经义之本,王政之始,前人所以垂后,后人所以识古。"[71]主张由字通义。看似无甚高论,其实意图打开古文字所蕴含的丰富文化资源。岂容忽视!

许慎从祀孔庙,终于在光绪二年(1876)成功。[72]此外和汉学相关的重要议请有:嘉道间,严可均(1762—1843)议荀子从祀孔庙;[73]冯登府(1783—1841)议大毛公从祀孔庙;[74]晚清陆心源(1834—1894)议贾谊从祀孔庙[75],等等。

对清儒而言,道存于六经,六经载周孔之学,尊经就是尊学,也就是尊道,无

---

[69] 〔清〕蒋祥樨,《桂君未谷传》,收于桂馥著,《晚学集》,卷首,收入《续修四库全书》,集部,册1458,第644页。桂馥亦言:"《说文》名物十倍尔雅。"
[70] 〔清〕任兆麟,《论复郑康成从祀》,《有竹居集》,台北:"中央研究院"傅斯年图书馆藏,清嘉庆二十四年(1819)两广节署刊本。按:本人查阅此书,但未见此文。
[71] 〔清〕任兆麟,《请许慎从祀圣庙议》,《心斋文稿》,收入《有竹居集》,卷6,第40页。
[72] 〔清〕陈锦订,《文庙从祀位次考》,收入苗枫林主编《孔子文化大全》(济南:山东友谊出版社,1989),载光绪元年从祀;〔清〕孙树义,《文庙续通考》,扬州:广陵书社,2004,则言光绪二年从祀许慎。据《德宗景皇帝实录》记载:光绪元年因"国子监司业汪鸣銮奏请将汉儒许慎从祀文庙",遂命礼部商议奏此事。详《清实录》,册52,第269—270页。光绪二年正式通过,〔清〕昆冈等奉敕,《钦定大清会典事例》,卷436,礼部,中祀4,"先师庙制"载:"二年奏准,汉儒许慎从祀圣庙,位列东庑汉儒后仓之次。"第944—951页。
[73] 〔清〕严可均,《荀子当从祀议》,《铁桥漫稿》,台北:世界书局,1964,卷3,第1页。
[74] 〔清〕冯登府,《大毛公宜从祀孔庭议》,《石经阁五种》,台北:"中央研究院"傅斯年图书馆藏,清道光年间刊本。按:本人查阅该书,未见此文。
[75] 〔清〕陆心源,《拟复汉儒贾谊从祀议》,《仪顾堂集》,台北:台联国风出版社,1970,卷3,第405—406页。

经则无学,无学焉有道？他们坚信不循文字笺注即无法明经。因此先秦两汉的传经之儒,尤其是许慎、郑玄,其功厥伟,若无经生"继千秋之绝业",儒学之知识将无从可现。清儒反思历代孔庙祀典,不仅明儒极之偏颇,连唐儒也未得其实。故此,如何从制度上恢复两汉经师的地位,又如何从治学方法和学术内容上重整儒学统脉,可说是乾嘉学术的大目标。

三、议立五经博士：周公、伏生、郑玄

清儒致力于从制度上"重建学统"最明显的第二个例证,就是:议立伏生、郑玄五经博士。这件事在清代学术史上十分重要却未为学界所知悉,确实有必要予以揭露。我们想问的是:何谓五经博士？为何要立伏生、郑玄五经博士？成功了吗？朝廷与学界的反应如何？此一清儒的学术大行动在学术史上有何意义？

此下先论何谓博士、何谓五经博士、何谓世袭五经博士,及五经博士在清代的地位。明白了这一层,才更能深切体认到乾嘉学者议立伏生、郑玄五经博士的"学术"用心,而非斤斤于争"官方"地位。

（一）何谓"五经博士"

"博士"本"师长"之称,战国时已有。齐国稷下在齐威王、齐宣王时,学者群聚盛极一时。"稷下先生"成为文学游说之士的美称。汉初仍然,汉高祖拜叔孙通为博士时,即称其为"稷嗣君",言其德业足以继稷下之风流也。可见"博士"一词在其初起时,乃指饱学之士。

1.博士官与五经博士

秦始皇统一六国后,置"博士官",正式作为学官之名,掌古今史事典守古籍,但只是备员、"待问"而已,并未担任实际的教化工作。

汉初仍承秦制,立博士官。至于以一经为名设立博士,则始于汉文帝。如张生、晁错被立为"书博士"；申公、辕固生、韩婴被立为"诗博士"；胡母生、董仲舒被立为"春秋博士"。这些儒者以专长一经被立为博士,是儒家经书、经师受到特别重视之始。而博士官衔之前的"专业"指称,也始于此时。不过,文景时的

博士并不限于专治一经,如贾谊以"颇通诸子百家书",也被立为博士。同时,被立为一经博士者也并不是只治一经或一家之经。尤其,"博士"之立亦不限于经。至于这些博士的地位并不高也不受重用,主要是因为文帝本好刑名而景帝不任儒生。可见在汉初"博士"学官之立,对诸子、百家、各种经说是兼容并蓄,无所扬抑。[76]

到汉武帝罢黜百家独尊儒术,于建元五年(前136)诏立"五经博士",对博士建制做出重要的改变,影响十分深远。它一则肯定了儒家在文化思想上的主导性;一则因博士职责和人才选拔、职官任用紧密结合,使博士的地位大大提高,从秦时的"备顾问"转至"参国政"。元朔五年(前124)武帝接受公孙弘(前200—前121)等议开博士弟子员之制,堪称西汉官方经学教育的起点。大体是"因旧官而兴焉",以"博士"为师,每人负责教导若干弟子,修业一年后以考试决定,能通一艺以上,补文学掌故缺;成绩杰出者可获郎中之职,随时建言备顾问,遇有机会,即可出任实职。五经博士弟子员额,武帝时置50人,其后不断增加,到成帝末已有3,000人。而这博士也确实执儒家"直言正论"原则,在西汉之世针对朝廷制度、皇位废立等制度上的大事提出"以经术断之"的儒家观点,对朝廷政治产生影响。

武帝以前,学有所长的儒生收徒讲学或朝廷所立的博士接纳弟子,互相间的师生关系是私家的。博士不代表官方教导弟子,弟子学成后也不必接受官方考试,学仕关系与师生关系并不如此相系。自建制博士弟子员,五经博士遂代表官方行使教育职能,而博士弟子员则成为朝廷挑选命官的一大来源,教育与仕途遂紧密衔接。[77] 这是武帝博士改制对儒学与政治造成的最大影响。

五经既被独尊,一经又因师始之异可立数博士,因此各经之源本及传授统系,遂成各经师的守授之要,以标示其学说特点。如《诗》,申培公的鲁《诗》,其特点在:"以《诗经》为训以教,无传。疑者则缺不传。"鲁《诗》没有传,是以《诗》之经文本身为训释,以教育学生。韩婴的韩《诗》则不同,其特点是"推诗

---

[76] 参考周予同,《博士制度和秦汉政治》,收入朱维铮编,《周予同经学史论著选集(增订本)》,上海:上海人民出版社,1996,第728—753页。
[77] 汤志钧,《儒经博士的递嬗及其选拔》,《西汉经学与政治》,上海:上海古籍出版社,1994,第131—163页。

人之意而作内、外传,数万言",擅长阐发作诗之人的意义,所以韩《诗》有内传四卷、外传六卷,流行于燕、赵之间。因此,诸经博士皆各详述经说之师承,严守家法,以别于他家。晚清执教南菁书院的黄以周(1828—1899)分析这种学风的优点说:

> 且博士之教弟子也,各以家法授其徒。徒亦谨守家法,不敢略有出入。孟喜从田王孙受《易》,少异其法;梁邱贺证明其非。焦廷寿自谓从孟喜,翟牧、白生又不敢仞。鲁丕上疏曰:臣闻说经者先传师言,非从己出。法异者,各令自说师法,博观其义。然则博士之设教,非先师之说不讲也,非六艺之教不习也。其传之也艰,其信之也笃。师道立而善人多,师法严而异端邪说不能撼其中。故西汉君相好黄老,终其世不盛行。东汉浮屠入中国,终其也不克炽。职是故也。[78]

"师法严而异端邪说不能撼其中",正说明黄氏肯定两汉经学之"醇"。

2. 博士之式微与明代"五经博士世袭制"

"博士"官制,汉以后历代皆置,唯其重要性已难与两汉相比,且性质亦有更易。魏、晋所置博士,已不用人专一经之制。"博士"作为"师儒"之称,则自帝王家至民间皆然。[79] 博士既以专于一经为名,后世遂用以指专精一艺者。如医博士、祝禁博士、相博士。唐时国子监内所设博士名已多,如国子博士、太学博士、四门博士、广文馆博士、律博士、书学博士、算学博士,又有武学博士、宗学博士(指教授宗室子弟)。至于博士之品秩,以唐代国子学博士正五品为最高,其他博士依次降低,至书、算两博士,则为从九品下。明代博士为从八品,清初亦为从八品,后改从七品。

"五经博士"制度,在明代出现极大改变,即由明代宗景泰六年(1455)到宪宗成化十二年(1476)所建制的"五经博士世袭制"。据《明英宗实录》景泰六年

---

[78] 〔清〕黄以周,《论汉博士弟子师法》,《儆季所著书》,台北:"中央研究院"傅斯年图书馆藏,清光绪二十年(1894)南菁书院刊本,杂著之三·史说略卷一之三,第8b—9a页。

[79] 〔清〕赵翼,《陔馀丛考》〔台北:世界书局,1960,影乾隆庚戌(1790)湛贻堂刊本〕,卷37,"博士待诏大夫郎中",第1—4页。

六月载:"命宋儒朱熹九世孙梴,为翰林院五经博士,子孙世袭,以奉其祀。"[80]同年九月载:"命宋儒程颐之后克仁,为翰林院五经博士,子孙世袭,以奉其祀。"[81]景泰七年(1456)三月载:"命故诚意伯刘基七世孙禄,为翰林院五经博士,仍还乡奉祠事,子孙世袭。"[82]《明宪宗实录》成化十二年秋七月载:"命宋儒朱熹十世孙煇袭翰林院五经博士,奉祀事。"[83]

据清儒钱大昕考证,明代世袭制下的五经博士有:曲阜孔氏,正德元年授孔闻礼始,主子思子祀事。衢州孔氏,正德元年授孔彦绳始。颜氏,景泰三年授颜希惠始。孟氏,景泰三年授孟希文始。曾氏,嘉靖十八年授曾质粹始。仲氏,崇祯十六年授仲于陛始。周氏,景泰七年授周冕始,濂溪先生十二代孙。程氏,景泰六年授程克仁始,伊川先生十七代孙也。明道先生后失传,崇祯三年,复增博士一人,以伊川裔孙程接道为之,使奉明道祀。张氏,天启二年授张文运始,横渠先生十四代孙也。邵氏,崇祯三年授邵继祖始,康节廿七代孙也。建安朱氏,景泰六年授朱梴始,文公九世孙也。婺源朱氏,嘉靖二年授朱墅始,文公十一世孙。由此可知,明代世袭之五经博士有13人,其中朱熹后裔置立二支,程颢后裔则由程颐孙过继奉祀。[84]同时明显看出,五经博士不再具有推崇研治专经的意义,亦不复讲求经师家法,完全成了血脉继嗣。

3.清代的五经博士

至于"博士"与"五经博士"在明清时的地位如何?据福格《听雨丛谈》言:

> 唐、宋以前,取士皆用九经。自胜国以来,只用五经,故曰五经博士。五经者:《诗》《书》《易》《春秋》《礼记》也。九经者,益以《周礼》《仪礼》《公羊》《谷梁》二传也。今师儒不设专经,其五经博士改为位置圣贤后裔袭替

---

[80] 〔明〕陈文等,《明英宗实录》,收入《明实录》,台北:"中央研究院"历史语言研究所,据北平图书馆藏红格钞本微卷复印件缩印,1984,册4,卷254,"废帝郕戾王附录第72",第5478页。
[81] 〔明〕陈文等,《明英宗实录》,收入《明实录》,册4,卷258,第5550页。
[82] 〔明〕陈文等,《明英宗实录》,收入《明实录》,册4,卷264,第5626页。
[83] 〔明〕刘吉等,《明宪宗实录》,收入《明实录》,台北:"中央研究院"历史语言研究所,据北平图书馆藏红格钞本微卷复印件缩印,1984,册5,卷155,第2825页。
[84] 〔清〕钱大昕,《十驾斋养新录》,台北:台湾中华书局,1979,四部备要本,卷9,"世袭五经博士始于明",第18a—19b页。

之官,非用以讲导经术者也。按:今国子监别有博士二员,固与翰林院之五经博士不同。亦无讲导之责,与监丞、典簿为一阶,有如部寺之司务耳。昔吾友戏曰:"古则有瘦羊博士,今则有饩羊博士。"则其为学校备员,又可想矣。博士者,明习其事之称,故有茶博士、酒博士之名。彼佣保者尚不负其习业之义,奈何吾儒徒有其名而昧其业耶?[85]

可见明清时的"五经博士"已成为圣贤后裔承袭之官,它的职责只在奉祀,和治经无关,也和师儒教化无关。这和汉代的五经博士建制,已完全不同。至于将五经博士与茶博士、酒博士相较,则分明是讽刺博士以经为名却不习经术、不导民化俗,名实相乖。较诸两汉"明于古今,温故知新,通达国体",[86]学有所述(专精)的博士,差之千里矣。

清承明制,设"博士""五经博士"之制,五经博士亦为世袭。唯博士和五经博士是两种不同隶属的官职。博士隶属国子监,五经博士隶属翰林院。国子监博士员二,不常置,而五经博士则可经"题请"增置。据乾隆三十二年(1767)敕撰《通典》所录,当时翰林院的五经博士有27人。载:

> 圣贤后裔翰林院五经博士廿七人(正八品,俱世袭)。孔氏北宗一人,掌奉中庸书院祀。南宗一人,掌奉衢州孔子庙祀。元圣周公后裔二人。复圣颜子,宗圣曾子,亚圣孟子。先贤仲子、闵子、冉子伯牛、冉子仲弓、端木子、言子、卜子、颛孙子、有子、周子、明道程子、伊川程子、张子、邵子后裔各一人、朱子后裔二人。先儒韩子后裔一人、关氏后裔三人,各掌奉其先世之祀。孔氏北宗以衍圣公次子承袭,余并以嫡子袭。孔氏、颜氏、曾氏、孟氏、东野氏、仲氏、闵氏、冉氏、端木氏、卜氏、言氏、颛孙氏、有氏博士十五人,属衍圣公。余各就其家。除授有缺,则督抚核明应袭之人,咨部

---

[85] 〔清〕福格,《听雨丛谈》,北京:中华书局,1984,卷5,第119页。
[86] 诏曰:"古之立太学,将以传先王之业,流化于天下也。儒林之官,四海渊原,宜皆明于古今,温故知新,通达国体,故谓之博士。否则学者无述焉,为下所轻,非所以尊道德也。"〔东汉〕班固,《新校本汉书》,台北:鼎文书局,1983,卷10,"成帝纪第10",第313页。

题请承袭。(87)

从这段记录中我们可以观察到几个要点:1.五经博士的人选和孔庙从祀的人选,颇为相近。27 人中,包括孔门的七十弟子和宋儒周、程、张、邵、朱及唐韩愈,唯独不及任何汉儒。比较特别的倒是包括周公和关羽。2.奉祀地点。27 人中,从孔子到有氏(即孔门弟子),都与孔子同祀,由衍圣公在孔子阙里的孔庙一并奉祀(案:所列诸儒不及 15 之数,疑或因笔误漏去周公后裔 2 人)。其余各博士则由其后裔返祀于家乡。这是和孔庙从祀不同的。3.秩禄。据载五经博士属正八品官,正八品官在当时的俸禄是:银 40 两、米 20 石。和钦天监主簿、太医院御医的待遇一样,是非常低微的官(唯衍圣公除外,衍圣公属世袭正一品官,掌奉孔子阙里庙祀。因祭孔乃国之要典,皇帝每亲自主祭,故其规制特别隆盛。到乾隆时曲阜孔庙的常设人员已有 6 名:司乐、司典籍、屯田、守卫、知印、奏差等职)。

这当中比较值得思考和留意的是:五经博士的设置原则及“题请”制度。周公得立五经博士,和孔门弟子、唐宋诸儒并列,其所依据的学术原因,吾人尚可了解。唯关羽亦得立五经博士,则不禁令人质疑清代五经博士的设置原则。事实上清廷对五经博士的设置不如从祀孔庙严格,基本上只不过是“择先圣贤之后,置五经博士,授以世职”,其目的虽说是崇儒重道,其实更在彰显孙承祖荫以教化天下。因此五经博士的设置,虽在制度上有其定制,但在性质上实较宽松,并不专尊学术(可与下文议立周公五经博士一例相对照)。

其次,“题请”制度。清朝皇帝入关后,积极建立其正统地位,尤其在文化统绪上。除前面讨论的孔庙增祀、复祀外,还有历代帝王庙的建制,(88)以及五经博士题请制。据《世宗实录》所载,雍正二年(1724)三月上谕:“谕礼部等衙门……其从祀崇圣祠诸贤,周程朱蔡外,孰应升堂祔享者;先贤先儒之后,孰当增置五经博士,以昭崇报,均关大典。九卿、翰林、国子监、詹事、科道,会同详考定议以

(87) 〔清〕清高宗敕撰,《清朝通典》,上海:商务印书馆,1935,卷 32,“职官十”,第 2203 页。

(88) 顺治十四年(1657)世祖亲祭历代帝王庙,宣示清朝的正统地位。其后历代帝王庙经多次改制都与异族治权的合法性相关。参见张寿安,《凌廷堪的正统观》,收入台湾中山大学中文系编,《第二届清代学术研讨会论文集》,高雄:台湾中山大学中文系,1991,第 175—193 页。

闻。”(89)言明各地督抚有权奏请增立五经博士。“建制”意味着一种“肯定”。“五经博士”可依“题请”而建制，既留给地方督抚参与的权力，学术界也有可以表达自己理念的“管道”，更紧要的是通过“建制”，把此一理念公诸天下，建立价值，开拓新学术。

（二）清初议立“周公五经博士”

五经博士在清代官制中，官阶不高，俸禄微薄，本身不必是饱学之士，也不必负实际的教育之职（下面将谈到伏敬祖世袭五经博士，其习业程度只需“文理明顺”即可，最明显可证），并无太高的社会地位。所立诸博士，除七十子与宋儒外，还有关羽（约160—220）（置三博士），在性质上也不统一。从上引《听雨丛谈》的两儒说笑中，不难看出一般人对它的奚落。可是对以恢复两汉儒学为职志的乾嘉学者而言，“五经博士”确实具有特殊意义。在尚未讨论乾嘉学者题请立伏生、郑玄五经博士之前，我们先看看清初学者如何争取为“周公立五经博士”一事。

清代以前，五经博士中并无周公。历代有孔庙专祀孔子，并无周庙专祀周公。盖周公之祀，历代皆在学校。古之学，并祀周公、孔子。东汉永平二年（59）命辟雍、郡县学并祀周公、孔子。唐高祖武德二年（619）诏国子学并立周公孔子庙。至永徽中以周公为先圣，孔子为先师，逮至唐高宗显庆二年（657）依群臣之议，移周公配享于武王，于是孔子有了专祀。而周公、孔子以学校为基地的并祀情形，于是中止。

清儒第一个提出此一疑议并奏请为周公立五经博士的是朱彝尊。康熙二十二年（1683）朱彝尊上书给当时的山东巡抚张凤诰，陈述周公在学术上的重要性，言：

> 古者立学必释奠于先圣先师周公孔子是已。……盖古之语道统者，必兼周公孔子。……夫尧舜禹汤之道，自周公传之，文武之德，周公成之。诗书礼乐易，自周公制作而缵述之。有周公继往开来于前，斯孔子集大成于后，皆功在万世者也。孔子之裔自汉以后或为大夫，或为君，或为侯，或为

(89) 《世宗宪皇帝实录》，收入《清实录》，册7，卷17，雍正二年三月，第281—282页。

> 公,其支子为五经博士,或知仙源曲阜县事,代有显爵。独周公子孙唐高祖虽博求其后究未爵以官,祥符幸鲁,仅一表其门闾而已。……因言之巡抚刘公(芳躅),请立博士。……不果。彝尊至今有余憾焉。伏睹孔氏弟子颜曾仲孟皆立五经博士,下至宋儒二程子、朱子亦皆有博士世袭。而先圣周公反不得下同于有宋诸儒,于义有未安者。(90)

朱彝尊指出:1.古代学校无论辟雍或州县皆并祀周公、孔子,可见得从"学"的观点看,周公、孔子同等重要。2.诗书礼乐易皆周公制作、缵述,无周公则三代典制不得存,周公于古学有承制之功。3.无周公制礼作乐焉有孔子之集大成?又焉有后世宋儒之学。今人于孔氏弟子下至宋儒皆为之立五经博士以奉其祀,独缺周公,是不识学术本源。其中最值得留意的是,朱彝尊所说"古之语道统者,必兼周公孔子"一语。朱彝尊所谓的"道统",绝不是程朱理学的"道统",而是以六艺为中心的学统。换言之,是指三代学术的承继统脉。可见清初学界确实有一股为道统、学统重新定义的学术潜流。

(三)议立伏生五经博士

"立伏生、郑玄五经博士"一事由阮元、孙星衍主导,历时10年,其间物换星移,公牍累篇,备尝艰辛。为了方便读者了解全貌,先将此事之始终作一简述,其后再细述其过程,最终讨论其意义。

乾隆六十年(1795),孙星衍任职山东兖沂曹济道按察使,欲奏请增立伏生、郑玄五经博士。因和珅(1750—1799)方废两司专达之旧权章,于是作罢。嘉庆元年(1796)十二月初九日乃转其文稿移至当时山东学政曹城(乾隆六十年十月十三日任,1795),希望会同学政具稿上达,予以旷典以昭先贤传道之报。其后,郑玄一议遭部驳回,伏生一议则继续进行。至嘉庆七年(1802),经礼部核实具奏,奉旨准立。直到嘉庆十年十二月十七日(十二月时已入1806)伏生嫡裔伏敬祖正式奉召行褒典大礼,伏生立五经博士一事,始告完成,前后计时10年。(91)

---

(90) 〔清〕朱彝尊,《上山东巡抚张公书》,《曝书亭集》,卷33,第1a—2a页。

(91) 有关立伏生郑玄五经博士一事,详〔清〕孙星衍纂,《建立伏博士始末》,收入《丛书集成初编》,册886;及孙氏文集:《伏生祠墓》《世系》《艺文》《伏生墓考证》《伏生不肯口授尚书论》等,《孙渊如先生全集》,收入《续修四库全书》,集部,册1477。

学术史的视域

嘉庆元年十二月初九日,山东兖沂曹济道按察使孙星衍致函山东学政曹城表明欲呈请增置伏生、郑玄五经博士事,并请会同学政具稿上闻。[92] 同年十二月十一日,二人具稿呈山东抚部院。[93] 嘉庆二年(1797)抚部院回复,言明立置之程序应由藩司核议,再经抚部院具题咨部办理。又言今据孙、李二人所言乃属"题请"之事,必须由该地方官查明伏生、郑玄嫡裔,开造事实清册,妥议通详,汇交到府,然后再行转呈。因伏生乃邹平县人,属今之济南府,于是同年元月四日,济南府知府金某即饬令邹平县县令查明伏生后裔事。到嘉庆三年(1798)五月十二日,当时的山东布政使陈文纬(任期嘉庆二年至四年正月二十四日,后调山西布政使)[94]因行查已久,未见回复,曾催促济南府尽速复报;五月二十一日,知府转饬县令;到十二月十三日,县令李琼林遂汇整伏生世系回报济南府,并附伏氏家乘及宗图等资料。

从嘉庆二年初到嘉庆三年底的两年间,孙星衍和王启运等就在邹平一带展开有关伏生墓地、祠祀、嫡裔、世系的访查与考证。十二月三日复报的主要内容是伏生嫡裔世系,及题请世袭之子嗣姓名。

据阜县伏生乡伏中兴、伏敬祖所言切身始祖伏胜,秦博士。汉文帝时,口授传今文尚书。宋咸平三年追封为"乘氏伯",居古济南城东关。今祠墓在邹平城北18里。二世、三世、四世祖,名讳无考。至五世祖伏孺,当汉武帝时客居东武,因家焉。六世、七世祖,亦无考。八世祖名伏理,汉代名儒,受诗学于匡衡。九世祖,名伏湛,汉成帝时,官拜大司徒,封阳都侯,家藏"宗图"。其图系谱与《汉书》所载伏氏世系,完全符合。十世祖,名伏翕,亦嗣为阳都侯。十六世祖,名伏典,当汉献帝时,国除。累世传至元代,有名伏步者,当元顺帝末年,青州府属县兵荒特甚,遂迁居邹平北县,是为伏胜四十六世孙,伏湛为三十八世孙,这就是今邹平伏中兴一系的始祖,同时,伏氏家乘亦始于此。传至六十一世伏永芳,经当时县令程某之请,于康熙三十五年(1696)选为奉祀。乾隆十一年(1746),当时县令

---

[92] 〔清〕孙星衍,《咨请会奏置立伏郑博士稿》,《岱南阁集》,收入《丛书集成初编》,册2524,卷1,第2—4页。

[93] 〔清〕孙星衍,《公牍》,见《建立伏博士始末》,收入《丛书集成初编》,册886,卷上,第1页。

[94] 以下职官到卸任日期,皆参考魏秀梅编,《清季职官表附人物录》,台北:"中央研究院"近代史研究所,2002。

雷某,又选伏绍先为奉祀,绍先即中兴之生父。伏中兴是伏胜六十三世孙,当时年已74,以务农为生,另有一伏继宗,既衰且聋,唯中兴有一侄孙伏敬祖,年方10岁,正从师读经,克承儒业。知县李琼林遂请以伏敬祖承袭五经博士,上报布政使。布政使即具稿转呈山东巡抚题请立伏博士事。

嘉庆五年(1800)四月初三,山东巡抚蒋兆奎〔乾隆三十一年(1766)进士,嘉庆五年正月到任。嘉庆七年(1802)卒〕批查具稿,言:置立五经博士事关巨典,然所附资料欠详,碍难核办。于是饬令查清以下诸项:伏生祠墓有无碑志、书籍?考证其祠堂建始何年?现在作何修理?墓道何所?曾否设有奉祀生?现在本支人数若干?待查明祠墓实据,再会同世系宗谱图说,呈学院批示。济南知府德生,邹平县令李琼林,立刻遵令复查。八个月后,布政使全保(任期嘉庆四年七月至六年四月),将查证核实之报告上呈山东巡抚,时已改由和宁(任期嘉庆六年十一月至七年七月)接任矣。

嘉庆五年十二月十日,布政使所具呈稿,前半是有关伏生墓祠的情形。盖伏胜,秦博士。宋真宗咸平三年(1000),追封为乘氏伯,配享孔庙东庑。伏生墓,在邹平县城北18里伏生乡。伏生墓祠,创建于何时,因年代已久莫可稽考。墓前碑记,元文宗至顺二年(1331)重修,元明清皆重修数次。据《邹平县志》内载《伏墓林烟图》,可见伏生墓曾为当邑十六景之一。又据县志载:墓有墙,旁有祠,祠旁有书院,为朔望讲学之所,今已皆废。仅留有墓丘、墓道。又据县志载,碑在邹邑城东7里,与墓遥遥相对,相距18里,铺东西大道直达墓址。可见当时从墓到碑之间,墙、祠、书院规模之大。今仅见墓东南有祠三间,东西书楼二座,祭庭三间,大门一座。后半则具言伏氏世系。

嘉庆七年(1802)元月十九日,山东巡抚和宁〔?—1821,乾隆三十六年(1771)进士〕,会同学政刘凤诰(嘉庆六年八月到任),将一概资料汇整,上疏嘉庆帝题请增设伏生五经博士,并以六十五世孙伏敬祖袭五经博士之职。

同年四月初二,礼部疏题请旨。初四,奉旨依议,准立伏生五经博士。但对应由伏敬祖承袭一事则有一案语,盖礼部建议:可先行咨部注册,俟其年15以上,通达经籍,给送咨部考试,验其文理明顺后,再行题请承袭。

于是和宁、刘凤诰依旨督责伏敬祖研读经史,到嘉庆十年(1805)敬祖年17,

遂于十二月十七日向礼部再次题请。礼部考试后,再次疏题言明已据济南知府、邹平县令之呈,对年届17的伏敬祖进行考试,试得伏敬祖确实文理明顺,符合承袭之例。请旨,十二月十九日奉准依议。至此,伏敬祖正式得行褒典之礼,袭伏生五经博士职。

这十年间,不只历经冗长的立制程序,也经历烦琐的史实考证。按清制,凡"题请"事,必须先由地方官查明事实,并开造事实清册,妥议通详,然后汇交到府;再经府转呈抚部院,然后再具题咨部办理。因此,立伏博士一事,在建制程序上就牵涉了伏生故里邹平县县令、济南府知府、山东布政使、山东按察使、山东学政、山东巡抚,以至朝廷礼部、吏部。至于史实考证,则包括两方面:一是伏氏世系,目的是证明题请置立者确为伏生之嫡裔;一是伏生墓祠,以了解历代崇祀、修葺的情况。

在这冗长的十年间,各阶官员都有相当变迁。邹平县县令,在嘉庆元年到八年(1796—1803)是李琼林,嘉庆九年(1804)是董大醇。济南府知府,嘉庆元年时是金某,嘉庆五年(1800)则改任德生。山东布政使,嘉庆五年是全保,嘉庆六年改任吴俊,到嘉庆十年则改任金光悌(？—1813)。山东学政,嘉庆元年是曹城,到嘉庆六年(1801)已改任刘凤诰。山东巡抚,嘉庆五年是蒋兆奎,嘉庆六年则改任和宁。物换星移,举事易辄,尤其孙星衍本人,也在嘉庆三年(1798)九月因母丧辞归,使立伏博士一事,几乎中断。其后,端赖孙星衍不断致函当道,殷切托嘱,其事才得继续推进。嘉庆九年,孙星衍又奉命督漕任山东,正值伏敬祖年满16岁,于是急忙转达有司,咨送礼部,使就试。盖因嘉庆七年礼部奏准立伏博士时有一附件:唯需伏敬祖年15时,送部考试,若"文理明顺",方得再行题请承袭。由此事可见孙星衍对立伏博士一事嘱意之深、关心之切。不只在立制的程序上,尤可证明星衍之费尽心力,在史事的考证上,更是不遗余力。事实上,星衍在具稿之初,就已查明伏生墓在济南府邹平县,至于其子嗣的查访,的确是颇费了一番周折。盖山东诸城、邹平都有伏氏后人,但诸城伏姓无可从考,而邹平则仅有一丁守祠宇,既老且聋又无子嗣,实在难以应选。孙星衍数次下乡亲自访查皆无所获,幸得同里有一贡生名王启运,对伏氏一族颇为熟稔,告知伏氏有外继他姓者。于是仔细查访,得知某氏有两代孀居,抚一7岁童子,是为伏氏后裔者。孙星衍得知,立刻嘱人教该子习《尚书》,并亲谒邹平县令李琼林,请复其原姓并归本宗,伏生才得有其后裔。同时,孙星衍又亲自详考伏生之嫡裔世数,具详会请。

今孙星衍文集中所录有关伏生之考证文字有:《伏生祠墓》《世系》《艺文》《伏生墓考证》《伏生不肯口授尚书论》等。待伏生嫡裔伏敬祖得立五经博士事完成后,星衍更搜辑该事件之完整数据,纂成《建立伏博士始末》一书,上卷《公牍》,收录自嘉庆元年至十年间所有县州府部的公书来往,下卷《考证》,收录有关伏生墓祠、世系等考证及序记文字。盖伏生得立五经博士,星衍自始至终尽心尽力,从题请到考证,无一处不亲力亲为,不论在官、居乡,无一时不全心关注,诚如董大醇所言:"借非伯渊先生一人始终赞成,安见不或作而复辍也。是举也,先生之功,亦当并传不朽云。"(95)嘉庆九年(1804),星衍再发山东,十年(1805)补山东粮道。嘉庆十二年(1807),星衍亲访邹平县伏生墓,会商当道,修理祠庙,刻石书事,以垂永久。

(四)议立郑玄五经博士

原本,嘉庆元年十二月十一日星衍与山东学政曹城商议立伏生为五经博士时,是连同郑玄一起咨题的。孰料,郑玄置立一事遭礼部驳回。礼部所持的理由是:"以毛氏《诗》、戴氏《礼》等,不便一体建立为祠。"礼部将郑玄在经学上的贡献和毛《诗》、戴《礼》相比,可见朝廷是把郑玄视同毛亨、戴圣、戴德,只不过是两汉众多经师之一。而郑玄的诸多经注,也和大毛《诗》、小毛《诗》、大戴《礼记》、小戴《礼记》一样,只不过是众家经注之一,地位并无特异之处。这和乾嘉经师对郑玄的态度和所赋予郑玄之地位,有天壤之别。孙星衍就说郑玄于《易》、《书》、《诗》、三《礼》、《春秋》、三《传》都有注,是两汉经师中唯一集经学之大成者,其地位与孔门弟子身通六艺者相堪;将其与毛、戴相比,完全未识其传经的重要性。于是在嘉庆十一年(1806)再次上书议立郑玄五经博士事,并致书当时的山东布政使邱庭漋〔乾隆三十七年(1772)进士,任期嘉庆十年十月至十二年三月〕,请会同上闻。

嘉庆十一年的再议书中,星衍不仅详细叙述郑玄在经学上的贡献,同时也表彰郑玄的节守,更附呈郑玄墓祠及郑氏世系等相关考证文献。星衍所举郑玄对

(95) 〔清〕董大醇,《伏生世袭博士记》,收入〔清〕孙星衍著,《建立伏博士始末》,收入《丛书集成初编》,册886,卷下,第17页。

学术史的视域

经书的贡献有四:(一)郑玄集经书之大成,郑玄对《易》《书》《诗》《三礼》《论语》《孝经》俱有传注,对《春秋》三传,亦著有《发墨守》《箴膏肓》《起废疾》,驳正何休;又撰《六艺论》《驳五经异义》等。又说当时通行《十三经注疏》中的《毛诗》《三礼》注,皆采用郑注。若无郑注,古籍将皆不可读。因此郑玄对经书有整理之功、注解之功,可谓集其大成,不只身通六艺而已。(二)清代开国以来,康熙乾隆朝所纂定之诸经义疏条例,都是先引郑注,其次再录唐宋诸儒义解,可证郑注在经解上的至当性。(三)宋代濂洛关闽诸儒之经书章句与语录中所讨论的天人问题,也多从郑玄经注中衍出。(四)郑玄经注所载录三代之服、物、典章、制度,更是其后诸儒所莫可及的。又说,东汉末年,郑玄居里讲学弟子众至数百千人,一时为盛,却不应袁绍辟命,可证其出处守礼,合乎儒者仕止久速之宜。至于郑玄墓,据考证,在山东高密县,其祠墓后裔传世久远,唐宋碑碣亦皆具存,故再度咨请立郑玄五经博士。[96] 当时山东巡抚铁保〔1752—1824,满洲正黄旗,乾隆三十七年(1772)进士,嘉庆八年正月至十年正月〕亦题请。不果。[97]

虽然孙星衍及其同道再三题请,郑玄立五经博士一事,终清之世,并未成功。这当中的主要原因是嘉道以降出现的经今古文争。郑玄是东汉经学家,曾入太学学今文《易》和公羊《春秋》,又从张恭祖学古文《尚书》《周礼》《左传》等,其后又从马融学古文经学,后因党锢之祸被禁,遂潜心著述。基本上,郑玄说经以古文经说为主,兼采今文经说,融会贯通,然后遍注群经,成为汉代经学集大成者,其学被称为"郑学"。[98] 郑玄的经学极有功于古代历史文献,但其说经喜综合汇通,不坚执一家,亦不固守今文古文之别。清代学术以实事求是为帜,尊经崇汉固然是为了整理古籍重整学术,但是经籍整理、经书重建在实事求是的原则下,自有其一股内在理则,及此一内在逻辑所导出的不可避免的发展,古文经与今文

---

[96] 〔清〕孙星衍,《增立郑氏博士议》,《平津馆文稿》,收入《丛书集成初编》,卷上,第7—8页。
[97] 山东巡抚铁保(1752—1824)于嘉庆八年曾请立左丘明为五经博士,部议时为纪昀议驳,见〔清〕纪昀,《礼部议奏山东巡抚疏请增设左丘明世袭五经博士折子》,《纪晓岚文集》,石家庄:河北教育出版社,1991,卷4,折子,册1,第88页。铁保不服,来年再行申辩,并重请立郑玄为五经博士;但纪昀仍以族谱疑窦甚多议驳,见《礼部议奏山东巡抚申辩前疏并请增设汉儒郑元世袭五经博士折子》,同书,第90—92页。嘉庆帝采纳纪昀议,驳回铁保之奏,事载《仁宗睿皇帝实录》,收入《清实录》,北京:中华书局,1986,册29,卷135,嘉庆九年十月,第841—842页。
[98] 如王昶为诸生时有校书室曰"郑学斋",后请戴震为之作记,戴震辨明"郑学"非"是专守一师以精其业也。"文见〔清〕戴震,《郑学斋记》,《戴震全集》,北京:清华大学出版社,1991,册5,第2591—2592页。

经就在此一内在理路上被节节上溯式的"求是"所必然引发的辩争。郑玄在经学上的汇融态度,对嘉道以降兴起的今文经学家而言,自然是备受评诋,而郑玄的地位也得面对另一股评估力量。

兹举道光六年(1826)李兆洛(1769—1841)对郑玄的批评为例:

> 六经之不亡也,赖有汉儒也。守之如城郭,传之如球图。确然奉一师之说,不敢尺寸出入。岂其人尽愚陋,无开通之识哉?一时君相,为之立学官、置博士,必集老师宿儒,辨难折衷,慬而后定。岂无兼收广采,日新月盛之望哉?……其务之也专,故其植之也固;其别之也严,故其持之也定;其求之也以实,故其应之也不以文。假令汉初之儒,各以意说,好异喜新,以浮辞相尚,则六经之文,改窜尽矣。终生之业,败裂尽矣。岂复有咫闻寸义,得存于今者哉?……且夫汉学之可考见于今者,公羊氏而止矣。毛公之诗,节目不备。其余众家,或掇拾于煨烬之中,章驳句脱,大义了不可知。今之所谓汉学者,独奉一康成氏焉耳。而不知康成氏者,汉学之大贼也。西汉经师,大抵各为一说,不能相通,就其不相通,而各适于道。此正圣人微言大义,殊途同归之所存也。康成兼治众家,而必求通之。于是望文穿凿,惟凭私臆。以为两全,徒成两败。此正徐防所谓轻侮道术者也。……使康成生西京之世,其谁能容之。惜哉,汉学亡而所存者,独一不守家法之康成也。月霄张君述两汉诸经之学之始末,博士设官置员之沿革,及其人姓名之著见于载籍者,汇而录之,为《两汉五经博士考》,非以示搜采之富而已,当时致严致慎之意,寖衰寖微之故,盖略具于是焉。[99]

张金吾(1787—1829)撰《两汉五经博士考》,其目的或只在考辨两汉五经博士此一制度及众家博士之学。据其师黄廷鉴的序言:金吾此书之作,盖"详讨秦火后,尊经立学之繇始"。[100] 可知其本旨在阐扬两汉五经博士对经书的传承之

---

[99] 〔清〕李兆洛,《两汉五经博士考序》,收于张金吾,《两汉五经博士考》,收入《丛书集成初编》,册876,第1—2页。
[100] 〔清〕黄廷鉴,《两汉五经博士考序》,收于张金吾,《两汉五经博士考》,收入《丛书集成初编》,册876,第1页。

功。李兆洛则从今文经学的角度提出另一种诠释。事实上,两汉五经博士之立,今古文经一直存在内部争辩。清儒纵使重议此事,无论如何都属经学内部的争议,绝不会导致全盘否定经学,转取语录。就如同理学中程朱、陆王的争辩,无论如何激烈都是理学内部的争议,绝不致否定理学性质的学问。此处暂且搁置郑玄和今、古文经的争辩不议,毕竟郑玄的经书笺注和他的经师地位在清代备受推崇,主要还是他承继并传衍了古代学术。

在致力恢复郑玄地位议立五经博士一事上,自始至终与孙星衍同谋筹划的是阮元。[101] 阮元治经阐扬专门汉学,以"推明古训,实事求是"自任,对郑玄推崇备至,不仅称其集两汉经学之大成,更称美郑学通会各师家说,"比核算数,甄极谶纬",是固守齐学或鲁学之一域的学者所不逮者。乾隆五十八年(1793)冬阮元任山东学政,访查郑玄墓在山东高密县西北的潍水东岸。[102] 见其祠墓圮毁,历代碑碣皆被泥沙蚀埋,且无奉祀生,遂与地方缙绅商议,为之修葺。当时,阮元就曾致书孙星衍,请孙星衍广邀京中同志出资襄助,并请星衍代托礼部朋友查明为何郑氏奉祀生会中断。是时,孙星衍任广东司郎中,在京总办秋审。郑玄祠墓之修建工程,始于乾隆五十九年(1794)十月至六十年(1795)八月完成。不久,郑玄墓也奉准恢复立奉祀生。嘉庆元年(1796)元月,孙星衍升迁山东兖沂漕济道,阮元则在一年半前,即乾隆五十九年(1794)改督浙江学政。可见郑玄墓的修葺过程中,阮元、星衍皆不在山东,但始终戮力于此一志业。嘉庆元年孙星衍官山东,十二月即议题请立郑玄五经博士。阮元与星衍乃同科,乾隆五十一年(1786)中乡试,皆出朱珪(1731—1807)门下,两人治学理念相近,引为知交。孙星衍殁后,阮元为其写传,学界咸认是星衍诸传中最佳者。阮元在传中还不忘特别赞扬此事,力言伏生郑玄立五经博士之议,乃星衍首发。嘉庆初,阮元建诂经精舍于浙江,力邀孙星衍担任讲席,两人治学理念相契,渊源有自。笔者尝谓清中叶有以阮元为中心形成一"阮元学圈"者,观此事始末,更证其实。同时参与推动之学界领导有毕沅(1730—1797)等,可见从制度上恢复郑玄的地位,对乾嘉朴学者而言,意义之重大。

---

[101] 此议或首倡于星衍挚友谢启昆。见〔清〕谢启昆,《复孙渊如观察书》,《树经堂文集》,收入《续修四库全书》,集部,册1458,卷2,第300页。

[102] 〔清〕阮元,《重修高密郑公祠碑》,《揅经室四集》,台北:世界书局,1982,卷2,第681—682页。

四、诂经精舍祀统别立与学统重建:"许慎、郑玄祠"从祀制

乾隆中叶以后,经史考证学大兴,尤其开编《四库全书》,更对经史实学产生鼓舞。嘉庆二年,阮元督学浙江,在杭州西湖孤山聚诸生编辑《经籍纂诂》,书成。六年(1801),又奉命抚浙,即就修书旧址,辟为书院,名为"诂经精舍",选历年来观风11郡所识拔宏通30余人,读书其中,并请王昶、孙星衍任讲席,集一时俊彦,声势浩大。精舍楹帖有云:"公羊传经,司马著史,白虎德论,雕龙文心",揭明阮元学圈的学术宗旨。

(一)"诂经精舍"自立祀统

阮、孙等议立伏生、郑玄五经博士一事,从嘉庆元年以来屡遭顿挫,尤其郑玄遭议罢,令汉学界深感不平。嘉庆五年(1800),孙星衍在精舍诸生陆尧春、严杰(1763—1843)、周中孚(1768—1831)等的邀请下,与阮元议定在诂经精舍内崇祀许慎、郑玄,立两先生木主于雍肃堂。首祀之日,阮元率诸生洁牲醴、具菜果,罗拜于堂下,开启了清代书院独祀汉代经师之先河。阮元亲撰《西湖诂经精舍记》,说明崇祀许、郑的原因:

> 诸生谓周秦经训,主汉高密郑大司农集其成,请祀于舍。孙君曰,非汝南许浚长,则三代文字,不传于后世,其有功于经尤重,宜并祀之。乃于嘉庆五年五月己丑,奉许郑木主于舍中,群拜祀焉。此诸生之志也。元昔督学齐鲁,修郑司农祠墓,建通德门,立其后人,是郑君有祀。而许君之祀未有闻,今得并祀于吴越之间,非特诸生之志,亦元与王、孙二君之志。[103]

精舍诸生陆尧春、钱福林、邵保初、陶定山皆有同作。[104] 一方面推崇许慎、郑

---

[103] 〔清〕阮元,《西湖诂经精舍记》,《诂经精舍文集》,收入《丛书集成初编》,册1834,卷3,第61页。
[104] 陆尧春、钱福林、邵保初、陶定山各作一篇《诂经精舍崇祀许郑两先师记》,附于阮元文后,收入〔清〕阮元,《诂经精舍文集》,卷3。

玄的传经之功,一方面也指出这是"诸生之志"。可见尊经学崇祀汉儒确实是与理学相抗衡的当时汉学界的共同声音,目的在揭明两汉儒学自有学统,绝非性理一支所能涵盖。同时,为了确定许慎木主应该如何结衔,精舍师生们也费了相当大的考证工夫。先是孙星衍与臧庸(1767—1811)及精舍诸生洪颐煊、洪震煊(1770—1815)考证许慎木主当如何领衔,其后段玉裁(1735—1815)、洪颐煊又反复考订,最终根据秦、汉史制议定许慎木主当书"太尉南阁祭酒",废前初所议之"洨长"。[105] 清儒治事,谨慎如此。诂经精舍的学术风格,据钱泳(1759—1844)亲身经历的描绘是:"选诸生中经学修明,通于一艺者,习业其中,有东京马融氏之遗风。"钱氏自言每游西湖时必至精舍小住一二日,听诸生议论风生,吵嚷面赤,决不相让,辩经义也。[106] 精舍集诸生三十几人,为一时之盛,影响嘉道以下学风至巨。

嘉庆十四年(1809),阮元离浙,诸生聚散不定,精舍兴替无常。道光、咸丰二朝,精舍又经中英之战、太平天国战乱,建物倾圮。到同治五年(1866),浙江布政使蒋益澧(1833—1875,任期同治元年一月至五年二月)斥公帑7,000缗重建精舍,以续前贤"明经训、储高才"之志,又延请俞樾(1821—1906)担任讲席,精舍的学术风貌才得复兴。俞樾曾撰《重建诂经精舍记》一文,说明精舍教学宗旨:

> 学问之事,莫大乎通经,通经之道,义理尚矣,然义理不空存,必有所丽。学者抱一卷之书,奉一先生之教,信口说而背传记,是未师而非往古。曰:我于义理已得之矣。质文之异制,语焉而不知;古今之异言,问焉而莫辨。[107]

重建的精舍在教学内容上较阮元时代扩大许多,这当然是时代剧变下教育方向的调整。但值得留意的是"书院祭典",不仅未变,甚至扩大。

---

[105] 详〔清〕孙星衍,《许叔重木主结衔议》,收入〔清〕阮元,《诂经精舍文集》,卷3,第90—91页。〔清〕段玉裁,《与阮梁伯书论许慎木主官衔》、〔清〕洪颐煊,《呈孙渊如夫子书》及《再呈孙渊如夫子书》,皆收入〔清〕阮元,《诂经精舍文集》,卷3,第76—78页。又参考〔清〕段玉裁,《与阮梁伯书》,《经韵楼集》,收入《段玉裁遗书》,下册,卷5,第952页。

[106] 〔清〕钱泳,《诂经精舍》,《履园丛话》,北京:中华书局,影印道光十八年述德堂刊行,1979,卷23,杂记上,第618—619页。

[107] 〔清〕俞樾,《重建诂经精舍记》,《春在堂杂文》,收入《春在堂全书》,台北:中国文献出版社,1968,册4,卷1,杂文,第1a—3a页,总第2298—2299页。

(二)传经之儒谱系的建立

同治五年(1866)精舍重建后,仍依旧制奉祀许慎、郑玄木主。到光绪年间,精舍诸生则要求祀典得进一步发展,完成阮元生前的心愿,即:建立"许慎郑玄祠从祀制度"。

光绪二十年(1894)精舍诸生章梫(1861—1949)首倡其事,章氏之意是"援孔庙从祀制"踵事增华,以许、郑为首,其下再立从祀诸儒,以彰显孔门经学的传衍脉络。一时精舍师生,群起响应,俞樾遂命精舍诸生议之,并由章梫、王舟瑶(1858—1925)考定应该从祀之人。王舟瑶遂写了一篇长文《拟请许、郑二君祠从祀诸儒考略》,不只胪列宜从祀的汉、唐诸儒,也下及清代经师。其文曰:

> 仪征太傅昔抚吾浙,系汉人精庐之制,筑诂经精舍于西湖,祀许、郑两先生于其中,所以明师承重家法也。顾当日从学之徒与后之传其学者,宜援孔庙从祀之例以祀之,而竟未遑及,颇为缺典。吾友宁海章梫一山,请诸院长俞先生议补其祀。以余旧肄业精舍中粗涉许郑之学,移书属考定其人,因就所知,疏其大略,坿著去取之意,以复章君并质诸俞先生,俟论定焉。[⑩]

当时议定从祀"许慎祠"者27人,清儒占8人。计:许冲、尹珍、高彪、邯郸淳、严畯、庾俨默、李铉、李阳冰、徐铉、徐锴、句中正、葛湍、王维恭、吴淑、李焘、邹承志、包希鲁、吾邱衍、李文仲、段玉裁、桂馥、钱大昭、姚文田、严可均、陈鱣、王筠、苗夔等人。自汉迄明治《说文》者近百家,但书多不传。王氏所录皆有功于篆籀古文辨析、传注补证《说文》的学者。至于清儒治说文者不下数十家,王氏特别择出8人并要言其贡献,包括:注《说文》(段玉裁)、考斠《说文》(严可均、姚文田)、精为笺疏(桂馥、钱大昭、陈鱣)、博言声音(苗夔)、释《说文》诸例(王筠)。王舟瑶推举段玉裁为首,因其"以群经证《说文》之义,以《说文》诂群经之字,使人知《说文》为经学之錧,非仅为篆学之法。""自有《说文》以来,未有过于此注者也。"不仅改写了许慎和《说文》的地位,也俨然列出说文学的独立谱系。

---

⑩ 〔清〕王舟瑶,《拟请许、郑二君祠从祀诸儒考略》,《默庵集》,上海:国光书局,1913,卷2,第18—34页。

从祀"郑玄祠"者72人,清儒4人。计:郑小同、赵商、王基、崔琰、国渊、任嘏、程秉、公孙方、张逸、冷刚、田琼、炅模、孙皓、王瓒、刘琰、焦乔、王权、鲍遗、陈铿、刘德、崇精、崇翱、任厥、桓翱、泛阁,以上系郑玄弟子25人。其下,再列历代有功郑学诸儒,依序为:宋均、应劭、孙炎、马昭、刘熙、许慈、姜维、陈统、荀崧、范甯、董景道、续咸、周续之、陆澄、严植之、梁祚、游雅、王聪、徐遵明、卢景裕、崔瑾、李周仁、张文敏、李铉、权会、沮隽、田元凤、冯伟、纪显敬、吕黄龙、夏怀敬、郭茂、刁柔、张买奴、鲍季详、邢峙、刘昼、熊安生、孙灵晖、郭仲坚、丁恃德、孔颖达、贾公彦、臧琳、金榜、王鸣盛、孔广林。王氏并于文中一一详言诸儒治郑学、传诸经的贡献及特色。

　　诂经精舍从祀许慎、郑玄,是清代书院史上的一件创举,和诂经精舍的教学性质一样,对晚清全国书院影响甚大。清雍正十一年(1733)后,清廷一改清初对书院的抑制政策,积极兴办省、府、州、县书院,一时增长颇剧。但因为当时书院的经济来源多出自官方,书院官学化愈演愈烈,专教时文应科考者,很难兼及经济实学。早在乾嘉间,钱大昕、王昶、卢文弨(1717—1795)、章学诚(1738—1801)等治经史实学者亲身从事书院讲学时,也深刻感受到转变时文改课经史实学的困难。[109] 阮元则在嘉庆初任浙江学政时便大举推动经史实学,征选"精天文算学"及"好古之士",编纂《经籍纂诂》。嘉庆四年(1799)与朱珪主持浙江会试,更刻意擢拔实学之士王引之(1766—1834)、张惠言(1761—1802)、陈寿祺(1771—1834)、许宗彦(1768—1818)、郝懿行(1757—1825)、张澍(1781—1847)、吴荣光(1773—1843)等,此诸人其后皆以专精之学引领嘉道学风。[110]

　　至于诂经精舍许慎、郑玄祠从祀制度的具体施行情况,目前难知其详。据张鉴(1761—1829)《诂经精舍志初稿》所言,精舍重建后,除许慎、郑玄祠外,确实尚有附益:前堂奉许、郑二先师,中奉前浙抚阮元、富呢扬阿〔1788—1845,满洲镶红旗,嘉庆十八年(1813)举人〕、帅承瀛〔1767—1841,嘉庆元年(1796)探花〕、前学使朱珪〔1731—1807,乾隆十三年(1748)进士〕、罗文俊〔1791—1850,道光二年(1822)探花〕、吴锺骏〔1798—1853,道光十二年(1832)状元〕,前主讲王昶、孙

---

[109] 李国钧主编,《中国书院史》,长沙:湖南教育出版社,1998,第888—889页。
[110] 〔清〕张鉴,《阮元年谱》,北京:中华书局,1995,"嘉庆元年""嘉庆二年""嘉庆四年"诸条,第15—22页。

星衍,另外还有正气祠、遗爱祠、先觉祠,位在三堂之后。⑪ 盖书院奉祀有功于该书院的官员、山长是书院的共同现象。然诂经精舍祭祀许慎、郑玄,一直延续到道光间阮元在广州兴建的学海堂,则不得不被视为是对经学传统谱系的坚持。而王舟瑶此文所揭示的最重要意义则是:(一)为许郑祠建立"从祀"诸儒,是精舍诸生自阮元以来的意愿。通过此一从祀制度,秦汉以降的儒学学脉传承被一一列出,研究经典有了具体的学问资源。(二)指明该从祀制度乃蓄意"仿孔庙制度"。换言之,精舍诸子的最大目的乃是在孔庙之外,另立学统。这当中,乾嘉朴学者企图打破孔庙现有崇宋抑汉的学术形象,建立以秦汉经学为质实的新学术统系,极之明显。也就是说,破除理学观念主导下的道统,在官学之外,知识界自立学统。

知识界另立学统,在清代纵非普遍现象,诂经精舍恐怕也非孤例。早在清初全祖望已有"尊经阁"立祀典之议。到道光年间,金汝宗〔嘉庆五年(1800)举人〕就完成了全氏此议。金汝宗教授在临安时,不仅建了尊经阁,还订定了"尊经阁祀典"。金氏的祀典以《十三经》为主,外加:《大戴礼记》《国语》《说文》共十六经。至于祀典诸儒的原则:已入孔庙者不赘。且看他的祀典:《易》祀王弼、韩康伯、孔颖达;《诗》祀毛亨;《周礼》《仪礼》祀贾公彦;《礼记》祀戴圣;《左传》祀杜预;《公羊》祀何休、徐彦;《穀梁》祀杨士勋;《孝经》祀邢昺;《论语》祀何晏;《孟子》祀赵岐、孙奭;《尔雅》祀郭璞;《大戴礼记》祀戴德、卢辩;《国语》祀韦昭;《说文》祀许慎;再加上有传经之功的汉河间献王刘德、作诸经音义的唐儒陆德明,共21人。当时的浙江学政姚元之〔字伯昂,1773—1852,嘉庆十年(1805)进士,道光十七年十二月二十六日至道光十八年五月十三日〕允其所请,于是设木主于尊经阁上,以春、秋二季祭之,又醵钱百金作为供品之需,还撰写祭文推崇许、郑之学。金汝宗其后转任温州教授时,又奉祀许慎、郑玄于"仓圣祠",还手题联匾,称许慎为"学祖",称郑玄为"经神"。同时参与其事的有:钱仪吉〔1783—1850,嘉庆十三年(1808)进士〕、钱泰吉(1791—1863)兄弟等。钱仪吉还写了长篇《临安儒学重建尊经阁记》记录此事。到嘉庆二十四年(1819)郑玄冥诞,钱仪

---

⑪ 阮元亦亲自撰述长文解释三祠之意义,且厘定各祠之宜祀先贤。详氏著,《金沙港三祠记》,《揅经室二集》,卷7,第506—510页。

学术史的视域

吉和胡培翚还联合了一批汉学家为郑玄祝寿,场面很是热烈。[112] 可见当时学界提倡经学之殷切。

五、结语：道系于学

许、郑之学成为有清一代学术主流,在近代学术发展史上的意义是很重大的。相对于之前的理学而言,它改变了理学"义理先行"的治学态度,建立以"字、音"为首的治学门径;相对于近代独立学科而言,它开启了儒学知识的丰富资源,建立起多元的专门知识,堪称是近代科学性独立知识的雏形,从近代科学性知识在中国的建构进程来看,实居关键地位。晚清主持诂经精舍的俞樾于光绪十四年(1888)重刻谢启昆的《小学考》时,仍不忘推崇清学由文字以求经义的治学方法,当然也再三回味阮元诂经精舍奉祀许、郑的学术大事。言:

> 国朝经术昌明,承学之士,始知由声音文字以求义理,于是家有浤长之书,人习《说文》之学,而此书也,实自来言小学者之钤键,欲治小学,不可不读此书。吾浙自阮文达公创诂经精舍,奉许、郑二先师栗主于讲堂,使学者知欲治郑学必先治许学,自是以来彬彬多通经之彦矣。[113]

---

[112] 〔清〕钱仪吉,《临安儒学重建尊经阁记》,《衍石斋记事续稿》,收入《续修四库全书》,集部,册1509,卷1,第47—48页。金汝宗,字岱峰,其尊经阁之议,详〔清〕陆以湉(1801—1865),《冷庐杂识》,北京:中华书局,1980,卷5,"尊经阁祀典",第263—264页。道光十七年(1837),金汝宗致函钱泰吉商量此事,泰吉未遽赞同,建议与兄钱仪吉商酌,事后仪吉撰文记之。详〔清〕钱泰吉,《与金岱峰论儒悲书》,《甘泉乡人稿》,台北:文海出版社,1973,卷1,第74—78页。清儒推尊郑学极之殷切,嘉庆十九年七月五日郑玄冥诞,特祀于祠;嘉庆二十四年,郑玄一千六百九十三岁冥诞,钱仪吉与胡培翚等又倡议祝寿,硕彦名儒齐聚一堂,有:"元和蒋廷恩、新城陈用光、朱珔、胡承珙,桐城徐璈、光聪谐、鹤山冯启綜、武进张成孙、益阳魏源,太仓陈焕、陈兆熊。为之主者歙胡培翚。以事不至者金应麟、沈钦裴、汪喜孙、钱师康也。"详〔清〕钱仪吉,《郑君生日祠记》,《衍石斋纪事稿》,收入《续修四库全书》,集部,册1508,卷1,第505—506页。未克出席的汪喜孙还为郑玄作颂词弥补遗憾,有"公祀学舍,两虎是飨。奸臣张璁,裂冕毁裳"之句。详〔清〕汪喜孙,《北海郑公生日颂》,《汪孟慈文集》,台北:"中央研究院"傅斯年图书馆藏,民国二十三年据手稿影印本,第21页。

[113] 〔清〕俞樾,《〈小学考〉序》,收入谢启昆著,《小学考》,上海:汉语大辞典出版社,1997,第2页。

一句"始知"道尽专门汉学界开启新学术的自诩之情。

前面说过清儒推尊《说文》之学绝非视《说文》为字书,亦非单视《说文》为解经之书,而是视《说文》为语言文字之源,内涵丰富的古代语言知识,更蕴藏丰富的古代文化知识。这个传统,在晚清民初的语文学界、史学界、考古学界都得到进一步的发展,且大放异彩。俞樾的弟子章太炎就在阮元"因声求义"[114]的义例线索下发展出他自己的"语根同义"主张,建立"中国语言的分化之形式"理论,正式宣布当改清儒"小学"名称为具近代学科意义的"语言文字之学",开拓建立东方语言学之可能。[115] 章太炎的弟子沈兼士(1887—1947),这位曾执教于北大、辅仁的训诂学理论大家,早就看出《说文》的重要性,于民国六年(1917)致函钱玄同(1887—1939),建议在大学历史系开设此一学科。民国二十五年(1936)沈兼士发表《"鬼"字原始意义之试探》一文,从字根考源探析鬼字之概念、引申、发展,完成鬼字字族分化之系统。把文字、概念和文化结合起来研究,被学界誉为经典之作。[116] 陈寅恪(1890—1969)深刻看出文字与历史研究关系之密切,致函盛赞沈氏此文,并倡言:今日治文字学之要,当知凡解一古文字即是作一部文化史也。[117]

其次,道统、学统议题。

道统观念源生虽早,但"道统"一词及道统谱系则是朱熹建立的。研究朱学的学者都承认"建立道统"是"朱子一生之志业"。[118] 这位为了创建道统终身立朝只四十余日的理学大家,不仅为了为太极动静觅一形上源头而曲诠周敦颐的《太极图说》,把太极解成天地万物之理;也删增儒家经籍、取程子之意作"格物致知补传"并编辑《四书》,又遍解群经;使从典籍、注解到树立圣贤典范,全面地完成道学这门学问,而朱熹及其后学也都信仰这就是儒学。尤其,当朱学与科举结合,以及当北宋五子入祀孔庙后,祀朱子等同于祀孔子,祀孔子却未必意指祀

---

[114] 关于清儒对"因声求义"的方法与发展,参考孙钦善,《清代训诂学对"因声求义"方法的继承与发展》,《北京大学中国古文献研究中心集刊》,辑4(2004),第262—291页。
[115] 章太炎,《国学讲习会略说》,收入沈兼士,《沈兼士学术论文集》,北京:中华书局,2004,第331—332页。
[116] 沈兼士,《中国文字之史学的研究(文字形体上的中国古代社会进化观)》,及《"鬼"字原始意义之试探》及"附录",收入氏著,《沈兼士学术论文集》,第6、186—202页。
[117] 陈寅恪,《致沈兼士先生书》(1935年4月18日),收入沈兼士,《沈兼士学术论文集》,第202页。
[118] 张亨,《朱子的志业——建立道统意义之探讨》,《台大中文学报》,期5(1992年6月),第31—80页。

学术史的视域

朱子。换言之，尊朱学可以代表尊儒学，但尊孔子却未必等于尊朱学。[119] 理学俨然成为儒学的代词。今天，当我们从更广大的历史视野来审度儒学发展时，却很清楚地看出：理学只是儒学发展的形态之一。朱熹，从儒学的发展史来看，最重要的贡献应该是他"改变"了儒学的性质、建立了儒学的哲学形态，完成了儒学的本体论。清儒在这一点上的反省是深刻而坚定的，且看清儒如何论道统、学统。

清初学案繁出、学脉林立，为的就是重新反省学统与道统问题。我们约略观察一下，从清初到乾嘉学界，纵使观念略有变化，但其基调仍可要约为一句话，即："道无统，道本于经，道系于学"。清初学界关注的经学、理学之辨，其实质意义就是道统、学统之辨。清初学者激烈批评程朱理学的道统观，尤其批评道统观下的道脉谱系。在他们看来，宋儒建立的道统谱系是"窄化"了原本丰盈充沛的儒学学问资源。朱彝尊就说：程朱理学的道脉谱系以周敦颐直接孟子，完全抛弃了汉唐诸儒，是"饮流而忘其源"。他说：道在六经，借师以传，经的内容丰富，学的脉系宏广，"是岂一师之说所能囊括者与？"[120] 袁枚（1716—1798）也批评宋儒所谓孟子而后道统绝五百年至周子才续其统的说法，言："道无统也。若大路然。"在袁枚看来，自古至今"道固自在，而未尝绝也。"这个尧、舜、禹、汤、文、武、周、孔之道，只不过到了汉唐以降的君臣其言行之间或时得于道，或时失乎道而已，至于"道"则一直恒存于天地之间，何尝有失？他甚至批评宋儒建立的道统谱系，是把"公"乎天下的道"私狭"化了！[121] 乾嘉汉学大师孙星衍说得更清楚，他说："道存乎经，统本于尧舜禹汤文武。伏生不传《尚书》，则道何所传？统何所述？"孙星衍强调的是：若无秦汉经师传授经典，则连经义都无从得知，又从何可以得知"道"？得知"道统"？[122] 我们试回溯本文所述清儒尊经的种种努力，不难看出清儒之所以汲汲为传经之儒争取复（从）祀孔庙、为周秦汉经师争立五经博士，甚至在地方书院、尊经阁等处，自立专祠崇祀汉儒，公开与孔庙分庭抗礼。其

---

[119]〔清〕汪晋徵，《还古书院祀朱文公议》，其言曰："或曰：'还古既奉孔子矣，尊孔即所以尊朱也。'予曰：'不然。天下无有尊朱而不尊孔者；容有尊孔而不尊朱者矣。今之学者必尊朱而后见其真尊孔也。'"收入陈谷嘉、邓洪波主编，《中国书院史资料》，杭州：浙江教育出版社，1998，中册，第1723页。

[120]〔清〕朱彝尊，《道传录序》，《曝书亭集》，卷35，第5—6页。

[121]〔清〕袁枚，《代潘学士答雷翠庭祭酒书》，《小仓山房文集》，南京：江苏古籍出版社，199，卷17，第295页。

[122]〔清〕孙星衍，《咨请会奏置立伏郑博士稿》，《岱南阁集》，卷1，第3—4页。

深层理念只在说明:"道系于学",道统不可臆说!

道统、学统、治统是儒学的大议题,学界论述极多,立场各异。近代新儒家更在中西文化冲撞之际全面反思传统文化,综摄出儒学特质,建立新的道统意义,取意深重。然本文研究的并非晚清民国,而是四百年前明清之际——理学与专门汉学的转型中,清儒如何反思道统、学统。朱维铮曾从皇权角度讨论康、雍、乾三帝的文化政策,指出无论是清初的崇朱学抑王学或乾隆朝的转崇经史考据,其目的都是"以汉制汉",换言之,唯独皇权可以建制道统。[123] 而本文则强调知识界有独立的声音,并说明清代学术界如何致力于揭示儒学的知识面相,且成果辉煌。当代大儒方东美(1899—1977)论学统时从宏阔的视点提问,他期望儒学在今后能开出"学统",他说:

> 假使我们要谈学统,那么一门学问,它自己要有一套理由以成立一个广大的系统,而且这个广大的系统决不是一旦形成的,它在历史上有许多先行条件,有长远的发展过程,同时传之后世会产生重要的效果。换言之,它是一个理性的结构。[124]

清学是否建立了许多专门学问,并令每一学问都有一套借以成立的系统,是一个有待分科钻探的重要议题。本文的要点旨在说明明清四百年传统学术有一大转型,这个转型代表了儒学知识资源的广泛开发,及学问分科独立之可能。清代儒者清楚地意识到在科举与理学的拘囿下,经史子集的知识天地有丰富多样的内容被遗忘,清儒致力的"学统重建",就揭示出这一页。

学统重建是一个大工程,本文集中讨论学术祀典制度,但要点并非指清代帝王的官方立场,也非泛泛私人建祠,而是指从清初到乾嘉学术界一股"有意识"的复兴经学运动。表面看来是讨论礼制,实质意义则在争取秦汉经师进入孔庙以取得

---

[123] 详朱维铮,《走出中世纪》,上海:上海人民出版社,1987,第69—76、153—182、162—170页;及《中国经学十讲》,第27—30页。黄进兴,《清初政权意识形态之探究》也强调清初君主善用汉文化政策,使得他们在意识形态上成为集道统和治统于一身的最终权威。详氏著,《优入圣域:权力、信仰与正当性》,第88—124页。

[124] 方东美,《新儒家哲学十八讲》,台北:黎明文化事业出版公司,1993,第四讲"谈宋儒所传承的学术传统与时代背景",第51页。方东美指出:"宋代以后流行的道统观念,并借以化道统为学统。因为这流行的道统观念,既不是批评性的,也不是研究性的,而是一种近乎武断的信仰。"同页。

儒学的正统地位，取代当时作为科举程序的宋学诠释。在理学主导儒学五百年后，经学欲重建其学术地位，第一步势必得争取制度承认，当祀典建制完成时，经典及其诠释也从程朱转向秦汉。在这个大关怀下，礼制改革只是第一步，揭明儒学学术才是目标。当然，无论孔庙祀典或书院祀典都象征对特定学术形态的肯定，作为一种意义符号，将随时空价值转移。学校祀典在科举废除、新式学堂成立后，意义顿减。俞樾就亲身经历了光绪晚期的学制改革，由官方推动的书院整合行动，撼动着俞樾的办学理念，诂经精舍也终于在光绪三十年（1904）随最后一科浙江乡试（光绪二十九年，1903），弦诵辍响。不过，制度符号消失，绝不意指学术理念消失。回顾近代科学式知识在中国的建制与发展，清代三百年的学术工作实居转衔关键。

当然，中国近代科学式知识的建立，绝对和西学引进关系最大。但是，作为中国传统学术主体的儒学，本源于六艺，其性质若只局限于本体性道，则丰富的知识内容势难展开。清代经史实学上启先秦两汉学术而更为专门，在方法上和内容上都裂放了儒学的知识，举凡：文字、音韵、诂训、校雠、辑佚，兼及天文、历法、算学、医卜、礼律、金石、水利、地理，甚至戏曲、小说……都别子为宗，自成独立学问。回溯清中叶的汉宋之争，表面上似是门户之见，实质上却是儒学性质的再定位。而"新祀典"的建立，更"标帜"出儒学的学统谱系和学问内容。细绎清儒的学统重建，我们实不得不承认清儒对专门知识的重视，超越前古。从王舟瑶所罗列汉至清的传经之儒，洋洋洒洒百余人，这些乍睹之下殊觉陌生的名册，所承传的不只是古今文字，也是六艺知识。当然，这当中还有许多专门之学的个别发展有待具体研究。然基本上，从传统中国学术转型与近代科学式知识建构的双角视域，"开发学术资源"和"知识独立性"的萌芽，确实是清代学术的重要特色。

       1997 年　初稿
       2004 年　二稿
       2005 年　三稿
       2010 年　四稿

【张寿安　台湾"中研院"近代史研究所研究员】
原文刊于《中国文化》2010 年 02 期

新旧之间

民国学术流变管窥

张旭东

纵观我国学术史,每个时代,大抵都有新旧之争,然皆未若清民之际为烈。似乎可以说,"新旧之争"四个字已成为民国学术史的关键词。然何人为新,何人为旧,既难截然一划而分,而旧中蕴新,新又返旧,更趋复杂。本文截取片段,不过尝鼎一脔,窥豹一斑,大旨不在于在新旧之间强分轩轾,而在于考索其间新旧变迁之轨迹,从而揭示在这"新旧之间"有值得我们反复琢磨寻味者在。

一、《积微翁回忆录》中的黄侃

杨树达先生《积微翁回忆录》如一部学记,每日读何书、作何文必做记录,尤为珍贵者是细述其思考过程,故其学术价值较高。就其行文而言,亦极易拉近与读者之距离,使读者追随作者逐渐沉浸于其所营造的学术世界中,而丝毫不觉两者间因岁月相隔而形成的距离,斯为好书。

虽名为"回忆录",实是删去日常枝节的日记之精编,故精细而不觉琐碎,有岁月之痕迹,却又鲜活。杨遇夫先生是笃厚之人,读《回忆录》数页即可知之。然书中诋诃之言,亦复不少。尤诋其乡人黎锦熙,直斥为"妄人"。又如"1938年2月1日"条记对陈垣的批评:"陈援庵寄所著《薛氏五代史辑本发覆》来。其书取四库馆臣辑佚时讳改诸文为虏、夷等字。举例罗列，事颇寻常，而名为'发覆'，似不免于张皇矣。"①对于其批评之直言不讳，杨伯峻言"无论是否完全恰如其分，但皆为肺腑之言"。此书"整理后记"云："其斥为'妄人'者，则未尝书其名氏，亦犹李慈铭《越缦堂日记》之于赵之谦，细心人不难踪迹其人。学界是非，自古多有。明朝归有光与王世贞互相指责，亦是一例。然而归王、李赵，各有千秋。是非留待后人评定，不必为贤者讳。且为儒林留佳话，亦可以使后学者见各人之长短。"②然时光流转，并非每个隐去名氏者，后人都能踪迹其人，故其书亦颇为学林留遗案。王元化《九十年代日记》曾记载他对隐去名氏者产生兴趣，专程探访此书责编上海古籍出版社李剑雄先生，然探访之结果所记不详。

《回忆录》较多条目写及黄侃，因黄季刚向有"小学第一人"之称，而杨遇夫后来亦被陈寅恪先后两次称作"当今小学训诂第一人"，故前后两位"第一人"相评价令人颇感兴趣。

章太炎、黄季刚师弟矜心好诋几成公论，然于杨遇夫先生似皆不薄。《黄侃日记》颇记往还，而无恶语。且杨遇夫侄杨伯峻亦由积微翁作介从黄侃学，而黄季刚于门弟子中对杨伯峻有赞语，其中一条即言其"有家学"，亦是转赞积微翁。

但是虽"无恶语"，亦需注意。钱锺书《石语》记陈衍的话："季刚不知在何处曾从学于江叔海，尝谓余曰：'叔海无所不知，亦一无所知。'"③而《黄侃日记》屡言叔海师如何如何，言辞间极尊敬。《黄侃日记》将自己矜心好诋之痕迹大多隐去。故《黄侃日记》较之于《积微翁回忆录》颇显琐碎而有意隐去自我，故我们于《黄侃日记》中所看到的杨树达，未必代表黄侃真见。

杨树达对于章太炎极为感念，于黄季刚则分两段，1935年前较为尊敬，1935年以后《回忆录》于黄季刚颇多微词。

黄侃年纪略少于积微翁，恃才使气，执螯饮酒，五十而亡。陈寅恪1940年之

---

① 杨树达：《积微翁回忆录》，上海古籍出版社，2006年，第140页。
② 《积微翁回忆录》，第415—416页。
③ 钱锺书：《石语》，中国社会科学出版社，1996年，第34页。

际称杨树达为"当今小学第一人",陈赞杨时,黄侃已死五载,自不必生王前卢后之争。然两位"第一人"相评价,不知能否"出自肺腑",又"恰如其分"。

《积微翁回忆录》"1935年10月10日"条云:"余乡人某著一《连绵词典》,手稿百数十册。季刚见之,惊其夥颐,赞许不容口。而竟不知其书之芜秽凌杂,绝无可取也。某曾以其书求序于章先生,先生以其太劣,拒之。此吴检斋亲闻于先生而告余者。先生识力,季刚愧之远矣。"④怀疑黄侃识力。

"1947年11月24日"条云:"张舜徽自兰州归,来访。赠哈密瓜脯一枚,甚甘。徐行可告舜徽,言黄季刚日记于抗战中失去云。"⑤但黄氏日记失而复得,今日由中华书局刊行。两相比照,此处之"余乡人某",有幸能于《黄侃日记》中获得确解。

黄侃《避寇日记》"1932年3月7日"条云:"宇澄来久谈,留其联绵字典稿于此,索古今声类表稿去,约后日九时诣之。"⑥

则"余乡人某"为符宇澄。符定一,字宇澄,湖南衡山县人。为毛泽东中学时代的老师。1949年受毛之邀任新中国第一代文史馆馆长。其《联绵字典》于1943年由商务初版。新中国成立后,中华书局重版。1953年间符定一请毛泽东题词,毛复信说:"我对尊著未曾研究,因此不可能发表意见。"⑦但仍由毛泽东题写书名。毛亲笔题写书名的并不多。

中华书局1954年2月第2版《联绵字典》附有作者"后叙",其云:"方余书之将成也,适章炳麟、黄侃至北平,世之言小学者称章黄,而《说文略说》视《小学答问》为优矣。故余携例挈稿,往视黄君,并语之曰:'君见正焉,余其隐哉。'"是舍太炎而取季刚。又言:"阅十余日,黄君驱车造庐,入室后,正立向余打躬三,从容言曰:'今日论学,君为吾兄,即本师章氏,著作未若君之巨也。吾初以湘人著书,不过尔尔。今君书体例精详,六经皆注脚,邹汉勋后,突出此作。魏王皮叶,瞠若乎后矣。'"⑧符氏稿有四百万言,故曰"十余日"。

---

④ 《积微翁回忆录》,第104—105页。
⑤ 《积微翁回忆录》,第263页。
⑥ 黄侃:《黄侃日记》,下册,中华书局,2007年,第782页。
⑦ 毛泽东:《毛泽东书信选集》,中央文献出版社,1983年。
⑧ 符定一:《联绵字典》,中华书局,1983年,《后叙》第36页。

然黄氏《避寇日记》"1932年3月9日"条云:"诣符宇澄饭,还其联绵字典样稿,留其序例。"⑨所记符氏书稿乃隔日而还。

"3月28日"条:"得旭初快书,又藻荪书,又宇澄催作序书。"⑩

"5月5日"条:"宇澄书来,趣作其书序。"⑪时间已过去月余,序尚未成。

"5月12日"条:"宇澄又趣作序。"⑫

"5月21日"条:"得宇澄书,嘱审其书例,又促作序。"⑬

《寄勤室日记》"1932年6月11日"条云:"奉太炎师十号发书,知以二号还于上海。先我行而后至也。令侃代作符宇澄书叙,容审思之。"⑭太炎促其作序。

"6月13日"条:"得符宇澄书,示以新增其书凡例一条,又催作序"。⑮已是第五次来书催促。

"6月19日"条:"与宇澄书,寄以联绵字典序。"⑯"难产"之后,终于交差。

"6月25日"条:"得宇澄书,内附润笔六十元。"⑰

拖延四个半月,中又接师命。黄季刚为《联绵字典》作序之情状可以想见。整个春天都给拖过去了,黄侃并不是要反复酝酿把这篇序写成有学术分量的评述文字。观黄序,亦不过周旋应付之词,大抵"既誓为此书,曾无辍业,涉历屯夷,不离铅椠,检书属草,未假于人"云云。⑱黄侃勤于读书而懒于著述,然其《日记》所载为人作文,事亦时有,未见如此拖延者。反观《积微翁回忆录》,可见杨树达此处于黄侃识力,判断不实。且《积微翁回忆录》中详记吴承仕与黄侃失和经过,此处全信吴检斋一家之言,故有此失。

---

⑨ 《黄侃日记》,下册,第782页。
⑩ 《黄侃日记》,下册,第786页。
⑪ 《黄侃日记》,下册,第798页。
⑫ 《黄侃日记》,下册,第801页。
⑬ 《黄侃日记》,下册,第805页。
⑭ 《黄侃日记》,下册,第811页。
⑮ 《黄侃日记》,下册,第812页。
⑯ 《黄侃日记》,下册,第813页。
⑰ 《黄侃日记》,下册,第814页。
⑱ 符定一:《联绵字典》,黄侃序。

二、陈寅恪所谓"未入流"者

积微翁之少黄季刚,笔者相信并非为"小学第一"之争。其分歧在于学术取向之异。此于《积微翁回忆录》亦可寻见,"1935年10月10日"条云:"阅报知黄季刚病逝。季刚于《说文》烂熟,然其所推论之孳乳先后多出于悬揣,不足据信。大抵此君读书多而识解不足,强于记忆而弱于通悟。"[19]其"1935年11月1日"条又云:

> 黄季刚家人致讣来。按先母逝时余讣告季刚,季不答。余致书,又不报。故余只得置之。《哀启》云:"季将没,自伤垂老无成。"近日学界人谈及季死,均谓季生时声望虽高,百年后终归岑寂。据《哀启》似季亦自知之矣。按清儒学问本分两派:皖派江、戴,主实事求是;吴派惠氏,言信而好古。皖派有解放精神,故能发展;吴派主墨守,则反之。戴弟子有王、段、孔三家,各有创见。惠弟子为江声、余萧客辈,抱残守缺而已。俞荫甫私淑高邮,太炎师荫甫,实承皖派之流而益光大之。季刚受学太炎,应主实事求是;乃其治学力主保守,逆转而为东吴惠氏之信而好古。读《诗》必守毛、郑,治《左氏春秋》必守杜征南,治小学必守许氏。(中略)世人皆以季刚不寿未及著书为惜,余谓季刚主旨既差,虽享伏生之年,于学术恐无多增益也。[20]

其关键处,是责黄侃"墨守",不能"解放",并纳入吴派皖派中言清代学术流变,然其所谓"解放",实质即是"趋新"。

杨树达虽年少时入长沙实务学堂为梁启超门下士,一生服膺新政,后又留学日本,但杨树达学问更趋近旧学,作风近旧派。

然新旧之争却正在杨、黄之间。在五四学人"新文化运动"胜利以后所构建

---

[19] 《积微翁回忆录》,第104页。
[20] 《积微翁回忆录》,第106页。

的民国学术史里面,新旧之争被单一化地认为是胡适新派和黄侃旧派之争,杨树达和黄侃一般都被视为旧派学人,但在他们那里,显然存在"新旧之争"。胡适新派的胜利,恐怕并非全是出自胡适新派的力量。

观《积微翁回忆录》可知其所谓"解放"主要是两条,其一为使用新材料,其二为融通中西。但是杨树达先生上面吴派皖派的话,颇可怪也。吴派只说红豆山庄惠氏,而未及钱大昕、王鸣盛、王昶这些人,尤其钱大昕,才是乾嘉之巨子。避而不言钱晓徵,而言红豆惠氏,是有意削弱吴派。若以钱大昕代表吴派,戴震代表皖派,亦可做一比较。戴震平生最著者为以一布衣而入四库馆,名震一时。戴震名辈较钱大昕、纪晓岚稍晚(而钱纪二人是乾隆十九年进士同年)且曾得钱大昕提携。即以四库总纂修纪晓岚与钱大昕较,虽并称"南钱北纪",后人余嘉锡称"实则纪不足望其项背",本一当入文苑传,一当入儒林传。钱、戴二人虽同入儒林,然试读《潜研堂集》,较《戴震集》宏富多矣。纪、戴诸人主四库馆,名震一时,又名垂一世。而钱大昕乾隆四十年告老还乡隐于钟山、娄东、紫阳诸书院二十余年,当时名声稍晦,然以后观前,越迈二人则无疑义。

杨树达言及吴派皖派而不及钱大昕,是因为钱氏亦死守《说文》,使用新材料有条件。《潜研堂文集》卷二十四《小学考序》云:"求古文者,求诸《说文》足矣。后人求胜于许氏,拾钟鼎之坠文,既真赝参半,逞乡壁之小慧;又诞妄难凭,名为尊古而实戾于古者也。"[21]卷二十七《跋春秋繁露》云:"后之人乃舍《说文》而别求古文,且诋《说文》为秦篆,甚矣其惑也。"[22]这使得杨树达有避重就轻之嫌,结论大打折扣。

杨树达《积微翁回忆录》中极尊章太炎,因章氏于其有提拔奖掖之恩,而攻黄侃者,皆其师章太炎所共有,杨遇夫先生亦避章而攻黄。徐杭章先生《论经史实录不应无故怀疑》一节文字最具代表性,其言:"以器物雠正史"是拾欧洲考古学者之唾余,"凡荒僻小国,素无史乘,欧洲人欲求之,不得不乞灵于古器。如史乘明白者,何必寻此迂道哉",主张"史传不全,以器物补之"则可,反对"器物有则可证其必有,器物无则无从证其有无"的倾向。对于甲骨,很难确定其年代;

---

[21] 钱大昕:《潜研堂集》,吕友仁点校,上海古籍出版社,2009 年,第 394 页。
[22] 《潜研堂集》,第 458 页。

至于钟鼎文,则很难确定其真假。[23] 以此证史,时有穿凿。黄侃严守师说,最重《说文》而轻视甲骨文研究。

杨树达两次都避重就轻,令人怀疑其结论。但陈寅恪之前就有此说,大张旗鼓,与此后先呼应。

陈寅恪在《王静安先生遗书序》中,为王国维学术做出三项总结:一曰"取地下之实物与纸上之遗文互相释证";二曰"取异族之故书,与吾国之旧籍互相补正";三曰"取外来之观念与固有之材料互相参证"。[24] 概括而言,亦是"使用新材料"与"融通中西"两点,尤其强调第一点,认为将开启一世之风气,"示来者以轨则"。陈寅恪文章很讲究修辞,其为人十分刚毅,提意见往往却很委婉。但1930年所刊《陈垣敦煌劫馀录序》,一反常态,辞气较苛峻。其云:"一时代之学术,必有其新材料与新问题。取用此材料,以研求问题,则为此时代学术之新潮流。治学之士,得预于此潮流者,谓之预流(原注:借用佛教初果之名)。其未得预者,谓之未入流。此古今学术史之通义,非彼闭门造车之徒,所能同喻者也。"[25] 这几句话无异于新旧之间的宣战。

敢于轻视乾嘉,留学十数年东归的陈寅恪先生,似有其法门,寻绎其文字,亦能找到线索。1923年尚未归国的陈寅恪写《与妹书》,希望代购商务印书馆所重印日本刻《大藏经》,云:

> 如以西洋语言科学之法,为中藏文比较之学,则成效当较乾嘉诸老,更上一层。然此非我所注意也。我所注意者有二:一历史,唐史、西夏、西藏即吐蕃藏文之关系不待言;一佛教,大乘经典,印度极少,新疆出书者亦零碎。及小乘律之类,与佛教史有关者甚多,中国所译,又颇难解。我偶取金刚经对勘一过,其注解自晋唐起至俞曲园止,其间数十百家,误解不知其数。我以为除印度、西域、外国人外,中国人则晋朝、唐朝和尚能通梵文,当能得正确之解,其余多是望文生义,不足道也。隋智者大师天台宗之祖师,其解

---

[23] 徐一士:《一士类稿 一士谈荟》,书目文献出版社,1983年,第107页。
[24] 陈寅恪:《金明馆丛稿二编》,上海古籍出版社,1980年,第219页。
[25] 《金明馆丛稿二编》,第236页。

"悉檀"二字,错得可笑(见《法华玄义》)。㉖

"以西洋语言科学之法,为中藏文比较之学,则成效当较乾嘉诸老,更上一层"云云,值得注意。

《积微翁回忆录》"1936年8月9日"条对于这种比较语言学的效能也有记载,其云:"昨日晤陈寅恪。告余云,近日张孟劬剜板改订《蒙古源流笺证》,多用渠说而不言所自出,渠说系用梵藏文字校勘得之,非孟劬所能。或不致引起《水经注》赵、戴之争耳。"㉗

至此可知,陈寅恪先生有足以轻乾嘉之具,钱大昕固已不足惧。那么陈先生所说"未入流"者,当有之前(1928年)就被傅斯年称作"人尸学问上的大权威"的章炳麟、黄季刚师弟。所谓"人尸学问"即死学问。

而与"窄而深"的新史学取向不同的吕思勉,似乎也会被同行陈寅恪先生归入"未入流"的行列。

由于吕先生过世至于今已逾五十年,故吕氏著述进入出版的公共领域,所以吕氏作品大量刊行。吕氏著述数量之大令人吃惊,而只要略微深入地读其作品,就会发现,在这数量极大的著述中,有一极显著的特点不同于同时代陈垣、陈寅恪者,即是其作品中不特别强调新材料的使用。这与民国学术流变中曾经出现的那种"努力寻找新材料而不读二十四史"的趋向不同,亦与史语所"上穷碧落下黄泉,动手动脚找材料"的号召相悖。

吕思勉1925年所作《说文解字文考·序》中赞许章说,云:"最近二十年间,又有所谓骨甲文者,欲据以考见斯籀以前之文字者亦多矣。然其事不可深信,近人馀杭章氏已极论之。《国故论衡·理惑篇》其言深有理数。"㉘七年之后,又作《说文解字文考·序二》,七年之间意见未变,依然再申章说,云:"章氏谓必发之何地,得之何时,起自何役,获自谁手,事状皆详;又为众所周见,乃为可信,诚不

㉖ 陈寅恪:《陈寅恪书信集》,三联书店,2001年,第2页。
㉗ 《积微翁回忆录》,第120页。
㉘ 吕思勉:《文字学四种》,上海古籍出版社,2009年,第185—186页。

诬也。"借他人之口,再提"无文之骨,亦不知何往;盖一变而为有文矣"的疑问。㉙

陈巨来《安持人物琐忆·记造假三奇人》载所识巧匠汤临泽收罗无款识的古金彝器,又参照名器物,东集西凑,假填文字,再略减篆意,而其所造文字混入容庚所辑《金文编》中。㉚ 学者以此辨识古字、证古史,形同儿戏。

三、新旧之间的转化

黄侃《阅严辑全文日记二》"1928年6月18日"条云:"国维少不好读注疏,中年乃治经,仓皇立说,携其辩给,以眩耀后生,非独一事之误而已。"㉛于王静安,责其根柢不稳。

但王国维实际上已成众望所归。杨树达《积微翁回忆录》"1941年2月16日"条云:"阅王静安《殷先王先公考》。读书之密如此,可谓入化境矣。"㉜ "1941年3月22日"条云:"阅王静安《顾命礼徵》,精湛绝伦,清代诸师所未有也。"㉝ "1941年5月1日"条云:"阅《观堂集林》。胜义纷披,令人惊倒。前次曾读之,不及今日感觉之深也,静安长处在能于平板无味事实罗列之中得其条理,故说来躁释矜平,毫不着力。前儒高邮王氏有此气象,他人无有也。"㉞ "1944年1月19日"条云:"读王静安《〈尔雅〉草木虫鱼释例》,穿穴全卷,左右逢源,千百黄侃不能到也。"㉟于静安学术佩服之至。"千百黄侃不能到也",在新旧之间显有取舍。

《胡适的日记》云:"旧式学者只剩王国维、罗振玉、叶德辉、章炳麟四人;其次则半新半旧的过渡学者,也只有梁启超和我们几个人。内中章炳麟是在学术上已半僵了,罗与叶没有条理系统,只有王国维最有希望。"最赞王静安。自称是"半新半旧"的学者,在当时的语境下,实际上是混淆了新旧之分。黄侃提都

㉙ 《文字学四种》,第187页。
㉚ 《万象》杂志,2004年4月号,第144—147页。
㉛ 《黄侃日记》,中册,第313页。
㉜ 《积微翁回忆录》,第169页。
㉝ 《积微翁回忆录》,第172页。
㉞ 《积微翁回忆录》,第173页。
㉟ 《积微翁回忆录》,第208页。

学术史的视域

没提,仿佛"章炳麟是在学术上已半僵了"这半句话足以打发掉一个黄侃似的。

新旧之间的变化,也真有意思。王国维去世后七八年间,陈寅恪、杨树达等人逐渐发生转向,由"趋新"转向"守旧"。

失去王静安那样旧学精湛,又在新材料、新方法的使用上非常审慎的学者,新派人物渐露空疏之病。据蒋天枢所记,陈寅恪1935年讲授"晋至唐史"时说道:"历史的新材料,上古史部分如甲骨、铜器等,中古史部分如石刻、敦煌文书、日本藏器之类。所谓新材料,并非从天空中掉下来的,乃指新发现,或原藏于他处,或本为旧材料而加以新注意、新解释。(原注:旧材料而予以新解释,很危险。如作史论的专门翻案,往往牵强附会,要警惕)必须对旧材料很熟悉,才能利用新材料。因为新材料是零星发现的,是片段的。旧材料熟,才能把新材料安置于适宜的地位。正像一幅已残破的古画,必须知道这幅画的大概轮廓,才能将其一山一树置于适当地位,以复旧观。在今日能利用新材料的,上古史部分,必对经书很熟,中古以下必须史熟。"[36]于太炎之说,已有所取。

陈氏在为他人著述所作的几篇序文中,对当日学风表达出自己的不满。其1939年所作《刘叔雅庄子补正序》将新派学者比作金圣叹注水浒,"改窜旧文,多任己意"。而刘文典著《庄子补正》"虽能确证其有所脱,然无书本可依者则不之补;虽能确证其有所误,然不详其所以致误之由者则不之正","可谓天下之至慎",盛赞刘氏"能守旧义"。[37] 1942年作《朱延丰突厥通考序》,追忆十年前门人朱君此书草成,一方面本身有待商补,另一方面更为了"痛矫时人轻易刊书之弊",陈寅恪劝其推迟十年刊布,朱氏从之。[38] 1940年为陈垣《明季滇黔佛教考》作序,借支愍度事,诋诽时人乱树新意,以负如来,表示要"守伦僧之旧义"。[39]

而黄侃对学术研究中新材料的使用,看法逐渐转变。其《寄勤闲室日记》"1933年11月12日"条记:"安阳谢刚主同来,谈及罗叔言新印《殷墟书契续编》,彼可代购。"[40] "1934年1月19日"条:"政和初,陕西发地得木竹简一瓮,皆

---

[36] 蒋天枢:《陈寅恪先生编年事辑》,上海古籍出版社,1997年,第96—97页。
[37] 《金明馆丛稿二编》,第229页。
[38] 《寒柳堂集》,上海古籍出版社,1980年,第144页。
[39] 《金明馆丛稿二编》,第240页。
[40] 《黄侃日记》,下册,第938页。

得汉时讨羌戎驰檄文书,皆章草书,然断续不缀属,惟邓骘永初二年六月一篇成文。"㊶《量守庐日记》"1934年5月7日"条:"颖民寄来大本《敦煌掇琐》中辑。"㊷"1934年5月26日"条记:"得来薰阁书,即复,令寄《贞松堂集古遗文续编》(并求《续补》)、《甲骨文字研究》。"㊸"1934年6月16日"条记:"与海文书,嘱订《善斋吉金录》后五编。与来薰书,嘱买《剑簃吉金图录》。"㊹海文、来薰,皆书估。"1934年12月27日"条:"董仲良来,送罗布淖尔出土汉简影片二张,留饭。"㊺杨树达《积微翁回忆录》"1936年12月27日"条亦记:"林景尹来,告余云:黄季刚于没前大买龟甲书读之。尝告渠云:'汝等少年人尽可研究甲骨,惟我则不能变,变则人家诋讥我也。'"㊻黄侃《量守庐日记》"1934年5月27日"条记:"看甲骨学,有谓匠象斧形者,且援黼扆绘斧为说。予谓不如言似海船铁锚尤为酷肖也。"㊼虽免不了语带讥刺,但毕竟认识到这是学术发展的趋势。

上面所述的不深湛于《说文》就研讨甲骨,一味寻找新材料而不读二十四史,都是民国学术流变中出现的现象。陈寅恪在《冯友兰中国哲学史下册审查报告》中称"寅恪平生为不古不今之学,思想囿于咸丰同治之世,议论近乎曾湘乡张南皮之间"。《积微翁回忆录》"1939年7月12日"条:"撰《温故知新说》,温故不能知新者谓黄侃;不温故而求知新者,谓胡适也。"㊽两相对照,陈寅恪"不古"即"不黄侃","不今"即"不胡适"。㊾新旧之间的变迁,意味深长。或由新转

㊶ 《黄侃日记》,下册,第955页。
㊷ 《黄侃日记》,中册,第313页。
㊸ 《黄侃日记》,下册,第989页。
㊹ 《黄侃日记》,下册,第996页。
㊺ 《黄侃日记》,下册,第1043页。
㊻ 《积微翁回忆录》,第126页。
㊼ 《黄侃日记》,下册,第990页。
㊽ 《积微翁回忆录》,第152页。
㊾ 汪荣祖《史家陈寅恪传》认为"平生为不古不今之学"即陈氏治中古史一段之意,从之者众。这个意见自有陈氏自家语作为佐证,可谓"言之有理,持之有故"了。但清儒早已论及,"言之有理,持之有故"者有时不尽属实。陈先生《下册审查报告》最有微意。汪氏之解实脱离语境。《下册审查报考》最重"设身处地"四字,汪氏之解似未能来世相知、解其心曲。《读书》2001年11月期刊出葛兆光《"平生为不古不今之学"》一文,解"不古不今"为"不古不今,不中不西",增字解释,推衍稍过。同年桑兵出版《晚清民国的国学研究》,认为"不古不今"即"不新不旧",是。《近代史研究》2008年第6期刊出罗志田《陈寅恪的"不古不今之学"》,胪列各家,未已意。笔者草成此文时未见桑书,后于罗志田文中得知,今附骥尾,略作申述。近虞云国于《文汇报》、高嵩松于《上海书评》著文中,仍持汪氏中古之说,故附注及之。

旧,或由旧变新,都呈现当日学术流变的轨迹。

四、"陈赞杨"小考

陈寅恪两次称杨树达为"当今小学训诂第一人",是友朋客套之言,还是推心置腹地称许,这引起后人的怀疑。

前引陈寅恪《与妹书》,说明陈寅恪引入汉藏比较语言学,认为将胜过乾嘉学派,认为是"小学"发展的方向。而《积微翁回忆录》"1936年8月9日"条所举张孟劬改订《蒙古源流笺证》所用陈寅恪说确超越乾嘉旧法。

陈、杨二位都反对《马氏文通》,有不少共同之处。但杨树达以《积微居小学金石论丛》和《积微居金文说》为代表的小学研究方向,与陈寅恪当初所祈向的语言学发展方向相差悬远。上文所言"非孟劬所能"者,恐亦非杨氏所能。

那么如何理解陈寅恪对杨树达的赞许之言呢?1940年8月2日陈寅恪致杨树达信云:"当今文字训诂之学,公为第一人,此为学术界之公论,非弟阿私之言。"[50] 1942年12月25日陈寅恪作《杨树达积微居小学金石论丛续稿序》言:"寅恪尝闻当世学者称先生为今日赤县神州训诂小学之第一人。今读是篇,益信其言之不诬也。"[51]

1935年,随着钢和泰的西归,陈寅恪停止了坚持数年的梵文学习,不久,由于抗战全面爆发,陈氏随校南迁,漂泊于"西南天地之间",其所祈望的可以超越乾嘉的藏缅语系比较研究最终停止。心目中"真正的中国语文文法"最终未能建立。1940年在桂林别墅所草《朱延丰突厥通考序》云:"寅恪平生治学,不甘逐队随人,而为牛后。年来自审所知,实限于禹域以内,故仅守老氏损之又损之义,捐弃故技。凡塞表殊族之史事,不复敢议论于其间。"[52]连带放弃的还有"塞表殊

---

[50] 《积微居友朋书札》,湖南教育出版社,1986,第93页。
[51] 《金明馆丛稿二编》,第230页。
[52] 《寒柳堂集》,第144页。

族"之法。(晚年"颂红妆"之作更纯是文史考据之法[53])

故杨树达所为,虽与其祈望不合,终究"不坠乾嘉家法",与时人"乱立新意,以负如来"迥异,颇获识者所赏。《积微翁回忆录》一九三七年二三月间诸条记载了张尔田、余嘉锡、孙蜀丞、劳榦等人的赞赏之词。[54] 可见陈寅恪"公论""尝闻"云云,并非临文虚语,俱有所本。而其本人的赞扬虽有三四分客套,却也是六七分真心了。

五、结语

严耕望在《贯通的断代史家》一文中尊陈垣、陈寅恪、钱穆、吕思勉为"史学前辈四大家"。"四大家"再分,二陈是一派,皆强调新材料之使用;钱穆与吕思勉蹊径虽不同,趋旧则略似,况钱早年曾师从于吕。严耕望弃了胡适、顾颉刚等人,列吕氏入"四家"[55],新旧正相平衡。秉持了杨树达"温故知新"、陈寅恪"不古不今"之义,似是细审新旧之间学术流变之后的一种理性的思考和选择。

而今,举世率重义理而轻考据,成今日之"新旧之间"矣,回溯历史,能不深长叹息哉!

【张旭东　上海古籍出版社编辑】
原文刊于《中国文化》2010 年 01 期

---

[53] 陈氏去世,私淑弟子唐长孺评价陈先生,有"先生自有如椽笔,肯与王钱作后尘"之句。陈垣去世,邵循正挽辞曰:"稽古到高年,终随革命崇今用;校雠捐故技,不为乾嘉作殿军。"史家二陈,一从旧一从新。不过这一对"新旧",已越出民国,不在本文讨论之列了。
[54] 《积微翁回忆录》,第 129—130 页。
[55] 若细读严耕望氏《贯通的断代史家》一文,可知其于吕思勉先生评价其实并不怎么高。吕诚之、钱宾四师弟,在他看来,后者一定青出于蓝而智过于师了。故忖其此为,似不免有列一类型之考虑。

近世史家与考证学的发展

祁龙威

清末民初的史料浩如烟海,我所读甚鲜,本文只是略举一些日记、笔记、专集等为例,以论述自清以来考证学的发展及其经验。

一、清代的考证学

考证,一曰考据,清以前即有之,如司马光撰《资治通鉴考异》。考证大盛于清,"考证学"成为清学之总称。梁启超《清代学术概论》言:"其在我国,自秦以后,确能成为时代之思潮者,则汉之经学,隋唐之佛学,宋及明之理学,清之考证学,四者而已。"他甚至说:"夫无考证学则是无清学也。"

但经学、佛学、理学,都是指研究的内容,而考证乃是指研究的方法。梁氏又言:"凡欲一种学术之发达,其第一要件,在先有精良之研究法。清代考证学,顾、阎、胡、惠、戴诸师,实辟出一新途径,俾人共循。"究竟什么是清人的考证方法呢?梁氏指出:"清儒之治学,纯用归纳法。"即罗列佐证,得出结论。他们用此法研究经学、史学、子学、语言文字学、天文、地理、数学,等等。

顾炎武为清代考证学之鼻祖。他本明陈第之说,运用本证、旁证和推理审音之法,探讨先秦古音。其求"诗本音","列本证、旁证二条,本证者,《诗》自相证也。旁证者,采之他书也。二者俱无,则宛转以审其音,参伍以谐其韵。"其后戴震提倡以字书与经训互证,所谓"以字证经,以经证字"。其徒段玉裁本此一语,撰成《说文解字注》。在顾、戴大师等倡导下,清代的文字音韵之学大兴。王国维尝言:"如高邮王氏、栖霞郝氏之于训诂,歙县程氏之于名物,金坛段氏之于《说文》,皆足上掩前哲。然其尤卓绝者则为韵学。古韵之学自昆山顾氏,而婺源江氏,而休宁戴氏,而金坛段氏,而曲阜孔氏,而高邮王氏,而歙县江氏,作者不过七人,然古音廿二部之目,遂令后世无可增损。"①

清人考证文字音韵的主要成果,不是在于解决个别难题,而是在于归纳出原理和规律。王国维云:"尝谓自明以来,古韵学之发明有三:一为连江陈氏古本音不同今韵之说,二为戴氏阴阳二声相配之说,三为段氏古四声不同今韵之说,而部目之分其小者也。"②王氏赞段氏《说文解字注》云:"许君《说文序》云:'今叙篆文,合以古籀。'段君玉裁注之曰:'小篆因古籀而不变者多,其有小篆已改古籀,古籀异于小篆者,则以古籀附小篆之后,曰:古文作某,籀文作某。此全书之通例也。其变例则先古籀后小篆。'又于'皆取史籀大篆或颇省改'下注曰:'许所列小篆固皆古文大篆,其不云:古文作某,籀文作某者,古籀同于小篆也。其既出小篆,又云:古文作某,籀文作某者,则所谓或颇省改者也。'此数语可谓千古卓识,二千年来治《说文》者未有能言之明白晓畅如是者也。"③

清人也以考证施之于史学。顾炎武惩明亡之失,撰《日知录》以待后王之治。其书多综合史事,讨论得失,以明盛衰兴亡之理,遂开史学考证之端。乾嘉之际,赵翼著《廿二史札记》,绍其余绪。同时,王鸣盛著《十七史商榷》、钱大昕著《二十二史考异》,偏重考证史籍记载与版本之歧异。他们以本书自证即以正史之纪传与表志互证;以它书证本书即以杂史证正史;又以实物证史籍即以金石碑版证正史;他们并以宋元善本、《永乐大典》辑本等证通行之本。钱大昕尤为博学。他通晓历法,撰《宋辽金元四史朔闰考》。他识蒙古语,补《元史氏族表》《元史艺文志》。近世陈垣,长于考史,他拳拳服膺钱大昕。陈寅恪菲薄清代史

---

① 王国维:《观堂集林》卷8,《周代金石文韵读序》。
② 同上书,《五声说》。
③ 《观堂集林》卷7,《〈说文〉今叙篆文合以古籀说》。

学术史的视域

学,谓"远不逮宋人",但亦推许钱氏。

清代考史之学,从狭义言,则以赵翼、王鸣盛、钱大昕等及其著作为代表;但若从文化史的角度看,从"六经皆史"的广义言,则清代考证之学,实皆为考史之学。近世柳诒徵尝谓乾嘉"诸儒治经,实皆考史……其他之治古音,治六书,治舆地,治金石,皆为古史学,尤不待言"。④

后人言史学考证,必溯源清人。

二、近世史家对考证学的发展

近世我国遭受列强政治和文化的冲击,同时有殷墟甲骨和敦煌经卷等的重要发现,老一辈史家大大地发展了清代的考证学。

他们重新突出顾炎武等所提倡的以经世致用为目的,从为学问而学问的书斋里,走向救亡卫国的文化战场,以史学考证为反抗外国侵略服务。兹举数事为例:

1937年"七七"事变之后,日寇逐步侵占了我国的华北、华东与华中等地,并扶植了一批伪政权,一时群魔乱舞。国民政府迁都重庆。其时蛰居北平聚徒讲学的陈垣作《明季滇黔佛教考》,隐喻西南为中国正朔之所在,伸张民族大义。其时,转辗西南,教授各大学的陈寅恪为作序,表明作者心事,启示读者:此书"虽曰宗教史,未尝不可作政治史读也。"1943年,陈垣与人书云:"至于史学,此间风气亦变。从前专重考证,服膺嘉定钱氏;事变后,颇趋重实用,推尊昆山顾氏;近又进一步,颇提倡有意义之史学。故前两年讲《日知录》,今年讲《鲒埼亭集》,亦欲以正人心,端士习,不徒为精密之考证而已。"⑤

1943年,第二次世界大战正在进行,美国有人起意战后不把日本强占的中国领土台湾还给中国,拟划为"委任统治地"。此事激起中国知识界的义愤。1月7日,重庆《大公报》以《中国必收复台湾》为题发表社论,严正声明"台湾是

---

④ 柳诒徵:《中国文化史》第3编第10章,《考证学派》。
⑤ 陈垣1943年11月24日《与方豪书》。见台湾新文丰出版公司出版的《陈援庵先生全集》第16册。

中国领土"。史学家朱希祖读后认为"理由充沛,实足以代表全国人心"。他奋笔撰《中国最初经营台湾事略》,用史料为《大公报》社论作注脚,公布于1月9日该报。⑥

史学考证与爱国主义相结合,闪烁出永存的光辉。这是老一辈史家所作的贡献。

清代学分汉宋,人为地把义理与考据对立起来。清人谓学者须具三长,而其说不一,或言义理、考据、辞章,或言才、学、识。义理与考据孰先？论者也各偏一端,或谓义理乃考据、词章之源,或谓义理、词章未有不由考据而得者。对这些问题,老一辈史家做了研究和解答。

朱希祖尝论"词章属于才,考据属于学,义理属于识,三者本可相通"。⑦ 由是学者对作史三长的理解便进了一步。史才就是词章,史学就是考据,史识就是义理。

义理与考据孰先？钱穆协调了清人之说,"圣人制作,此义理为考核之源也;后人钻研经籍,因明义理,此考核为义理之源也。"⑧这里的考核,就是考据。

人们不禁要问,圣人究竟根据什么发明义理呢？陈寅恪发表了卓见——"在史中求史识",⑨即由史学得史识。这就是说,义理是从历史实际中来的。

经过老一辈史家的探讨,人们逐步明确了考证在历史研究中的重要地位,它不是可有可无,而是必不可少的。

老一辈史家在遵循清儒家法的基础上,把考证学发展到了更加完善和更加精密的程度。

其一,反对琐屑破碎和畸形发展。

清代考证末流之弊,即琐屑破碎,畸形发展,以小废大。柳诒徵尝云:"考据的方法,是一种极好的方法。不过学者所应当心的,就是须防畸形的发达,不要专在一方面或一局部用功,而忽略了全部。所以一方面能留意历史的全体,一方

---

⑥ 参见台北九思出版公司出版的《朱希祖先生文集》第5册,《中国最初经营台湾事略》;第6册,朱偰等撰《朱逷先先生年谱》。
⑦ 《朱逷先先生年谱》。
⑧ 钱穆:《近三百年学术史》第8章。
⑨ 俞大维:《怀念陈寅恪先生》,见台北《"中央研究院"历史语言研究所集刊》第41卷第1期。

面更能用考据方法来治历史,那便是最好的了。"⑩柳氏所撰《中国文化史》,体大思精,就是他正确运用考据的成果。朱希祖曾规划"专治一历代史,而考据其全体,庶不流为琐碎之考证"。⑪ 他研究战国史,惜因病早逝,未竟其业。

其二,反对主观武断。

考证学要求言必有据,反对想当然。《光明日报》副刊第八十八期《史学》登载《柬埔寨与我国友好联系》一文,把柬埔寨与我国交往从三国提到了前汉,照寻常说法早了几百年。其论证是引《梁书·海南诸国传》等,有"海南诸国自汉武以来皆朝贡"等语,就断定"柬埔寨和我国在地理上那样靠近,当时也必定已经发生关系"云云。陈垣严肃批评说:"这样断定,颇与昆曲《十五贯》过于执县令的审判方法相类,过县令说:'看她艳如桃李,岂能无人勾引,年正青春,怎会冷若冰霜?'就判定苏戌娟和熊友兰一定有奸情了。这种判法是不能令人满意的。"⑫

其三,反对以单文只证,做出奇异的结论。

考证学不凭单文只证立论,而是凭核之全面而皆合的论据。柳诒徵尝云:"今人喜以文字说史,遂取甲骨鼎彝古文,近则秦篆,爬罗抉剔,时多新异可喜之谊。顾研究古代文字,虽亦考史之一途术,要当以史为本,不可专信文字,转举古今共信之史籍一概抹煞。即以文字言,亦宜求造字之通例,虽第举一字,必证之他文而皆合,此清代经师治诸经治小学之法也。不明乎此,第就单文只证,矜为创获,鲜不为通人所笑矣。"⑬

其四,提倡分类法,由粗入细。

罗振玉尝与王国维论清代学术有云:"本朝经史考证之学,冠于历代,大抵国初以来,多治全经,博大而精密略逊。自乾隆、嘉庆以后,学者多分类考究,较细于前。我辈今日治学,宜用分类法,立论必详,著录必确,始可以传世。"⑭罗、王即本此法,考证古史。

---

⑩ 《历史之知识》,见《柳诒徵史学论文集》,上海古籍出版社出版。
⑪ 《朱遏先先生年谱》。
⑫ 《柬埔寨始通中国问题》,见《陈垣学术论文集》第2册,北京中华书局出版。
⑬ 《论以〈说文〉证史必先知〈说文〉之义例》,《柳翼谋先生文录》,台北广文出版社出版。
⑭ 陈邦直:《罗振玉传》,见《罗振玉传记汇编》,香港大东图书公司印行。

其五，建设辅助科学。

陈垣归纳前人和自己的经验，创建考证学的各种辅助科学。

陈氏讲"校法四例"："一、对校，以同书的祖本或别本对读；二、本校，以本书前后互校；三、他校，以他书校本书；四、理校，用推理来校勘。""遇无古本可据或数本互异而无所适从之时，则须用此法。"⑮

陈氏撰《史讳举例》，自序云："民国以前，凡文字不得直书当代君主或所尊之名，必须用其他方法以避之，是之为避讳。""研究避讳而能用之于校勘学及考古学者，谓之'避讳学'。"⑯

陈氏尝以《日知录》《鲒埼亭集》《廿二史札记》为底本，指导学生考证其史料来源，谓之"史源学"。

陈氏精通历法，撰《二十史朔闰表》和《中西回史日历》。他又撰《中国佛教史籍概论》，编《敦煌劫馀录》，辑《道家金石略》等，丰富和发展了目录学和金石学。

其六，发明历史考证的公式。

参考数学逻辑，结合历史研究的特点，陈寅恪发明了考证史事的公式。据其门弟子所记："先生自述所用的考证方法，先确定'时'与'地'，然后核以人事，合则是，否则非。"陈氏把"时"和"地"的交叉点，比喻解析几何之 Cartesian Point。⑰

其七，应用新材料。

在清末，殷墟甲骨和敦煌文物等的发现，为史学家提供了大量的新材料、新证据，并把考证学推进入了世界性的洪流。

今河南安阳市西郊，为殷代都城的废墟。清末，在这里出土了数量众多的龟甲兽骨，其上刻有卜辞。经著名学者王懿荣、刘鹗、罗振玉等先后收藏，外国列强闻而抢夺，国际汉学家群起研究，据以正经传、补古史、考文字，甲骨学遂成为显学。我国学者应用甲骨文研究古史最有贡献的，推王国维。他撰《殷卜辞中所见先公先王考》等名作，用甲骨文印证《史记》等古籍，创造了"二重证据法"，发

---

⑮ 陈垣：《元典章校补释例》卷6。
⑯ 陈垣：《史讳举例》卷1。
⑰ 蒋天枢：《陈寅恪先生传》，见《纪念陈寅恪先生诞辰百年学术论文集》，北京大学出版社出版。

展了考证学。

罗振玉等又以无文字的土俑等印证古史。罗氏编《古明器图录》，为研究中古以降之历史、制度、社会、风俗等提供资料。

十九世纪末，僻处中国西北边陲的敦煌莫高窟发现了数百年无人知晓的藏经洞，内有四万余件文书，都是北宋以前用汉文、藏文、回鹘文等多种语言，记录下来的文化结晶，还有绘画、雕刻等珍贵艺术品。英、法、沙俄、日、美等国纷起掠夺，我国仅保留了劫余的一部分。英、法、日本等国的汉学家，纷纷开展对敦煌文物的著录和考释。我国的罗振玉、王国维、陈寅恪、陈垣等老一辈史家，也率先应用敦煌资料考证中世纪中国的政治史、文化史、社会史。由此产生了影响深远的"敦煌学"。陈寅恪称之为"世界学术之新潮流"。⑱

其八，掌握多种语言文字。

清季，在从科举道路上成长起来的高级官员和士大夫之中，能识外国文字的是极少数。如翁同龢曾状元及第，两代帝师，算是文化素养很高的上层人物，但他听到曾纪泽与外国使节讲英语，茫然不知所说是什么。《翁同龢日记》：光绪十三年正月初十日，"饭罢诣总理衙门，群公皆集。未初，各国来拜年，予避西壁，遥望中席，约有廿余人，曾侯与作夷语，唧啾不已。"叶昌炽博学多识，有"通人"之誉，但他不识法语，所以无法读懂伯希和的著作。《缘督庐日记钞》：民国丙辰十二月二十日，"益庵与夔一偕归，其奴带至张鞠生一函，法人伯希和书两本，皆其本国文，旁行草书，非吾所习，莫明其宗旨也。"光宣以降，从国内外学校成长起来学者的情况就不同了。如王国维、朱希祖等都娴日语。陈寅恪先后在法国巴黎大学、德国柏林大学、美国哈佛大学等进修，对英语等具有较高造诣，又识满语、蒙语，并通梵文。正因为陈氏掌握多种中外语言，所以他能够写出《四声三问》那样的名篇，考论出南北朝时沈约等创"平上去入"四声之说，"实依据及模拟中国当日转读佛经之三声，而中国当日转读佛经之三声，又出于印度古时声明论之三声也。"⑲也由于他识梵文，通内典，因而陈氏对敦煌经卷的某些考释，能言罗振玉等所不能言。

---

⑱ 《敦煌劫余录序》，见《陈寅恪先生文史论集》下卷，香港中文出版社出版。
⑲ 《四声三问》，见《陈寅恪先生文史论集》上卷，香港中文出版社出版。

由上述可见,我人言史学考证,不能低估老一辈史家所作的贡献,必须正确对待和继承他们的业绩。

三、史料考证的科学性

考史工作的全过程包括两个阶段:一、搜集史料,二、整理史料。兹顺序举例论证其科学性。

甲　从搜集史料看考证学的科学性。

其一,发现线索。

搜集史料,必先掌握线索。

1.有些清末民初的重要史料尚无刊本,但见前人征引。我们曾从张孝若的《南通张季直先生传记》得知张謇有日记。又从溥仪《我的前半生》得知郑孝胥有日记。其后遂找到了两书。类此的线索甚多,如:吴庆坻《蕉廊脞录》征引朱学勤《枢垣日记》。

朱字修伯,杭州人,咸同之际,任职军机处,故以"枢垣"名其日记。他虽位不过大理寺卿,但因深得恭亲王奕䜣信任,成为一时政治上炙手可热的人物。翁同龢曾与换帖。李鸿章、刘坤一、吴煦等地方要员都与之暗通声气。《平粤》《平捻》方略,是标榜"同治中兴"的两部重要官书,其首席提调兼纂修即朱学勤。他又是藏书家,遗有《结一庐书目》行世。

《枢垣日记》三十卷,其目见张佩纶所撰朱氏《墓志》,缪荃孙据以写入《结一庐文集序》。(见《艺风堂文续集》卷五)吴庆坻从朱学勤次子澂(字子涵)得见其家藏《端肃遗事密札》,摘录入所著《蕉廊脞录》,并屡引朱学勤遗著文集、笔记、日记。兹将《日记》两条节录于下:

同治二年正月十八日辰刻日晕……二月二十七日,日冠抱珥,一时方散。见朱大理学勤日记。

同治己巳六月二十日,武英殿灾,自亥刻起至次日辰刻止,延烧他屋至三十余间,所藏书悉烬焉。至午刻,而军机处收各衙门交开救火职名单者络绎不绝,有识者为之寒心。亦见朱大理日记。(同治己巳,为同治八年)

另有一条极可能也录自朱氏日记,但未注出处,故须核实。

癸酉二月十三日,醇亲王奏请将山东所获之张凌云致祭该亲王园寝折中有云"去年系军机大臣拟旨,现在乃天子当阳,迥不相侔"等语,恭邸阅之不怿,令章京办奏稿辨明其事,朱修伯丈劝不可,李文正鸿藻又力言之,而恭邸意未解,卒奏之。盖两邸意见之深如此。(癸酉,同治十二年)

吴氏又曾收藏《王文韶日记》。《蕉廊脞录》云:"予尝得文勤日记数十巨册,皆其官京师及鄂湘时所记,论人论事皆有识。在鄂臬湘藩湘抚任,公余无日不观书。老辈固不可及。又辛未三月某日日记一则云:'郭子美军门来晤……'"核之中华书局一九八九年排印本《王文韶日记》,吴氏所引一节见上册二五四页,乃是同治十年三月二十四日所记,对郭松林进箴言。可证此书确曾经吴氏过目。今《王文韶日记》已由杭州市图书馆提供出版,深盼朱学勤《枢垣日记》不久亦公之于世。

又如:陆宝忠的日记,其门人陈宗彝据之为补《年谱》。冯煦"有精楷日记四十余册",见蒋国榜为《蒿叟随笔》写的后记。类此者尚多。

2.清末民初有大量函札未刊入作者专集,也有线索可考。如:

李元度在曾国藩生前,即已将曾给他的信装裱成册。《湘乡曾氏文献》第九册辑同治十年五月五日,曾国荃与曾国藩书:次青"前后所得亲笔信,尚有八十余封,已装成一册"。曾国藩死后,王闿运看过这些信。《湘绮楼日记》:同治十二年正月廿七日,"观曾侯与次青书札"。

王仁堪保存一批曾氏兄弟等给其祖四川总督王庆云的信。《刘葆真太史集》有代江宁布政使许振祎作《跋王可庄庋藏曾湘乡手书后》云:"右曾文正师书十八叶,宫保师书六叶,附罗壮节公五叶,闽县王文勤公孙可庄修撰都为一册。戊子九月,典试江南,以示振祎。"按戊子为光绪十四年。宫保师指时任江督的曾国荃。

俞樾自言藏彭玉麟手札，"无虑百十通"。见《春在堂杂文》六编卷九，《彭刚直公墨迹跋》。

又如李鸿藻与潘祖荫的往返信函极多，至今尚有三千余通保存在其后人处，未刊行。见李宗侗为《李鸿藻年谱》写的按语。

3.有些刊本如姚绍崇《论语衍义》，传世甚稀，但在常见书中留下线索。

姚字桂轩，长沙儒生，胡林翼延至湖北戎幕，为讲《论语》，联系历史时事，相与讨论。胡殁后，姚撰成《衍义》，为研究胡林翼提供重要史料。刘声木《苌楚斋续笔》卷六言："此书镂板已久，惜传本甚稀，湖南坊间尚难购得，他处更未之见。"但郭嵩焘、李元度均为作序，分别载于《养知书屋文集》卷四与《天岳山馆文钞》七。《郭嵩焘日记》：光绪八年正月十八日，"桂轩见赠《论语衍义》一部，示其在湖北军营与胡文忠公讲释《论语》义旨，援史事相印证。予曾为之序。甲戌赴都，其书尚未刊成也。至是始蒙枉赠。"

从事搜集清末民初史料者，当留心和收集这些线索，以便访寻，这是考史工作的第一步。

其二，鉴定真伪。

对新发现的史料，必须鉴定其真伪。兹举两例：一是简又文等鉴定《石达开日记》是伪书；一是罗尔纲鉴定湘乡曾氏所藏《李秀成亲供》是真迹。

1.《石达开日记》，许指严编辑，一九二二年上海世界书局出版，一九二八年发行至第七版。近年海外几家出版社仍作为史料翻印。这是一册颇有影响的伪书，不可不辨。

此书来历见之于韩文举《舟车醒睡录》。其中有云："翼王石达开被擒时，系于臬署狱中，神色闲定自如，日拈笔自述其生平行事，小字密行至盈四卷。殉国后，清川藩录一副本，庋之藩库，其真本则在臬库，闻两本皆完好无恙，蜀人多有见之者。"此说又见之李岳瑞《春冰室野乘》。但萧一山曾从四川省政府旧档案中搜访此书，茫无着落。而许指严附会伪撰《石达开日记》。其弁言云：有四川青神吴姓友人，"先世为蜀藩库吏，得睹《石达开手书日记》，乃节录其恢诡奥折者，与官私书所传复异。"许氏得其抄本，"因考订各家记载，联缀其事，润色其词。"由此产生了现在流传的《石达开日记》。简又文在《五十年来太平天国史之研究》一文中强调指出:"许氏之作,予断定为其投机伪造者,适能迎合社会人士兴味,轰动一时,至翻印多次,只可以小说视之,绝不能目为史料也。从史学上看来,此为伪书无疑。"在简氏指导下,燕京大学学生李崇惠撰《石达开日记之研究》,载《史学年报》第一期。[20] 李氏判定《石达开日记》是伪书,其主要理由有三:(一)该书之日历与天历不符。(二)该书有"演说"等新名词,显然不能出之石达开手笔。(三)该书中之纪年与记事均与他种记载大相径庭。总之,此书来历不明,破绽百出,许氏亦自承为郢书燕说,其出于虚构伪托,可以断定。

2.1864 年太平天国天京失陷,忠王李秀成被俘,他写下了长篇供词。曾国藩亲笔删改后,于安庆刻本流传,其真迹则一直深秘在湘乡曾富厚堂。1944 年暮春,广西通志馆派秘书吕集义等至湘乡阅看此书并摄影十五帧。由是学术界始见曾氏所藏部分《李秀成亲供》照片。五十年代初,有人否定此件是李秀成手写之本。于是原在广西通志馆工作的太平天国史专家罗尔纲氏,在法医的协助下,使用现代技术,对笔迹进行鉴定,确认此为李秀成的手稿无疑。先是,学术界已从庞际云所藏《忠王李秀成答词手卷》见到李秀成的手迹。当李秀成被俘后,曾国藩令亲信幕僚李鸿裔、庞际云面讯了若干问题。《手卷》就是讯问的记录。其中有曾国藩写的问语;有李鸿裔、庞际云分别记的李秀成答语;有李秀成手书的二十八字:"胡以晄即是豫王,前是护国侯,后是豫王。秦日昌即是秦日纲,是为燕王。"据庞际云最后说明,是因李秀成语操土音不可辨,乃令执笔写下来的。经法医检验笔迹的结果,湘乡曾氏所藏《李秀成亲供》与这二十八字是出一人之手,由此确证《亲供》是李秀成的真迹。

发现线索和鉴定真伪,是搜集史料中的两项考证工作。以上的事例证明,这种方法是科学的。

乙 从整理史料看考证学的科学性。

其一,解题。

解题一般包括:释书名,考作者,交代原件来历与下落,说明版本,评估价值。

---

[20] 《史学年报》,燕京大学历史学会编,创刊于民国十八年。1969 年,台北学生书局重印,凡 6 册。李崇惠《〈石达开日记〉之研究》,见第 1 册。

兹分别举例以明之。

1.释书名。

有些书名与内容有关,对之必须解释。如黄彭年《紫泥日记》,是黄氏于光绪十五年以江苏布政使护理巡抚轮值监临时的日记。内容涉及清代科举制度。黄氏引唐诗"紫泥盈手发天书","监临例用紫笔,故借以题册。"见本书。

2.考作者。

有些要籍的作者,旧的解题所言甚鲜,需要充实。

如记载太平天国前期历史的《贼情汇纂》,虽几经翻印,有人甚至为易名《太平天国别史》出版,然而对作者张德坚的生平,却历来言者寥寥。仅据其书自序,读者知为扬州甘泉县人。咸丰三年任湖北抚辕巡捕。并从卷首所录咸丰四年十一月初三日曾国藩给张德坚等的札文,知其时张为湖北即补县丞。卷首又有"原委官绅衔名",首列"湖北即补府经历县丞张德坚"。《太平天国资料目录》对之无所补充。考李元度《天岳山馆文钞》有《东斋诗草序》《书马菉斐太守来书后》《答马太守毓华书》三文,为张德坚提供了有关资料。《东斋诗草序》云:"咸丰乙卯,予驻军湖口苏官渡。上元马菉斐太守避寇来归,为逻者所扼,予一见而伟之。时君年才逾冠,同行五人,江都陈伯义其一也。留军中匝月。会张石朋大令至,携君等谒曾文正公,为请路引回籍,文正亦以国士待君,尝解衣衣之。石朋奉檄著《贼情汇纂》,以贼中事询君,又留月余乃归……同治壬申,石朋以哭文正公诗邮示,且言君莅秦有善政,于予尤每饭不忘……光绪丙子,君以所著《东斋诗草》来征序,开卷第一篇,即湖口见赠之作也……惜文正薨,石朋亦久物故,而陈生伯义者不知尚在人间否也?"《书马菉斐太守书后》云:"会张石朋大令来军,与陈生同县。"《答马太守毓华书》亦有"适张石朋大令至,与陈生为梓谊"云云。盖清代扬州同城二县,故甘泉人与江都人也称"同县"。

有些名著的真正作者,需要考证说明。如《曾文正公年谱》,托名曾门大弟子黎庶昌撰。因冠以湖广总督李瀚章署名的序,故又被当作李瀚章、黎庶昌撰。其实,此书的真正执笔者是曾氏晚年幕客曹耀湘。薛福成《庸庵文编》卷四,《叙曾文正公幕府宾僚》:"凡以宿学客戎幕,从容讽议,往来不常,或招致书局并不责以公事者……闳览则……刑部郎中长沙曹耀湘镜初。"曾国藩死后,曹与杨书霖等受曾纪泽委托,设传忠书局于长沙,编印《曾文正公全集》,先成《年谱》。《曾惠敏公手写日记》:同治十二年闰六月廿五日,"看镜初所撰先文正年谱良久。"七月廿九日,"看镜初所撰文正公年谱。"曹以研究《墨子》得王闿运称许。《湘绮楼文集》卷三,《墨子校注序》:"颇闻同时注《墨子》者数家,而吾友曹耀湘尤神解深通"云云。

有的虽是常见史料,但对其书撰成的状况,旧的解题却并未交代清楚。如《淮军平捻记》,署名周世澄撰,而王闿运却说是赵烈文作。《湘绮楼日记》:光绪三年七月廿七日,"得怀庭书,送赵惠甫《平捻记》。"《捻军》(资料丛刊)所附"书目解题",对此无一字说明。按赵烈文《能静居日记》:光绪元年七月十五日,"删改孟甥所作《淮军平捻记》成,所记合肥公平东西捻时事,合肥以付孟舆而嘱予订定,凡三载始迄功,予为删其繁芜,去其偏驳,亦一旬甫毕。其事多据奏疏公牍,虽未尽实录,然曲说道谀则无之矣。"合肥公,李鸿章。孟舆,周世澄字。周为赵烈文四姊之子,故称"孟甥"。盖此书由周世澄撰,经赵烈文修改定稿,故人们又当作赵氏之书。

以上都是有特殊情况需要考证的事例。至于一般对作者生平的简介,则有《碑传集》、人名词典等提供资料,这里就无须举例示意了。

3.交代原件来历与下落。

对新公布的史料,必须交代其来历。1980年,湖南人民出版社为《郭嵩焘日记》写的"出版说明"即是一例。编者首援郭焯莹《郭氏佚书叙目》言此书撰写大略:"先兵左自道光十八年入试京师,随所见所闻及起居酬接,按日记之,终于卒之岁。"次引杨钧在其民国十七年出版的《草堂之灵》言:郭氏后人曾拟刊此书,"请为之序"。到五十年代,湖南省图书馆收藏此书时,原稿已残缺。现存始咸丰五年迄光绪十七年,中缺三段,为时约三十九个月。编者并言:郭氏出使赴英途中的五十五天日记《使西日程》,盖经整理发表,与原稿颇有出入云云。

有些要籍虽已出版,但解题仍须交代其原件下落,以便考核。如李慈铭《越缦堂日记》的石印本,据陈乃乾等说,经与原稿勘对,发现已经涂抹姓名多条。按此书于上海石印后,经手者将"书稿交于浙江图书馆"。见 1920 年 7 月 19 日《张元济日记》。今此书被海内外出版界用多种形式翻印,甚盼有关人士访寻原稿一校。

4. 说明各种版本差别。

有些重要史料已刊行多次,解题必须说明其版本差别。反映义和团运动时北京情形的《高枏日记》即是一例。此书先有光绪三十年铅印的四卷本,题"高给谏庚子日记",书口简称《庚子日记》。起光绪二十六年(庚子)五月十五日,迄光绪二十七年(辛丑)正月十六日。后有清翰堂木刻的八卷本,题《高给谏日记》。起光绪二十六年五月十五日,迄光绪二十九年(癸卯)十二月九日,中缺癸卯年正月至七月。原铅印四卷本末辛丑正月元旦至十六日的日记,木刻八卷本移冠第五卷。

1976年,台湾学生书局据木刻八卷本影印,分上下册,题《庚子日记》,编入《中国史学丛书》。

1978年,北京中华书局出版的《庚子记事》,其中也辑此书,系据四卷本排印,并节录八卷本后四卷的内容若干条于后,改名《高枏日记》。

5. 评估价值。

评估史料价值,当从大处着眼。有些前人的书评,数语洞中要害,可资借鉴。如赵烈文《能静居日记》录曾国藩讽大学士潘世恩的笔记不谈国家大事云:同治六年八月十四日,"涤师来久谈,偶论及潘文恭《思补斋笔记》,所录皆科第师生之锢习而已,间有掌故示止于翰林荣遇。政地垂三十年,无一语及国是,其生平概可见矣!"又如张佩纶《涧于日记》于光绪十七年七月十五日赞美朱学勤《结一庐杂抄》云:其书"专记本朝饷项出入盈虚之数,用意甚深……其言切实著明,欲边海者省,改封存之旧以备西洋,且预防土木奢纵之害。《杂抄》在同治初年,而所见如此,可云远识矣"!在反对内政腐败和外国侵略的前提下,以上一贬一褒,对两书的史料价值高下分明,使人一目了然。

其二,标点。

1. 标点史料者首须读懂史料。

1963年,我在北京笺注《张謇日记》。按张謇于光绪二十年状元及第。三月十二日,他记下了会试第二场的《五经》题:

《易》:"形乃谓之器,制而用之谓之法。"《书》:"四日星辰"。《诗》:"以御宾客,且以酌醴"。《春秋》:"取邾水自漷水,季孙宿如晋"。《礼》:"命相布德和令,行庆施惠,下及兆民,庆赐遂行。"

由于我对经学缺乏根柢,临时又未检原书,望文取义,以致错点为"命相布德,和令行庆,施惠下及兆民,庆赐遂行。"北京大学邵循正教授,一见样本,即拈朱笔为之更正。光绪二十年会试的正考官为礼部尚书李鸿藻。1969年,台湾出版了《李鸿藻年谱》。我查其中所引《李鸿藻日记》,也列此"五艺"题,点句与邵先生不谋而合。惜邵氏已作古人,不及见矣。

2.标点须与校勘相结合。

赵烈文于咸丰十一年三月二十二日,在上海看到四本太平天国的书籍,载入《能静居日记》。"《天父圣旨》一本,记贼中伪托天父下凡,所说言语鄙俚不经,皆托东王口中传出……杨逆之跋扈伪朝,因洪逆之假托妖言,授人以柄,然洪逆坚忍不怒,其是以图杨而杀之,盖亦鸷狠之极者矣。《钦命记题记》一本……此书庚申所刊。《王长兄次兄亲耳亲目共证福音书》一本……此书庚申七月刊。《资政新编》一本,贼族洪仁玕所作以上洪逆者……观此一书,则贼中不为无人。"

原稿虽未点句,但四本书之间有三个空格,以示分段。其中"庚申七月刊"与上文相联为句,是指《王长兄次兄亲耳亲目共证福音书》的刊刻时间,因此书开卷说明于庚申七月三十一日献上也。《太平天国史料丛编简辑》在节录《能静居日记》标点排印时,误把"庚申七月刊"与下文《资政新编》相联为句,遂使学术界误会《资政新编》有太平天国庚申十年七月刊本。如与《能静居日记》的稿本或影印本相校,便不会有此误了。

其三,注释。

陈垣氏尝言:"注书例有二派:一注训诂典故,一注本事。"如罗尔纲氏的《李秀成自传原稿注》,可谓对二者兼而有之。我注释《张謇日记》等清末民初史料,侧重钩稽背景,说明本事,择要作注,择善取材。兹举例以就正于同行诸前辈。

1.光绪二十年七月四日《张謇日记》:

>天津焦某寄来朝鲜图。

笺注先据翁张往来信函及翁日记,说明张謇为供翁同龢了解朝鲜军情而从天津取来朝鲜地图。时日本陆军已攻击驻朝清军,前此翁有书与张謇云:"牙军殆哉,忧心如捣。元山,检地图不得,极闷。"见《翁松禅致张啬庵手书》第十三件。本日未刻,张謇作书与翁云:"顷得天津局刻朝鲜图。"见陆史一抄《张謇致翁同龢密信》第十一件。《翁同龢日记》:初五日,"张季直函送地图。"笺注又采王季烈为其父颂蔚所撰事略,补此事背景。王颂蔚时为军机处章京。中日战起,颂蔚进言于军机大臣翁同龢:"枢府有总持军机之责,尤当先知战地情形,今日军机处中并高丽地图而无之,每遇奏报军情地名且不知所指,安有运筹帷幄,决胜千里之望乎!""于是枢府始令北洋进高丽地图,至则所图并不开方计里,疏略殊甚。"见《螾庐未定稿》《先考资政事略》。

这样注释,目的帮助读者从翁、张寻觅朝鲜地图,看到清政府落后、腐朽与对日战争必将失败的阴影。

2.1916年7月21日《张元济日记》:

>晚,约伯利和、沈子培、叶菊裳、张石铭、缪小山、蒋孟蘋在寓晚饭。刘翰怡丁本生母忧未到。

注:伯利和,即伯希和(P. Peliot)。清宣统二年,张元济在欧洲访寻被英法劫去的敦煌古籍时,与伯希和相识,并遭其多方刁难。宣统三年二月廿三日,张氏与汪康年书云:"问弟去年在巴黎看伯利和所得敦煌古书,曾否抄得目录?彼时本欲录存,无如法国国家十分郑重,不许常人观览,弟由公使馆介绍,特别许可,且由伯君伴往,跬步不离,重房密屋,光线甚乏,而伯君又匆匆欲行,故只能略观大概,而弟亦以行期太迫,不能再往。因晤伯君,知英人某先至敦煌,所得亦甚富。到英访得,亦入国家图书馆矣。其珍秘一如法人,四部不如伯君多,而佛经及其他古物则远过之。其四部书亦已商妥,将来亦可影照也。"见《汪康年师友书札》(二)。至是,伯希和出任法国驻华使馆武官,道经上海,以敦煌所出《尚书

学术史的视域

释文》残帙照片送与张元济,并希冀与中国学界相会,于是在张寓有此次聚餐。叶昌炽《缘督庐日记钞》:丙辰六月廿二日,"晨起,案上有书,张鞠生京卿招晚酌,言有法国友人毕利和,即在敦煌石室得古书携归其国者,今来中土研究中国古籍,愿与吾国通人相见,能操华语。亦有一函招翰怡,未知其在苦也。六点钟,如约往。陪客尚有艺风、乙庵、张石铭、蒋孟蘋……毕君携照片九纸,云是《经典释文》中《尧典》《舜典》两篇残帙,唐时写本,未经宋人窜改,可以发梅赜、卫包之伏而得其所从来。"翌年,张元济嘱吴士鉴作校语并序,将此敦煌文物照片刊入《涵芬楼秘笈》第四集。

以上注释力求帮助读者了解自敦煌失宝之后,中国知识界与外国劫经者之间有斗争有联系的事实,构成了这次聚餐的背景。

解题、标点、注释是整理史料的三项主要工作,方法也是考证。经验证明,这是科学的。

四、从三本新书的失误看考证学的重要性

《〈永乐大典〉史话》《中国敦煌学史》和《翁同龢传》是近十年间三本有影响的新书。在应用史料上,三书因疏于考证,致有个别失误。这是一个学风问题,值得注意。兹分别言之。

(一)引用史料,必须核实

1986年,北京中华书局出版的《〈永乐大典〉史话》是一本反映我国大陆研究《永乐大典》聚散、搜集影印《大典》存卷最新成果的好书。但在引用史料上,尚有疏误。此书第十九页历述庚子翰林院被焚,接着说:

> 事后,在废墟堆中,还有不少人捡到《永乐大典》,译学馆官员刘可毅在侵略军的马槽下就拣到《大典》数十册。

这完全是无稽之谈。《史话》未说所据何书,但可以查明其祖本是三十年代

商务印书馆出版的郭伯恭《〈永乐大典〉考》。在郭书第九章里,征引了两则野史:

> 蒋芷侪《都门识小录》云:"庚子拳乱后,四库藏书残佚过半,都人传言,英法德日四国运去者不少;又言洋兵入城时,分取该书之厚二寸许长尺许以代砖,支垫军用等物。武进刘葆真太史(可毅)拾得数册,阅之皆《永乐大典》也。此真斯文扫地矣。"

> 王小隐《梦天馀话》云:"庚子拳匪之乱,红巾满京华……译学馆总办刘可毅太史于乱兵马槽下,拾得《永乐大典》数十册。"

这两书所说,关于刘可毅于八国联军侵入北京后拾得《永乐大典》一事,乃是传闻失实之词。按刘树屏《伯兄葆真家传》云:"兄名可毅……己丑恩科举人,壬辰会元,选庶吉士,散馆授编修。""己亥岁……适京师大学堂临聘教员,寿州相国以兄名应,于是尽室北行。庚子春,拳乱甫萌芽,由山左而天津而蔓延都下。兄谓此乱民非义民也,不戢必有大祸。五月朔,堂中行谒圣礼,管学许侍郎景澄至,兄迎谓曰:'祸亟矣,及今斩数十人,可定,迟且燎原'……比月之望,拳焰益炽,且红帕首刃入都市矣。兄复于谒圣时大言之……堂上下役吏闻者皆目兄为二毛子。二十日晨,送孥赴通州。途遇拳党,指而目之曰:'若非大学堂教习刘翰林乎?'遂拥之去。"[21]其后家人多方探讯,断定他已死。杨典诰《庚子大事记》于是年六月初三日记:"编修刘可毅,既非在教之人,第平时喜谈时务经济,竟被义和团所戕害。"又按翰林院被焚,是在庚子年五月二十七日。八国联军侵入北京,是在七月二十日。均见《高柟日记》。其时刘可毅已死。他怎能在战后废墟中拾取被洋兵从翰林院抢出之《永乐大典》呢?

关于列强掠夺《永乐大典》的罪证甚多,郭伯恭氏未能搜集以考《大典》之散亡,而误引两条传闻失实之野史,未加考核,贻误读者,这是不足取的。然而到了

---

[21] 附见《刘葆真太史集》。

八十年代,我国一些研究《永乐大典》的新书却还在重复郭氏的失误。

1985 年,台北文史哲出版社出版的《〈永乐大典〉及其辑佚书研究》第 169 页云:

> 光绪二十六年(1900),八国联军之役,义和团焚翰林院以攻英使馆,《大典》遭难,及洋兵入城,至取《大典》代砖,以支垫军用等物,当时译学馆总办刘可毅在侵略军的马槽下,就拣到《大典》数十册。

至于《〈永乐大典〉史话》,则不仅承袭了郭伯恭所引的失实之词,而且加以夸大,说什么"在废墟堆中,还有不少人捡到《永乐大典》"。很不严肃。

(二)转引史料,须检原书

1992 年北京语言学院出版社出版的《中国敦煌学史》,是一部有意义的文化史新著。海内外敦煌学者将对之做出全面的评价。这里只提请作者注意一点,即转引史料,须检原书。陈垣在《回回教入中国史略》中曾批评有的作者,"引书不检原本"。《中国敦煌学史》也有此缺陷,以致以误传误。此书"绪论"云:

> 1902 年,甘肃学政叶昌炽通过当时的敦煌县令汪宗翰得到藏经洞出土的文物多件,作了最早的记录:"已闻石室发现事,亦得画像两轴,写经五卷。"(事见《缘督庐日记》,转引自苏莹辉《谈敦煌学》)

按苏氏此文原载《中美月刊》第九卷六至九期,后辑入台北学生书局 1969 年初版的《敦煌论集》。其中提到了叶昌炽与敦煌文物最早流传的关系:

> 近人著述中,最早提到敦煌卷子的,是叶昌炽的《缘督庐日记》。叶氏于清光绪二十八年(1902)五月朔,接任甘肃学政,曾赴各地主考,西至酒泉。在他的宣统元年(1909)十二月十三日日记中说:"午后,张阆如来,携赠《鸣沙山石室秘录》(按即罗振玉所撰)一册,即敦煌之千佛山莫高窟也。唐宋之间所藏经籍碑版释氏经典文字,无所不有。其精者大半为法人伯希

和所得,置巴黎图书馆。英人(盖指斯坦因,其到敦煌还在伯希和以前)亦得其畸零。中国守土之吏,熟视无睹。鄙人行部至酒泉,虽未出嘉峪关,相距不过千里,已闻石室发现事,亦得画像两轴,写经五卷。"光绪二十八年,距离卷子发现的时候,才只两年。而斯坦因首次到达敦煌千佛洞是在1907年,叶昌炽早在五年以前(即叶氏行部至酒泉的时候)获得敦煌的卷轴了。虽然叶氏所得不多,但敦煌卷轴的最早流传,自应以此为滥觞。

此即《中国敦煌学史》的根据。其中有两点不够确切:(1)叶昌炽"行部至酒泉"得到敦煌文物的时间是光绪三十年(1904),不是光绪二十八年(1902)。(2)叶昌炽在光绪三十年八、九月的日记里,对敦煌文物做了最早的翔实的记录,至于"已闻石室发现事,亦得画像两轴,写经五卷",则系叶氏事后追忆的大概而已。

按叶昌炽著、王季烈节抄的《缘督庐日记钞》,民国二十二年由上海蟫隐庐石印行世。1964年,台湾学生书局据以影印入《中国史学丛书》。这是一部常见的名著。

光绪二十八年,叶昌炽以翰林院编修出任甘肃学政。光绪三十年,他视学巡行到了酒泉。敦煌知县汪宗翰等给叶氏送来了千佛洞的文物。《缘督庐日记钞》:光绪三十年八月二十日,"汪粟庵来函,[22]贻《敦煌县志》四册,朱拓一纸称为《裴岑碑》,细视非汉刻,似《姜行本碑》。又宋画绢本《水月观音像》。下有绘观音菩萨功德记,行书右行,后题:'于是乾德六年岁次戊辰五月癸未朔,十五日丁酉题记。'又大字一行云:'节度行军司马金紫光禄大夫检校司空兼御史大夫上柱国曹延清供养'。又三行云:'女小娘子宗花一心供养;慈母娘子李氏一心供养;小娘子阴氏一心供养。'其帧仅以薄纸拓;而千余年不坏,谓非佛力所护持耶!又写经三十一叶,密行小字,每半叶八行,行三十三至三十五字不等。旁有紫色笔,如斜风细雨,字小如蝇,皆梵文。以上经像,粟庵皆得自千佛洞者也。"九月初五日,"夜,敦煌王广文宗海以同谱之谊,馈唐写经两卷、画像一帧,皆莫

---

[22] 汪粟庵,当从《语石》作栗庵。

高窟中物也。写经一为《大般若经》之第百一卷,一为《开益经》残帙。画像视粟庵所贻一帧笔法较古。佛像上有贝多罗树,其右上首一行题'南无地藏菩萨'。下侧书:'忌日画施'四字。次一行题:'五通将军',有一人兜牟持兵而立者即其像。左一行题:'道明和尚',有僧像在下。其下方有妇人拈花像,旁题一行云:'故大朝于阗金玉国天公主李氏供养。'"初七日,"夜,敦煌王广文来,云莫高窟开于光绪二十六年,仅一泥丸,砉然扃鐍自启,岂非显晦有时哉!"

以上就是中国学者对敦煌文物最早的著录。

不久,斯坦因与伯希和相继至敦煌劫经。叶昌炽在苏州家居,得悉此情,深悔以往"不能罄其宝藏"而痛自诘责。《缘督庐日记钞》:宣统元年十月十六日,"午后,张阆如来,言敦煌又开一石室,唐宋写经画像甚多,为一法人以二百元捆载去,可惜也。俗吏边氓,安知爱古,令人思汪粟庵。"十二月十三日,"午后,张阆如来,携赠《鸣沙山石室秘录》一册,即敦煌之千佛山莫高窟也。唐宋之间所藏经籍碑版释氏经典文字,无所不有。其精者大半为法人伯希和所得,置巴黎图书馆。英人亦得其畸零。中国守土之吏,熟视无睹。鄙人行部至酒泉,虽未出嘉峪关,相距不过千里,已闻石室发现事,亦得画像两轴,写经五卷,而竟不能罄其宝藏,轺轩奉使之为何,愧疚不暇,而敢责人哉!"这是叶昌炽于宣统元年对往事的回忆。

如果作者不满足于转引,而一检《缘督庐日记钞》原书,《中国敦煌学史》的有关叙述便一定能够比较确切。

又按叶昌炽于民国六年死后,两轴敦煌古画归南浔蒋汝藻收藏。蒋字孟蘋,号乐庵,三代藏书,王国维为编《密韵楼藏书志》。蒋好抄书,王国维又为作《乐庵写书图序》。民国十二年,蒋汝藻为王氏刊《观堂集林》,其中辑入王氏为两画写的跋文。因内容考证瓜沙史事,所以民国十三年刊行的罗福苌《沙州文录补》也辑此两跋。

其一为《于阗公主供养地藏菩萨画像跋》。核其内容,此画盖即王宗海赠予叶昌炽的地藏菩萨像。

其二为《曹夫人绘观音菩萨像跋》。核其内容,此画盖即汪宗翰赠予叶昌炽的《水月观音像》。惟叶氏所见者尚为完本,而王氏作跋时此画已漫漶有缺文。

此画的影印本见于民国九年上海广仓学宭刊行的《学术丛编》第二十二册,因已残缺,所以与王国维跋一样,不能取代叶昌炽的原始记录。王氏过早逝世,未能见到《缘督庐日记钞》的出版。其门人姜亮夫氏曾把叶氏所记与王氏跋文做了校勘,撰《读王静安先生〈曹夫人绘观音菩萨像跋〉》一文,刊于《兰州大学学报》1981年第4期,后辑入上海古籍出版社1987年出版的姜氏专著《敦煌学论文集》。王国维两跋都仅言此两画系"南林蒋氏"所藏,未言原系叶昌炽之物。姜氏为作注释:"又按此图,光绪甲辰敦煌知县汪宗翰得之,以贻甘肃学政长洲叶昌炽,后乃归南林蒋氏者也。"

由于未检《缘督庐日记钞》,所以《中国敦煌学史》作者在该书第70页、第147页等处提到王国维的这两篇跋时,都未与叶昌炽的原始记录相联系,而且误释"南林蒋氏"为蒋斧。考清末民初文献所称藏书家"乌程蒋氏""归安蒋氏""南林蒋氏",均指南浔蒋汝藻,一如称另一个南浔大藏书家刘承幹(翰怡)为"南林刘氏"等。至于蒋斧字伯斧,吴县人,《观堂集林》称之为"吴县蒋伯斧郎中"者是也。他虽是最早的敦煌学者之一,但与以上两幅敦煌古画无涉,不能张冠李戴。

(三)研究史料,必须仔细

1994年北京中华书局出版的《翁同龢传》,是一本前无依傍的新创作。作者在收集资料和撰写两方面所做出的努力,值得敬佩。此书出版后在海外不胫而走。1995年,我在美国密歇根大学、匹兹堡大学的东亚图书馆,先后高兴地看到这本新书。可惜其中尚有一些显著的错误,涉及对最基本史料——《翁同龢日记》等的研究,尚需加密的问题。

例如此书说:"1885年9月(光绪十一年八月),张謇参加顺天乡试……这一次张謇考中了南元,北元则为常州人刘若曾(可毅)。"这里有两点错误:(一)刘若曾与刘可毅不是一人。(二)清制,常州人不得中顺天乡试的解元。按刘若曾字仲鲁,刘可毅字葆真,各有其人,都屡见于《翁同龢日记》:

> 光绪十一年八月初六日,"是日上幸南海,予乘船到朝房,闻派考官……潘祖荫为正考官,予与奎润、童华副之。"

九月十一日,"寅初填榜起,天明填至五十名,伯寅判名次,予书姓名……元:刘若曾、赵致中、穆星沅、谈长康。"

《张謇日记》可相参证:

光绪十一年九月十二日,"看榜……第一刘若曾,闻亦孝友诚实君子也。"

叶昌炽执笔的《潘祖荫年谱》做了补充:

光绪十一年"八月初六日,充顺天乡试正考官……(九月)十二日揭晓,得士二百八十人,解元刘若曾,直隶盐山县人"。

以上证明,光绪十一年顺天乡试的解元,是盐山刘若曾,不是武进刘可毅。《翁同龢日记》又云:

光绪十二年四月十八日,"张謇、刘若曾、徐鄂下第将归来辞;长谈。"
光绪十五年三月初七日,"同邑会试者凡二十二人,予各送元卷四两……门生刘若曾号仲鲁、张謇号季述,亦各送四两。"

刘若曾于是科会试中式。《张謇日记》:

光绪十五年四月九日,"听录被放,仲鲁中式。"

《翁同龢日记》:

光绪十八年三月初六日,"寅正苏拉来,派充正考官……祁世长、霍穆欢、李端棻为副考官。同考官刘若曾……"

请读者注意，此次会试，刘若曾已充任房官。

《张謇日记》：

> 光绪十八年三月六日，"会试总裁翁同龢、祁世长、霍穆欢、李端棻……仲鲁、子封、爽秋并同考。"

同考，即同考官。

《翁同龢日记》接着说：

> 十一日，"戌正填五魁，三刻毕，会元武进刘可毅也。"
> 廿三日，"会元刘葆真来。"

以上充分证明，刘若曾、刘可毅决非一人。

至光绪二十六年，刘可毅被义和团所杀，刘若曾则仍任京官。《吴汝纶日记》卷十三：辛丑六月十六日，"刘中鲁来谈，以宋本晁具茨诗见示，乃书贾伪作，非真本也。"辛丑，光绪二十七年。中鲁，即仲鲁。其时，吴汝纶正在北京。

至于顺天乡试的解元必须直隶人，则有中华书局出版的《清秘述闻三编》可供核实。俞樾《春在堂杂文补遗》卷五，《都察院左副都御史薛公墓志铭》云："故事，顺天乡试必以北人为元，其第二必南人，所谓南元也。"常州人刘可毅怎能成为顺天乡试的解元呢？

大醇小疵，这是任何一本成功的著作所难免。由于"引用史料，不加核实""转引史料，不检原书""研究史料，不够仔细"等，均属忽视考证，这是一个学风问题，用特提请注意。若有曲解失考之处，即请批评指正。

【祁龙威　扬州师范学院历史系教授】
原文刊于《中国文化》1996年01期

"求是"与"致用"

章太炎学术思想核论

陈平原

"实事求是"与"经世致用",是两种截然不同的学术思路。虽说为人为己、成德成学、有用无用之类学术分途的辨析,先秦以下代不乏人,但真正标榜并实践儒家经世之学的,当推明清之际诸大儒;而把求是之学推到极致的,则是随之而来的乾嘉学派。清代学者谈求是与致用,态度都比较决绝;到了晚清,求是与致用之争更演变成了既含学派又含政术的大论战。这场论战对整个二十世纪中国思想文化界的影响,至今仍未消除。这并非一般意义上的学术是非之争,更多的是体现适应传统变革要求以及面对西方思想文化冲击时中国知识分子的两难处境——这是一个寻求政学分途而又需要知识分子"铁肩担道义,妙手绣文章"的时代。这里着重剖析求是派主将章太炎在论争中的立场及其学术思路,间及其对手康梁一派的主张。

1915年至1916年初,章太炎口述《菿汉微言》,颇多玄理,论及治学时称:"学术无大小,所贵在成条贯,制割大理,不过二途:一曰求是,再曰致用。"[①]章氏一生对学术研究到底该求是还是致用有过许多论述,似乎立说歧异,以致他刚刚去世,弟子姜亮夫和孙思昉就因评述其师的学术宗旨打笔仗。姜氏称"先生学术之中心思想,在求'救世之急'";孙氏则录太炎先生《与王鹤鸣书》反驳,"是先

---

① 章太炎:《菿汉微言》第53页(1916年刊本)。

生之学固以求是自揭矣"②。这场论争最后不了了之,因双方都言之有据,谁也说服不了谁。双方都是章氏晚年入室弟子,都对其师十分尊敬且有较深的了解,可论及其师宗旨时尚且大相径庭,这就难怪旁人觉得章氏学术思想不大好把握。

想当然的解释是章氏论学本就兼及求是与致用,弟子于是各执一端;或者章氏论学前后宗旨不一,弟子缺少通盘考虑。这两种解释都不无道理,可又都难以服人。首先,章氏论学宗旨大致前后贯通,说不上突变;其次,章氏的求是与致用有其特殊的界定,非单凭常识所能理解;最后,章氏深刻之处,正在于其对求是与致用之间微妙关系的诠释,其间蕴含着大转折时代学者的选择与困惑,已经超越个人之是非得失。

一、实事求是

太炎先生论学,一直标举"实事求是"。这既有学术发展的内在理路,又与现实刺激密切相关。故其求是之学与汉儒、清儒不大一样,颇多标新立异之处。侯外庐最先注意到这一问题,称:"他于求是与致用二者,就不是清初的经世致用,亦不是乾嘉的实事求是,更不是今文家的一尊致用。"③此后的研究者,论及这一问题时,大都沿袭侯氏思路。只是侯氏和合求是与致用的设想实在过于笼统,既反附会又不墨守、既论验实又论理要之类面面俱到的说法,又未免挫钝了章氏学说的锋芒。而张玉法将乾嘉学者的"求是"限定为"文字训诂",将今文家的"致用"理解为"追逐功利"④,都不大贴切,有过于简单化之嫌;唐文权、罗福惠正确地指出章氏之"求是"不同于观念先行的方法论,可"语必征实说必尽理"其实正是朴学精神,后者亦非如唐、罗二君所设想的只是"分文析字"⑤。学者们都注意到章氏的求是与清儒之求是不大一样,可究竟何同何异,以及支配这一异同

---

② 参阅徐一士:《太炎弟子论述师说》,《一士类稿·一士谈荟》第103—122页(北京:书目文献出版社,1983)。
③ 侯外庐:《近代中国思想学说史》第851页(上海:生活书店,1947)。
④ 张玉法:《章炳麟》,《中国历代思想家》第9卷第6032页(台北:商务印书馆,1979)。
⑤ 唐文权、罗福惠:《章太炎思想研究》第367页(武汉:华中师范大学出版社,1986)。

的学术思路,还有待于进一步深入探究。

最先提到"实事求是"的,是《汉书·河间献王刘德传》:"河间献王德以孝景前二年立,修学好古,实事求是。"颜师古注曰:"务得事实,每求真是也。"乾嘉学者推崇汉学,"实事求是"于是成了学者们的口头禅,即所谓"通儒之学,必自实事求是始"[6]。

刘师培曾指出"不求致用,而惟以求是为归",乃清儒不同于明儒之处;而这一学术转向,兼有利弊,"然亦幸其不求用世,而求是之学渐兴"[7]。此说将求是与致用作为两种不同的学术路向,各有褒贬,而不是像后来学者那样一味指责清儒埋头书斋不问世事。今人余英时更为清学正名,反对只从社会背景来解释清代考据学的兴起,而是突出思想史发展的内在理路(inner logic),称求是之学渐兴"实与儒学之由'尊德性'转入'道问学',有着内在的相应性"[8]。章太炎对清学发展特别关注,多有评述,尤其是其论学主求是,更是直接承袭清儒的思路。

乾嘉学者讲"实事求是",除了原有的以文字训诂求经史大义的治学路径,以及无征不信、言必有据的治学态度,更由于学者各自的特殊处境而另有引申发挥。也就是说,"实事求是"作为一句通行的口号,必须落实到特定语境中,联系"上下文",明白提倡者反对什么批评什么,口号才有了具体内涵。比如,戴震力主"治经先考字义,次通文理,志存闻道,必空所依傍"[9];故时人称其"实事求是,不偏主一家"[10],意在表彰其没有门户之见,超越汉宋,"空所依傍",不像惠栋"唯汉是从"。钱大昕自称:"桑榆景迫,学殖无成,惟有实事求是,护惜古人之苦心,可与海内共白。"钱氏讲求是重点在"护惜古人之苦心",不愿效时人之"陈义甚高,居心过刻"[11]。王鸣盛也有一段自我表白:"以予之识暗才懦,碌碌无可自见,猥以校订之役,穿穴故纸堆中,实事求是,庶几启导后人,则予怀其亦可以稍自慰矣夫。"王氏之"实事求是",则是反对史家之"横生意见,驰骋议论",因"学问之

---

[6] 钱大昕:《潜研堂文集》第421页(上海:上海古籍出版社,1989)。
[7] 韦裔(刘师培):《清儒得失论》,《民报》14号,1907年6月。
[8] 余英时:《历史与思想》第115页(台北:联经出版事业公司,1976)。
[9] 《与某书》,《孟子字义疏证》第173页(北京:中华书局,1982)。
[10] 钱大昕:《戴先生震传》,《戴震文集》第264页(北京:中华书局,1980)。
[11] 钱大昕:《〈廿二史考异〉序》,《廿二史考异》(北京:商务印书馆,1958)。

道,求于虚不如求于实,议论褒贬,皆虚文耳"⑫。阮元说经,"推明古训","非敢立异",自称是"实事求是"⑬;黄以周治礼,"博采众论""惟善是从",也被誉为"实事求是"⑭。清人实在太喜欢标榜"实事求是"了,以致论学时好处都归它所有。最有意思的是私淑戴震的凌廷堪,以区分"实事"与"虚理"来说"实事求是",更可见清人思路及学术选择:

> 昔河间献王实事求是,夫实事在前,吾所谓是者,人不能强辞而非之;吾所谓非者,人不能强辞而是之也,如六书九数及典章制度之学是也。虚理在前,吾所谓是者,人既可别持一说以为非;吾所谓非者,人亦可别持一说以为是也,如义理之学是也。⑮

同是推崇"实事求是",各家侧重点大有差异,笼统一句"限于文字训诂之求是",实未尽清代学者之意。

章太炎自称"学问之事",终以"东原先生为圭臬耳";⑯其对戴震的高度推崇,直接引发了五四前后学者对戴学的研究和讨论。因此,章氏论学突出实事求是,本在意料之中。太炎先生特异之处,在于强调学在求是而不在致用。也就是说,将治学中求是与致用二者尖锐对立起来,揭示这一对概念本就存在的内在矛盾。此前的学者虽也意识到这两者之间难以调和,可都小心翼翼地避免正面冲突。讲求是者不忘带上致用,免得无用之嘲;讲致用者也总捎上求是,以显学有根基。段玉裁为《戴东原集》作序,称:

> 先生之治经,凡故训、音声、算数、天文、地理、制度、名物、人事之善恶是非,以及阴阳、气化、道德、性命,莫不究乎其实……用则施政利民,舍则垂世

---

⑫ 王鸣盛:《〈十七史商榷〉序》,《十七史商榷》(北京:商务印书馆,1959)。
⑬ 阮元:《〈揅经室集〉自序》,《揅经室集》(道光三年刻本)。
⑭ 俞樾:《〈礼书通故〉序》,转引自张舜徽《清儒学记》第286页(济南:齐鲁书社,1991)。
⑮ 凌廷堪:《东原先生事略状》,转引自钱穆《中国近三百年学术史》第364页(北京:中华书局,1986)。
⑯ 章太炎:《章炳麟论学集》第349页(北京:北京师范大学出版社,1982)。

立教而无弊。⑰

段氏强调戴学主求是,但"用则施政利民";龚自珍论学则重致用,可也不愿完全抹煞考据训诂:

> 夫读书者实事求是,千古司之,此虽汉人语,非汉人所能专。⑱

只有章太炎厌弃此等调和折中之论,以其特有的思维的彻底性,将二者推到极端,然后独尊"实事求是"。1906年,章氏在《与王鹤鸣书》中称:

> 仆谓学者将以实事求是,有用与否,固不暇计。⑲

过了三年,章氏又强调:

> 学在求是,不以致用;用在亲民,不以求禄。⑳

此前此后,章太炎不断表述这一论学宗旨,并以此作为评判前代学术以及指导自家研究的标准。前者如赞赏清儒,称其所以能使"上世社会污隆之迹犹大略可知",就因为其治学:

> 不以经术明治乱,故短于风议;不以阴阳断人事,故长于求是。㉑

后者如自述力作《官制索隐》的写作宗旨时,再三强调:

---

⑰ 段玉裁:《〈戴东原集〉序》,《戴震文集》第1页。
⑱ 龚自珍:《与江子屏笺》,《龚自珍全集》第346页(北京:中华书局,1959)。
⑲ 《章太炎全集》第4卷第151页(上海:上海人民出版社,1985)。
⑳ 章太炎:《与钟君论学书》,《文史》第2辑第279页(北京:中华书局,1963)。
㉑ 章太炎:《訄言·清儒》,《章太炎全集》第3卷第158页(上海:上海人民出版社,1984)。

"求是"与"致用"

> 吾今为此,独奇觚与众异,其趣在实事求是,非致用之术。[22]

这种扬求是而抑致用,也是一种"口号"与"姿态",很大程度缘于其对康有为的政见与学术的批判。政见合时尚且"论及学派,辄如冰炭"[23];政见分后,章氏对康氏更是痛加诋毁不遗余力。

康有为治学风格与章太炎大相径庭,争论在所难免。只是康氏成名在先,章氏奋起反驳,故论争中不免有时间差(如章氏常以十年前的康氏为假想敌);再说康氏自认"吾学三十已成,此后不复有进,亦不必求进"[24],无暇也不屑与后学斤斤计较,故论争中双方并没有真正交手,近乎各自独立阐述学术宗旨。即便如此,今古文之争、中西学之争以及改良革命之争,作为大的学术思想背景,还是明显影响双方(尤其是章太炎)的立论。所谓"康有为抬出今文经学搞变法维新,章太炎用古文经学宣讲种族革命"的说法,虽然简单化了些,但毕竟注意到政治策略与学术思想之间千丝万缕的联系;其间章太炎之反神道、反预言、反尊君、反托古改制、反微言大义等,更是随学术思想与政治策略的论争不断推进[25]。既是论争,难免夹杂些个人意气;好在康、章二人都自觉将其学术追求放在清学三百年思潮中来考察,故能超越一时一地的意气之争。而且,在某种意义上,康、章二人也确实体现了清学中"求是""致用"两股学术思潮的发展趋向,成为横跨清学与现代中国学术的桥梁。

康有为论学主经世致用,对乾嘉学者的考据训诂很不以为然,斥之为"无用之学"。康氏追求经世,力主变革,自然选中便于发挥微言大义的今文经学;颂扬托古改制的孔子,其目的也在于自家的托古改制。《孔子改制考》卷十一称:

> 布衣改制,事大骇人,故不如与之先王,既不惊人,自可避祸。[26]

---

[22] 《章太炎全集》第4卷第86页(上海:上海人民出版社,1985)。
[23] 章太炎:《致谭献书》,《章太炎政论选集》第14页(北京:中华书局,1977)。
[24] 朱维铮校注:《梁启超论清学史二种》第73页(上海:复旦大学出版社,1985)。
[25] 参阅李泽厚:《中国近代思想史论》第387页(北京:人民出版社,1979);王汎森:《章太炎的思想及其对儒学传统的冲击》第49—59页(台北:时报出版公司,1985)。
[26] 康有为:《孔子改制考》第267页(北京:中华书局,1958)。

这话其实可作为康有为的"夫子自道"读。"孔子以布衣而改乱制",实多有不便,故不得不"加王心,达王事""记诸行事以明其义";康氏又何尝不是如此?作为一种政治策略,"托古改制"自有可取之处;可作为一种学术思路,"托古改制"则贻害无穷。《新学伪经考》和《孔子改制考》固然轰动一时,成为"思想界之一大飓风",学术上则从一开始就备受攻击。其中一个重要原因是,这两部很有理论穿透力的著作均披着考据的外衣;而从考据学的角度评价,此二书实在太不遵守学术规则,牵强武断处不胜枚举。这一点就连参加《新学伪经考》写作的弟子梁启超也都不以为然,"时时病其师之武断"。康有为之所以"往往不惜抹杀证据或曲解证据,以犯科学家之大忌",本非只是"以好博好异之故";而是因其本意不在治经,不过"借经术以文饰其政论"㉗。治经既非康氏所长,考据也非康氏所愿,像戴震主张的那样"由文字以通乎语言,由语言以通乎古圣贤之心志"㉘,固然可以避免"凿空之弊",可难逃康氏"无用之学"之讥。只是这回作法自毙,轮到康氏自己来卖弄"无用之学"了。钱穆曾指出康有为著述中这一逻辑上的矛盾:康氏的历史功绩在于"大反乾嘉以来考据之学,而别求辟一新径";可不巧的是,"其书亦似从乾嘉考据来,而已入考据绝途,与长兴宗旨并不合,而长素不自知"㉙。

所谓"长兴宗旨",指的是1891年康有为应陈千秋、梁启超等人之请,"始开堂于长兴里讲学,著《长兴学记》以为学规"㉚。此书虽非康氏代表作,但因"长素学术生命可记者,则始于其长兴之讲学"㉛;更因传道授业解惑中直陈学术宗旨,故此书值得充分重视。此前学者如戴震、姚鼐、章学诚等,都将古今学问之途分为义理、考据、辞章三门,只不过各自使用概念及侧重点略有不同而已㉜。曾国藩称"为学之术有四,曰义理,曰考据,曰辞章,曰经济"㉝,与康有为分类大致相同;只是曾氏强调"莫急于义理之学",而康氏则独标"务通变宜民"的"经世之

㉗ 《梁启超论清学史二种》第5、64页。
㉘ 戴震:《古经解钩沉序》,《戴震文集》第146页。
㉙ 钱穆:《中国近三百年学术史》第641—642页(北京:中华书局,1986)。
㉚ 康有为:《康南海自编年谱·康南海先生年谱续编》第22页(台北:文海出版社,1972)。
㉛ 钱穆:《中国近三百年学术史》第634页(北京:中华书局,1986)。
㉜ 参阅余英时:《中国思想传统的现代诠释》第284—296页(南京:江苏人民出版社,1989)。
㉝ 曾国藩:《劝学篇示直隶士子》,《曾文正公全集》(上海:世界书局,1936)。

学"。"凡六艺之学,皆以致用也";只是三代以下,学术日异,难得再有足以致用者。隋唐人之辞章学,宋明人之义理学,清人之考据学,皆不如汉人经学之"近于经世者也"。康有为对汉学的阐释独具一格:

> 孔子经世之学,在于《春秋》。《春秋》改制之义,著于《公》《穀》。凡两汉四百年,政事学术皆法焉,非如近时言经学者,仅为士人口耳简毕之用,朝廷之施行,概乎不相关也。

清儒甚为自得的复兴汉学,在康氏看来乃"缘木求鱼",只可谓之"新学",不可谓之"汉学"。一方面刘歆"伪撰古文"杂乱诸径,为王莽新朝效劳,"于是二千年皆为歆学,孔子之经虽存,而实亡矣";另一方面两汉之学"皆实可施行",非若清儒之学"相率于无用"㉞。

清儒治学讲究识字——通经——达道,故特重音韵训诂。康有为对这一治学路径很不以为然,认为"以此求道,何异磨砖而欲作镜,蒸沙而欲成饭哉"㉟?改变这一"甚不智"的治学途径,首先是不从"文字"而从"古圣贤之心志"入手,先读通"微言大义",然后再谈考据训诂。比如,"提出孔子改制为主,字字句句以此求之,自有悟彻之日"。说具体点,就是"从此读《新学伪经考》,别古今,分真伪,拨云雾而见青天"。有此"把柄在手,天下古今群书皆可破矣"。如此读书,"数日可通改制之大义",天资少滞者,"亦不待一月,俱可通贯"㊱。梁启超遵师嘱所作的《学要十五则》,更将这一速成通经法表现得淋漓尽致。

师从不同,学术渊源不同,康、章分属不同学派,这本没有什么稀奇。章太炎之所以奋起反驳,除了不能同意"新学伪经""孔子改制"等石破天惊的怪论,更因其不能容忍康有为专讲经世大义,摒斥名物训诂的治学方法。

廖平列《今古学宗旨不同表》,第一条就是"今祖孔子,古祖周公"。与此相关联的还有"今经皆孔子所作,古经多学古者润色史册";"今为经学派,古为史

㉞ 康有为:《长兴学记》,《长兴学记·桂学答问·万木草堂口说》第12—20页(北京:中华书局,1988)。
㉟ 康有为:《长兴学记》,《长兴学记·桂学答问·万木草堂口说》第20页(北京:中华书局,1988)。
㊱ 康有为:《桂学答问》,《长兴学记·桂学答问·万木草堂口说》第30—32页。

学派"两条㊲。康有为主今文说,断"《六经》皆孔子所作也",以孔子为政治家,且称:"学者知《六经》为孔子所作,然后孔子之为大圣,为教主,范围万世而独称尊者,乃可明也。"㊳章太炎对康氏维新改制的努力甚为赞许与敬佩,早年与康门弟子共事时务报馆,虽闹至挥拳相向,但毕竟听从孙诒让劝告,没有公开批驳康氏学术。1899年章氏作《今古文辨义》,原是针对廖平且警告"经术文奸之士",不得"借攻击廖士以攻击政党",显然有回护康有为之意;可毕竟还是开启了与康氏正面的学术论争。针对廖平(其实也包括康有为)六经皆孔子所撰,非当时语亦非当时事,孔子构造是事而加王心的说法,章太炎强调孔子乃"因其已成者以为学""据此删刊以为群经",并针锋相对地指出:"然则孔子自有独至,不专在六经;六经自有高于前圣制作,而不得谓其中无前圣之前书。"至此还只是各说各的一套,六经是否孔子所撰尚未有定论;推崇"守己有度,伐人有序"的"魏晋之文"的章太炎,接着笔锋一转,发挥其逻辑严密的论学长处,讨论起"极崇孔子"所可能造成的弊病来。廖平、康有为为"宗仰素王"而断言其"自造六经"托古改制,以此推论,"安知孔子之言与事,非孟、荀、汉儒所造耶"?"若是,则欲以尊崇孔子而适为绝灭儒术之渐,可不惧与"㊴?

要说"极崇孔子",廖平实未及康有为;而立孔子为"神明圣主",这对于始终将孔子视为"古良史也"的章太炎,无论如何不能接受。康、章之争于是不可避免。在章太炎看来,"有商订历史之孔子"(如删定六经),"有从事教育之孔子"(如作《论语》),可就是不能有崇奉一尊立为教主的孔子。就因为孔子"复绝千古"之功,正好在于其"变襳祥神怪之说而务人事,变畴人世官之学而及平民"㊵。以阴阳五行、象纬占卦入儒术,将儒学神学化,起于汉儒董仲舒。也就是章太炎批评的,"中国儒术,经董仲舒而成教"㊶。这就难怪立孔子为教主的康有为主张"因董子以通《公羊》,因《公羊》以通《春秋》,因《春秋》以通《六经》,而窥孔子之

㊲ 廖平:《今古学考》,《廖平学术论著选集》第1卷第44页(成都:巴蜀书社,1989)。
㊳ 康有为:《孔子改制考》第244页(北京:中华书局,1958)。
㊴ 章太炎:《今古文辨义》,《章太炎政论选集》第108—115页。
㊵ 章太炎:《诸子学略说》,《章太炎政论选集》第288—291页。
㊶ 章太炎:《建立宗教论》,《章太炎全集》第4卷第418页。

道"㊷;而反对神化孔子的章太炎则直斥"董仲舒以阴阳定法令,垂则博士,神人大巫也"㊸。民国初年,尊孔复古成风,甚至有倡以孔教为国教者,章太炎作《驳建立孔教议》,继续批评董仲舒之将儒学宗教化,使得"谶纬蜂起,怪说布彰","巫道乱法,鬼事干政";而"今之倡孔教者,又规摹仲舒而为之矣"㊹。在章氏看来,立孔子为教主,最不能原谅的是定于一尊。"定于一尊",必然窒息思想活力,其实际效果只能是愚民。故终其一生,章太炎对孔子的评价虽屡有变迁(《訄书》中的《订孔》与《检论》中的《订孔》已是大有出入),但"孔氏之教,本以历史为宗"的提法基本没变㊺。之所以强调孔子学说并非宗教教义,而是"以历史为宗",就因为"史学讲人话,教主讲鬼话,鬼话是要人愚,人话是要人智,心思是迥然不同的"㊻。

　　从鬼话与人话、愚民与智民来区分今古文,自然只是章太炎的一家之言。不过,将孔子视为"古良史也"的章太炎,本身确实更像见识卓绝之史学家;而将孔子视为"大教主"的康有为,本身也带有宗教家的人格魅力。章太炎早年讥笑"康党诸大贤,以长素为教皇,又目为南海圣人,谓不及十年,当有符命"㊼,并非无中生有的造谣诽谤。就连梁启超也对其师"好引纬书,以神秘性说孔子"不以为然㊽,著《南海康先生传》时且专列"宗教家之康南海"一章。这种精神气质及思想方法的区别,其实已经决定了各自治学路向的歧异。政治家兼宗教家的康有为之考六经为孔子所作,其本意不在追问六经之成书过程,而在于推崇孔子。若孔子只是著《论语》删《春秋》,"则孔子仅为后世之贤士大夫,比之康成、朱子尚未及也,岂足为生民未有范围万世之至圣哉?"㊾说到底考据只是追认,结论早已先有,即"先立一见,然后搅扰群书以就我"㊿。康氏对其"主题先行"的治学风

㊷ 康有为:《〈春秋董氏学〉自序》,《春秋董氏学》(北京:中华书局,1990)。
㊸ 章太炎:《检论·学变》,《章太炎全集》第 3 卷第 444 页。
㊹ 章太炎:《驳建立孔教议》,《章太炎政论选集》第 690 页。
㊺ 章太炎:《答铁铮》,《章太炎全集》第 4 卷第 371 页。
㊻ 章太炎:《中国文化的根源和近代学术的发达》,录自汤志钧编《章太炎年谱长编》第 323 页(北京:中华书局,1979)。
㊼ 章太炎:《致谭献书》,《章太炎政论选集》第 14 页(北京:中华书局,1977)。
㊽ 朱维铮校注:《梁启超论清学史二种》第 68 页(上海:复旦大学出版社,1985)。
㊾ 康有为:《孔子改制考》第 243 页(北京:中华书局,1958)。
㊿ 钱穆:《中国近三百年学术史》第 652 页(北京:中华书局,1986)。

格并不讳言，相对于"拨乱救民"为万世立法之大义，经义史籍真伪之考订实在微不足道。当年针对朱一新"凿空武断，使古人衔冤地下"的批评，康有为并没认真应战，而是虚晃一枪，大谈起"今日之害，学者先曰训诂"来(51)。就因为在康氏看来，"圣人但求有济于天下"，完全可以"言不必信"，名物训诂之类无关大义的学问可有可无。

章太炎继承清儒实事求是之治学风格，认定孔子是否著六经，是个事实问题，与义理是非无关，必须精研故训，博考事实，才能"每下一义泰山不移"。因此，由考据通经，由通经达道，才是章氏心目中的治经正路。至于撇开音韵训诂而侈谈通经致用，只能是"大言欺世"。关键还不在于如此治学必然趋于穿凿附会，更因通经本就难以致用，治世也都不靠经术。因此，章太炎特别欣赏清儒"不欲以经术致用"以及"夷六艺于古史"的治学态度(52)，理由是：

> 自周、孔以逮今兹，载祀数千，政俗迭变，凡诸法式，岂可施于挽近？故说经者，所以存古，非以是适今也。(53)

治经固然可以"明流变"，"审因革"，但并非今文学家吹得神乎其神的以经术直接治理国家。所谓"求汉人致用之方，如《禹贡》治河，《洪范》察变之类"，还有"以《春秋》决狱，以三百五篇当谏书"(54)，在现代人看来都是"非愚即妄"(55)。而且，从根本上说，治经本在"求是"而非"风议"，不该以有用与否为评判标准。在《与王鹤鸣书》中，章太炎干脆直截了当地提出：

> 学者在辨名实，知情伪，虽致用不足尚，虽无用不足卑。(56)

---

(51) 《南海先生与朱一新论学书牍》，《康子内外篇》第161—162页（北京：中华书局，1988）。

(52) 章太炎：《訄言·清儒》，《章太炎全集》第3卷第159—161页（上海：上海人民出版社，1984）。

(53) 章太炎：《与人论朴学报书》，《章太炎全集》第4卷第153页。

(54) 皮锡瑞：《经学历史》第90、342页（北京：中华书局，1959）。

(55) 周予同：《〈经学历史〉序言》，《经学历史》第12页。

(56) 《章太炎全集》第4卷第151页（上海：上海人民出版社，1985）。

以孔子为良史,或者主训诂以通经,都并非章氏独创;唯独在力倡治经当实事求是而不必考虑通经致用这一点上,章太炎把今古文之争推进了一大步。

康有为论学标举"致用",着力攻击清儒的学问"破碎无用"。面对"附会凿空"之类的批评,康有为居然脸不变色心不跳,且能反咬一口嘲笑对手未能识大体。就因为对于追求修身齐家治国平天下的中国士子来说,"学而无用"的指责远比"附会凿空"的批评更严厉也更致命。更何况国难当头,即便考得古言泰山不移,又将于世何补?康有为的棒喝之所以不能忽视,自有其道理。对康氏立说影响甚深的廖平《知圣篇》,就曾批评清儒推崇备至的段王之学"语之政事经济,仍属茫昧"。并非"禁人治训诂文字",而是"以救时言",从小学入手治经乃迷途[57]。关键在于国家并非承平,士子不能不追求学以致用。这一点康有为的自述表达得非常清楚:

> 仆之忽能辨别今古者,非仆才过于古人,亦非仆能为新奇也,亦以生于道、咸之后,读刘、陈、魏、邵诸儒书,因而推阐之。使仆生当宋明,亦不知小学;生当康、乾,亦岂能发明今古之别哉?[58]

这里强调的主要不是学术的传承,而是时势对学术发展的刺激。道光咸丰之后突出通经致用的今文经学之所以大盛,有学术上由静入动、反拨乾嘉之学的意味;有今文经学演进的内在理路。可康有为的"奇谈怪论"之所以得到社会的容忍乃至激赏,最主要的还是因为国事日非人心思变的时代氛围。

当年梁启超等热血青年之"闻有为说,则尽弃其学而学焉"[59],并非偶然。其中最要紧的是时人普遍希望"学以致用",不愿为求章句训诂名物制度而老死书斋。

已经毅然走出诂经精舍并有"谢本师"壮举的章太炎,当然理解这种情绪。之所以还要站出来否定今文经学的"通经致用",很可能有一破一立两方面的考

---

[57] 廖平:《知圣篇》,《廖平学术论著选集》第1卷第208页。
[58] 《南海先生与朱一新论学书牍》,《康子内外篇》第166页(北京:中华书局,1988)。
[59] 朱维铮校注:《梁启超论清学史二种》第64页(上海:复旦大学出版社,1985)。

虑:"立"指主实事求是,"破"指批附会臆断。

章太炎治学重稽古,主求是,即所谓"字字征实,不蹈空言,语语心得,不因成说"[60];反对在学术研究中掺杂个人主观好恶,甚或借学术作政论。最能体现这一学术宗旨的莫过于如下一段话:

> 稽古之道,略如写真,修短黑白,期于肖形而止。使妍者媸,则失矣;使媸者妍,亦未得也。[61]

《徵信论下》中的如法吏辨狱,《与王鹤鸣书》中的"无偏无党",都是与此类似的说法,强调学者不该以一己之好恶抹煞或歪曲证据,乃至制造冤假错案。学者的个人道德,未必真能保证证据绝对不受污染,立论没有丝毫私心。即便讲稽古之学,章太炎也是追求"窥大体""得大体",不满足于"逐琐屑之末务""致谨于名氏爵里之间"[62]。凭什么保证所窥"大体"(而不只是个别字词之考据)不误?章太炎对西方社会学、哲学的吸取,以及对传统经籍的释读,或许比时人高出一大截,可照样依赖于某种带主观色彩的学术眼光与理论框架。只能评价这一眼光及框架是否高明,而很难以"无偏无党"自诩。学术研究中并不存在纯粹的"客观性",只不过学者以"求是"为目的,还是能相对减少许多不必要的失误。

章太炎之反考古适今,反通经致用,自然是针对康有为的托古改制以及三统三世等宏论。各学科中愈近于人事者,本就愈可能因"治之者加以爱憎之见,则密术寡而罅漏多"[63];更何况康氏公开提倡去训诂而独取大义,必然怂恿"高材之士"道听途说牵强附会。当年戴震之力主"治经先考字义,次通文理,志在闻道",就因为反感宋以来儒者之喜"凭胸臆为断";而康有为治经之善附会多臆断,比宋儒有过而无不及。章太炎正是抓住这一点不放,再三敲打今文经学家论学中之"往往傅以奇邪""视一切历史为刍狗"[64]。

---

⑥⓪　章太炎:《再与人论国学书》,《章太炎全集》第4卷第355页。
⑥①　章太炎:《与人论朴学报书》,《章太炎全集》第4卷第154页。
⑥②　章太炎:《国学概论》第129—130页(香港:学林书店,1971);《章太炎全集》第3卷第590页。
⑥③　章太炎:《规〈新世纪〉》,《民报》24号,1908年10月。
⑥④　《章太炎全集》第4卷第61、371页。

"求是"与"致用"

今文经学派为提倡变革,注重切于人事,倾向于"借经术以文饰其政论",故不免多牵强附会的说法。章太炎曾刻薄地称此类自视甚高的"通经致用"为"曲学干禄"[65],这一指责康氏门徒无论如何不能同意。因为康有为攻击只讲考据不问世事的"今之学者",正是诋其"利禄之卑鄙为内伤"[66]。到底今文古文两派孰为"曲学干禄",很难一概而论。

学术研究从来并非一尘不染,随时可能被权力支配与利用,历史上今文经学和古文经学都有过被导向"曲学干禄"的不光彩记录。所谓"一切经术,无不可为篡盗之阶";"学术虽美,不能无为佞臣资"[67],章氏其实心里十分明白学术并不"纯净清白"。只不过今文经学家重在发挥微言大义,更主动贴近现实政治,再加上康有为提倡"不待一月俱可通贯"的速成经学,使得不学无术者更容易利用其曲学干禄或浮说惑人。而"实事求是之学,虑非可临时卒辨";经过一番"研精覃思,钩发沉伏"的学术锤炼[68],一般来说心志稍为安定,不至于过分浮浪骄奢——当然也可能因此顿失豪气,变得迂腐守旧起来。这一点章之友人刘师培颇有同感,在论及清儒之得失时,称"经世之学",易流于"假高名以营利";不若"纯汉学者,率多高隐"[69]。

二、经世致用

章太炎斥公羊学之弊曰"其极足以覆国"[70],这跟康有为骂刘歆伪《周礼》故"一言丧三朝"[71],二者立论相反,可思路却相当接近,都是强调学术与政治(思想与权力)的密切联系。康有为讲通经致用,将学术与政治绑在一起是顺理成章;

---

[65] 《章太炎全集》第4卷第151页(上海:上海人民出版社,1985)。
[66] 康有为:《与沈刑部子培书》,《康子内外篇》第191页。
[67] 《章太炎全集》第2卷第837页(上海:上海人民出版社,1982);《章太炎全集》第5卷第118页(上海:上海人民出版社,1985)。
[68] 章太炎:《再与人论国学书》,《章太炎全集》第4卷第355页。
[69] 韦裔(刘师培):《清儒得失论》,《民报》14号,1907年6月。
[70] 章太炎:《汉学论上》,《章太炎全集》第5卷第20页。
[71] 《南海先生与朱一新论学书牍》,《康子内外篇》第158页(北京:中华书局,1988)。

何以治学讲求实事求是的章太炎,也非扯上国家兴亡不可?这牵涉到章氏论学的另一侧面:反"致用"口号而又有致用精神。在清末民初学者中,力主学术不该讲求致用者,一是章太炎,一是王国维。王氏针对其时学分新旧、中西、有用无用的"不学之徒",强调"余谓凡学皆无用也,皆有用也",并真的一辈子固守"无用之用"的学术[72]。章太炎不一样,之所以大谈"虽致用不足尚,虽无用不足卑",很大原因是被康有为逼出来的——论争中双方观点都容易趋于极端,要不无法"旗帜鲜明"。

几乎从入世之初起,章太炎从来都是积极关注社会政治,不曾真正遗世独立过。从著《訄书》"解辫发",到成为民国元勋、国学大师,几十年风风火火,除二十世纪二十年代末短暂的隐居外,章氏始终是政治舞台上不容忽视的风云人物。以此政治家的眼光论学,焉能完全不讲"经世致用"?

推崇明末诸大儒之"多留心经世之务",是清末民初的学术思潮。如梁启超赞扬顾炎武等人:"皆抱经世之志,怀不世之才,深不愿以守著,而为时势所驱迫所限制,使不得不仅以学著。"[73]刘师培论述角度略有不同:"当明清之交,顾、黄、王、颜,各抱治平之略,修身践行,词无迂远,民生利病,了若指掌,求道德之统纪,识治乱之条贯。"[74]章太炎既不像梁氏强调"时势所驱迫",也不像刘氏注重"修身践行",对三大家也都略有微词,但格外欣赏其立身处世之道:

> 虽著书,不忘兵革之事。其志不就,则推迹百王之制,以待后圣,其材高矣![75]

因慕顾炎武之为人而"改名绛,别号太炎"的章炳麟,一生行事确有追踪顾炎武之意味,尤其是在力图兼合"求是"与"致用"这一点上。最能代表这一学术取向的,是章太炎的两段自述:亡命日本主编《民报》时"提奖光复,未尝废学";

---

[72] 王国维:《观堂别集·国学丛刊序》,《王国维遗书》第4册(上海:上海古籍书店,1983)。
[73] 梁启超:《论中国学术思想变迁之大势》,《饮冰室合集》文集第3册第80页(上海:中华书局,1936)。
[74] 韦裔(刘师培):《清儒得失论》,《民报》14号,1907年6月。
[75] 章太炎:《说林上》,《章太炎全集》第4卷第117页。

幽禁北京口授学术时则"虽多言玄理,亦有讽时之言"[76]。

即便当初埋头讲求稽古之学时,章太炎的去取也自有其深意在。正如章之老师俞樾所说,其时之是否言变革求西学,是与传统的孟、荀之争联系在一起的:

> 孟子法先王,而荀子法后王。无荀子,不能开三代以后之风气;无孟子,而先王之道几乎息矣。今将为荀氏之徒欤,西学具在,请就而学焉。将为孟氏之徒欤?……风雨鸡鸣,愿与诸君子共勉之。[77]

章太炎刚离诂经精舍,就著文评孟、荀之争,断言:"自仲尼而后,孰为后圣?……惟荀卿足以称是。"[78]合孔、荀在理论上颇有漏洞,不过章氏明显取其"法后王""制天命而用之"的入世精神,以及其传经衍学、纳法入儒的贡献。一直到晚年作《儒家之利病》的演说,章太炎仍坚持尊荀抑孟。虽然晚清的孟荀之争,是与汉宋之争、经学理学之争以及今文古文之争纠合在一起,章氏之尊荀有其特殊的学术背景,可我还是更注重其在思想史上的意义。

《太炎先生自定年谱》"光绪二十三年"称:"余所持论不出《通典》《通考》《资治通鉴》诸书,归宿则在孙卿、韩非。"与此相呼应的是《菿汉微言》结语中的一段话:"遭世衰微,不忘经国,寻求政术,历览前史,独于荀卿、韩非所说,谓不可易。"这两段自述再清楚不过地说明章太炎治学之初之推崇荀子,本身就是"不忘经国寻求政术"的结果,而很难归之于讲求名物训诂的"实事求是"之学。实际上章氏一生多次从哲学、政治学、伦理学角度评述先秦诸子学说,褒贬抑扬变化甚大,有些甚至前后矛盾,其中固然有研究对象自身的复杂性以及论述中多角度多层次的原因,可关键还在于论者讲求致用的治学态度。认定诸子学说乃"主观之学,要在寻求义理,不在考迹异同"[79]。故治诸子学而不局限于训诂考释,而是着力发掘其思想文化意义,这是章氏高明之处。可这么一来,不能不涉

---

[76] 《太炎先生自定年谱》第14页(香港:龙门书店,1965);《〈菿汉微言〉题记》,《菿汉微言》。
[77] 俞樾:《〈诂经精舍课艺八集〉序言》,《诂经精舍课艺八集》(光绪二十三年刻本)。
[78] 章太炎:《后圣》,《章太炎政论选集》第37页。
[79] 章太炎:《诸子学略说》,《章太炎政论选集》第286页。

及论者的价值观念及理论体系，很难再保持“无偏无党”的治学态度。即便讲考据训诂典章制度，也有个促成研究者选择对象的思想文化背景以及从何入手的学术传统，并非真的“赤条条来去无牵挂”；更何况诸子这样的“主观之学”，如何做得到“字字征实语语自得”？当然，“近遭忧患，益复会心”的读《易》，与“余于政治，不甚以代议为然”的议政(80)，二者还是大有区别的。前者基本上仍以“求是”为目的，尽管借助于社会阅历与人生体验；后者则以“致用”为归宿，虽也涉及一点学理问题。

在今古文之争中，章太炎明显扬“求是”而抑“致用”；可在自家的学术研究（佛学研究、史学研究和小学研究）上，章太炎又突出“致用”精神。这与前人（如汪中、凌廷堪）之区分典章制度考古之学与六经宏旨义理之学不大一样，并非强调专业或学科之分，而是体现其“革命不忘讲学，讲学不忘革命”这一悲壮的努力。

章太炎之研读佛经，起于“遭祸系狱”，是否能达大乘深趣还在其次，主要是“学此可以解三年之忧”。邹容不读佛经，无以解忧，“年少剽急，卒以致病”；而章氏熬过三年苦狱且不坠青云之志，颇得益于讲万法唯心的佛学(81)。基于这种人生体验，章太炎出狱后即极力主张“用宗教发起信心，增进国民的道德”(82)。因为在他看来，革命之难以成功，关键在于国民之道德沦丧与革命党人之缺乏献身精神；当务之急是发起信心增进道德，而最合适的思想武器莫过于佛学。合华严宗之“普度众生”与法相宗之“万法唯心”，提倡一种勇猛无畏的革命精神，最典型的说法是：

> 非说无生，则不能去畏死心；非破我所，则不能去拜金心；非谈平等，则不能去奴隶心；非示众生皆佛，则不能去退屈心；非举三轮清净，则不能去德色心。(83)

---

(80) 章太炎：《自述学术次第》，《太炎先生自定年谱》第55—60页。

(81) 《章太炎全集》第5卷第229页；《太炎先生自定年谱》第10页。

(82) 章太炎：《东京留学生欢迎会演说辞》，《章太炎政论选集》第272页。

(83) 章太炎：《建立宗教论》，《章太炎全集》第4卷第408页。

章太炎这种为了去畏死心、拜金心、奴隶心而发起宗教提倡佛学的做法,与其论敌康有为之"好言宗教,往往以己意进退佛说"[84],其实没有多大差别,最多是五十步笑百步。章氏后来虽有一些关于佛典翻译以及大乘佛教缘起的论文,可始终不以佛教学理的研讨见长。也就是说,其实事求是的治学准则,并没有贯彻落实到其佛学研究中。早年提倡佛学济世,固然谈不上"求是";晚年批评佛法未足救弊,实也只是基于"致用"。当年章太炎同铁铮、梦庵论争佛学,与佛理本身是非真伪几乎全然无关,争论焦点在于其术是否"可用于艰难危急之时"[85]。章太炎当然很清楚:

> 佛法的高处,一方在理论极成,一方在圣智内证,岂但不为宗教起见,也并不为解脱生死起见,不为提倡道德起见。[86]

明明知道"若用佛法去应世务,规划总有不周",可一旦意识到当今急务是"救人心","不造出一种舆论,到底不能拯救世人"时,章太炎毫不犹豫地撇下"圣智内证"而转而"提倡道德"[87]。如此注重佛学的社会功用而不是学理是非,很难说是学者应有的态度。

章太炎的史学无疑比其佛学更有根基。"余少年独治经史通典诸书,旁及当代政书而已"[88],求西学、读佛典都是遭世衰变后的事,而且时有抑扬,不若推崇史学之自始至终。章氏既以仲尼为"古良史也",且赞同章学诚"六经皆史"的命题[89],治学中自然不能不更多注重史学。可照史学家吕思勉的说法,章太炎在史学上虽"是有一部分精确的见解的,然亦不过单辞碎义而已"[90]。吕氏是按旧时分类法,将章氏经学、子学的著述(如学术史、思想史)排除在史学之外;政治

---

[84] 朱维铮校注:《梁启超论清学史二种》第81页(上海:复旦大学出版社,1985)。
[85] 章太炎:《答铁铮》,《章太炎全集》第4卷第369页。
[86] 章太炎:《论佛法与宗教、哲学以及现实之关系》,《中国哲学》第6辑第300页(北京:三联书店,1981)。
[87] 章太炎:《论佛法与宗教、哲学以及现实之关系》,《中国哲学》第6辑第309页(北京:三联书店,1981)。
[88] 章太炎:《自述学术次第》,《太炎先生自定年谱》第53页。
[89] 参阅章太炎《国故论衡》中《原经》《明解故下》二章。
[90] 吕思勉:《从章太炎说到康长素、梁任公》,章念驰编《章太炎生平与思想研究文选》第182页(杭州:浙江人民出版社,1986)。

史方面章太炎没有完整的著述,而希望能"镕冶哲理,以祛逐末之陋;钩汲眢沉,以振墨守之惑"的百卷本中国通史,又只是一个良好的愿望。章太炎也有不少考其典章制度、究其成败得失的精彩论文;可除了思想学说史,在政治史、社会史和制度史方面,其著述确实不像他自己所预设的那样既有眼界开阔的理论批评,又有钩发沉伏的实证研究,融会中外学说且自成一家之言。章氏大谈史学而又未有系统条理的史学著述,其治史功绩其实不在学理,而在经世。

章太炎主张"治史尽于有征",反对"微言以致诬,玄议以成惑",对近世学人之"背实征,任臆说,舍人事,求鬼神"大加嘲讽[91]。可这并不妨碍他借史学言变革,为后王立制或为生民发起信心。

1902年章氏"有修中国通史之志",在给梁启超信中概述其治史的两大目标:

> 一方以发明社会政治进化衰微之原理为主,则于典志见之;一方以鼓舞民气、启导方来为主,则亦必于纪传见之。[92]

治史讲求发明原理,或曰推求"社会政法盛衰蕃变之所原",这自是针对传统史学"皆具体之记述,非抽象之原论","昧其本干,攻其条末"等弊病的反拨与超越[93],与其时梁启超之提倡史学革命为同一思路,是属于学术观念与理论模式的转变。至于"鼓舞民气启导方来"云云,则已不再是学理之分辨,而是注重学术之社会功能,与章氏平时力主实事求是、不计有用与否的论学宗旨未尽相符。

何以特别注重史学,章太炎曾一言以蔽之曰:"欲省功而易进,多识而发志者,其唯史乎?"[94]明清以来,颇有思想家论述史学经世者,如王夫之称"所贵乎史者,述往以为来者师也";黄宗羲称学"必证明于史籍,而后足以应务";章学诚则直指"史学所以经世,固非空言著述也"[95]。章太炎明显受此先贤启示,晚年既不

---

[91] 《章太炎全集》第4卷第57—58页;《学林缘起》,《学林》第1册,1910年。
[92] 章太炎:《致梁启超书》,《章太炎政论选集》第167页。
[93] 章太炎:《訄书·哀清史》,《章太炎政论选集》第3卷328—329页。
[94] 章太炎:《救学弊论》,《章太炎全集》第5卷第102页。
[95] 参阅王夫之《读通鉴论》卷六、全祖望《甬上证人书院记》和章学诚《文史通义·浙东学术》。

"求是"与"致用"

满于疑古思潮,又哀痛国土沦丧,进一步发挥其民族主义史学思想,大谈史学乃"今日切要之学"。因为"不读史书,则无从爱其国家";"不讲历史,昧于往迹,国情将何由而洽"[96]?不过有一点,即便值此为民族忧患而提倡读史之际,章太炎仍严守其学术良心,强调"借古事以论今事,所谓借题发挥者,亦读史所忌"[97]。或许这正是章太炎论学之异于康有为处:以"求是"反"致用"不用说,即使同讲"致用",章氏也自有其特色。章太炎受过严格的乾嘉学派的学术训练,一旦由"求是"转入"致用",也还有个不可逾越的极限:严禁穿凿附会妄言臆断。也就是说,在"求是"的基础上讲"致用",而不是舍"求是"而趋"致用"。

章太炎平生格外推崇顾炎武,不无追踪其治学路数的意图。1908年在与梦庵关于佛教功用的论争中,章氏述及他所理解的顾炎武治学路数:

若顾宁人者,甄明音韵,纤悉寻求,而金石遗文,帝王陵寝,亦靡不殚精考索,惟惧不究,其用在兴起幽情,感怀前德,吾辈言民族主义者犹食其赐。[98]

顾氏的魅力在于具体治学时,"求其真,不取其美",故"持论多求根据,不欲空言义理以诬后人";可治学之初衷以及学术之效用,却关涉世事人道家国兴亡。选择史学研究作为切近人事经世致用的途径,与进入具体操作时严格遵守学术规则,两者并不完全矛盾。在学术研究中,"殚精考索"是"体","兴起幽情"是"用"。稽古之道,期于肖形;至于刺激当代读者的情感与理智进而达到某种社会效果,只能是第二位的考虑。《訄书·通法》从历代政治制度中发掘出"可法"的五件"善政",《五朝法律索隐》则总结出"五朝之法,信美者有数端:一曰重生命,二曰恤无告,三曰平吏民,四曰抑富人"——这些著述自是以"合符节于后王"为取舍标准[99],可操作中仍求"殚精考索"。到底怎样才算识大体合后王而又不流于主题先行厚诬古人?其间的分寸实在不好把握,章太炎的经验是以名物

---

[96] 章太炎:《历史之重要》,《制言》第55期,1939年8月。
[97] 章太炎:《略论读史之法》,《制言》第53期,1939年6月。
[98] 章太炎:《答梦庵》,《章太炎政论选集》第398页。
[99] 参阅《章太炎全集》第3卷第242—245页;《章太炎全集》第4卷第77—86页。

训诂为立论的根本。倘若"训诂未通,而以微言相俦",章氏辛辣而又俏皮地讥之为"皮之不存,毛将焉附"[100]。

借政制法律的历史考察来言变革开后王,这点并不新鲜;可在世人眼中最少意识形态色彩的语言学研究中,章太炎居然也能寄托其家国兴亡之感,足见其致用的强烈愿望。在"比辑俚语"、定方言六例并逐一疏解的《新方言》中,章太炎同样追求兼合"求是"与"致用":"上通故训,下谐时俗,亦可以发思古之幽情矣。"[101]方言研究如何才能达到经世致用的效果,刘师培《新方言后序》披露了章氏的良苦用心:

> 昔欧洲希、意诸国,受制非种,故老遗民,保持旧语,而思古之念沛然以生,光复之勋,蘁瀞于此。今诸华夷祸与希、意同,欲革夷言,而从夏声,又必以此书为嚆矢。此则太炎之志也。[102]

此类研究不必曲意附会,只管精心结撰,若能著成"悬诸日月,不刊之书",自有明显的社会功用。也就是说,只要选题恰当,求是之作也能产生致用的效果(发思古之幽情);而致用之作,必须符合学术规则(上通故训,下谐时俗),才能进入学术之林。求是与致用,学术与政治,完全可以通过这种特殊方式统一起来。

太炎先生入世之初,曾抨击"五十年以往,士大夫不治国闻,而沾沾于声病分隶",希望维新志士"绅五洲书藏之秘,以左政法,以开民智"[103]。晚年国难当头,章太炎又借讲学之机,批评清儒"考大体者少,证枝叶者多",以致造成"虽欲致用亦不能也"的可悲局面[104]。虽说论学标举求是,章氏一生其实非常关注政治,很不以一味把玩古董的"纯学者"为然。甚至其于艰难困厄中苦心讲学,也

---

[100] 章太炎:《答梦庵》,《章太炎政论选集》第398页。
[101] 章太炎:《〈新方言〉自序》,《新方言》(杭州:浙江图书馆,1919);《丙午与刘光汉书》,《章太炎全集》第4卷第156页。
[102] 刘光汉:《〈新方言〉后序》,《新方言》。
[103] 章太炎:《译书公会叙》,《章太炎政论选集》第46页。
[104] 《章太炎论今日切要之学》,《中法大学月刊》第5卷5期,1934年10月。

不仅仅是"为学术而学术",而是寄托某种政治信念。黄侃曾如是披露章太炎的追求:

> 其授人以国学也,以谓国不幸衰亡,学术不绝,民犹有所观感,庶几收硕果之效,有复阳之望。[105]

此说大致可信,因章氏本人也曾多次述及保存中国的语言文字、历史文化,乃是保国存种的关键。如称"语言文字亡,而性情节族灭";"史亡则国性灭,人无宗主,沦为裔夷"等[106]。

可即便如此,章太炎还是反对"通经致用"的说法,讥之为汉儒借以干禄的鬼话。不是说经世不可以借重学术,或者学术不屑于致用,而是反对将两者直接挂钩乃至等同起来的传统说法。首先是政学分途,然后才谈得上互相借重。也就是后来学者们强调的,"学术的独立自由,不仅使学术成为学术,亦且使政治成为政治"[107]。章太炎虽赞赏黄宗羲之"重人民,轻君主",可对其抹煞学校传道授业解惑的特殊功能,"独令诸生横与政事"这一政学不分思路很不以为然,甚至指责其"何因偏隆学校,使诸生得出位而干政治,因以夸世取荣"[108]。将学生干政概括为"夸世取荣",实在有失公允;不过主张政学分途,反对以政干学或以学干政,这一思路仍有其深刻性。至于以学干政,是否一定会造成朋党之势或党锢之祸,可能言人人殊;而以政干学之阻碍学术发展、败坏士人道德,则是有目共睹。因而,热心政治的章太炎,论学时并不以"经世致用"为终极目标:"致用本来不全靠学问,学问也不专为致用。"[109]求是与致用、学术与政治,各有其内在理路,也各有其操作规则与评价标准,既不能混为一谈,也不能强其所难。

学者著述,因其偏于致用或偏于求是,可能选择不同的切入角度与论述体

---

[105] 黄侃:《太炎先生行事记》,《黄季刚诗文钞》第31页(武汉:湖北人民出版社,1985)。
[106] 章太炎:《规〈新世纪〉》;《检论·春秋故言》,《章太炎全集》第3卷第412页。
[107] 贺麟:《文化与人生》第250页(北京:商务印书馆,1988)。
[108] 《章太炎全集》第4卷125页;《章太炎政论选集》第427页。
[109] 独角(章太炎):《庚戌会衍说录》,《教育今语杂志》第4册,1910年6月。

式。表面上章太炎的文章大都谈论典章制度与历史人物,其实因著述宗旨不同,有政论小品和学术专著之分。前者针砭时弊,立论鲜明,语调尖刻,常失之偏激;后者更注重学理的推演与史料的斟酌,一般趋于稳重平实。章太炎既是有政治兴趣的学者,又是"有学问的革命家",落笔为文,既可议政也可论学。流亡日本时,章氏同时在《民报》和《国粹学报》发表文章,可两类文章大不一样,一重论政一重论学。随着章氏政治兴趣的起伏,其著述宗旨也各有所侧重。了解论学论政内在理路的差异,明白具体著述的体式及其思想学术背景,才能比较通达地看待章氏某些学术观点的前后矛盾。同样推崇顾炎武的乾嘉学者汪中,有一学术自述,颇与章太炎接近:

> 中少日问学,实私淑诸顾宁人处士,故尝推六经之旨以合于世用。及为考古之学,惟实事求是,不尚墨守。[110]

章氏著述,实有"合于世用"与"实事求是"两大类,具体甄别不易,可倾向性还是相当明显的。萧公权论及章太炎的政治思想时有一妙语:"章氏言九世之仇则满腔热血,述五无之论则一片冰心,寒暖相殊,先后自异。"[111]汪荣祖对此"妙语"的诠释,更可显示章太炎兼合求是与致用的学术追求:

> 寒暖相殊,正见哲学与政治之异趣。演哲学需要冷静沉潜的思考,搞政治(尤其是革命)则需满腔热血的情怀。冷热虽殊,未必不能兼顾。[112]

唯一需要补充的是,不只哲学,史学、小学等"考古之学"也都"需要冷静沉潜的思考",章氏"未必不能兼顾"的,是"寒暖相殊"的学术与政治。

---

[110] 汪中:《与巡抚毕侍郎书》,《述学·别录》第 12 页(嘉庆二十年刻本)。
[111] 萧公权:《中国政治思想史》第 932 页(台北:联经出版事业公司,1982)。
[112] 汪荣祖:《康章合论》第 99 页(台北:联经出版事业公司,1988)。

三、真俗之辨

区分学术与政治,承认求是与致用各有其存在价值,这自是持平之论。可理解是一回事,喜爱又是另一回事。章太炎虽笃嗜"不齐而齐,上哲之玄谈"[113],轮到辨析论学宗旨,还是有明显的倾向性。倘若章氏论学只是既讲实事求是又讲经世致用,未免近于乡愿,不可能一时间振聋发聩。就学术训练及师承而言,章氏无疑倾向于实事求是,一辈子不能苟同康有为的附会臆断,或"借经术以文饰其政论";可生当衰世且良心未泯,章氏又不能不以某种形式介入现实政治,专讲训诂老死书斋决非其所愿。这么一来,讲求是章太炎不如乾嘉诸老彻底,讲致用章太炎又不如康有为明确;其特点是努力在求是与致用之间取得某种合理的平衡。可这实在不是一件简单的事情,因为"学术与事功不两至";或者说"夫求是与致用,其道固异;人生有涯,斯二者固不两立"[114]。最理想的设计似乎是:论学时讲求是,议政时求致用。可什么时候该论学,什么时候该议政?政学是否真能泾渭分明?还有,政治与学术能否固守井水不犯河水的原则?所有这些都是未知数。1906年章太炎作《建立宗教论》,其中有这么一句:

> 宗教之高下胜劣,不容先论。要以上不失真,下有益于生民之道德为其准的。[115]

这话移用来概括章氏论学宗旨颇为恰当:"上不失真"讲求是,"下有益于生民之道德"求致用。问题是怎样才能保证二者完美统一而不是互相拆台?如若鱼与熊掌不可兼得,到底先要鱼还是先要熊掌?或许这才是关键所在。

二十世纪二十年代初,章太炎曾作题为《说求学》的演讲,分求是与致用二

---

[113] 章太炎:《齐物论释》,《章太炎全集》第6卷第61页(上海:上海人民出版社,1986)。
[114] 参阅章太炎《说林上》和刘师培《清儒得失论》。
[115] 章太炎:《建立宗教论》,《章太炎全集》第4卷第408页。

学术史的视域

途,并比较其长短:

> 求学之道有二:一是求是,一是应用,前者如现在西洋哲学家康德等是,后者如我国之圣贤孔子、王阳明等是。顾是二者,不可得兼,以言学理,则孔子不及康德之精深;以言应用,则康德不及孔、王之切近。要之二者各有短长,是在求学者自择而已。

求学理精深者讲实事求是,求切近人事者讲经世致用,二者不分长短高低,只是宗旨不同因而问学途径有别。这自是通达之论。可章氏紧接下去还有一句话:

> 然以今日中国之时势言之,则应用之学,先于求是。[116]

章氏晚年感于国势衰微,论学颇多致用之说;再加上平日关注政治,活跃于清末民初政坛,二十世纪二十年代中期甚至发表暂停讲学与著述的"专心国事之通启",这就难怪世人心目中的章太炎,以经世致用而非实事求是见长。用张灏的话来说,就是"年轻时他就被两种不同的治学思想所吸引",而"最终显示更具力量的是伦理实践思想"[117]。

最能体现世人对章太炎的评价的,是其弟子鲁迅在《趋时和复古》中的一段话:

> 清末,治朴学的不止太炎先生一个人,而他的声名,远在孙诒让之上者,其实是为了他提倡种族革命,趋时,而且还"造反"。[118]

世俗名声与学术贡献不说风马牛不相及,也是关系不大。单纯以学术成就

---

[116] 《说求学》,录自汤志钧编《章太炎年谱长编》第620页。
[117] 张灏著、高力克等译:《危机中的中国知识分子》第144—145页(太原:山西人民出版社,1988)。
[118] 《鲁迅全集》第5卷第536页(北京:人民文学出版社,1981)。

而倾动朝野者,古今中外实为罕见。公众对古音之甄别与制度之考辨,远没有像对现实政治那样感兴趣。章太炎得名于提倡种族革命而不是音韵训诂之学,这点毫无疑问。问题是能否因此断言章氏只是个"有学问的革命家",其业绩"留在革命史上的,实在比在学术史上还要大"[119]?持此说者显然意在推崇太炎先生,可立论的基础是置革命于学术之上,而不是章氏自述的求是与致用各有短长。其实,章太炎的业绩到底以革命还是以学术为大,这二者本身是无法折算并加以比较的,纯因立论者的主观视野及价值尺度而上下浮动。我想考察的是,章太炎本人是如何看待政治与学术,或者说他论学时到底重求是还是重致用。

真正体现章太炎置政治于学术之上的,或许是其与康门师徒的微妙关系。章太炎论学与康有为迥异,变法维新期间有过短暂合作,变法失败后又著文多所回护,时人或不以为然,章太炎于是解释道:"说经之是非,与其行事,固不必同。"说经之是非可以争论,而心术之邪正不容辩驳。以"揭邪谋"的名义"驳伪学",实是借政治权势解决学术争端,不管其说是否"中窾要",都"自成其瘢疣",都是心术不正的表现:

> 苟执是非以相争,亦奚不可,而必借权奸之伪词以为柄,则何异逆阉之陷东林乎?[120]

因此,尽管"论及学派辄如冰炭",可一旦共同的政敌以"伪学"攻康氏,章氏马上抛弃门户家法之见,挺身而出为其辩护;著《今古文辨义》,反对"经术文奸之士"之"借攻击廖士以攻击政党",力图将今古文之争限制在学术范围内。1899年1月,避地台湾的章太炎接到康有为复书,感激兴奋之余,将其加上识语刊于1月13日的《台湾日日新报》。"识语"中专门表白他对于政术与学问的看法:

> 或曰:子与工部,学问涂径故有不同,往者平议经术,不异升元,今何相

---

[119] 鲁迅:《关于太炎先生二三事》,《鲁迅全集》第6卷第545—546页。
[120] 章太炎:《翼教丛编书后》,《章太炎政论选集》第96—97页。

昵之深也？余曰：子不见夫水心、晦庵之事乎？彼其陈说经义，判若冰炭，及人以伪学朋党攻晦庵，时水心在朝，及痛言小人诬罔，以斥其谬。何者？论学虽殊，而行谊政术自合也。余于工部，亦若是已矣。……由是观之，学无所谓异同，徒有邪正枉直焉耳。[121]

应该说学有"异同"，只是比起心术之"邪正"来，这一"论学虽殊"显得无关紧要——这自是有感于中国人之不屑于"执是非以相争"，而喜欢借"揭邪谋""驳伪学"置学术对手于死地这一卑鄙习性。

将政术邪正置于论学是非之上，这一点章太炎从来不含糊。戊戌前后因政术合而靠近康梁，不问双方学派之歧异；1906年后因政术分而斥骂康梁，不讲双方学术上之互补。尽管后来章太炎也承认《民报》时期与梁启超的一系列论争有利于刺激双方深入思考，并非真的水火不相容；可当年章氏更愿意强调的还是政术之异。1907年3月，梁启超将读《说文》的数十条札记编为《国文语原解》，托人转求精于此道的章太炎作序，希望章氏能超越"政见歧殊"，成就此"学问上一美谈"[122]。可章太炎根本不予理睬，或许是看不上梁氏的小学功夫（章太炎对梁启超的学问历来评价不高），更大的可能性还是因"政术歧殊"。

章氏论人衡文，常以政治立场及气节高下为第一前提，尤其是在提倡种族革命时更是如此。评述时人尚且不能局限于道德判断，更何况情况更为复杂的古人。章氏论学因政治偏见而出现较大误差的，当推其对清代学术思想的评论：就因为当中横着一个章太炎力图推翻的清朝。如批评魏源之"夸诞好言经世，尝以术奸说贵人"[123]，前者指学派，后者则指气节。不要说魏源曾出任清廷官吏，就是黄宗羲允许儿子入清王朝的明史馆，在章氏看来也是不可原谅的过失。明末清初三大家中，章太炎独不以黄宗羲为然，以为其"学术计会，出顾炎武下远甚；守节不孙，以言亢宗，又弗如王夫之"。学术高下其实很难说，章之故意贬低黄氏，主要是认定其气节有亏："以《明夷待访》为名，陈义虽高，将俟虏之下问。"[124]

---

[121] 《章太炎旅台文录》，《中国文化研究集刊》第1辑第357—358页（上海：复旦大学出版社，1984）。
[122] 丁文江等编《梁启超年谱长编》第378页（上海：上海人民出版社；1983）。
[123] 章太炎：《訄言·清儒》，《章太炎全集》第3卷第158页（上海：上海人民出版社，1984）。
[124] 《章太炎全集》第4卷第117、124页。

一切以是否与清廷合作(其标志是出仕)为取舍标准,而不大考虑特定时期的历史情境与思想潮流,以之衡量政治人物尚且偏颇,更何况以之褒贬思想家和学者。

章太炎品人评事重气节而轻功业,尤其鄙薄世之所谓"有文无行"者。一旦"文"与"行"、"著述"与"气节"、"学术观点"与"政治立场"尖锐对立起来,章毫不犹豫地选择后者。可品人重气节不能直接转化为论学主致用;相反,气节之士很可能不屑"外托致用之名,中蹈揣摩之习"[125],因而倾向于寂寞的求是之学。在某些特定场合,为唤起民众拯世救亡,章太炎也会大谈学以致用;可正式论学时仍严格区分"学说"与"功业",反对以有用与否来衡量学术:

> 学说和致用的方术不同,致用的方术,有效就是好,无效就是不好;学说就不然,理论和事实合才算好,理论和事实不合就不好,不必问他有用没用。[126]

对于相信"大士说法,唯在应机",且对"应机之云"别有新解的章太炎来说[127],既然有意应政俗风云迁变之机而化人,论学时不免有因时因地与诲人律己之别。表面上章氏既讲求是又讲致用,不说宗旨含混,也有折中之嫌。可我以为,实事求是才是其论学宗旨,经世致用则是"应机说法"。

章太炎论学虽兼及学理精深与切近人事,却重在求是而非致用。最能说明这一点的,还是其真俗之辨。真俗互存互转,即所谓"真妄同源",或者"真必有妄,舍妄无真",不应该孤立地谈论真俗之高下是非。《菿汉微言》中自述学术思想历程,不也落在"转俗成真"与"回真向俗"上吗?可是,当章太炎用真俗来概括两种不同的论学宗旨时,还是蕴含着某种价值判断的:

> 人心好真,制器在理,此则求是、致用更互相为矣。[128]

---

[125] 刘师培:《近代汉学变迁论》,《国粹学报》第31号,1907年7月。
[126] 章太炎:《论教育的根本要从自国自心发出来》,《章太炎政论选集》第507页。
[127] 章太炎:《菿汉微言》第31页(1916年刊本)。
[128] 章太炎:《菿汉微言》第53页(1916年刊本)。

虽说强调二者"更互相为",可一理一器,一真一俗,已经显出论者的倾向性。

理器之分与体用之辨,是中国哲学史上的老话题,或许有点玄虚。章太炎还有更通俗的说法。1910年章氏以独角为笔名在《教育今语杂志》发表专论"留学的目的和方法"的《庚戌会衍说录》,其中论及致用与求是之别,纯是推己及人的大白话:

> 况且致用的学问,未必真能合用,就使真能合用,还有一件致用的致用,倒不得不碰机会,机会不巧,讲致用的还是无用。专求智慧,只要靠着自己,并不靠什么机会。假如致用不成,回去著书立说。[129]

致用与求是,一需机会凑合,一靠自己努力。正如余英时指出的:"'经世致用'却由不得儒者自己作主,必须要靠外缘。所谓外缘便是顾亭林说的'王者',因此无论是顾亭林或黄宗羲都要有所'待'。从历史上看,儒家所期待的'王者'似乎从来没有出现过。"[130]章太炎立身处世,历来讲"自贵其心,不依他力"[131],自是推崇不必有待的"求是"。求是而不为时人赏识,尚可著书立说,企求藏之名山传之后世。这对读书人来说是个很大的诱惑,或者说是必不可少的心理安慰——因千古文人多叹怀才不遇,之所以还能活得挺认真,就因为"立德""立功"不成,还有此不待社会认可的"立言"。至于致用之学,成者固然风云际会显赫一时,可"机会不巧"者毕竟占绝大多数。而致用之学一旦无用,那可真是一钱不值。如此"应机说法",没多少理论思辨色彩,可挺实在的——此也可见论者的良苦用心。

以个人之利弊得失论治学门径,自然不是"大道"。可即便从家国兴亡着眼,章氏也仍倾向于学以求是而非致用。章太炎确实强调学术与政治之关系,如《哀焚书》中力主"建国家、辨种族"之根基在"言语、风俗、历史";故灭其国者必

---

[129] 独角(章太炎):《庚戌会衍说录》,《教育今语杂志》第4册,1910年6月。
[130] 余英时:《中国思想传统的现代诠释》第220页(南京:江苏人民出版社,1989)。
[131] 章太炎:《答铁铮》,《章太炎全集》第4卷第371页。

毁其史变其俗易其言,此"帝王南面之术",古今中外概莫例外[132]。而提倡种族革命者,自然是反其道而行之,借学术发思古幽情,进而光复故国。章太炎对"主义"(政治)之倚仗于"史籍"(学术),有过这么一个妙喻:

> 故仆以为民族主义,如稼穑然,要以史籍所载人物制度、地理风俗之类,为之灌溉,则蔚然以兴矣。不然,徒知主义之可贵,而不知民族之可爱,吾恐其渐就萎黄也。[133]

这话常被用来作为章氏治学讲致用的证据。其实,统贯章太炎此前此后论学思路,此乃强调经世必须借重学术,而不是治学必须讲求经世。若把章氏论学宗旨简单化明朗化,大约可化为如下三句:治世必须借重学术;求学不必讲求致用;求是之学为无用之用。

求是之学为无待之学,为无用之用,故是"真"是"理"是"体";而致用之学相对来说只能是"俗"是"器"是"用"。至于说"趋于致用"容易"浮说致人",而"趋于求是"则"左证有事,攻守有法"[134],其实倒在其次。关键还是在于真俗之辨这一思维方式。而之所以选择"真俗"来说求是与致用,实关联到章氏对自身历史地位及存在价值的估计。

章太炎在中国政坛上叱咤风云几十年,乃万众瞩目的民国元勋,革命胜利后论功授勋,甚不以得二等勋位为然,自称其"首正大义,截断众流",功在孙中山之上[135]。如此注重功业声名,似乎走的是政治明星的路子。可实际上,章氏最为自得的,还是自家学问。辛亥革命高潮中,章太炎致书吴承仕,称:"仆辈生于今世,独欲任持国学,比于守府而已","学问之事,终以贵乡先正东原先生为圭臬耳"[136]。此等表白,并非一般读书人套话。

最能说明章太炎特重学术的,是两次系狱临危时近乎"盖棺论定"的"自祭

---

[132] 《章太炎全集》第3卷第323—324页。
[133] 章太炎:《答铁铮》,《章太炎全集》第4卷第371页。
[134] 章太炎:《程师》,《章太炎全集》第4卷第139页。
[135] 章太炎:《与王揖唐书》,录自《章太炎年谱长编》第421页。
[136] 章太炎:《章炳麟论学集》第347—349页(北京:北京师范大学出版社,1982)。

文"。1903年章氏因《苏报》案系狱,于狱中有一自记,劈头就是"上天以国粹付余";其中最为忧虑的并非光复故国之大业能否成功,而是担心自家学问及身而绝后继无人:

> 至于支那闳硕壮美之学,而遂斩其统绪,国故民纪,绝于余手,是则余之罪也![137]

这种中华文化系于自家一身安危的感觉,在章太炎并非一时戏言。1914年章氏被袁世凯囚于北京,致书黎元洪,称"进不能为民请命,负此国家;退不能阐扬文化,惭于后进",决意绝食,以死抗争。虽有"进退"之分,似仍以为民请命为大;可绝命书中最大的感慨还是:"吾死以后,中夏文化亦亡矣。"[138]二十年后,弟子朱希祖对此有过大致合理的诠释:

> 先师尝言经史小学传者有人,光昌之期,庶几可待,文章各有造诣,无待传薪,惟示之格律,免入歧途可矣。惟诸子哲理,恐将成广陵散矣。此二十年前在故都绝粒时之言也。至今思之,仍不能逾于斯言。[139]

不管章太炎对自家学问的估计是否恰当,但其自视为并世中唯一能"为往圣继绝学"者,这一点几乎是没有疑义的。生死关头之思念,最能体现个人之志趣,立意绝食时,"自分以一书生提倡大义,功成事遂,可以永终";真正引以为憾的是"怀抱学术,教思无穷,其志不尽"——在给长婿龚宝铨信中,章太炎一再表白此"千古文章未尽才"的遗恨:

> 所著数种,独《齐物论释》《文始》,千六百年未有等匹。《国故论衡》《新方言》《小学答问》三种,先正复生,非不能为也。虽从政蒙难之时,略有

---

[137] 章太炎:《癸卯狱中自记》,《章太炎全集》第4卷第144页。
[138] 徐一士:《一士类稿·一士谈荟》第83页;汤国梨编次:《章太炎先生家书》第47页(上海:上海古籍出版社,1985)。
[139] 朱希祖:《致潘承弼书》,录自《章太炎年谱长编》第474页。

燕闲,未尝不多所会悟,所欲著之竹帛者,盖尚有三四种,是不可得,则遗恨于千年矣![140]

章太炎生死关头大谈学术,或许真的只是政治上"功成事遂,可以永终",而学术上自觉未尽其才故遗恨千古;或许是认定政治上的功业别人也能完成,唯一不可替代的是自家"复绝千古"的学问;或许是以为政治上的成功犹如过眼烟云,唯有学术上的贡献方能流传久远……所有这一切都只能任凭后人猜测,唯一确凿不移的是那危难关头以中华文化(国故或国学)守护神自居的独特姿态。章氏晚年之不言"经世致用",而只求"惇诲学人,保国学于一线"[141],正是这一思路的合理延伸。这种解释可能会稍稍动摇章氏"先前也以革命家现身,后来却退居于宁静的学者"的传统说法[142]。不是否认章太炎前后期论学兴趣有所转移,而是试图指出常被论者忽略的一点:即便高谈政治投身革命之际,章氏内心深处可能仍以学术为重。就注重学术之独立价值及深远影响这一点而言,章太炎前后期并没有多大变化;同样,论学中以"求是"为"真"、以"致用"为"俗"这一独特思路,基本贯穿章太炎一生。

1991 年 11 月 6 日草毕于畅春园
1992 年 5 月 31 日改定于蔚秀园

【陈平原　文学博士,北京大学中文系教授】
原文刊于《中国文化》1992 年 02 期

---

[140] 章太炎:《与龚未生书》,《章太炎政论选集》第 702 页。
[141] 章太炎:《致马宗霍书》,《章太炎政论选集》第 827 页。
[142] 鲁迅:《关于太炎先生二三事》,《鲁迅全集》第 6 卷第 545 页。

陈寅恪先生的宋代观

王水照

一

陈寅恪先生在1935年所作的《陈垣元西域人华化考序》中自称："寅恪不敢观三代两汉之书，而喜谈中古以降民族文化之史。"[①]作为一代史学宗师，他在魏晋南北朝史、隋唐史、元蒙史、明清之际史等方面，都留下许多经典性的论著，而唯独没有关于宋代的著作，甚至连一篇专题性的史论也未见。然而在对我国历朝历代的"民族文化"的总体评价上，他对宋代文明的评价之高，远远超过了任何别的朝代。这是一个值得人们深长思之的现象。从现在仅存的一些材料来看，他的有关宋代的论述虽较零散而观点却自成系统，用语大都简要而含意又极明确，而不少大判断、大概括，其中所包含的深邃的历史意蕴和沉重的现实思考，仍有待我们后人寻绎探求。

陈寅恪宋代观的一个最集中、最精粹的表述，无疑当推1943年所作的《邓广铭宋史职官志考证序》一文。他写道：

[①] 《陈垣元西域人华化考序》，《金明馆丛稿二编》(以下简称《二编》)，第239页，上海古籍出版社1980年版。

> 吾国近年之学术,如考古历史文艺及思想史等,以世局激荡及外缘熏习之故,咸有显著之变迁。将来所止之境,今固未敢断论。惟可一言蔽之曰,宋代学术之复兴,或新宋学之建立是已。华夏民族之文化,历数千载之演进,造极于赵宋之世。后渐衰微,终必复振。②

这里明确提出:(一)赵宋文化乃是"华夏民族文化"发展的最高成果,处于无可置疑的顶峰地位;(二)赵宋文化又是今后我国文化发展的指南,我国民族文化的更新,必将走上"宋代学术之复兴,或新宋学之建立"的道路。前者是"继往",总结前代;后者是"开来",导示来者。这就把赵宋文化定位在我国民族文化发展史上的极其重要的坐标上,这也是陈氏宋代观的最显明的内涵和特征。直到晚年的1964年,他仍然坚持:"天水一朝之文化,竟为我民族遗留之瑰宝。孰谓空文于治道学术无裨益耶?"③对宋代文明的倾心宝爱之情溢于言表,对它的现实作用更予以高度的肯定。

陈寅恪曾申言自己不适合研究清史,尤其是晚清世局,因唯恐个人感情因素融贯其中,影响评论判断的客观性;他对宋代文化评价如此之高,却又未对宋代历史诸问题发表具体研究成果,其原因又是什么呢?遗憾的是未见他本人的说明。但有一点似可确认,即他对宋代文化的评价,是与他一生的文化理念、治学宗旨、人生操守密切相关的。宋代文化正是最充分地体现了他的"中体西用"、以中国文化为本位的文化理念、独立自由的治学宗旨以及崇尚志节的文人品格的一种文化类型。这三个标准是他衡量文化的切入口,也是他给予宋代文化极高评价的缘由。

二

陈寅恪自述其文化理念的几句话是世人所熟知的:"平生为不古不今之学,

---

② 《邓广铭宋史职官志考证序》,《二编》,第245页。
③ 《赠蒋秉南序》,《寒柳堂集》,第162页,上海古籍出版社1980年版。

思想囿于咸丰同治之世,议论近乎曾湘乡张南皮之间。"④"不古不今之学"殆即"喜谈中古以降民族文化之史"的另一说法,而咸同之际,曾、张之间的"思想"和"议论",主要即是在外族侵凌之局日渐严重的形势下,中国传统文化面临异质文化的激烈冲撞时如何自处、如何更新的问题,曾国藩、张之洞的"中体西用"思想于是应运而生。陈氏父祖均与张氏交往甚深,陈宝箴且被曾国藩待为上宾,称之为"海内奇士";陈寅恪论学又素重家族历史渊源,因此受其影响实属意中。但同是"中体西用"命题,三人之间差别很大,尤其是陈氏与曾、张两人相较,更具有时代的超越性。

曾国藩作为"洋务运动"的核心人物,积极吸取泰西科技,兴办实业,对促进中国近代化有一定作用,但他的基本政治社会思想仍不出中国传统的儒教义理之范围,也未明确提出"中体西用"的概念。最早明确提出这个概念的,殆是1896年4月沈寿康在《万国公报》上发表的《匡时策》中说:"中西学问,本自互有得失,为华人计,宜以中学为体,西学为用。"同年,管理官书局大臣孙家鼐的《议复开办京师大学堂折》亦云:"自应以中学为主,西学为辅;中学为体,西学为用。"⑤尔后,张之洞于1898年发表了著名的《劝学篇》,其《设学》第三中也出现了"旧学为体,新学为用"的用语,但这主要是就开设学堂之课程而言的:"一曰新旧兼学,四书五经、中国史事、政书地图为旧学,西政、西艺、西史为新学。旧学为体,新学为用,不使偏废。"⑥在中国古代哲学中,"体""用"是一组相对概念,含义颇广,可指同一事物的内部实体和外部之效能,也可指两种事物之间的"本末""主辅"的关系。另亦可指根本原则和其运用实施。张之洞等提出"中体西用"的文化观念,有着强烈的维护封建纲常伦理的要求,在这一前提下,才可采用西方近代的实用技术和自然科学,而在人文方面的吸收,最多仅止于政治法律、文化教育上的若干具体办法而已。可见其着眼点仅在于"利用",尚无两者融会贯通、别出系统之意。

---

④ 《冯友兰中国哲学史下册审查报告》,《二编》,第252页。
⑤ 麦仲华辑《皇朝经世文新编》卷5上,第18页,上海大同译书局,清光绪本。
⑥ 梁启超在转述张之洞之语时,改为"中学为体,西学为用":"……而其流行语,则有所谓'中学为体,西学为用'者,张之洞最乐道之,而举国以为至言。"见《清代学术概论》,《饮冰室合集·饮冰室专集之三十四》,第71页,中华书局1989年版。

陈寅恪虽然接过张之洞的话头："中西体用资循诱"，但在二十世纪新的环境条件下，"内感民族文化之衰颓，外受世界思潮之激荡"⑦，他对此做了全新的发挥，形成了独特的"体用"说，而这一新说也正可视为对宋代文化深入研究后的理论概括。第一，他认为中国文化的再建设和不断更新，"必须一方面吸收输入外来之学说，一方面不忘本来民族之地位。此二种相反而适相成之态度，乃道教之真精神，新儒家之旧途径，而二千年吾民族与他民族思想接触史之所昭示者也。"⑧外输和持本的"相反相成"，就不是简单的相加"利用"，而是碰撞融汇的磨合过程。玄奘唯识学之所以在中土"卒归于消沉歇绝"，乃因不合我国国情、方圆凿枘之故。陈氏所谓的"新儒家"，即指宋代学术或宋学，"凡新儒家之学说，几无不有道教，或与道教有关之佛教为之先导"。例如，天台宗信徒梁敬之与李习之的关系，"实启新儒家开创之动机"；而北宋僧人智圆提倡《中庸》，自号中庸子，"似亦于宋代新儒家为先觉"。宋学或新儒学由于能尽情地吸收佛道两家的异质文化，又不忘本来民族之地位，在新的基础上进行再创造和再整合，由此逐渐形成并进而"能大成者"。对于宋人援佛道入儒的具体历程和方法，早在1919年陈氏已有成熟而详尽的描述。近年问世的《吴宓日记》于该年12月14日记陈氏谈话云："宋儒若程若朱，皆深通佛教者。既喜其义理之高明详尽，足以救中国之缺失，而又忧其用夷变夏也。乃求得两全之法，避其名而居其实，取其珠而还其椟。采佛理之精粹，以之注解四书五经，名为阐明古学，实则吸收异教，声言尊孔辟佛，实则佛之义理，已浸渍濡染，与儒教之宗传，合而为一。"他还指出，"自得佛教之裨助，而中国之学问，立时增长元气，别开生面。"⑨真所谓海纳百川，兼包并容异质文化；壁立千仞，不忘本土优秀传统文化之根本。

第二，他认为"体""用"关系不是凝固不变的，而是变动不居的。外来文化的"用"，在特定机缘下可以达到影响和制约本土文化之"体"的作用，也就是说，"用"在一定条件下可以转化为"体"。他以唐代为例，认为"李唐一族之所以崛兴，盖取塞外野蛮精悍之血，注入中原文化颓废之躯，旧染既除，新机重启，扩大

---

⑦《陈垣元西域人华化考序》，《二编》，第239页，上海古籍出版社1980年版。
⑧《冯友兰中国哲学史下册审查报告》，《二编》，第252页。
⑨《吴宓日记》第二册，第102—103页，三联书店1998年版。

恢张,遂能别创空前之世局。"⑩合理地吸收消化外来因素,能够起到再创"空前之世局"的巨大作用。他甚至指出,传入的外来文化有时能产生在其原生地所不能产生的效用。于是,"中体西用"在陈氏的论证体系中逻辑地推导为"中西互为体用"。他在论及宋代新儒学时提出了"天竺为体,华夏为用"之说:"退之首先发见《小戴记》中《大学》一篇,阐明其说,抽象之心性与具体之政治社会组织可以融会无碍,即尽量谈心说性,兼能济世安民,虽相反而实相成,天竺为体,华夏为用,退之于此以奠定后来宋代新儒学之基础,退之固是不世出之人杰,若不受新禅宗之影响,恐亦不克臻至。"⑪新儒学把佛学的心性之说作为根本的内在修养,进而能用之于中国的"济世安民","天竺为体,华夏为用",与"中学为体,西学为用"也构成了另一种"相反相成"的关系。在陈氏这里,"体""用"结合,已经远远超越了科技实用层面上的"利用",而是兼顾抽象哲理思想与具体政治社会组织等深层次上的沟通交融,中外互补,你中有我,我中有你,浑然一体,"别开生面",既不同于全盘西化论,也有力摒弃了故步自封的国粹主义态度。陈氏对外来文化吸纳的气度和开放的胸襟,曾、张等人是无法望其项背的。他所总结的这条"吾民族与他民族思想接触史"的成功经验,具有很强的生命力,不仅深刻地解释了宋代文化繁荣的原因,而且历久弥新,直到今天仍具有实际的指导意义。

陈寅恪一再重申,他的学术宗旨是奉行"独立之精神,自由之思想",此语屡见于《清华大学王观堂先生纪念碑铭》《柳如是别传·缘起》等文。陆键东《陈寅恪的最后二十年》一书,即因写活了这十个大字而受到读书界的欢迎。"独立"是为求得学术自身的品格,不受非学术因素的干扰,唾弃"曲学阿世",非谓学术能超现实、超政治;"自由"是为求得研究者"人智活动"的活跃、主观能动性的充分发挥,不使学术沦为某种特定观念的附庸。陈寅恪对宋代文化的认同和亲近感,也与他的这一学术宗旨密切相关。1954 年发表的《论韩愈》虽是一篇人物个案的研究,但由于他把韩愈定位在"唐代文化学术史上承先启后转旧为新关捩

---

⑩ 《李唐氏族之推测后记》,《二编》,第 303 页。
⑪ 《论韩愈》,《金明馆丛稿初编》(以下简称《初编》),第 288 页,上海古籍出版社 1980 年版。

点之人物",即"结束南北朝相承之旧局面""开启赵宋以降之新局面",因而他所提出的著名韩愈建树"六门"论,应是研究他宋代观的直接材料。例如"奖掖后进,期望学说之流传"一节,指出韩愈之所以能超越时辈,在唐代文化运动中发挥最重要作用,原因之一乃是"其平生奖掖后进,开启来学""故'韩门'遂因此而建立,韩学亦更缘此而流传也。世传隋末王通讲学河汾,卒开唐代贞观之治,此固未必可信,然退之发起光大唐代古文运动,卒开后来赵宋新儒学新古文之文化运动,史证明确,则不容置疑者也。"⑫私家"讲学",师弟传授,宗门学派纷立,乃至书院林立等,学术从单一的官方、豪族垄断进一步走向民间,促成了学术自身的独立发展。这由韩愈开其端,至宋代更云蒸霞蔚,汇为大观。离开这一点,宋代新儒学、新古文的兴盛繁荣是不可能的。

与一般流行观点不同,陈寅恪认为宋代是中国历朝中思想最自由的时期之一。他说:"六朝及天水一代思想最为自由,故文章亦臻于上乘",他举南宋汪藻《代皇太后告天下手书》为证云:此文"其不可及之处,实在家国兴亡哀痛之情感,于一篇之中,能融化贯彻,而其所以能运用此情感,融化贯通无所阻滞者,又系乎思想之自由灵活。故此等之文,必思想自由灵活之人始得为之。"⑬陈寅恪于宋代经学,肯定其突破汉学"传不破经"的戒律,大胆地"以意说经",畅抒己意。他尤把宋代史学推为我国史学之翘楚:"中国史学莫盛于宋"⑭"宋贤史学,今古罕匹。"⑮又说:"有清一代经学号称极盛,而史学则远不逮宋人",原因在于清人以传统治经的方法治史,往往"止于解释文句,而不能讨论问题。"⑯能结合两者,从历史材料的考辨分析中获得"史学之通识"⑰,这只能从以司马光为代表的赵宋史学中求之。在陈寅恪看来,文学"上乘",经学创新,史学优异等,都是创造主体的思想自由、潜能发挥的产物,文学、史学、经学之盛成为一代思想自由的确切表征。作为史学家的陈寅恪,对司马光史学尤为灵犀相通,论述

---

⑫ 《论韩愈》,《初编》,第 296 页,上海古籍出版社 1980 年版。
⑬ 《论再生缘》,《寒柳堂集》,第 65 页。
⑭ 《陈垣明季滇黔佛教考序》,《二编》,第 240 页。
⑮ 《隋唐制度渊源略论稿》,第 134 页,三联书店 1956 年版。
⑯ 《陈垣元西域人华化考序》,《二编》,第 238—239 页。
⑰ 《冯友兰中国哲学史上册审查报告》,《二编》,第 248 页。

充分。

　　陈寅恪特别推重温公史学的"问题意识"。因杨树达《论语疏证》用司马光等人治史之法来治经,他感到无上的兴奋,在序中盛赞道:"今先生(杨树达)汇集古籍中事实语言之与《论语》有关者,并间下己意,考订是非,解释疑滞。此司马君实李仁甫长编考异之法,乃自来诂释《论语》者所未有,诚可为治经者辟一新途径,树一新楷模也。"[18]这里所说的"司马君实李仁甫长编考异之法",亦即他在《陈述辽史补注序》所称赞的"赵宋史家著述"中常用的"内典合本子注"之法,主要有两条:一是"取事实以证之",二是"采意旨相同之语以参之",并断以己意。这样,"广搜群籍"以获取材料,而对材料的释证又采取上述那种严密而又富有辩证精神的方法,这才能达到"综合贯通,成一家有系统之论述"。最能体现陈氏这一学术祈向的,莫过于司马光的《资治通鉴》了。杨联陞发表的《陈寅恪先生隋唐史第一讲笔记》[19],是一份陈氏大约于1935年在清华园的珍贵讲稿。课程是"隋唐史",开宗明义先交代"应读及应参考之书",分为三类:甲类为《通鉴·隋唐纪》和《通典》,并叮嘱"宜先读";乙类才是正史《隋书》、两《唐书》;而《全唐文》等列为第三类。司马光《通鉴》赫然居于群籍之首,其地位竟超出官修的正史之上。陈氏批评《通鉴纪事本末》:"只为索引性质,不能代替《通鉴》,疏漏之处颇多。"并引用晁说之《送王性之序》一文,反复申言"读正史之后方知《通鉴》之胜","读正史必参考《通鉴》"。还以肯定的口吻称引胡三省在《通鉴》卷212开元十二年下之注:"温公作《通鉴》,不特纪治乱之迹而已。至于礼乐、历数、天文、地理,尤致其详。读《通鉴》者,如饮河之鼠各充其量而已。"后陈垣《通鉴胡注表微》于此条胡注亦阐述云:"《通鉴》之博大,特于此著明之。清儒多谓身之(胡三省)长于考据,身之亦岂独长于考据已哉!今之表微,固将于考据之外求之也。"[20]二陈的见解是完全相通的。陈垣要从"考据之外"揭示胡三省的"生平抱负及治学精神";而陈寅恪之推重《通鉴》,也不仅由于其"考订价值甚高",更由于它已从单纯的史料考辨和整理,上升为"综合贯通""系统论述"的

---

[18] 《杨树达论语疏证序》,《二编》,第232页。
[19] 杨联陞:《陈寅恪先生隋唐史第一讲笔记》,台湾《传记文学》第16卷第3期,1970年3月。
[20] 《通鉴胡注表微》,第31页,中华书局1962年版。

陈寅恪先生的宋代观

"一家"之学,而这乃是一部真正历史著作的根本特征。从通篇讲义看,这堂《隋唐史》课不啻是弘扬司马光史学的专题演讲。蒋天枢先生在《陈寅恪先生编年事辑》(增订本)第188页中,谈到他读此讲义后的感想:"其中对温公《通鉴》推重备至,正是对天水一朝所遗留瑰宝之珍视。后来仿温公《涑水纪闻》而作《寒柳堂记梦未定稿》,殆犹此意欤?"其实陈寅恪的其他史学著作也是深得温公史学之精髓的。他在《唐代政治史述论稿》的《自序》中说:"夫吾国旧史多属于政治史类,而《资治通鉴》一书,尤为空前杰作。今草兹稿,可谓不自量之至!然区区之意,仅欲令初学之读《通鉴》者得此参考,或可有所启发,原不敢谓有唐一代政治史之纲要,悉在此三篇中也。"以"空前杰作"称许《通鉴》,而把自己的著作看作是读《通鉴》时的"参考",或有"启发"之效,自谦又复自信。总之,温公史学乃至宋代学术的全部创造性和开拓性,与独立自由的学术精神之间存在着明显的因果关系。

　　独立和自由是学术走向现代化的最重要的标志。陈寅恪的这一学术宗旨适应新时代对学术的要求,并非只是他个人的主张。他在论及大学职责时曾说:"吾国大学之职责,在求本国学术之独立,此今日之公论也。"[21]在北京大学百年校庆之际,我们也不禁缅怀八十年前蔡元培校长在《〈北京大学月刊〉发刊词》中所说的一段话:"大学者,'囊括大典,网罗众家'之学府也。……各国大学,哲学之唯心论与唯物论,文学、美术之理想派与写实派,……常樊然并峙于其中,此思想自由之通则,而大学之所以为大也。"[22]陈氏的"学术之独立"与蔡氏的"思想自由之通则"可谓鼓桴相应,都不仅是一所大学的灵魂所在,也是学术现代化的首要条件。这是我国先进知识界的共识和"公论",而陈氏一生于此反复强调、身体力行,尤为人们所崇仰。他在宋代文化成果中也看出了这一"实系吾民族精神上生死一大事者"(同上),故而念兹在兹,推重不止。

　　表彰宋人志节,是陈寅恪宋代观的又一个重要内容。陈氏身处"神州沸腾,寰宇纷扰"之世局,一生遭遇坎坷,目盲足膑,造成了悲愁愤郁的性格。但他仍时刻心系民族兴亡、国运盛衰,尤注重于士人精神之振作,气节之秉持。学术必

---

[21]《吾国学术之现状及清华之职责》,《二编》,第317页。
[22]《蔡元培全集》第3卷,第211页,中华书局1984年版。

325

须独立,"士之读书治学,盖将以脱心志于俗谛之桎梏"[23];但士子又必须具有以天下为己任的自觉担当之气概,完成一代知识界的历史重任。他的这种观点也规定了其观察宋代文化的一个视角。

宋代文化高度发达而国势积贫积弱,士大夫阶层在整体上充满着振兴国力的强烈要求和政治参与的积极性。范仲淹在振作士风上是一个突出的表率,造成了士人们"大厉名节,振作士气"的群体自觉[24]。欧阳修是继范仲淹之后宣扬志节的名臣学者。他在《朋党论》中论君子"所守者道义,所行者忠信,所惜者名节"[25],名节乃"君子"的必要条件之一。《论包拯除三司使上书》中又说:"夫所谓名节之士者,知廉耻,修礼让,不利于苟得,不牵于苟随,而惟义之所处。白刃之威,有所不避;折枝之易,有所不为,而惟义之所守。其立于朝廷,进退举止,皆可以为天下法也。"[26]这些都是颇有影响的言论。他所撰的《新五代史》,为了指斥五代蕃将"异类合为父子"的反常之举,表达对"世运衰,人伦坏"的不满,特立"义儿传"。对此,陈寅恪在1957年发表的《论唐代之蕃将与府兵》一文中曾从史学立场予以批评:"所论者仅限于天性、人伦、情谊、礼法之范围,而未知五代义儿之制,如后唐义儿军之类,实源出于胡人部落之俗。盖与唐代之蕃将同一渊源者。"[27]他认为欧氏仅停留在"道德观点"立论,未能探求出具体事件的来龙去脉和历史底蕴,"不免未达一间",与正确答案尚有距离。但在整体文化史观上,他又赞同欧氏所为。作于1964年的《赠蒋秉南序》中说:"欧阳永叔少学韩昌黎之文,晚撰五代史记,作义儿冯道诸传,贬斥势利,尊崇气节,遂一匡五代之浇漓,返之淳正。故天水一朝之文化,竟为我民族遗留之瑰宝。"[28]又从道德角度肯定了欧氏,并把"尊崇气节"视为华夏民族所积累的一项精神"瑰宝"。他的批评和褒赞都是鞭辟入里、含意深远的。

对于另一位宋代名臣学者司马光,他尤致倾倒之情。不但对司马氏史学推

---

[23] 《清华大学王观堂先生纪念碑铭》,《二编》,第218页。
[24] 《朱子语类》卷129,第3086页,中华书局1986年版。
[25] 《欧阳文忠公文集》卷17,四部丛刊本。
[26] 同上注,卷111。
[27] 《初编》,第276页。
[28] 《赠蒋秉南序》,《寒柳堂集》,第162页。

崇备至,且对其立身行事也仰慕不已。他在《读吴其昌撰梁启超传书后》中说:

> 余少喜临川新法之新,而老同涑水迂叟之迂。盖验以人心之厚薄,民生之荣悴,则知五十年来,如车轮之逆转,似有合于所谓退化论之说者。是以论学论治,迥异时流,而迫于事势,噤不得发。因读此传,略书数语,付稚女美延藏之。美延当知乃翁此时悲往事,思来者,其忧伤苦痛,不仅如陆务观所云,以元祐党家话贞元朝士之感已也。㉙

此文先述其祖陈宝箴、父陈三立在湖南"主变法"的"思想源流"(与康有为的思想不同),因而他亦受祖、父熏陶,接受变法思想,此即"余少喜临川(王安石)新法之新"之谓;而晚年历经世变,又认同于司马光之"迂"。此一"迂"字,从政治思想派别的角度,殆指变法派中之稳健派而言,其《王观堂先生挽词》中有云"当日英贤谁北斗,南皮太保方迂叟",张之洞亦号迂叟,盖在改良派心目中不免被视为迂阔保守,因而自比司马光;而在陈氏看来,张氏则是当时政坛之英杰。而从政治气节的角度,"迂"则是指士大夫的关怀时局、勇于任事的历史责任感和坚韧不拔、不改初衷的政治品格。所谓"以元祐党家话贞元朝士",《挽词》亦有句云"元祐党家惭陆子"。蒋天枢先生据陈氏自述而笺注云:"《渭南集》书启有'以元祐之党家,话贞元之朝士。'又云:'哀元祐之党家,今其余几;数绍兴之朝士,久矣无多。'"陆游之祖陆佃,原是王安石门人,后又为司马光之党,名列元祐党人碑,故陆游自称"元祐党家"。"贞元朝士",见《容斋四笔》卷十四"贞元朝士"条:刘禹锡有《听旧宫人穆氏唱歌》诗云:"休唱贞元供奉曲,当时朝士已无多",因"刘在贞元任郎官、御史,后二纪方再入朝,故有是语"。后宋人汪藻作《宣州谢上表》有句云"新建武之官仪,不图重见;数贞元之朝士,今已无多",即用此典。洪迈本人也"尝四用之"。㉚ 因此"贞元朝士"云云原是刘禹锡对当日同具变法改革倾向之人士的怀念,经过宋代汪藻、洪迈、陆游等的反复引用,此词已被赋予了"志士仁人"之类的特定内涵。而在陈寅恪及其父辈的诗笔下,更成为

㉙ 《寒柳堂集》,第150页。
㉚ 《容斋随笔》,第779页,上海古籍出版社1978年版。

献身革新弊政、壮志未酬而又志节自守的悲剧性政治人格的象征。如陈三立《集利涉桥水亭二首》其一："贞元朝士还相见,为汝闻歌泣数行"[31],《吴颖涵老人属题独坐图》："儿时亦托升平世,应话贞元泪眼枯"[32],沈曾植《失题》："高斋下直初阳满,默记贞元本事诗"[33],均其例。陈寅恪在《丁酉上巳前二日广州京剧团及票友来校清唱即赋三绝句》其三中,也有"贞元朝士曾陪座,一梦华胥四十秋"之句,上句"贞元朝士"云云,指他曾在四十余年前陪同前辈老人观看谭鑫培演出之事;至于他另一首《〈广雅堂诗集〉有咏海王村句云:'曾闻醉汉称祥瑞,何况千秋翰墨林。'昨闻客言:琉璃厂书肆之业旧书者,悉改业新书矣》："迁叟当年感慨深,贞元醉汉托微吟"[34],则借此典而别抒怀抱了。要之,"司马迁叟""元祐党家""贞元朝士"一再在陈寅恪的著作中出现,伴随着他俯仰古今、刻骨铭心的深沉感喟,其意义最终指向于士子立身之大节。砥砺名节,不只是士大夫个人的操守问题,而往往与时局、学术相关联,他对清末士大夫清流、浊流之分野的重视,也透露出其中的消息。换言之,中国传统文化的起衰继绝、重铸辉煌,独立自由的学术精神的坚持,士子名节的崇奉,实乃三位一体,密不可分的。

三

陈寅恪对宋代文化的推崇并非一时的偶然兴发。早在1919年留学美国哈佛时,他就驳斥过认为宋代是"衰世"的看法。他说："宋、元之学问、文艺均大盛,而以朱子集其大成。朱子之在中国,犹西洋中世之阿奎纳,其功至不可没。而今人以宋、元为衰世,学术文章,卑劣不足道者,则实大误也。"[35]这或许是他宋代观的最早材料。嗣后,随着世事沧桑、社会观念的变更,他的宋代观日益丰富和发展,但这个"学问、文艺均大盛"的基本估价没有改变。同时,他的宋代观的

---

[31]《散原精舍诗》卷上,第10页,清宣统元年石印本。
[32]《散原精舍诗续集》卷上,第49页,商务印书馆版。
[33] 陈衍:《近代诗钞》第十二册,《沈曾植》,第17页,商务印书馆1923年版。
[34] 两诗见《寒柳堂集·寅恪先生诗存》,第31—32、55页。
[35]《吴宓日记》第二册,第102—103页,三联书店1998年版。

丰富发展又是与整个学术背景、思想潮流息息相关,他的极富个性特色的史学研究并不仅仅是他个人的,而总是或此或彼地反映着学术研究的信息和动向。

陈寅恪曾明确提及,他的宋代观乃是"此为世人所共知"的[36]。在这"世人"中,首先而且最为重要的一人应是与他"风义平生师友间"的王国维。王氏在《宋代之金石学》中列举了宋代在文化创造上的种种骄人的业绩,然后写道:"故天水一朝人智之活动与文化之多方面,前之汉唐,后之元明,皆所不逮也。"[37]陈、王同是当年清华研究院的导师,两人相知契深,世所共知。我们今天很难探明他们当年在清华工字厅"回思寒夜话明昌"的内容,但在话及"清朝旧事"之余,论到宋代文化当是应有之义,否则两人推崇宋代文化的语气不会如此一致:王氏的"前之汉唐,后之元明,皆所不逮",与陈氏的"造极于赵宋之世",都是同一的"集大成""顶峰"的含义。其实他们这种推崇有着更深广的学术背景。清代的整个学术史,由清初的兼采汉宋,至乾隆以后的独尊汉学,降至嘉道以还,则"不特知汉宋之别,且皆知今古文之分"[38]。在清代的汉学宋学之争中,王国维、陈寅恪独立学林,巍然一家,不为某宗某派所羁束,而是寻求汉学宋学在中外文化撞击背景下的新结合。陈三立《抱冰宫保七十赐寿诗》中,颂赞张之洞"其学浑无涯,百家撷精英。夐综汉宋说,抉剔益证明"。[39]"夐综汉宋",既是对张的褒扬,实亦表明他自己的学术追求。在汉学整体上占优势的清代(著名的《四库全书总目提要》即崇汉黜宋),"综合汉宋"这一说法的学术实质,就不能不是对汉学末流的矫正,而与主宋一派有着某种学术渊源。与陈三立声气相通的沈曾植,亦曾受聘于张之洞,主讲武昌两湖书院史席;而陈寅恪又推许他为"近世通儒"[40],沈氏之学世人均评为"综贯汉宋",殆即"通"之一端。另外沈曾植、陈寅恪在元蒙史、西北舆地史等领域中皆有同好,陈氏且采纳并发挥沈氏以"科举""门第"划分唐代"牛李"两党的观点。至于王国维,则奉沈氏为师。从以上诸人的学术因缘,不难了解他们具有共同学术旨趣的原因。如果从诗学领域来看,情形更为明显。

---

[36] 《邓广铭宋史职官志考证序》,《二编》,第 245 页。
[37] 《王国维遗书》第五册《静安文集续编》,第 70 页,上海书店 1983 年版。
[38] 皮锡瑞:《经学历史》,第 341 页,中华书局 1959 年版。
[39] 《散原精舍诗》卷下,第 19 页,清宣统元年石印本。
[40] 《唐代政治史述论稿》,第 86 页,三联书店 1956 年版。

沈曾植在诗学上创"三关"之说（元嘉、元和、元祐），标举学人之诗；陈三立乃著名的宋诗派"同光体"的领袖；陈寅恪本人的诗歌创作"出入唐宋，寄托遥深，尤其于宋诗致力甚久。家学固如是也。尝教人读宋诗以药庸俗之弊，其旨可见"[41]。由此可见，陈氏的宋代观的形成，糅合着家学渊源和当时的学术环境这两层因素。

从国际汉学背景上看，陈寅恪的宋代观与日本"支那学"创始人之一内藤虎次郎（1866—1934）的观点有关。内藤氏早在1922年发表的《概括的唐宋时代观》中指出："唐和宋在文化的性质上有显著差异：唐代是中世的结束，而宋代则是近世的开始"，"中世和近世的文化状态，究竟有什么不同？从政治上来说，在于贵族政治的式微和君主独裁的出现"，"总而言之，中国中世和近世的大转变出现在唐宋之际，是读史者应该特别注意的地方。"[42]陈氏和内藤氏一样，都是把"文化性质""文化状态"作为判断历史发展特征和阶段性的准则，而且内藤氏着眼于"从政治上来说"，也相当于陈氏常用的"依托"说，即文化必须"依托"于制度而存在。陈氏虽未采用"中世""近世"之说，但认为唐宋两代文化状态有巨大差异，则是一致的。他在论及日本所受中国文化影响时说过："考吾国社会风习……唐宋两代实有不同"，"其（日本）所受影响最深者，多为华夏唐代文化。故其社会风俗与中国今日社会风气经受宋以后文化之影响者，自有差别。"[43]更指明当代中国与宋代在"社会风俗"上有着更广泛、更深层次的联结。

至于陈氏是否读过内藤氏此文，现已无资料查证；但他看过内藤氏的《蒙古开国之传说》则是可以断言的，因陈氏的《彰所知论与蒙古源流》（1931年4月）一文中曾引用过。《蒙古开国之传说》原载于1913年《艺文》第4年第12号，但陈氏所见者为1929年日本弘文堂出版的内藤氏史论集《读史丛录》；《概括的唐宋时代观》是内藤氏的一篇影响极其广泛的著名论文，初刊于1922年《历史与地理》9卷5号，后收入内藤氏的另一史论集《东洋文化史研究》，此集与《读史丛

---

[41] 蒋天枢先生语，见《陈寅恪先生编年事辑》（增订本），第189页，上海古籍出版社1997年版。"尝教人读宋诗以药庸俗之弊"，参看《吴宓与陈寅恪》（清华大学出版社1992年版）第71页记吴宓于1928年6月作《落花诗》八首送陈氏指正。陈氏认为"略有数字微伤不雅"，"大约作诗能免滑字最难。若欲矫此病，宋人诗不可不留意。因宋人学唐，与吾人学昔人诗，均同一经验。故有可取法之处。"他把宋诗可药庸滑问题，又与宋人学唐而化唐的"经验"联系起来考察，尤可注意。

[42] 刘俊文主编《日本学者研究中国史论著选译》第1卷，第10页，中华书局1992年版。

[43] 《元白诗笺证稿》第二章《琵琶行》，第52页，中华书局1959年版。

录》是前后相衔的。种种迹象表明陈寅恪极有可能看过《概括的唐宋时代观》一文。其实陈寅恪对内藤氏的了解并不仅止于一两篇论文,他在《王观堂先生挽词》中称"东国儒英谁地主,藤田狩野内藤虎",蒋天枢先生据陈氏自述笺注云:此三位"东国儒英",藤田丰八列首,乃因王国维曾向其受学日文,"至于内藤虎列第三,则以虎字为韵脚之故,其实此三人中内藤虎之学最优也。"[44]可见他对内藤氏学术研究的整体成就评价甚高。更要指出的是,这种评价并不是对日本的中国史研究状况未曾深入了解的率意之语。陈寅恪对东邻的史学界,特别是以中国史为主要研究对象的"东洋史"学界知之甚稔,曾批评道:"东京帝大一派,西学略佳,中文太差;西京一派,看中国史料能力较佳。"[45]这一批评被日本学者称为"符合实情"[46]。不过他又认为:"东洲邻国以三十年来学术锐进之故,其关于吾国历史之著作,非复国人所能追步。"[47]那么,陈氏对其中"最优"的"内藤虎之学"有所吸收也是顺理成章之事。由此来看,内藤氏的宋代观对陈氏恐不无影响。

如果陈寅恪计划写作的《中国通史》能够成稿的话,宋代部分必定是最见精彩的篇章。但历史没有"如果",我们只能用爬梳、勾稽的办法,在他已有著述中寻绎其宋代观的大致轮廓。即使如此,我们也可初步感受到他对宋代文化本身的深刻洞察力,而他在思考历史时,总是凝聚着他对民族前途、文化发展和知识分子使命的热切关注。尤其是在新一轮的中外文化激烈撞击的背景下,中国传统文化的更新重建之路,更是他思考的出发点和归结点。他对宋代学术和宋学前途的充满信心的预测,能否实现,还有待于历史的证明,但他关于宋代的一系列思想,蕴含着一位杰出史学家深邃的历史智慧,因而仍保持其现实的意义。当前国内外兴起的关于"儒学与现代世界"的讨论,也可视为对他宋代观的某种回应。

【王水照　复旦大学中文系教授】
原文刊于《中国文化》2001年Z1期

---

[44] 两诗见《寒柳堂集·寅恪先生诗存》,第9页。
[45] 杨联陞:《陈寅恪先生隋唐史第一讲笔记》,台湾《传记文学》第16卷第3期,1970年3月。
[46] 池田温:《陈寅恪先生和日本》,《纪念陈寅恪教授国际学术讨论会文集》,第126页,中山大学出版社1989年版。
[47] 《吾国学术之现状及清华之职责》,《二编》,第317页。

一种文化史的批评

兼谈陈寅恪的古典文学研究

傅璇琮

【内容提要】本文指明,陈寅恪是历史上少有的既能潜心于学术研究而取得大成就,又具有博丽深邃的才情在文学创作上自树高格的一代大师。他在长期史学研究中总是未能忘情于文学的研究,特别是诗的研究。而作为一代学术大师,他有他的学术体系,这个体系,不妨称之为对历史演进所作的文化史的批评。文章分析了陈寅恪在魏晋南北朝及隋唐时期政治、思想、文学以及宗教、建筑等方面的论述,特别是引述了他对于元稹与《莺莺传》、沈约与道教信仰的研究,指出,对于陈寅恪来说,文化史批评不是一种偶然性与局部性,而是一种根本观点,那就是对历史、对社会采取文化的审视。他的研究使某一具体历史事件得到整体的呈现,使人们更易于接近它的本质。文中结论性的意见是:他是既把以往人类的创造作为自然的历史进程,加以科学的认知,而又要求对这种进程应该具备超越于狭隘功利是非的博大的胸怀,而加以了解,以最终达到人类对其自身创造的文明能有一种充满理性光辉的同情——这就是贯串在他大部分著作中的可以称之为文化史批评的学术体系。

一

陈寅恪先生是一位史学家,同时他对古典文学又有强烈的爱好。读他的全部著作,可以感受到冷静而理智的学术品格与内在的对人生的激情的融合。1953年秋他在广州,这时他早已年过花甲,又因为病目,读书写文十分艰辛,一次听人读清初钱塘才女陈端生所作的弹词体小说《再生缘》,不禁动隔代之悲,满含感情地写下了"高楼秋夜灯前泪,异代春闺梦里词"的诗句(诗见《论再生缘》,《寒柳堂集》,第77页)。他是执着于做学问的,在这首诗的末了,他不无自嘲但是坚定地表露心意:"文章我自甘沦落,不觅封侯但觅诗。"不论是他因世局的变化而被迫流徙,或暂时觅得一个安定的环境,他总以寒士自命。他晚年不无感伤地写了一篇赠序,自伤长期过着幽居的生活:"此岂寅恪少时所自待及异日他人望所予寅恪者哉?"但他仍然斩钉截铁地说:"默念平生固未尝侮食自矜,曲学阿世,似可告慰于友朋。"(《赠蒋秉南序》,《寒柳堂集》,第162页)他非常看不惯做学问上一种只求"速效"的"夸诞之人",他讽刺这种学风为"声誉既易致,而利禄亦随之"(《陈垣元西域人华化考序》,《金明馆丛稿初编》,第238页)。因此他在抗战时期为邓广铭先生的《宋史职官志考证》作序,极力赞扬邓先生摒弃世务,"庶几得专一于校史之工事",并且不无天真地说:"不屑同于假手功名之士,而能自致于不朽之域"(《金明馆丛稿二编》,第246页)。

在写"不觅封侯但觅诗"时,陈寅恪已经想要写《再生缘》的研究文章了。他是历史上少有的既能潜心于学术研究而取得大成就又具有博丽深邃的才情在文学创作上自树高格的一代大师。他在长期的史学研究中总是未能忘情于对文学的研究,特别是对诗的研究。抗战刚结束,他远涉重洋,漂泊万里,到英国医治眼疾,却未能治好,这个不幸的消息带给他的失望和打击是可以想见的,但这时那种学术上的渴求似乎却更为强烈了。他在《来英治目疾无效将返国写刻近撰元白诗》的七律中,自抒当时的心情:"余生所欠为何物,后世相知有别传";他要"归写香山新乐府"——这就是他于五十年代初初版,后又经他自己两次刊正而重印的《元白诗笺证稿》。他对白居易诗相当精熟,而且一直颇有感情,早年有好几篇史学论文中引用白诗来考证史事,这时在目疾医治无效的景况中又发愤写元白诗的专著。直到七十多岁,他在一首诗中,感慨时势和身世,曾有"十部儒流敢道贫"之叹,但还是寄情于白诗:"文章堆几书驴券,可有香山乐府新?"(《癸卯冬至日感赋》)

我这里引用这位史学家的一些抒情诗文来作为文章的开头,是想说明,我们面对的不是仅仅只在某一专题领域有其特长的学者,而在他的著作中,在它们的繁复征引和绵密演绎的深处,有着诗的才情的潜流,有着超越于史事证述的对人生、对社会的深刻思考。对于这样一位学者的认识,不是一次或一代人所能完成的。它们像世界上为数不多的文学作品和学术专著那样,我们每次阅读它们,都会发现一些过去没有觉察到的有意义的内容。笔者本人就有这样的体验:二十岁出头时第一次读《元白诗笺证稿》,为其中考证"七月七日长生殿,夜半无人私语时"的新鲜结论而得到年轻人那种单一的求知心理的满足。年纪稍大一些,在一种"左"的政治气氛中看到对这位学者的批判;自己在学问路途中偶有所获,也发现书中有些具体的材料和叙述上的疏失,于是就把这部《元白诗笺证稿》束之高阁了。过了二十余年,正如白居易所说的,"年齿渐长,阅事渐多",再来阅读这部书和陈寅恪的其他一些论著,竟然如读新著,恍然有从未寓目之感,感受到一种巨大的吸引,似乎读的不是多少带有艰涩的学术论著,而是有着一种强烈的艺术魅力的文学创作,使人得到欣悦的、难以忘怀的美的享受。

二

那么,陈寅恪著作的吸引力究竟在哪里呢?

过去有一种误解,就是只把陈寅恪看成为一个考据家。从这个角度来评论,带有褒义的,是赞许他详细地占有资料,并且提出在掌握资料上要争取"超过陈寅恪"(郭沫若《文史论集》,第15页);而带有贬义的,则认为他的史事考辨烦琐冗长,意义不大。

陈寅恪当然是强调原始资料的重要性,强调对资料和史事进行严密的考证的,但把陈寅恪的学问归结为考据,那只是看到它的极次要的部分。从考据和资料上超过陈寅恪,应当说并不十分困难,他自己也说过:"夫考证之业,譬诸积薪,后来者居上,自无胶守所见,一成不变之理。"(《三论李唐氏族问题》,《金明馆丛稿二编》,第304页)在陈寅恪之后,无论是史学还是古典文学研究,都有一些论著,在材料考证和具体史事的辨析中对他的著作有所修正。科学研究是不断深化、不断发展的认识运动。科学史的实例证明,没有一个大师的学说是不可突破的。新材料的补充和发现,新学说的提出和建立,构成学说发展的最根本的内容。陈寅恪难于超越之处,是他的通识,或用他的话来说,是学术上的一种"理性"(《王静安先生遗书序》,《金明馆丛稿二编》,第218页)。这就是经过他的引证和考析,各个看来零散的部分综合到一个新的整体中,达到一种完全崭新的整体的认识。在唐代诗歌与唐代佛教的比较研究中取得卓越成就的复旦大学陈允吉同志,曾称誉陈寅恪的《论韩愈》一文是迄今韩愈研究中写得最好的一篇文章,他从而论述道:"陈寅恪先生的治学特点,主要表现在他具有过人的远见卓识,至于在细密的资料考证方面,倒并不是他最注意的。因此他所提出的一些新见解,往往带有某种预见或推导的成分,需要后人根据他提供的线索去发掘、研究有关史料,才能得到实际的证明。"(《韩愈的诗与佛经偈颂》,载所著《唐音佛教辨思录》)这段话实在说得非常好,他准确地说出了对陈寅恪的学问真正有所认识的人的共同体验。

陈寅恪有几处提到过去一些史家只注意史料的排比和简单的归纳,而未能从这些排比和归纳中揭示出历史运动的一般意义。清代史评家赵翼在《廿二史札记》卷十二《江左世族无功臣》一节中掇拾了南朝时期从武功出身位至重臣大将的材料,陈寅恪在《魏书司马睿传江东民族条释证及推论》一文中提到了它,说:"赵氏此条却暗示南朝政治史及社会史中一大问题,惜赵氏未能阐发其义,即江左历朝皇室及武装统治阶级转移演变之倾向是也。"(《金明馆丛稿初编》,第94页)他在这篇文章中,从赵翼提供的线索,论证了流徙于江东的中原大族如何一步步腐化,江南一带的寒族甚至少数族的领袖如何在军事斗争中一步步获胜而进入统治阶级的上层,江南的政权构成又怎样发生新的变化。陈寅恪将这些历史现象提高到政治史和社会史来把握,这就好像一下子把灯点亮了,原来多少还带有朦胧不清的这时都看得清清楚楚。这也就是他所说的,对历史的认识要摆脱"时间空间之限制",达到"总汇贯通,了解其先后因果之关系"(《论隋末唐初的所谓山东豪杰》,《金明馆丛稿初编》,第231页)。

又如他注意到白居易诗文中多讲到居官时的俸料钱问题。经过细致的搜讨和分析,他发现,凡是中央政府官吏的俸料,史籍所载与白居易诗文所记的无不相合,独至地方官吏,则史籍所载与白氏所记多不相合,而白氏诗文所记的额数,都较史籍的为多,由此他推断说:"据此可以推知唐代中晚以后,地方官吏除法定俸料之外,其他不载于法命,而可以认为正常之收入者,为数远在中央官吏之上。"(《元白诗中俸料钱问题》,《金明馆丛稿二编》,第69页)他在这篇文章中说,关于白居易诗中屡次谈到俸料问题,不是他的首次发现,南宋人洪迈在《容斋五笔》卷八中已经提出来了。但他说:"本文材料虽亦承用洪氏之书,然洪氏《随笔》之旨趣在记述白公之'立身廉清,家无余积',本文则在考释唐代京官外官俸料不同之问题,及证明肃代以后,内轻外重与社会经济之情势,故所论与之迥别。"同样的材料,八百年前的史学家只从个人的道德修养着眼,赞美白居易作为一名朝廷官员的清廉,而陈寅恪却抓住了中晚唐的社会经济情势,并且还联系诗人杜牧等的仕历,把问题提到"中晚唐士大夫共同之心理及环境"。这就是说,中晚唐时期,由于内轻外重的经济情势,造成京朝官与地方官俸料收入的不等,而这种实际经济利益的差异,就形成士大夫的某种共同心理与立身处世的准则。陈寅恪有一种本领,他能够利用并不很多的常见材料,或者就用前人提供的线索,然后如禅宗那样地直指本性,一下子把具体材料提到历史发展普遍性的高度。他的这种提高或引申,当然并不都很准确,但你在沿着他的思路探寻时,拨开史料的丛林,穿过弯曲的溪流,你好像忽然来到一个山口,面对眼前展现的一片平芜,会有一种豁然开朗的美感。他的著作吸引人的地方就在这里。

陈寅恪还有一段非常精彩的话,但常常被人所忽视。这段话是:

> 凡著中国古代哲学史者,其对于古人之学说,应具了解之同情,方可下笔。盖古人著书立说,皆有所为而发。故其所处之环境,所受之背景,非完全明了,则其学说不易评论,而古代哲学家去今数千年,其时代之真相,极难推知。吾人今日可依据之材料,仅为当时所遗存最小之一部,欲借此残余断片,以窥测其全部结构,必须备艺术家欣赏古代绘画雕刻之眼光及精神,然后古人立说之用意与对象,始可以真了解。所谓了解者,必神游冥想,与立说之古人,处于同一境界,而对于其持论所以不得不如是之苦心孤诣,表一

种之同情,始能批评其学说之是非得失,而无隔阂肤廓之论。

这是《冯友兰中国哲学史上册审查报告》中的话(《金明馆丛稿二编》,第247页)。可能因为讲的是哲学史,史学研究者就未加注意,而研究哲学史的又可能由于陈寅恪是史学家,因而也未加细究了。过去在有关论述陈寅恪的文章中是很少引到这段话的。这段话的要点,在于对古人的学说,或推而广之对古人的生活、思想、感情及其所处的环境,要有一种"了解之同情"。一般来说,了解属于科学认识的范围,同情则属于感情的范围,陈寅恪把这两者结合起来,把了解作为同情的前提,同情作为了解的趋向,因而达到一个新的观念。他提到对古人的思想,要有艺术家欣赏绘画雕刻的眼光与精神,这在今天看来也是很新鲜的。对这点他虽然没有展开来论述,但可以看出,他是既把以往人类的创造作为自然的历史进程,加以科学的认知,而又要求对这种进程应该具备超越于狭隘功利是非的博大的胸怀,而加以了解,以最终达到人类对其自身创造的文明能有一种充满理性光辉的同情。——这,就是贯串在他大部分著作中的可以称为文化史批评的学术体系。

三

陈寅恪有没有学术体系,论者不一,有的说有,有的说没有。说没有的并未加以申述,可以不论,说有的,就笔者所接触到的研究论文来看,似乎大多数是唐史学者,他们往往把陈寅恪所提出的"关中本位政策"作为他论述北朝至唐前期史事的支撑点,也就是把这一具体论点作为他的体系来看待的。

"关中本位政策"确是陈寅恪的一个重要学说观点,他认为北魏末期宇文泰在关陇地区(相当于现在陕西关中和甘肃东部一带)建立的北周政权,是由鲜卑族人为主体的胡汉集团所构成,李渊李世民父子代替隋朝建立唐朝,仍然继承宇文泰的"关中本位政策",以与山东士族为代表的高门贵族相抗衡,这个关中本位政策后来被武则天的一系列用人政策所打破,到唐玄宗以后,关陇、山东两大势力集团又转化为外廷士大夫两个党派的斗争(即所谓牛李党争)。他企图以关陇集团的兴衰和分化为主轴线来说明北朝后期至隋唐数百年间历史演变的原因。

　　陈寅恪的这个观点对于隋唐史的研究有着深刻的影响,不少历史学著作或明或暗地沿用他的说法。但把它说成是他的整个学术体系,则不免以偏概全。陈寅恪的治学范围是很广的,除隋唐史以外,他还研究魏晋南北朝史、蒙古史、西域民族史,除历史学外,还研究佛学、文学、语言学等,显然,"关中本位政策"这一具体论点并不能普遍地来说明他所涉猎的这些学术领域。而且,如果我们仔细地研究"关中本位政策"的内容,就不难发现它所包蕴的更深一层的含义。关于这一点,他在其专著《隋唐制度渊源略论稿》中有所阐释。他认为,宇文泰凭借原属北魏的六镇一小部分武力,西取关陇,建立北周政权,与山东、江左鼎立而三。但这时,以物质而论,其人力物力远不及高欢北齐所统辖的境域,以文化而言,则魏孝文帝以来的洛阳及继承洛阳的北齐邺都,其典章制度,实非历经战乱而致荒残僻陋的关陇所可并比,至于江左,虽然武力较弱,却以华夏文化正统自居,而且梁武帝时正是江南政治相对稳定,经济文化较为发达时期。在做了这样比较后,陈寅恪提出:"故宇文苟欲抗衡高氏及萧梁,除整军务农、力图富强等充实物质之政策外,必应别有精神上独立有自成一系统之文化政策,其作用既能文饰辅助其物质即整军务农政策之进行,更可以维系其关陇辖境以内之胡汉诸族之人心,使其融合成为一家,以关陇地域为本位之坚强团体"(《略论稿》三《职官》)。从这一表述中,我们可以看到,他所指的"关中本位政策"实际上是一种文化政策,因此他在另一处即称之为"关陇文化本位之政策"。他认为北周政权的成功,就是由于它的文化政策的成功,陈寅恪把这称之为"维系人心之政策"。由此可见,他提出"关中本位政策",其着眼点是在文化。他曾谈过自己治学的趋向,说"寅恪不敢观三代两汉之书,而喜谈中古以降民族文化之史"(《陈垣元西域人华化考序》,《金明馆丛稿二编》,第239页)。在《隋唐制度渊源略论稿》和《唐代政治史述论稿》中,都反复强调种族和文化问题是研究中古史最重要的关键。而种族与文化二者相比较,文化则带有更为本质的属性。他论述了北朝的用人政策,以及当时音乐、建筑等艺术样式所包含的不同民族风格的融合,大胆地提出:"汉人与胡人之分别,在北朝时代文化较血统尤为重要。凡汉化之人即目为汉人,胡化之人即目为胡人,其血统如何,在所不论。"(《述论稿》,第16页)他详细考析了北魏时洛阳城的建筑,认为后来高齐修建邺都,隋杨之修大兴也即唐之长安城,都直接受到北魏洛都的影响,而设计邺都的高隆之为汉人,设计大兴城的宇文恺为胡族,"种族纵殊,性质或别,但同为北魏洛都文化系统之继承人及模拟者,则无少异"。由此他再次申论:"总而言之,全部北朝史中凡关于胡汉之问题,实一胡化汉化之问题,而非胡种汉种之问题,当时之所谓胡人汉人,大抵以胡化汉化而不以胡种汉种为分别,即文化之关系较重而种族之关系较轻"(《略论稿》,第71页)。而且这种情况不仅是北朝,南朝也是那样,他在《魏书司马叡传江东民族条释证及推论》中说:"寅恪尝于拙著《隋唐制度渊源略论稿》及《唐代政治史述论稿》中,详论北朝汉人与胡人之分别在文化,而不在种族。兹论南朝民族问题,犹斯旨也。"(《金明馆丛稿初编》,第106页)可见,他是认为种族或民族的问题实际上是文化问题,并以此来考察多民族杂处的历史时期所发生的社会现象的。有些西方理论家认为东西方制度的不同,最根本即在于文化。文化在历史发展中地位的重要性,已成为东西方学者的共识。

陈寅恪很自信地说,研究中古史,"若不明乎此(按即种族与文化的关系),必致无谓之纠纷"(《述论稿》,第18页)。南北朝与隋唐时期,中国境内各民族的迁徙、冲突、交往十分频繁而且复杂,这是华夏各族大融合的时期,连续数百年的绚烂多彩的文化正是在空前规模的民族大融合的洪炉中熔制而成的。但由于多种民族杂处,又由于几个对立的政权并存,过去的文献中往往强调民族的区别,而没有真正认识在民族融合这一大变动时代文化是怎样起着重大的催化剂的作用。陈寅恪正是抓住文化这一环,使得许多纠缠不清的问题有了清晰的脉络。唐代的统一结束了长期南北分裂的局面,我国各民族的交往和融合也进入了一个新时期,以汉文化为主导,吸取其他民族的优长,使唐文化成为当时世界文化的高峰。这一点在向达先生的《唐代长安与西域文明》中曾有生动的描述。唐代的不少作家虽然冠以汉姓,但其先世实出于其他民族,我们对此可以做必要的探讨,但不必过多地着眼于此。陈寅恪在《元白诗笺证稿》中就明确地指出"而依吾国中古史种族之分,多系于其人所受之文化,而不在其所承之血统之事例言之","故谓元微之出于鲜卑,白乐天出于西域,固非妄说,却为赘论也"(第308页)。我们前几年有时对某些唐代诗人的先世、出生地作过多的考索,而对他们所承受的文化却注意不够,陈寅恪的这一论述对我们研究唐代的作家是很有启发的。

笔者认为,作为一代史学大师,陈寅恪是有他的学术体系的,这个体系,不妨称之为对历史演进所作的文化史的批评。无论是他的中国中古史的研究、宗教史的研究、语言学的研究,以及古典文学的研究,在根本观点上,无不与他的这种文化史批评相联系。语言学中的音韵问题,应当说是非常专门的学问,而他在《东晋南朝之吴语》和《从史实论切韵》(载《金明馆丛稿》初编、二编)中,就通过一系列语言现象论证了北方侨姓移居南方后南北文化的交流。他早年所写的宗教史名篇《天师道与滨海地域之关系》(《金明馆丛稿初编》),详细考证了东南沿海流行的天师道,怎样由民间而进入上层士族社会,从而引起东晋南朝政治与文化一系列的变化。全文始终洋溢着文化史批评的意绪。在这篇长文的末尾,作者似乎还意兴犹浓,由东西晋南北朝天师道为某些士大夫家世相传的宗教信仰,注意到书法也为同一时期相同家族家世相传的艺术,如北魏的崔浩一门,东晋的王羲之、王献之父子,因而论述"艺术之发展多受宗教之影响,而宗教之传播,亦多倚艺术为资用"。又进而推论"治吾国佛教艺术史者类能言佛陀之宗教与建筑雕塑绘画等艺术之关系,独于天师道与书法二者互相利用之史实,似尚未有注意及此者"。尤其令人感兴趣的,在这篇文章中,还由于天师道多起于滨海地域,而推论这种宗教思想可能受到某种外来的影响,又进一步引申,说两种不同民族的接触,"其关于文化方面者,则多在交通便利之点,即海滨港湾之地","海滨为不同文化接触最先之地,中外古今史中其例颇多"。前面说过,陈寅恪的不少论点多带有预测性和推导性,但由于他有深厚的文化素养作底子,这种预测性和推导性往往蕴含合理的因素,其中某些深刻的见解又常能引发新的课题的开拓。他在这里提出中国历史上滨海地区与外来文化交往接触的关系,在当时是空谷足音,到现在也还值得我们思考。

对于陈寅恪来说,文化史批评不是带有偶然性和局部性,而是一种根本观点,那就是对历史、对社会采取文化的审视,他的研究使某一具体历史时期在文化的整体及其运动中得到更为全面的呈现,使人们更易接近于它的本质。在研究方法中,最近几年有宏观与微观的讨论,有一种相当流行的提法,那就是宏观要建筑在微观的基础上,微观要在宏观的指导下,作为二者关系的正确叙述。有些文章还引用陈寅恪的著作作为例子,说陈寅恪的一些带有客观性质的论点就是建立在对许多细微考证的基础上的。关于宏观和微观,牵涉的问题很多,本文不想多谈,但以陈寅恪为例,笔者倒是认为,与其说宏观建筑在微观的基础上,毋宁说是建筑在理论的基础上,没有理论的支撑,也就没有宏观,没有文化史批评,也就没有陈寅恪在多种学术领域所做出的远见卓识。宏观与微观互有关联,但没有必然联系。如果要求陈寅恪对他所涉及的每一问题的细枝末节都考证得详尽无遗,再来建立起他的理论,那就不可能有陈寅恪了。在唐史的范围内,具体史事的考证,众多材料的掌握,超过陈寅恪的不是没有,陈寅恪却在总体上优越于他们,就因为他有涵盖面广得多的理论体系。他的文化史批评,虽然在某些具体材料考证上还不够精细,甚而或有疏失,但并不妨碍它作为一种历史理论,在近现代历史学和文化学上占有重要的一席。

四

严格说来,陈寅恪并没有关于文学的专门论著,他后期所撰的《元白诗笺证稿》《论再生缘》《柳如是别传》,虽然所论多为文人和文学作品,但往往从史的角度考析文学家的生平行事和作品所包含的历史内容,也就是一些研究者所说的以诗证史和以史证诗。这方面影响较大,且较有代表性的是《元白诗笺证稿》,它被称为史文结合的著作。应当说,所谓以诗证史和以史证诗,在陈寅恪论杜甫、庾信等单篇文章中也已运用,不过在《元白诗笺证稿》中用得更为普遍。研究者把这两个"证"作为陈寅恪的独创,评价很高,实际上并没有认识这部《笺证稿》的真正的价值。所谓以诗证史,不过是章学诚"六经皆史"的补充,而以史证诗,则是宋以来就为人所沿用的传统方法,清人在这方面已做出了不少成绩(钱谦益注杜诗就以此为特色),真正能够体现《元白诗笺证稿》的价值的,就是书中所表现的陈寅恪的文化史批评的基本思想,这也是他对于我国古典文学研究所作的不可忽视的理论上的贡献。

陈寅恪有个基本观念,就是首先要从大的文化背景来考察社会人的行为,包括他们的文学创作。他以元稹的艳诗和悼亡诗作例子,说:"夫此两类诗本为男女夫妇而作,故于(一)当日社会风习道德观念,(二)微之本身及其家族在当日社会中所处之地位,(三)当日风习道德二事影响及于微之之行为者,必先明其梗概,然后始可了解。"这就是说,对于艳诗、悼亡诗所表现的男女之间的感情,不能仅仅用诗的本身来说明,也不应简单地以抽象的道德观念来评判,而应该考虑到一个历史时代的整个社会观念,以及这些观念对不同出身、不同处境的作家所产生的不同影响。他在另一篇文章中谈到欧阳修撰写《新五代史》,欧阳修为了表示他对五代藩将跋扈的愤慨,特立"义儿传"一门,"然所论仅限于天性、人伦、情谊、礼法之范围,而未知五代义儿之制,如后唐义儿军之类,实源出于胡人部落之俗,盖与唐代之蕃将同一渊源者"。史学家应当客观地考察史事本身的原委,而不应仅限于天性、人伦等的道德观念,因为这并不能够提供更多的对历史本身的认识。因此他批评欧阳修:"若专就道德观点立言,而不涉及史事,似犹不免未达一间也"(《论唐代之蕃将与蕃兵》,《金明馆丛稿初编》,第276页)。

特别能表现他的文化史批评精神的,是他在《元白诗笺证稿》中关于元稹《莺莺传》的论析。《莺莺传》是唐人传奇中的名篇,写张生与崔莺莺在蒲州普救寺的欢会,后来张生赴长安应试,遂与莺莺离绝。张生不但对莺莺始乱之,终弃之,而且在友朋宴谈之际,还用所谓"忍情说"为自己辩护。对于这篇传奇的思想倾向,历来是有争论的,而争论多立足于道德的评判。作品中的张生是否就是元稹本人,也说法不一,从陈寅恪起,当代学者如孙望先生(见所著《蜗叟杂著》)等,多倾向于这篇《莺莺传》带有很大成分的自叙性质。当然也有不同看法,有的论著批评《元白诗笺证稿》中把文学形象张生与历史人物元稹混同起来。这些问题当然还可继续讨论。不过我认为,首先值得我们注意的,是陈寅恪观察这个问题的角度,这就是他的文化史批评的角度。正因为他从大的文化环境来看待作品中的男女关系,就使我们的认识超出单纯道德的评判,由简单的行为谴责而进入到对那个时期一代知识分子心理的审视。

陈寅恪对这篇作品的分析，一开始即采取他通常的论述方法，就是不作繁细的考证，而是抓住主要的环节，加以推论或引申，并以此作为以后一系列论证的前提。《莺莺传》一名《会真记》，会真一词也见于传中张生所赋及元稹所续《会真诗》。然后考论真字与仙字同义，唐代习称，"会真"即是遇仙或游仙，仙字在这里多用作妖艳妇人，或风流放诞的女道士的代称，甚至有以仙字称呼倡伎的。他即由此推断崔莺莺绝非出于高门。以此作为前提，论证道：

> 若莺莺果出高门甲族，则微之无事更婚韦氏。惟其非名家之女，舍之而别娶，乃可见谅于时人。盖唐代社会承南北朝之旧俗，通以二事评量人品之高下。此二事，一曰婚，二曰宦。凡婚而不娶名家女，与仕而不由清官者，俱为社会所不齿。……但明乎此，则微之所以作《莺莺传》，直叙其自身始乱之终弃之事迹，绝不为之少惭，或略讳者，即职是故也。其友人杨巨源李绅白居易亦知之，而不以为非者，舍弃寒女，而别婚高门，当日社会所公认之正当行为也。

显然，这里并不把始乱终弃单纯看作张生或元稹个人的道德问题。陈寅恪单刀直入地提出，如果这在当时认为是应该谴责的，那么元稹的友人，像杨巨源、李绅、白居易等世称文雅知名之士，为什么并不以为非呢？杨巨源的诗："清润潘郎玉不如，中庭蕙草雪销初。风流才子多春思，肠断萧娘一纸书。"李绅诗："伯劳飞迟燕飞疾，垂杨绽金花笑日。绿窗娇女字莺莺，金雀娅鬟年十七。黄姑上天阿母在，寂寞霜姿素莲质。门掩重关萧寺中，芳草花时不曾出。"他们的诗都对莺莺表示同情，但毫无一字触及张生对莺莺的离异，更谈不上谴责，他们只把张、崔的欢会看作风流才子与绿窗娇女的一场艳遇。与此同时，陈寅恪还对中晚唐时的文人集团做了历史的考察。随着科举制度的发展，由进士、明经科出身的人日益增多，特别是进士科，由于登第后能很快地得到升迁，更加成为士人追逐的目标。中唐以后，由于文化的普及，不仅中原及经济发达的江南地区，就是一些偏远地带，也有士人出来应考，而那时应考者的社会阶层又限制不严，使得出身于地主阶级下层或平民的知识分子大批涌现，并造成士人交往的频繁和思想的活跃,他们比较地不拘守于旧时的礼法,表现一定独立的思想。这些在我前几年写成出版的《唐代科举与文学》一书中有所论述。陈寅恪当然也注意到了士人的这些历史变化,他几次提到新兴词科出身阶级(层)。但他同时指出,这些进士词科出身、以文采自负的年轻士人,还不得不受到现实的社会关系以及与仕途密切相关的门第观念的约束。六朝以来的门第观念并不像有些历史书中描述的那样,经过太宗的《氏族志》和武则天的《姓氏录》而一扫干净。门第观念比起一些具体的制度来要强固得多。正是这一点造成了崔、张爱情的悲剧。但问题的深刻性又恰恰在于,无论是传奇中人物张生,或者元稹本人,以及与元稹一起来欣赏这个故事的杨巨源、李绅、白居易等人,并不把崔、张的结局看作悲剧。这些年轻文士们的行为已经打破旧日礼法的某些樊篱,他们想要尝试真正的爱情的欢乐,但他们的这种觉醒是如此的稚弱,以致一接触社会现实种种利害关系所结成的蛛网,就又马上"自觉地"向现实回归。陈寅恪正是由崔、张的爱情波折揭示出当时一批新兴知识分子思想上的深刻矛盾。他对元稹(张生)当然不无谴责之意,但这种谴责是在对一时代文人的社会观念裂变作整体考察之后的理性的批判,并非追究个人的道义的责任。

中晚唐时有不少作家,他们往往有一种爱情上的失落感。白居易早年有个出身平民的恋人,后来由于种种原因分离了,从此失散,未曾重逢,造成他感情上的沉重负担。李商隐有他所爱的女子,这女子由于生活环境的限制,不能与李商隐有正常的爱情的吐露,李商隐只得在"红楼隔望"的绝望心态中,带着"珠箔飘灯"的失意在风雨中离去。韩偓前期有他所爱的歌伎,歌伎的身份使她与韩偓可以在一段时期内有美好的相处,但社会动乱,韩偓终于流落到闽越海角,从此南北分离,韩偓只能唱出"此生终独宿,到死誓相寻"(《别绪》)的凄苦歌吟。这些并非个别的、孤立的现象。这时男女之间感情上的悲欢曲折与初盛唐时期显然不同。面对乎此,我们不是应该像陈寅恪那样,从大的文化背景来对他们作整体的考察,使我们的文学史研究有新的突破吗?

正由于陈寅恪所持的是文化史批评的观点,所以他对作家的言行往往能从多种角度进行思考。如他在一篇文章中说:"盖研究当时士大夫之言行出处者,必以详知其家世之姻族联系及宗教信仰二事为先决条件。"(《陶渊明之思想与清谈之关系》,《金明馆丛稿初编》,第 204 页)这是对着东晋南朝的具体环境说的。那时门阀统治盛行,与之联系的,士大夫的进退出处,最重要的是婚、宦二事;特别是婚姻,往往关系个人的社会地位及政治前途(可参见《文选》所载沈约《弹王源书》)。这点过去历史记载较多,而士大夫与宗教信仰的研究,则要算陈寅恪创获最多了。他关于道教史、佛教史的研究,往往联系着士大夫文人的信仰而进行的,而在这种研究中,又往往触及文士们思想深处的矛盾。如东西晋之间的天师道,作为道教的一支,其教义本来是极为粗浅也十分落后的,但这种愚昧地膜拜鬼神、祈求长生的主张恰正好投合当时日益腐化的上层贵族的需要。"东西晋南北朝时士大夫,其行事遵周孔之名教(如严避家讳等),言论演老庄之自然,玄儒文史之学着于外表,传于后世者,亦未尝不使人想慕其高风盛况,然一详考其内容,则多数之世家其安身立命之秘,遗家训子之传,实为惑世诬民之鬼道"(《天师道与滨海地域之关系》)。据陈寅恪研究,这种天师道又与当时的门第家族相连接,成为有些家族世代相传的宗教信仰,深刻地影响有些成员的思想。沈约就是典型的例子。

沈约是南朝著名的文学家。他历仕宋、齐、梁三代。他在齐时即受到宠遇,萧衍代齐,沈约又为之预作诏书。后来受到萧衍的猜忌,因语言得罪,恐惧而死。《梁书》和《南史》本传都记他临死前,"呼道士奏赤章于天,称禅代之事,不由己出"。陈寅恪在上述文章中考证了沈氏一门历世信奉天师道的事实,然后论道:"沈隐侯虽归命释迦,平生著述如《均圣论》……皆阐明佛教之义,迨其临终之际,仍用道家上章首过之法,然则家世信仰之至深且固,不易渐除,有如是哉。"接着又说:"明乎此义,始可与言吾国中古文化史也。"这种把沈约思想深处长期潜伏的道教信仰,在叙述其临死前的举动中揭示出来,并说明佛道两种思想对于南朝文士的交互影响,足以见出陈寅恪作为史学大师的功力。

古代的作家往往接受多方面的思想影响,在他们的言行中经常出现矛盾现象。笔者认为,陈寅恪是较早提出古代文士的内心世界充满矛盾对立的一位学者。他的评论给我们的启示,是他把这种矛盾对立放在社会的客观历史进程中来考察,指出这种矛盾着的内心世界并不能简单地归结为善或恶,是或非。譬如白居易六十三岁时所作的一首《思旧》诗,是回忆他的几位友人的:"退之服硫黄,一病讫不痊。微之炼秋石,未老身溘然。杜子得丹诀,终日断腥膻。崔君夸药力,经冬不衣绵。或疾或暴夭,悉不过中年。唯余不服食,老命反迟延。"清代的学者如钱大昕、方崧卿等人都一再辩称白诗中的退之并非韩愈,而是另一个其字也为退之的友人。陈寅恪则通过有关材料的考析,认为韩愈服食硫黄是有文献可据的,"诸人虽意在为贤者辩护,然其说实不能成立"。韩愈是以独尊儒学、排斥佛老自居的,但他却有服食硫黄以求长生的一面,这里就触及当时士大夫的一种生活情态,即追求声色之好,陈寅恪称之为"当时士大夫为声色所累,即自号超脱,亦终不能免"。他还举出张籍《祭退之》诗,诗中叙述韩愈病重,张籍前往探视,韩愈乃命两个侍女,弹琵琶与筝以娱客,"临风听繁丝,忽还闻再更"。陈寅恪说:"夫韩公病甚将死之时,尚不能全去声伎之乐,则平日于'园花巷柳'及'小园桃李'之流,自未能忘情。"这就是说,韩愈的这种声色之好,与他的服食硫黄,是他的追求感官享乐生活的组成部分,相互之间是完全合拍的,而这些又与他在《原道》《原性》中所表现的一副道貌岸然的样子形成强烈的反差,而这又恰好统一在韩愈这样有代表性的人物身上。

　　陈寅恪又进一步说:"明乎此,则不独昌黎之言行不符得以解释,而乐天之诗,数卷之中,互相矛盾,其故亦可了然矣。"按白居易有《同微之赠别郭虚舟练师五十韵》诗,作于他四十七岁被贬江州时(参见朱金城《白居易年谱》元和十三年条)。诗中写他曾听从一位姓郭的道士,搞过炼丹烧药的勾当。这首诗还具体描述了阴阳契合的"姹女丹砂"情形:"二物正欣合,厥状何怪奇。绸缪夫妇体,狎猎鱼龙姿",表现了令人难以置信的低级趣味。在他六十六岁时,又有《烧药不成命酒独醉》诗,说:"白发逢秋短,丹砂见火空。不能留姹女,争免作衰翁。"陈寅恪说:"自其题意观之,乐天是时殆犹烧药,盖年已六十六矣。然则其早年好尚,虽至晚岁终未免除,逮丹不成,遂感叹借酒自解耳。"可见他在中年以后二十年中始终留恋于烧药炼丹,但在另一首诗中说"唯余不服食,老命反迟延"(见上述《思旧》诗)。这倒并不是虚伪,这种内部性格的矛盾恰恰表现了"唐代士大夫阶级风习"。正好像白居易号称香山居士,晚年又自称笃信佛教,而平居总离不开年轻的侍女奉养,怪不得宋朝人叶梦得在《避暑录话》中不无讥刺地说:"然吾犹有微恨,似未能全忘声色杯酒之累。赏物太深,犹有待而后遣者,故小蛮樊素每见于歌咏。"叶梦得仍然从道德的角度作出品评,这是宋人思维的一个特色。而陈寅恪的高明之处,则是看到自相矛盾的性格差异,并不是个别现象,而是那一时代文人群体的一种共相。他把零散的材料统摄起来,综合到一个观念上,如我们前面提到过的他自己的话,像艺术家欣赏古代的绘画和雕刻,抱有了解的同情。这样就使我们的眼光不止触及社会的层面,而且还能深入到一代知识分子的内心世界,察觉他们的欢乐和痛苦,高尚和庸俗,超世和入时。这个时候,我们差不多已经忘记我们所读的,到底是史学著作还是文学作品了。陈寅恪用考证的方法审察了一些内部性格矛盾、精神世界分裂的上层士人,在他的笔下,这些人物并不使人觉得虚假或空幻,而是显得真实和丰富。他们在中唐社会的出现,是很值得注意的一种文化现象。可惜我们的历史学家和文学史家还没有从这个角度去作进一步的探索。陈寅恪能着力于此,表现了一种可贵的学术追求。

五

从文化史批评的角度来研究陈寅恪,可谈的还很多。譬如他曾以佛教唯识宗在中国传播为例子,论证了外来文化一定要适合本民族的传统特点;他考索了道教在其自身发展过程中怎样吸收其他宗教的长处,与之联系的,谈论了儒、佛、道三者发展中各自的特性;他在论武则天时的佛教,及明末云南等地的僧人生活时,论证了宗教与政治的关系;他考索了敦煌写本《心王投陀经》《法句经》为"伪经中之下品",而这两种经却为白居易、元稹所津津乐道,勾稽出当时所谓归心佛门的居士实际上是怎样的一种佛学修养;在论有宋一代的学术和王国维的成就时,又十分强调自由与理性对于学术发展有着怎样重要的意义;特别是本文还未曾涉及他晚年的一部大著作《柳如是别传》,他是抱着怎样的一种文化心态来估量知识分子的行为价值。

又譬如,我们一直把陈寅恪作为史学家来研究,但是否考虑过他的学术准备和学术经历是如何互相关联的呢? 陈寅恪幼年侍奉父兄,受中国的传统教育。

十三岁时东渡日本学习,除了中间有短暂的假期返国外,一直到十六岁。不久,二十岁时又赴德国,入柏林大学学习,后又入瑞士苏黎世大学。二十三岁回国,而二十四岁时已在法国就读于巴黎大学。二十六岁返国,三十岁到美国哈佛大学,三十二岁离美赴德,在柏林大学研究院,这样,直到三十六岁时受聘为清华大学国学研究院导师返国。如果从十三岁算起,到三十六岁,共二十四个年头,而他在日本、德国、瑞士、法国、美国等著名学府学习或研究,加起来有十七八年。这就是说,从少年起,经青年而步入中年,他的大部分时间是在资本主义文化为主体的社会度过的。而那时他所学的,并不是历史学,而是语言学。据同时代人回忆,他在欧美,除了学习欧洲一般语言以外,着重学习梵文、巴利文,以及蒙文、藏文、突厥文、西夏文、波斯文、土耳其文,回国后又学习满文。早年时期的语言研究,这种独特的学术准备给了他什么呢?当然,多种语言的学习和比较,是最容易倾向文化史研究的。语言不仅仅是思维交流的工具,它是人类文化的直接载体。接触语言就是接触文化。这或许是他后来在史学和文学研究中贯串文化史批评的触发剂吧,但具体又如何来说明呢?又譬如,据有些研究者说,他曾受到过德国著名历史学派兰克学派的影响。据他的姻亲暨同窗俞大维回忆,陈寅恪在欧洲确会受到德、法、俄等国学者的某些启发。但是陈寅恪在论著中却从未提到过他从西方学者那里接受过什么思想或论点。他的叙述方式,或者说他的学术风格,完全是"中土"式的。他似乎不屑于谈论西方的学术,而他的那种文化史批评又非国粹所固有,这样一种观念与表现的矛盾又如何来解释呢?果真是他自己所说的"寅恪平生为不古不今之学,思想囿于咸丰同治之世,议论近乎曾湘乡张南皮之间"吗?生活于二十世纪,实实在在地受到过现代西方文明的熏陶,却说自己的头脑还停留在十九世纪后期倡导"中学为体、西学为用"的时代,这是故甚其词,还是陈寅恪体系本身矛盾的反映?

　　以上这些,如果我们都要展开来议论,那就不啻要写一本厚厚的书了。本文的目的实在不是想要详细地讨论陈寅恪学术体系的本身,它实际上只有一个小的企图,这就是想对以往的陈寅恪研究提出一个问题。这个问题就是:能不能在已经谈论得很多的关于他的各种具体成就之余,对他的学术思想作一个总的把握?我们自己的学术思维能不能稍微超脱一下,从文化史的角度,来探索一下作为史学家的陈寅恪对人和人生（这个看来不属于历史而实为历史的主体）有怎样的一种思考，而这种思考又能给我们今天以什么？

一九八九年二月于北京

【傅璇琮　唐代文学专家，中华书局编审】
原文刊于《中国文化》1989年01期

傅斯年学术思想初探

雷 颐

傅斯年(1896—1950)是在五四新文化运动中涌上学术和政治舞台的。虽然以后在学界政界一直都颇活跃,但他始终坚持以学术为本,曾长期担任"中央研究院历史语言研究所"所长一职,对中国近代学术的发展,做出了重要贡献。

研究傅斯年的学术思想,无疑有助于我们对接受新文化运动洗礼的"一代新人"的精神深处进行更为深刻的历史透视,对中国近代学术精神的发展迁变,有着更为准确的历史把握。

一

1896年3月,傅斯年(字孟真)出生在山东聊城一个世家之中。其祖父为清咸丰辛酉拔贡,父亲为清光绪甲午顺天举人。从小,他就受到严格的传统文化训练,6岁即入私塾,到11岁,就已读毕十三经。这些,为他今后的学术研究,打下了一定的基础。

1905年科举制度的废除,终于改变了傅斯年走科举功名、仕途经济的传统道路。1908年冬,13岁的傅斯年随人前往风气日新的天津,后入府立中学,转而接受新式教育。对他来说,这无疑是个重要的转折。

1913年,他考入北京大学预科,又于1916年升入北京大学本科中国文学系(国文门)。这时,傅斯年便以国学根基的深厚博得其时正在北大任教的国学大师刘师培、黄侃等人的赞赏。而他本人,亦崇信章太炎的学说。据他的同学毛子水的看法:"他那时的志愿,实在是要通当时所谓'国学'的全体;惟以语言文字为读一切书的门径,所以托身中国文学系。"①但此时新文化运动正在风云聚汇,身处北京大学这一新文化中心的傅斯年,不能不受到新思潮的感染和影响。最终,他为胡适宣传的新思想所吸引。其时,归国未久的胡适以现代西方哲学来分析、归纳、整理中国传统思想,显示出令人耳目一新的现代意义,青年学子大都为之一震。顾颉刚回忆说:"傅斯年本是'中国文学系'的学生,黄侃教授的高足,而黄侃则是北大里有力的守旧派,一向为了'新青年'派提倡白话文而引起他的痛骂的,料想不到我竟把傅斯年引进了胡适的路子上去,后来竟办起'新潮'来,成为'新青年'的得力助手。"②

1918年夏,在新思潮的激荡之下,傅斯年约集北大20余位同学创办《新潮》杂志,与《新青年》一同呼喊"破旧立新"。在他起草的《"新潮"发刊旨趣书》这篇重要宣言中,对传统文化进行了猛烈的批判,把宣传、提倡新文化、新道德作为自己的责任。具体而言:"今日出版界之职务,莫先于唤起国人对于本国学术之自觉心。"为什么学术有着如此重要的作用呢?因为他认为:"群众对于学术无爱好心,其结果不特学术销沉而已,堕落民德为尤巨。不曾研诣学问之人恒昧于因果之关系,审理不了而后有苟且之行。"所以,"中国群德堕落,苟且之行遍于国中"的根本原因,"皆本于群众对于学术无爱好心"③。于是,只有对传统学术进行彻底的批判摧毁,才能为他所理想的新文化、新道德奠定基础。

因此,他在《新青年》上发表《中国学术思想界之基本误谬》一文,激烈地评述中国传统学术的七个"基本误谬":一、"以学为单位者至少,以人为单位者转多,前者谓之科学,后者谓之家学。"二、"不认个性之存在,而以为人奴隶为其神圣之天职。"三、"不认时间之存在,不察形势之转移。每立一说,必谓行于百世,

---

① 毛子水:《傅孟真先生传略》,《自由中国》,四卷一期。
② 顾颉刚:《我是怎样编写〈古史辨〉的?》上,《中国哲学》第二辑,第332页。
③ 傅斯年:《"新潮"发刊旨趣书》,《新潮》一卷一号,1919年1月。

通于古今。"四、"每不解计学上分工原理……以为举天下之学术,皆吾分内所应知。"五、"好谈致用,其结果乃至一无所用",总是"别求其用于政治之中"。六、方法落后,"名家之学,中土绝少"。七、"实有一种无形而有形之空洞间架,到处应用。……于是千篇一面,一同而无不同;惟其到处可合,故无处能切合也。"最后,他将中国学术思想归结为"教皇政治""方士宗教""阳阴学术""偈咒文学"④。

大概,傅斯年此时并未意识到,他本人也没有摆脱"基本误谬"之一,即"好谈致用"。他也正是为了"别求其用于政治之中",才如此激烈地对中国学术思想做了全盘的否定。可以说,此时他的最终目的是"求善",而不是"求真"。

"破旧"是为了"立新"。他们所要建立的新的学术规范,是一种"科学的精神和方法",实即自然科学的研究方法。企望在此基础上,重铸一种全新的中国文化和道德价值体系。就其实质而言,仍未脱中国"文以载道"乃把学问作为一种修身诚意之手段的传统。

但是,当傅斯年赴欧洲留学7年之后,其学术观点发生了根本性变化。

二

1919年冬,傅斯年到英国入伦敦大学,专攻普通心理学和实验心理学,此外还选修高等数学、生物学等,希望从"心理科学"的角度来研究哲学,把哲学建立在"科学的"基础之上。

一个立志于中国文史研究的中文系学生,到西方后却专攻自然科学,其动机恰如傅氏同窗好友罗家伦的解释:"要明白他这个举动,就得要明白当新文化运动时代那般人的学术的心理背景。那时候大家对自然科学,非常倾倒;除了想从自然科学里面得到所谓可靠的知识以外,而且想从那里面得到科学方法的训练。认为这种训练在某种学科以内固然可以应用,就是换了方向而来治另外一套学问,也还可以应用。这是孟真要治实验心理学的原因。孟真为了要治实验心理

---

④ 傅斯年:《中国学术思想界之基本误谬》,《新青年》四卷四号,1918年4月。

学,进而治物理、化学和高深的数学。"⑤经过新文化运动的洗礼,"科学"对中国思想界的影响确是巨大。从胡适、陈独秀直到傅斯年、罗家伦等人,都相信宇宙万物间存在一种最基本的"共同"规律,因此,能够找到一种能解决一切问题的具有根本意义的"普适"方法。

为了对西方学术有进一步的了解,傅斯年在1923年又来到德国的柏林大学哲学研究院进修。在此,一方面他认真研究了德国历来著名的语言文字比较考据学,与其时正在德国的陈寅恪、俞大维过从甚密,切磋学问;另一方面,他又仔细钻研了震动一时的相对论、量子力学及马赫的《感觉的分析》《力学》等现代物理理论,并深深为之吸引。这两方面,对他的学术思想的发展,有着决定性的影响。

1927年回国后,他受聘于中山大学,任文学院长及历史系主任。由于认识到语言的重要性,他在该校创办了"语言历史研究所"。一年后,又参与创立了"中央研究院历史语言研究所",并任所长。

1928年在其著名的"就职演说"——《历史语言研究所工作之旨趣》一文中写道:"历史学和语言学之发达,自然于教育上也有相当的关系,但这都不见得即是什么经国之大业不朽之盛事,只要有十几个书院的学究肯把他们的一生消耗到这些不生利的事物上,也就足以点缀国家之崇尚学术了——这一行的学术。这个反正没有一般的用处,自然用不着去引诱别人也好这个。"⑥与大约十年前他所宣扬的"学术救国"那种高蹈精神相比,真是判若两人。显然,他已从主张学术的基本目的为"求善"转为"求真"。他坚定地表示,要把历史学"变做如生物学和地质学等一般的事业"⑦。

三

长期以来,思想界就有一种人文学科自然科学化的潮流。中国的五四新文

---

⑤ 罗家伦:《元气淋漓的傅孟真》,《自由中国》,四卷一期。
⑥ 傅斯年:《历史语言研究所工作之旨趣》,《历史语言研究所集刊》,第一本。
⑦ 傅斯年:《史学方法导论》,《傅斯年全集》第二册,台北:联经出版公司,1980年版,第5页。

化活动，在某种意义上可说是这一大潮中的一支。

19世纪以来，随着自然科学的巨大进步，西方思想界又兴起了强大的实证主义思潮。其中心思想，是用自然科学的标准和方法来衡量、改造一切非自然科学学科，使之达到与自然科学同等的精确性与实证性。在从19世纪较为简单粗陋的实证主义到20世纪颇为精致的逻辑实证主义的发展过程中，马赫与彭伽勒均是承前启后的关键人物。他们强调感觉的作用，否定超越于感觉经验之外的"形而上学"。傅斯年十分推崇他们的哲学思想与科学观念，会对人说，他最常读的是彭伽勒、马赫等人的著作[8]。从实证经验论出发，他提出了"史学便是史料学"这一著名论断[9]。

他认为，历史没有规律，没有"通则"，只是一桩桩彼此孤立的历史事件的堆积。历史学家的责任，只是用自然科学的方法查明一件件特殊的事件，但又不能像自然科学那样在具体事件的基础上，总结出抽象的规律和公式。在他看来，任何一种关于历史发展的理论、关于历史规律的描述，都是不能验证、没有根据的"形而上学"。他颇为轻视地写道："古来思想家无一定的目的，任凭他的思想成为一种思想的历史——历史哲学。历史哲学可以当作很有趣的作品看待，因为没有事实做根据，所以和史学是不同的。"[10]"我们只是要把材料整理好，则事实自然显明了。""两件事实之间隔着一大段"，把它们联系起来"是危险的事"，因此应"存而不补""证而不疏"。但要"利用自然科学供给我们的一切工具，整理一切可逢着的史料，所以近代史学所达到的范域，自地质学以至目下新闻纸，而史学外的达尔文论，正是历史方法之大成"[11]。倘"以简单公式概括古今史实，那么是史论不是史学，是一家言不是客观知识了"。"所以归纳是说不来，因果是谈不定的。"[12]从这些论述中，还可看到德国19世纪后半叶盛极一时的兰克学派对他的影响。兰克学派一方面反对把历史像自然科学那样规律化，另一方面又强调可以像自然科学那样完全"客观如实"地还原具体历史事件。但是，如果说

---

[8] 傅斯年：《丁文江一个人物的几片光影》，《独立评论》189号，1936年2月。
[9] 傅斯年：《史学方法导论》，《傅斯年全集》第二册，台北：联经出版公司，1980年版，第6页。
[10] 傅斯年：《考古学的新方法》，《史学》第一期，1930年12月。
[11] 傅斯年：《历史语言研究所工作之旨趣》，《历史语言研究所集刊》，第一本。
[12] 傅斯年：《闲谈历史教科书》，《傅斯年全集》第四册，第311页。

兰克的思想受20世纪以前经典力学的深刻影响、因而深信主—客体完全分离，可如对象与镜子般一一对应，因此可以绝对客观地澄清史实的话，那么对20世纪的相对论和量子力学有着深刻了解的傅斯年，已经没有兰克般的自信了。"史学可为绝对客观者乎？此问题今姑不置答，然史料中可得之客观知识多矣。"[13]尽管他回避了史学能否"绝对客观"这一复杂的哲学问题，但他的许多论述表明，他实际是持历史事实能被完全复原的客观还原论观点。

为了论证自己的观点，他还努力从中国传统学术中挖掘可资利用的根据。他认为以顾亭林、阎百诗为代表的朴学方法，便是与现代科学相通的方法。"亭林、百诗这样对付历史学和语言学，是最近代的；这样立点便是不朽的遗训。"[14]虽然朴学的基本出发点是通过训诂考据以证明经籍中蕴藏的圣人之"道"，因此其研究对象是古典文献，其目的是"复古"向后的，与现代科学非常不同，但傅氏力图寻求传统与现代的结合点，还是颇有道理的。他具体提出了史学进步的三项标准：即"（一）凡能直接研究材料，便进步。凡间接地研究前人所研究或前人所创造之系统，而不繁丰细密地参照所包含的事实，便退步"。"（二）凡一种学问能扩张他研究的材料便进步，不能的便退步"。"（三）凡一种学问能扩充他作研究时应用的工具的，则进步，不能的退步"。[15] 这三点，强调的是"材料"与"方法"，他认为这便是自然科学成功的所在。他深信，若依这三条标准，历史学便能达到自然科学同等的水平。他高呼："一、把些传统的或自造的'仁义礼智'和其他主观，同历史学和语言学混在一气的人，绝对不是我们的同志！二、要把历史学语言学建设得和生物学地质学等同样，乃是我们的同志！三、我们要科学的东方学之正统在中国！"[16]

如前所述，他回避了史学能否"绝对客观"这一问题。这样，他的理论体系必然具有某种内在矛盾。他相信史学只是不带任何价值观念色彩的"史料学"，但面对浩如烟海的史料，史学家只能选择自己认为最有意义、最有价值的史料进

---

[13] 傅斯年：《"史料与史学"发刊词》，《傅斯年全集》第四册，第356页。
[14] 傅斯年：《历史语言研究所工作之旨趣》，《历史语言研究所集刊》，第一本。
[15] 傅斯年：《历史语言研究所工作之旨趣》，《历史语言研究所集刊》，第一本。
[16] 傅斯年：《历史语言研究所工作之旨趣》，《历史语言研究所集刊》，第一本。

行研究。傅氏本人提出的选择原则之一便是"对于'人类'及'人性'之了解"[17]。但这本身便离不开一种有关"人类""人性"的理论体系的指导。不同的理论体系,对"人类""人性"有着不同的理解。所以,史学家首先要进行一种价值选择、价值判断。"要科学的东方学之正统在中国",本身便是一种价值观念所致。而且,尽管他断定"史学的工作是整理史料","不是去扶持或推倒这个运动,或那个主义"[18],但"九一八"事变后,他愤怒于日本侵占东北,撰写了《东北史纲》一书,从历史的角度证明东北自古属于中国,字里行间,充溢着民族主义的"价值观念"。的确,傅斯年本人亦无法完全摒除"价值观念"的困扰。

提倡"史学便是史料学",必然产生双重影响。从消极方面说,便是缺乏恢宏的历史理论建设,使史学家专注于细枝末节,完全脱离时代而不屑于"究天人之际,通古今之变",欠缺一种探求人类历史命运的胸襟与眼光。从积极方面说,便是治学的严谨踏实,史料的翔实确凿,言必有据,绝少空洞浮泛之论。

特别值得一提的是,他尤为注重各种实物材料,猛烈批评传统史学只注重文献材料的缺欠,主张现代历史研究应是各种学科的综合应用,举凡地质、地理、考古、生物、气象天文等学科都可成为史学研究的对象和工具。扩大了史学研究的范围与手段。他告诫同仁:"我们不是读书的人,我们只是上穷碧落下黄泉,动手动脚找东西!"[19]因此,就任"中研院"史语所所长之后,他立即着手组织安阳殷墟的发掘,从组织领导到筹集经费、选派合适人员,无一不亲自过问。1928年他派著名的甲骨金石专家董作宾到安阳进行第一次发掘,后又派留美归国受过现代考古训练的人类学家李济主持开发工作。由受过现代考古训练的人取代传统的甲骨金石专家进行有组织有计划的发掘,使发掘水平明显上升。这说明了傅氏的知人善任、远见卓识。他会亲临发掘现场,给予各种支持。发掘工作曾一度遇到河南地方当局的反对,他立即赶赴开封,与政、学各界人士接洽商谈,终使发掘顺利进行,从1928年到1937年10年间,共发掘15次,取得巨大成就,标志着中国近代考古学的开始,这也确是中外文化史上的大事。其间,有着傅氏不可磨

---

[17] 傅斯年:《闲谈历史教科书》,《傅斯年全集》第四册,第310、313页。
[18] 傅斯年:《史学方法导论》,《傅斯年全集》第二册,台北:联经出版公司,1980年版,第6页。
[19] 傅斯年:《历史语言研究所工作之旨趣》,《历史语言研究所集刊》,第一本。

灭的功劳和贡献。

四

前面曾提到,傅斯年学术思想的另一方面,深受西方现代语言学的影响。如果说现代自然科学给傅氏的影响是在"历史观"(哲学)的方面,那么西方现代语言学给傅氏的影响则是在方法论方面。

广而言之,19世纪末20世纪初,西方哲学界出现了意义深远的"语言学转向",即从探讨传统的本体论、认识论转而探讨语言问题。语言哲学家认为,哲学不是抽象的思辨体系,而是一种具体的语言分析活动,所有知识的实质都是语言问题,即语言的表达问题。他们认为,思想与语言并无本质的区别,语言的界限就是思想的界限,对语言的理解就是对思想的理解,所以决心通过对语言的研究来澄清传统哲学概念,"治疗"传统哲学的"形而上学"痼疾,以形成"科学的哲学"。因此,语言哲学成为分析哲学、现象学、阐释学、结构主义等所有西方现代哲学的重要研究领域。同时,19世纪下半叶以后,德国的印欧系语言的历史比较研究硕果累累,取得了重要成就。傅斯年在柏林大学留学时,对其极为赞佩,深受鼓舞。这些,与他早就希冀以语言文字通解国学的思想不谋而合。因此更有意义的是,他并不是消极被动地接受西方的语言哲学和历史语言学,而是积极寻求一条中国传统学术与现代西方学术结合的路径,以实现传统的创造性转化,意义的确不容低估。

对语言的重视,是他的一贯思想,早在创办《新潮》时期,他就认为"言语本为思想之利器","思想依靠语言,犹之乎语言依靠思想,要运用精密深邃的思想,不得不先运用精密深邃的语言"[20]。因此,语言与历史、哲学不可分离。在中山大学任教时,他在《战国子家叙论》一文中首先申明"哲学乃语言之副产品"。他认为印度之亚利安人、希腊、德意志这三个民族之所以以哲学著称,乃是因其

---

[20] 傅斯年:《怎样做白话文》,《新潮》一卷一号,1919年1月。

文化极高的时候,语言"还不失印度日耳曼系语言之早年的烦琐形质。思想即以文化提高了,而语言之原形犹在,语言又是和思想分不开的,于是乎繁丰的抽象思想,不知不觉的受他的语言之支配"。"汉语在逻辑的意义上,是世界上最近代的语言不富于抽象的名词……文法上既没有那么多的无意识,名词上又没有那么多的玄虚,则哲学断难在这个凭借发生,是很自然的了。"[21]当然,以自然主义取向的西方哲学为标准而认为中国古代没有哲学,只有"方术"的看法过于偏执,但从语言学的角度来解释中国思想中的人伦取向,确实不无启发意义。因为"思想不能离语言,故思想必为语言所支配",所以他强调要"以语言学的观点解释一个思想史的问题"。但同时,他又指出:"语学的观点之外,又有历史的观点,两者同其重要。"[22]这一见解,极具现代意义。语言文字不仅是外在的符号或符号体系,而且是一种价值和意义系统。因为语言文字是人类社会交往的产物,是社会性的表现,同时也是人类文化信息传递的负载物。因此,每一民族、每一时代的语言,都凝聚积淀着民族的、历史的文化——社会信息,反映出民族的、历史的心理结构、思维定式。"语言忠实反映了一个民族的全部历史、文化,忠实反映了它的各种游戏和娱乐、各种信仰和偏见,这一点现在是十分清楚的了。"[23]

从语言和历史的观点出发,是傅斯年学术方法的基点。因此,他的学术著述极为踏实缜密,毫无空疏之处。其中,最具代表性的是1940年出版的10余万言的《性命古训辨证》一书。他认为前清朴学大师阮元的《性命古训》一书的方法及时代局限,有"材料之蔽""时代偶象之蔽"及固守汉宋之争因而"门户森严"这三蔽。因此阮元以孟子为道统而不敢言荀子与孔子之相同之处[24]。"前如程朱,后如戴阮,皆以古儒家义为一固定不移之物,不知分解其变动,乃冒言曰'求其是'……今以演化论之观点疏理自《论语》至于荀子古儒家之性说,则儒墨之争,孟荀之差,见其所以然矣。"[25]他从追溯"性""命"二字的起源及历史演变,来疏

---

[21] 傅斯年:《战国子家叙论》,《傅斯年全集》第一册,第85、87页。
[22] 傅斯年:《性命古训辨证》,《傅斯年全集》第二册,第167页。
[23] 〔英〕L. R. 帕默尔:《语言学概论》,商务印书馆1983年中译本,第139页。
[24] 傅斯年:《性命古训辨证》,《傅斯年全集》第二册,第169页。
[25] 傅斯年:《性命古训辨证》,《傅斯年全集》第二册,第166页。

解儒家思想的发展,"以征宋儒性说之地位",以纠正戴震、阮元对宋儒理学的"不公"[26]。他首先广征博引,把从商周甲骨钟鼎彝器直到先秦典籍中有关"性""命"二字悉数统计,逐字校勘辨证,充分运用训诂音韵考据方法,以形索义、因声求义,最后确定"性"从"生"而来,"命"从"令"而来。但傅氏并非如传统训诂那样,专为求古字义而训诂,而是进一步索寻其历史文化意义。另外,传统训诂虽然其分析细致,却短于综合概括。傅斯年的突破在于他从"生""令"到"性""命"的来源及演成变化中,挖掘出周初人之天神观、"帝""天"观、人性观及人伦观的历史演变,细论各家各派的彼此差异。然后,又从"性""命"二字的解释,综论孔孟荀墨诸子百家之言性与天道,认为"在人论上,遵孔子之道路以演进者,是荀卿而非孟子"[27]。因为孔子主"材差说",强调"力学济之",荀子主"性恶说",强调以"力学矫之",而孟子的性善谈则"以扩充内禀成之"。而且,"命"字之古训为天之所命,"性"字之古训为天之所生,孟子合言性命,"舍宗教而就伦理,罕言天志而侈言人性,墨子以为仁义自天出者,孟子皆以为自人出矣。……是则孟子之性善说,亦反墨反宗教后应有之一种道学态度矣"[28]。而"孔子时尚无性善不善之问题,孔子之学论固重人事工夫,其设教之本仍立天道之范畴,以义归之于天,斯无需乎以善归之于性,故孔子时当无此一争端也"[29]。随之,又对西汉至宋元儒学的性命理论进行深入的分析,认为孟子实是"心学"的发端,而"程朱之言远于心学而近于物学"[30],得出了程朱之学是先秦儒学的必然发展与集大成者的结论。"程朱之学兼受陆王及戴氏之正面攻击者,为其二层性说。是说也,按之孟子之义,诚相去远矣,若求其思想史上之地位,则是绝伟大之贡献,上承孔子而详其说,下括诸子而避其矛盾。"[31]而戴震等"则全抹杀汉代儒家之著作且不知程朱之说乃努力就孔子说作引申者也"[32]。尽管他的某些具体观点不无可商榷之处,但这部著作从微观考订入手,讨论、建构了从上古至宋元以

---

[26] 傅斯年:《性命古训辨证》,《傅斯年全集》第二册,第170页。
[27] 傅斯年:《性命古训辨证》,《傅斯年全集》第二册,第334页。
[28] 傅斯年:《性命古训辨证》,《傅斯年全集》第二册,第249页。
[29] 傅斯年:《性命古训辨证》,《傅斯年全集》第二册,第317页。
[30] 傅斯年:《性命古训辨证》,《傅斯年全集》第二册,第393页。
[31] 傅斯年:《性命古训辨证》,《傅斯年全集》第二册,第395页。
[32] 傅斯年:《性命古训辨证》,《傅斯年全集》第二册,第400页。

儒学为主、旁及各家的宏观思想发展史,通篇绝少空泛议论,堪称"以小见大"的典范。在这部中国思想史研究的重要著作中,他得心应手地运用各种材料,把"性""命"二字放在具体的语境中进行一种历史的还原和分析,确定其每一时期的历史含意,由此对中国思想史进行了一层层的立体重构,展现出潜藏其下的历史文化意义。其方法与西方近年兴起的阐释学、语义学等颇有某种相通之处,为中国古老的学术传统注入了新的生命与活力,弥足珍视。

近代以来,中国文化一直步步退却,同样,中国学术传统也逐步让位于以"科学"为号召的现代西方学术方法,产生了一种新的学术规范。梁启超会将学术思潮分为启蒙、全盛、蜕分与衰落四个时期[③],如果康有为、梁启超、章太炎等可作蜕分、衰落期的代表的话,那么,胡适、傅斯年等人,则可视为一个新启蒙期的代表人物。作为胡适的学生,傅斯年的贡献要侧重于"立",更多地反映了"为学术而学术"或"让学术归于学术"的特点,开始摆脱了"文以载道"和近代为甚的以学术论政治的传统。新生的学界领袖在对传统文化做了彻底、全面的"破旧"之后,又从传统中深掘可资"立新"的凭借,实际从事传统与现代衔接的工作,以实现传统的"创造性转换"。其中,傅斯年无疑是深具典型性的一位,他的学术思想和成果,定会给人价值不菲的启迪。

【雷　颐　中国社会科学院近代史研究所研究员】
原文刊于《中国文化》1991 年 02 期

---

③ 梁启超:《清代学术概论》,《梁启超论清学史二种》,复旦大学出版社,1985 年版,第 2 页。

求其是与求其古

傅斯年《性命古训辨证》的方法启示

桑 兵

近年来兴起的概念史研究,方法多向外洋求助,以新自诩。实则近代学人已有借鉴欧洲新法研治中国思想史的范例,傅斯年《性命古训辨证》即个中翘楚。其研究对象与做法,与今日所谓概念史相近甚至相同,而其对欧洲相关学术方法的理解运用,以及对历代各类文籍材料和学人见识等本事的把握,则较今人更为深入贴切。从中吸取借鉴,不仅有助于纠正一味趋新、实则不温故而欲知新的偏颇,也可以寻得研究良法,大幅度推进相关领域的研究水准。尤其是改变时下削足适履地以外来间架为框缚,强古人以就我的偏蔽,因缘本事寻绎本义,以史事而非立论为衡鉴。限于主题,本文旨在讨论相关的研究及表述方法,至于所牵涉的"哲学"以及中古思想(宋学)的大事因缘等问题,不过举例,点到即止,详情当分别另文专论,在此不予展开。此外,晚近研究中只言片语式的摘引,每为治古史的学人所诟病,而相关文本尚未受到相关研究的重视。为了避免断章取义,同时更好地理解前贤的本意,尽可能完整地原文照引,再做原意解读,以免望文生义、格义附会甚至故意曲解。前贤高明,体大思精,须绵密阅读,反复揣摩,才能心领神会,运用至当。否则,以横通之论,妄加评判,只能自欺欺人,误导后生。

一、思想为语言所支配

清季以降,新名词大量涌现,造成理解应用的颇多滞碍。1914年,黄濬与梁启超谈及,"谓吾国文字学术中名词至夥,苦无一词典以汇之。……盖世事日新,读书方法,前后判若霄壤。新旧名词,非专治某学者,稍越其阈,殆皆不能索解。故以后研求古籍者,自非恃辞典不为功。又吾国治专门职业者,往往于固有之名,猝不能索得,或依俗称,或别撰新名,或译音代之。若有辞典,分别专科,历疏专名,则今古东西之名词,或皆有会通之可能。"他希望由国家出面,征求若干学者,以字典为纲为经,以各科学各事类为目为纬,条分缕析,分别汇求,编成专书,以便承学之士。这一提议引起梁启超的极大兴趣,次日曾致黄濬两封长笺,条言其事。[①]

此番编辑辞典之事后来因故未成,不过,纷繁复杂的中西新旧概念与事物的缠绕困惑,梁启超感同身受。1923年,梁启超针对国故学复活的原因指出:"国故之学,曷为直至今日乃渐复活耶?盖由吾侪受外来学术之影响,采彼都治学方法以理吾故物。于是乎昔人绝未注意之资料,映吾眼而忽莹;昔人认为不可理之系统,经吾手而忽整;乃至昔人不甚了解之语句,旋吾脑而忽畅。质言之,则吾侪所恃之利器,实'洋货'也。坐是之故,吾侪每喜以欧美现代名物训释古书,甚或以欧美现代思想衡量古人。加以国民自慢性为人类所不能免,艳他人之所有,必欲吾亦有之然后为快,于是尧舜禅让即是共和,管子轨里连乡,便为自治。类此之论,人尽乐闻。平心论之,以今语释古籍,俾人易晓,此法太史公引尚书已用之,原不足为病,又人性本不甚相远,他人所能发明者,安在吾必不能。触类比量,固亦不失为一良法。虽然,吾侪慎勿忘格林威尔之格言:'画我须是我'。吾侪如忠于史者,则断不容以己意丝毫增减古人之妍丑,尤不容以名实不相副之解释,致读者起幻蔽。此在百学皆然。而在政治思想一科,更直接有'生于其心害

[①] 黄濬:《花随人圣庵摭忆》,上海书店出版社,1998年,第197页。

于其政'之弊,吾侪所最宜深戒也。"并且坦言此种态度"吾能言之而不能躬践之,吾少作犯此屡矣。今虽力自振拔,而结习殊不易尽。虽然,愿吾同学勿吾效也"②。

作为具体事物集合概念的名词,往往后出,用后出外来概念理解解释本来固有事物的情形,历来皆有,清季以来密集而突出。正如梁启超所说,以今语释古籍,古已有之,关键在于如何才能名实相副。近代在后出之上,更有外来,使得理解把握固有事物尤其是抽象事物变得更加困难。学人所谓以汉还汉,即意识到后来各种解说未必符合前人本意。而梁启超最为强调政治思想一科,主要还是着眼于清季以来,并受当时已经变化的观念的影响。中国为伦理社会,道德及相关的礼制礼俗,牵涉制度文化,为认识中国的一大关节,涉及儒家道德本原的性、命问题,遂成为历来关注的焦点。

性、命的本义及其因时因地的变化,历代多有训诂讨论。《性命古训》一书,为阮元所作。按照傅斯年的理解,"此中包有彼为儒家道德论探其原始之见解,又有最能表见彼治此问题之方法,故是书实为戴震《原善》《孟子字义疏证》两书之后劲,足以显清代所谓汉学家反宋明理学之立场者也。"不过,戴、阮对于此一问题的态度及作法,可谓截然相反。"然而戴氏之书犹未脱乎一家之言,虽曰疏证孟子之字义,固仅发挥自己之哲学耳。至《性命古训》一书而方法丕变。阮氏聚积《诗》《书》《论语》《孟子》中之论性、命字,以训诂学的方法定其字义,而后就其字义疏为理论,以张汉学家哲学之立场,以摇程朱之权威。"

在傅斯年看来,阮元《性命古训》与戴震《孟子字义疏证》的方法全然不同,后者以一家之言,发挥自己的哲学,而前者以训诂学的方法定其字义,就字义疏为理论。比照当时欧洲学术的取向,"即以语言学的观点解决思想史中之问题是也"。"以'语言学的观点解释一个思想史的问题'之一法,在法德多见之。自十九世纪中叶以来,研治柏拉图、亚里士多德著书者,其出发点与其结论每属于语学。"

所谓用语言学的观点解释思想史的问题,包含语学的观点和历史的观点两

---

② 《先秦政治思想史》,《饮冰室合集·专集》之五十,北京,中华书局,1989年,第13页。

方面。关于语学的观点,概言之,"即思想不能离语言,故思想必为语言所支配,一思想之来源与演变,固受甚多人文事件之影响,亦甚受语法之影响。思想愈抽象者,此情形愈明显。性命之谈,古代之抽象思想也。吾故以此一题为此方法之试验焉。"③

为了更好地说明如何应用语学的观点,傅斯年用另一事例加以申论,十年前他任教中山大学时,曾撰写《战国子家叙论》的讲义,其序《一论哲学乃语言之副产品》,④以"哲学"为例,阐述思想为语言所支配的情形:

> 世界上古往今来最以哲学著名者有三个民族:一、印度之亚利安人;二、希腊;三、德意志。这三个民族有一个共同点,就是在他的文化忽然极高的时候,他的语言还不失印度日耳曼系语言之早年的烦琐形质。思想既以文化提高了,而语言之原形犹在,语言又是和思想分不开的,于是乎繁丰的抽象思想,不知不觉的受他的语言之支配,而一经自己感觉到这一层,遂为若干特殊语言的形质作玄学的解释了。……野蛮人一旦进于文化,思想扩张了,而语言犹昔,于是乎凭借他们语言的特别形质而出之思想,当作妙道玄理了。今试读汉语翻译之佛典,自求会悟,有些语句简直莫名其妙,然而一旦做些梵文的工夫,可以化艰深为平易,化牵强为自然,岂不是那样的思想很受那样的语言支配吗?希腊语言之支配哲学,前人已多论列,现在姑举一例:亚里斯多德所谓十个范畴者,后人对之有无穷的疏论,然这都是希腊语法上的问题,希腊语正供给我们这么些观念,离希腊语而谈范畴,则范畴断不能是这样子了。其余如柏拉图的辩论,亚里斯多德的分析,所谓哲学,都是一往弥深的希腊话。

以近代为例,德国最著名的哲人康德所写《纯理评论》,实在没有法子翻译,"英文中译本有二:一、出马克斯谬勒手,他是大语言学家;二、出麦克尔江,那是

---

③ 《性命古训辨证》,欧阳哲生编:《傅斯年全集》,长沙,湖南教育出版社,2003年,第二卷,第508页。
④ 此书原来未刊,后整理付印,序改为《一论哲学乃语言之副产品西洋哲学即印度日耳曼语言之副产品汉语实非哲学的语言战国诸子亦非哲学家》。

很信实的翻译。然而他们的翻译都有时而穷,遇到好些名词须以不译了之。而专治康德学者,还要谆谆劝人翻译不可用,只有原文才信实;异国杂学的注释不可取,只有本国语言之标准义疏始可信。哲学应是逻辑的思想,逻辑的思想应是不局促于某一种语言的,应是和算学一样的容易翻译,或者说不待翻译。然而适得其反,完全不能翻译,则这些哲学受他们所由产生之语言之支配,又有什么疑惑呢?……算学思想,则虽以中华与欧洲语言之大异而能涣然转译;哲学思想,则虽以英德语言之不过方言差别,而不能翻译。则哲学之为语言的副产物,似乎不待繁证即可明白了。印度日耳曼族语之特别形质,例如主受之分,因致之别,过去及未来,已充及不满,质之与量,体之与象,以及各种把动词变作名词的方式,不特略习梵文或希腊文方知道,便是略习德语也就感觉到这麻烦。这些麻烦便是看来'仿佛很严重'的哲学分析之母。"

与此相应,语言系统全然不同的汉语既不能产生哲学,也不适合哲学的生存,中国古代的思想,很难说成是哲学或是用哲学的观念来解读。傅斯年说:

> 汉语在逻辑的意义上,是世界上最进化的语言,失掉了一切语法上的烦难,而以句叙(Syntax)求接近逻辑的要求。并且是一个实事求是的语言,不富于抽象的名词,而抽象的观念,凡有实在可指者,也能设法表达出来。文法上既没有那么多的无意识,名词上又没有那么多的玄虚,则哲学断难在这个凭借发生,是很自然的了。"斐洛苏非",译言爱智之义,试以西洋所谓爱智之学中包有各问题与战国秦汉诸子比,乃至下及魏晋名家宋明理学比,像苏格拉底那样的爱智论,诸子以及宋明理学是有的;像柏拉图所举的问题,中土至多不过有一部分,或不及半;像亚里士多德那样竟全没有;像近代的学院哲学自戴卡以至康德各宗门,一个动词分析到微茫,一个名词之语尾变化牵成溥论,在中土更毫无影响了。拿诸子名家理学各题目与希腊和西洋近代哲学各题目比,不相干者如彼之多,相干者如此之少,则知汉土思想中原无严意的斐洛苏非一科,"中国哲学"一个名词本是日本人的贱制品,明季译拉丁文之高贤不曾有此,后来直到严几道、马相伯先生兄弟亦不曾有此,我们为求认识世事之真,能不排斥这个

日本贱货吗?

根本否定中国古代有所谓"哲学",接下来的问题自然就是:"那末,周秦汉诸子是些什么? 答曰:他们是些方术家。自《庄子·天下篇》至《淮南鸿烈》,枚乘《七发》皆如此称,这是他们自己称自己的名词,犹之乎西洋之爱智者自己称自己为斐洛苏非。这是括称,若分言,则战国子家约有三类人:(一)宗教家及独行之士;(二)政治论者;(三)'清客'式之辨士。例如墨家大体上属第一类的,儒者是介于一二之间的,管、晏、申、韩、商、老是属于第二类的,其他如惠施、庄周、邹衍、慎到、公孙龙等是侯王、朝廷、公子、卿大夫家所蓄养之清客,作为辩谈以悦其'府主'的。……这些物事,在西洋皆不能算做严格意义下之哲学,为什么我们反去借来一个不相干的名词,加在些不相干的古代中国人们身上呀?"⑤

以上所引傅斯年的长篇大论,旨在说明三点:其一,思想方式和习惯由语言所决定,不同的语言系统造成不同的思维方式;其二,不同语言系统的名词概念不可能准确地翻译传通,甚至根本不能对应翻译;其三,中国语言不能产生哲学,用哲学观念来理解中国古代的方术或思想,往往似是而非,所以不能用哲学来比附条理诠释中国古代的方术或思想。傅斯年对此自认为深思熟虑,所以声言:"此虽余多年前所持论,今日思之,差可自信。"⑥

傅斯年的这些看法,迄今为止,仍然在欧洲哲学界占据主导,虽然一些研究中国的汉学家对此颇有异议。围绕所谓"哲学"概念及其应用,傅斯年先后有一系列重要的相关文字,阐述其不宜用后来的名词观念说古人物事的意思。他曾经对顾颉刚评论胡适的《中国哲学史大纲》道:

> 我不赞成适之先生把记载老子、孔子、墨子等等之书呼作哲学史。中国本没有所谓哲学。多谢上帝,给我们民族这么一个健康的习惯。我们中国所有的哲学,尽多到苏格拉底那样子而止,就是柏拉图的也尚不全有,更不必论到近代学院中的专技哲学,自贷嘉、来卜尼兹以来的。我们若呼子家为

---

⑤ 《战国子家叙论》,《傅斯年全集》第二卷,第251—254页。
⑥ 《性命古训辨证》,《傅斯年全集》第二卷,第506页。

哲学家，大有误会之可能。大凡用新名词称旧物事，物质的东西是可以的，因为相同；人文上的物事是每每不可以的，因为多是似同而异。现在我们姑称这些人们（子家）为方术家。思想一个名词也以少用为是。盖汉朝人的东西多半可说思想了，而晚周的东西总应该说是方术。

又说：

"史"之成一观念，是很后来的。章实斋说六经皆史，实在是把后来的名词，后来的观念，加到古人的物事上而齐之。等于说"六经皆理学"一样的不通。⑦

这里"用新名词称旧物事，物质的东西是可以的，因为相同；人文上的物事是每每不可以的，因为多是似同而异"，对于研治近代牵涉中西新旧的概念名词，尤其值得重视。此说较梁启超所提出的近人好以欧美现代名物训释古书，甚或以欧美现代思想衡量古人的问题，前进一步，指出用新名词称旧物事时物质与人文类别的适用性差异。造成这种差异的原因，即不同语言系统难以对应翻译，一方面用新名词指称旧物事，另一方面则以旧物事理解新名词。在古今中外各种观念相互纠葛的情形下，名词概念所指事物，物质的因有实物，比较容易把握，不致混淆，人文的则所指事物实有而无形，内涵外延难以捉摸。若是单纯指新事物的新概念，还相对简单，若是牵扯古今，要想避免似同而异，似是而非，必须尽量避免用后来观念说前事。即使不得已而用之，也须高度自觉其分别差异。

这种情形不仅发生于中国与泰西之间，即使在所谓同文同种的东亚，使用同样的汉字，所表达的内涵意思仍然很难准确地彼此沟通。本来汉语的非逻辑性和以字为单位，即易流于望文生义，格义附会，明治日本借用汉语表现力强于日语的平台，在寻求理解对应西学的同时，把握了近代东亚的话语权，但也造成中、

---

⑦ 《与顾颉刚论古史书》，《傅斯年全集》第一卷，第457、459页。

日、西古今观念与事物的混乱,进一步加剧了似同而异的程度和范围。

二、求其是与求其古

仅仅语学的一面,还不能完全满足用语言学的观点解释思想史的问题的需求,傅斯年进而提出:"语学的观点之外,又有历史的观点,两者同其重要。用语学的观点,所以识性命诸字之原,用历史的观点,所以疏性论历来之变。思想非静止之物,静止则无思想已耳。故虽后学之仪范典型,弟子之承奉师说,其无微变者鲜矣,况公然标异者乎?前如程、朱,后如戴、阮,皆以古儒家义为一固定不移之物,不知分解其变动,乃昌言曰'求其是',庸讵知所谓是者,相对之词非绝对之词,一时之准非永久之准乎?在此事上,朱子犹胜于戴、阮,朱子论性颇能寻其演变,戴氏则但有一是非矣(朱子著书中,不足征其历史的观点,然据《语类》所记,知其差能用历史方法。清代朴学家中惠栋、钱大昕诸氏较有历史观点,而钱氏尤长于此。若戴氏一派,最不知别时代之差,'求其是'三字误彼等不少。盖'求其古'尚可借以探流变,'求其是'则师心自用者多矣)。故戴氏所标榜者孟子字义也,而不知彼之陈义绝与孟子远也。所尊者许、郑也,而不察许、郑之性论,上与孔、孟无涉,下反与宋儒有缘也。戴氏、阮氏不能就历史的观点疏说《论语》《孟子》,斯不辨二子性说之绝异,不能为程、朱二层性说推其渊源,斯不知程、朱在儒家思想史上之地位。阮氏以威仪为明德之正,戴氏以训诂为义理之全,何其陋也!"⑧

把握"求其是"与"求其古"的分别以及做法,对于近代概念史的研究至关重要。至于如何才能分别,参照傅斯年关于治史方法的其他相关论述,认识可以更加深入贴切。所有历史事物,即使名词概念一致,也会因时因地因人而异。求其古的目的在于探究沿革流变,而历史研究的基本方法,就是依照具体时空的联系,按时序探寻事物的发生及其演化。若从定义出发求其是,难免师心自用,以

---

⑧ 《性命古训辨证》,《傅斯年全集》第二卷,第 508—509 页。

主观代客观，以认识代实事，以后来观念组装原本史事。1942年10月11日，傅斯年复函好用社会学方法研究中国历史的吴景超，强调："历史上事，无全同者，为了解之，须从其演化看去，史学之作用正在此。如以横切面看之，何贵乎有史学？"⑨

由于用今语解古籍古事的情形由来已久，"世上每每有些名实不符的事。例如后来所谓汉学，实在是王伯厚、晁公武之宋学；后来所谓宋学，实在是明朝官学。我想去搜材料，证明儒是鲁学，经是汉定（今文亦然）。康有为但见新学有伪经，不见汉学有伪经。即子家亦是汉朝给它一个定订。大约现行子书，都是刘向一班人为它定了次序的。墨子一部书的次叙，竟然是一个儒家而颇芜杂的人定的，故最不是墨子的居最先。前七篇皆儒家言，或是有道家言与墨绝端相反者（如太盛难寄），知大半子书是汉朝官订本（此意多年前告适之先生，他未注意），则知想把古书古史整理，非清理汉朝几百年一笔大账在先不可也。"⑩

关于如何清理古代思想的账目脉络，傅斯年在与顾颉刚论古史的同时，曾经致函胡适，详尽表述意见，并提出了一系列原则："我将来如果有和颉刚同事的机会，未必不也写一篇一篇的中国古代思想集叙。假如有此事，我要遵守下列的'教条'：

1.因为中国严格说起，没有哲学，（多谢上帝，使得我们大汉的民族走这么健康的一路！）至多不过有从苏格拉底以前的，连柏拉图的都不尽有。至于近代的哲学（学院的），自 Descartes、Leibnitz、Kant 以来的，更绝对没有。中国的一些方术论者（用这个名词，因为这个名词是当时有的，不是洋货），大大多数是些世间物事的议论者，其问题多是当年的问题，也偶有问题是从中国话的特质上来的（恰如希腊玄学是从希腊话的特质出来的一样）。故如把后一时期，或别个民族的名词及方式来解它，不是割离，便是添加。故不用任何后一时期印度的、西洋的名词和方式。

2.中国古代的方术论者，与六朝之玄宗、唐之佛学、宋明之理学等，在为人研

---

⑨ 欧阳哲生编：《傅斯年全集》第七卷，第267页。详见桑兵《傅斯年"史学只是史料学"再析》，《近代史研究》2007年第5期。

⑩ 《与顾颉刚论古史书》，《傅斯年全集》第一卷，第459页

究上，断然不是需要同一方法和材料。例如弄古代的方术论者，用具及设施，尤多是言语学及章句批评学。弄佛学则大纲是一个可以应用的梵文知识，汉学中之章句批评学无所用之。至于治宋明理学，则非一个读书浩如大海的人不能寻其实在踪迹，全不是言语学的事了。有这样的不同术，故事实上甚难期之于一人。而且这二千年的物事，果真有一线不断的关系吗？我终觉——例如——古代方术家与他们同时的事物关系，未必不比他们和宋儒的关系更密。转来说，宋儒和他们同时事物之关系，未必不比他们和古代儒家之关系更密——所以才有了误解的注，所以以二千年之思想为一线而集论之，亦正未必有此必要。有这些道理，我以为如果写这史，一面不使之于当时的史分，一面亦不越俎去使与别一时期之同一史合。如此可以于方法上深造些。

3.既然有二项许可我断代，则我以性之所近（或云习之所近），将随颉刚而但论古代的，不下于南朝。这些东西，百分之九十是言语学及文句批评，故但严追亭林（言语学）百诗（章句批评）之遗训，加上些近代科学所付我们的工具而已。如有成就，看来决不使他像一部哲学史，而像一部文书考订的会集。

4.专就古代一段言，则有一基本之设定，就是以汉朝历史之研究为古代方术家学之前部。我觉得先生当年写《古代哲学史》，仍是自上一时写下来，不自上层（下一时）揭到下层（上一时）。研究问题第一步，即是最要紧之一步是选择材料。恰恰我们经学的定本，都是汉朝人给我们的，加上了一个很很的外形，势非把自秦至汉中季一段故事弄清楚，我们不能去自由用经学的材料，用则入陷阱。这一线思想本是由阎百诗开了一个好端，可惜《古文尚书》问题解决之后，大家专闹党见，不能解决紧接着的那个《春秋》经传问题（自然这题更难，且亦断不能如梅传之干脆的解决了，因为现存材料不足）。今文一派及太炎笔条上有好些胜义，而大体上一是幻想，一是固论，至今犹是一团泥。我们此时大可把这个问题一层一层的考校下去"[11]。

上述四点，显然有心与胡适用西洋哲学系统条理中国上古思想的做法立异，主张用文籍考订的办法整理上古思想的发生及其演化，具体办法，概言之即：

---

[11] 《傅斯年全集》第七卷，第38—42页。

1.不用后出外来的名词或方式说前事。不用后出外来的名词概念说以前固有的物事,尤其是人文方面的物事,理由已见前述。随之而来的,当是不以后出外来的方式条理解释以前的物事,以免割离或添加。此点虽然针对1920年代的问题,却颇能切中当下的时弊。清季至今由附会移植开始的各种专门史,大都陷入其中而不自觉。王国维早年批评张之洞等人反对用哲学讲中国古代思想,认为中国古代已有哲学。但后来不仅放弃对哲学的追求,尤其放弃用哲学观念解读中国古代思想学说。他批评辜鸿铭的《中庸》英译本道:"如执近世之哲学以述古人之说,谓之弥缝古人之说,则可;谓之忠于古人,则恐未也。夫古人之说,固未必悉有条理也。往往一篇之中时而说天道,时而说人事;岂独一篇中而已,一章之中,亦得如此。幸而其所用之语,意义甚为广莫,无论说天说人时,皆可用此语,故不觉其不贯串耳。若译之为他国语,则他国语之与此语相当者,其意义不必若是之广;即令其意义等于此语,然其所得应用之处不必尽同。故不贯串不统一之病,自不能免。而欲求其贯串统一,势不能不用意义更广之语。然语意愈广者,其语愈虚,于是古人之说之特质,渐不可见,所存者其肤廓耳。译古书之难,全在于是。"⑫

类似的意思,张荫麟用更为概括的文字加以表述。1928年,他撰文评冯友兰《儒家对于婚丧祭礼之理论》,指出:"以现代自觉的统系比附古代断片的思想,此乃近今治中国思想史者之通病。此种比附,实预断一无法证明之大前提,即谓凡古人之思想皆有自觉的统系及一致的组织。然从思想发达之历程观之,此实极晚近之事也。在不与原来之断片思想冲突之范围内,每可构成数多种统系。以统系化之方法治古代思想,适足以愈治而愈棼耳。"⑬王国维和张荫麟的议论,可以为傅斯年的话作注释。

2.不以同一统系(如哲学)条理中国二千年的古代思想,注意不同时期思想的表现形式及其具体的历史时空联系(如断代),"一面不使之于当时的史分,一面亦不越俎去使与别一时期之同一史合。"近代史虽然为时较短,因为变动的节奏快,幅度大,尤其应当注意时间性因素的分别及作用,不可以110年之思想为

---

⑫ 《书辜氏汤生英译〈中庸〉后》,《静庵文集》,沈阳,辽宁教育出版社,1997年,第150—151页。
⑬ 张荫麟:《评冯友兰〈儒家对于婚丧祭礼之理论〉》,《大公报·文学副刊》1928年7月9日。

一线而集论之。如何避免脱离原本具体的时空联系而与其他时空下形同实异的观念事物人为连接,至关重要。时下流行的各种观念、学科、思想、主义研究,单从名词概念等形式上看似乎前后并无二致,实则大都仍从今日的定义出发,裁剪组装史事。其实当时同一概念可能表达不同意思,而同一物事用不同名词来指称。随着时空的转移,相同概念的内涵外延发生千变万化,或根本不同,或层累叠加,一词多义,形同实异,非与具体时空人事相联系,则难以辨认解读,更无法求其演化的历史进程。照此办法,史上原有很可能被排除在外,不以为然甚至明确反对者反而会被强制纳入其中。如此,所写当然只能是心中的历史,而非真正的历史。换言之,不能认识历史而勉强下手,逞其私臆便是不得不然。

3.不写哲学史,而是文书考订的会集。其说傅斯年没有详细论述,反而陈寅恪为杨树达《论语疏证》作序,有所解说,可以为此作一详注:"先生治经之法,殆与宋贤治史之法冥会,而与天竺诂经之法,形似而实不同也。夫圣人之言,必有为而发,若不取事实以证之,则成无的之矢矣。圣言简奥,若不采意旨相同之语以参之,则为不解之谜矣。既广搜群籍,以参证圣言,其言之矛盾疑滞者,若不考订解释,折衷一是,则圣人之言行,终不可明矣。今先生汇集古籍中事实语言之与《论语》有关者,并间下己意,考订是非,解释疑滞,此司马君实李仁甫长编考异之法,乃自来诂释论语者所未有,诚可为治经者辟一新途径,树一新楷模也。天竺佛藏,其论藏别为一类外,如譬喻之经,诸宗之律,虽广引圣凡行事,以证释佛说,然其文大抵为神话物语,与此土诂经之法大异。……南北朝佛教大行于中国,士大夫治学之法,亦有受其薰习者。寅恪尝谓裴松之三国志注,刘孝标世说新书注,郦道元水经注,杨衒之洛阳伽蓝记等,颇似当日佛典中之合本子注。然此诸书皆属乙部,至经部之著作,其体例则未见有受释氏之影响者。惟皇侃论语义疏引论释以解公冶长章,殊类天竺譬喻经之体。殆六朝儒学之士,渐染于佛教者至深,亦尝袭用其法,以诂孔氏之书耶?但此为旧注中所仅见,可知古人不取此法以诂经也。盖孔子说世间法,故儒家经典,必用史学考据,即实事求是之法治之。彼佛教譬喻诸经之体例,则形虽似,而实不同,固不能取其法,以释儒家经典也。"⑭据此大体可以明白文书考订会集的意思和办法。

4.应由上层(下一时)揭到下层(上一时),而非自上一时写下来。前者从无到有,探寻概念事物的发生及其演化,后者则以后来观念条理先前史事,实为用后来眼光倒述历史。历史的实事即所谓第一历史必须经由历史记述即所谓第二历史加以展现,任何历史记述,往往积薪而上,一般而言,集合概念均为后出,而且越到后来,条理越加清晰。因此,历史认识只能近真,难以重合。所谓自上一时写下来,其实未能剥离后来的附加成分,而以后来的概念条理作为先入为主的是,形式上顺着写,实际上倒着讲。必须首先由记述的上层即时间的下一时,揭到记述的下层即时间的上一时,才能以汉还汉,回到历史现场。不过,这样逆上去固然可以层层剥笋,求其本意,还物事的本来面目,但要再现思想演变的历史进程,还应在回归具体时空位置的基础上顺下来,历时性地展示事物发生演化的复杂详情。

三、方法为仪型与结论不成立

结合语学的观点与历史的观点两义,傅斯年不仅制订了研究的方法,还安排了表述的结构。全书分为上中下三卷,"第一卷曰字篇,统计先秦文籍中之性命字,以求其正诂者也。第二卷曰义篇,综论先秦儒家及其相关连者论性命之义,以见其演变者也。第三卷曰绪篇,取汉以来儒家性说之要点分析之,以征宋儒性说之地位,即所以答戴、阮诸氏论程朱之不公也。"⑮此一结构,至少形式上体现了方法与问题的相得益彰。此书成为傅斯年的代表作,并且是使之当选首届中研院院士的主要凭据,并非浪得虚名。对于当下时兴的概念名词研究,傅斯年用

---

⑭ 《杨树达论语疏证序》,陈美延编:《陈寅恪集·金明馆丛稿二编》,北京,生活·读书·新知三联书店,2001年,第262—263页。关于长编考异、合本子注及格义附会,详见《"了解之同情"与陈寅恪的治史方法》,《社会科学战线》2008年第10期。
⑮ 《性命古训辨证》,《傅斯年全集》第二卷,第505—509页。

语言学的观点解释思想史的问题的《性命古训辨证》，作为方法的典范，还有相当大的借鉴空间乃至针砭意义。

时下的概念名词研究，常见通病有四，一是用后出外来名词重新概念定义以前物事，导致似是而非的误读错解（如地方）；二是忽略同一时期的同一名词可能具有不同含义（如科学），而同一时期的不同名词反而表达同一概念（如民主与民治）；三是未能注意分别考究同一名词随着时空变动而产生的含义变化，以及这些变化与具体的时空变动的相关性（如哲学）；四是简单孤立地追求概念名词的形同，使得所谓关键词脱离文本、学说、流派的整体，变成抽象的含义，再据此以重新联缀史事。这样的归纳，虽有操作上的方便，却造成各个词汇一面与当时的史分，一面越俎去使与别一时期之同一史合，令形式上的顺时序探求异化为倒看倒述，事物发生演化的历史进程被似是而非的观念聚合所取代。所谓治史只能贯通，不能归纳，在此有一分界。相比之下，傅斯年《性命古训辨证》研究表述的方法方式，虽然时间早了半个世纪，对于历史本事的探讨，仍然略胜一筹。由此可见治学未必后来居上。此说全在理解外来方法是否有助于解读本来史事更加深入贴切，其标的当在后者。若身陷其中，不宜强作解人。

不过，傅斯年虽然推崇阮元《性命古训》一书的方法，对其结论却不以为然，并且声明："夫阮氏之结论固多不能成立，然其方法则足为后人治思想史者所仪型。"[16]他不赞成戴震、阮元等人反宋明理学家的态度立场观念，试图解读宋儒性说的本意，对戴震、阮元等人论程朱之不公加以辩驳，恢复宋儒性说的地位。既然方法足以为典范仍不能保证结论的正确有效，相应而来的问题是，傅斯年本人的《性命古训辨证》，是否也会遭遇同样的尴尬？如果是，症结究竟在于方法本身有所不足，还是条件不备，应用不当？

《性命古训辨证》于字、义两卷，收罗彝器铭文，至少证据较前人完备详尽。绪篇集中讨论汉代性之二元说和理学之地位，着重于心学的渊源，条理较为清晰，见识则大体已在前人的关照之下。至于做法，老辈学人的道理途则可以提供参考。牟润孙记述其曾向柯劭忞问学，后者讲学不同于新派，开宗明义："吾人

---

[16] 《性命古训辨证》，《傅斯年全集》第二卷，第509页。

治学,当讲宋人之义理,清人之考据,不可学阮元(芸台)。阮氏全讲错了。"因为阮元追随戴震,主张训诂明则义理明,但读书应当从整部书全篇文章去探讨,绝不能只从其中若干字去追求,更不能从若干字的原始意义去追求。戴震批评宋儒,实际是反对清世宗、高宗以理学统治人民。柯劭忞知道戴震所说以理杀人是指皇帝,而阮元笃信戴氏,专心致志从字的古训去讲求义理。⑰ 如果柯劭忞的判断不误,则当时的史不仅是断代的思想系统,如古代的方术、六朝的玄宗、唐之佛学、宋明之理学等。在同样的大语境之下,前贤依然所见不一或形同实异,是因为各自均系有为而发,须取具体关联的各种事实以证之,才不至于无的放矢。此亦解今典难于解古典的关节。

取事实证有为之外,还有另一层可以考究的大节。陈寅恪早在留美期间,曾向吴宓阐述其对中西思想文化异同流变的一整套看法,其中谈及:

> 中国之哲学、美术,远不如希腊,不特科学为逊泰西也。但中国古人,素擅长政治及实践伦理学,与罗马人最相似。其言道德,惟重实用,不究虚理,其长处短处均在此。长处,即修齐治平之旨。短处,即实事之利害得失,观察过明,而乏精深远大之思。……中国家族伦理之道德制度,发达最早。周公之典章制度,实中国上古文明之精华。至若周秦诸子,实无足称。老、庄思想高尚,然比之西国之哲学士,则浅陋之至。余如管、商等之政学,尚足研究;外则不见有充实精粹之学说。汉、晋以还,佛教输入,而以唐为盛。唐之文治武功,交通西域,佛教流布,实为世界文明史上,大可研究者。佛教于性理之学 Metaphysics,独有深造,足救中国之缺失,而为常人所欢迎。惟其中之规律,多不合于中国之风俗习惯。故昌黎等力辟之。然辟之而另无以济其乏,则终难遏之。于是佛教大盛。宋儒若程若朱,皆深通佛教者。既喜其义理之高明详尽,足以救中国之缺失,而又忧其用夷变夏也。乃求得两全之法,避其名而居其实,取其珠而还其椟。采佛理之精粹,以之注解四书五经,名为阐明古学,实则吸收异教,声言尊孔辟佛,实则佛之义理,已浸渍濡染,

---

⑰ 牟润孙:《蓼园问学记》,《注史斋丛稿》,北京,中华书局,1987年,第535—544页。

学术史的视域

> 与儒教之宗传,合而为一。此先儒爱国济世之苦心,至可尊敬而曲谅之者也。故佛教实有功于中国甚大。……自得佛教之神助,而中国之学问,立时增长元气,别开生面。故宋、元之学问、文艺均大盛,而以朱子集其大成。朱子之在中国,犹西洋中世之 Thomas Aquinas,其功至不可没。而今人以宋、元为衰世,学术文章,卑劣不足道者,则实大误也。[18]

按照陈寅恪的看法,究明宋儒的心性之学,必须了解汉魏以来佛教性理之学对中国的深刻影响。而这一影响因为宋儒避名居实、取珠还椟的苦心孤诣,变得难以捉摸。宋儒所谓来自孔孟,本系拉大旗之举,而海内外学人每每有以为其真的上承道统。则二者的联系究竟是事实,还是宋儒故布迷阵的障眼法?没有佛教因缘,能否将先秦、两汉、唐宋儒学的心性之说一脉相连?对此问题,傅斯年原来的处理显得较为简单,他声称:"今以演化论之观点疏理自《论语》至于《荀子》古儒家之性说,则儒、墨之争,孟、荀之差,见其所以然矣。布列汉儒之说,以时为序,则程、朱性论非无因而至于前矣。夫思想家陈义多方,若丝之纷,然如明证其环境,罗列其因革,则有条不紊者见矣。"[19]该书绪篇从先秦、汉代、宋儒梳理下来,试图探究心性之学的源流演变,进而对戴震、阮元之说加以辩驳。虽然注意到各时代诸说的异同,还是循着儒家思想自我演化的内在理路,形式上求其发生演化的顺下来,观念层面却暗藏着依照宋儒的自我塑造倒上去的潜在危险。

关于宋代思想学术及宋代的研究,傅斯年与陈寅恪均有与众不同的高度评价和期待,只是彼此看法也有所差异。傅斯年认为宋代是比较纯粹的中国学问,不像李唐与外国拖泥带水,与陈的看法明显有别。1934年陈寅恪为冯友兰《中国哲学史》下册所写审查报告,详细阐述其重视宋代的缘由及治理的办法途径,他说:

> 中国自秦以后,迄于近日,其思想之演变历程,至繁至久。要之,只为一大事因缘,即新儒学之产生,及其传衍而已。……然新儒家之产生,关于道

---

[18] 吴宓著,吴学昭整理:《吴宓日记》第2册,北京,生活·读书·新知三联书店,1998年,第100—103页。
[19] 《性命古训辨证》,《傅斯年全集》第二卷,第505—509页。

教之方面,如新安之学说,其所受影响甚深且远,自来述之者,皆无惬意之作。……而晋南北朝隋唐五代数百年间,道教变迁传衍之始末及其与儒佛二家互相关系之事实,尚有待于研究。此则吾国思想史上前修所遗之缺憾,更有俟于后贤之追补者也。南北朝时,即有儒释道三教之目,至李唐之世,遂成固定之制度。如国家有庆典,则召集三教之学士,讲论于殿廷,是其一例。故自晋至今,言中国之思想,可以儒释道三教代表之。此虽通俗之谈,然稽之旧史之事实,验以今世之人情,则三教之说,要为不易之论。

在陈寅恪看来,"二千年来华夏民族所受儒家学说之影响,最深最巨者,实在制度法律公私生活之方面,而关于学说思想之方面,或转有不如佛道二教者。如六朝士大夫号称旷达,而夷考其实,往往笃孝义之行,严家讳之禁。此皆儒家之教训,固无预于佛老之玄风者也。释迦之教义,无父无君,与吾国传统之学说,存在之制度,无一不相冲突。输入之后,若久不变易,则绝难保持。是以佛教学说,能于吾国思想史上,发生重大久远之影响者,皆经国人吸收改造之过程。其忠实输入不改本来面目者,若玄奘唯识之学,虽震动一时之人心,而卒归于消沉歇绝。近虽有人焉,欲燃其死灰,疑终不能复振。其故匪他,以性质与环境互相方圆凿枘,势不得不然也。六朝以后之道教,包罗至广,演变至繁,不似儒教之偏重政治社会制度,故思想上尤易融贯吸收。凡新儒家之学说,几无不有道教,或与道教有关之佛教为之先导。如天台宗者,佛教宗派中道教意义最富之一宗也。其宗徒梁敬之与李习之之关系,实启新儒家开创之动机。北宋之智圆提倡中庸,甚至以僧徒而号中庸子,并自为传以述其义。其年代尤在司马君实作中庸广义之前,似亦于宋代新儒家为先觉。二者之间,其关系如何,且不详论。然举此一例,已足见新儒家产生之问题,尤有未发之覆在也。至道教对输入之思想,如佛教摩尼教等,无不尽量吸收,然仍不忘其本来民族之地位。既融成一家之说以后,则坚持夷夏之论,以排斥外来之教义。此种思想上之态度,自六朝时亦已如此。虽似相反,而实足以相成。从来新儒家即继承此种遗业而能大成者。"[20]

---

[20] 冯友兰:《中国哲学史》下册,商务印书馆,1934年。

陈寅恪所论,虽然并非针对后出的《性命古训辨证》,所说事实及办法,却与后者关系密切,而途辙意见迥异。值得注意的是,傅斯年本来仅据前人成说标出李翱复性说在孟子与陆王之间的地位,并未予以特别重视。此书出版后,陈垣、张政烺等赞誉有加,冯友兰读完,则表示"前日问题仍未释",希望"见面时再谈"[21]。其所不能释怀、一再接谈的问题究竟为何,未见直接证据,冯友兰自己的看法以及陈寅恪审查报告的观点可能均在其中。三年后,傅斯年写了《论李习之在儒家性论发展中之地位》的短文,发表于《读书通讯》第57期,后来又作为《性命古训辨证》的附录,则两人所谈问题,或与短文的内容相关。而这篇文章的主旨,又与陈寅恪所写《冯友兰中国哲学史下册审查报告》关系密切,可以将傅、陈、冯三人连接。傅斯年文章的要旨如下:

> 李习之者,儒学史上一奇杰也。其学出于昌黎,而比昌黎更近于理学,其人乃昌黎之弟子,足为其后世者也(韩云,"从吾游者李翱、张籍,其尤也",李则于诔韩文中称之曰兄。盖唐人讳以人为师[见昌黎《进学解》],实则在文章及思想上李习之皆传韩氏者也)。北宋新儒学发轫之前,儒家惟李氏有巍然独立之性论,上承《乐记》《中庸》,下开北宋诸儒,其地位之重要可知。自晋以降,道、释皆有动人之言,儒家独无自固之论。安史之乱,人伦道尽,佛道风行,乱唐庶政,于是新儒学在此刺激下发轫(新儒学起于中唐,此说吾特别为一文论之)。退之既为圣统说(即后世道统说所自来),又为君权绝对论,又以"有为"之义辟佛老,自此儒家乃能自固其藩篱,向释道反攻。习之继之,试为儒教之性论,彼盖以为吾道之缺,在此精微,不立此真文,则二氏必以彼之所有入于我之所无。李氏亦辟佛者,而为此等性说,则其动机当在此。遍览古籍,儒家书中,谈此虚高者,仅有《孟子》《易·系》及戴记之《乐记》《中庸》《大学》三篇,于是将此数书提出,合同其说,以与二氏相角,此《复性书》之所由作也。戴记此三篇,在李氏前皆不为人注意,自李氏提出,宋儒遂奉之为宝书。即此一端论之,李氏在儒学史上之重要已可概

---

[21] 王汎森、杜正胜主编:《傅斯年文物资料选辑》,台北,傅斯年先生百龄纪念筹备会印行,1995年,第107页。

见。清儒多讥其为禅学玄宗者,正缘其历史的地位之重要。夫受影响为一事,受感化为又一事,变其所宗、援甲入乙为又一事,谓《复性书》受时代之影响则可,谓其变换儒家思想而为禅学,则言不可以若是其亟也。

傅斯年论新儒学发源的专文未见。仅据论李翱的短文,可见其与陈寅恪的看法大异。陈寅恪的冯友兰《中国哲学史》下册审查报告认为,中国自秦以来思想演变的历程,只为一大事因缘,即新儒学的产生及其传衍。本来儒家学说的影响最深最巨在于制度法律公私生活等方面,至于学说思想,则有不如佛道二教者。六朝以后,道教不似儒教偏重政治社会制度,所以思想上尤易融贯吸收。凡新儒家之学说,几无不有道教,或与道教有关之佛教为之先导。天台宗宗徒梁敬之、李习之等,实启新儒家开创之动机。而道教一方面尽量吸收输入之思想,如佛教摩尼教等,一方面仍不忘其本来民族之地位。既融成一家之说以后,则坚持夷夏之论,以排斥外来之教义。新儒家即继承此种相反相成的遗业而能大成。据此,则新儒家在思想学说层面其实是尽量吸收输入思想后,再以夷夏之论排斥外来教义。也就是前引佛教思想与吴宓所说,中国本来缺少精粹学说,佛教则于性理之学独有深造,程朱等宋儒皆深通佛教,既喜其义理之高明详尽,足以救中国之缺失,而又忧其用夷变夏。采佛理之精粹,以之注解四书五经,名为阐明古学,实则吸收异教,声言尊孔辟佛,实则佛之义理,已与儒教宗传浸染混合。

不论无心还是有意,傅斯年的《论李习之在儒家性论发展中之地位》明显有针对陈寅恪之说的意味,他认为李翱开启新儒学的凭借,并非佛教的性理,而是上古的心学和汉儒的性情善恶二元说。因为《复性书》三篇,下篇与性论无涉,中篇颇杂禅学,"仍是以《易·系》《中庸》为口号,然其中央思想则受禅学感化矣。此篇列问答十二,末一事问鬼神,以不答答之,自与性论无干,其前十一问则或杂禅学,或为《复性书》上之引申。"至于上篇之要义,可以概括为以下两点:

> 其一为性情二本,性明情昏说。此说乃汉代之习言,许、郑所宗述,而宋儒及清代朴学家皆似忘之,若以为来自外国,亦怪事也。此论渊源,本书下篇第一章已详叙之,今知其实本汉儒,则知其非借禅学也。禅学中并无此二

学术史的视域

元说,若天台宗性恶之论,则释家受儒家影响也。果必谓李习之受外国影响,则与其谓为逃禅,毋宁谓为受祆教景教摩尼之影响,此皆行于唐代之善恶二元论者。然假设须从其至易者,汉儒既有二元论,则今日不必作此远飏之假设矣。

其二为复性之本义。此义乃以《乐记》"人而生静至灭天理而穷人欲者也"一节为基本,连缀《易·系》《中庸》《大学》之词句而成其说也。所谓"寂然不动,感而遂通"者,《易·系》之词也。所谓"尽性"者,《孟子》之词、《中庸》之论也。所有张皇之词虚高之论,不出《易·系》则出《中庸》。铺张反复,其大本则归于制人之情以尽天命之性,犹《乐记》之旨也。今既已明辩古儒家有唯心一派之思想,则在李氏性说固未离于古儒家。李氏沾沾自喜,以为独得尼父之心传,实则但将《中庸》《大学》等书自戴记中检出而高举之,其贡献在于认出此一古代心学之所在,不在发明也。

根据上述分析,傅斯年得出结论:"约言之,《复性》上下两书皆不杂禅学者,中篇诸问则或杂或不杂。李氏于古儒学中认出心学一派,是其特识,此事影响宋儒甚大。若其杂禅则时代为之,其杂禅之程度亦未如阮元等所说之甚也。戴、阮诸氏皆未认明古有心学之宗,更忽略汉儒之性情二元说,故李氏说之与禅无关于儒有本者,号称治汉学者反不相识矣。"[22]

显然,一、傅斯年只承认李翱受时代的影响甚至感化,不同意其说是变其所宗,援甲入乙,变换儒家思想而为禅学;二、李翱的贡献在于认出古代心学之所在,而非发明,所说未离于古儒家;三、即使李翱受时代的外国影响,杂禅程度亦浅,相比之下,受祆教景教摩尼的影响较为直接。况且性情善恶二本为汉代之习言,宋儒及清代朴学家仿佛都已忘记,误以为来自外国,实则反而释家受儒家影响。所以,假设李翱受影响,应取较为接近的汉儒二元论。此说若成立,则陈寅恪避名居实,取珠还椟说的依据荡然无存,非但不是变儒家为禅学,连旧瓶装新酒的可能性亦不复存在。

---

[22] 欧阳哲生编:《傅斯年全集》第二卷,第664—666页。

然而，问题在于，唐宋诸儒究竟是先受到佛教道教性理之说的影响，再上探先秦两汉的儒学，以外书比附内典，构建新儒学，然后据以辟佛，还是相反，鉴于时代风气人伦道丧，先从古儒学中认出心学一派，形成理学，以抵御佛教。以情理论，无疑前者更为可信，恰如欧洲中世纪思想必须借助儒学才能突破变换，很少抽象虚理思维习惯的唐宋诸儒，如果没有内典外书相互比附、性理之学盛行的时代风尚影响，也很难产生思维方式的革命性变换。只是陈寅恪的看法较傅斯年曲折复杂，不易直接取证，反而傅斯年之说可以找出直接证据，看似信而有征。当时直接间接参与这一问题探讨的学人甚多，大都对陈寅恪的观点将信将疑，而与傅斯年之说相合。史学研究中往往出现实事无实证，而实证并非实事的现象，造成诸多困惑，由此可见一斑。

陈寅恪应当看过傅斯年的《性命古训辨证》，对其所指也心知肚明，直接的回应尚未见。1948年，陈寅恪在《"中央研究院"历史语言研究所集刊》发表《论韩愈》，旨在说明"退之自述其道统传授渊源固由孟子卒章所启发，亦从新禅宗所自称者摹袭得来也"。韩愈扫除章句烦琐之学，直指人伦，目的是调适佛教与儒学的关系。"盖天竺佛教传入中国时，而吾国文化史已达甚高之程度，故必须改造，以蕲适合吾民族、政治、社会传统之特性，六朝僧徒'格义'之学，即是此种努力之表现，儒家书中具有系统易被利用者，则为小戴记之《中庸》，梁武帝已作尝试矣。然《中庸》一篇虽可利用，以沟通儒释心性抽象之差异，而于政治社会具体上华夏、天竺两种学说之冲突，尚不能求得一调和贯彻，自成体系之论点。退之首先发见小戴记中《大学》一篇，阐明其说，抽象之心性与具体之政治社会组织可以融会无碍，即尽量谈心说性，兼能济世安民，虽相反而实相成，天竺为体，华夏为用，退之于此以奠定后来宋代新儒学之基础"。

在这方面，首先由"新禅宗特提出直指人心见性成佛之旨，一扫僧徒烦琐章句之学"。而"退之生值其时，又居其地，睹儒家之积弊，效禅侣之先河，直指华夏之特性，扫除贾、孔之繁文"。其《原道》一篇提出："古之欲明明德于天下者，先治其国；欲治其国者，先齐其家；欲齐其家者，先修其身；欲修其身者，先正其心；欲正其心者，先诚其意。然则古之所谓正心而诚意者，将以有为也。今也欲治其心，而外天下国家，灭其天常，子焉而不父其父，臣焉而不君其君，民焉而不事其事。"这与新禅宗直指人心见性成佛为中国佛教史上一大事相并列,为中国文化史中最有关系之文字。而"退之固是不世出之人杰,若不受新禅宗之影响,恐亦不克臻此。又观退之寄卢仝诗(春秋三传束高阁,独抱遗经究终始),则知此种研究经学之方法亦由退之所称奖之同辈中人发其端,与前此经师著述大异,而开启宋代新儒学家治经之途径者也。"[23]

显然,陈寅恪仍然坚执己见,并未因为傅斯年的别解而动摇改变。如果韩愈是受新禅宗影响才转而正心诚意,其弟子的复性论就很难说是与禅无关于儒有本。新儒学究竟是取珠还椟,还是古今一贯,或者说,古今一贯是唐宋诸儒苦心孤诣的自称,还是新儒学创制的渊源取法,两说并存,悬案依旧,破解之道,有待于来者。[24]

【桑　兵　浙江大学人文学院文科资深教授】
原文刊于《中国文化》2009 年 01 期

---

[23] 陈美延编:《陈寅恪集·金明馆丛稿初编》,北京,生活·读书·新知三联书店,2001 年,第 319—322 页。
[24] 此事牵扯宋学产生传衍的大事因缘,近代学人或明或暗地广泛交换意见,看法相当分歧。另文详论。

严耕望先生唐史文献研究方法发微

陈尚君

今年是严耕望先生百年诞辰,也是他去世二十周年之忌辰,纪念研讨会下月在香港中文大学举办。爰撰本文,以敬瓣香。

一

桐城严耕望先生,近代学人之典范,平生建树最著者,一为汉魏行政制度史研究,二为唐代人文地理研究,尤以《唐代交通图考》享誉学林,三为唐史文献研究,最著者为《唐仆尚丞郎表》。近百年唐史研究前以陈寅恪先生、岑仲勉先生得造其极,继起而获学界认可者,严先生为不二人选。他一生勤于著述,不计名利,如到台北参加"中研院"会议期间仍携带卡片及时处理,在香港任教多年,一直担任高级讲师,为专力于研究工作而不申请担任教授或讲座教授,皆非一般人所能做到。更难能可贵者,是他在1955年的学术选择。这一年,严先生年近四十,考虑一生之学术目标,于唐代人文地理与唐史基本文献研究二者之间,犹豫彷徨,难作抉择。他自己在《钱穆宾四先生与我》一文中的叙述是:

> 我在撰述《唐仆尚丞郎表》过程中,深感新旧两部《唐书》各有优劣。

《新书》体制完备，但文伤简略，往往因文害意，酿成很多错误。《旧书》叙事详尽，但因后期史料零落，比次每误，仅就我撰此《表》时，已发现谬误或夺讹不下六百条，此外问题可想而知。清人沈炳震东甫合钞两书为一编，甚有卓识，但是详者钞之未尽，误者摘发殊少，所以我很想"本沈氏《合钞》，钞之益审，纠之益精，又广征他籍，为之注补"，俾"学者研寻，取给为便"，意欲如王先谦之于两《汉书》，对学林亦是一项贡献。只是唐籍浩繁，必须投入毕生精力与时间，始克有成。但我自一九四六、四七年已开始搜录"唐代人文地理"材料，意欲从地理观点研究唐五代人文各方面的发展情况。这项工作也工程浩大，亦非投入毕生精力与时间不可。故此两项大工作势难兼顾，致迟疑不决。

所引一段文字见其撰《唐仆尚丞郎表》序言，此序定稿于 1955 年 9 月。此时陆续搜辑的"唐代人文地理"材料，还不同于后来撰《唐代交通图考》之计划，大约更接近于 1953 年所撰《唐代人文地理》一文所述，涉及"疆域与边防""行政区划""户口分布""产业——农林（附水利工程）""产业二——渔牧""产业三——工矿""交通""都市与商业""民风区域与人才分布""佛教分布""边疆民族""地理图志"等方面。这当然是很大的规划，确非投入一生而难以告竣。

先生当年之犹豫困惑，殆在二者皆为非一生投入不可，又必能传之久远之著作，其学力大进之时，知学识、眼光及定力投入其间，足能完成，且并世别无合适人选。是年方值人生之半，有此自断尤其珍贵。严先生云，当时《唐仆尚丞郎表》已撰述完成，将来去向必须及时决定。他说：

一次（钱穆）先生来到台北，我即以此项犹豫的问题向先生请教，先生稍加思索，告诉我说："你已花去数年的时间完成这部精审的大著作。以你的精勤，再追下去，将两部《唐书》彻底整理一番，必将是一部不朽的著作，其功将过于王先谦之两《汉书》。但把一生精力专注于史籍的补罅考订，工作实太枯燥，心灵也将僵滞，失去活泼生机。不如讲人文地理，可从多方面看问题，发挥自己心得，这样较为灵活有意义。"

据林磊《严耕望先生编年事辑》（中华书局，2015年）所考，此事发生在1955年9月，钱穆兼任新亚研究所所长，受邀担任"教育部"访日代表团团长而到台北。钱穆之指点，自属学术史上难得之佳话，但非全据学理及价值考虑，亦自分明。所谓在局者迷，局外者清，或可作一例。因为此次选择，严先生决意放弃他念，全力做唐代人文地理。他在《唐代交通图考》序言中说此后"决定从事唐代人文地理之研究""除一般之政区沿革外，泛及经济、社会、文化、民族各方面，凡涉区域分布发展者，皆在搜讨之列，而特置重在交通路线一课题，诸凡正史、《通鉴》、政书、地书、别史、杂史、碑刻、佛藏、科技、杂著、类纂诸书，及考古资料，凡涉中古交通，不论片纸巨篇，搜录详密，陈援庵先生谓'竭泽而渔'，余此项工作庶几近之。"可以见到从侧重人文地理到决意做《交通图考》，在资料积累到学术意义方面的不断探索。事实是，从1955年完成《唐仆尚丞郎表》，到1966年发表治唐代交通第一篇论文《唐蓝田武关道考》，其间悬隔十一年。积累之富，准备之丰，确令人骇叹。

严先生对《唐代交通图考》的自我评价："此为我平生功力最深之著作，亦为司马氏《资治通鉴》以后900年来史学界功力最深之论著。《日知录》《明儒学案》《文史通义》诸书，其境界也高，影响也大，但功力不如我之深，我书精审远过前人。"这是他1986年3月11日给大侄严伯高信中的话，因是亲属，又是学术圈外的人，因而得以将内心之自负，坦率地表达出来。对此，我是十分赞同的。司马光修《通鉴》，目的虽是提供治乱之道，但方式则是欲将1362年间的重大史事梳理清楚，重点之关注在人、时、事，方法则是先全面占有文献，逐年逐月逐日编排，先成长编，再删繁就精，写成定本。严先生之关注重点则在地理，廓而为道路、城乡、河湖、山水，虽以唐为中心，具体则要追溯唐前以明源委，考察唐后以见变化，而他的此项工作则因关注文化地理，民俗迁变，古今改移，人事来往，诚为前古所未有之著作。他的编纂办法，也与司马光接近，即先穷尽文献以作长编，他积累的超过二十万张卡片，即相当于司马光的长编。他的研究工作事实上绵历了近四十年，如此厚积薄发，故能精品迭出，惊骇学界。虽然《唐代交通图考》最后完成仅为计划之五分之三，我相信他留下的学术卡片，应该已经完成了全书的长编，希望这部分资料能够得到保存、整理，甚至出版。我想特别强调，今人谈到司马光,经常称赞他身后留下的文献与初稿即达两屋之多,从现代史学立场看,这些原始文献如果得到保存,其价值应该不在《通鉴》之下。

了解他在 1955 年的学术选择,更感他之明智与定力。这是他人难以认清,更无法做到的。从 1955 年转向,1966 年初有发表,1985 年出版《唐代交通图考》第一册《京都关内区》,到生前陆续出版《河陇碛西区》《秦岭仇池区》《山剑滇黔区》《河东河北区》五册,身后由门人据遗稿整理《河南淮南区》,仍有《江南岭南区》《河运与海运》《交通制度》及《综结》四册未完成。回看他在 1955 年的学术选择,唯此方能有成,即此终未底成,足令今人赞佩与唏嘘。

二

严先生治唐史,自承始于 1947 年春,此后八年,历经世变,始终专心著述,以 1955 年《唐仆尚丞郎表》之完成告一段落。该表之著述动机,则一因前此他有编著《两汉太守刺史考》之经验,知道以完备之文献、细密之考证及按科学方法重新排比职官年表,可以凸显存世文献之缺漏与未尽精密;二则为治唐代行政制度史之必须,唐代日常政事由尚书省承其大端,而六省尚书、侍郎各主部务,所任至重,梳理清楚此一时代中枢核心人物之任职始末,为此项研究之基础;三则因唐职官年表完整者,仅《新唐书·宰相表》一种,翰学年表大约存三之二,其他仅吴氏《方镇年表》略备。除此以外,左右仆射、左右丞、六部尚书侍郎,自是唐代政治舞台上最重要之人物。此外,我还想指出此项工作虽肇端于史语所在大陆的最后阶段,但主体部分则完成于史语所寄居桃园杨梅火车站附近仓库的艰难时期。全部运台之两千多箱书籍、文物,开箱上架者仅一二百箱。严氏之工作以唐代基本史籍为依据,补充诗文集、杂史说部及石刻、内典、敦煌等新文献,主体文献是比较常见的典籍,正适合此艰难时期之图书条件。尽管如此,严氏之工作并没有因此而降低标准。

《唐仆尚丞郎表》文献准备极其充分。就当时言,必然曾作大量的卡片和辅助工具书。即就唐人存世各类典籍中曾任尚书左右仆射、尚书左右丞、六部尚书及侍郎,包括中唐以后与户部并称三司之度支使、盐铁使一并考及。将所有基本载籍中所涉曾任该数职官之人物,逐项编制相关卡片,然后剔除其中之赠官、中叶后之检校官,比较同一任官之记载同异,校订姓名正误,所任职官之准确官名,其实际预职之起讫时间,并通过这些排比,借以了解同一时间六部主官有哪些人在位,各尚书、侍郎之前任后继又各是哪些人。这些事实,不通过精密的排比和校读,一般读史者是无法知晓的。

该书体例周详,卷一《述例》说明官守与制度,卷二至卷四《通表》则为各任官人物之年表,卷五至卷二二《辑考》则说明文献依凭,最后附引用书目与人名索引。其考证之精密,方法之科学,成就远在吴氏《方镇年表》以上。六十年来新见文献数量巨大,就笔者所知可作订补者未逾百人,足见此书之成就。

还可以进一步举例来说。《唐六典》和两《唐书·职官志》,对唐代中央到地方之官员设置皆有具体之规定,而正员之外,则有兼、判、权知、检校,前期虽非真除,但属实职,至后期则有所不同。肃、代间属于过渡时期,需要区别对待。同一人授官,其品阶、官借、赏赐等均有区别,但迁转书法,则又各有所不同。严书于凡例中定书法十二例,即品同职均曰换,品高职均曰迁,品低职均曰换,品同职重曰迁,品同职轻曰转,品高职重曰迁,品高职轻曰徙,品低职重曰换,品低职轻曰左迁,重谪曰贬,特迁曰擢,曰擢迁,仆尚丞郎外任曰出为,节镇刺史入为仆尚丞郎曰入迁,又以图表之方法将仆尚丞郎共十六项官守按照上下左右来揭示其品秩位序。这些严格的规定,确保了全书的质量。全书凡数度删削方得定稿,将烦琐的官称尽量用简称来代替,将复杂的考证尽量从繁趋简,大多仅列举书证,毋庸烦言,一般考证均在一二百字内得到结论。即便如此,全书仍达百万字规模。此书为史语所迁台后第一部新撰大书,在极其艰难中仍得出版,对作者与主持者皆应致敬。

在《唐仆尚丞郎表》撰述中,严先生所得任职官员凡1116人,2680余任,而仅此部分之考订,即发现两《唐书》谬误讹夺逾600则。严先生据以推想,二书所涉时间、人名、地理、辞章、名物、事件之讹误,"更不知凡几",没有专人对此作系统、完整、精密之考订,则二书何可使人信任。我认为,正是从此一立场,严先生看清楚校理唐史基本文献学术意义之重大,以及具体之实施办法。

三

　　两《唐书》编修时，唐国史实录尚多有保存。《旧唐书》成于乱世，可贵者为多存国史旧文，遗憾者为未究诘文献成就一代良史。《新唐书》之成，文献尚丰，惟二位主编热衷于文章义例，及文省事增，于事实真相多未尽究，故留下遗憾亦多。司马光诚一代良史，其于唐五代史实之保存，功不在两《唐书》之下，惜以一代兴亡为中心，见其大而弃其微。其他若《唐六典》存官制，《开元礼》存礼制，《唐会要》存典章，《元和志》《寰宇记》述地理，各臻其极。严先生在撰《唐仆尚丞郎表》期间，穷尽文献，对唐史文献之基本构成及价值，有极其深刻之体会，加以分解史料，按官位逐年编次，更看到许多史实之记载欠缺，彼此之矛盾违忤，究诘真相之可能及解决问题之方法。看到这些问题，他在二十世纪五十年代前期已经有一些具体的论著，较著名者有《旧唐书夺文拾补》《旧唐书本纪拾误》《新旧两唐书史料价值比论》等论著，追溯人物早年活动者如《杜黄裳拜相前之官历》，考订史文者有发表在《大陆杂志》等刊物上的学术短札等。这些所得，大多与《唐仆尚丞郎表》之编写有关。

　　《杜黄裳拜相前之官历》（《史语所集刊》二十六本，1955 年）有憾于两《唐书》黄裳本传于其早年事迹记载简略，乃据《郎官石柱题名》知其在杜佑前曾任金部郎中，当在大历十四年以后；又据《旧唐书·德宗纪》，知其建中四年为司封郎中；据《册府元龟》卷一六二，知其兴元元年以给事中兼御史中丞、江淮宣慰使；复据《旧唐书·德宗纪》，知其贞元五年为河南尹，据多书记载知其六年迁刑部侍郎，七年仍见任，寻以礼部侍郎知贡举，此年冬，改吏部侍郎，十一年，以中贵谗谮贬官。这些基本事实之廓清，当然可以补史书之阙文，更重要的则在于梳理清楚他的宦迹交游后，对研究他因家族、科举、从幕、同官、交游形成的人事网络，对研究传主的人生轨迹和政治事件中的冲突进退，都有重要的关系。今人傅璇琮撰《唐代翰林学士传论》，即是凭借此一思路，穷尽文献，对中晚唐在政治、文学上均具有极其重要地位的 200 多位翰林学士的仕历做了彻底的清理。倘若有人将两《唐书》所有具名人物之生平脉络梳理清楚,其意义极其重大。

《旧唐书本纪拾误》(收入《唐史研究丛稿》,新亚研究所 1969 年),自称为撰《唐仆尚丞郎表》时"留意所及之诸问题,择其有足补正《旧书·本纪》者",编次而成,其中"有属传刻夺误者""有属传刻字误者",再则为"原书撰述之误",所举则年月误者,"有恰误前一年者""有误前两年者""有恰误后一年者""有恰误后两年者""书事谬误者",则"有一事前后重书者""有误一人前后两事为一事者""有误罢官为始任者"。至于官衔谬误,则更不胜枚举了。

《旧唐书玄宗纪开元十七年条夺文》(《大陆杂志》十三卷五期,1956 年),认为《旧唐书·玄宗纪》此年八月"乙酉,尚书右丞相、开府仪同三司兼吏部尚书宋璟为尚书右丞相",粗看似可通,下之"右丞相"为"左丞相"之误,但颜真卿《宋璟碑》则载宋至十六年以西京留守兼吏部尚书,则前一衔必非其所有,复据《唐会要》及两《唐书》诸人传之所载,知张说、源乾曜、宋璟三人同时转官,本纪所载前一"尚书右丞相"下当夺"张说为尚书左丞相"八字,璟之原官仅为"开府仪同三司兼吏部尚书"。

《旧唐书宣宗纪大中八年条书事多误》(《大陆杂志》十三卷七期,1956 年)则指出本纪该年书九事,就中五事有误,一是将魏謩监修国史,应在九年三月或十年三月,不应提前记在八年三月;二是据吴廷燮《唐方镇年表》,知李景让自山南节度使入为吏部尚书为大中十年春事,不应载在八年三月;三是纪载韦澳自翰林学士为京兆尹,丁居晦《翰林承旨学士壁记》载在大中十年五月,《通鉴》同,纪作八年五月事显误;纪又载苏涤五月自户部侍郎、翰林学士承旨出为荆南节度使,应为六年或七年出院为尚书左丞,其本官也应为兵部侍郎而非户部侍郎;七月载魏謩兼户部尚书,严先生引《新唐书·宰相表》认为大中间宰相皆循六部尚书之高低步步迁升,次序不紊。謩兼户部为十年十月事,作八年误。

以上两篇加起来仅不足二千言,为其作《唐仆尚丞郎表》期间之片断所得,说起来波澜不惊,但写起来谈何容易。后来中华书局点校本尤倾力于此类史文误失之清理,但要净尽真谈何容易。

《通鉴作者误句旧唐书之一例》(《大陆杂志》六卷二期,1953 年),认为《通鉴》卷一九九载"以太子左庶子于志宁为侍中,少詹事张行成兼侍中。以检校刑部尚书、右庶子兼吏部侍郎高季辅兼中书令",所载为贞观二十三年五月太宗弥留之际太子李治以东宫寮属控制中枢之人事安排,传本并无讹误。但与《旧唐书·高宗纪》对读,可知"检校刑部尚书"当上读为张行成之新官,不是高季辅的旧职,高的新职为"检校吏部尚书",再从前后记载找到确证,从而证明司马光当年误读史文,以致误叙。

《旧唐书食货志盐铁节夺文与讹误》(《大陆杂志》十二卷三期,1955年)则指出《食货志》载开元元年十一月河中尹姜师度开水道置盐屯,"公私大收其利",引致左拾遗刘彤言事,上令宰相议其事,引起盐铁专卖政策之变化。严先生则指出此节出宋本,另《册府元龟》卷四九三亦全同,知误文宋时已经如此。其中"州自余处"之"州"字为衍文,"比令使人"以下,据《唐会要》卷八八知夺"至十年八月十日,敕:诸州所造盐铁,每年合有官课"二十字。再为姜师度守河中之时间,《旧唐书》卷一八五下姜本传载其开元六年方为河中尹,严认为仍误,因《册府元龟》卷六七八载姜开元八年仍在同州刺史任,则其徙河中、治盐池事必在此以后。清理文献,严先生考定改蒲州为河中府及姜为尹,皆九年之事。此则考证,知唐史文献歧互多有,且类型千变万化,不作穷究,则难得真相。

以上各文均属片段,但非有全面比读文献则难以发现问题,没有细致追究则难以解决问题。严先生深知读书中得片段发现并不难,要彻底或相对彻底地清理文献,则非有巨大的投入而难有大成。

四

对于具体治唐史文献之方法,《钱穆宾四先生与我》一文中也有具体之论述,其言云:"我在撰述《唐仆尚丞郎表》过程中,深感新旧两部《唐书》各有优劣。《新书》体制完备,但文伤简略,往往因文害意,酿成很多错误。《旧书》叙事详尽,但因后期史料零落,比次每误,仅就我撰此《表》时,已发现谬误或夺讹不下六百条,此外问题可想而知。"他的基本设想是继续清沈炳震《新旧唐书合钞》的办法,在其基础上参照王先谦治前后《汉书》的办法,穷究史料。这确实是一项大工程，最后可以形成超过千万字的著作，并为今后治唐史者以永久的参考。但此一设想尚属初步构想，若继续工作，我以为必然还会有许多的调整。特别是当代学术观念已经发生根本之变化，今人治学更重视第一手文献，更看重有层次地揭示文献先后的变化轨迹，以及通过全部文本的反复比读索引以追求事实真相。就此而言，沈氏《合钞》多数以《新唐书》为基础，附钞《旧唐书》，就未必妥当，我相信严先生如果继续这一工作，逐步会有很大的调整，体例也会更趋细密。

在此要特别讨论严先生晚年所写的两篇文章，一篇是《资治通鉴的史料价值》，写于1992年4月，刊于该年创刊的《香港中文大学中国文化研究所学报》第一期，另一篇是《新旧两唐书史料价值比论》，初稿与前篇为同时所写，定稿于1995年11月，即其辞世前不足一年，刊出则在他谢世次年之《新亚学报》十八卷。后一篇开首即云："前人论两《唐书》，多抑《旧》而扬《新》。若从史学观点言，此论固不可易，若从文章观点言，此论更不可易；但若从史料观点言，则两书各有优劣，不可偏废。"此为大略。具体讨论则甚为深入。他认为："《旧书》本纪，自唐初至中晚期敬、文时代，月日分明，记事详赡，尚不失常规。自武宗以下，乃繁简失均，且极零乱，晚唐列传，亦甚零落。"

具体分析，则有涉《旧唐书》价值有以下数点："第一，《旧书》本纪固然远较《新书》纪为详；列传方面，一人在两书皆有传者，大抵亦《旧书》详于《新》。就史料言，同一史事，记载较详，价值多半较高，何况《旧书》记录较为原始。""就史料言，抄录原料，不加改作，使原料较原始之形态得到保存，正足宝贵，故就此点言，《旧书》史料价值实在《新书》之上。""第二，《旧书》晚唐诸帝纪，常见七零八落，详略失衡，甚至杂乱无章。""就传统正史本纪体例言，可谓极其繁芜，极不得体。""却因此保存了原史料本来面目，价值反而极高。""第三，《旧书》无表，诸志也远不如《新志》之详赡，但也有极大长处，如《地理志》详记各州府沿革及领户情况。而《旧唐书·职官志》因《六典》见存，故无大作用，但如《六典》不存，则必为鸿宝。"

对《新唐书》，严氏充分肯定其增补之功，其中最主要的为表与志，《宰相表》《方镇表》均具卓识，两《世系表》为中古士族世系留下珍贵记录。诸志则除新增《仪卫》《选举》《兵》三志，其余诸志均有较多增补，有些篇幅增倍。列传则大量增加中唐后重要人物之事迹。列传书诸人之籍贯，《旧书》多书郡望，《新书》则尽量改记实际籍居出生地。

至于《新书》之缺憾，也多有揭示。《新书》删略史文，有极其重大史实而漏略者。严举《旧唐书·德宗纪》载代宗末年藩镇基本定型之各镇领州、兵之数，让读者对国家大局有基本之理解，《新唐书》认为置于本纪过于臃累，自可成说，但于《方镇表序》及《藩镇列传序》仍无所及，只能认为识短。而《旧唐书·宪宗纪》有李吉甫《元和国计簿》载天下方镇、州县数及领户数，以及财政依办数和兵戎数额，自是极重要之记载，而《新唐书》若删而移至《食货志》犹自可恕，但却大多无存。

再述《新唐书》为节省文字，往往导致重大失误。严举四例，一为太宗伐辽时，莱州与陕州各承不同责任，却将其归并为一；二是述李谨行事迹，《旧》作"其部落家僮数千人"，《新书》仅为文章计，视"部落"为冗文而删去，全不虑家僮何以至数千人；三则《吐蕃传》叙唐蕃定界，《旧书》云"云（当作灵）州之西，请以贺兰山为界"，是指双方此段以贺兰山为界，而《新书》则改作"请云州西尽贺兰山为界"，是吐蕃所求远远超过原来事实；四则《旧书》叙西突厥王庭所在，"自焉耆国西北七日行至其南庭，又正北八日行至其北庭"，是北庭在南庭正北八日行，而《新唐书》删一"又"字，则似焉耆正北八日行至北庭。宋人重文章，重史例，重书法，删冗辞，全不虑及史文删改后造成的讹失。此则《旧》优于《新》者。

以上分析，皆客观中肯，非研读旧史数十年者难以臻此。

《资治通鉴的史料价值》则主在纠正前人认为该书"只是融铸正史材料"之偏失，认为从史料观点看，战国秦汉时代史料价值可能不高，魏晋南北朝时期正史外材料已经不少，至隋唐五代则正史外材料极其丰富，此则于《通鉴考异》所引，南宋洪迈、高似孙皆有抉发者。严先生以《通鉴》与唐五代正史本纪对读，枚举彼此详略同异之若干事例。又揭示其考正严谨之多例，强调《考异》与胡注皆存有重要史料。并引温公《与宋次道书》，知修《通鉴》时仅《唐纪》所作长编即不减六七百卷，而定稿不过八十一卷。"足见长编辑录史料之富，惜皆删落。若长编仍存，保存史料更多，其史料价值应必更高。"我是十分赞同的。我还可补充说明的是，如果将《通鉴》五代诸纪分切为中朝与十国两部分，十国又按国别史分别编次,不难看出十国部分因为充分利用了刘恕已经失传的名著《十国纪年》,其叙十国史事部分远较他书为详。

从上举二文,可以看到严先生从1955年后虽然转治人文地理为主,但对唐史基本文献之关注始终没有轻弃,基本看法比早年更为圆融透彻。

五

最近六十年,唐史文献的最重要工作,一是大陆两《唐书》点校本的出版(当年没有参考严先生的工作),二是大量新出稀见史料的发表,三是各类专题论著的出版。其中《旧唐书》点校本比较充分地参考了该书的存世善本,并充分参考前人的考订成果,重视他校在文本写定中的作用。尽管由于完成于特殊时期,最后定稿因过于强调校勘记从简,而使已经发现的问题没有得到充分校改,从中华书局所存当年由我任教的复旦大学点校组所作长编来看,确达到很高水平。当然,当年由于闭国所限,包括严先生在内许多海外学者的见解并没有得到参考。现在回过来看,严先生当年设想如果完成,将总体提升唐史研究的水平。一些学者已经部分完成了类似的工作。比如今年刚弃世的傅璇琮先生《李德裕年谱》和《唐翰林学士传论》两种,就是从个人研究到群体研究值得重视的著作,且对唐史基本文献重建具有学术示范的意义。(详拙文《唐代文史研究的典范之著——评傅璇琮先生〈唐代翰林学士传论〉两种》,收入卢燕新等编《傅璇琮学术研究文集》,商务印书馆,2012年8月)。

尚君自1993年始,肆力作五代文献之辑复,历十二年,至2005年出版《旧五代史新辑会证》,其中最重要之收获在于彻底利用《册府元龟》所存五代实录原文以校订《旧五代史》史文,从而得以看清虽然五代实录从南宋起即陆续沦亡,而其十之五六尚赖《册府元龟》之摘录而得保存,若加上《五代会要》《旧五代史》《资治通鉴》诸书不同形式之节录改写,则十之七八当可恢复。同时也得理解,唐代实录之原书,虽仅《顺宗实录》一种五卷,赖宋刊《韩昌黎集》得以保存,其他各朝实录之遗存,远比一般学者所知为更加丰富,若得有心人加以辑录校考,得为一般学人所信任与利用,实在是功莫大焉。深憾岑仲勉先生开拓众多而最终未能总集其成,感慨严耕望先生明了唐史文献研究之方法与意义,最终未获展开,不自量力,因有意继起而承此。我的设想稍有不同之处是,从人、事、时、地、书诸端考虑。旧史以人为中心,因欲作两《唐书》列传笺证,纠订讹误,补充事实,以《旧书》为主,《新书》为补,鸠聚新旧文献以明真相。无传人物,则拟作《唐碑传集》《唐史翼》及《元和姓纂》新本以扩充之。唐基本史书的初源为国史、实录,后者皆编年,《通鉴》即删其繁而成。实录原书虽多遗逸,然原文及间接所存者为数极夥,拟作唐实录辑存及《唐史长编》以尽其事。六经皆史,唐人之著述亦皆可作史来读,存佚不一,则拟作《唐人著述考》以加究明,详记作者、成书、内容、存逸及孑遗。至于地理、事件、制度,今人建树多矣,可不必重复。以上所见,我在 2010 年为詹宗佑遗著《点校本两唐书校勘汇释》(中华书局 2012 年 1 月出版)所作序,以及前引 2012 年为傅璇琮《唐翰林学士传论》两种所作书评中皆有讨论,在此不赘。初成框架,无奈多年合作之重新写定存世唐诗之《全唐五代诗》一书,被不肖者无故劫掠,自念积累多年,文献已丰,学力稍进,不能轻弃,故自 2008 年起踔厉感奋,欲以个人之力独立成书,底成大约历时十年,倏忽已老矣,更感严先生当年决断之有识,故述所感如此。非敢自诩也,愿告后学此一端学问之意义与方法,期有继起而能得有成就者。

2016 年 9 月 18 日于复旦大学光华楼

【陈尚君　复旦大学中文系教授】
原文刊于《中国文化》2016 年 02 期

瓜饭楼述学

冯其庸

一

我于1942年起在无锡报纸上发表诗词散文，1947年，在《大锡报》上发表了历史调查文章《澄江八日记》，从1942年到现在，已经经历了六十七年了。

我出生于贫苦的农民家庭，曾过过长时期的饥饿贫困的生活。小学五年级因抗战开始失学后，就一直在家种地，同时也就走上了自学之路。我在这一段时间里读了不少书，《论语》《孟子》《左传》《古诗源》《唐诗三百首》《古文观止》《东莱博议》《三国演义》《水浒传》《陶庵梦忆》《西湖梦寻》《浮生六记》《西青散记》，等等，都是在这一段时间读的，但读的书很杂，因为只能借到什么书就读什么书，再说那时还不懂得如何读书，只是像一个饥饿的人，见到什么食物就吃什么而已。后来上了农村中学，也是半农半读，没有离开种地，也还走着自学之路。所以我在20岁以前是一个真正的农民，村里与我一起干活的还有人在。1942年下半年，我考上了无锡工业专科学校，高中一年级，读的是染织科印染学，但又因经济无法维持，加之我喜欢文史，不喜欢工科，所以上了一年，又失学回家种地了,之后就当小学教员,还兼当中学教员。

1946年春,我考入了无锡国学专修学校本科,这是我人生道路上的一个转折点,我从此开始走上了学术道路,也从此开始走上了革命的道路。无锡国专的名师很多,当时文史方面第一流的学者,几乎都在无锡国专任教,因为唐文治校长在学界威望很高,只要是唐校长的聘请,无不欣然接受。所以当时如周谷城、周予同、蔡尚思、顾廷龙、王佩诤、谭其骧、葛绥成、童书业、王蘧常、钱仲联、朱大可、顾佛影、朱东润、冯振心、赵景琛、胡曲园、吴白匋、钱基博、钱穆、陈小翠、周贻白等诸名家,都先后来讲过课,在这样的学术气氛里,再直接听这些名师的教导,自然就让我走上了学术的道路。当时,无锡国专的课程,凡经典著作,都有专题课,如《诗经》《楚辞》《左传》《论语》《孟子》《老子》《庄子》《墨子》《史记》《杜诗》,等等,都是半年到一年的专题课。当时丁儒侯老师讲《论语》《孟子》,冯振先生讲《老子》《说文解字》,朱东润先生讲《史记》《杜诗》,俞钟彦先生讲《唐诗》,吴白匋先生讲《五代两宋词》,王震先生讲《文学史》,张世禄先生讲《音韵学》。还有《文选学》《目录版本学》等课。我与无锡国专的许多位老师,也是始终没有间断过交往,如王蘧常、钱仲联、冯振心、朱东润、顾廷龙、周贻白、吴白匋,等等,一直到他们逝世前,都保持着密切的联系。尤其是王蘧常先生,关系更为密切。1947年底,我接到地下党组织的通知,要我离开无锡,因为搞学生运动,国民党要抓我。我立即于1948年初转到上海无锡国专分校,分校是王蘧常先生任教务长,我是事先得到王老师的许可的。我到了上海,就听王老师讲《庄子》《诸子概论》。我毕业后,他前后给我的信有六十多封,直到他突然去世前几天我还在他身边。钱仲联先生也是如此,他去世的时候还不断叫我的名字。

我在上海这一段时间,还听了童书业先生讲秦汉史,他常常在讲课时讲他与唐兰先生关于金文方面的争论,所以也使我对金文产生了兴趣,他讲的秦汉史,后来就出版了《秦汉史》这部书。同时上课的有葛绥成先生(讲地理学),顾佛影先生(讲诗选),刘诗荪先生(讲《红楼梦》),顾廷龙先生(讲版本学,这时他的《明代版本图录》刚出书),周谷城先生(讲《通史》),周予同先生(讲《经学史》),等等。

我在无锡时,一次听钱穆先生的讲学,使我终生不忘,印象最深的一点是要我们做学问要"我见其大"。这四个字，可以说指点着我一辈子的学术道路。我在上海时还专门去拜访了陈小翠老师，当时她已不讲课，我是特意到她住处去请教的，她是当时最负盛名的大词人，有的人称她为当代的李清照。我那时醉心于词，所以带着自己幼稚的习作，去拜访了她。想不到竟得到她极大的鼓励。还有一位词学大师龙沐勋（榆生），是由王蘧常老师写信介绍我去拜见的，他有严重的胃病，身体很瘦，但也热情地接谈甚久，还嘱咐我再去。特别是顾廷龙先生，他当时是合众图书馆馆长，我正在撰写《蒋鹿潭年谱》，我除了听他讲版本学外，差不多每天都到他的图书馆去，他特意叫管理员将我看的书单放下，第二天不必再办手续，直接就可取阅，这对我来说节省了许多时间。新中国成立后，他任上海图书馆馆长，还写信给我，要把我在合众图书馆时期写的《蒋鹿潭年谱》在上海图书馆的纪念刊上发表，这样，这部稿子就在上图的纪念刊上首发了。所以无锡国专这许多先后的老师，都是我学术道路的指引人，我终生不能忘记。而且我从此一直走到现在，可以说没有背离他们的教诲。

在无锡国专另一个决定我人生道路的，是1947年，我在带头搞学生运动时，意外地得到了地下党的支持。我带头搞学生运动，开始完全是自发的，是基于义愤，是对国民党的不满，之后，我渐渐地不断得到了开导和指点，而开导和指点我的人本来就是与我一起搞学生运动的同班好友，实际上他已接受地下党的领导了。到1947年下半年，因我带头搞学生运动，学校要开除我，校务会议上老师之间产生了激烈的冲突；俞钟彦老师和其他许多老师不同意开除我，因此与另一位老师发生了激烈的冲突。与此同时，我忽然接到一个通知，要我立刻离开无锡。我就秘密地和几位同学转到了上海无锡国专，在王蘧常先生的关注下，在上海无锡国专读书。这时我明白了我的活动一直受到党的关注。到1948年12月，我从无锡国专毕业，在家乡前洲镇上的树德小学任教，这时党的地下组织就与我直接联系，从此我真正走上了革命的道路。1949年4月22日夜，我在锡澄公路上迎接过江的解放军，第二天，我就办理正式入伍的手续，编入解放军的队伍，在苏南行署工作。我到教育工作的岗位上，起初也是受组织委派的，所以一直未脱解放军服装。直到一年以后学校向组织上提出要求将我留下来，才让我和同时派去的同志正式转入教育队伍，脱掉解放军服装。我之走上革命道路，追本溯源，还是从无锡国专开始的。

二

我在无锡国专读书的时候,就一直醉心于文史的学术研究,也热爱诗词创作。在无锡国专时,还组织了"国风"诗社,习作了不少诗词。可惜这些早年的作品,连同"文革"前的一些诗词,都在"文革"中被毁了。我喜欢文史研究的癖好和喜欢诗词、书籍版本的癖好,可说一辈子没有改变。我现在还保存着几本我小学失学以后在农村种地自学时读的书籍,但绝大部分已散失了。

我一直喜爱文史研究,包括考古发掘和地面调查,还喜欢古典戏曲,这个喜好是很早就形成的。1954年8月我被调到北京中国人民大学,当时并没有给我半年备课的时间,8月到职,9月开学就担任大一的国文,而且兼任几个系的课程,那时我才30岁。我当时的压力实在很重,但对我的这些爱好来说,到北京无疑是进了一个大学校,文史方面有许多前辈可以直接请教,戏曲方面更是名家林立,流派纷呈。我把看戏也作为学习,我是常常带着《牡丹亭》的本子和其他剧本到戏院子里听戏的。

学校课程的要求和我的喜好也是完全一致的,所以任务虽重,我自觉地夜以继日地读书,以保证课程,也大大加速了我自己的学习进程。我主编的第一部书《历代文选》就是在这种形势下编出来的,当然,这部书的出版,已经是好几年以后的事了。但起因是从这时开始的。

在人大担任大一国文课,后来又担任文学史、文学作品选的课,这更要求我在文学和史学、文化史学、训诂学、考古发掘的新成果等方面都要有广泛的知识,特别要求有文化前沿的知识。所以从1954年起到1966年"文化大革命"爆发以前,一直是我最紧张的学习阶段和研究阶段,我的一系列研究论文,包括戏曲研究的论文、文学史研究的论文、词学研究的论文、封建道德的批判与继承的论文,等等,都是在这十年间写成的。20世纪60年代初,我主编的《历代文选》,受到了毛泽东主席的表扬和推荐,吴玉章校长为此专门接见我、鼓励我,还把他的著作送给我。尤其是那篇批判封建道德的文章,更受到毛泽东主席的极高评价,并嘱咐康生主持写"六评"要用我写批判封建道德的文章的观点和方法来写,康生因此找到了我,转告我主席对我的文章的评价,并希望调我到中央去写作。主席对我文章的评价,事前周扬和林默涵同志已经详细告诉我了,康生要调我到中央去写作的事,我因酷嗜学术研究,也怕到政府部门去工作,特别是我当时已借调到中宣部的写作组,与林默涵、张光年、李希凡等一起写批判苏联赫鲁晓夫文艺路线的文章,加上我在人大的课程重,教中国文学史和文学作品选两门课,所以即以以上两项为理由婉言辞谢了。

20世纪50年代末,郭沫若院长在研究《再生缘》的时候,找不到作者陈端生(云贞)的资料,恰好我早些年读过陈云贞的《寄外书》,因为文辞好,我大部分还能背诵,除《寄外书》外,我还收集有关陈云贞的其他资料。这个消息由人大的罗鬐渔先生告知了郭老,郭老立即让他的秘书来找我,约我与他见面,在他的书房里做了一次长谈,我直陈了我的一些思考和疑点。他看了我带给他的资料非常高兴,对我说这些疑点都会解决的。他随手就将新出版的《文史论集》签名送给了我,之后他就不断地给我写信,讲他研究进展的情况,前后约有十来封信,"文革"时都被抄走了。前些年又从天津经朋友帮忙还回来四封,去年又在山西太原发现一封。我清楚记得有一封长信书法也特别好,红卫兵抄去后,把它当法帖来练,之后,这些信就再也没有影子了。

我当时对文史研究,做着一系列的好梦,我想了解中国文化民族特性的形成,所以认真学习和调查了全国各地的原始文化(新石器时代的文化)遗址,考察了大量的出土文物,1964年并在陕西王曲地区发现了一个大面积的新石器时代文化遗址,为此苏秉琦先生还专门到我住处来仔细观察了我带回来的一些陶器、石器和骨器,肯定这是一处相当于仰韶时期的大面积的新文化遗址,郭沫若院长还鉴定了部分陶器、石器和骨器,结论与苏秉琦先生完全一致。这个遗址同时也得到了陕西省考古所的认同和做了保护措施,《考古》杂志上也发表了我们的调查报告。

我调查全国各地新石器时代文化遗址所得出的结论,是认为中国的原始文化不是一元论,不是从黄河流域的文化传布到全国各地去的。相反,却是在新石器时代,全国各地都有自生的原始文化,然后经过长时期的交融磨合,到很晚才形成一个基本统一的文化。这要算到秦始皇的书同文、车同轨的时期了。即使这样,文化的区域性特征也没有消失。直到今天,地域的文化差异还依然存在着。这个观点,"文革"前我曾在汉中师院讲过一次,后来在南京的一次古城研究会上讲过,得到了学界的认同。我后来写的《一个持续五千年的文化现象——良渚玉器上神人兽面图形的内涵及其衍变》,就是在我调查研究原始文化的基础上写成的,文章发表在南京博物院的专刊上。

为了适应当时教学的需要,我除编过《历代文选》外,还编过一部《中国文学史》,从先秦一直到明,约60—70万字,当时是用油印的办法印出后发给学生的,那是20世纪50年代后期。后来政治气候愈来愈"左",教学方面古典文学的课程愈来愈减少,我的文学史课钟点也大大减少了,我的讲义改成铅排,但已不由我做主,被缩减成20来万字了。当时我手里还有油印讲义原稿,所以我也不着急,没有想到"文化大革命"一来,我的油印讲义也被毁了。幸亏我还有二本薄薄的铅排本,一、二两册,自先秦至晚唐,晚唐以下没有印出来。在这两册书前都有一段说明:"全部《中国文学史》暂分编三册:(一)先秦、两汉。(二)魏、晋、南北朝、隋、唐、五代。(三)宋、元、明、清。本书系集体编写,内容风格均未能统一。"这里说的"集体编写"是虚的,因为在当时"左"的气氛下,用了个人名字就是个人主义,你的东西如不愿作为集体的,你就是个人主义,所以尽管是我个人编写的也只能作为"集体编写"。为什么没有第三册呢,因为第三册我还未写完,只写到明(这个铅排本的年代是1959年8月)。但到"教育检查"等运动来时,却只批判我一个人,这时就没有"集体",不讲"集体主义"了。这是当时的时代风气,不是某一个人的问题。而且以后还更加"左",直到"文化大革命"。所以上面这种情况就不足为奇了。

最近原任安徽省政协秘书长的余乃蕴同志和原在湖北省委宣传部工作的周维敷同志先后给我寄来了两部我当时讲课的文学史讲义油印本,尚未经删改。时代是从先秦一直到元。油印时间是1956年到1958年3月。总字数可能超过70万字。感谢他们两位,还保存着我的这部最早的作品。

我还写过一部研究《三国志演义》的稿子,还只写了十来万字,也是在"文革"中被毁了。我写的《论罗贯中的时代》一文,就是这部稿子的前期工作。罗贯中的时代,向无定论,我从罗贯中的同时代人葛可久的《十药神书》里找到了葛可久的确切的生卒年,从而基本上论定了罗贯中的时代。

我在读书时期,就对屈原、司马迁、杜甫特别崇敬。我刚到北京,由于王蘧常老师的特别推荐,就先去故宫拜见了唐兰先生,并建立了联系,之后我就到北大拜见了《楚辞》专家游国恩先生,我与当时正发表《杜甫传》的冯至先生也取得了联系。后来我对屈原、司马迁和杜甫也分别写了文章,可惜我下了很大功夫翻译《离骚》的文稿,除在课堂上讲过外,原稿却在"文革"中丢失了。关于司马迁和杜甫的文章,都是应当时教学的需要而写的,其实还未进入研究的领域,但因为这些文章都发表了,所以没有散失。我对文史研究有着一个较大的计划,对《史记》我准备写《史记地理考》,目的是想把《史记》地名的古今变革写出来,从而进一步去研究《史记》本身,为此我做了不少准备工作,并实地调查了不少地方。我近年写的《项羽不死于乌江考》,实际是我当时计划中的一个课题。我对杜甫,除了聚集了杜诗的各种较重要的本子外,主要是对杜甫的行踪,几乎是做了全程的调查。我对古典戏曲,除写了一些研究性的文章外,还写了不少剧评,后来都结集了。如果不是突发的"文化大革命",我的研究方向就会沿着这个路子踏实认真地走下去。

在"文革"中,我还抢救过一批战国时楚国的青铜器,这是我家乡在挖河时挖出来的。老百姓拿去卖给收废铜处,不收。后来铜鉴作为猪食槽放在猪圈里喂猪,经我侄子的帮助,把它抢救了出来。我得到的共五件,最大的一件是铜鉴,老百姓叫它大锅。另外四件分别是铜匜、铜豆等,都有长篇铭文。我曾拿着拓片与唐兰先生一起研究过,确认是楚器。铭文中有"君王子申"等辞句,可惜等器物运到北京时,唐兰先生已经去世了。后来李零先生等都来看过原件,并发表文章,也引起过金文研究界的讨论,后来此器定名为"郙陵君鉴"。五件青铜器,我都无偿捐赠给南京博物院了,是姚迁院长专门派人来取的。

"文革"中我家乡还出土过一件明正德的"罪己诏"。一张黄纸,老百姓不知道是什么东西,扔了。由我侄子捡了回来,他也不懂,把它寄给了我。此件很完整,是国内唯一的一件皇帝的《罪己诏》,我写过一篇《明正德"罪己诏"考及其他》的文章，发表在《紫禁城》上。原件无偿捐赠给了第一历史档案馆。

三

我从小就喜欢戏曲，这是受两方面的影响，一是我的家乡盛行戏曲，每年遇到节日，总要搭台演戏，并且都是演的京戏。二是我的亲戚和我的二哥，都是戏迷，每逢雨天不能下地干活，我就在家舂米，听他们说戏。正是各家各派，说得津津有味，每逢社戏的日子，他们就带我去看戏。我上初一时，镇上来了苏昆剧团，主要演员就是周传瑛、王传松、张娴等，班主是朱国良，也是名角。我每天在下午散学后，就到剧院里看戏，此时已是最后一出或最后第二出的一半，已不用买票，所以到后来我与这几位名角都成为好友。特别是1947年杜寿义演，全国名伶都聚在上海，我恰好在上海，有幸看到了孟小冬的《搜孤救孤》，这是她毕生的最后一场戏，当时的演出情景，她的绝代声容，至今仍在眼前。在无锡我还看过蓝月春的张飞，刘奎官的曹操，新艳秋的程派名剧《荒山泪》，也还看过孟鸿茂（孟小冬的叔辈）、杨宝森，还在上海看过俞振飞、高盛麟、刘斌昆、于连泉（小翠花）、叶盛章、童芷苓、班世超、周信芳、赵晓岚、盖叫天、李多奎、李金泉、马富禄、马连良，等等，但都只是偶尔看一次，因为我爱好戏曲，所以能念念不忘。

1954年我到北京，真是天遂人愿，我看戏的机会大大增加了，并且50年代正是京剧大盛的时代，梅、程、荀都还经常演出，还有张君秋、赵燕侠、吴素秋、关鹔鹴、言慧珠、李慧芳，等等；须生一行的周信芳、谭富英、马连良、杨宝森、关正明、徐敏初；花脸一行的郝寿臣、裘盛戎、侯喜瑞、袁世海；丑角一行的萧长华、马富禄、叶盛章；武生一行的盖叫天、孙玉昆、李万春、李少春、厉慧良。昆曲方面的韩世昌、白云生、侯玉山、侯永奎、孟祥麟，还有南昆的张继青，上海的华传浩。当时真是人才济济，各显神通。我还有幸看到萧长华的《连升店》《群英会》，侯喜瑞的《战宛城》，侯玉山的《钟馗嫁妹》。那时他们都已很老了，很少演出了。我还陪同张庚同志一起去看望过侯喜瑞。可惜我没有看过程砚秋的演出，那时他因身材太胖，不能演出了。特别是全国各地的地方戏，不断来京演出，其精彩的程度,丝毫不逊于京剧的名角,我至今尚能数出长长的一个名单。我在这样的戏剧气氛中,自然大开眼界,也大大提高了我的欣赏能力。

我写戏剧评论是从1959年开始的。为了庆祝建国十周年,各地的戏剧名家都要来京演出,为此《戏剧报》要发表一批评论文章。武汉的汉剧名家陈伯华来京演出她的代表作《二度梅》。陈伯华是著名的"小梅兰芳",以前我曾两次看过她的《二度梅》,印象极深,可说是声容两绝。这次《戏剧报》要我写《二度梅》的剧评,我再次看了陈伯华的演出,觉得比以前更精彩,看过后,我当晚就写了一篇《三看二度梅》的剧评。不想这篇剧评首先就得到《戏剧报》编辑部的赞赏,发表以后,田汉同志看到了这篇文章,恰好我在《戏剧报》开座谈会,散会时,编辑递给我一个条子,叫我不要走,田汉同志要请我吃饭。之后,我与《戏剧报》的同志就一起到了西单的"曲园"酒家,田汉同志早已在座,在座的还有吴晗、翦伯赞同志,还有越剧名家王文娟。田汉同志为我热情地向吴晗、翦伯赞介绍,盛称我的文章。吴晗同志却说不用你介绍,他早已是我的"语文小丛书"的常务编委了,翦老也说,早就与我因为一起看戏、开会就认识了,只有王文娟才是初次见面。其实田汉同志1946年在无锡排《丽人行》时我就认识他了,但那时我还是无锡国专的学生,随周贻白老师与他见面,他还给我写了整整一本签名册,是他题《丽人行》的诗,他可能已经不记得了。再加几年的相隔,情况都不一样了,难怪他想不起来了。但田老的热心爱护后学,他对这篇文章的赞赏,加上《戏剧报》同人的揄扬,很快这件事和这篇文章,就广为人知。后来我见到了陈伯华同志,她还特别谦虚地说:我还没有演得那么好,你却把我写得那么好!从此我们就成了朋友,她庆祝八十岁的时候,我还专程到武汉去为她祝寿。她竟与李罗克合演了《小放牛》,以80岁的老人扮演一个小姑娘,而且天真活泼,自然可爱,真是奇迹。第二天,她又演出《梅龙镇》,演李凤姐,其艺术的炉火纯青,真是令人叹为观止。最近听说她虽坐轮椅,精神却还好,令人欣慰。

我自这篇文章以后,就不断有写剧评的任务,与之相联的是看戏的任务。那时,只要有重要演出,我都每场必看,我是把看戏当作读书的,我看梅兰芳的《游园惊梦》就带着《牡丹亭》这本书,对照着台上的唱腔身段,来体会每句词的含义。有一次,袁世海、李世霖合演《青梅煮酒论英雄》,袁世海的曹操,李世霖的刘备,演得极为精彩,但却在"闻雷失箸"的关键情节上出了差错。我当天晚上就写了一篇 8000 字的文章,寄给了《人民日报》,没有多久,《人民日报》整版发了这篇文章。之后,袁世海同志就亲自来看我,准备重排这出戏,请我到剧协去讲一次,结果我在原文联礼堂(现商务印书馆)连讲了两个下午,这个戏就重新进行了排演。

1965 年左右,孟超同志写了昆曲剧本《李慧娘》,把剧本送给了我,我也看了北昆李淑君的演出。《北京文艺》约我写新编《李慧娘》的文章,孟超是熟人,剧本和演出也不错,我就写了《从"绿衣人传"到"李慧娘"》这篇文章,在《北京文艺》发表。与此同时,吴晗写了《海瑞罢官》的剧本,也送给了我,同时也约我看了马连良的演出。马连良和吴晗都是熟人,马老的演出当然是十分精彩,但是吴晗是个大学者,不是编剧者,剧本有点平,就仗着马老的演出再加上毕竟是大学者吴晗(他还是北京市副市长)的新编,所以演出也较好。这个时候,上海的周信芳也来京演出了海瑞的戏,我也看了周信芳的演出。但吴晗的《海瑞罢官》和周信芳的演出我都没有写文章,我评孟超的《李慧娘》的文章,"文革"中却成为一大罪状。孟超竟因为写《李慧娘》,受"四人帮"迫害而丢了性命。

20 世纪 60 年代,北京的戏剧界是非常活跃的,一是演出非常火炽,二是理论的争论也非常热烈。演出方面,除了传统戏的演出外,还有京剧现代戏的演出,《沙家浜》和《红灯记》两出戏从排练到成功演出的全过程,我都是比较清楚的,为创造阿庆嫂这个角色,赵燕侠花费了很大的心血,也取得了极高的成就。这出戏的第一篇评论是我写的,发表在《文汇报》上,当时还叫《芦荡火种》。《红灯记》是阿甲导演的,阿甲是戏剧大家,我与他相交甚深,也是同乡,他是宜兴和桥人。而这个戏的两位主角李少春和袁世海,更是我的老朋友,所以差不多每次排练,我都去看,有时是世海来找我,有时是阿甲来找我。等到这两出戏演出获得极大成功的时候,江青却统统把它据为己有,赵燕侠不接受江青的买好,表现了她可贵的骨气,江青恨之入骨。阿甲从延安时期就了解江青,到《红灯记》的问题出来后,他一直沉默,最后他想法离开北京回老家无锡去,他去无锡是托我为他安排的,我心里明白他的意思。

当时戏剧理论上的讨论,最热烈而持久的是关于历史剧的创作,这是因为京剧《满江红》的演出而引起的。一种理论，认为创造历史人物要与历史人物一模一样，还认为强调岳飞的爱国主义，强调他的抗金是脱离了历史，岳飞的忠于宋高宗就是岳飞的爱国主义，等等。为此，我写了《读传奇〈精忠旗〉》。我不同意上面这种观点，要做到与历史人物一模一样，这只是一句空论，好听而不好做。用什么东西来作为衡量一模一样的标准呢？马克思主义的历史唯物主义，绝不是简单的"一模一样"。另外岳飞忠于宋高宗是不是爱国主义，要看宋高宗的政策。当宋高宗实行抗金政策时，岳飞忠于宋高宗而全力抗金，这可以说岳飞忠于宋高宗就是爱国主义，但当宋高宗实行投降政策时，岳飞如忠于宋高宗只能说是愚忠，不能说是爱国主义。岳飞一直坚持抗金，最后被召回京时，是因为左右两路的友军都已撤回，岳飞孤军陷敌，形势所迫，不得不回。岳飞与宋高宗是有矛盾的，矛盾的焦点就是抗金与降金。岳飞的风波亭悲剧，就是因为他坚持抗金的结果，而不是忠于宋高宗的结果。秦桧是杀手，是卖国贼，明代文徵明的《满江红》词说"叹区区一桧亦何能，奉其欲"。这就是说仅仅一个秦桧，有多大能耐，秦桧胆敢杀岳飞，是奉宋高宗的"欲"而已。卖国贼的头头，是宋高宗，秦桧是卖国的执行者和杀手，两个人是一丘之貉，宋高宗是头。所以，那种认为忠于宋高宗就是岳飞的爱国主义，这种认识，至少落后于文徵明。

我在写完了《读传奇〈精忠旗〉》后，就着手作传奇《精忠旗》的笺证，但这部稿子，却费尽了周折，开始于"文革"之前，"文革"中尚未完成的初稿丢失。到80年代，我又重做，还得到我早年的学生陈其欣的帮助，后来他把稿子带回无锡去了，意想不到的是他又突然不幸去世，我隔了很久才知道，急忙托我的老友去找这部稿子时，说已经没有了，也说不清为何没有的。幸亏我自己还留有一份稿子，但还不是后来被他带回去的稿子，我只好又重新再做，一直到去年才算完成。

我对戏曲研究工作一直有着浓厚的兴趣，我曾想认真地研究中国戏曲的形成和衍变，包括戏曲题材的衍变和发展，我写的《从〈张协状元〉到〈琵琶记〉》和《从〈绿衣人传〉到〈李慧娘〉》两篇文章，就是戏曲题材衍变研究的一个尝试，我曾对元明以来所有的岳飞剧做过研究，写出多篇文章，也是这一课题的尝试。我还想从现存的明清地方戏唱本和地方戏的演出中勾稽出若干元曲的唱法唱腔，为此我曾请教过北昆的侯永奎先生，承他告诉我《刀会》中的北曲《新水令》还是元人的唱法。我还想从出土戏俑和戏曲壁画中探索古代戏曲的若干程式动作和勾脸的遗存，但这些想法，统统被一场史无前例的"文化大革命"打断了。我的研究课题和研究方向被彻底改变了，使得我在文史研究、戏曲研究的方面都只能仅止于此。

四

我从小就喜欢写字和画画，也不知道受的什么影响，只记得有一次无意中读到唐寅的两句诗："闲来写幅丹青卖，不使人间造孽钱。"觉得这两句诗的境界，令我非常羡慕，自己如果也能如此有多好啊！这还是我小学五年级失学后种地时的想法。谁知这一点心底的思想活动，却永远在我身上生了根。

我开始是一直练书法，临的是欧阳询的《九成宫》，临了很长时间，后来又找到欧阳询的《皇甫君碑》。《九成宫》结构堂皇端庄，《皇甫君碑》秀挺，后来我又临小欧的《道因法师碑》《泉南生墓志铭》，《道因碑》有《九成宫》的遗意，《泉南生》结体严紧，用笔斩截。后来我又得知大欧还有《虞恭公碑》和《化度寺碑》，这两种欧帖，都已残损较多，但都是大欧的精心之作，我尤爱《化度寺碑》，恰好我得到的是吴县吴氏四欧堂藏的影印本，此本原为成亲王旧藏，是原石拓本，不是翻刻本。我个人认为《化度寺碑》是欧书之最，结体端庄，内蕴醇厚，神而又韵，所以我有很长的一段时间是专学欧字，尤致力于大欧的《九成宫》《皇甫君》和《化度寺》。此外我还学过北碑的《张黑女》《张猛龙》，意在得北碑运笔之方。

我还喜欢写蝇头小楷，开始学过《灵飞经》，后来觉得《灵飞经》用笔柔媚，又改学《十三行》和《黄庭经》，总觉未入门。有一次，见到上海郑午昌的山水题跋，都是端严的晋唐小楷，而且字字清晰，运笔的来龙去脉可以看得一清二楚，我就决心先从郑午昌学起，学了一段时间，竟能得其用笔的起落和轻重缓急。再过一段时间，我又见到文徵明的《离骚经》和仇、文合著的《西厢记》，因《离骚经》字大而又是墨书，我就用纸覆在上面认真地摹拓，连续摹拓了很多遍。我再把帖放在帖架上对临，这样，我感到我已明白了文徵明小楷的运笔结体的特征，可以离开了帖自己运笔作书而不离文书的风范。我还买到过一轴清康熙时张照的小楷真迹,写的极工极韵,也用来临习了一段时间,可惜此件被一个年轻人借去后未还,后来连人也找不到了。仇、文合著的《西厢记》我至今还保存着,当然是影本。"文革"中我每天深夜抄《红楼梦》就是我写小楷的实践。

行书我最早是学的《圣教序》,那时我上初中一年级(1939年),学校里有一位姓唐的教务干事也在临《圣教序》,我俩便成为学书的朋友,互相勉励,互相比较。后来我又学《兰亭序》,一开始我就先双钩,也是一位老人教我的,果然双钩几遍后,对每个字的结构风姿心里都清楚了,《兰亭序》里有不少字有破笔,我双钩时不明底里,都作为书写时的破笔来对待,后经人指点,才知这不是破笔,而是唐人据原迹双钩时留下未填墨的痕迹,因为我用的正是冯承素钩摹的"神龙本"《兰亭》。

学行书的过程中,我还到故宫反复观摩过王珣的《伯远帖》,因为在晋人的书帖中,《伯远帖》是唯一的真迹,而其用笔的爽利劲秀,同样也反映了晋人洒脱不羁的风度。每到故宫展出此帖时,我总会去细细观摩不忍离去,后来我又发现《雍睦堂帖》里收有《伯远帖》,印得也还可以,我赶忙买了一部回来,可以朝夕观摩。故宫展出中,还有苏东坡的《人来得书帖》真迹,此帖用笔如行云流水,文字则恻恻动人,可见东坡大才。特别是此帖至今墨色如新,字字闪光,几乎跳入你的眼睛,我每次看到总不忍离去,后来我也买到了建刻本《快雪堂帖》,收有东坡数帖,此帖即在其中。建刻《快雪堂帖》是名帖,不见真迹,则此刻差强人意,但与真迹相比,则此本运笔滞迟,东坡旷达潇洒之气无复可见,可见真迹之可贵。

行书的最高境界,我至今仍认为是王羲之的《丧乱》五帖,此帖于唐时即传入日本,也是唐人双钩,世称"下真迹一等",即比真迹只差一点点。此帖传入日本后,一直秘藏深宫,外间无由得见,故既无其他人收藏章,更无任何名家的题记。我于20世纪50年代,曾获得日本影印的茧纸《丧乱》五帖,可说与真迹无异。我朝夕相对,有时也临摹,我觉得行书至此,行云流水,率意天真,已入化境。此外,米芾的《蜀素帖》《秋深帖》,也是行书的高标,《蜀素帖》我很早就看到影印本,后来还买到珂罗版的影本,极传神,《秋深帖》是启功先生告诉我的,后来我看到影本,确是比《蜀素帖》又胜一等。

明末的倪元璐和明末清初的王铎，也是行书的大家，张瑞图也极可称，但其行草往往有过头处，倪元璐则独树风标，以枯笔运行，而苍劲有神，气贯全幅。王铎的行书，往往善写八尺大幅，起笔联翩而下，如银河泻瀑，势态奔腾，令人神往。我在周怀民先生处，还看到王铎的小楷，逼真晋唐丰神，令人佩服他的功力和修养，那次周先生还给我看了他藏的文徵明的小楷经卷，其精绝可比《离骚经》，我曾建议周先生付之影印，可供学书者临摹，可惜未能成为事实。

于篆书我曾临过《石鼓》，还到故宫去看石鼓的原件。后来又临《泰山刻石》《峄山碑》，都只是略知其意，未下苦功。之后又临汉《袁安碑》，还到洛阳关陵细看原石。我也临过唐李阳冰的《滑台新驿记》等，我还藏有此帖的双钩本和拓本。我没有临习过金文，但喜欢读金文中的许多名作，如《散氏盘》《毛公鼎》《大盂鼎》等。金文是《石鼓》之前的文字，是更古的文字，是《石鼓》文字之源。我学习大小篆书，一方面是学书法，但更多的是为了了解中国古文字的结构，归纳出它的基本结构原则，以便临习时的掌握，同时也可以看出以后的隶、楷、行、草书，都或多或少地体现着这个原则。这个原则就是左右的配搭和上下的配搭，有的字是左边占三分之一，右边占三分之二，或者是相反；有的字是上部占三分之一，下部占三分之二，或者相反；又有竖三分或横三分的，当然也有少数特殊结构的，明白了中国字大体的结构原则，那么自己在书写时也可以有一个大体的分寸，不致使字形怪异而至于不美。

隶书我曾临过《张迁碑》《曹全碑》《孔宙碑》《衡方碑》，《衡方碑》是朱东润先生看过我临的隶书后建议我再临《衡方碑》的。后来我还临过《石门铭》和《朝侯小子碑》。

我学书的过程中，还喜欢看石刻的原迹，我到汉中看《石门铭》和《衮雪》，到山东莱州和平度看《郑文公》上下碑，在曲阜孔庙看《五凤刻石》《孔宙碑》，《孔宙碑》在"文革"中又遭损毁，但还有些字保存着原刻的刀口未损，我在孟庙多次看《莱子侯刻石》，在泰山经石峪看摩崖石经。看这些原迹，是为了寻觅这些书迹的历史真面，从它的未损字中去领会它的真味，借以丰富和提高自己的眼界和识力。我原以为这是我师心自造，后来才知道四川的大书家、诗人谢无量先生也喜欢寻求石刻的原迹。可见这也是前辈学书之途，于领悟古人是有益的。

我从小就喜欢画画,也并不是受什么人的影响,好像是天生的。初学《芥子园画谱》,后来又觉得不满意,不知从哪里借来的珂罗版影印的古人画册,拣容易入手的就学。那时我才小学五年级,因抗战失学在家种地,所以无拘无束,除了种地养羊以外,就是读书写字画画,既无人教,也无人管。

　　高中一年级,我考入了无锡工业专科学校,那是1942年夏天,我从农村到了无锡城里,我幸运地遇到了大画家诸健秋先生,他是已故大画家吴观岱先生的弟子,那时诸先生大约也有五十多岁或六十了,他是山水画家,有一次他从他的学生邵君手中看到一把山水扇面,他问邵君这是谁画的,邵君即指着我说是他画的。不想诸老先生却对他说:他比你画得好。接着诸先生就问我的情况,我的朋友代我说了,说我喜欢画画,并说我家境困难。诸老先生听了就对我说你跟我学吧,你只要到我画室看我画就行了,看就是学。我当时高兴得不得了。从此经常去看诸先生画画,进了他的画室也不多说话,只是站在他的右边看他作画。看了诸先生画山水,我才知道山石、树木、房屋是怎么画的。偶然碰到诸先生休息时,就给我讲讲他画室墙上挂的一些名人书画,从此我不仅知道了山水画是怎么画的,还记住了他说的"看就是学"这句话,这句话也成为我毕生的"座右铭"。

　　这一年还有一件大事是我在无锡公园饭店看了吴昌硕、齐白石的画展。齐白石、吴昌硕的画,可以说是大开了我的眼界,给我以强烈的震撼,我当时惊奇地觉得天地间竟有如此奇情壮彩的神妙之笔,从此吴昌硕、齐白石就成为我心中仰慕的偶像,那年我虚岁20岁。可惜我只在无锡待了一年,第二年夏天,我已无力上学而失学回家仍旧种地养羊,不久我又当了当地的小学教师,但仍旧不废种地和养羊,因为是农村小学,这是非常自然的。

　　1945年抗战胜利,我那时在无锡孤儿院小学当教员,恰好苏州美专从内地迁回,因沧浪亭校舍尚未收回,所以先在无锡招生授课,我就抱着试试看的心理去参加考试,考试先是交一篇作文,接着是考历史文化常识,再就是中国画和素描。不想我画完素描以后,就有人来通知我已被录取了,剩下的几门课不必考了。这完全出乎我的意料,后来老师告诉我,我的文章很好,中国画也很好,加上其他两门课也很好,所以不等考完老师就决定录取我了。我是考的国画系,并且说好每天我要上完小学的课才能来学画,因为我无力脱产。美专的老师也同意了。不想只过了两个月，苏州美专迁回苏州沧浪亭了，我因为无力脱产，只好又一次失学，学校的老师和同班同学都为我惋惜，但我实在无力去苏州读书。

1946年春考入无锡国专后，我继续抽空去看诸健秋先生画画。但因为功课重，要读的书多，加上我又参加了学生运动，实际上能去诸先生家的时间已不是很多了。

1948年春我到上海无锡国专分校后，除听了不少名家的讲课外，还拜识了白蕉先生，我原先就对白蕉先生的书画非常崇拜，到上海后得以亲见，真是大慰平生。还有是我去拜见词学大家陈小翠老师时，同时也拜见了大画家陈定山先生，他是陈小翠老师的哥哥。这些虽是短暂的见面，但在我的身上影响还是很大的，使我更加热爱书画。

从1946年到1954年8月，这八年中中国发生了翻天覆地的变化，我于1947年起受到地下党的指导，到1949年4月迎接解放军过江后，4月23日就到苏南行署报到，参加解放军，9月又被派到无锡第一女中工作。整整八年多，一直在紧张的读书和工作中，很少有时间学画。无锡国专有位同学叫汪海若，他是胡汀鹭的学生，他在市中心崇安寺有一间画室，我偶尔有空就跑到他画室作画，那也只能作写意的花卉，没有时间认真细画。1948年12月毕业后，更没有时间和条件学画，但到1954年8月到北京后，情况就大不一样了。我到北京不久，我的老师周贻白先生就给我介绍许麟庐先生，他是齐白石的大弟子，他看了我的画，就要带我去见白石大师。我当时觉得自己还不会画画，怎好去打扰白石老人，所以没有敢去，不想大约一年以后，白石老人就去世了，成为我终身憾事，后来我写了一首长诗悼念白石老人。

我到北京以后，课程负担很重，加之那时运动很多，政治压倒一切，我备课每天到深夜一二时，所以很少有时间作画，但也忙里偷闲，偶尔画一点花卉兰竹，收在我第一本画册里的那幅墨竹，就是当时的作品。

20世纪70年代末，刘海粟大师到北京来开画展，专程到我的办公处恭王府来看望我，要请我为他的画展作序，这是我与海老订交之始，此后的交往就一直没有间断。海老用鼓励的方式常指点我作画，也请我为他的画题字。也是20世纪70年代末，上海的朱屺瞻老画家来北京，住北京饭店。住下后即给我来信，说要来看我,我收到信后,立即就到北京饭店,那天恰好冰心也去看他,由朱老介绍后,我与冰心也认识了。这次朱老北京之行,竟到了八达岭的最高处,这时朱老八十六岁,满头白发。回到北京饭店,朱老拿出他的《梅竹图卷》属题。此后我与朱老的交往也一直没有间断。

北京的周怀民老画家,是我的同乡,画宗宋元,富收藏,也常指点我学画,还给我看他收藏的许多宋元旧作。后来我与谢稚柳、唐云先生也常往来,唐云还给我精心画了一幅《鱼乐图》。我自1975年起,被借调到文化部校订《红楼梦》,工作之余也常作画,但都是花卉一类。我性喜山水,1964年我被派到陕西终南山下搞"四清",我利用假日游了终南山,游了华山,遍历泰华三峰,还游了大散关,登上秦岭之顶,游了渭北平原上的汉武帝茂陵,登神禾原找到了著名的香积寺,我还到杜曲找到当年杜甫流寓的地方,现有杜公祠。还到辋川,看了王维当年居处的佳山水。还到骊山,找到了华清宫遗址。"文革"后期下放江西馀江期间,我就利用探亲假,游了黄山、庐山、桂林、阳朔山水和余江附近的道教圣地龙虎山、贵溪、鹰潭附近的山水,还游了浙江的雁荡山、山东的泰山。20世纪80年代后,我连续游览甘肃、新疆、宁夏、青海的山水,所遇之奇山异水,一一在我心头。我游山有一个特点,总要登上最高峰。1964年冬天雪后,我住终南山下的马河滩,我即从此处登山,到了终南山顶,南望秦岭,一碧如蓝,在雪后阳光的照射下,简直就像一块晶莹澄沏、奇大无比的蓝宝石,这种奇景,即使久居山下的人,也是难得见到的。特别是我三上帕米尔高原4900米和4700米,高入云霄的世界高峰慕士塔格峰、贡格尔峰、贡格尔九别峰,都是终年积雪的雪峰,尤其是明铁盖达坂山口的喀喇昆仑山,山色如铁,雪峰重叠连绵,四望无际。特别是古龟兹国(今库车)的山水,其奇特的山形和绚丽强烈的色彩(以红色为主),实非中原山水之可比。我翻越4000米的天山老虎口到一号冰川时,其险其奇,为生平所仅历。我在老虎口停留时,风雪交加,冷透肌肤,而旁边高峰上挂下来的巨大冰舌,真是势欲吞人。我站在一号冰川近旁,耳听山腹中轰然的太古冰瀑巨响,而一片片浓重的白云,忽而从我头顶上飞过,忽而把我裹在云里,忽而云从我两袖飞出,又忽而云在我脚下飞过,我一时就像站立在云端里,要不是奇冷彻骨,我真想多站一会儿。

2005年9月,我从米兰进入罗布泊,在罗布泊宿营,真是四顾茫茫,无边无际。第二天到楼兰古城,则千年沧桑,尽在眼前,从楼兰出来再经罗布泊到龙城、白龙堆,则又是一种造化所成的天然奇景,被风蚀的山丘,如条条长龙,白龙堆则巨龙排列,一望无际,简直是一个巨大无比的龙阵,因为盐碱泛白,所以远看如条条白龙。

我生平所经历的奇山异水,实非言辞所能道尽,这就是我后来喜作山水画的内在原因。

我于1996年离休,那年我虚岁74岁。离休以后我就有时间可作山水画了,经过一段时间的学习和准备,2000年4月,我开始作第一幅山水画,我一直喜欢宋元山水,我认为中国山水画,至五代北宋而见其结构之雄伟、庄丽、崇高,崇山峻岭、幽岩绝壑、峰峦重叠、连绵不尽,可称气象万千。至元而又加重了书卷气、文人气。元四家大都可见此特色。

我学宋元山水,也是先从后代学宋元的大家的作品中揣摩他们学宋元的径路的,主要我是认真研读临摹了沈石田、龚半千两家。石涛、石谿我只作观赏研读。我学石田是学他用笔的斩削,学他点苔的苍厚,学他气韵的纯厚,学龚贤是学他皴笔的厚实细腻,结构的幽深,墨色的苍润。我对这两家临习了很久,主要学他们的用笔和纯厚的气韵。后来我又用功学黄公望、王蒙、方从义诸家。在这段时间里我也用功学了范宽、关仝、巨然、董源、燕文贵等五代到北宋的名家,我的《河岳集》《墨禅集》《还山集》等都是我临习五代宋元的记录,特别是那幅宽4米、高1.4米的巨幅山水,用的是乾隆以前的旧纸,这幅画题曰《重峦叠翠图》,是我学宋元的一个标志。当然其中也都有我自己对真山真水的领悟。我之所以取名《墨禅》,是深深感到作画有如参禅,于古人的用笔,于真山真水,必须有所悟,有所会心,而且从心到手要能相应,才能达到你所憧憬、追求的效果。我取名《还山》,意思是希望自己的画能还真山真水的自然面貌,因为我在作画时,常常会发生画到某一段时,忽然会出现自己在某处所看真山真水时的感受,似乎那种境界又到了眼前,又隐现于笔端,这种在作画时画笔与真山真水的浑一,画面的意境与所历真境的浑一,是我常有的感受。当然我所追求的是气氛、境界和神韵,而不是具体的一草一石。

我创作了一批重彩的山水画，色彩对比浓烈，这是以前没有人尝试过的，我之所以这样大胆，是因为受龟兹山水强烈色彩的影响，有一次我在库车，恰好一阵雨过，好像把周围的山洗了一遍，而忽然又是雨过天晴，强烈的日光照射，那原本就是红色的山显得更加通红，与蓝天白云形成强烈的对比。那个地方老百姓就叫它"五色山"，因为旁边还有黄色和青色的、白色的山，在日光的照射下，真是斑驳陆离，令人感到神奇。还有一次是我在祁连山三千米以上的丛山中寻找北魏的古刹"金塔寺"，一路雪峰耸立，蓝天白云，而又红叶、黄叶漫山，令人陶醉，特别是到了金塔寺前，寺建在壁立的悬崖上，悬崖高百丈、宽无计，而一片红岩，环顾无尽，周围都是青松、白桦，特别是白桦树，树干白色，树叶金黄，映衬着眼前的红崖，真是天造奇景。所以回来后我也用强烈的对比色调记录了这一感受。不了解情况的人，都以为我是异想天开，实际上我却是记录大自然所赐。

我深深感到祖国的绘画传统是非常丰富的，无穷无尽的，古人所达到的境界我们一定要学到它。祖国大自然的山水更是无穷无尽的，听任你的慧心去领悟撷取。一定要把这两者结合起来，然后根据你自己的个性、悟性去开拓发展，开辟出自己书画的新天地，这一切都应该是水到渠成的自然结果，而不是有意做作做出来的，自然与自己合一，传统与自己合一，然后再变化生新，这是我学画的一点感悟，也是我坚持走的艺术之路。

五

一场突变性的"文化大革命"运动，完全改变了我的学术研究计划和课题，1974年，先是由北京市委把我调到写作组去写评《红楼梦》的文章。那时中国社会科学院的黎澍和李新两位老前辈已经把我调到社科院历史研究所，与丁伟志、蔡美彪等同志一起参与续编范文澜的《中国通史》，我去了不久，又因人民大学被"四人帮"解散，把我扯了回去，分配给北京师范学院中文系，最后还是调到市委写作组。写作组我待的时间不长，没有等写作组的书出版，我即提前离开写作组，再回历史所。不久，国务院文化组副组长（相当于后来的副部长）袁水拍同志来找我，我建议成立《红楼梦》校订组，重新校注《红楼梦》，因为《红楼梦》一直没有好的校注本，我认为一定会得到中央的批准。水拍同志非常赞成我的想法，并要我起草报告，水拍同志把报告送上去后，很快就批准了，水拍同志任组长，并让我与希凡担任副组长，我负责校注业务。这样我又被借调到国务院文化组下面的《红楼梦》校订组，时间是1975年下半年。从此我的学术研究计划做了根本性的改变，原先我从原始文化起，一直到先秦两汉魏晋南北朝隋唐五代宋元的一些初步的准备工作，也就成为我的一点必要的学术补课，此后的主要研究课题，就是《红楼梦》。

我们的校订工作从1975年开始，一直到1982年出书，前后进行了七年。参加工作的人员是从全国各高校调来的专业人员，大都一年后即调回去了，只有少数人整整工作了七年。在这七年中，为确定采用底本，我写成了《论庚辰本》一书。在此之前，我已与吴恩裕先生合作，发表了《己卯本〈石头记〉散失部分的发现及其意义》一文。在这篇文章的写作过程中，我们考证出了己卯本是怡亲王府的抄本，又考证出了己卯本是据曹雪芹的原稿抄的，它保持了曹雪芹原稿的格式和面貌，这在《石头记》的抄本研究史上是空前的发现。但己卯本已散失近一半，意想不到的是我在研究庚辰本时，竟发现庚辰本是据己卯本抄的，不仅保留了己卯本的全部特征，在第78回，还保留了一个己卯本上避讳的"祥"字，这样己卯本丢失的近一半的文字和款式，都可以从庚辰本看到。这可以说是《石头记》抄本史上的又一个奇迹。特别是庚辰本上有一部分文字的笔迹，是己卯本同一个抄手的笔迹，这一发现，证明庚辰本抄定的时间，不会离己卯本太远。己卯是乾隆二十四年，到乾隆二十五年就是庚辰，到这年秋天，已有"庚辰秋月定本"。可见怡府抄己卯本时，还可能在"庚辰秋定"以前，因为那时外间没有传抄本，只能从曹家借，怡府从曹家借来原稿时，还是"己卯冬月定本"，可见其借出时间可能在己卯末或庚辰初。等到庚辰本抄主照怡府己卯本抄时，曹雪芹的原稿又进行了一次修订，故称"庚辰秋月定本"。但问题是明明是照怡府己卯本抄的，怡府己卯本所有的特征都保留在庚辰本上，可为什么照怡府己卯本抄的本子，抄成以后却写上了"庚辰秋月定本"的题记？有两点可以推测，一是庚辰本的抄主与怡府的关系非常亲密，所以在怡府刚抄完己卯本，还未抄眉端的脂批时，就将新抄本借给庚辰本的抄主了；二是庚辰本抄主与曹府的关系也非常密切，所以他可能又借到了不久前完成的"庚辰秋月定本"，他在据怡府己卯本抄录时，又参考了"庚辰秋月定本"，故据怡府己卯本抄的本子，却变成了"庚辰秋月定本"。今庚辰本的款式与怡府己卯本完全一样，怡府己卯本的双行小字脂批，庚辰本也完全一样，只漏抄一个"画"字，庚辰本上众多与怡府己卯本相同的特征，证明它确是据怡府己卯本抄的。但庚辰本的文字，却又有少量与怡府己卯本不同，文字有少量的增添和改动，这少量的异文从何而来？真是不可解释，除非庚辰本抄主在据怡府本抄时也借到了雪芹的"庚辰秋月定本"底稿，因而将新修改的文字抄入新本，并同样加题"庚辰秋月定本"？这个问题实在不好猜测，我上面的猜测（不是考证）也是不完善的，只能说是仅助思考的一种假想而已。所以这个问题至今还是学术界的未解之谜。但有一点是可以想象得到的，即雪芹或脂砚修改原稿或增加评语时，不可能每次都从第一句开始逐句修改，其修改也当是局部性的或少量的，不是推倒旧稿重来或大面积改写，这从庚辰本与己卯本的微量的差异也可以看得出来。至于庚辰本与己卯本之间的一层未解之谜，目前还无线索可解，只能等待新的资料的出现或有高明之士来解难了。我写成《论庚辰本》以后，我们采用庚辰本作底本也就看法自然一致了。

　　我在此期间写的第二本书就是《曹雪芹家世新考》。因为要校订好这部书，特别要为校订本写前言，就必须对此书的作者弄个明白。凑巧由于友人的介绍，我从辽东曹氏五庆堂后人曹仪策先生处借到了抄本《五庆堂辽东曹氏宗谱》，上有曹雪芹一系的世系。我就从这里入手，开始了我对曹雪芹家世的研究。为了考证这部宗谱，我翻阅了大量的明清史料，从《清实录》里发现了曹雪芹五世祖曹振彦的重要史料，从康熙二十三年的未刊稿本《江宁府志》里发现了以往从未见过的《曹玺传》，从康熙六十年的《上元县志》里发现了另一篇从未见过的《曹玺传》，两篇《曹玺传》刚好从曹家发迹之初写到曹家败落之前。此外还发现了康熙抄本《甘氏家谱》，嘉庆刻本《沈阳甘氏宗谱》和道光时的《沈阳甘氏宗谱》，证实了辽东曹氏与沈阳甘氏的姻亲关系。还在河北涞水县张坊镇沈家庵村，发现了五庆堂曹氏从龙入关的曹德先一家的坟墓，和辽阳有曹振彦署名的两块碑刻：《大金喇嘛法师宝记碑》《玉皇庙碑》。还有曹雪芹堂房老祖宗署名的《弥陀寺碑》。此外，还从地方志里发现了曹振彦顺治年间任职的履历和籍贯的记载。以上种种，都是有关曹家的第一手资料，而且大都是由我亲自发现的。特别是由于故宫博物院明清档案馆《关于江宁织造曹家档案史料》和《关于苏州织造李煦档案史料》的公布，加上以上这些新史料的首次发现，使我们对曹、李两家在顺治、康熙、雍正三朝的认识大大充实和丰富了，《清实录》和辽阳三碑、《五庆堂曹氏宗谱》《八旗满州氏族通谱》《八旗通志》等，则充实了对曹家早期历史的认识。

我的《曹雪芹家世新考》从1980年初版，至今已三版，经过两次增订，已从30万字增加到80万字。时间是经历了三十年，若从写作的时间开始，则已历三十四年。这三十四年，对我是一个极为深刻的认识过程，特别是康熙五十年三月初九日曹寅的奏折说："（前略）至于臣身内债负，皆系他处私借，凡一应差使，从未挂欠运库钱粮，臣自黄口充任犬马，蒙皇上洪恩，涓埃难报，少有欺隐，难逃天鉴。况两淮事务重大，日夜悚惧，恐成病废。急欲将钱粮清楚，脱离此地，敢不竭蝼蚁之诚，以仰体圣明。所有钱粮细数，另开一单，以备御览（下略）。"这段话，十分重要。第一，他向康熙表明他个人的开支全是自己解决，不涉及公款；第二，所有一应公事上的费用（江宁织造和两淮盐运司），也循公办理，"从未挂欠运库钱粮"。这就是说无论是他的私人开支和衙门公事上的费用，都没有亏空挂欠；第三，他就不说了，只说"急欲将钱粮清楚，脱离此地"。这不清楚的钱粮是怎么回事呢？实际上主要是康熙南巡造成的巨额亏空，还有两淮盐商的亏欠，还有皇子们及其他人等的需索，等等。这些康熙是很清楚的，曹寅也不便直说，只说"急欲将钱粮清楚，脱离此地"。这最后一句是实在干不下去了，只好要求辞退了。事实上，还没有等曹寅辞退，在他上此折一年以后就去世了。曹寅的死，是被重债压迫忧恐而死的。曹寅死时，曹家事实上已经败落了，所以曹颙和曹頫所继承的是一个空架子和一大堆债务。到了曹頫的时代，主子已换，康熙这棵大树已倒，曹頫又没有曹寅的才干，加上雍正大力推行新政，整肃财政，一应亏欠，皆衡之以法。雍正元年李煦首先倒台，李煦的亏欠，也是一桩大冤案（详见拙著《曹雪芹家世新考》李煦章）。曹頫侥幸被留任（其中可能有怡亲王允祥的作用）。但在李煦已倒在前的情况下，曹頫还未能特别警惕和谨慎，至又发生骚扰驿站案。此案实际上也不能算是大罪，过往驿站的钦差收受一点费用，虽是明文所不许,但事实上却是习惯常例,曹頫没有警惕,也照常规收受了,于是就犯了罪。但此案尚未了结之时,雍正又突下谕旨抄曹頫的家,并且严令防止他转移财产。雍正下令抄曹頫的家,肯定是另有因由,特别是严令密防其家人转移财产等,看来是有人乘机诬陷告密,才出现这种突发性事件。但抄家的结果,"封其家赀,止银数两,钱数千,质票值千金而已。上闻之恻然。"(《永宪录续编》)这个结果,可见曹家实际上早已彻底败落了。

  曹頫的枷号收监,是因为驿站案"尚未完银三百二两二钱"。他在长清站收受的银子是"三百六十七两二钱",看来他已经还了65两银子。当时杭州织造府笔帖式德文受的是"五百十八两三钱二分",苏州织造府乌林人麻色受的是"五百零四两二钱",都比他收的多,但未见处理结果。按说是同一个案件,但就是没有这方面的处理结果。令人深思的是曹頫就是因为交不出这"三百二两二钱"银子,从雍正五年起,一直枷号到雍正十三年雍正死,乾隆登基大赦天下才得赦免,前后一共关了八年,扛着25斤重的架子。这就是曹家的最后结果。曹家当时并不是一个亲戚都没有,但就是没有人伸出援助之手交这三百两银子,可见世态炎凉,人情冷暖至此。

  我从开始写作《曹雪芹家世新考》起,经两次增订再版,反复阅读思考曹家的有关史料,较为深入地了解曹家的发迹、兴旺和败落的过程。特别有感于前引康熙五十年曹寅奏折所陈的事实,深深感到百年世家曹家,一直忠实于清皇朝,到头来却以织造亏空的罪名彻底败落,李煦的败落同样如此。这实在是一桩天大的冤案。而曹頫和曹雪芹是这个冤案的最后承受者,是这个百年世家败落的最后经历者,是曹、李两家数百人青春岁月被毁灭的见证者。实际上,曹雪芹的"满纸荒唐言,一把辛酸泪"十个字,已经深刻而准确地概括了《红楼梦》这部书。故事是"满纸荒唐言",是虚构的,但"一把辛酸泪"是真实的,而且这一把辛酸泪,不是只洒在一两处,而是浸透着全书,哪怕在欢乐的岁月里,也总有一丝半缕的哀音,曹雪芹的高妙至不可及之处,就是"弦外之音"和"言外之意"。了解了曹家的整个家世,再仔细读《红楼梦》,那么就能渐渐地感到这"弦外之音"和"言外之意"了。当然这种感受有明有暗,而总是有限度的,如果根据这一点而无限引申那就又远离曹雪芹了。

在写作《曹雪芹家世新考》的过程中和以后,我又陆续写了十二篇关于曹雪芹家世和祖籍的专论。其实,关于曹雪芹祖籍的问题,20 世纪 60 年代后,曹家的档案、家谱、碑刻、传记资料不断发现,地方志的"职官志"、《曹玺传》《楝亭集》上的曹寅自署,《五庆堂曹氏宗谱》等都记得清清楚楚,是辽东的辽阳,根本无用争辩。所以后来的争辩,硬说是河北的丰润,已脱离了学术,也背离了史实,完全被地方经济利益所驱使,甚至到不惜造假欺骗,利用报纸大肆宣传假证,等等。结果曹雪芹祖籍丰润说还是不能成立,倒为红学史上留下了一段永远洗刷不掉的造假证、宣传假证的不光彩的史实。必须记住,历史的真实永远是历史的生命,虚构、造假,永远是没有生命的。还必须记住,造假归根到底,总会被识破的,梦想以假乱真、成真,只是痴人说梦,自己欺骗自己。

我在曹雪芹家世研究以后,又对《红楼梦》本身及相关的问题做了一些专题性的研究,后来分别结集成《石头记脂本研究》《红楼梦论集》《曹雪芹家世论集》。

我以上这些研究工作,都是围绕着我们的《红楼梦》的校注工作做的,到 1982 年,我们的新校注本《红楼梦》由人民文学出版社出版了,此书的出版,革新了以往《红楼梦》印本的面目,获得了学术界的较高评价。李一氓老为此书还专门写了一篇书评,称此书可以作为《红楼梦》的定本。

1984 年 12 月,由李一氓同志的筹划,我由国务院、外交部、文化部联合委派,去苏联列宁格勒鉴定苏联东方学研究所所藏《石头记》清代抄本,同去的有中华书局的李侃同志和周汝昌同志,我担任组长,在两国专家联合的鉴定会上,我代表鉴定组做了发言,指出:一,这个抄本是脂本系统的抄本,于研究《红楼梦》很有价值;二,这个抄本的抄定年代最早是乾隆末年,最可能是嘉庆初年;三,这个本子值得由中、苏两国联合出书。苏方的专家李福清、孟列夫等一致赞同我的鉴定,并说在这么短的时间里(看书时间总共不过三个多小时)能做出这样精确的鉴定,只有真正的专家才能做到。会议在和谐的气氛中结束。在莫斯科期间,我们在使馆里起草了两国联合出书的协议。由大使馆呈报中央后,由中央批准,由杨大使代表中方与苏方签订两国合作出书的协议,从此中苏两国长期冻结的局面到此结束,而从道光十二年传到俄国去的这部《石头记》的珍贵抄本的胶片，不久也就回到了祖国，由中华书局出版。

在以上这些工作的基础上，从20世纪末，我开始了对《红楼梦》文本的评批工作，我利用传统的评批方式，除了正文的校订外，再逐句逐段地加批，当然这不是绝对的，有的是逐句批，有的是分段批，更多的是眉批和行间批，在每回之末，又作了回后评，在书前又有一篇长文作为导读，这样综合起来，从宏观到微观，可以把我自己读《红楼梦》的领悟和考订，巨细不遗地载入此书。此书我前后进行了五年，到2005年出版，最近我又作了增评。

近两年，我又重读了《石头记》庚辰本的影印本。我在影印本上又作了一次批。此次的批，除解读《红楼梦》外，主要把我近几年读《红楼梦》的感悟新得，批入曹雪芹生前最后的这个稿本上。特别是这个本子与己卯本有着历史自然形成的内在联系，这种联系是有形的，不是无形的，它是两本在抄成过程中自然留存下来的天然标记，是两本血肉相关的一种印记，一种密码。我是在写《论庚辰本》时发现了这个秘密的，我已把这些天然形成的特殊标记，详细地写入了《论庚辰本》，但读者如要单独读影印庚辰本《石头记》时，一时还不容易找到这些标记，所以我这次除批解庚辰本的文本外，又用蓝笔将这些与己卯本密不可分的以前不为人知的特殊标记或天然密码，一一予以明确地批示出来，以便于读者对读，我相信读者会对此饶有兴味。

为了使读者便于对照，我又用蓝笔批了影印的己卯本，将己卯本是怡亲王府的抄本的特征用蓝笔批出来，以便读者验证。我又将己卯本与庚辰本的内在标记用蓝笔批出来，读者可以用来与庚辰本上的蓝笔相对照，以验证此两本天然形成的相关标记。这样，己卯、庚辰两本百余年来秘密存在的天然标记，就完全公之于世了，我想这也将是一件读者所感兴趣的事。至于己卯本的文本，因为与庚辰本的文本基本一样，在己卯本上就不再作评批，以免重复，何况己卯本只残存四十一回又两个半回，评批的文字和情节不可能连贯，倒是一色保持蓝色的批，既省读者眼目，也便于读者检寻。

《石头记》古本中的"甲戌本"，是一个特殊的本子，由于胡适的长期宣传，且直到胡适去世以前，世人才见到影印本。所以这个本子一向带有神秘而特殊的味道，而对它的研究也还不深。1980年我在美国开会时，曾借到此本，在我手中一周左右,因为在会议期间,也不可能作研究。据我后来对影本的初步研究,我认为此本的正文可能是较早的,但它的抄成时间却较晚,最早也只能是乾隆末年,尤其是此书被改编过,书前的"凡例"是编者后加的。书中有一些原来完整的脂批被分割成数段且移动了位置,与正文文不对题。"护官符"下的小注原是墨书正文,却被当作脂批用朱笔抄写在下面,特别是原有署名署年的脂批都被删去了署名署年,还有些脂批抄错了位置,批语与正文不对应,版口的脂砚斋署名也是有疑问的,所以此书尚待研究的问题很多,为此,我又写了《瓜饭楼手批甲戌本石头记》一书,我将我所发现的疑点都批在这个本子上,我对此本的优点据我的认识也批在书上,我这样做,是希望引起大家对此本的重视和研究,引起大家来解疑,而不是我对此书作什么结论,结论要等大家来作。

我的《红楼梦》研究工作,暂时只做到这一步,如果我身体好,我会继续认真读这部书的。我也希望己卯本的另一些残本和甲戌本的现存十六回以外的文字会有可能再现。中国历史博物馆发现的三回又两个半回的己卯本残抄本,就是一种希望之火,即使若干年没有发现,也没有必要把这希望之火熄灭。

六

我于1986年秋天到新疆大学讲课,从此开始了我的中国大西部调查研究。对中国大西部的向往,我从中学时代就开始了,我受了两方面的影响,一方面是受唐代边塞诗的影响,唐代大诗人高适、岑参、李颀等人描写西域的风光,令人神往;另一方面,我读了《大慈恩寺三藏法师传》,受到玄奘法师西天求经万死不辞、百折不回的精神的感召。那时,我就觉得我应以他们为榜样,但一直苦于没有机会,直到1986年,才算得到了这个机会。

从1986年到2005年,前后二十年,我一共去了中国西部(主要是新疆和甘肃,也到过内蒙古、青海、宁夏等地)十次。每次的时间长则一两个月,短则一个月或20天左右。我西行的主要目的,是调查玄奘取经之路,也包含丝绸之路。

我的十次新疆之行,二次登上了帕米尔高原的红其拉甫(4900米)和三次登上明铁盖达坂山口(4700米),确证了玄奘取经东归入境的山口古道,这是自玄奘回归后1355年以来的第一次发现和确认。我两次穿越塔克拉玛干大沙漠,还积数年(次)之功,绕塔里木盆地走了一圈。我多次翻越天山,到过一号冰川,听到山腹深处轰然不息的冰川巨响和悬伸在险峰上的巨大冰舌。2005年8月15日,我再到明铁盖达坂与中央电视台和喀什市政府一起立玄奘东归入境古道的碑记。当年9月26日,我经米兰到罗布泊,在罗布泊宿夜,次日又从罗布泊到古楼兰,在古楼兰宿夜,第二天考察古楼兰,再宿楼兰城外,第三天再穿罗布泊,经罗布泊底部东行到龙城,考察土垠、LE遗址及楼兰贵族墓。此处的位置已是罗布泊的北缘,还残留着少量的未干涸的罗布泊湖水。从龙城,我们又到了白龙堆、三陇沙入玉门关到沙洲(敦煌)。我之所以要去罗布泊、楼兰考察,目的是要弄清楚玄奘取经东归到长安的最后一段路程。结果用《大唐西域记》的记载与实际的地理考察对证,玄奘确实是如他所记的经尼壤(今尼雅)过纳缚波(今罗布泊)、楼兰,从楼兰北部走上经龙城、白龙堆入玉门关到沙州的古道的,这也是自玄奘回归以来的第一次确认。至今从楼兰西北的营盘向东南,便是经龙城到玉门关的古道,向西则可以经焉耆、龟兹(库车)从南天山的别迭里山口出境。至今这条古道上还有林立的烽火台遗址,实际上这也就是当年张骞出玉门关通西域的古道。

我还考察了天山北部的吉木萨尔古城所属的唐北庭都护府遗址。遗址面积甚大,城垣巍峨,但城内已是一片荒土,唯北门尚可见城门遗迹,闸门的坎道依然可见,其西还有西大寺,是维吾尔族佛教的遗存,其壁画用屈铁盘丝法,线条凸出如贴线,这种古法已很少见,而此处竟然保存尚完好,实为难得。吉木萨尔以南天山横亘,中有小道可通高昌、交河,即今吐鲁番。这条古道,经友人实地穿行考察,虽道路险峻之极,但至今依然存在。我曾到吐鲁番考察高昌、交河古城,前后去了五次,还绕交河城整整走了一圈,考察了交河城东边台地上的车师贵族墓葬。

1998年,我还从酒泉到金塔县,考察汉肩水金关遗址,又往前到内蒙古额济纳旗考察古居延海和黑水城遗址。居延海因水源问题已渐缩小,但其原来面积极其浩大,今到缩小分割后的海边,还依然望不到边,可见古时居延海之大,我还考察了出土大量居延汉简的古烽燧,至今牧民们手中尚有散落的汉简。黑水城则古城荒凉,俄国人盗宝的遗迹尚在,1984年12月,我曾在苏联冬宫博物馆见到从黑水城盗走的大量西夏文物。

我还去银川考察过西夏王陵,那时还无人管理,元昊陵最为雄伟,周围高冢林立,气势依然雄伟。贺兰山拜寺口西夏双塔,则正在修复,出土了不少西夏文献。

我的大西部之行,只出版了《瀚海劫尘》大型摄影集,另一部《玄奘取经之路全程影集》已经完成,友人摄国外部分,我摄国内部分,加上文字说明,成为首部玄奘取经的全程影集。此外我写过《玄奘取经东归入境山口古道考实》《两越塔克拉玛干》《西域纪行》《流沙梦里两昆仑》等专题文章。

关于西部,我积累了几千张有关西部历史文化的底片,尚待整理。

中国的大西部,也是一部读不完的书,如果我的健康能恢复,我还想再作西部之行,以考定玄奘从帕米尔东侧下山的古道。而古道接近地面的一端,我已去考察过,即现在的棋盘乡,玄奘《大唐西域记》里记作"朱俱波"。现在此处地貌、物产,与玄奘所记完全一致,而山崖岩壁上佛龛尚存,其南即弥尔岱山(当地人称玉山),经弥尔岱山,即登帕米尔的另一古道,其位置恰在帕米尔的东南,但这只是文献与局部地理的考实,还未作全程的考察,我希望我能完成这一考察任务。

我身经丧乱,出身贫苦,未得较好的读书机会,虽遇名师,终负厚望。后来虽稍有著述,自惭简陋。今虽勉强一一成集,总觉惭恐交并。作此简述,殊无胜意,不过是供了解而已,唯望高明教之。

2009年5月20日,宽堂自述
于瓜饭楼,时年八十又七

【冯其庸　中国艺术研究院终身研究员】
原文刊于《中国文化》2010年01期

兰克的《世界史》为何没有中国

刘小枫

  1753年,伏尔泰的《论诸民族的道德风习和精神》出版,史称现代意义上的第一部"世界史"。十年后,伏尔泰又为自己的这部"普遍历史"添加了长达两百页的题为"历史哲学"的"导言",据说因此而获得了发明"历史哲学"这个语词的思想史声誉。[1]不过,伏尔泰的"历史哲学"看起来仍然不够哲学。接下来具有影响力的普遍历史式的世界史,非黑格尔的《世界史哲学讲演录》莫属。[2] 这两部史书相隔半个多世纪,风格和品位完全不同。伏尔泰的《论诸民族的道德风习和精神》采用编年史式的历史记叙,从海水消退露出陆地的"地球的变迁"开始,一直讲到十八世纪的中国和日本——还提到我国宝岛台湾。[3] 黑格尔的"世界史"则是地道"哲学式的世界史",或者更为准确地说,是政治哲学的世界史,因为,其主题是"自由"理念得以实现的世界历史进程。实证史学出现之后,史学家大多蔑视黑格尔的普遍历史论,认为它只有"观念",没有多少实实在在的"史料"。其实,黑格尔提出的"东方世界""希腊世界""罗马世界""日耳曼世界"的"世界史划分"及其历史演进过程,使得启蒙主义的"进步论"史观更为明晰,为好些实证史学家的研究提供了指路明灯。

---

[1] 中译本:伏尔泰,《风俗论》,三卷,梁守锵译,北京:商务印书馆,2013。
[2] 黑格尔,《世界史哲学讲演录》,刘立群等译,北京:商务印书馆,2014。以下简称《世界史哲学》并随文注页码,凡有改动,依据历史考订版《黑格尔全集》(*Gesammelte Werke*),Band 27,第1分册,Bernadette Gollenberg-Plotnikov 编,Hamburg,2015。
[3] 伏尔泰,《风俗论》,前揭,下册,第507—521、530页。

伏尔泰的普遍历史论述意在展示人类文明的历史"进步",但"进步"的历史究竟要走到哪里,并没有下文。与此不同,黑格尔说,人类历史将在"自由理念"得以完满实现的时刻终结行程。这种说法听起来颇为抽象,但如果换成马克思的普遍历史论的表述,我们就不难理解:人类历史的行程将在实现共产主义社会的时候终结。因此,所谓"历史终结"论无非是说,人类的"进步"历史有一个终点或"终极目的"。

尽管有种种差异,以至于伏尔泰和黑格尔的普遍历史很难相提并论,但两者毕竟有一个共同之处:他们的普遍历史都给中国这个文明古国安排了一个明确位置。紧随黑格尔的世界历史哲学之后,史称现代史学奠基人的兰克(Leopold von Ranke,1795—1886)接踵而至——令人费解的是,在兰克的多卷本《世界史》中,竟然见不到中国的历史身影。

兰克的《世界史》为什么对中国只字不提,这是本文力图搞清的问题。

一、兰克的世界历史意识

兰克比黑格尔小25岁,两人都获得过普鲁士王国王室学人的头衔。[④]黑格尔完成了哲学的世界历史意识的打造,兰克则完成了史学的世界历史意识的打造。据说,两者标志着具有德意志思想色彩的所谓"历史主义"经过大约一个世纪的思想行程已经蔚然成风。倘若如此,哲学的世界历史意识与史学的世界历史意识有何异同?

"历史主义"指的是以所谓"历史意识"(das historische Bewußtsein)的思维方式让哲学和史学不仅介入人世的根本问题,而且介入国家的实际问题,承担为

[④] 1828—1829 年冬季学期讲授"世界史哲学"时,黑格尔提到了初出茅庐的兰克,把他的史书归为"反思的史学"类型。参见 Hegel, *Lectures on the Philosophy of World History*, Volume I: *Manuscripts of Introduction and the Lectures of 1822—3*, Robert F.Brown / Peter C.Hodgson 编/译, Clarendon, 2011, 第 75 页及注释 25。当时,兰克已经出版《从 1494 至 1514 年的罗曼和日耳曼诸民族史》(*Geschichte der romanischen und germanischen Völker von 1494—1514*, Berlin, 1824)和《16 和 17 世纪南欧的王侯和诸民族》(*Fürsten und Völker von Süd Europa im 16. Und 17. Jahrhundert*, Hamburg, 1827)。

国家的政治实践提供指导的任务——至少,黑格尔明确要求哲学自觉地成为时代的国家精神的表达。⑤ 对于今天的我们来说,要理解这样的"历史意识"并不困难。毕竟,马克思主义哲学和史学以及如今的自由主义哲学和史学,都具有这种"历史意识"。可是,哲学和史学介入国家的实际问题,并非现代才有的事情,无论中国还是西方古代的哲学和史学都如此。我们显然不能说,古代的哲学和史学是一种"历史主义"。因此,"历史主义"的标志并非让哲学或史学为国家的政治实践提供实际的指导,毋宁说,它指的是某种哲学或史学的品质,或者说指的是以"历史意识"为基本取向的哲学或史学。哲学就其天性而言,以探究永恒的真理为基本取向,倘若以"历史意识"为基本取向,当然就成了一种"历史主义"。史学与哲学不同,其天性以探究变动不居的人世为基本取向,若还需以"历史意识"为基本取向,难免显得奇怪。如果兰克史学可以被称之一种"历史主义",⑥那么,所谓"历史主义"的史学又是什么意思呢?

兰克在世时,他与黑格尔的异同已经成为话题——在随后的世纪里乃至今天,仍然还是个话题。⑦ 据说,兰克82岁那年(1877)出席一次学术研讨会时,有人曾当着兰克的面说他在本质上与黑格尔接近。兰克老人不客气地回答:"我其实比你所想象的要更具有独创性。"——然后拂袖而去。⑧兰克年轻时曾受过德意志的普遍历史哲学熏陶,他与黑格尔有相似之处并不奇怪。兰克上大学时曾如饥似渴地挑灯夜读《纯粹理性批判》和费希特的所有重要著作。在晚年的多卷本《世界史》中抨击进步论普遍历史观念时兰克还提到,自己上大学时的偶像费希特是"这个领域最重要的哲学家"(参见《秘密》,第49,138页)。可以说,兰克和黑格尔一样,都是在康德—费希特所提出的思辨的普遍历史哲学观念的

---

⑤ 参见 Oscar Daniel Brauer, *Dialektik der Zeit: Untersuchungen zu Hegels Metaphysik der Welgeschichte*, Stuttgart, 1982; John Walter, *History, Spirit and Experience: Hegels Conception of the Historical Task of Philosophy in his Age*, Frankfurt, 1995。

⑥ 梅尼克在其名作《历史主义的兴起》中,将兰克视为"历史主义"最终形成的标志。参见梅尼克,《历史主义的兴起》,陆月宏译,南京:译林出版社,2009,第554—555页。

⑦ 参见 Ernst Simon, *Ranke und Hegel*, München, 1928; Omar Hussein Dahbour, *The Origins of Modern Historical Consciousness, 1822—1848: Hegel's Philosophy of History and it's Critique by Ranke and Marx*, The University of Chicago(博士论文), 1987。

⑧ 参见兰克,《世界历史的秘密》,文斯(Rogers Wines)编,易兰译,上海:复旦大学出版社,2012,第137页(以下简称《秘密》,并随文注页码)。

学术史的视域

问题意识中发展出各自的普遍历史观。⑨ 黑格尔多次讲授"世界历史",兰克则写下多卷本的《世界史》(*Weltgeschichte*)——康德和费希特的普遍历史观却仅有观念,并未铺展出一套历史叙述。但是,兰克老人对有人说他与黑格尔的普遍历史观相似非常生气,仍然有他的道理。

1877年,阿克顿去拜望已是82岁老翁的兰克时,看到他已经"虚弱不堪,形容枯槁,双眼近乎失明,几乎无法阅读和写作……"阿克顿担心自己再听到兰克的消息时会"是他的噩耗",没想到两年后听到的消息是:兰克着手写作《世界史》。⑩ 不过,兰克生前并未完成《世界史》,而是由他的学生凭靠兰克"在世时出版的大量著述中评述近代历史的那些内容"编辑而成。⑪ 于是,我们应该想到一个问题:兰克一生中的"大量著述"很可能都与"世界史"相关。⑫

如果通览一下这部多卷本《世界史》,我们会发现,兰克的临终之作仅仅书名是"世界史",实际内容严格来讲相当于欧洲通史。卷一题为"最古老的历史族群(die älteste historische Völkergruppe)和希腊人",兰克从古埃及讲起,随后是犹太人十二支派、亚述、波斯帝国,然后就讲到古希腊人了。对希腊的描述重点是雅典民主政治时期,表明兰克史学关注政制,就此而言,兰克的确与黑格尔相似。可是,在黑格尔的"世界史哲学"中,"最古老的历史族群"是中国和印度。在兰克笔下,似乎远东"最古老的历史族群"不值一提。⑬

---

⑨ 当代的一些德国史学家甚至认为,黑格尔和兰克的历史哲学堪称"德国古典哲学中史学思想"的双峰并峙,参见贝特霍尔德,《黑格尔与兰克的世界历史观念比较》(王海松译),见《世界历史研究动态》,1992年第9期,第38页。
⑩ 参见阿克顿,《自由与权力》,侯建、范亚峰译,南京:译林出版社,2014,第18页。
⑪ 参见兰克,《世界历史的秘密》,前揭,编者"导言",第27页。兰克在85岁那年(1880)开始出版《世界史》,去世前仅口授到卷七前半部分,余下各卷在去世(1886)后由其弟子 Alfred Dove 和 GeorgWinter 编订面世,共9卷(Leipzig, 1881—1888年陆续出版)。据说兰克本打算写到1453年为止,参见古奇,《十九世纪历史学与历史学家》(1913),耿淡如译,北京:商务印书馆,2014,上册,第209—210页。从1888年版(Leipzig)的《世界史》来看,兰克提到了十九世纪,参见何兆武主编,《历史理论与史学理论》,刘鑫等译,北京:商务印书馆,1999,第225—229页。笔者所见 Adolf Meyer、Horst Michael 编订的兰克《世界史》(*Weltgeschichte*, Hoffmann und CampeVerlag / Hamburg,1935)共14卷(七册,每册含两卷),最后一卷是"瓦伦斯坦传"。当代德国的兰克专家约尔旦和吕森说,兰克的《世界史》共16卷(参见兰克,《历史上的各个时代》,约尔旦、吕森编,杨培英译,北京:北京大学出版社,2010,"编者导言",第27页,以下简称《各个时代》,并随文注页码),但未注明版本,笔者也没有查索到这个16卷本。
⑫ 兰克在60岁出头时曾写过《瓦伦斯坦传》(*Geschichte Wallensteins*, 1869),《世界史》(1935年版)卷十四也是《瓦伦斯坦传》,显得是把这部旧作装进"世界史"框架而已。
⑬ 兰克仅仅在卷一中讲到亚历山大大帝远征印度时附带讲到印度。

兰克的《世界史》在卷二就进入了"罗马共和国及其世界统治(Weltherrschaft)",他用了一卷半篇幅讲罗马共和国,用了四卷半篇幅(从卷三第二部分起)讲罗马帝国(直到卷七),并以日耳曼人定居西罗马帝国领地结束。讲述古希腊史仅用了半卷篇幅,讲述整个罗马史则用了整整六卷篇幅——兰克的"世界史"不仅轻慢古老的中国和印度,也轻慢古老的希腊。

卷八题为"阿拉伯的世界统治和查理大帝的帝国(das Reich Karls des Großen)",这种并置看起来像是要挑明阿拉伯帝国与拉丁基督教帝国同时崛起的历史格局,其实不然。阿拉伯帝国仅占整个卷八的三分之一篇幅,与东罗马帝国和查理大帝的帝国三足鼎立。不仅如此,接下来的卷九讲查理帝国的分裂和"德意志帝国"(das deutsche Reich)的奠立,一直到卷十二,再也见不到对阿拉伯帝国的专门论述。由此看来,兰克的《世界史》从卷一到卷十二的绝大部分篇幅讲的都是从古罗马多神教的共和国和基督教化的第二帝国到基督教的神圣罗马帝国的历史,以至于人们很容易给兰克的《世界史》扣上一顶"欧洲中心论"的帽子。

兰克为什么会这样来写"世界史"?兰克史学讲究凭可靠的官方文献来建构历史,我们可以设想,由于他并不掌握古代中国的官方文献,他不会像黑格尔那样仅仅凭传教士的耳闻目见就自信地大谈古代中国政制。[14] 可是,兰克也并不掌握古埃及和古希腊的官方文献,遑论阿拉伯帝国崛起时的官方文献。既然他的《世界史》能够就古埃及或亚历山大帝国扯上几句,为了符合"世界史"这个概念,也总该用专门的小节对古中国扯上几句。一个世纪之前,伏尔泰的《论普遍历史》已经论及中国,兰克何以至于不让古代中国在他的《世界史》中多少凑

---

[14] 黑格尔关于古代中国的论述,主要依据传教士的回忆录,比如,收集了十七至十八世纪传教士的见闻记录的《普遍历史》(*Allgemeine Historie ... oder Sammlung aller Reisebeschreibungen*, 21 卷, Leipzig, 1748—1774,其中的卷六涉及中国,出版于 1750);Jean Baptiste du Halde 基于传教士的记叙编写的《中华帝国描述》(*Déscription geographique, historique, chronologique, politique, et physique de l'empire de la Chine et de la Tartarie Chinoise*, 4 卷, Paris, 1735);Joseph de Mailla 编的《中国通史》(*Histoire générale de la Chine*, 13 卷, Paris, 1777—1785);传教士编写的《北京传教士关于中国历史、科学、艺术、风俗、习惯录》(*Mémoires concernant l'Histoire, les Sciences, les Arts, les M? urs, les Usages, etc. des Chinois, par les Missionnaires de Pékin*, 16 卷, Paris, 1776—1791/1814);Abbé Grosier 的《论中国》(*De la Chine; ou Déscription générale de cet Empire*,第三版[修订扩充版], 7 卷, Paris, 1818—1820)。参见 Hegel, *Lectures on the Philosophy of World History*, Robert F. Brown / Peter C. Hodgson 编/译,前揭,第 212 页注释。George T. Stauton 编译的《大清律例》(*Ta Tsing Leu Lee*, London, 1810)算得上官方文献,但大清在十八世纪不是古代中国,"律例"也算不上充分的史料。

个数呢？缺了中国这个对欧洲来说地处远东的文明大国，兰克的《世界史》何以算得上是"世界史"？

如果兰克对"世界史"的理解让我们感到奇怪，当我们看到卷十三的标题时就应该感到惊讶了。这卷的标题直接就是"世界历史"，题下有这样一个副标题："向现代世界过渡的诸时代：14—15世纪"（Zeiten des Übergangs zur modernen Welt）。尽管未必出自兰克本人，这个标题却初步解答了我们的困惑：兰克很有可能仅仅把"现代世界"的历史视为"世界历史"。此前的历史都算不上真正的"世界历史"，除非与这个"现代世界"有直接或间接的关系。兰克的《世界史》没有提到中国，仅仅因为古老的中国与作为真正的"世界历史"的"现代世界"连间接关系也没有。

倘若如此，对于我们中国来说，反倒会出现另一个问题：何时和如何进入"世界历史"。这样的世界历史观看起来荒谬，其实不然。二十世纪的美国史学界出现过好些题为"西方的兴起"的史书，几乎无不涉及中国何时和如何进入"世界历史"这一问题。因此，我们的确不能说兰克对"世界史"的理解荒谬。[15]

二、兰克的"历史意识"

兰克的"现代世界"就是黑格尔的世界史哲学中的"日耳曼世界"或"新的世界"，亦即世界历史的第四阶段——黑格尔同样用"现代世界"来称呼"欧洲世界"。与此不同，兰克似乎仅仅把世界历史理解为走向"现代世界"的过程乃至"现代世界"本身。通观兰克一生的主要著述，几乎无不关涉这个"现代世界"。反过来看，兰克在讲述"现代世界"的历史故事时早就经常使用"世界历史"这个语词，并非在80高龄的晚年才用。即便我们要给兰克的"世界史"扣上欧洲中心论的帽子，也得搞清他的道理。

---

[15] 比较麦克尼尔，《西方的兴起》（1963），北京：中信出版社，2014；诺斯/托马斯，《西方世界的兴起》（1973），厉以平、蔡磊译，北京：华夏出版社，1999；沃尔夫，《欧洲的觉醒》（1985），郑宇健、顾犇译，北京：商务印书馆，2011；华勒斯坦，《现代世界体系》（1992），郭方等译，北京：社科文献出版社，2014。

兰克史学是关于"欧洲世界"的史学——"欧洲世界"等于"现代世界"而非"古老的世界",这意味着"欧洲"作为一个政治体出现得很晚。晚到什么时候？晚到相当于我国明代弘治年间(1488—1505)的十六世纪初。1824年,不到30岁的青年兰克出版了他的处女作《从1494至1514年的罗曼和日耳曼诸民族史》,以关注欧洲作为政治单位的形成开始自己的史学生涯。这部政治史学著作试图明确界定何谓"欧洲单位",如兰克在"导言"中所说:此书的主要观点是"把罗曼人和日耳曼人视为一个[政治]单位"。因为,"欧洲单位"不等于"普遍的基督教"概念——作为政制概念,"普遍的基督教"其实还包括诸如亚美尼亚人这样的异族。"欧洲单位"也不能按地理意义上的欧洲来界定,毕竟,属于亚洲民族的土耳其也在欧洲地域范围,而俄罗斯帝国一只脚站在整个北亚地域,另一只脚却立足于欧洲地域。用"拉丁基督教"来界定"欧洲单位"也不行,因为,斯洛伐克人、拉脱维亚人乃至匈牙利人都不属于欧洲单位,却属于拉丁基督教。在兰克看来,要界定"欧洲单位"必须凭靠血统和语言。对我们来说,尤其重要的是,这个"欧洲单位"才拉开了"现代历史"的帷幕,而对兰克来说,"现代世界"形成的历史才是真正的世界历史:

> [本书]作者会围绕那些在纯正日耳曼(rein germanischer)或日耳曼—罗曼血统(Abkunft)上种族亲缘相近的民族国家(die stammverwandteNationen),他们的历史是所有近代历史的核心(der Kern allerneueren Geschichte),至于异族(das Fremde)则仅作为次要的部分必要时一笔带过。
> 在本导言中,我将主要以叙述对外功业的方式表明,这些民族(Völker)如何在一个单位和相同方式的运动(in Einheit und gleichartiger Bewegung)中发展……本书仅涉及这些民族的一小段历史,这段历史可以说是近代历史的开端……一方面,本书包括西班牙君主制(Monarchie)的建立、意大利自由的衰亡,另一方面,本书还叙述了一种双重对抗(einezwiefache Opposition)的形成,即法国的政治对抗和由于宗教改革而产生的教会对抗的形成。换言之,我们的民族国家分裂为两个敌对阵营,整个近代历史

学术史的视域

(alleneue Historie)基于这一分裂。(《秘密》,第77—78页)⑯

这段话圈定的并不仅仅是这部处女作的研究范围,毕竟,兰克一生的史学研究的主要范围几乎无不是十六世纪以后的"欧洲史"。兰克的《世界史》之所以详述整个罗马史,不外乎因为罗曼—日耳曼诸民族作为政治单位产生于这个母体,对古埃及以及犹太、亚述、波斯和希腊等古国"一笔带过",乃因为它们对现代史来说无关紧要——中国和印度则连无关紧要都谈不上,所以提都不提。

《从1494至1514年的罗曼和日耳曼诸民族史》有一个单独刊行的著名附录,题为《对一位近代史家的批判》。⑰ 由于兰克在这本小册子中从史料考据角度抨击奎恰迪尼的《意大利史》,人们长期以来津津乐道兰克开创了一种所谓凭靠官史材料的史学方法。其实,打击奎恰迪尼挑明的是一个重大的政治史学问题:欧洲作为政治单位的崛起究竟应该以意大利城市共和国的兴起为标志,还是以西班牙王国的崛起为标志。兰克史学善于抓住具有世界历史意义的"时刻",他的处女作以1494—1514这20年为关注焦点是要告诉人们:意大利如何分裂,法国和西班牙如何入侵意大利,城市国家如何丧失自由,宗教迫害如何导致发现美洲新大陆,西班牙如何在意大利、德意志和尼德兰取得宗主统治,以及欧洲反教宗的历史如何为宗教分裂铺平道路,等等——因此,"这段历史可以说是近代历史的开端",应该把"这些事件以及其他事件看成罗曼和日耳曼民族国家作为一个单位的相关历史事件"(《秘密》,第78—79页)。⑱ 换言之,现代欧洲诞生于

---

⑯ 译文据德文原文有改动,凡此不再一一注明。

⑰ Ranke, *Zur Kritik neuerer Geschichtsschreiber: Eine Beylage zu desselben romanischen und germanischen Geschichte*(Leipzig,1824),中译见《秘密》,第101—134页。

⑱ 我国史学界习惯依据英译本书名(*History of the Latin and Teutonic Nations*,1494—1514)将书名译作《拉丁与条顿民族史,1494—1514》,与德文原名稍有字面差异无关紧要,但如果删掉"1494—1514"的年代限定简写成《拉丁与条顿民族史》(译作《罗马与日耳曼民族史》则是错译),就删掉了兰克的用心。兰克的《16和17世纪的罗马教宗及其教会和国家》同样如此,此书可以说与《从1494至1514年的罗曼和日耳曼诸民族史》是姐妹篇。兰克写的不是从教宗制创制以来的教宗通史,而是仅仅关注宗教改革后的教宗制的历史处境,中译本通常简称《教皇史》显然不妥,正如不能把他的《16和17世纪法国史》和《16和17世纪英国史》分别简写成《法国史》和《英国史》。事实上,《16和17世纪的罗马教宗及其教会和国家》仅仅用了6页篇幅讲基督教和教宗制的诞生(参见 *Die römische päpste*, *ihre Kirche und ihr Staat im 16. Und 17. Jahrhundert*, Hoffmann und Campe Verlag / Hamburg, 1935, 第7—13页), 用了不到6页篇幅讲教宗制与查理帝国的关系(第13—18页)。兰克作为新教徒写的这部宗教改革后的教宗史,可与作为天主教主教的波舒哀在一个半世纪之前写的《新教历史的多样性》对观。

西班牙王国的崛起,而非意大利城市国家的兴起。这一观点与黑格尔不谋而合。在黑格尔所讲述的"世界历史"中,"日耳曼世界"的形成经历了三个历史时期:首先是查理大帝打造法兰克人和德意志人的整个帝国,第二个时期则以"查理五世的庞大西班牙君主国"的兴起为开端(参见《世界史哲学》,第385页)。

西班牙王国的崛起与"把罗曼人和日耳曼人视为一个[政治]单位"的问题有什么关系,或者,黑格尔为什么把"查理五世的庞大西班牙君主国"的兴起视为"日耳曼世界"形成的第二历史时期的开端?对于这个问题,可借用布罗代尔的说法来给出简洁回答:查理五世(1500—1558)的头脑中有idée impériale[帝国观念]。

> 查理五世也许是谋求欧洲霸权的诸多不幸的候选人中最不令人仇恨、最可亲的一位。他的梦想是这样的:征服基督教世界,用他的威势保护基督教国家,反对伊斯兰异教徒和新教徒。⑲

换言之,查理五世有重新统一欧洲的梦想,让查理大帝打造的欧洲帝国在分裂为碎片六百年之后再度成为统一的政治单位。这一梦想并非白日梦,因为,查理五世既是西班牙国王,又是神圣罗马帝国皇帝。这一权位使得神圣罗马帝国在地缘上将欧洲的西端与东端连在一起,对法兰西王国形成包围态势——毕竟,没有欧洲民族的团结一致,欧洲作为政治单位很难应对伊斯兰土耳其的威胁。

查理五世获得西班牙国王和帝国皇帝的双重权位,靠的是他祖父马克西米连一世(Maximilian I, 1459—1519,奥地利大公,1486年当选为德意志王,1493年当选为神圣罗马帝国皇帝)精心安排的政治婚姻:1496年,马克西米连让自己的儿子英俊王菲利普(Philip the Handsome)与西班牙国王斐迪南(Ferdinand)的女儿胡安娜(Joanna the Mad)联姻,借此将西班牙王国纳入神圣罗马帝国框架。通过联姻获取政治利益是封建政治格局中的常见政治手法,马克西米连自己当年

---

⑲ 布罗代尔,《文明史:人类五千年文明的传承与交流》,常绍民等译,北京:中信出版社,2014,第434页。布罗代尔追认了黑格尔和兰克的观点:他的菲利普二世时代研究显得是兰克处女作的扩展。参见布罗代尔,《菲利普二世时代的地中海和地中海世界》,卷二,吴模信译,北京:商务印书馆,1996,第18—32页。亦参谭姜山的妙文《堂吉诃德为何不来中国:世界历史视野下的〈堂吉诃德〉和"堂吉诃德"的中国接受》,见《古典研究》,2014冬季卷(总第20期)。

431

学术史的视域

(1477)就通过迎娶勃艮地公国的公主玛丽为妻乘机将作为嫁妆的勃艮地公国属地尼德兰和法兰斯—孔德(Franche-Comté,今法国西部)这两处领地变成奥地利公国的属地。由于菲利普英年早逝(1506年),马克西米连的孙子查理(西班牙语名Carlos[卡洛斯])便继承了勃艮地公爵权位,成了西属尼德兰(今荷兰和比利时)的首位王者。1516年,查理的外祖父西班牙国王费迪南二世病逝,西班牙的王位就落在了查理身上(称"卡洛斯一世")。

马克西米连一世是有抱负的皇帝,在位时对外谋求征服,对内则强化帝国的中央机构:建立帝国常备军,改革帝国议会使之成为常设性议事机构,试图让帝国名副其实——1495年在沃尔姆召开的帝国议会成了欧洲从中世纪过渡到近代的标志,马克西米连一世本人也成了"历史的界碑"。1500至1512年间,马克西米连一世将帝国领地整合为十个大区,初步建立起帝国行政区划制度。然而,帝国的中央集权化改革始终受到德意志诸侯的竭力抵制。帝国的两大法院——帝国宫廷法院(Reichshofrat)和帝国议会法院(Reichskammergericht)分别由帝国皇帝和德意志诸侯掌控,表明马克西米连一世实现帝国中央集权化的努力困难重重。1519年,马克西米连一世病逝,查理不仅继承帝位(史称"查理五世"),而且承继了家族对奥地利和阿尔萨斯的管治,成了领土最多的欧洲君主。查理五世继续施行祖父的帝国中央集权化方针,广泛推进帝国立法。然而,查理五世时运不佳:既要对付奥斯曼帝国的入侵,又要对付法兰西王国的强硬挑战——最要命的是,宗教改革运动的爆发给整个欧洲注入了不可逆转的分裂因素。[20]

《从1494至1514年的罗曼和日耳曼诸民族史》一书表明,兰克的"历史意识"直接来自1494年以来欧洲的"晚近"历史(die neuere Geschichte),其着眼点是欧洲帝国观念的彻底破碎。所谓西班牙王国的兴起,其实意味着神圣罗马帝国曾一度有兴起的可能——然而,法国的政治对抗和因宗教改革而产生的新旧教对抗,让罗曼—日耳曼诸民族彻底分裂为民族国家之间的对抗。在随后直到兰克时代的三百多年里,欧洲这片土地上爆发的战争之多,堪称人类有史以来之最。

---

[20] 参见威尔逊,《神圣罗马帝国:1495—1806》,殷宏译,北京:北京大学出版社,2013,第29—41页,第71—81页;布赖斯,《神圣罗马帝国》,孙秉莹等译,北京:商务印书馆,1998,第302—317页。

三、何谓"现代世界"

如前所述,兰克史学主要集中研究十六至十七世纪的欧洲,也就是黑格尔笔下的"日耳曼世界"的第二阶段,或者说"现代世界"的形成阶段。但是,在担任《历史—政治杂志》主编时写的传世名作《诸大国》(1833)中[21],兰克以简扼的史学笔法勾勒了"现代世界"的第三"阶段"即"最近的时代"(die neueste Zeit)。按兰克自己的说法:他要"在世界历史中"来考察晚近一个半世纪(十七世纪末至十九世纪中期)的欧洲历史这一"世界性时刻"(den Weltmoment),通过展示欧洲国家之间相互冲突的最新"趋势",澄清"普遍流布的"关于"现代世界形成过程"的若干误识(《秘密》,第161页)。《诸大国》让我们清楚看到,兰克史学具有修昔底德式的政治史学品质。兰克相信,历史的"普遍性"就是人类政治生活的普遍性,这种普遍性体现于历史的特殊性或者说世界历史中的一些特殊时刻(Moment):"世界历史中似乎总会出现这样的情况:一到紧要关头,那些影响着人一举一动的动机就与平常控制着人的生活和行为的原则、观念完全相反。"(《秘密》,第229页)反过来说,如果要认识"世界历史"的普遍性,就得从世界历史中的特殊时刻入手。倘若如此,通过考察晚近的世界历史性"时刻",兰克想要人们获得怎样的对历史"普遍性"的认识呢?

前文已经提到,兰克的《世界史》卷十三的内容是十四至十五世纪的欧洲史,标题却直接就是"世界历史",副标题则是"向现代世界过渡的诸时代"。似乎在兰克看来,"世界历史"的含义是"现代世界"的形成。进入"世界历史"意味着进入"现代世界",反过来说,进入"现代世界"意味着进入"世界历史"。那么,兰克如何理解"现代世界"?在兰克眼里,"现代世界"体现了怎样的历史"普遍

---

[21] 原题 Die Größen Mächte,中译篇名有多种:"论列强""列强"或"大国",中译见兰克,《世界历史的秘密》,易兰译,前揭,第160—202页。"列强"在中文语境中带贬义,姑且译作"诸大国"。译文凡有改动,依据 Leopold von Ranke, *Die Größen Mächte / Politisches Gespräch*, Vandenhoeck & Ruprecht / Göttingen, 1955。

性"？如果《诸大国》也涉及一个民族国家如何进入"现代世界"（这等于进入"世界历史"），我们是否也能够借助理解兰克的观点澄清我们自己关于中国如何进入"世界历史"的若干误识呢？

《诸大国》的历史考察以十六世纪"欧洲的自由"（die Freiheit von Europa）秩序为起点，以拿破仑战争之后欧洲秩序的重建为终点。兰克并非仅仅是要概述这段历史，而是力图揭示这段历史动荡的基本趋势及其性质。如果这段历史就是如今我们所说的"现代性兴起"的历史，兰克力图揭示的就是"现代性"的基本趋势及其性质。按照当时的流行看法，所谓"现代世界"的"现代"含义是，"终结（ein Ende mache）自中世纪遗留下来的统一的具有约束力的制度"，"民主观念及民主制度的发展势不可挡"，迫使"所有国家更新其[宗教和法律]原则"（das Prinzip aller Staaten），使得所有国家都焕发出新的活力（《秘密》，第198页）。兰克并不否认这一点，但在他看来，这还并非"现代世界"的真正特性。与民主观念及民主制度的普遍意识相比，更为重要的"普遍意识"（das allgemeine Bewußtsein）是对"民族国家品质"的意识。这种意识意味着，要成为现代国家就必须意识到："只有当国家所占有的一切即军队力量、巨额财富以及在普遍文化（an der allgemeinen Kultur）中的特定分量对国家有价值时，才有所谓的国家原则。"因此，"现代世界"的形成意味着，任何国家都只有"从这种民族国家原则"才能获得"新生"（neues Leben aus dem nationalen Prinzip，《秘密》，第199页）。

> 如果法国大革命之前一百年的大事（das Ereignis）是诸大国的兴起，以捍卫欧洲的独立（die Unabhängigkeit von Europa），那么，自此以来流逝的历史时期的大事就是诸民族国家的品质（die Nationalitäen）青春勃发、精神焕发和全新发展。民族国家的品质进入到国家意识之中（in den Staat mit Bewußtsein），没有这些品质，国家就不能够存在。（《秘密》，第197页）

这里最值得注意的是，兰克用"民族国家品质"（Nationalität）来重新界定"国家"（Staat）。在古希腊罗马时代，地中海沿岸就已经存在过国家，古希腊罗马时代的先贤也对何谓"国家"有过明确的说法。罗曼—日耳曼诸蛮族进入西罗马帝国的部分领地后,法兰克王国首先坐大,并向欧陆中部拓展,在查理大帝手中形成帝国。但是,这个帝国不到半个世纪就不仅一分为三,而且碎片化为封建状态,直到十四至十五世纪,英格兰、法兰西、西班牙开始逐渐克服封建状态走向王权国家。如前所述,十六世纪初期,哈布斯堡王朝的西班牙国王曾一度有重建欧洲帝国的可能。由于法兰西王国的抵制,尤其宗教改革给整个欧洲带来的致命性分裂因素,在十六至十七世纪的两百年里,作为文明统一体的罗曼—日耳曼诸民族不仅没有走向复兴帝国之路,反而陷入前所未有的错综复杂的战争状态——不仅王国内部因宗教分裂而爆发内战,王国之间或其他封建单位之间也爆发大规模"国际性"宗教战争。在这样的生存处境中,罗曼—日耳曼诸民族的欧洲面临一个非常棘手的问题:如何重建欧洲秩序。由此便产生出建立 jus publicum Europaeum[欧洲公法]的问题,而这个问题的解决却依赖于如何界定"国家"。由此可以理解,为何国家学说在这个时候会成为显论——可怕得令人绝望的欧洲内战状态催生了从博丹到霍布斯的主权式国家学说:内政和外交上独立的国家才是欧洲秩序的基础。[22] 兰克用"民族国家品质"来界定"国家",不过是对主权式国家的另一种表述。因此他说,"国家"如今必须具有"民族国家品质"才能够生存——反过来说,"民族国家品质"只有"在国家身上表达出来"(in dem Staate ausgesprochenen Nationalität)才会成为实实在在的存在(《秘密》,第201页)。一个国家有了"民族国家意识"(Nationalbewußtsein),必然会要求在"世界舞台"获得一个恰当的地位。各个国家出于"民族国家的伟大的自由精神的献身情怀"(eine große freisinnige Hingebung der Nation)而彼此拼命厮杀、争斗,世界历史才再次拉开帷幕。"现代世界"的世界秩序如果要成为"自由的秩序",就必须在"大国"之间建立起"对立和均势"。

兰克的《诸大国》一文从十六世纪的"自由秩序"起笔,这一秩序基于西班牙与法兰西两个强势王国之间的"对立和均势"(in dem Gegensatz und dem Gleichgewichte)。黑格尔在他的"世界史哲学"讲座中说到西班牙君主国的崛起时,也提到"均势观念"(die Vorstellung des Gleichgewichts;《世界史哲学》,第385

---

[22] 参见施米特,《合法性与正当性》,朱雁冰等译,上海:上海人民出版社,2015,第31—38页。

学术史的视域

页)。但是,在黑格尔的世界史哲学中,"均势"观念实际上并没有地位。黑格尔看重的是普遍的"自由"理念在世界历史中的普遍进程,承载"自由"理念的民族国家理所当然应该具有政治优势。反过来看,如果兰克要强调"现代世界"的"均势"秩序,就得废除普遍历史哲学的普世价值("自由"理念)。[23]

《诸大国》首先论析法国:由于遇到了善于治理国家的国王路易十四,法兰西王国击败西班牙王国在欧洲取得"宗主统治"(Oberherrschaft)地位,从而打破了欧洲的"均势"。路易十四执政后积极加强法兰西王国的军事实力,四处用兵,对不能用兵的大国,则采用种种"策略和联盟"(Politik und Bündnisse)削弱之。当时,法国的主要对手是哈布斯堡王朝和英国。通过让法国公主与西班牙年轻的君主联姻,并散布谣言败坏奥地利家族在西班牙的名声,法国巧妙地切断了西班牙与奥地利的关系。英国施行有限君主制,路易十四的外交家们就利用英王与议会之间的矛盾,拉拢举足轻重的议会成员,挖空心思让英王与议会在国家决策问题上争执不休(《秘密》,第162—165页)。在兰克笔下,法国的对外行为显得不择手段,就像我们从今天的"世界宗主国"那里可以看到的那样。尽管如此,兰克并没有从道德上谴责路易十四不择手段在欧洲建立起"一种最高治权"(einen Supremat),仅仅指出这种治权"并不符合正当原则"(Unrechtmäßige),因为它必然破坏"欧洲秩序的基础"(die Grundlage der europäischen Ordnung)。在兰克看来,与世界上其他地方的秩序不同,欧洲秩序基于一种"权利体系"(das System des Rechtes)——1648年结束三十年战争的《威斯特伐利亚和约》就是这种体系的体现。这一具有历史意义的和约表明,欧洲虽然不断出现"世界性动荡"(die Weltbewegungen),使得自身的秩序遭到破坏,但又始终在致力于重建"自由"的秩序。

我们必须注意,这里所谓的"自由"指的是民族国家享有独立自主的"主

---

[23] 二十世纪的摩根索再次证明了这一点,他的《国际纵横策论》(*Politics Among Nations*,1948,又译《国家间的政治》)必须首先排除观念论的自由主义普遍哲学,才能论证"均衡"论的现代世界秩序。参见摩根索,《国际纵横策论》,卢明华等译,上海:上海译文出版社,1995,第48—62页。摩根索的修昔底德式的"国际政治学"以世界历史为基础,从而是兰克式的"世界史"政治学,而非观念论普遍主义哲学式的政治学。摩根索作为世界史学家,参见 Norman A. Graebner, "Morgenthau as Historian", 刊于 Kenneth Thompson / Robert J. Myers 编, *Truth and Tragedy*, New Brunswick, 1984, 第66—76页。

权"。从而,所谓"欧洲的自由"既是一个现代概念——因为它基于欧洲自1494年以来的政治状态,又是一个属于罗曼—日耳曼诸民族共同体的文明概念——因为它源于查理大帝的欧洲帝国自公元九世纪分裂以来的封建状态。[24] 正因为如此,在兰克那里,"欧洲的自由"秩序的要核是"欧洲的均势概念"(der Begriff des europäischen Gleichgewichtes,《秘密》,第168页)。所谓"均势"意味着,"任何来自一方趋势的压力总是受到另一方趋势的抵制"。换言之,欧洲的秩序原则应该是维护"普遍的自由和独特性"(die allgemeine Freiheit und Sonderung),不允许出现"任何单边的强大趋势的统治"。既然法兰西凭靠自己的强大军事力量和"内在实力"(innerer Stärke)获得了"最高治权"和"政治优势"(das politische Übergewicht)打破均势——用今天的话说即取得了世界霸权,其他大国就应该形成"内在单位"(innerer Einheit),联手打破这种霸权(《秘密》,第169—170页)。

接下来兰克简扼论析了在一个半世纪中对法国形成制衡的三个大国即英国、奥地利(哈布斯堡王朝)和俄国的历史状况。法国取得"政治优势"之前,英国就已经"感觉到自己的实力"(zu dem Gefühle seiner Stärke)。十七世纪的英国不仅获得了军事和经济优势,还创造了文化优势,加上与欧洲中北部的小侯国汉诺威结盟,一直是法国面临的头号强劲对手。如果这两个王国能够统一起来,整个西欧逐渐走向一个统一的大帝国也很难说。然而,英国与法国的恩怨已经有数百年历史,罗曼—日耳曼人的欧洲世界没法形成统一帝国。

奥地利的哈布斯堡家族在十五世纪才成为神圣罗马帝国的宗主,但在十六世纪就迅速衰败,到了十七世纪以后仅能竭尽全力支撑自己的本家奥地利公国,并靠再度征服匈牙利而恢复了部分实力。在兰克看来,英国的实力和发展前景远比奥地利好,绝非因为英国经过了"光荣革命"的政制变革。与有海峡作为自然屏障的英国不同,奥地利身处欧洲大陆腹地,不仅受法兰西和土耳其夹击,还要面对侧背迅速崛起的俄罗斯,生存处境险恶得不可比拟。法兰西王国与神圣罗马帝国在历史渊源上称得上胞兄,但法国并没有因为与奥地利同属"欧洲民族"就帮奥地利对付土耳其和俄罗斯,反倒利用土耳其削弱自己的胞兄——世

---

[24] 二十世纪的史学大师布罗代尔还重申了这一"欧洲的自由"秩序的含义,参见布罗代尔,《文明史:人类五千年文明的传承和交流》,前揭,第336—339页。

界历史就是这样展开的。在兰克眼中,"欧洲民族"仅仅是一个名义上的统一政治单位,与修昔底德笔下的泛希腊民族一样,同族相互厮杀时也会不惜与异族联手。如果兰克史学基于的是这样的"历史意识",称它为一种"历史主义"又是什么意思呢?

四、兰克对"普遍的进步观念"的抨击

我们需要进一步理解的是:兰克凭什么理由仅仅把"现代世界"的历史理解为"世界历史"。其实,黑格尔同样仅仅把作为"现代世界"的"欧洲世界"的历史理解为真正的或普遍的"世界历史",此前的"世界历史"都是片面的、抽象的。黑格尔给出的理由相当明晰:在"日耳曼人的世界"中,思辨性的"自由"理念才具体地实现了自身的自我意识——既然思辨性的"自由"理念是宇宙性的,当然也就罩住了中国。只不过在黑格尔看来,思辨性的"自由"理念在世界历史的中国阶段还谈不上有自我意识。但兰克并不相信这套思辨的普遍哲学的胡扯。除了晚年的多卷本《世界史》,兰克还有一部篇幅短小的口授的世界史——当然是兰克意义上的"世界史"。1854 年,即将年满 60 岁的兰克对巴伐利亚国王口述了"近代历史的各个时期"。㉕ 中译本将书名译作《历史上的各个时代》看起来是误译,因为原文是"近代历史"而非"历史"(英译本译作 *The Epochs of Modern History*)——黑格尔在论述"日耳曼的世界王国"时同样用了"历史的各个时期"(die Epochen der Geschichte)这个表述法。但从内容上看,这部口述史的确可以充当多卷本《世界史》的一个简明概要。

给国王授课时,兰克首先抨击"普遍的进步观念":所谓"一种普遍的主导性意志(ein allgemein leitender Wille)要求人类历史的发展从一点'迈进'到另一点"的说法,或者人类历史之中有"一种精神本质的行进"(ein Zug der geistigen

---

㉕ 在兰克去世后的 1888 年,口述笔录才被整理成书,以《关于近代历史的各个时期》(*Über die Epochen der neueren Geschichte*)为题出版。

Natur)在把世界推向"某个确定目的"之类的说法,不过是哲学家们的胡诌。㉖ 显然,兰克抨击的是启蒙运动以来尤其康德和黑格尔所表述的"进步论"普遍史观。在兰克看来,不动脑筋的人才会相信,普遍的"进步"观念是在高扬人的"自由"。因为,从哲学上讲,这种观念恰恰取消了"人的自由":"人要么自己成了上帝,要么什么都不是"。何况,从历史上看,普遍的"进步"观念也得不到证实。毕竟,到目前为止,"人类的绝大部分"仍处于"原始状态",或者说置身于世界历史的"起点",普遍的"进步"从何谈起(《各个时代》,第5—6页)。

兰克并不否认的确有"伟大的历史发展的诸要素",但这些"要素"仅仅在"罗曼和日耳曼民族"的历史即现代历史中才得以形成。甚至可以说,的确有"一种按阶段发展着的精神力量",而且"在整个历史中",这种"精神力量"同样具有一种"历史力量"(historische Macht)。可是,在整个人类中,"仅仅只有一个人口系统"(nur ein System von Bevölkerungen)具有这种"人的精神的历史力量",从而"参与了这种普遍的历史运动"(dieser allgemein historischen Bewegung),人类中的其他"人口系统"无不被"排除在外"。换言之,兰克并不否认有"普遍的"(im allgemeinen)进步历史,只不过这种进步仅仅见于"罗曼和日耳曼民族"。在处女作《从1494至1514年的罗曼和日耳曼诸民族史》的"导言"中兰克已经表达过这种观点,30年后,兰克更为明确地以亚洲为例对巴伐利亚国王说:虽然亚洲曾产生过"文化","这个世界之一部分"也曾有过"多个文化时期"(Kulturepochen),但"从[历史的]整体上看",人类的普遍"历史运动"在那里却呈现为"一种退步"(eine rückgängige)。亚洲文化"最古老的时期"的确"最为繁盛",但到了人类历史的"第二和第三时期"——即希腊和罗马的历史要素占支配地位的时期,就"不再那么有意义了"(《各个时代》,第6页)。

读到这样的说法,我们难免会觉得,兰克的普遍历史观的确与黑格尔没什么实质差异。可是,兰克接下来点名攻击"黑格尔派"哲学家的历史观念,说这种学说按一种所谓辩证的"逻辑过程"来设想"人类的历史",无异于让实际的"生

㉖ 《关于近代历史的各个时期》的简短"导言"因谈到普遍历史观念而非常著名,中译见《各个时代》第5—9页(译文错漏颇多)和《秘密》第205—209页(译文据英译本迻译反倒准确一些)。这里的引文为中译本《历史上的各个时代》(前揭)中的页码,据德文原文有改动不再——注明。

命"在"经院学中"枯萎,仅仅让"理念"具有"自立的生命"。黑格尔的历史哲学宣称,"世界精神"为了实现自己的目的可以搞"欺骗"和利用人的"激情",通过人类天性中的"一种精神过程",人类成了"生成着的上帝"(der werdende Gott),其逻辑结果不过是一种"泛神论"(《各个时代》,第8—9页)。

也许我们应该说:兰克与黑格尔分享了相同的普遍历史观的框架,但兰克断然拒绝黑格尔塞进这个框架中的"自由精神哲学"。在攻击黑格尔式的普遍历史观的同时,兰克也向国王阐述了自己对于史学的理解,并借此表达了自己的历史哲学观。兰克对国王说,史学家的首要任务是关注特定历史阶段中的人"如何思想和生活",因为:

> 除去某种不变的恒久的主要理念——如道德的理念——之外,每个历史时期都拥有其特定趋势和自己的理想。既然每个历史时期都自在且自为(an und für sich)地具有其正当权利(Berechtigung)和价值,人们也不应忽视每个历史时期所产生出来的东西。因此,第二,史学家也必须感受到个别历史时期之间的区别,以便观察其前后相续的内在必然性。在此,不应忽视某种进步,但是,我并不想主张,这种进步在一种直线中(in einer geraden Linie)运动;毋宁说,进步更像一条河流,它按自己的方式开出自己的道路。如果我可以斗胆评说,我会这样来想:由于在神(die Gottheit)面前不存在时间,神整个儿总览人类的全部历史,并认为一切东西的价值都一样(gleichwert)。人类教育的理念固然有几分真实,但在上帝看来,人类的所有世代都有平等权利(gleichberechtigt),所以,史学家也必须看到这一实事。(《各个时代》,第8页)

兰克所理解的"进步",仅仅是历史时期的"特定趋势(besondere Tendenz)和自己的理想(eigenes Ideal)"——用我们的古话来讲,庶几相当于所谓的"势"。兰克承认,人类"在物质利益领域确实存在着一种绝对的进步"(ein unbedingter Fortschritt),因为,人在自然科学即"支配自然"的认识方面确实谈得上进步。但是,人类"在道德方面"很难说有这种进步,即便"道德理念"能够有显著的进步

(《各个时代》,第 8、11 页)。这种说法看起来颇有些自相矛盾,其实,兰克的意思是,即便人类在道德观念上取得了进步,也没有个体的道德进步这回事——这就否定了启蒙式普遍历史哲学的要核:每个人都能通过教育成为有道德的人。我们在黑格尔的《权利哲学原理》和《世界史哲学讲演录》中看到,个体的权利是现代欧洲得以拥有"世界领导权"的要核——个体必须成为道德的,或者说公民社会必须体现为道德的进步,"欧洲世界"拥有"世界统治"才具有正当性。

兰克给国王授课时两头两尾的对话都涉及个体的道德问题。国王问:"整个人类的进步"是否包括"个人的内在进步"(den inneren Fortschritt des einzelnen)？兰克的回答是,"个体"固然可以不断追求更高的道德水准,但每一代人在"道德上的伟大"其实是一样的,后一代人并没有比前一代人"更高的道德潜能"(höhere Potenz)——"比如,我们根本无法超越古代世界在道德上的伟大"。不仅无法超越,"在精神世界中",道德上的伟大甚至还常常出现颠倒关系:今天的文学在道德上不如古典文学伟大——当今的谢林搞哲学即便能够掌握更多的思想材料,也没法超过柏拉图对哲学的贡献(《各个时代》,第 9、11 页)。兰克的意思是说,道德上的伟大始终属于"个人品格",不可能设想整个人类普遍的道德进步。如今"人民"(Volk)酗酒和打架的都少了,却不能因此认为,"每一后续世纪"会比前一个世纪出现更多"伦理上德性能力更高的人"或者"更有才智之人"。毕竟,"个人品格"是自然而且偶然的产物,科学和商业的历史进步并不能改变这样的自然事实(《各个时代》,第 169 页)。因此,在兰克看来,普遍的道德进步观不过是启蒙哲学的"世界主义假说"(eine kosmopolitische Hypothese)。用这样的假说来"证实"(nachweisen)"世界历史的支配性进程",只会被世界历史本身驳倒。如果哲学家说,"人性的理念"首先仅仅历史地体现在"伟大的诸民族国家"(nur in den großen Nationen)身上,然后随着时间推移渐渐涵盖到整个人类,那么,史学家会说,这种"内在的道德进步"在历史上没法得到证实(《各个时代》,第 10 页)。

兰克对巴伐利亚国王讲世界历史时的这些说法直抒胸臆,随口而出,条理未免不够严谨绵密。值得令人关注的倒是,为什么兰克要在讲述世界史之前先对国王谈"历史进步"论话题。显然,正如我们从对话中可以看到的那样,原因在于国王的头脑已经被启蒙。在兰克的时代,黑格尔的普遍历史哲学观念颇为流行,兰克如果不首先臧否黑格尔,他就无法讲述自己所理解的世界历史。因此,如果说兰克有某种历史哲学的话,那么,这种历史哲学首先断然而且彻底地否定了启蒙式的普遍进步观念。

兰克所处时代的精神状况与我们今天的情形有些相似,左派与右派之争相当激烈。他在主编《历史—政治杂志》期间,也曾身不由己地陷入政治歧见争纷。[27] 在出任杂志主编前一年所做的题为"论普遍历史的观念"(Über die Idee der Universalhistorie)的演讲中,兰克就已经站在史学立场拒斥启蒙哲学的普遍观念。[28] 在他看来,哲学并非"绝对的"(unbedingt)认知,因为,哲学认识置身于具体的历史时间之中,并不具有绝对的有效性。哲学家与其说是在致力于发现"绝对真理",不如说是在认识时代的真理,任何哲学学说都不过是一种"民族国家的认知"(nationale Erkenntnis)。这些说法堪称后来被名为"历史主义"的观点的经典表述,但我们还不能凭此认定兰克的观点是一种历史相对主义。毕竟,他承认有"某种不变的恒久的主要理念——如道德的理念"。毋宁说,在兰克眼里,哲学和文学无不隶属于某个"民族国家"的政治意识,哪怕哲学家或文学家谈论或表达的是普遍的东西。兰克看到,在欧洲的列国竞争时代,如果某个国家成为"大国"的"民族国家意识"足够强烈,这个国家就会出现哲学和文学的繁荣——用他的话来说,现代世界的根本特征是:"诸大国(große Staaten)凭靠本己的力量崛起","新的民族国家的自立性凭着原初的力量登上世界舞台",形成了"一种人为地发展起来的政治制度"。因此,毫不奇怪,"弗里德里希二世为民族国家的解放劳作时,德意志文学与他一起劳作"(《秘密》,第187页)。[29] 换言之,现代的哲学和文学的基本特征是,与民族国家同呼吸共命运——其实,今天的我们也不难理解:中国古代文学不是、但中国现代文学是民族国家式的,因为,现代

---

[27] 参见伊格尔斯,《德国的历史观:从赫尔德到当代历史思想的民族传统》,彭刚、顾杭译,南京:译林出版社,2014,第88—95页。

[28] 演讲稿没有正式发表,仅存残稿,经 Eberhard Kessel 整理,刊于 *Historische Zeitschrift*,178卷第二期(1954),第290—302页。

[29] 《诸大国》在论述法国、英国和普鲁士王国崛起的同时,论述了法国、英国和德意志哲学和文学之间此消彼长的关系。参见《世界历史的秘密》,前揭,第168、172、185—187页。

中国才遭遇到国际性的列国竞争处境。

五、兰克对史学的政治理解

由此看来，与其说兰克史学是一种"历史主义"的史学，不如说是一种修昔底德式的政治史学。1836年出任柏林大学史学教授教席时，兰克发表了题为《论史学与政治学的关联及其区别》的就职演讲。[30] 演讲一开始，兰克就对尚未统一的德意志的精神状况发表了一番激愤之言。初看起来，这番言论与黑格尔在《权利哲学原理》"序言"中的激愤之言颇为相似，细看之下，我们又会发现，两者的激愤其实有着政治品质上的差异。兰克说，眼下德意志的精神状况是热切追求新政体，因为，如今经过启蒙的智识人普遍以为一种"最佳的国家形式"，并且相信这种人为的最佳政制会把世人"引向智慧和美德"，从而厌恶自己的前人习传的政治制度（《秘密》，第144—145页）——并非"无知的坏人才渴慕新奇的东西"，一些"热爱祖国、有名望的人"也如此。兰克在这里指的是康德、费希特、黑格尔等德意志观念论哲学家所导致的精神恶果，他们各显神通，凭靠自己发明出来的一套哲学观念致力于探究能把人们普遍地"引向智慧和美德"的最佳政体：康德的《关于一种世界公民观点的普遍历史的理念》和黑格尔的《权利哲学原理》以及《世界史哲学讲演录》甚至致力为这种"人为的"最佳政体提供普遍历史的证明。黑格尔在《权利哲学原理》"序言"中对人们放弃探究"人为的"最佳政体的努力感到激愤，兰克却对从康德到黑格尔的这种探究"热情"（Eifer）感到愤慨。在兰克看来，这种改变政治秩序现状的热情固然值得称赞，毕竟，现存国家形式不如人意，甚至腐败、堕落——问题在于，这种热情难免变成对"良法"（guter Gesetze）的普遍抗拒，把国人推向"全然的盲目和犯罪"，"甚至导致公众骚乱以及砸烂和颠覆一切的疯狂和暴怒"，以至整个国家丧失最为基本的辨识

---

[30] Leopold Ranke, *De historiae et politicae cognatione atque discrimine /Über die Verwandtschaft und den Unterschied der Historie und der Politik*，中译见《世界历史的秘密》，前揭，第142—155页（引文据德文有所改动不再注明）。

什么"有益"什么"有害"的能力。人们盲目追求所谓个体"自由"和个体"权利",得到的却会是"愚蠢、可怕的民众统治"——对于任何一个有教养的人来说,这种统治恰恰是最坏的奴役状态。一个国家的精神状态如果一味追求"人为的"最佳政制,必然使得国家因陷入"[政治]意见和党派的旋涡而动荡、撕裂",给国家带来巨大的灾难。无论什么时候,一个国家只要在所谓"最佳政制"的问题上陷入"性情分裂"(Zwiespalt der Gemüter),国民必遭毒害,国家已经克服的混乱难免卷土重来(《秘密》,第145页)。

　　读到这些言辞,我们难免会觉得兰克是在说我们当今所面临的处境。兰克接下来说,史学应该有助于让国人冷静下来——即便要改良政体,也应该以史为鉴。针对康德和黑格尔用普遍历史哲学来为观念化的最佳政制提供世界史证明的做法,兰克提出了自己的史学主张:应该用冷静的历史研究来勾销追求普遍的最佳政体的必要性和可能性——"史学根本不能提供任何人都不会怀疑其真实性的可靠处方"。史学研究应该冷静地复述历史事件,而不是通过历史叙述挑起"党派[争纷]来撕裂国家"。如果史学让政治共同体的传统道德和习俗以及自古以来受到崇敬的伟人的美德陷入争议,就不是在"改善"而是在"败坏"国家的政治生活(《秘密》,第146页)。

　　史学当然不应仅仅是"搜集事实加以编排",史学的使命是"观察事件的起因和前提","事件的结果和影响",清楚区分"人的[行为]意图",搞清为什么有些人失败而有些人成功,国家为何要么强盛要么消亡。就像探究自然界奥秘的自然科学一样,历史科学应该"寻求生命最深层、最秘密的涌动"(《秘密》,第147—148页)。在"现代世界"的政治处境中,史学尤其应该研究民族国家的形成,"考察在一个或另一个民族(Volke)那里,如何建立属人的事物、如何赢得[国家]力量,这种力量又如何增长和兴盛"(《秘密》,第149页)。就此而言,史学与政治科学有相同的基础,或者说史学与国家的政治生活紧密相关。政治科学应该基于史学,"没有对过去时代所发生的事情的知解",政治科学就不可能(《秘密》,第151页)。如果说黑格尔把政治科学(权利哲学)建立在普遍哲学的基础上,兰克则要让政治科学回到史学——这也意味着回到民族国家自身的生活方式本身。对于史学家兰克来说,任何国家的政体都有自己的存在理由,就像每一种生物都有自己的生命样式。兰克引用西塞罗来支撑自己的看法:任何统治形式即国家政体都属于某个政治共同体人民的创造,不能把一种凭纯粹智性构造出来的最佳政制观念当作普遍理想,以此抹平民族国家的差异。[31] 因此,史学的任务是"从一系列过去所给与的东西中得出对国家本质的认知,并引导我们对国家本质的理解"。政治科学的任务是关注当下的国家状态,史学与政治科学必须结成伴侣,毕竟,"不熟悉现在,对过去的认识就不完满;没有对过去的认识,就不会有对现在的理解"(《秘密》,第152页)。尽管如此,史学比政治科学更重要,因为,政治科学从抽象的原则出发,史学从实践智慧的原则出发——正是在这个意义上兰克说:"究其性质而言,史学是普遍的(die Geschichte ist ihrer Natur nach universell)。"(《秘密》,第153页)

可见,虽然都谈论普遍历史,兰克所理解的"普遍性"与黑格尔的理解判若云泥。兰克凭自己的历史感觉看到,企图寻找一种可以用来治理所有国家的"普遍性学说"(eine universale Doktrin),不过是"晚近这个世纪的哲学家"的偏好——而且是错误的偏好。这些哲学家们的用心也许是好的,他们想要找到一种"人为的"最佳政体一劳永逸地根除政治生活中历史地一再出现的败坏。可是,启蒙哲学家们的良好用心恰恰导致更坏的政治结果,因为他们并不理解政治生活本身,"侈谈"(sich überredeten)"建构最佳国家形式的方案"(Entwurf eines Bildes der besten Staatsform),要让"全然不同的民族采纳同一个法律和一种共同的国家形式"。这样一来,为了追求"一个共同体的幸福开端和返回一个黄金时代",启蒙哲学家们必然"动摇、砸烂、消灭自古以来经受过考验的制度"(die von alters her bestehenden Einrichtungen)。凭靠史学思考的兰克懂得,不能人为地去折腾人类生活基础中的一些基本要素,否则整个社会就会受到惩罚。民族国家有自己本己的特殊性格,一旦人为地破坏这些性格,"那些极恶之人的统治欲"就会大行其道(《秘密》,第154页)。

把矛头对准从霍布斯到黑格尔的一系列现代"欧洲世界"的哲学家,并宣称要用自己的"史学"来抵制无论"左"的还是"右"的普遍哲学,是兰克的这篇就职

---

[31] 比较柏克的相关看法,参见施特劳斯,《自然权利与历史》,彭刚译,北京:三联书店,2003,第323页。

演讲的基调。他提出了这样的区分：史学基于对过去时代所发生的事情的理解来指导当前的政治，启蒙哲学的政治科学以普遍的理想观念来指导当前的政治（《秘密》，第151页）。如果说黑格尔对世界历史的理解是思辨哲学式的理解，那么，兰克的理解就是实际政治的理解——从某种意义上讲，"历史的"眼光与"实际政治的"眼光是一回事。

兰克的史学观摒弃了启蒙的普遍历史哲学，并没有摒弃"普遍历史"观念本身。兰克的史观看起来有些接近我们中国的史观：天不变，道亦不变，但人世沧桑总在变——只不过对兰克来说，"天"是基督教的上帝，"道"是耶稣基督之道。对兰克来说，每个时代都有"占支配地位的趋势"（herrschende Tendenzen），也就是他所谓的"主导理念"（leitende Ideen）。史学家的任务是"描述"这些"趋势"，而非"在终审裁决中"把这些"趋势""汇总成一个概念"（《各个时代》，第9页）。既然如此，兰克又为何会在他的《世界史》中把古代中国排除在外呢？严格来讲，兰克依据官方史料修史的史学方法，就是我国传统史学的方法之一。他主张"完全不必理会那些依据与原始资料相距甚远的材料而写成的著作"（《秘密》，第97页），中国的史学家并不需要请教兰克就知道这种方法。[32]我国史学界如果仅仅热衷议论引进兰克史学方法的意义或争议傅斯年还是陈寅恪更像兰克之类的问题，难免有些奇怪。问题在于，如果兰克肯定了"道德领域"的绝对静止，"道德观念"之类的主要理念"恒久不变"，而且，在他看来，历史就是国家的政治生活事件，那么，他的《世界史》排除中国就没有道理——毕竟，中国作为历史悠久的国家有自己极为丰富的政治生活事件。既然他的"世界史"排除了中国，我们就仍然需要找出他这样做的道理。

兰克虽然拒绝了黑格尔把"世界历史"视为"世界法庭"的观点，他自己的"世界历史"观仍然带有"世界法庭"的意味。对兰克来说，"世界史"研究不是"搜罗汇总各个民族国家的历史"，而是要看到"人类事务的普遍联系"，这种联系往往体现于历史上的那些"伟大事件"。古代中国对于探究"世界历史的内在运动""毫无意义"，从而"不是世界历史研究的对象"，乃因为东方民族在发展出

---

[32] 比如，司马光关于汉武帝的"轮台之诏"的说法受到质疑，并非兰克进入中国之后，而是早在清末就有人质疑。参见辛德勇，《制造汉武帝》，北京：三联书店，2015，第10页。

"被视为人类所有文明发展之源"的政制之后,就"静止不变"了(《秘密》,第334—335页)。换言之,史学研究的是人世间的基本"运动",既然东方国家在历史中没有这种基本"运动",就不是世界史的研究对象。我们知道,研究人世间的基本"运动",是修昔底德提出的史学主张。在兰克心目中,修昔底德是史学的永恒楷模,没谁能狂妄地宣称自己是"比修昔底德更为伟大的史学家"(《各个时代》,第12页)。兰克的抱负是,要像修昔底德那样,"以一种不带偏见的眼光来看待世界历史的进程,并以这种公正、无偏见的精神来写出完美而高贵的史书"(《秘密》,第348页)。那么,兰克所理解的人世间的基本"运动"是什么呢?兰克相信:

> 各个民族之间并非和平共处,而是彼此之间为了争夺土地和统治权而拼命厮杀、争斗。这种斗争使得它们彼此联系在一起:这种斗争也影响到各个国家的文明发展,并导致了历史上诸大国的形成。在这种不间断的争斗过程中,各个国家的独特性质也随着世界趋势而发生着变化。(《秘密》,第335页)

可以看到,兰克所理解的"世界历史"是民族国家之间相互斗争的历史,或者说,正是各个不同民族国家之间的相互争斗,才形成了世界历史。世界历史不是自然史,而是政治史——相互争斗才使得民族国家走出自然状态,形成自我意识(《秘密》,第335页)。由此看来,兰克把中国排除在"世界历史"之外的根本理由是:只有在古代的西方才出现了国家之间的相互争斗。"世界历史"的开端之所以在西方,乃因为在公元前后的数个世纪里,地中海地区就出现了激烈的大国之间的冲突:比如,犹太人的王国与埃及王国、亚述王国和巴比伦王国的冲突……波斯人与犹太人在一神教信仰上相近,才使得犹太人的王国逃脱灭亡的命运。随后,希腊人的崛起引发了希腊人与波斯人的冲突,希腊人成功抵御波斯人的入侵之后,自身内部又兴起无法弥合的城邦国家之间的冲突。亚历山大大帝刚刚把整个近东统一起来,很快又一分为三——罗马的崛起虽然迅速,帝国的统治范围扩张到马其顿、叙利亚和埃及,却又无法维持帝国内部的统一,以致整个帝国西部被入侵的蛮族瓜分……(《各个时代》,第 13—14 页)。相比之下,古代的亚洲从来没有出现过如此复杂的国家之间的冲突,直到现代欧洲人把亚洲国家拉进自身相互冲突的旋涡。

六、何谓登上历史的"世界舞台"

世界历史的"运动"呈现为:大国可能沦为小国,小国可能崛起为大国。在《诸大国》一文中兰克写道:十七世纪末以来,"一个伟大的民族国家"(eine großen Nation)——俄国——开始卷入欧洲的发展,或者说进入了兰克意义上的"世界历史"。俄国要崛起为"大国",不可避免会与既存的"大国"展开较量。北欧的瑞典在三十年战争之后成为大国,俄罗斯的崛起首先面临的是瑞典的遏制。俄罗斯并非兰克眼中的"欧洲民族",但他相当赞赏彼得大帝带领俄罗斯"以孜孜不倦如饥似渴的学习天性的全部激情"(mit der ganzen Leidenschaftlichkeit einer frischen lernbegierigen Natur)吸纳西方的"种种进步"要素,然后与"欧洲民族"殊死较量。彼得大帝明白自己的国家的主要目的是什么,瑞典国王查理十二却不清楚"自己的国家的真正利益在哪里",结果使得瑞典王国在与俄国的拼搏中遭受重挫,从大国地位上"被拉了下来"(herabgebracht worden),沦为无足轻重的国家(《秘密》,第 176 页)。两国争雄其实是代表民族国家品格的君主之间的个人拼搏:瑞典在与俄国的争雄中败北,最终原因是没有遇到好君王。

黑格尔在"世界历史哲学讲座"中说,虽然俄国已经变得与欧洲文化相似,比较接近欧洲的生活,在政治上甚至"表现为一种强大的力量",仍然"还没有介入欧洲文化的进程"(《世界史哲学》,第 436 页)。显然,黑格尔用启蒙理性的眼光看待俄国的崛起,因为这里的所谓"文化进程"指的是启蒙文化。与此不同,兰克把瑞典与俄国的较量视为"原生的日耳曼民族国家品格与原生的斯拉夫民族国家品格"之间的较量。在他看来,俄国虽然采用了"欧洲的[政体]形式"(die europäischen Formen)与欧洲争雄,但它所代表的"希腊—斯拉夫原则"(das griechisch-slawische Prinzip)在与欧洲的拼搏中不仅没有被削弱,反而变得更为强势(《秘密》,第187页)。换言之,无论俄罗斯通过改革使得自身变得何等欧化,一旦俄罗斯成为大国,最终表明的是"希腊—斯拉夫原则"登上了"世界舞台"。

兰克在《诸大国》中对十八世纪欧洲历史的简扼描绘看起来颇像地缘政治学分析,以至于我们会以为,兰克史学是一种地缘政治学。当我们读到他在《诸大国》中论述普鲁士崛起的专门章节,我们不得不改变这种印象:在这里,他谈论的重点是普鲁士的国父弗里德里希二世(Friedrich Ⅱ von Preußen,1712—1786,清康熙五十一年至乾隆五十一年)。《诸大国》通篇最为关注的是君王,或者说兰克史学最为关注的是历史中的政治伟人——事实上,这也是兰克史学的基本特征,用我们的话来说,兰克史观是英雄史观。在纪念兰克的演讲中梅尼克过说:

> 兰克总是倾向于把某种高贵的因素归于政治人物的行动,尤其是处于决定性时刻的政治人物的行动,倾向于把这些行动从崇高的动机中推衍出来,而不是从像道德化的实用主义所醉心于其中的琐碎的个人动机中推衍出来。这些崇高的动机产生于一个国家内在的生命原则,与所有内部的和外部的事务交织在一起,并始终在一个世界性的规模上与整个动机的联合体交融在一起。[33]

《诸大国》在结束对路易十四的法国的论析时提到,如果要对法国取得的"政治优势"形成有效制衡,还得靠某个国家来挑头,而某个国家是否能出面挑头联合其他国家对法国的"政治优势"形成抗衡,又依赖于这个国家是否会碰巧出现"天才人物"(《秘密》,第169页)。在兰克看来,弗里德里希二世就是这样的"天才人物",因为他在"德意志人的祖国"处于危难之际把普鲁士打造成了一个强有力的民族国家,让普鲁士王国在法兰西和奥地利之间挣得了立足之地,使得德意志人的"民族国家情感"(National gefühl)有了具体的政治单位来承载,从

---

[33] 梅尼克,《历史主义的兴起》,前揭,第544页。

而为自己取得了"世界地位"(Weltstellung)。

弗里德里希二世年轻时喜欢哲学和艺术,28 岁时曾写下《反马基雅维利》(Anti-Macchiavell,1740)一书,同年登基。人们起初以为,这位还不满 30 岁的年轻国王不过是个法国启蒙文化的"粉丝",没想到他很快就展现出自己的政治天才——而且还是军事天才。兰克对弗里德里希二世的描述让今天的我们难免会想到自己的共和国之父,毕竟,弗里德里希二世懂得,"真正的政治"(die wahre Politik)必须靠"伟大的民族国家的实存"(von einem großen nationalen Dasein)来承负。在兰克看来,这位德意志"天才"的"思想独特性"(besonderer Gedanke)在于,其思想扎根于"自己的土地和自己的祖国"。他的历史事功让本来在列强的夹缝中生存的普鲁士王国仅仅凭靠自己的力量成为"大国",给德意志人带来"自信"(Selbstgefühl),使得德意志登上了历史的"世界舞台"(《秘密》,第 187 页)。在我们看来,弗里德里希二世的诗人才华显然没法与毛泽东相提并论。但是,弗里德里希二世的诗作同样产生于与国家的敌人殊死较量的危难处境,从中我们可以看到"一个男子气概的灵魂激荡"(die Bewegungen einer männlichen Seele)——如兰克所说,越是生死存亡关头,这种伟大的灵魂越显出自己的道德力量。在"七年战争"中,弗里德里希二世"伟大的个人品格"(große Persönlichkeit)体现得最为充分:即便知道这场战争仅有极小的把握打赢,他的道德上"坚忍不拔"(die Standhaftigkeit)的品格让他义无反顾地面对不可避免的战争:自己所属的"土地"被敌人围困、国家的"荣誉"被剥夺、祖国孤立无援,除了战争还能靠什么让自己的国家摆脱险境呢?凭靠这场险胜的"七年战争",弗里德里希二世让普鲁士成了"大国"——正如凭靠极为艰难的朝鲜半岛战争,毛泽东让中国登上了历史的"世界舞台"。如果要说两者的差异,那么,最大的差异恐怕在于对待启蒙哲学的态度。弗里德里希二世天生喜欢哲学,曾与伏尔泰有书信来往,还邀请伏尔泰到波茨坦面叙,以至于在伏尔泰眼中,他就是一个活生生的"哲人王"——黑格尔在其"世界历史哲学"中也把弗里德里希二世颂扬成一个具有启蒙精神的"哲人王",强调他何其热爱形而上学(《世界史哲学》,第 446 页)。兰克并不否认弗里德里希二世有热爱哲学的天性,但是,在兰克看来,弗里德里希二世在哲学上的可贵之处恰恰在于,他没有中启蒙哲学的魔邪:他不仅从来没有想过要"依据法国启蒙哲人的理论来建构自己的国家"（seinen Staat nach ihren Theorien einzurichten），甚至激烈反对把启蒙哲人的理论付诸实践。㉞ 因此，尽管几乎所有普鲁士智识人乃至弗里德里希二世本人都受到启蒙哲学影响，在他的统治下，普鲁士没有成为一个"闹革命的国家"（dem revolutionierten Staat，《秘密》，第 200 页）。兰克说得不无道理："真正的天才"不会让自己受到错误说教的毒害，因为，天才自己就是"自己独有的规则"。天才的生活基于自己把握到的真理，并明确意识到自己的生命要为此献身——要"干一番伟大的事业"，这就是让自己所属的"民族国家品格"在世界历史中获得自由。兰克特别指出，弗里德里希二世反复阅读的哲学著作其实是卢克莱修《物性论》的第三卷，他从中获得的是这样的教诲：人世间的"不幸是不可避免的"（das Übel notwendig），不可能有任何"疗药"。正是"从这种坚硬的、充满绝望的学说中"，弗里德里希二世的心志得到提炼，使得他最终没有凭靠与他国结盟单独赢得了"七年战争"，法兰西再难以插手德意志地区的事务（《秘密》，第 182—183 页）。

并非偶然的是，恰恰在论述普鲁士王国的章节中，兰克对何谓"大国"下了定义：所谓"大国"意味着"一种自立、无须结盟、全然凭靠自己的力量"（eine selbständige, keines Bundes bedürftige, auf sich selber angewiesene Macht）"拧成一股绳，能够顶得住所有其他大国"的压力（《秘密》，第 184 页）。只有首先获得这种"政治上的自立"（politische Unabhängigkeit），一个国家的民族国家品格才能获得"精神上的自立"（geistige Unabhängigkeit）——只有当一个国家的"民族国家精神"猛然觉醒，走向"成熟"，才会产生出自己具有"世界眼光"（Weltansicht）的哲学、文学和史学，即便这种"世界眼光"还"带有某些内在冲突"（《秘密》，第 186 页）。

《诸大国》最后谈的是法国大革命以及拿破仑战争给世界历史带来的"普遍颠覆"（das allgemeine Umsturz）。直到今天，史学家们仍然乐于从启蒙精神的角度来看待法国大革命。与此不同，在兰克看来，这场大革命最为重要的起因是，从百年历史来看，欧洲其他大国的崛起剥夺了法国在一百年前享有的影响

㉞ 弗里德里希二世的确曾写信给伏尔泰说，"我们先把橙子的汁挤出来，然后把皮扔掉。"参见威廉姆斯编，《伏尔泰政治著作选》，李竞、李媚译，北京：中国政法大学出版社，2014，年表（1751，9 月）。

力——法国丢掉"欧洲世界的中心"地位导致王权名誉扫地、失去民心,以致引发内乱。革命爆发之前,美洲的独立战争使得英国和法国两败俱伤,国库空虚,英国很快恢复,法国财政却始终没有起色。为了稳定政局,法国王室起初试图与体现民主思想力量的"第三等级"联手,共同对付贵族阶层。当发现"第三等级"一旦被放任之后便难以驾驭,王室又将之抛弃,试图回到特权阶级怀抱,结果激起"第三等级"强烈反弹,最终引发了革命。法国的这场"动荡"起初具有的是内部"改革特征",但很快就转变为一场革命。在兰克看来,革命的趋势在一开始具有针对"外国"(das Ausland)的性质。因此,法国大革命自始至终都与法国丧失在欧洲秩序中的"宗主统治"地位相关(《秘密》,第 190—194 页)

由此可以理解,法国大革命这样的大动乱不仅没有使得法国内政崩溃、国际地位彻底丧失,国家力量反而以另一种方式迅速得到强化——在与国际性的反法同盟的多次较量中,走向"军事专制"(Militärdespotismus)的法国竟然反败为胜,赢回了失去的"政治优势":不仅夺取了奥地利在德意志和意大利的传统领地,彻底终结了神圣罗马帝国的历史,还成功将英国排除在欧洲大陆之外——拿破仑几乎就要实现路易十四想要建立却未能建立的"普遍君主制"(Universalmonarchie),实现重新统一查理大帝的欧洲帝国的梦想(《秘密》,第 195—196 页)。[35] 兰克并不否认,拿破仑战争夹带着启蒙的普遍哲学,使得"民主观念和制度"的趋势不可避免地引发一场世界历史性的"普遍动荡"(eine allgemeine Bewegung)。尽管如此,在兰克看来,是"民族国家品质"而非民主政治观念更新了"所有国家的原则"(das Prinzip aller Staaten)——古老的王国只有"从民族国家原则"(aus dem nationalen Prinzip)而非民主政治原则出发才能获得新生(《秘密》,第 197—199 页)。[36]

兰克对法国大革命的理解最为突出的特征是:拒绝对这场革命做出启蒙意识形态的解释。对黑格尔来说,十八世纪以来的欧洲历史印证的是,普遍的"自

---

[35] 按照布罗代尔的概括,曾梦想重新统一查理大帝的欧洲帝国的历史人物依次是:查理五世、路易十四、拿破仑、希特勒。参见布罗代尔,《文明史:人类五千年文明的传承与交流》,前揭,第 434—436 页。

[36] "民族国家"这个概念并非兰克的发明,同样来自启蒙运动时期的思想家。参见梅尼克,《世界主义与民族国家》,孟钟捷译,上海:上海三联书店,2012,第 18—26 页;在梅尼克看来,对于兰克来说,民族国家的品质就是世界历史的普遍性(同上,第 214—219 页)。

由"理念的历史脚步在世界历史中越来越快——在兰克看来,这段历史印证的是赫拉克利特的世界原则仍然有效:对立力量的冲撞才带来最具决定性意义的历史发展。在世界历史的冲突中,法兰西能够最终保持"超级大国"(Übermacht)地位,靠的是自身的"民族国家的共同情感"(das Gemeingefül der Nation)始终保持旺盛活力。因此,拿破仑战争最终彻底唤醒的是整个欧洲范围内所有国家的"民族国家精神"(Geister der Nationen)——这才是法国大革命给世界历史带来的普遍转变。毕竟,"世界历史"让人看到的始终是,各种国家及其代表性个人品格的"精神力量"或"道德能量"在相互"争斗、限制和征服"中展现自己的生命——这些生命的相互作用和兴衰,才是"世界历史的秘密"(das Geheimnis der Weltgeschichte)之所在(《秘密》,第201页)。

余 论

我们已经看到,兰克理解"世界历史"的立足点是他置身其中的现代欧洲的"历史运动",而他的确仅仅在古代的地中海世界才见到过类似的"历史运动"。因此他说,历史中的"普遍联系"不过是"世界性的国际关系"——欧洲各王国之间的关系(《秘密》,第328页)。现代欧洲的"历史运动"的"实质"是"民族国家"的兴起,对我们来说,"民族国家"是个现代概念,对于生活在地中海北岸的现代西方人来说,则会是个古代概念。用这个概念来看待地球远东地区的历史毫无意义,毕竟,在远东的古代,并没有出现"民族国家"之间的冲突,长期存在的仅仅是定居的文明政治体与游居的野蛮政治体之间的冲突。二十世纪的史学大师布罗代尔在为中学生写的世界史教科书中这样写道:

> 远东那些伟大的文明,尤其是印度文明和中国文明,如果遇到的麻烦来自其疆域内蒙昧原始的地区,来自那里的吞噬森林的贫困的农民,那么它们会平安地存在下去。但堪与埃及圣经时代的瘟疫相比拟的天罚来自广袤的沙漠和大草原(对中国来说在其西部和北部,对印度来说是在其北部和西

部)……在这些环境恶劣的地区生活着各游牧民族:土耳其人、吉尔吉斯人、蒙古人……从他们在历史上刚一出现,直到他们辉煌的历史终结之时,也就是说直到十七世纪中叶,留给人们的就是这种印象:凶猛、残酷、富有亡命徒精神、骑着大马的暴徒。事实上,只是到了十七世纪,在火炮的帮助下,定居民族才真正击败了这些野蛮的游牧民族……现在,无论两个蒙古(中国的内蒙古和苏联控制下的外蒙古)还是中国的新疆地区和苏联的突厥斯坦,其本身都不是世界棋局中的关键国家和地区。真正引起人们兴趣的是其空间和飞机场,而不是其财产。

但这些游牧民族对我们现在的文明研究到底有什么重要意义呢?他们令人难以置信的劫掠无疑延迟了与他们毗邻的那些大型文明的发展。[37]

这样看来,兰克把中国排除在他的《世界史》之外,实在不奇怪,我们大可不必感到自己的文明情感受到了伤害。布罗代尔的世界文明史把中国纳入了视野,不过因为他比兰克晚生一百年。兰克在世时,中国已经被"欧洲民族"拉进他们的"历史运动"中去经受考验,且不幸没有经受住考验。在接下来的"历史运动"中,中国品尝到的是自己因"欧洲民族"相互争夺霸权而丧权辱国。[38] 如今,中国虽然已经成为"大国",但中国智识人真的明白,中国已经承受且还将经受的究竟是怎样的世界历史考验吗?对黑格尔来说,远东文明国家得经受的是能否接受普遍的"自由"理念的考验,对兰克来说,得经受的是能否在世界的"历史运动"中成为"大国"的考验。既然黑格尔的所有要著早就有了中译本(眼下正在有"全集"本),兰克的要著迄今连一个中译本也没有——这是否表明,直到今天,我们可能仍然不清楚中国百年来在经受且仍将经受的是兰克意义上的世界历史考验?

在《16 和 17 世纪的法国史》(*Französische Geschichte*, *vornehmlich im 16. und 17. Jahrhundert*)"导言"中,身为德意志人的兰克把法兰西视为伟大的民族,因为这个民族在形成自己的"民族国家"的历史努力中展现出了自己的伟大:历史上

---

[37] 布罗代尔,《文明史:人类五千年文明的传承与交流》,前揭,第 201—202 页。
[38] 参见泰勒,《争夺欧洲霸权的斗争:1848—1918》,沈苏儒译,北京:商务印书馆,1987,第 418—450 页。

总有"伟大的人民和民族",正如在一个社会中,总有些个人是伟大的,而非所有个人都伟大。伟大民族的国家的历史在自己的人性发展的进程中形成了自己的本质特征,并激发了超越国界的好奇心,世界史就应该研究这类民族的历史(参见《秘密》,第 332 页)。

同样,在《16 和 17 世纪的英国史》(*Englische Geschichte, vornehmlich im 16. und 17. Jahrhundert*)"导言"中,兰克把英国视为具有世界历史意义的民族:这类民族在地球上有如"崇山"(Massengebirge),其"内在力量"来自"强有力的原生质"(den wirksamen Urstoffen),从而"支配着供人居住的低地(Tiefländer)"。作为德意志的史学家,兰克说,"在诸民族的历史中"(in der Völkergeschichte),总会有这样一种"基本的力量"(die elementaren Kräfte),它会导致"诸国家和帝国"(die Staaten und Reiche)之间的"对抗"(Gegensatz)。这种基本力量会突然挑起国家之间的"相互争斗"(Kampfegegeneinander),"搅起动荡的波涛",由此形成新的国家,并给随后的时代打下烙印。"英国的这一历史时期就提供了一个这种样式的支配世界的历史领域"(eine weltbeherrschende historische Region),不但直接触及"普遍的事情"(allgemeine Begebenheiten),而且也迎合了"自己的内在冲动"(eignen innern Triebe)(《秘密》,第 333 页,译文据德文 1862 年第二版有改动)。

在这里我们再次看到兰克的普遍历史哲学与启蒙式的普遍历史哲学的根本差异:兰克对英国近代史的考察并不卷入关于宪政的意识形态论辩,既不责难也不赞美英国宪政,而是"只想认清那些正在起作用的力量及其结果"(《秘密》,同上)——这就与比如说基佐的英国史研究区别开来。兰克的普遍历史哲学的要核是:唯有通过考察民族国家的冲突中涌现出来的那些最重要的民族国家,才能探知"人类的普遍生活"。如果兰克的这种"历史意识"是一种"历史主义",那么,它无论如何不同于黑格尔的"历史主义"。

肯尼迪在 1988 年出版的《大国的兴衰》一书"序言"中写道,兰克的《诸大国》"考察了西班牙衰落后国际力量平衡的起伏,试图指明为什么某些国家勃兴至国势鼎盛而后又衰败";在结尾部分,兰克"分析了他当时的世界,以及在拿破仑战争后法国争霸失败以来世界上发生的事情"——肯尼迪以兰克的这篇史学式的时论为楷模,把"大国的兴衰"从 1500 年一直写到二十世纪末。[39] 一年之后,福山按照黑格尔—科耶夫的思路写了《历史的终结》。今天的事实证明,"大国兴衰"的世界历史可以继续写下去,"历史的终结"论却难以为继。

【刘小枫 中国人民大学文学院教授】
原文刊于《中国文化》2016 年 01 期

---

[39] 肯尼迪,《大国的兴衰》,蒋葆英等译,北京:中国经济出版社,1989,第 11—12 页。

国人自撰中国文学史"第一部"之争及其学术史启示

王水照

清光绪三十年(1904),林传甲和黄人分别在京师大学堂和东吴大学同时开始了《中国文学史》的编写工作。他们或许没有想到,这一编写活动竟会引发百年来文学史编写的热潮,各种类型的文学史已多至近两千部,[①]几乎以每年二十部的高速产出,正式形成一门中国文学史学科。这一学科在很大程度上受制于中国古代文学研究的水平,但反过来又影响和决定着中国古代文学研究的旨趣、格局和方向。"我家江水初发源",研究文学史早期编著中的一些问题,当能为文学史的继续编写和中国古代文学研究提供一些经验和启示。

一、事实的考辨

国人自撰文学史"第一部"之争,由来已久,直到现在,仍无共识。应该说

[①] 陈玉堂编《中国文学史书目提要》,收1949年以前的通史、断代史、分类史等共346种(包括外国作者),黄山书社,1986年8月。吉平平、黄晓静编《中国文学史著版本概览》收1949至1991年的著作570余种,辽宁大学出版社,1992年6月。两书时间相接,合计900多种。黄文吉编《中国文学史书目提要》,收1880至1994年的著作共1606种(包括外国作者),中国台湾万卷楼图书有限公司,1996年2月。陈飞主编《中国文学专史书目提要》(上、下卷),收自二十世纪初至2000年底文学专史"正目"共710种,"存目"250种,"外目"1127种,"附目"798种,共2885种。"外目"中大多为非"史"之著作,取例较为宽泛,且收现代文学史著作。陈书后出较备,但不见著录黄人《中国文学史》,恐亦有遗漏。大象出版社,2004年7月。考虑到自2000年至今又有不少新著问世,故约计中国文学史已达二千之数。

明,这一争论本身,除了在编写《中国文学史学史》时必须叙明、不能回避外,其实并不具有特殊的学术意义。正像曹雪芹是死于壬午(1762年)抑或癸未(1763年)的问题一样,除了确定纪念他诞辰200周年的具体年份外,对理解《红楼梦》的伟大艺术成就并无关系。当然发生在二十世纪六十年代的曹雪芹卒年问题的争论,却加深了对"脂评"的认识,对曹氏好友敦敏、敦诚的了解,以及考证手段和方法的开拓,仍是有意义的。同理,我们如果能深入探讨国人面对近现代史上第一次中西文化的大碰撞,面对新传入的"文学""文学史"观念和文学史著述体裁,他们颇显匆忙的应对策略,对传统学术的依违心态,乃至他们著书立说的具体社会、政治、文化、教育等背景,从中引出必要的反思,那就不是无谓之争了。

参与"第一部"之争的文学史共有三部,即林传甲《中国文学史》、黄人《中国文学史》和窦警凡《历朝文学史》。兹分别考辨如次。

主张林著为第一部者有郑振铎、容肇祖、胡怀琛、胡云翼、张长弓等人。[②] 如郑氏《插图本中国文学史》云:"中国人自著之中国文学史最早的一部,似为出版于光绪三十年(1904)林传甲所著的一部。"容氏《中国文学史大纲》也说:"中国人著的中国文学史,最早的为林传甲所著的一部,出版于光绪三十年(1904),分类叙说,非常芜杂。"与郑氏同意,但删去郑氏的"似为",口气更为决断。

林著的全名为《京师大学堂国文讲义中国文学史》,其成书、出版过程颇为清楚。此书前有江绍铨(即江亢虎)序,谓林传甲于"甲辰夏五月来京师,主大学国文席,与余同舍居,每见其奋笔疾书,日率千数百字,不四阅月,《中国文学史》十六篇已杀青矣。"又云:林传甲"乃于匆匆百日间出中国空前之巨作,不已易乎?"甲辰,即1904年。说明林氏此年夏开始撰写《中国文学史》十六篇,费时不到四个月,业已"杀青",且肯定其为"中国空前之巨作"。对七万多字之著作称为"巨作",不免过誉;但他认定为"空前"即"第一部"之作,却符合实际。此书开卷又有林传甲目录后《附记》和正文前《题记》两文。《附记》末署"光绪三十年(1904)十二月朔,侯官林传甲记",则已成正式著作形态,且已有讲义印本,供讲

[②] 郑振铎《插图本中国文学史》,朴社,1932年12月;容肇祖《中国文学史大纲》,朴社,1935年9月;胡怀琛《中国文学史概要》,商务印书馆,1931年8月;胡云翼《新著中国文学史》,北新书局,1932年4月;张长弓《中国文学史新编》,开明书店,1935年9月。

授之用。据陈玉堂《中国文学史书目提要》,又有 1906 年印本,署名林归云。③按,此年林传甲已离开京师大学堂,则此印本已非他本人使用的讲义了。后至 1910 年又在《广益丛报》连载,同年 6 月由"武林谋新室"出版,后又一再重印,影响广泛。

黄人的著作,其成书、出版过程就颇为复杂,存在不少疑窦。今所见本为国学扶轮社排印本《中国文学史》共 29 册(另苏州大学藏有油印本一册,其内容不见于 29 册之中),但此本无版权页,不知确切出版日期,这是引起"第一部"之争的问题点。主张此书为"第一部"者有钱仲联、王永健、孙景尧等先生。④

徐允修《东吴六志·志琐言》中记述当年东吴大学出版国学教科书情况,有云:

> 光绪三十年,西历一九○四年,孙校长(东吴大学美籍校长孙乐文)以本校仪式上之布置,略有就绪,急应厘订各科学课本。而西学课本尽可择优取用,唯国学方面,既一向未有学校之设立,何来合适课本,不得不自谋编著。因商之黄摩西先生(即黄人),请其担承编辑主任,别延嵇绍周、吴瞿安两先生分任其事。一面将国学课择要编著,一面即用誊写版油印,随编随课,故编辑之外,又招写手四五人,逐日写印。如是者三年,约计所费已达银元五六千,所编《东亚文化史》《中国文学史》《中国哲学史》等五六种。孙校长以此事着手业经三年,理应择要付印。因由黄先生将《文学史》整理一过。……书虽出版,不合校课之用。正欲修改重印,先生遽归道山,遂致延阁多年。今春(1926)有王均卿先生(王文濡)愿负修改之责,完成合式之本,付诸铅印,不日即可出版矣。⑤

---

③ 陈玉堂《中国文学史书目提要》,第 3 页。储皖峰《中国文学史·绪论》亦云林书"并有(光绪)三十二年及宣统二年印本。"(1941 年出版,出版社未详)光绪三十二年即 1906 年。此本我未访到原书。
④ 钱仲联"苏州奇人"黄摩西评传·序》,见王永健"苏州奇人"黄摩西评传》,苏州大学出版社,2003 年 3 月,第 2 页。王书章节标题即有"中国第一部古代文学史著述——《中国文学史》的成书过程",但近年王先生的看法有所"修订",见其《先驱者的启示》,《中国雅俗文学研究》第一辑,上海三联书店,2007 年 7 月。孙景尧《首部〈中国文学史〉中的比较研究》,《复旦学报》1990 年 6 期。
⑤ 徐允修《东吴六志》,苏州利苏印书社,1926 年 8 月。

交代黄氏著书原委甚详。另据黄人之友萧蜕为黄所作的《摩西遗稿序》[6]，记叙萧于1909年往访黄人事："君所为书，有《中国文学史》……岁己酉（即1909）访君于苏，出以相示，牛腰巨挺，未曾脱稿。"综合这两条主要材料，黄人《中国文学史》编写、印行、出版过程可排列如下：

  1. 1904年起，因教学之需，着手编撰讲义，"随编随课"，"逐日写印"；

  2. 过了三年，即1907年，拟整理付印，黄氏尚需"整理一过"；

  3. 1909年，萧蜕访问黄氏，该书"未曾脱稿"。（钱仲联先生有"摩西性极懒"之记述，见《梦苕庵诗话》。）

  4. 某时（约1911年以后，详下），"书虽出版"，但"不合校课之用"。（引录示范作品过于"繁泛"。）

  5. 1926年，王文濡拟修改重印。（今日未见此版本，恐未果。）

这就是说，黄人从1904年开始撰著，"逐日写印"，当年已陆续印出油印本讲义；至1907年，初稿已基本完成，但是否已形成正式著作稿，尚不一定，还待黄氏"整理一过"。因为所谓"书虽出版，不合校课之用"者，此已"出版"之书，即是今日所见国学扶轮社印行之书，而国学扶轮社为黄人参与创立，其创立时间一般认为在1911年，则此书当在1911年以后出版。[7] 因而下接"正欲修改重印，先生遽归道山（1913）"，时间上颇为衔接，"正欲"两字，才有着落。

还有若干内证，说明国学扶轮社本至少应在1907年以后出版。该书第四编"分论"第一章"文学之起源"第一节"文学定义"，有"文与文学"段，曾引及日本太田善男《文学概论》一书。黄人说："日本大（应作"太"）田善男所著《文学概

---

[6] 《南社丛刻》第一集，又见《南社丛选》文选卷七。

[7] 王永健先生把黄人与王文濡、沈粹芬共同创办"国学扶轮社"于上海，系于宣统三年（1911），见其所著《"苏州奇人"黄摩西评传》，第13—14页。我曾见该社于宣统三年（1911）七月三版的《湘绮楼全集》三十卷，书后所附"国学扶轮社精印书目"，自《国朝文汇》至《香艳丛书》凡四十五种，各有提要、册数和定价，但无黄人《中国文学史》，则其时（1911）此书似尚未面世。但朱联保《近现代上海出版业印象记》中认为该社成立于1900年左右，在1911年以前，该社"与乐群书局两家，以10万元为商务所盘进"，恐记忆有误。学林出版社，1993年2月，第277页。但黄人于宣统元年（1909年）所作《国朝文汇序》有"此本社所以有《国朝文汇》之选辑也"句，则国学扶轮社之酝酿成立似又在1911年之前，录供再酌。

论》第三章第一节云：'文学者,英语谓之利特拉大(literature)。'自拉丁语之litera 出,其义为文典,为文字,又为学问,次第随应用而变。"太田氏此书,作为东京博文馆刊帝国百科全书之第154 编,于1906 年印刷、1907 年才发行的,这也可证明黄人此书必在1907 年以后才有可能。[8] 黄人又引及来裕恂的《汉文典》商务版,此书也于1906 年才面世。

有学者据"孙校长以此事着手业经三年,理应择要付印"等,认为1907 年已有初稿本出版,"内部发行",此似亦可商。"理应择要付印"不等于已经付印出版。今查《东吴月报》第11 期(1907 年6 月印行),其"论说"栏刊载黄人《文学史上》,内容为"华离期及暧昧期,横决力及反动力",特附注此文乃是"节录正科第一年文学讲义",这也说明在1907 年6 月时并无另外单独出版的该书"初稿本",故此文直接从随堂所发的"讲义"中"节录"。

应该提到,黄人《中国文学史》国学扶轮社版,在当时流传并不广泛,以致他的友人还不知此书已正式出版。庞树森《石陶梨烟室诗存序》："先生执教吴门,曾撰《中国文学史》十余万言,稿成而未付梓(今存东吴大学图书馆)。"[9]此序作于黄人死后四十年。金鹤冲《黄慕庵家传》也说："草创十万言,欲有所修饰,未就而卒。"[10]记叙稍详者为陈旭轮,他曾任东吴大学图书馆馆长,在其《关于黄摩西》中,明确地说："此书外地见者极少,愚于甲子年(1924)到东吴时,本校图书馆已无存书,而文怡书局尚存十余部,愚自购两部外,余为购存东吴图书馆内。后清华文学史教授浦江清兄,曾托购一部,武汉大学史学教授陈其可兄托购一部。"[11]今苏州大学仅存两部(其中一部尚已残缺),可能还是陈旭轮当年购置之物。这比之林传甲著作之风行一时,不可同日而语。

窦警凡的《历朝文学史》,今仅存作者1906 年的序刊本,在国家图书馆、上海图书馆、南京图书馆、无锡图书馆均有收藏。但此书也没有版权页,不知确切的出版日期和出版者。一般即以书前作者1906 年自序而认定为1906 年出版,实误。把它作为"第一部",最先是刘厚滋《中国文学史钞(上)》(约1937 年辑

---

[8] 参见田口一郎《关于中国最初的〈中国文学史〉》,日本《飙风》32 号,1997 年1 月。
[9] 钱仲联主编《历代别集序跋综录》(清代卷),江苏教育出版社,2005 年,第1774 页。
[10] 钱仲联主编《明清诗文研究资料集》(第一辑),上海古籍出版社,1986 年10 月,第172 页。
[11] 原载《文史》半月刊,1934 年第1 期,转引自王永健《"苏州奇人"黄摩西评传》,第212 页。

成)提出来的。他说:

> 其实梁溪窦警凡的《历朝文学史》之出版年月,虽为清光绪三十二年丙午,当西历一八九七年,据说光绪二十二、三年便脱稿了,是不惟先林(传甲)书十年,比 Giles(指翟理斯的英文本《中国文学史》)也早四五年,实在是中国第一部文学史。[12]

其后1941年出版的储皖峰《中国文学史·绪论》中也说:"我国人著的《中国文学史》,第一部当推窦警凡的《历朝文学史》,见有光绪三十二年(1906)铅印本,序末署'光绪三十二年丙午梁溪振学主人窦警凡序',据可靠传说,他的著稿则甚早。"

刘氏云"据说",储氏更进一步说是"可靠传说",都未能出示证据。且"光绪二十二、三年便脱稿了"一语,光绪二十二年为1896年,二十三年为1897年,1897年比林传甲书(1904)仅早七年,而非"十年",均有疑问。而现在有学者则又坐实为1897年脱稿,1906年出版了。[13] 检阅此书末尾,论及"近有饮冰室文及《天演》《原富》等书",按严复所译的《天演论》《原富》最早分别出版于1898和1901年,窦氏此语现既无法证明乃1906年成稿时所增添,这也为1897年"脱稿"之说,提供一条反证。

窦氏此书,不仅"1897年脱稿"之说扑朔迷离、踪迹难寻,"1906年出版"之说也是不符合事实的。据窦氏同里"挚友"顾信成宣统二年(1910)所作《澹远轩文集·序》,叙及窦氏"虽所著只《皇朝掌故》三卷、《读书偶得》四卷、《澹远轩文集》六卷、《绮云楼诗集》四卷、《杂著》一卷,其余虽未成书,亦各有心得,而'时艺'二十四卷,尤先生精力所萃。稿为先生嗣子俊甫所收藏,异日再谋付梓。今所刻者,《皇朝掌故》以下数种而已。"他还提到,窦氏宣统元年(1909)"易箦之日",将遗稿交付门人华衮,死后诸门人谋求刊行,却因"沮尼百端,费尤支绌,势

---

[12] 刘厚滋《中国文学史钞(上)》,北京,未标出版者及出版年月,第5页。
[13] 董乃斌等主编《中国文学史学史》:"窦警凡《历朝文学史》脱稿于1897年,至1906年始出版。"河北人民出版社,2003年1月,第一卷,第5页。又见《文汇读书周报》,2003年10月17日文。窦书"第一部"问题,在2002年1月至3月间《中华读书报》上有过争鸣,可参看。

将败于垂成,幸先生(窦警凡)侧室江孺人撤环瑱,节衣食,拼挡百金付董理者曹君(曹铨)敦促成之。"由此可知,《读书偶得》等数种书皆在1909年窦氏死后所刊。而《历朝文学史》原名即为《读书偶得》,其书端自序即题《文学史——读书偶得序》。今取《历朝文学史》跟《澹远轩文集》《绮云楼诗集》等对勘合验,发现字体、版式、纸质完全一致,均为四周双边,白口,半页12行,每行33字,铅字排印,足证同时印行。顾信成序文中说:"今所刻者,《皇朝掌故》以下数种而已。"所言不谬,包括《读书偶得》(即《历朝文学史》)在内的"数种",确是一次推出的。看来,书名改题为《历朝文学史》,也极有可能并非窦氏本意。据他在《读书偶得序》中所称,他的这部书稿"经天纬地""极宇宙之文明""故名曰天下文学史",因此,如果要改书名,也应是《天下文学史》这个怪名。现封面由张祖翼题署《历朝文学史》,是否与1904年初中西书局出版、发行而风行一时的日人笹川种郎《历朝文学史》中译本有关(日文原名为《支那历朝文学史》),存疑待考,但至少是一股文学史出版热潮影响所致。

　　窦氏此书共五篇,除《叙文字原始》开篇外,依次为《叙经》《叙史》《叙子》《叙集》,即是单纯的四部分类旧框架,其"文学"观念,完全是我国传统学术观念,实与现代文学观念相去甚远。他介绍"十三经"后说:"以上十三部,尊之曰经,内以治身,外以经世,天下承学之士,无人不谈,为千古文学之宗,不可以著述工拙论也。"全书内容均为介绍作者、作品,俨然书目提要;他把《红楼梦》《镜花缘》《聊斋志异》归于杂家,列于诸子之中,算是新奇之见。他说"志有之经天纬地曰文,又曰道之显者谓之文","盖有天即有道,有道乃有文,文者所以载道也","不知蝌蚪之行,苔蜗之篆,无关乎大道者,非吾所谓文也;视听之娱,骄泰之习,无当于礼教者,非吾所谓明也","然则极宇宙之文明者,非圣朝其谁与归?故名曰'天下文学史'"。这位同治年间举人、曾任清朝下级官吏的学者,身处内忧外患的时代困境,激发出对"圣朝"极端的自尊自荣。他从文明史等同于文学史的角度,竟把自己这部106页、4万字的小书看作"天下文学史",实在有点匪夷所思了。

　　讨论何种著作为"第一部",首先至少应该满足两个条件:一是具有相对完整的著作形态,虽然不一定做到"齐、定、清",但非残缺或杂乱的一堆草稿;二是应有一定范围的社会传播和学术影响,这才于学术史具有意义。即便真能确证窦氏此书已于 1897 年"脱稿",但也只是藏之于行箧而未示人,又无产生任何学术作用的记载(刘厚滋推测窦书"或者也是当时南洋师范学堂等等的课本吧",经查该校和窦氏生平资料,均无线索);加之其内容基本上可谓一无"文学"、二无"史",因而我们在讨论"第一部"时予以忽略不计,想来也是容许的。

"北林南黄"都是国人自撰文学史的开拓者,他们于 1904 年同时着手编撰《中国文学史》,但就著作的完整形态而言,即所谓"杀青",则无论是校内流行的讲义本(林著 1904 年,黄著 1907 年初具规模),还是面向全国发行的排印本(林著 1906 年或 1910 年,黄著约 1911 年以后),林著都比黄著为早。换言之,国人自撰的"第一部"《中国文学史》应是林传甲的《京师大学堂国文讲义中国文学史》。

二、意义的探寻

讨论哪部著作为"第一部",仅仅是个时间判断,而不是价值判断。有意思的是,主张林传甲著作为"第一部"的学者,并不给以好评,没有给他带来光荣,反而一再受到指责;而黄人著作,虽然传布未广,却普遍称善。

最早批评林传甲文学史的可能就是主张它是"第一部"的郑振铎。他在 1922 年 9 月发表在《文学旬刊》上的《我的一个要求》中尖锐地质疑:"名目虽是'中国文学史',内容却不知道是什么东西!有人说,他都是抄《四库提要》上的话,其实,他是最奇怪——连文学史是什么体裁,他也不曾懂得呢!"[14]循名责实,从著作体裁性质上否认它是真正的"文学史"。游国恩在新中国成立后,也从这一标准批评林著,尽管他们是同校先后的教师。他说,林著"全书十六篇,凡文字形体、古今音韵、名义训诂、群经、诸子以及二十四史都包括在内。甚至《素问》、《灵枢》、《九章算术》、作文修辞法、虚字用法等,无所不讲。真是广大无边,

---

[14] 《郑振铎古典文学论文集》,上海古籍出版社,1984 年 1 月,第 36—37 页。

包罗万象"。⑮ 学科分类是现代学术的走向与特征,林著却一仍旧章。浦江清《评郑振铎〈中国文学史〉》中说:"关于中国文学史之著作,数年来所出虽多,惬心满意之作实少。最早当推已故之黄摩西氏在东吴大学所编讲义,始具文学史之规模,以骈文出之,文辞隽妙。然议论固有独见,考证非其所长。"⑯他推重黄著"始具文学史之规模",因而许之为"最早",言外之意林著尚未达到"文学史"的应具"规模",断语甚有分量。他曾托陈旭轮购读黄人之书,后又在清华大学讲授《中国文学史》课程,其评论不是率而为之的。

浦氏的"规模"就是郑氏的"体裁",实包含现代的"文学""文学史""文学史书写方式"三方面的新观点、新内容。郑、游、浦三位前辈均接受现代学术的洗礼,在西方新的学术分科思潮蜂拥而入的历史语境下,他们异口同声地认为林著承袭传统过多,黄著则新颖可喜,在传统与现代、旧与新的对立碰撞中,对林、黄之著就分别下了"保守"与"先进"的价值衡裁,一褒一贬,态度鲜明。但若从应对外来思潮的不同方式的角度来考虑,探讨各自背后所蕴含的意义,这种褒贬是有值得反思之处的。

林、黄著作均属国人自撰文学史的发轫期,一切尚处草创阶段。两书有一共同特点,即与二十世纪初大学的教育改革、学科建立、课程更替紧密相关。文学史书写与大学中文系教学的同步行进,这一特点一直沿承至今。离开这一点,也就不会产出数量如此巨大且多低水平重复的各种类型的文学史著作了。

林传甲、黄人分别任职的京师大学堂和东吴大学,是两所不同性质的大学,具有不同的教育环境与学术氛围。这也是林、黄二书不同学术取向的直接原因。

先说东吴大学。东吴大学是一所教会学校,校长是美国监理会教士孙乐文,校内多外籍教师,有祁天锡、孙明甫、司马德、巴克蒙戈璧、史旺、密齐尔诸人,校方对于中学与西学,提倡"互相考证免除中外隔膜",中外教员之间"晋接周旋确无国际畛域"⑰,黄人与章太炎同是当时东吴大学最著名的教授,也是"南社"的重要成员,才情奔放,性格豪爽,学术功底深厚。作为教会学校,东吴大学享有充

---

⑮ 《光明日报·文学遗产》,1957年1月6日。
⑯ 《大公报·文学副刊》(天津版),1932年8月1日。
⑰ 徐允修《东吴六志·志师资》。

分自主的教育理念,不受政府教育主管部门的制约,尽情吸纳欧风美雨的熏陶,在此背景下,黄人操翰落笔,自主选择著书旨趣、框架,无保留地倾心于西方传入的"文学""文学史"新观念,其边教、边写、边印的"急就章"的编著方法,适足以表达他随时闪现的并非成熟的可贵见解,发挥独创性与开拓性,"议论奇伟,颇有独见",口碑颇佳,与当时吸收西学、求新求变的学术思潮此呼彼应。黄氏此书由文学史史论、作家作品评论和作品选录三部分组成,前两部分约十多万字,为考察此书学术史价值的主要依据(作品选录部分约一百五十万字,不仅分量奇重,且多随意性)。黄人此书以专论开篇,详细地论述"文学""文学史"观念,对文学之"目的""起源""种类"和文学史之性质和"效用"展开叙说;然后对中国古代文学历史分期描述,沿承西方"上世""中世""近世"之法,而每世又参酌中国王朝体系依次叙列(仅至明代,缺清代文学部分);在每一朝代时段之下,安排对作家、作品的具体评述。这一纵横交错的模式显然取径于西方文学史体裁样式,与我国"旧学"完全异趣。黄人说:我国"旧学","独无文学史,所以考文学之源流、种类、正变、沿革者,惟有文学家列传(如《文苑传》,而稍讲考据、性理者,尚入别传),及目录(如《艺文志》类)、选本(如以时、地、流派选合者)、批评(如《文心雕龙》《诗品》诗话之类)而已"。我国传统学术中,如史书、目录、选本、诗文评等,虽具有文学史的个别因素或资料,但前辈学者"初无世界之观念,大同之思想",又易犯"信古"或"趋时"之弊,"画地为牢,操戈入室,执近果而昧远因,拘一隅而失全局,皆因乎无正当之文学史以破其锢见也"(见《总论》"历史文学与文学史"节)。黄人自信己作已达"正当之文学史"之列,发凡起例,开风气之先,并为后来国人自撰文学史立帜树范,黄著已完成了历史任务。浦江清先生许为"始具文学史之规模",就此一类型的文学通史而言,是符合实际的。

林传甲的文学史,其学术史上的作用却颇为复杂,这又需从京师大学堂的办学宗旨来理解。

"戊戌政变"被以慈禧太后为首的"后党"镇压后,诸项改革措施均被废弃,唯独京师大学堂仍被保留下来。光绪二十八年壬寅(1902),管学大臣张百熙等奏准清廷颁布学堂章程,史称"壬寅学制",规定了大学专门分科,仿照日本学制,分为七科三十五目,其中"文学科",下分"经学、史学、理学、诸子学、掌故学、词章学、外国语言文字学七目"。此"文学科"尚属传统的包罗文史哲的宽泛概念。次年,张百熙邀请张之洞参加《章程》的修订;张之洞反客为主,成为实际的主持者,并由黄陂人陈毅执笔,尽数月之功,完成了《章程》二十册,史称"癸卯学制",以《奏定大学堂章程(附通儒院章程)》正式颁布全国,时在光绪二十九年十一月二十五日(1904年1月12日)。张之洞等还奏请将原设的管学大臣改为总理学务大臣,统辖全国学务;另设京师大学堂总监督,专管大学堂事务。清廷准奏,派孙家鼐为总理学务大臣,张亨嘉为京师大学堂总监督。又以吴汝纶为总教习,日本文学博士、著名汉学家服部宇之吉为正教习,学制改革、课程设置刷新轰轰烈烈地全面展开。林传甲正在此年夏五月到该校任职,赶上了这股学制更替的势头。

在讨论林传甲《中国文学史》时有两个常见的观点,一是从它的十六篇的全书结构设计中研究林氏"独立"的文学史观念,赞其"自创体例,独出机杼";二是认为林著是仿照日人笹川种郎的文学史而成书的。这两点都不符合事实,虽已有学者指出,却仍流行如故,实有再次补充论证的必要。

在"癸卯学制"中,有"中国文学门科目"项,列为"主课"的有"文学研究法""说文学""音韵学""历代文章流别""周秦至今文章名家""周秦传记杂史周秦诸子"等课,其时尚无"中国文学史"的正式课目。以下又分述"研究法"与"讲习法"两项。在"中国文学研究法"下,说明"研究文学之要义"共计四十一项:

一、古文、籀文、小篆、八分、草书、隶书、北朝书、唐以后正书之变迁;

二、古今音韵之变迁;

三、古今名义训诂之变迁;

四、古以治化为文,今以词章为文,关于世运之升降;

五、修辞立诚、辞达而已二语为文章之本;

六、古今言有物、言有序、言有章三语为作文之法;

七、群经文体;

八、周秦传记、杂史文体;

九、周秦诸子文体;

十、史汉三国四史文体；

十一、诸史文体；

十二、汉魏文体；

十三、南北朝至隋文体；

十四、唐、宋至今文体；

十五、骈、散古合今分之渐；

十六、骈文又分汉魏、六朝、唐、宋四体之别。

以上十六项，正是林传甲《中国文学史》十六篇的全部目录，除最后一篇删去一个"又"字外，其他文字全同。这说明林氏规划其书的内容、结构，完全按《章程》编写，在这点上已无发挥他个人学术见解的空间。

"研究法"所指明的"要义"，除了上述十六项外，还有"秦以前文皆有用、汉以后文半有用半无用之变迁"等二十五项，内容更显驳杂：有继续研究各体文章特点的，如"辞赋文体、制举文体、公牍文体、语录文体、释道藏文体、小说文体，皆与古文不同之处"等项；有研究文学的外部关系，如"文学与人事世道之关系""文学与国家之关系""文学与地理之关系""文学与世界考古之关系""文学与外交之关系"等项；甚至还包括研究外国语之文法者，如"东文文法""泰西各国文法"等。[18] 林传甲在解释未叙及后二十五项时说："大学堂研究文学要义，原系四十一款，兹已撰定十六款，其余二十五款，所举纲要，已略见于各篇，故不再赘。"此言不为无据；但更实际的原因恐系课时安排紧缩所致：此课每周六小时，半年完成。从内容来看，前十六款大都注重纵向的发展线索，后二十五款则是有关文章的专题讨论。未涉及后一部分，倒能突出此书"史"的性质，与书名"中国文学史"更为贴近。

朱自清在为林庚《中国文学史》(1947年厦门大学丛书)作序时说："早期的中国文学史大概不免直接间接地以日本人的著述为样本。"取法扶桑成为一时潮流，但林传甲此书却是例外。引起误会的是林氏在书首《附记》和《题记》的两

---

[18] 璩鑫圭等编《中国近代教育史资料汇编·学制演变》，上海教育出版社，1991年3月，第354—356页。

段话:"右目次凡十六篇,每篇十八章,总二百八十八章。每篇自具首尾,用'纪事本末'之体也;每章必列题目,用'通鉴纲目'之体也。大学堂章程曰:'日本有《中国文学史》,可仿其意自行编撰讲授。'按,日本早稻田大学讲义,尚有《中国文学史》一帙。"这里明确表明,他的著作,吸取了我国传统史书中"纪事本末""通鉴纲目"的体例,与大学堂章程提示者有别。《奏定大学堂章程》在"中国文学门科目"的"讲习法"的说明中,在《历代文章流别》课下,确实叙明"日本有《中国文学史》,可仿其意自行编纂讲授"一句[19],林氏引此而自为圆转。林氏又云:"传甲学问浅陋,借登大学讲席,与诸君子以中国文学相切磋。……诸君于中国文字,皆研究有素,庶勖其不逮,俾成完善之帙,则传甲斯编,将仿日本笹川种郎《中国文学史》之意以成书焉。"林氏自谦"斯编"尚未达到"完善之帙",希望在从学"诸君"的协助下,"将仿"笹川氏文学史的样式最后修订成书,以符大学堂章程之要求。"将仿"乃未然之词,而非已然。今取笹川氏著作对勘,该书卷首为"总说",综论"中国文学之特质"等专题;继而按中国王朝体系划分为九期;评论各时段的作家作品。这与黄人著作为同类范式,林著却与它迥然有别。更有甚者,在其第十四篇十六节"元人文体为词曲说部所紊"中,点名批评"日本笹川氏撰《中国文学史》,以中国曾经禁毁之淫书,悉数录之,不知杂剧院本传奇之作,不足比于古之'虞初',若载于风俗史犹可,笹川载于《中国文学史》,彼亦自乱其例耳",又指责笹川"胪列小说戏曲,滥及明之汤若士,近世之金圣叹,可见其识见污下"。这一批评当然是错误的,但也与大学堂教学方针有关,当年就发生学生因读《野叟曝言》而被校方明令记过的事件。此均证明林著本身并未以笹川之书为样本。

显然,林著的结构设计所体现的文学、文学史观念,与其说是林传甲的,不如说是张之洞们的,它在一定程度上体现了当时的主流思想,带有某种官方色彩。面对建基在文学、文学史新观念之上的文学史著作体裁这个"舶来品",面对西方强势学术思潮的东渐,面对中国传统学术文化所遇到的巨大挑战与危机,我国学人怀着种种急切、紧张、惶惑的心态。窦警凡将他的实质上属于"国学概论"

---

[19] 璩鑫圭等编《中国近代教育史资料汇编·学制演变》,第354页。

学术史的视域

范畴的小书(主张它为"第一部"的刘厚滋语)夸言为"天下文学史",表现出排斥新学的偏激和对固有传统的极端自尊;黄人则毫无顾虑地全面吸纳新传入的著作体裁,虽然他著书的最终旨趣在于弘扬中国文化的伟大杰出,爱国热情洋溢书里书外,与对西学的热情同样急切激烈;林著所体现的当时一部分主张稳健改良的知识精英的心态,颇为微妙、复杂。"中国文学史"一课,在日本大学中,已是一门核心课程。仅早稻田大学当年就有藤田丰八、久保得二、儿岛献吉郎等讲授此课,至今仍留存着他们的讲义。大学堂《章程》的制定者中,亦有人专赴日本考察过教育;林传甲也说"日本早稻田大学讲义,尚有《中国文学史》一帙",他当曾目验。(笹川种郎未任职于早稻田大学,故知此部文学史为另一部。)但在课程设置时,却没有明文列入"中国文学史",不像东吴大学那么堂堂正正。国立大学设置"中国文学史"课,要迟至1913年民国时期。在《教育部公布大学规程》(1913年1月12日部令第1号)中,其"文学门"下的"国文学类"内,才列入"中国文学史"课。[20] 而《章程》又不能全然无视,就在"历代文章流别"课下,特意说明可仿日本之《中国文学史》之意"自行编纂讲授",颇有点借"历代文章流别"之名而行"中国文学史"之实的意味。林传甲却感到此课之"教授法,均未详言",而《章程》"所列'研究文学要义',大端毕备,即取以为讲义目次",且径以《中国文学史》为书名了。在质疑传统的巨大声浪中,当时的稳健改良派是新的传统主义者,他们既感受到新学的优越,忙于学制改革,建立新式学科,在中国文学科中提醒注意对外人著作的学习;但又仍然无法摆脱自身所受传统学术的长期熏陶,在外观形貌上似显得步履蹒跚,趋新而不免幼稚可笑,而其内在精神上,又积淀着深厚的本土学术文化的精髓,对自己精神家园的最后坚守。

黄人《中国文学史》以时代为序、以作品作家为中心的体例,显然来源于外来著作形式,也是后世文学通史所采取的最普遍的书写方式,虽然它在当时的影响并不大;林传甲《中国文学史》以篇、章结构全书,与上述通史的一般体例来比照,自然显得颇为落伍,但在早期文学史中,它却是传播最为广泛的一部,从北京、上海到广东都有不同版本问世,随后又迅即退出人们视野,然而仍然留下值

---

[20] 璩鑫圭等编《中国近代教育史资料汇编·学制演变》,第699页。

得深思的问题。

黄人说"文学史则属于叙述",是对文学事实的历时性系统叙写,也是对历代文学知识的一种有思想的整理。叙写和整理的方式可以多种多样,每种方式必有优点和缺点,不宜以此律彼,互为对手。那种受外来影响甚大的叙写方式,能否很好地对中国文学历史进行描述?抑或与本土学术更接近的叙写方式,能更好地进行描述?我们需要两方面的实践。林著在总体上是尚未成熟的急就章,却包含一些被另一种体例文学史所遮蔽的问题,实能引起人们的警悟,获得今后编写文学史的有益启示。

1.重提"杂文学"概念。取法外来体例的文学史一般都在书首对"文学""文学史"概念作开宗明义的交代,以便为其文学史的叙述对象划界定疆,这也是早期文科类各史的通常做法。冯友兰在回忆他作《中国哲学史》时说:"哲学本一西洋名词。今欲讲中国哲学史,其主要工作之一,即就中国历史上各种学问中,将其可以西洋所谓哲学名之者,选出而叙述之。"[21]其编写思路和操作方法具有代表性。黄人所用的"文学"概念,就是从英文 literature 而来,他广引外人言论,提炼出六条"文学之特质"(如娱人为目的、摹写感情、不朽之美等),而所论作品之文类,大致包括诗歌、小说、戏曲、散文四种,特别是对小说、戏曲的重视,被认为是文学史现代书写的标志。林传甲此著对小说、戏曲采取排斥态度,又有重文轻诗的倾向,虽然这都是京师大学堂的官方立场所致,但也不能不说是此书的一大疵病。此书于文章(古文、骈文)取资广博,兼收四部乃至医、算各家,在芜杂中却强烈体现其"杂文学"观念。中国自古文史哲融而未分,在哲学、历史及其他应用文字中均有审美的观照,对其写作也提出艺术的要求,然而我们的大多数文学史书写却予以摈弃,随着时间的推移,更有越来越严重的趋势。《中国文学史》应该是具有中国特色的文学史,其文学观念,不应该与英国文学史、法国文学史之类完全等同。"杂文学"是个能够体现中华民族特点的概念,应在现代文学理论的观照下,对其重新分析和评价。"中国文学"不是一个凝固不变的概念,它有一个动态的发展变化过程,从文史哲三位一体中逐渐分野的过程。

---

[21] 冯友兰《中国哲学史·绪论》,中华书局,1984年,第1页。

中国文学史应该描述出"文学"从其他文类中剥离、分疏的轨迹。林著中"汉以后治化词章之分""唐人以词章为治化"等章均有散点的考述,惜未见系统。

2.对文学作汉文字、汉语言分析的提醒。林著文学史以文字、音韵、训诂开篇,素为人们所诟病,确于史例有违。在"研究文学之要义"中,一至三款的内容应属于对"说文学""音韵学"两门主课的提示,此点林传甲也自然了解,在正文的自注中常有说明。但他仍然坚持纳入自己的文学史之中,认为可以各有偏重,于文学史不可或缺。这种章节安排很少为后来者所采用,但鲁迅的《汉文学史纲要》第一篇却是"自文字至文章",二至十篇才从《尚书》《诗经》讲到二司马(相如、迁)。他论述汉字形音义特点,"故斯所函,遂具三美:意美以感心,一也;音美以感耳,二也;形美以感目,三也"。充分肯定汉文字之美,是构成"文章"的基础。他这部著作是1926年厦门大学的讲义,原名《中国文学史纲》,但未完稿。后来任教厦大的林庚,他的《中国文学简史》是最重视汉文字、汉语言分析的一部著作。他在该书的《导言》中写道:"中国由于文字的特点,使得文学语言从一开始就是世界上最经济、灵活、富于变化的语言,这些特点在最初都更适宜于诗歌的发展,因此中国文学的发展就以诗歌的传统开始了它的道路。……中国戏曲的晚出,与欧洲抒情诗歌直到十八九世纪才逐渐在文坛上全面活跃,正是不同的文字决定了这样的发展。"[22]特别是他对唐诗的语言诗化的分析,《说"木叶"》中对语言色泽及其不同情感色彩的精细辨析,都是显例。只是在大量文学史中,对汉文字、汉语言的分析几乎处于缺席的地位,把文字、语言分析最大限度地引入我国古代文学和文学史研究,看来是亟待加强的工作。

3.重视文体研究。林书十六篇,从第七篇到第十六篇,计十篇,均是论文体问题;在未讲授的二十五篇中,从第十七篇到二十三篇计七篇,仍是文体分析,两者共计十七篇。这就是说,在"研究文学之要义"中,文体是最重要的"要义"。与《奏定大学堂章程》同时颁布的《奏定学务纲要》中,对中国各体文就有特别的强调:"中国各体文辞,各有所用。古文所以阐理纪事,述德达情,最为可贵。骈文则遇国家典礼制诰,需用之处甚多,亦不可废。古今体诗辞赋,所以涵养性情,

---

[22] 林庚《中国文学简史(上卷)》,古典文学出版社,1957年,第15页。

发抒怀抱。……中国各种文体,历代相承,实为五大洲文化之精华。"㉓

中国文学中的文体问题,有着特殊的意义。毫不夸张地说,文体种类之繁多,辨体理论之成熟,作家对各类文体特征把握之娴熟,在世界文学史中是罕见的。由焦循发端而为王国维光大的"一代有一代之胜"说,讲的就是文体问题。中国文学史上的每次文学新变与繁荣,都与某种新文体的出现或旧文体的重大新变息息相关。文体和文字语言是最能体现中国文学民族特色的两个方面,能为文学史书写提供开拓创新的巨大空间。

中国文学史的"本土化",是对中国文学史的主体性追求,要求回归中国文学的自我体系和叙述方式,以求真正把握中国文学的内在特质。从关注世界性的"文学"到强调民族性的"中国",从学科建制分类上的"文学"到强调作为独特文化表征意义的"中国",似是今后《中国文学史》编写应注意的一个问题。林传甲给了我们提醒,尽管他自己未必意识到。

作者附记:本文初稿曾在2004年11月举行的"中国文学史百年研究国际研讨会"(北京大学中文系、苏州大学文学院联合主办)上宣读过,此次发表前做了修改。

【王水照　复旦大学中文系教授】
原文刊于《中国文化》2008年01期

㉓　璩鑫圭等编《中国近代教育史资料汇编·学制演变》,第493页。

现代中国学术变迁的一段缩影

重读《隋唐五代史纲要》

张国刚

20世纪50年代,我国高等院校在院系结构和人事调整的时候,北京大学历史系主任郑天挺先生奉调来天津南开大学历史系主持系务。在郑天挺先生的率领下,南开大学中国古代史的教学工作分为四段:王玉哲先生讲授先秦史,杨翼骧先生讲授秦汉魏晋南北朝史,杨志玖先生讲授隋唐宋元史,郑天挺先生讲授明清史。《隋唐五代史纲要》就是杨志玖先生在南开大学历史系授课的讲义。

这是一本15万字的小书。初版于1955年,新知识出版社印了15000册。1957年上海人民出版社又印刷了12000册,我手头的这本是1958年该社第2次印刷的15000册中的一本。累计算起来已经印刷了42000册。这在今天也绝对是一个很可观的印数,即使现在中国人口比50年代增加了一倍。杨志玖先生去世后,北京的一些朋友给我来信,悼念先生的去世,无不提到这本《隋唐五代史纲要》。人民大学的沙知教授信中说:"五十年前读杨先生编著的《隋唐五代史纲要》,留有深刻印象,这本书篇幅不大,内容精练,堪称同类教材中之翘楚。"2002年6月底我在台北开会,几位在台湾地区的高校里教授隋唐史的朋友,争相向我介绍自己收藏的《隋唐五代史纲要》,有的自诩是正版,而有的似乎只能承认是盗版了。该书是否在台湾地区有盗版,我没有调查,没法判断。1983年杨志玖先生访问日本,有日本学者拿出《隋唐五代史纲要》请作者签字。杨志玖先生事后对我说,在签字的时候,他感到有负于热心的读者,自己没能将那本书做进一步修订增补。

80年代,我以后辈的身份参加各地唐史学术会议,许多我尊敬的前辈学者对我说,杨志玖先生的《隋唐五代史纲要》是他们学习隋唐史的入门教科书。我相信这些话都是由衷之言。因为这是新中国成立后第一部断代史著作①。今天重读这部著作,会引发我们对新中国成立初期的中国历史学,产生很多联想。

杨志玖先生《隋唐五代史纲要》分为五章,除文化一章外,其余每章各分为三节。

第一章,"隋帝国的建立与南北方对峙的结束(公元581—618年)"的三节是:第一节,"隋的建立与统一中国",前两小节讲隋灭后梁、灭陈的史实,后两小节分析隋统一的原因与意义;第二节,"隋朝在经济与政治方面的措施",先谈经济,再谈政治与外交;第三节,"隋末农民大起义"专列一节,五个小结中的最后一个小结是"农民起义军的作用和弱点"。

第二章,"唐帝国的建立与唐朝的强盛(公元618—755年)"的三节是:第一节,"唐帝国的建立";第二节,"唐帝国政治经济的发展"叙述太宗到开元盛世的政治、经济发展,其中有"对唐代工商业的几点认识"专门讨论;第三节,"唐帝国的对外关系"有"对唐向外发展的总认识"一小结。

第三章,"唐帝国的衰亡(公元755—907年)"所分三节是:第一节,"天宝时期的衰象与安史之乱"有两个重点,一是唐前期社会矛盾的积累,二是安禄山得势的由来、安史之乱原因和经过,及其性质的分析;第二节,"安史乱后唐帝国的内争与外患"重点讨论藩镇、宦官和朋党,以及边疆民族关系;第三节,"农民大起义与唐帝国的灭亡"讨论晚唐社会矛盾与农民起义过程,有"对黄巢起义一些问题的认识"。

第四章,"唐代的文化"。第五章,"五代十国与契丹(公元907—960年)"的三节是:第一节,"混乱期中的政治局势与社会情况";第二节,"契丹的兴起与燕

---

① 1955年出版的断代史还有何兹全先生的《秦汉史略》(上海人民出版社),较早一年的有岑仲勉先生用浅近文言写成的《隋唐史》(二卷),是1954年由高等教育部教材编审处印行的,正式出版在1957年(高等教育出版社)。

云十六州的割让";第三节,"周世宗对统一中国的贡献"。附录:隋唐五代年表。

向来学者评论这本断代史教材的特点是全书线索清晰,事实交代清楚,内容提纲挈领,文笔清新流畅。我自己第一次读这部书,也深有同感。

大学教材如何写?历来有不同的看法,有的强调学术性,有的强调简明扼要,有人甚至认为大学生不需要教材。

这里关键是要全面了解大学课程的特殊性。大学课程,有专业课,有公选课(素质课);专业课有通论课(Vorlessung),有讨论课(Seminare),有练习课(Uebung)。对于教材的要求当然也不同。杨志玖先生的这部《隋唐五代史纲要》是给大学专业本科生低年级的通史教材。简明扼要、纲目清晰,尤其是在相关的章节,都有要言不烦的分析。是此类教材非常突出的优点。

此外,从史学史的角度看,这本新中国成立后的第一本断代史教材,还有一点特别值得注意,那就是:它属于开创新中国成立后通史及断代史体例的著作之列。

新史学对于著述体例的要求有其章节体的特点。它与清代以前的著作体式完全不同,是从西方引进的。但是,中国历史著作的章节体特点在新中国成立前并没有完全形成,它是在新中国成立后特别是50年代形成的。杨志玖先生的《隋唐五代史纲要》就是其中的典范之一。杨先生在"前言"中说:"我在叙述历史事实时,曾企图加以分析,避免枯燥的罗列现象,但由于理论水平和业务水平的限制,分析也不免是肤浅的甚至错误的。"这里的所谓分析当然不都是指运用唯物史观进行的分析,但是,注意用马克思主义理论解释历史现象却是包含在其中的,如《隋唐五代史纲要》对于隋末农民起义和唐末农民起义都给予了较大的关注和较多的篇幅。对于经济史的叙述给以较显著的地位。

20世纪初叶,史学界的大师们就在讨论中国通史的编纂体例。但是,大多只能在传统的纪传、编年等框架里打圈圈。比如,章太炎拟订的"中国通史略例"分5表、12典、10纪、25别录、9考纪,凡120卷。当时有两种方案,梁启超为代表的一派主张以典志体(如《通典》)和纪事本末体为新史著的主要体裁;章太炎为代表的一派则主张以纪传体和典志体的结合为新的著述方式②。

20世纪30年代邓之诚《中华五千年史》、周谷城《中国通史》当然已经突破了20世纪初设想的那些通史体例。40年代翦伯赞的《中国史纲》、范文澜《中国通史简编》等马克思主义史学家的著作已经从内容上引进了新的历史观和方法论。章节体的著述形式已经代替了旧的历史编纂体例。但是，即使是章节体，也各有不同。例如，与杨志玖先生的书或前或后出版的岑仲勉《隋唐史》、吕思勉《隋唐五代史》，其学术含量自然在杨著之上，著述体例也各有特点，但是，比较起来，杨志玖先生的"纲要体"更适合于低年级大学生修读通史的需要，也是不争的事实。

杨先生的所谓教科书模式实际上也影响到后来的著作者。例如，晚杨著二十年出版的韩国磐先生《隋唐五代史纲》（人民出版社，1975年），篇幅和内容都较杨志玖先生的"纲要"为胜，但是，其所分设的五编，一望便知与杨志玖先生的"纲要"一致。实际上，即使是今天讲隋唐五代史，无非也是五大版块：隋朝、唐朝前期、唐朝后期、晚唐五代、思想文化。由此可见，杨志玖先生的《隋唐五代史纲要》的教科书体例，于我国隋唐史学科建设的影响是十分深远的。

《隋唐五代史纲要》还是旧社会过来的知识分子学习唯物史观研究历史的一个尝试和例证。为此，我们要从《隋唐五代史纲要》的作者这一代人的特点说起。

时代的剧变给知识分子人生道路的影响往往是后之学人所难以想象的。不仅个人的政治命运会受到严峻的考验，而且学者的治学道路也会因此而改变。传统会在这时候发生断裂，而历史却在断裂中蜿蜒向前。从学人的角度看，学术史也可以看成是学者命运改变的历史。而这种改变有的时候明显可见，有的时候却是浑然不觉的。

近百年来发生的时代剧变有三次：第一次是民国初年，第二次在中华人民共和国建立之际，第三次是在最近二三十年，即所谓新时期。经历了这样三次剧变的人都是民国初年出生，抗战时期求学，新中国成立前后建功立业，"文化

---

② 参见方光华《中国思想学术史论稿》，第290页，陕西人民出版社，西安，2002。

学术史的视域

大革命"后焕发出学术的第二春,而在世纪之交都是年届耄耋的老人。他们在20世纪后半叶的中国史坛上发挥了巨大的影响,研究这个时期的史学,不能不关注他们。

晚清时期,特别是甲午战争以后,由于西方影响的逐渐扩大,中国社会结构发生了很大的变化,尤其是学术文化(即所谓"国学")受到西方的冲击之大,可以用脱胎换骨来形容。传统的经、史、子、集的学术分类被新的学术体系所取代。民国初年出生的那一代知识分子,童蒙时代就已经不读四书五经,他们接受的是新式教育。这与第一代、第二代史学家已经不一样。他们在新中国成长起来的知识分子眼里,虽然被目为"老先生",是做旧学问的。但是,他们自己看自己,却未必有他们前一辈那样的旧学功底。杨志玖先生对我说过,他读研究生时候的主要功力之一就是点读了一部百衲本《元史》,把《元史本纪考证》抄写在书眉的相应位置。但是,在陈寅恪那一代,则是可以在失明的情况下,熟练地使用《唐书》和《资治通鉴》。吕思勉也通读过几遍二十四史。其旧学根底显然与其学生辈有深浅的不同③。他们基本上是近代西方史学引入中国以来培养出来的史学家,接受的是新式教育。他们有新的问题意识,有新的写作范式,陈寅恪总结王国维的那三句话是他们治学的圭臬:"一曰取地下之实物与纸上之遗文互相释证";"二曰取异族之故书与吾国之旧籍互相补正";"三曰取外来之观念与固有之材料互相参证"。即在学术研究中要做到考古与文献资料互相释证;中文与外文资料互相补证;西方理论、概念与本国历史记载互相参证。1928年创刊的《史语所集刊》上的论文是他们学习的楷模。

中华人民共和国的建立,50年代以后一系列社会主义改造运动,生产资料私有制的被废除,新的意识形态的确立,对于从旧社会过来的知识分子来说,构成了前所未有的巨大冲击!马克思主义唯物史观,对于他们又是一个浴火重生式的教育,也是新的挑战。郭沫若在1954年12月9日的《人民日报》上发表《三点建议》就这样说:"我感觉着我们许多上了年纪的人,脑子实在有问题。我们

---

③ 1995年在东北师范大学召开《中国历史》教材编写会议,谦逊的田余庆教授说,他的古文功底不及周一良先生,周先生当然也不及比他更年长的一辈(我想,比如陈寅恪、陈垣这辈)。周一良生于1913年,与杨志玖是同辈人。

的大脑皮质就像一个世界旅行家的手提筐一样,全面都爬满了各个码头的旅馆商标。这样的人,那真可以说是一塌糊涂,很少有接受新鲜事物的余地了。所以尽管学习马克思列宁主义已经有五年的历史,但总是学不到家。好些老年人都爱这样说:'我自己的思想水平很低。'我想这倒不是一味地客气,确实是先入之见害人,旧的东西霸占着我们的脑子,不肯让位。"

郭沫若的这番言说,无疑反映了两点真实情况:第一,50年代前期,有很多旧社会过来的知识分子在接受马克思主义过程中,有思想障碍,"总是学不到家"! 但是,他们都愿意努力接受。第二,既然大脑皮质有旧东西霸占着,就要清洗各种旅馆商标,就要"洗脑"。这种认识不能不说,就是后来提出在灵魂深处闹革命的一个原因。郭沫若的意见在其时的历史学家中是引起了高度重视的。1955年,唐长孺先生在《魏晋南北朝史论丛》的"跋语"中就引用了郭沫若的上述文字,并且说:"在研究过程中,我深刻体会到企图解决历史上的根本问题,必须要掌握马克思列宁主义的理论。在这一方面我特别感到惭愧,从解放到现在经过了五年的学习,然而一接触到问题的本质,面对着一大堆资料就常常会束手无策,不能做深入的追寻。"他又说:"像我这样四十多岁的人,还够不上称为上了年纪的老人,然而由于过去受到资产阶级唯心思想的毒害并不轻,因而'学不到家'是一样的。"④我相信唐先生在这里的表白完全是真诚的。

这里所谓"上了年纪的老人"就是第一、第二代学者,如陈寅恪、岑仲勉、吕思勉等,这些人基本上拒绝在形式上接受新的意识形态。岑仲勉《隋唐史》的"编撰简言"也引用了郭沫若的话,云:"郭沫若先生曾言,写语体比写文言字数要增三分之一。现在讲义油印,字体已缩至小无可小,加以纸张、页数之限制,为适应本校经济状况,自不得不采用文言。"岑仲勉引郭沫若是为了给自己用文言写讲义找根据,与唐长孺引用郭沫若完全不同。"上了年纪的老人",还有吕思勉,他写的《隋唐五代史》等断代史也是文言文。陈寅恪的学术风格虽然与他们很不同,但是,从论文格式和文字风格来说,也是很"文言"的那种。

相反,在唐长孺先生那本充满真知灼见、以实证研究功力见长的论文集里,

---

④ 唐长孺《魏晋南北朝史论丛》,第451—452页,生活·读书·新知三联书店,北京,1955。

是比较注意引用经典作家的作品的。例如,《魏晋杂胡考》就引用了斯大林的《民族主义与列宁主义》《论马克思主义在语言学中的问题》两篇文献。目的是清洗旧的商标,而事实上这一段话在文章中倒显得是在贴一个新的商标。

杨志玖先生(1915—2002)与唐长孺先生(1911—1994)基本上是同辈人,也应该有同样的感受和处境。《隋唐五代史纲要》学习引据经典作家的文献作为分析历史问题的工具,共有三处。

第一处,即原书第50页在分析唐代工商业繁荣的时候,引用马克思的话:"工艺这件东西,可以启示人类对于自然之能动关系,启示人类生活之直接的生产过程。"第二处,即在第115页论及黄巢起义的失败及黄巢是否投降时引用斯大林的话"他们都是皇权主义者",并且指出恩格斯在《德国农民战争》中提到农民在革命中时常与敌人妥协。还有一处,即第150—151页谈到阿保机的家庭出身时引用恩格斯《家庭、私有制与国家的起源》说,阿保机的家庭也就是恩格斯所说的"显贵家庭"。第一处的引用,旨在说明唐代手工业行会领域废除了奴隶制生产方式,所以,生产获得进步。第二处为了解释农民起义失败的原因和投降的原因是有皇权主义思想。这些都留下了50年代旧社会过来的知识分子在历史研究中学习接受唯物史观的真实痕迹。

用今天的眼光重新看待这些引用和分析,我们可以发现两个问题。首先,在当时的思想认识范围内,这些引用都是贴"新标签"的需要。用废除奴隶制来解释唐代工商业的进步,是学习斯大林时期"联共布党史"铸造的"五个社会形态"理论的必然结论。用皇权主义来解释农民革命的归宿,是那个时代"左"倾思想的经典解释。第三处引用恩格斯的《家庭、私有制与国家的起源》来说明阿保机是显贵家庭,牵强附会的意思更明显。可是,这些在那个时代不仅很必要,而且很时髦。

其次,中国的历史学,最缺乏的是对于历史现象的理论化分析和解释,马克思主义唯物史观,提供了这方面的一个解释工具、解释框架,满足了学术发展的求新求变的要求,这也是必须看到的。王国维有"学无中西说":"何以言学无中西也?世界学问,不出科学、史学、文学。故中国之学,西国类皆有之;西国之学,我国亦类皆有之。所异者,广狭疏密耳。""异日发扬光大我国学术者,必在兼通世界学术之人,而不在一孔陋儒,固可决也。"⑤唯物史观也是西方传来的学问啊。用唯物史观解释历史,在新中国也属于"预流"之举。

从梁启超、王国维算起,新史学发展到唐长孺、杨志玖这一代已经是第三代了。梁启超大声疾呼"新史学",王国维垂范作则践行"新史学",可以说是20世纪中国新史学家的开山祖师,属于第一代人⑥。杨志玖的老师汤用彤、向达、姚从吾属于第二代,他们直接或者间接受教于清华大学、北京大学。郭沫若、范文澜属于另外一个意义上的第一代史学家,即第一代马克思主义史学家。像杨志玖先生这样一代人实际上受到两个方面的挑战和夹击。一方面,他们要与"三百千千"(《三字经》《百家姓》《千字文》《千家诗》)的蒙学教育体系告别,与"经史子集"的国学学术体系告别;另一方面,他们要学习接受马克思主义理论。在接受新的意识形态方面,他们比那些"上了年纪"的第一、二代学者(比如陈寅恪就从来不引用马克思)要容易接受些。所以,其中许多人参与了新中国成立后"五朵金花"的讨论。但是,比起他们的学生辈(如漆侠、胡如雷等)又逊色很多。但是,在旧史功底上,一般而言则是逊于老者而高于少者。他们是"中间派"。可是,不管如何德高望重,新中国时期中国史学界的主体力量不是陈寅恪、吕思勉,而是我们这里所说的在50年代还不老不少的"中间派"。他们虽然不像郭、范、翦那么显赫,但是,他们在民间尤其是粉碎"四人帮"以后更有号召力。因为他们是"老先生",有旧学功底,可以矫正教条主义和影射史学横行时的弊端。所以"文化大革命"后,这些已真正成为老先生的一代人,担负起了复兴中国学术的任务。他们重新操持的不是"文化大革命"前50至60年代的旧业,而是新中国成立前的旧业。比如杨志玖先生研究元史和马可波罗,周一良先生研究魏晋南北朝史等。可以这样说,周一良、杨志玖先生这些人的学术路径的转变也是中国近百年来学术史的缩影。

新世纪开始,这一代学者或遁归道山,或者颐养封笔。如今在撰写历史论著或者教材的时候,想方设法寻章摘句,引用马克思经典作家贴标签的人恐怕是很

---

⑤ 《观堂别集》四,《静安文集·奏定经学科、大学文学科大学章程后》。
⑥ 陈寅恪虽然比他们年纪小一轮,但是,并没有师承关系,以在清华研究院的同事经历来讲,也属于同辈人。

少了。真让人有三十年河东、三十年河西之叹。当初的是非曲直已经不重要了，中国学者接触西学（包括西方传来的马哲）所引发的种种情状，已经定格为历史的往事，成为我们今日凭吊的对象。

2002 年 9 月 14 日初稿

2014 年 9 月 10 日修订

（作者小记：中华书局要出版杨志玖先生的《隋唐五代史纲要》，约我写一篇序言，因而将旧文加以修订，先行发表于此）

【张国刚　清华大学人文学院教授】

原文刊于《中国文化》2014 年 02 期

历史的转向

二十世纪晚期人文科学历史意识的再兴

黄进兴

提　要："历史的转向"并非单纯回归到十九世纪的"历史主义",盖"历史主义"所强调的"发展性"(development)和"独特性"(individuality),在后现代的氛围,两者均需再经审慎的检验。而除却唤醒"历史的真实性"(historicity),"历史的转向"需要对以往的史学进行一连串的反思。"反思"的对象包括上至国家、民族、社会、阶级等客体,下抵学者自我的省察,甚至触及时间(time)、空间(space)、时序(temporality)的范畴。这些概念往昔均被视为理所当然、不证自明的分析单元,但只要梳理其底蕴,却都是特定时空情境所造成,是故得予重新解析,考镜其源流。简而言之,试以"过去""现在""未来"三者的关系,来界定"史学"的性质。传统、近代及当代史学各自呈现不同特色:"传统史学"旨在鉴古知今,乃由"过去"凝视"现在";而"近代史学"着重以今观古,则由"现在"投射(回溯)"过去";晚近的"当代史学"却反其道,拟由"未来"定位"现在"与"过去"。

关键词：历史主义　社会科学　发展性　独特性　史学性质　反思　范畴

宣扬历史的重要性,对原本就浸润于历史意识的族群,[1]不免有着多此一举

---

[1] 中国与西方向来被认为是两个最具历史意识的文明,彼此的交流,史不绝书,但却各自发展了别有特色的史学。Herbert Butterfield, *The Origins of History* (New York: Basic Books, 1981), pp.138-139. 另可参阅杜维运师《中西古代史学比较》(台北:东大图书公司,1988),第1章,第2页。

的感觉;尤其出自一位史学工作者的口中,更是有"老王卖瓜,自卖自夸"的嫌疑。可是拙文所要析论的"历史的转向"(The Historical Turn),乃攸关西方现代学术史甫进行中的转折,其深刻的意涵或许对中国学术的发展,亦将有所启示。

依字面的意思,"历史的转向"不外重新认领历史知识的价值或历史探讨的重要性。令人诧异的是,西方十九世纪方号称系"历史的时代"(Age of History)或"历史主义的时代"(Age of Historicism),克莱欧(Clio)这位历史女神才以学术盟主之姿,睥睨天下,甚至被冠以"学问女王"(the queen of knowledge)的荣衔;盖自启蒙运动之后,历史的原则和历史的思考,取代了宗教和哲学在传统思想的位置,主导了学术的发展。② 反观十九世纪的其他社会科学,尚在孕育当中、嗷嗷待哺。试举史学大宗师兰克(Leopold von Ranke, 1795—1886)的英国代言人艾克顿(Lord Acton, 1834—1902)为例,他在晚年仍满怀自信地宣称:

> 历史不仅是一门特殊的学问,并且是其他学问的一种独特的求知模式与方法。③

又说:

> 每一门学科必须有自己的方法,除此之外,它们必须拥有一种可以应用到它们全部而且又相同的方法:历史的方法。④

显然对艾氏而言,历史的思考远溢于具体的历史知识。他的说辞复传达了

---

② 攸关"历史主义"的中文介绍,或可参阅拙作《历史主义:一个史学传统及其观念的形成》,收入黄进兴《历史主义与历史理论》(台北:允晨文化公司,1992;西安:陕西师范大学出版社,2002),台北版在第11—116页,西安版在第3—82页。
③ Lord Acton, *Essays in Religion, Politics, and Morality: Selected Writings of Lord Acton*, edited by J. Rufus Fears (Indianapolis, Ind.: Liberty Fund, 1988), vol. III, p.621.
④ Quoted by Herbert Butterfield, in his *Man on His Past: The Study of the History of Historical Scholarship* (Cambridge: Cambridge University Press, 1955), p.1 note 1.

下列两项讯息:其一,在世纪之交,史学仍拥有不可忽视的分量。但更重要的弦外之音,却是道出新兴社会科学业已羽翼丰满,足以振翅长飞。要知在十九世纪里,酝酿中的人文科学无不有所谓的"历史学派"(historical schools),如法律学、经济学等,无一例外。但艾氏言说的时间点,适是其他学科趋于圆熟自信、纷纷开展出本门学科的研究取径,而亟与传统史学做出区隔的前夕。⑤

约略其时(1880—1890),西方学术界方刚爆发著名的"方法论战"(Methodenstreit)。若取史学当作思考的主轴,对内则是兰布什特(Karl Gotthard Lamprecht, 1856—1915)和兰克史学(Rankean historiography)的对决,前者标榜文化史,以宽广的研究取向、结盟其他学科,对抗专注政治史、制度史的兰克学派;⑥对外,则是新兴的经济学与历史学派的竞逐。代表历史学派的施穆勒(Gustav von Schmoller, 1838—1917)于忍无可忍之计,猛烈反击古典经济学派门格尔(Carl Menger, 1840—1921)百般的挑衅。双方缠斗多时,牵连甚广,直迄二十世纪马克斯·韦伯(Max Weber, 1864—1920)的时代,方告落幕;⑦然而该时的激辩却已敲响历史学派颓势的警钟。

值此风云变化的分水岭,艾克顿虽力图重振史学的余威,但趋势显然对新兴的"社会学"(sociology)有利。⑧而兰布什特又另外主张"心理学必须是所有科学史学的基础"。这点,连兰克学派的钦兹(Otto Hintze, 1861—1940),都表认同。⑨他发现晚近新开发的经济史、社会史皆非系出同门(传统的史学),而是来自新兴的经济学。⑩迄此,连兰克学派的集大成者伯伦翰(Ernst Bernheim, 1850—1942),于其史学方法论巨著的晚期修订版,都不得不引进社会学的研究

---

⑤ Lord Acton, *Essays in Religion, Politics, and Morality:Selected Writings of Lord Acton*, pp. 626-627.
⑥ Karl J. Weintraub, *Visions of Culture* (Chicago and London:University of Chicago Press, 1966), chapter 4.
⑦ Frederick C. Beiser, *The German Historicist Tradition* (Oxford:Oxford University Press, 2011), pp.521-528. 起初,新崛起的奥地利经济学派(Austrian School)的孟格大肆贬抑"历史方法"于解决经济问题的有效性,他推崇"公理演绎的进路"(axiomatic-deductive approach),强调"理论"的重要性;反之,代表历史学派的施穆勒亟欲维护"历史方法"的价值,重视经验的归纳性。
⑧ Lord Acton, *Essays in Religion, Politics, and Morality:Selected Writings of Lord Acton*, pp.626-627.
⑨ Felix Gilbert ed., *The Historical Essays of Otto Hintze* (New York:Oxford University Press, 1975), pp.397.
⑩ Felix Gilbert ed., *The Historical Essays of Otto Hintze*, p.377.

方法,并且承认史学是社会科学的一种。[11] 时风易势,由此可以窥见。[12] 尤其迈入二十世纪初期,史学仿若一部中国近代史的缩影,节节败退、割地赔款。反观社会科学不仅取得独立自主的地位,并且群起围攻史学固有的疆域,道是烽火四起亦毫不为过。

首先揭竿而起的,便是美国以鲁宾逊(James Harvey Robinson,1863—1936)为首的"新史学"(The New History)。[13] 他亟倡导史学与社会科学的结盟,认为社会科学乃划时代的"新盟友"(the new allies of history),含括人类学、社会学、经济学、心理学、地理学等,都是史学研究的新利器。而鲁宾逊之所以称谓"社会科学"为"新盟友",无非欲与传统治史的"辅助科学"(auxiliary sciences)有所分辨。[14] 鲁宾逊发觉,即使是当今最了不起、学识渊博的大史家蒙森(Theodor Mommsen,1817—1903),只缘他对史前考古和人类学一无所知,竟连"冰河期"(ice age)或"图腾"(totemism)均闻所未闻,遑论其他闭塞不敏的传统史家了。[15] 此事宛如民初国学大师章太炎(1869—1936)一度怀疑甲骨文是骗子造假的假古董,竟难以置信有"甲骨文"一事。[16]

对应地,该时在中国承西学遗绪者,便是梁启超(1873—1929)的"新史

---

[11] 伯伦翰的《史学方法论》(Lehrbuch der historischen Methode)初版于1889年,一直到1908年止,曾陆续出版过多次的修改与增订版。Hans Schleier, "Ranke in the Manuals on Historical Methods of Droysen, Lorenz, and Bernheim," in Georg G. Iggers and James M. Powell eds., *Leopold von Ranke and the Shaping of the Historical Discipline* (Syracuse, New York: Syracuse University Press, 1990), p.122.

[12] Quoted in Donald R. Kelley, *Fortunes of History: Historical Inquiry from Herder to Huizinga* (New Haven and London: Yale University Press, 2003), p.309.

[13] James Harvey Robinson, *The New History: Essays Illustrating the Modern Historical Outlook* (New York: Free Press, 1965), chapter 3. 鲁宾逊此书初版于1912年。至于西方不同样式的"新史学"(New Histories),则可参阅 Donald R. Kelley, *Fortunes of History: Historical Inquiry from Herder to Huizinga*, chapter 12.

[14] "辅助科学"(auxiliary sciences)乃是传统史学治史的辅助工具,例如:钱币学、训诂学、版本学,等等。"辅助科学"与"社会科学"之基本差别,前者为史学之工具,帮助辨伪、考订与解读文献;后者则提供史学解释的理论。

[15] James Harvey Robinson, *The New History: Essays Illustrating the Modern Historical Outlook*, p.91. 蒙森缘其巨著《罗马史》,于1902年获颁诺贝尔文学奖。

[16] 参见李济《安阳的发现对谱写中国可考历史新的首章的重要性》,收入张光直、李光谟编《李济考古学论文选集》(北京:文物出版社,1990),第790—791页。

学"。⑰梁氏坦承:"史学,若严格分类,应是社会科学的一种。"⑱乍听之下,仿若迫不得已的城下之盟;但稍加推敲,未尝不可解作梁氏企图将中国史学摆脱传统"四部"之学的纠缠,⑲进而加盟西学的阵营。这种觉醒不止限于个别史家,在教育制度亦有所变革。在教学上,1920年起,北京大学史学系即明订"社会科学,为史学基本知识,列于必修科"⑳。

而留美归国的何炳松(1890—1946)更是鼓吹史学与社会科学联盟不遗余力,何氏一生的治史信念,可以从他对鲁宾逊《新史学》的译文中求索。《新史学》里有一小段话恰可作为答案,何氏是这样翻译的:

> 历史能否进步、同能否有用,完全看历史能否用他种科学联合,不去仇视他们。㉑

这连从未踏出国门的吕思勉(1884—1957)亦深表同感,于评断乾嘉时期的章学诚(1738—1801)与当今史家的高下时,吕氏如是评道:

> 他(章学诚)的意见,和现代的史学家,只差得一步。倘使再进一步,就和现在的史学家相同了。但这一步,在章学诚是无法再进的。这是为什么呢?那是由于现代的史学家,有别种科学做他的助力,而章学诚时代则

---

⑰ 请参阅拙作《中国近代史学的双重危机——试论"新史学"的诞生及其所面临的困境》,初载于《中国文化研究所学报》(香港中大),新第6期(1997),第263—285页;后收入黄进兴《后现代主义与史学研究:一个批判性的探讨》(台北:三民书局,2006、2009;北京:三联书店,2008),"附录",三民版在第229—267页,三联版在第217—255页。
⑱ 梁启超《中国历史研究法补编》,在"专集之九十九"(《饮冰室合集·专集》第23册;上海:中华书局,1936),第151页。
⑲ 传统中国的学问分类为"经、史、子、集",目录学特谓之"四部"。
⑳ 朱希祖《北京大学史学系过去之略史与将来之希望》《北京大学卅一周年纪念刊》(北京大学卅一周年纪念会宣传股编印,1929),第70—71页。又见其为何炳松所译《新史学》《新史学序》,第1—2页。
㉑ 鲁宾逊著、何炳松译《新史学》(北京大学丛书10;上海:商务印书馆,1924初版),第76页。原文见James Harvey Robinson, *The New History: Essays Illustrating the Modern Historical Outlook*, p.73. 该书在美国具有社会与学术意义,可参阅 Richard Hofstadter, *The Progressive Historians: Turner, Beard, Parrington* (New York: Knopf, 1968)的相关章节。

无有。[22]

要知有清一代的章氏,乃是沉寂多时而晚近方才当令的大史家;可是依吕氏之见,其史学造诣较诸现代史学,仍未免略逊一筹。其故无他,现代史学的进步实拜别种科学之赐。[23] 而在诸多科学之中,社会科学尤为"史学的根基"。[24] 同理,在西方,中古史名家赫伊津哈(Johan Huizinga, 1872—1945)竟同敢冒天下之大不韪,去贬抑不世出的文化史家——布克哈特(Jacob Burckhardt, 1818—1897),只因渠无法取资当今的人类学和社会学,以阐释希腊文明的特质。东西两相辉映,真是件无独有偶的趣事![25]

事后回顾,自鲁宾逊以降,史学门户大开,社会科学长驱直入史学领域,坐收渔翁之利。况且时值社会更革,历史的实用性遂受到无比的重视,在美国致有"进步史学"(progressive historiography)之称。[26] 在欧洲,则是由"年鉴学派"(Annales School)担纲,其与"社会科学"有近乎天衣无缝的结合。年鉴学派的两位创始人费弗尔(Lucien Febvre, 1878—1956)及布洛赫(Marc Bloch, 1886—1944)均是涂尔干(1858—1917)社会学的信徒。布洛赫甚至劝勉学生"放弃史学,而改习法律、攻读考古学位,或学德文与其他",[27] 而且该学派非常重视"比较方法"和"量化技术"。[28]

但是,上述鲁宾逊等这般标榜"新史学"者,却未曾意识到"社会科学"与"史

---

[22] 吕思勉《历史研究法》(收入《民国丛书》第1编第73册;上海:上海书店据上海永祥印书馆1945年版影印,1989),第24—25页。

[23] 同上注。

[24] 吕思勉著有《社会科学是史学的根基》(1941)一文。见李永圻《吕思勉先生编年事辑》(上海:上海书店,1992),第225页。

[25] Johan Huizinga, Homo Ludens: A Study of the Play Element in Culture, translated by R. F. C. Hull (London and Boston: Routledge and Kegan Paul, 1949), pp.71-72.

[26] 请参阅拙著《历史相对论的回顾与检讨:从比尔德(Beard)和贝克(Becker)谈起》,原刊《食货月刊》复刊第5卷第2期(1975年5月),第60—75页;后收入《历史主义与历史理论》,台北版在第161—191页,西安版在第117—145页。另可参见 Richard Hofstadter, The Progressive Historians: Turner, Beard, Parrington.

[27] 引自 Donald R. Kelley, Fortunes of History: Historical Inquiry from Herder to Huizinga, p.321.

[28] Emmanuel Le Roy Ladurie, The Territory of the Historian, translated by Ben and Siân Reynolds (Chicago and London: University of Chicago Press and Harvester Press, 1979), pp.17-18. FranIn the Workshop of History, translated by Jonathan Mandelbaum (Chicago: University of Chicago Press, 1984), pp.40-53.

学"潜在的紧张性,似乎仍以"辅助科学"的模式去理解"社会科学";他们不仅从未觉察出"社会科学"存有鲸吞蚕食的野心,并且无缘目睹日后马克思唯物史观对史学入主出奴的态势。作为社会科学的分支,马克思史学影响中国大陆地区史学多年,已广为人知。㉙ 同时,带有鲜明目的论色彩的"近代化"理论(modernization),亦席卷西方及中国台湾史学界对历史进程的解释,使得中、西史学只能朝同一目标迈进:"普遍的(西方)合理性"。㉚

简之,二十世纪人类学与社会学的"功能论"(functionalism)与"结构论"(structuralism)侧重系统地分析,时间因素不受到重视,历史的纵深与变迁遂不得突显。㉛ 社会科学则是以喧宾夺主之姿出现,因此,受其影响的历史分析,自然缺乏历史感。该时的史学则呈现"历史无意识"(historical unconsciousness)的状态。

尤其在二十世纪六十年代,"行为科学"(behavioral science)乃是西方的显学,以布浩士·斯金纳(Burrhus F. Skinner, 1904—1990)的"行为心理学"作为表率,他大肆推广及宣扬"行为主义(behaviorism)并非人类行为的科学,而是那类科学的哲学",一时鼓动风潮,造成另一番社会科学的变革。㉜ 而史学界大力鼓吹运用"行为科学"者,无过于伯克豪尔(Robert F. Berkhofer, Jr., 1931—2012),他的《以行为进路进行历史分析》(*A Behavioral Approach to Historical Analysis*, 1969)一书,曾流行一时。伯氏将该书献给"我的历史女神"(to My Clio),别有开

㉙ 早期马克思史学进入中国,可参阅 Arif Dirlik, *Revolution and History: The Origins of Marxist Historiography in China*, 1919—1937 (Berkeley: University of California Press, 1978).

㉚ 例如: Marion J. Levy, *Modernization and the Structure of Societies: A Setting for International Affairs* (Princeton, N. J.: Princeton University Press, 1966).

㉛ 请参较 Tom Bottomore & Robert Nisbet, eds., *A History of Sociological Analysis* (New York: Basic Books, 1978), chapters 9 and 14; 以及 Adam Kuper, *Anthropology and Anthropologists: The Modern British School* (London and New York: Routledge, 1983 rev. & expanded edition), chapters 1 to 3; 还有 Mark Moberg, *Engaging Anthropological Theory: A Social and Political History* (London and New York: Routledge, 2013), chapters 9 and 10. 结构人类学落实到史学实践,最具体的代表便是罗伊德(Christopher Lloyd)的《历史的结构》。见 Christopher Lloyd, *The Structures of History* (Oxford, UK: Blackwell Publishers, 1993). 笔者偶然翻阅 1975 年 9 月 10 日所做的读书札记,记载阅读社会学结构功能派大将莫顿(Robert K. Merton, 1910—2003)的巨著 *Social Theory and Social Structure* (New York: Free Press, 1968 enlarged edition),其中有一条案语写道:"function(功能)的概念将会偏于当代社会的分析,而略于历史渊源的探讨。"当时出自一个历史学徒的直觉,今日回顾,不觉莞尔。

㉜ B. F. Skinner, *About Behaviorism* (New York: Vintage Books, 1976), p.3.

展另一页"新史学"的意味。㉝ 其实,无论倡导同社会科学(social sciences)结盟,或后来奉行以科学为师,均不脱史学科学化的窠臼。㉞ 居间,伯克豪尔尤为激进,他主张当前的史学问题不在于该否援用社会科学,而是如何去运用它。他说:

> 人作为分析的单元,只能透过某些概念架构去研究,一旦取得了人类行为的知识,其他史学的问题自然迎刃而解。㉟

他又斩钉截铁地表示:

> 此时此刻,"行为主义"(behaviorism)提供史学研究最佳的答案,因为她汲取了人类行为的崭新知识。换言之,史学必须借重社会科学中的基础科学,若心理学、社会学、人类学,加上科学哲学里方法论的自觉。㊱

遵此:

> 史家对社会科学最好的服务,便是挖掘事实……供给正确、可靠的事实。㊲

另方面,史家又必须借着指涉架构(frame of reference),方得寻得事实。是故,无论就哪一方面而言,史家只能是事实的供给者。而史学的最终下场,只能

㉝ 台湾二十世纪六十至七十年代攸关行为科学与史学的讨论,请参考该时在台湾复刊的《食货月刊》(1971—1988)与1963年创刊的《思与言》。
㉞ 简略的回顾,参阅 Lawrence Stone, "History and the Social Sciences in the Twentieth Century (1976)" in his *The Past and the Present Revisited* (Boston: Routledge & Kegan Paul, 1987 revised edition), pp.3–44; Georg G. Iggers, *Historiography in the Twentieth Century: From Scientific Objectivity to the Postmodern Challenge* (Hanover and London: Wesleyan University Press, 1997), part Ⅱ.
㉟ Robert F. Berkhofer, Jr., *A Behavioral Approach to Historical Analysis* (New York: Free Press, 1969), p.5.
㊱ Ibid., p.5.
㊲ Terrence J. McDonald, ed., *The Historic Turn in the Human Sciences* (Ann Arbor: University of Michigan Press, 1996), p.103.

将诠释权拱手让给社会科学而沦落为资料服务的副手,更不被容许置喙理论的创新。换言之,史学与社会科学仅存有单向的主从关系。

尤有过之,复经纷至沓来的后现代主义(postmodernism)思潮的洗礼,传统的历史概念已被解构得体无完肤。[38] 美国的怀特(Hayden White, b. 1928)甚至明言:

> 毋论"历史"("history")仅是被视为"过去"("the past")或攸关过去的文献记载,或者经由专业史家所考订攸关过去的信史;并不存在一种所谓特别的"历史"方法去研究"历史"。[39]

这种观点对十九世纪末叶曾经宣称"历史是其他学问的一种独特的求知方法"的艾克顿,纯是茫然无解的。

况且,社会科学的流行步调变化万千,稍纵即逝。二十世纪五十年代的史家,建议我们可以借用"马克思、马克斯·韦伯、帕森斯(Parsons)的社会学,社会、文化、象征人类学,古典、凯恩斯(Keynes)、新马克思的经济学,弗洛伊德、埃里克森(Erikson)、荣格(Jung)的心理学"。[40] 七十年代的史家,则鼓励我们取资"格尔茨(Geertz)的文化人类学、福柯(Foucault)的论述理论、德里达(Derrida)或德曼(Paul de Man)的解构主义、索绪尔(de Saussure)的符号学、拉康(Lacan)的心理分析理论、雅各布森(Jakobson)的诗学",[41]暌隔未为久远,所列科目已全然相异,令史家目眩神摇,无所适从。

是故,中、西史学为了迎合"苟日新、日日新"的潮流,便栖栖遑遑,无所安顿。这由二十世纪二十年代社会科学的引进,到历史唯物论(大陆)、行为科学(台湾)的盛行,居中除了夹杂美、苏文化霸权的驱策,都只能看作是时尚的差

---

[38] 请参阅拙作《后现代史学的报告》,收入《后现代主义与史学研究:一个批判性的探讨》的第7章,三民版在第211—228页,三联版在第199—215页。
[39] Hayden White, "New Historicism: A Comment," in H. Aram Veeser, ed., *The New Historicism* (New York: Routledge, 1989), p.295.
[40] 参阅 Lawrence Stone, "History and the Social Sciences in the Twentieth Century" p.20.
[41] 参阅 Hayden White, "New Historicism: A Comment" p.295.

异。两岸史家(尤其大陆)几乎是言必称马克思、马克斯·韦伯的地步。值得警惕的,当六十年代末叶,西方史家正热烈拥抱社会学时,社会学界却开始质疑起本门学科的信度;[42]这种危机意识像瘟疫般地蔓延到其他学科,[43]令得满怀虚心、登门求教的史家,茫然不知所措。若喻"社会科学"为实,史家在感到绝望之余,遂舍实就虚,一股跃进"语言的转向"(linguistic turn),[44]亟盼遁入后现代主义的空门,一了百了。殊不知这又是一回陷入不知所终的轮回。

诚然,社会科学入侵史学的现象,史家并非一味叫好,有些保守的史家更是痛心疾首,呼天抢地地哀号。澳大利亚史家所撰的《历史的谋杀》(The Killing of History)便对社会科学及后现代主义(post-modernism)侵入历史园地深恶痛绝,猛烈反击。[45] 之前,另位法裔美国史家巴尔赞(Jacques Barzun,1907—2012)极道近来心理历史(psycho-history)和量化历史(quanto-history)的不是,并且质疑其发展方向弊远大于利,亟与社会科学划清界限。[46] 恰如夏蒂埃(Roger Chartier, b. 1945)跟社会学家布尔迪厄(Pierre Bourdieu,1930—2002)在1988年的对话中,夏氏抱怨道:"包括我们历史学在内的其他学科都把社会学视为令人不安的百变怪兽,并与它处于交锋状态。"[47]尤有过之,社会学一度受史家嘲讽为"假科

---

[42] 举其例:Alvin W. Gouldner, *The Coming Crisis of Western Sociology* (New York:Basic Books, 1970). 又 Raymond Boudon, *The Crisis in Sociology:Problems of Sociological Epistemology*, translated by Howard H. Davis (London:Macmillan Press, 1980). 法文版1971年刊行。

[43] 例如:心理学与人类学。参见 G. R. Elton, *The Practice of History* (London and Glasgow:Methuen, 1967), pp.36-56; Gertrude Himmelfarb, *The New History and the Old* (Cambridge, Mass.:Belknap Press of Harvard University Press, 1987), pp.33-46. 斯通亦挺身指出:当前经济学、社会学、心理学似乎濒临知识崩解的边缘,史家必得做出对自己最有利的选择。Lawrence Stone, "History and the Social Sciences in the Twentieth Century" p.20.

[44] Roger Chartier, *On the Edge of the Cliff:History, Language, and Practices*, translated by Lydia G. Cochrane (Baltimore and London:Johns Hopkins University Press, 1997), p.18. 但亦有学者解作"历史转向"发生于"语言转向"之内,但加上"贯时"(diachronic)的向度。参见 William H. Sewell, Jr., *Logics of History: Social Theory and Social Transformation* (Chicago and London:University of Chicago Press, 2005), pp.358-359. 柯塞克(Reinhart Koselleck, 1923—2006)主张:所有的历史与语言都相互制约(conditioned),但却不能全然化约到对方。见 Reinhart Koselleck, "Linguistic Change and the History of Events," *Journal of Modern History* (Univ. of Chicago), no. 61 (December 1989), pp.649-666.

[45] Keith Windschuttle, *The Killing of History:How a Discipline is Being Murdered by Literary Critics and Social Theorists* (Paddington, Australia:Macleay Press, 1996 revised edition).

[46] Jacques Barzun, *Clio and the Doctors:Psycho-history, Quanto-history, & History* (Chicago:University of Chicago Press, 1974), chapter 5.

[47] 布尔迪厄、夏蒂埃合著,马胜利译《社会学家与历史学家:布尔迪厄与夏蒂埃对话录》(北京:北京大学出版社,2012),第23页。

学"(pseudo-science),其出路唯有向历史靠拢。[48] 此一迎拒的转变,若与二十世纪之初,史学热烈拥抱社会学的状况相比,其冷暖不啻水火之别。至此,史学对社会科学片面的倚赖,遂划上休止符。[49]

然而,危机即是转机。适时,我们望见"历史转向"的一缕曙光。要之,"历史的转向"并非史学一科可以矩矱或道尽。它乃是发生在人文及社会科学"重新发现历史"的共通现象。

出乎预料地,历史考察的重要性,初起竟是发自科学史的探讨。科学原是最具普遍性且跨越时空的知识,但孔恩(Thomas S. Kuhn, 1922—1996)的《科学革命的结构》(The Structure of Scientific Revolutions, 1962)对科学的发展及其性质,带来不同凡响的洞见。孔恩的核心观念"典范"(paradigm,或译"范式")以及"不可共量性"(incommensurability),不止重新解释了"科学革命",并且冲击学界对人文与社会科学的了解。孔恩这本书的影响力,在之后三十年无出其右者,他无疑为郁闷不发的史学注入一股新血,堪称划时代的经典之作。[50]

广义的"历史转向",包括历史的向度再次受到重视,必然连带涉及对历史知识的认知。原初,社会学原本只关注当代的社会,如今则将研究展延至前现代的社会。以色列的艾森斯塔特(S. E. Eisenstadt, 1923—2010)所著的《帝国政治体系》(The Political Systems of Empires, 1963),以比较的眼光探索历史上不同王朝的科层组织,[51]渠一向被视为历史社会学的泰斗。此外,政治学与社会学双栖的斯考切波(Theda Skocpol, b. 1947)所著的《国家与社会革命》(States and Social Revolutions: A Comparative Analysis of France, Russia, and China, 1979),[52]以比较的架构探讨了法国、俄罗斯与中国的革命,也是此方面的杰作。简之,艾森

---

[48] Paul Veyne, *Writing History: Essay on Epistemology*, translated by Mina Moore-Rinvolucri (Middletown, Conn.: Wesleyan University Press, 1984), chapter XII. 法文版1971年初版。

[49] 法国史家勒哥夫(Le Goff)认为纵使社会科学陷入危机之际,史家固然难以像之前那般信任它们,但依旧应该与社会科学对话,观其变化。Jacques Le Goff, *History and Memory*, translated by Steven Rendall and Elizabeth Claman (New York: Columbia University Press, 1992), p.x.

[50] Thomas S. Kuhn, *The Structure of Scientific Revolutions* (Chicago: University of Chicago Press, 1962).

[51] S. N. Eisenstadt, *The Political Systems of Empires: The Rise and Fall of the Historical Bureaucratic Societies* (New York: Free Press, 1963).

[52] Theda Skocpol, *States and Social Revolutions: A Comparative Analysis of France, Russia, and China* (Cambridge and New York: Cambridge University Press, 1979).

斯塔特、斯考切波等穿越历史上的现象,均带来令人耳目一新且极具启发性的成果。诸此历史社会学的出现,可比拟韦伯学的延伸。[53]

另一方面,社会科学的崛起一度逼使传统的叙事史学节节败退。例如,年鉴学派的布洛赫即抱怨传统史学塞满了传奇与事件,总是留滞在浮华的叙事层面,而无法进行理性的分析,所以史学尚处于科学的萌芽期。[54] 他的追随者——布劳岱尔(Fernand Braudel, 1902—1985),便呼吁以长时段的"结构史"(structural history)取代"事件史"(history of events),结合社会科学而贬抑叙事技巧。[55] 他们力推以"问题取向的史学"(problem-oriented history)取代"叙事史学"(narrative history)。[56] 可是年鉴学派逮至第三代(如布劳岱尔的高足拉杜里,E. Le Roy Ladurie, B. 1929),这种学风翻转了,他们改以"事件"的叙述,来烘托生活底层的"结构"。[57] 迄第四代(如夏蒂埃),"叙事回归"(return of the narrative)的口号,遂响彻云霄。[58]

究其实,凡是史学必涉及布局的技巧,因此无所逃避于"叙事"的运用;是故,摈弃以事件为主的历史,并不就等同无有"叙事"一事。[59] 攸关"叙事的复兴"(the revival of narrative),英裔美籍史家斯通(Lawrence Stone, 1919—1999)曾于1979年发表专文,省思一种"既新且旧的史学"(a new old history),颇引起专业

---

[53] 韦伯的社会学原本即具有浓厚的历史意味,在前一阶段——结构功能学派的吸纳,此一面相反而隐而不显。历史社会学有时被视为"左派韦伯学"(Weberian-left)。

[54] Marc Bloch, *The Historian's Craft*, translated by Peter Putnam(New York:Knopf, 1953), p.13.

[55] Fernand Braudel, "History and the Social Science" in his *On History*, translated by Sarah Matthews(Chicago:University of Chicago Press, 1980), pp.25-54.

[56] François Furet, "From Narrative History to Problem-Oriented History" in his *In the Workshop of History*, pp.54-67.

[57] Emmanuel Le Roy Ladurie, "The 'Event' and the 'Long Term' in Social History:the Case of the Chouan Uprising" in his *The Territory of the Historian*, pp.111-131. 至于年鉴学派的发展,可参阅 Peter Burke, *The French Historical Revolution:The Annales School*, 1929—1989 (Cambridge:Polity Press, 1990).

[58] Roger Chartier, *On the Edge of the Cliff:History, Language, and Practices*, p.7. 叙事则必须不限于个人,而需有所扩充与增益。又 Philippe Carrard, *Poetics of the New History:French Historical Discourse from Braudel to Chartier* (Baltimore and London:Johns Hopkins University Press, 1992), pp.62-74.

[59] Roger Chartier, *On the Edge of the Cliff:History, Language, and Practices*, p.7. 查提所征引者,系法国学者Michel de Certeau 以及 Paul Ricoeur 两人;其实,最具代表性的"叙事转向"标杆人物,应是海登·怀特(Hayden White, b. 1928)。请参阅拙著《后现代主义与史学研究:一个批判性的探讨》的第 3 章《"历史若文学"的再思考:海登·怀特与历史语艺论》,三民版,第 57—98 页,三联版,第 55—93 页。当然,法国罗马史家维纳(Paul Veyne)亦是"叙事史学"的同调。Paul Veyne, *Writing History:Essay on Epistemology*.

史家的同感。[60] 斯通觉察到晚近有一股伏流涌出，即以叙述手法取代结构分析（structural analysis）或量化技巧，着重描述甚于解析。它的来源相当多元，或以昆廷·斯金纳（Quentin Skinner, b. 1940）为首的新政治思想史，或法国年鉴学派所衍生的"心态史"（history of mentalities），或师法意大利的"微观历史"（microhistory），或受人类学家格尔茨（Clifford Geertz, 1926—2006）启发的"稠密叙述"（thick description）等，不一而足。其基本特色即恢复史学叙事的功能，而抛弃往日宏观或结构性的解释模式。有趣的是，曾几何时，斯通方才放声表扬"新史学"（new history）的特征首重分析（analytical），而扬弃西方近代史学的"叙事"（narrative）传统。[61] 前后相较，斯通判若两人，叶落知秋，于此尽现。

总之，即使"事件史"重获青睐，但其中所涉的"叙事"，理应尝试新的叙述技巧，而非一味承袭昔时的叙事手法。在中国史方面，汉学家史景迁（Jonathan Spence, b. 1936）独树一帜。他广受欢迎的中国史书写，布局精巧，文采斐然，生动易读，遂被推许为圭臬之作。[62]

但最具标杆意义的代表作，却是人类学家萨林斯（Marshall Sahlins, b. 1930）的《历史之岛》（*Islands of History*, 1985）。萨林斯别具慧眼，重新将历史分析聚焦于"事件"（events）之上。他以库克船长（Captain James Cook, 1728—1779）造访夏威夷事件，将夏威夷推向世界体系的舞台，并且从当事者的观点，勾勒出夏威夷土人对库克船长的主观认知。[63] 正如萨林斯所说："不同文化涵盖着不同的历史真实（different cultures, different historicity）。"前因社会科学重视"分析"（analysis）与"概化"（generalization），未免忽略事物的独特性，导致"事件"与"历史叙述"备受压抑。然而，在萨林斯的撰述里，它们重新回到历史分析的场域（fields），不但调和了社会科学里长久存在的"结构"（structure）与"行动者"（agency，或译载体）之间的矛盾，并且厘清了彼此互动的真相，而这正是困扰社

---

[60] Lawrence Stone, "The Revival of Narrative: Reflections on a New Old History," *Past & Present*, no. 85 (Nov. 1979), pp.3-24; then included in his *The Past and the Present Revisited*, pp.74-96.

[61] Lawrence Stone, "History and the Social Sciences in the Twentieth Century," in his *The Past and the Present Revisited*, p.21.

[62] Peter Burke, "History of Events and the Revival of Narrative," in Peter Burke, ed., *New Perspectives on Historical Writing* (University Park, PA: Pennsylvania State University Press, 1992), pp.242-243.

[63] Marshall Sahlins, *Islands of History* (Chicago: University of Chicago Press, 1985), p.x.

会科学多时的难题。[64] 简之,"事件"于萨林斯眼中,不啻是"结构"的转化,而"结构"正是以往"事件"积累所致。循此,"事件"遂得以洗刷污名,并取得理论范畴的地位。[65]

不止于此,在文学领域,文学批评于注重形式的"新批评"(new criticism)和"结构主义"(structuralism)之后,再次聚焦多样的历史(histories)实相,甚至有"新历史主义"(new historicism)流派的出现。[66] 此外,连长久为量化分析所主导的经济学,也开始注意到经济史研究的重要性;并且,之前为量化与模型所主导的经济史研究,也不断扩充其关注至实质的社会、文化与制度的探讨。[67] 而素为逻辑实证论(logical positivism)及分析哲学(analytic philosophy)所笼罩的哲学界,也仿如大梦初醒一般,意识到哲学史的回溯,有助于继往开来,为以后哲学的发展厘清一个新方向。换句话说,缺乏历史层次的哲学构作(doing philosophy)注定要贫瘠不沃的。因此,哲学也必须进行基进的历史转向(radical historical turn of philosophy),[68] 例如诠释学(hermeneutics)的再兴。由于德国哲学家伽达默尔(Hans Georg Gadamer,1900—2002)《真理与方法》(*Truth and Method*)的英译本于1975年适时地推出,[69] 使得原本隐而未显的"狄尔泰(Dilthey)—海德格尔(Heidegger)"一系含有浓郁时间向度的哲学,再次受到重视,恰似一帖苏醒历史意识的清凉剂。[70] 一如昆廷·斯金纳(Quentin Skinner, b. 1940)在观察"人文

---

[64] 举其例:英国社会学家纪登斯(Anthony Giddens)即尝试以"结构化"(structuration)来融通"结构"与"载体"的对立。见 Anthony Giddens, *Central Problems in Social Theory: Action, Structure and Contradiction in Social Analysis* (Berkeley: University of California Press, 1979).

[65] William H. Sewell, Jr., *Logics of History: Social Theory and Social Transformation*, chapters 7 to 8.

[66] Frank Lentricchia, *After the New Criticism* (London: Methuen, 1983); and H. Aram Veeser, ed., *The New Historicism* (New York: Routledge, 1989).

[67] Barry Supple, "Economic History in the 1980s: Old Problems and New Directions," in Theodore K. Rabb and Robert I. Rotberg, eds., *The New History: The 1980s and Beyond – Studies in Interdisciplinary History* (Princeton, N. J.: Princeton University Press, 1982), pp.199-205; and in the same book, Peter Temin, "Economic History in the 1980s: The Future of the New Economic History," pp.179-197.

[68] 请参阅 Richard Rorty, J. B. Schneewind and Quentin Skinner, eds., *Philosophy in History: Essays on the Historiography of Philosophy* (Cambridge and New York: Cambridge University Press, 1984). 特别是第四章: Lorenz Krüger, "Why do we study the history of philosophy?"

[69] 伽达默尔的德文原著 *Wahrheit und Methode* 初版于1960年,但因1975年英译本的刊行,方大为流行。Hans-Georg Gadamer, *Truth and Method* (New York: Continuum, 1975; London: Sheed & Ward, 1975).

[70] 另一位鼓吹诠释学的大家,系法国的里科(Paul Ricoeur, 1913—2005),将伽达默尔的《真理与方法》法译。

科学大理论的归来"所说的：历史的研究近来变得愈形重要，它提供灵感与证据的丰盛泉源。这方面，科学史家孔恩和系谱学家福柯（Michel Foucault, 1926—1984）均功不可没。[71] 法国社会学家布尔迪厄也现身说法：社会学与历史学的分隔，是项灾难性的分工，完全缺乏知识论的依据。依他而言，"所有的社会学都应具有历史性，反之，所有史学都应具有社会学的性质。"布尔迪厄坚信，伟大的史家必然是伟大的社会学家，反之亦然。他对于晚近社会学方面高调放言的"发现历史"颇不以为然。可见历史学在布尔迪厄构作理论之际，占有不可或缺的分量。[72]

有一点必须特别提示的，"历史的转向"并非单纯回归到十九世纪的"历史主义"，盖"历史主义"所强调的"发展性"（development）和"独特性"（individuality），[73]在后现代的氛围，两者均需再经审慎的检验。而除却唤醒"历史的真实性"（historicity），[74]"历史的转向"需要对以往的史学进行一连串的反思。

"反思"的对象包括上至国家、民族、社会、阶级等客体，下抵学者自我的省察，甚至触及时间（time）、空间（space）、时序（temporality）的范畴。这些概念往昔均被视为理所当然、不证自明的分析单元，但只要梳理其底蕴，却都是特定时空情境所造成，是故得予重新解析，考镜其源流。例如，安德森（Benedict Anderson, b. 1936—2015）质疑民族主义的客观性，[75]在此氛围之下，我的同学杜

---

[71] Quentin Skinner, ed., *The Return of Grand Theory in the Human Sciences* (Cambridge and New York: Cambridge University Press, 1985), p.11.

[72] Pierre Bourdieu and Loc J. D. Wacquant, *An Invitation to Reflexive Sociology* (Chicago: University of Chicago Press, 1992), p.90, note 74.

[73] Friedrich Meinecke, *Historism: The Rise of a New Historical Outlook*, translated by J. E. Anderson and a foreword by Sir Isaiah Berlin (London: Routledge & K. Paul, 1972), pp.liv-lxi.

[74] "historicity"（德文 geschichtlichkeit）一词，原为海德格尔在《存在与时间》（*Sein und Zeit*）中的核心概念。在史学上，特指历史的真实性或确切感。David Couzens Hoy, "History, Historicity, and Historiography in Being and Time," in Michael Murray, ed., *Heidegger and Modern Philosophy: Critical Essays* (New Haven and London: Yale University Press, 1978), pp. 329–353; and David Carr, *Time, Narrative, and History* (Bloomington: Indiana University Press, 1986), chapter 4.

[75] 近年"民族"的形成偏向主观论者，最具代表性的便是 Benedict Anderson, *Imagined Communities: Reflections on the Origin and Spread of Nationalism* (London and New York: Verso, 1983).

赞奇(Prasenjit Duara,b. 1950)倡议"从民族国家拯救出历史",[76]而中国台湾史家沈松侨、王明珂解构了"黄帝"的民族神话,均获得不少回响。[77]

而传统对"时序"的观念,亦难逃"反思"的法眼,必须重新接受考核。如从"时序"的视角度之,传统史观目的论(teleological)的单线发展,必须予以修正。取而代之的,则是多元与在地的(local)时序观。[78]而传统以朝代或世纪的分期法,或动辄涵盖广袤无垠的疆域(例如"中国"一词),不仅疏阔无当、大而化之,难以照料事物时空(或流行用语"场域")的异质性,故需逐案估量,方能定夺。简而言之,试以"过去""现在""未来"三者的关系,来界定"史学"的性质。传统、近代及当代史学各自呈现不同特色:"传统史学"旨在鉴古知今,乃由"过去"凝视"现在";而"近代史学"着重以今观古,则由"现在"投射(回溯)"过去";晚近的"当代史学"却反其道,拟由"未来"定位"现在"与"过去"。[79]

总之,二十一世纪初,概仍推衍二十世纪末的学术风气,崇尚"反思"(reflexivity),[80]毋怪西方学术刻正对现代史学进行深刻的反思。一如布尔迪厄所强调的:"我们用来思考历史的所有观念、词汇、概念,都是在历史中建构的。而奇怪的是,历史学家所犯的时代错误无疑是最多的。因为,或是为了造成现代感,或是想使研究显得更有趣,或是由于麻痹大意,他们用当今通行的词语去阐述历史现实,而这些词语在当时尚未出现或另具他意。因此我认为,这种反观性

---

[76] Prasenjit Duara, *Rescuing History from the Nation: Questioning Narratives of Modern China* (Chicago: University of Chicago Press, 1995).

[77] 沈松侨《我以我血荐轩辕:黄帝神话与晚清的国族建构》,《台湾社会研究季刊》第28期(1997年12月),第1—77页。王明珂《论攀附:近代炎黄子孙国族建构的古代基础》,《"中研院"史语所集刊》第73本第3分(2002年9月),第583—624页。

[78] 比较概念的讨论,举其例,请参见:(1) Paul Ricoeur, *Time and Narrative*, translated by Kathleen McLaughlin and David Pellauer (Chicago and London: University of Chicago Press, 1984), vol. 1. (2) Reinhart Koselleck, *Futures Past: On the Semantics of Historical Time*, translated and with an introduction by Keith Tribe (New York: Columbia University Press, 2004). (3) Reinhart Koselleck, *The Practice of Conceptual History: Timing History, Spacing Concepts*, translated by Todd Samuel Presner and others (Stanford, Calif.: Stanford University Press, 2002). 综合讨论则见:(4) Robert F. Berkhofer, Jr., *Beyond the Great Story: History as Text and Discourse* (Cambridge, Mass. and London: Harvard University Press, 1995).

[79] 试比较 Marc Bloch, *The Historian's Craft*, chapter 1, 和 Jacques Le Goff, *History and Memory*, pp.1-19.

[80] 例如,社会学家布尔迪厄提倡的"反思社会学"。参见 Pierre Bourdieu and Loc J. D. Wacquant, *An Invitation to Reflexive Sociology*. 另外,又有所谓"反思人类学"(reflexive anthropology)。参见 James Clifford and George E. Marcus, eds., *Writing Culture: The Poetics and Politics of Ethnography* (Berkeley and Los Angeles: University of California Press, 1986).

是极为重要的。"㉛布氏的说辞无非在呼应尼采(Friedrich Nietzsche,1844—1900)的论调:历史与文化的知识,不似自然的事物,而具有时空的约制,必得因时制宜,方能蒙其益而不受其害。㉜

尤其,后现代史家福柯(Michel Foucault,1926—1984)更佩服尼采的过人之处,乃在揭露历史意识(historical sense)并非凌空环顾,而是受限于一定的视野;所以,历史意识难免局限、倾斜,甚至酿成系统的偏颇。而十九世纪史学所标举的客观性(objectivity)的理想,只是遥不可及的神话。㉝ 相形之下,中国的反思史学方刚起步,于今之计,唯有急起直追,才能令中国史学超拔于"历史的无意识"(historical unconsciousness)!

本文系作者2016年9月14日在北京大学人文社会科学研究院"北大文研讲座"系列之专题演讲。此次发表,经作者授权,并承北京大学人文社会科学研究院同意。

【黄进兴　台湾"中研院"院士,历史语言研究所特聘研究员】

原文刊于《中国文化》2016年02期

㉛　布尔迪厄、夏蒂埃合著《社会学家与历史学家:布尔迪厄与夏蒂埃对话录》,第33页。
㉜　Friedrich Nietzsche, "On the Uses and Disadvantages of History for Life," in his *Untimely Meditations*, Daniel Breazeale ed. and R. J. Hollingdale trans. (New York:Cambridge University 17 Press, 1997), pp.59-123.
㉝　Michel Foucault, "Nietzsche, Genealogy, History," in his *Language, Counter-memory, Practice:Selected Essays and Interviews*, edited by Donald F. Bouchard and translated by Donald F. Bouchard and Sherry Simon (Ithaca, N. Y.:Cornell University Press, 1977), pp.152-157.

通识教育的经典意识与功夫进路

邓新文

一、当前通识教育之问题

"通识教育"是英文 general education 的译名,也有学者把它译为"普通教育""一般教育""通才教育",等等。自十九世纪初美国博德学院(Bowdoin College)的帕卡德(A. S. Parkard)教授第一次将它与大学教育联系起来之后,有越来越多的人热衷于对它进行研究和讨论。可是至今对通识教育还没有一个公认的、规范性的表述。

众所周知,"通识教育"主要是针对现代分科教育"局而不通"之类的弊病而提出来的。十九世纪不少欧美学者有感于现代大学的学术分科太过专门、知识被严重割裂,从而导致种种弊病,诸如局而不通、杂而不精、烦而不密、专而过固之类。马一浮先生说:"执一而废他者,局也;多歧而无统者,杂也;语小而近琐者,烦也;滞迹而遗本者,固也。"[①]局、杂、烦、固四弊,显然有违教育宗旨,于是有识之士创造出通识教育,目的是培养学生能独立思考,且对不同的学科有所认识,以至能将不同的知识融会贯通,最终目的是培养出完全、完整的人。由于这

---

① 《马一浮集》,浙江古籍出版社、浙江教育出版社,1996年10月第一版,第一册,第130页。

种通识教育符合人性的内在要求,顺应了历史的潮流,到了二十世纪便已广泛成为欧美大学的必修科目了。

不可否认,通识教育从其开始的那一天起,就是作为"分科教育"的反题而存在的。其功过都与其"对症下药"的特性连在一起。其功,在于发现了现代分科教育的"局而不通"之弊,并行之有效地消减了这一弊病;其过,在于但治其标而不治其本。我认为,分科教育之病,并非出在分科上,而是出在人心上。中国有句古话,叫"事在人为"。心通则科通,心瞹则科瞹。圣人类族辨物,明察秋毫,"能善分别诸法相,于第一义谛而不动"。可见,合道则通,背道则隔。通识教育的根本弊病,在向外求通,而不知向内求通;在从事上求通,而不知从理上求通;在向知识才能上求通,而不知向道德修养上求通;在向思想上求通,而不知向心性上求通。若能从后一进路求通,则局、杂、烦、固四弊可去,通、精、密、专四利可得。"通则曲畅旁通而无门户之见;精则幽微洞彻而无肤廓之言;密则条理谨严而无疏略之病;专则宗趣明确而无泛滥之失。不局不杂,知类也;不烦不固,知要也。类者,辨其流别,博之事也;要者,综其指归,约之事也。"②

从中国教育史来看,可以说中国从来就是通识有余而分科不足。说中国的通识教育博大精深、源远流长,是一点也不为过的。二十世纪八十年代初,晚年梁漱溟在接受美国汉学家艾恺的采访时就曾经明确说过:"今日世界问题之形成,由于西方文化。要避免人类之毁灭,只有转向中国文化。中国问题之陷于今日局面,正为盲目学西洋之结果。"③无独有偶,在1988年法国巴黎召开的题为"面向二十一世纪"的首届诺贝尔奖获得者国际大会上,物理学家汉内斯·阿尔文博士更是语惊四座地指出:"人类要生存下去,就必须回到二十五个世纪以前,去吸取孔子的智慧!"我们今天研讨教育问题,不能不深切检讨自弃国宝、盲目西化的教训。在我看来,中国分科教育之弊病,实在可以说是自弃国宝、盲目西化的结果。说句不中听的话,我们今天在通识教育源远流长、博大精深的中国,使用"通识教育"这个外来词,来谈论通识教育的问题,多少有点数典忘祖、拾人之土苴以为宝的意味。至少我个人是"别有一番滋味在心头"。

---

② 《马一浮集》,浙江古籍出版社、浙江教育出版社,1996年10月第一版,第一册,第130页。
③ 梁漱溟:《这个世界会好吗?——梁漱溟晚年口述》,东方出版中心,封底。

说实话,我们在中国讲通识教育,完全不必亦步亦趋步西方后尘。然而令人遗憾的是,在民族自卑感和文化落后论甚嚣尘上的大背景下,我国的通识教育却偏偏步人后尘,至今一切唯西方马首是瞻。从教学内容、课程设置到管理手段和方法,几乎样样效法西方。在我看来,在如何"通而不局"的问题上,西方人至今未能走上正确的道路。步西方后尘的中国通识教育亦不例外。

《周易·系辞上》曰:"一阖一辟谓之变,往来不穷谓之通。"又曰:"形而上者谓之道,形而下者谓之器;化而裁之谓之变,推而行之谓之通;举而错之天下之民,谓之事业。"孔子说:"性相近也,习相远也。"通者,性也;性则本通。局而不通者,习也。欲求通识,当向性上求,当走祛习复性之路!否则,习上求通,愈求愈远。

儒家所谓"性",是宇宙的"纯然之理",是事物的"当然之则"。其所谓"习",乃指气边事,属于经验层面。道通万事,理一分殊。能通者,道也,理也,性也;非器也,事也,情也。道器一如,理事不二;真求通识,非"穷理尽性以至于命"不可。《周易·系辞上》曰:"通变之谓事,阴阳不测之谓神。"又曰:"易无思也,无为也,寂然不动,感而遂通天下之故。非天下之至神,其孰能与于此!夫易,圣人之所以极深而研几也。惟深也,故能通天下之志;惟几也,故能成天下之务;惟神也,故不疾而速,不行而至。"《同人》彖辞曰:"文明以健,中正而应,君子正也。唯君子为能通天下之志。"通识之学,君子之学也。孔子告诫后人唯向"深"处求,并未教人漫向"多"处求。此深处乃吾人心性之深处,非外物之深处也。心包宇宙,舍祛习复性,无以深入之。佛家所谓"性",更是"不生不灭,不垢不净,不增不减",不从缘生,不因习成,法尔如是,常住不灭。习不离识,性须智证。泯识显智,乃可见性。见性之后,方可入世无碍,一通百通。

马一浮先生尝言,说到"性"字,西方人实无一字道著。也就是说,全部西学,在马一浮先生看来不出"习"边事。我在这里斗胆说一句,通识之学,唯我东方儒学或佛学可以当之。《大学》开宗明义:"大学之道,在明明德,在新民,在止于至善。"《中庸》开宗明义:"天命之谓性,率性之谓道,修道之谓教。"此皆大通之道也。欲求通识,不向此中求,我未知其可也!

受上述通识教育的总体理念之制约,我国当前的通识教育,就笔者所了解的

情况而言,普遍存在四大问题:

一是仍然沿袭西方知识论传统,把知识混同于学问,信奉"知识就是力量",重视客观知识的介绍,而忽视性情的熏陶和德行的培养。此一问题,与我上文所谓"习上求通"而非"性上求通"之弊一脉相承。马一浮先生尝作《释学问》一文,其中对知识、才能同学问的区别料简得十分清楚。他说:"人人皆习言学问,却少有于此二字之义加以明晰之解说者。如见人读书多、见闻广,或有才辩、能文辞,便谓之有学问。古人所谓学问,似乎不是如此。此可说是有知识,有才能,若言学问,却别有事在。知识是从闻见得来的,不能无所遗;才能是从气质生就的,不能无所偏。(今所谓专家属前一类,所谓天才属后一类。)学问却要自心体验而后得,不专恃闻见;要变化气质而后成,不偏重才能。知识、才能是学问之资籍,不即是学问之成就。唯尽知可至于盛德,乃是得之于己;尽能可以为大业,亦必有赖于修。如此,故学问之事起焉。是知学问乃所以尽知尽能之事,而非多知多能之谓也。"由此可见,欲真求"通而不局",非"尊德性而道问学"不可。

二是仍然沿袭分科教学模式,用"知识拼盘"对治"分科太过",以为知识面越广、互补性越强,就越能克服"局而不通"的弊病。此一问题,与我上文所谓"向多处求通"而非"向深处求通"之弊一脉相承。教育家们发现了人性对于"通"的要求及其与"局而不通"的对立,却没能发现"人性本通"的真相与造成"局而不通"的真正原因。他们把"局而不通"的原因归咎于"分科太过专门",以为打破这个格局,让学生按兴趣跨专业、跨学科广泛地学习"非专业、非职业性"的知识,就能有效地解决"局而不通"的问题。北京大学的"通识教育文库"与芝加哥大学的"名著课程计划",在通识教学中都试图把"全人类的文明经典"介绍给学生。台湾大学、台湾辅仁大学、香港中文大学等,在通识教育中,也试图增加学生知识的广度,拓展学生视野,使学生兼备人文素养与科学素养,把学生培养成"全面发展的人"。我所在的杭州师范大学,全校的通识课程竟然多达124门,几乎每个学院每个专业都在面向全校学生开设通识课。这些课程的积极意义在于照顾到了学生的兴趣,扩大了学生的知识面,"对症下药"地解决了兴趣变化与专业固定的矛盾问题以及知识面的大小宽窄问题,而未能从根本上解决"局而不通"的问题。其功在"对症下药",其过亦在"对症下药"。

三是任情而不依性,抱"兴趣是最好的老师"之俗见,过分看重学生兴趣,将通识课作为任意选修课完全交由学生兴趣来决定,不知"少习若天性,习惯成自然"的道理。迄今为止,我国高校几乎无一例外地是将通识课制作为菜单挂在网上,供学生任意选修。罕见有将通识课作为全校必修课者。这些通识课程主要面向大一的学生。这些学生新来乍到,选修通识课往往仅凭一时兴趣,甚或仅为几个学分。结果,很多选上了某门课程的学生会"后悔一学期",漏选了某门课程的学生又"一学期后悔"。"兴趣是最好的老师"(Interest is the best teacher),这句口号,成了高悬于教育主管部门乃至所有教师头上的尚方宝剑!不仅因为它出自伟大的物理学家爱因斯坦,而且因为它看上去非常合乎大众的经验。然而,问题恰恰就出在这里!对于经验科学而言,或许兴趣是最好的老师;而对于心性之学而言,兴趣不一定是最好的老师。当今青年学子自我中心主义严重,动辄抱"兴趣是最好的老师"这句口号,任性取舍,随意臧否,不知天底下还有比自我的兴趣更重要的准则。

须知:通识教育,贵在"性其情",不可任其情;通识之学,贵在得其正,不可依赖兴趣。一言以蔽之,本性之学,人人皆当习之,未可一味任情,徒恃兴趣。兴趣者,一时一地之情也;本性者,恒常不变之理也。一时兴趣,未必可靠;败兴而归,屡见不鲜。故老子云:"不知常,妄作,凶。"兴趣可助成才,难与成德。才者生于气质之偏,执着兴趣,往往偏上加偏,局而愈局。囿于兴趣,实属拘泥于习;听之任之,是为纵容习气,与祛习复性背道而驰。以此求通,无有是处。以此施教,即是失教。

孟子曰:"大匠不为拙工改废绳墨,羿不为拙射变其彀率。君子引而不发,跃如也。中道而立,能者从之。"我们不能因为学生不感兴趣就气馁,就放弃。我坚信"人同此心,心同此理",心性之学最好的老师不应该是兴趣,而应该是天性,是良知。孔子曰:"生而知之者上也,学而知之者次也,困而学之又次也。困而不学,民斯为下矣。"知虽分生知、学知、困知三等,有快慢深浅之殊,有主动被动之异,然其能有成,一也。

四是在科学民主等西方价值主宰人心的时代背景下,讲解《四书》义理障碍重重。学生普遍痴迷于囫囵吞枣的西方观念,抱"天赋人权""生而自由平等"诸口号,不知此上还有更高的价值存在,与论礼义上下、尊卑贵贱,不出离愤怒,即嗤之以鼻。宋太祖尝问宰相赵普:"天底下何物最大?"普答曰:"道理最大。"赵普所谓"道理最大",其实就是《论语》上孔子所说的"义以为上"。"义者,宜也",就是说话做事、待人接物样样要合乎分寸,恰到好处。在孔子看来,天底下没有任何价值可以高过"义"。即便是通常人们所奉为的儒家最高价值的仁、智、信、直、勇、刚等,在孔子心目中都必须合乎礼义才是可取的,否则都不免其弊病。《论语·阳货第十七》记录了孔子与子路的一段对话,最能看出孔子的根本精神。

子曰:"由也,女闻六言六蔽矣乎?"对曰:"未也。""居!吾语女。好仁不好学,其蔽也愚;好知不好学,其蔽也荡;好信不好学,其蔽也贼;好直不好学,其蔽也绞;好勇不好学,其蔽也乱;好刚不好学,其蔽也狂。"

这里所谓"不好学",即不好学礼义。可见,礼义的价值比抽象的仁、智、信、直、勇、刚这些价值还要高。无怪乎孔子要说:"君子之于天下也,无适也,无莫也,义之与比。"还说:"君子义以为上。"辜鸿铭先生认为,中华文化的精华是义与礼,"特别是礼,更为中国文明的精髓"。他说:"欧洲宗教要人们做一个好人,中国的宗教则要人们做一个识礼的好人;基督教叫人爱人,孔子则叫人爱之以礼。"④中国文化的礼义与西方文化的自由平等,高下本来一目了然,然而受西方文化的影响,今人普遍食西不化,偏信盲从,与讲四书义理,殊为困难。

要根本解决现代分科教育"局而不通"之弊,必须拨乱反正,反本开新,从中华传统教育中吸取智慧。我想就"通识教育"的根本理念谨提出如下四点主张:

第一,通识教育之要,在袪习复性,不在多知多能。
第二,通识教育之途,在向内求深,不在向外求多。
第三,通识教育之典,在吾华六经,不必舍近求远。
第四,通识教育之果,在礼义复兴,不在知识创新。

---

④ 辜鸿铭:《中国人的精神》,海南出版社,1996年4月版。

二、"经典意识"之楷定

马一浮先生说:"楷定异于假定。假定者,疑而未定之词,自己尚信不及,姑作如是见解云尔。楷定则是实见得如此,在自己所立范畴内更无疑义也。"⑤我在通识教育中引入"经典意识",亦须先做一楷定。我所谓"经典意识",包括经典的志向、经典的文献、经典的态度、经典的方法和经典的收获。此中所谓"经典",实含有中和、雅正的意思。

我所谓"经典的志向",不是志于成器成才而是志于成德成道。学贵立志。通识教育当志于道,因为唯道能通天下万事万物。道器不二,而志有两极。志于道者,君子也;志于器者,小人也。志在小人,终为小人;志在君子,终为君子。北宋周敦颐有"士希贤,贤希圣,圣希天"之说;法国拿破仑有"不想当将军的士兵不是好士兵"之说。故我以为,不想做君子的师生不是好师生,至少不是国学通识课的好师生。在我看来,通识教育就应当是君子教育,因为唯君子之德方能"通而不局"。通识课程的教师和学生都必须扫荡从众媚俗之心态,自尊自信,敢于超凡脱俗,所看所听,所思所想,都要有摈弃鄙陋之志趣。

马一浮先生常自感叹程伊川年十八就能于圣学有入,未及二十就能写出《颜子所好何学论》那样光辉的篇章。孟子曰:"待文王而后兴者,凡民也。若夫豪杰之士,虽无文王犹兴"。⑥马一浮尝以此盛赞孟子善发人之志,所以无论是在浙江大学还是在复性书院以及随时随地接引后学,马一浮始终特别注重启发学者立大志、行大道。例如,避寇泰和时,为浙江大学师生演讲,首先就讲张横渠"为天地立心,为生民立命,为往圣继绝学,为万世开太平"四句教,号召广大流亡知识分子"竖起脊梁,猛着精彩,依此立志""堂堂地做一个人"!

我所谓"经典的文献",不是普通的经典而是传统的六经。学贵正大。天下著述浩如烟海,正邪杂陈,大小并存,通识教育当依正大光明者而教学。我所谓

---

⑤ 《马一浮集》,浙江古籍出版社、浙江教育出版社,1996年10月第一版,第一册,第10页小注。
⑥ 《孟子·尽心章句上》,朱熹《四书章句集注》,中华书局,1983年10月版,第352页。

"经典的文献",不是所谓普通意义上的"具有典范性、权威性的著作",而是传统的"六经"。"具有典范性、权威性的著作"很多,衡以心性义理,未必都能称得上是"经"。因为不同的时代、不同的民族、不同的阶级,乃至不同的学科、不同的专业,对典范性和权威性的理解是各不相同的。只有那些彻悟人性、具有普世价值的超越时代、民族以及阶级的局限的著作才会被尊称为"经"。这样的经,在中国五千年文明史中,只有"六经"有此地位。马一浮先生在其《楷定国学名义》一文中指出:"国学者,六艺之学也。""六艺者,即是《诗》《书》《礼》《乐》《易》《春秋》也。此是孔子之教,吾国二千余年来普遍承认一切学术之原皆出于此,其余都是六艺之支流,故六艺可以该摄诸学,诸学不能该摄六艺。"我遵六经,不是尊奉六本经书之文句而已,而是要尊其大义,得其精神。马一浮先生认为,六经不是零碎断片的知识,而是体系缜密的,不可当成杂货;六经不是陈旧呆板的守旧,而是活泼泼的,不可目为古董;六经不是勉强拼装出来的道理,而是自然流出的,不可同于机械;六经不是凭借外缘的产物,而是自心本具的,不可视为分外。六经分表人心之六德,与天地人构成完满之体系。我把它用表格展示如下:

六艺	乐	诗	礼	书	易	春秋
六德	圣	仁	义	智	中	和
四时	春	夏	秋	冬		
四方	东	南	西	北		

我所谓"经典的态度",不是批判创新,而是虚心涵泳。学贵存敬。《乐记》曰:"心中斯须不和不乐,而鄙诈之心入之矣;外貌斯须不庄不敬,而易慢之心入之矣。"孔子曰:"君子有三畏:畏大人,畏天命,畏圣人之言。"今日的学生普遍以轻松、放逸为乐,喜欢插诨打科、嬉皮搞笑,恨不能将一切教学都小品化、卡通化。以至于不少人文社科甚至理工科的老师,都尽量趋附这种风气。通识教育要实现通识的宗旨,就必须扭转这股风气,对孔子、对古圣贤,首先必须有一个尊重的态度,吊儿郎当、玩世不恭、趾高气扬、随意臧否的态度皆当摒弃。马一浮认为,"敬"之一字,实为入德之门,此是圣贤血脉所系,人人自己本具。他说:

圣人动容周旋莫不中礼,酬酢万变而实无为,皆居敬之功也。常人"憧憧往来,朋从尔思",起灭不停,妄想为病,皆不敬之过也。程子有破屋御寇之喻,略谓前后左右,驱去还来,只缘空虚,作不得主,中有主则外患自不得入。此喻最切。主者何?敬也。故唯敬可以胜私,唯敬可以息妄。私欲尽则天理纯全,妄心息则真心显现。尊德性而道问学,必先以涵养为始基。及其成德,亦只是一敬,别无他道。故曰:敬也者,所以成始成终也。[7]

我所谓"经典的方法",不是技能技巧,而是大本大要。学贵得法。通识教育必须有通识教育的方法。如果没有区别于分科教育的方法,仍然沿袭灌输知识、训练技能、唯才是举的老方法,是不可能实现通识教育之宗旨的。我所谓"经典的方法",乃指马一浮先生为复性书院所定四学规:一曰主敬以涵养,二曰穷理以致知,三曰博文以立事,四曰笃行以进德。这四点可以说是马一浮大半生致力于"学圣人"的经验总结。复性书院成立后,马一浮便将这些经验明确定为学规。他说:"今为诸生指一正路,可以终身由之而不改,必适于道。只有四端:一曰主敬,二曰穷理,三曰博文,四曰笃行。主敬为涵养之要,穷理为致知之要,博文为立事之要,笃行为进德之要。四者内外交彻,体用全该,优入圣途,必从此始。"[8]

我所谓"经典的收获",不是名闻利养,而是孔颜之乐。学贵得乐。《论语》开篇就说:"学而时习之,不亦说乎?有朋自远方来,不亦乐乎?人不知而不愠,不亦君子乎?"悦、乐、不愠,样样都是生命中感受真切的实际受用。朱子谓:"及人而乐者顺而易,不知而不愠者逆而难,故惟成德者能之。然德之所以成,亦曰学之正、习之熟、说之深,而不已焉耳。"程子曰:"乐由说而后得,非乐不足以语君子。"[9]通识教育必须让学生得到通识教育的受用。如果没有区别于分科教育的特殊收获,仍然只是学知识、拿考分、找工作、谋名利这样的世俗成就,则通识教育完全没有另辟蹊径的必要。孔子曰:"不仁者不可以久处约,不可以常处

---

[7] 《马一浮集》,浙江古籍出版社、浙江教育出版社,1996年10月第一版,第一册,第110页。
[8] 《马一浮集》,浙江古籍出版社、浙江教育出版社,1996年10月第一版,第一册,第107页。
[9] 朱熹《四书章句集注》,第47页。

乐。"世俗名利之乐，难以常处，多半乐不抵苦，乐极生悲。钱锺书《论快乐》言之甚深切。而孔颜之乐却发自本性，受在本心，无须外求，求则必得。明代王艮的《乐学歌》最堪玩味。歌云："人心本自乐，自将私欲缚。私欲一萌时，良知还自觉。一觉便消除，人心依旧乐。乐是乐此学，学是学此乐。不乐不是学，不学不是乐。乐便然后学，学便然后乐。乐是学，学是乐。呜呼！天下之乐，何如此学？天下之学，何如此乐？"

三、"经典意识"之依据

教育之关键，在契理契机。所谓契理，是说所教内容当符合真理，而不能只是一己或一团体之私智与偏好。所谓契机，是说教学形式和教学方法当适应学生的真实需要与接受能力。而通识教育，尤其要求契理契机。今分别从契理、契机两个方面阐述通识教育为什么要强调"经典意识"。

首先，通识教育旨在复性，不在创新。通识教育所教之理，乃常道恒理。发明此常道恒理者，圣人也；传播此常道恒理者，六经也。人同此心，心同此理；常道而常行，恒理而恒说。恒理之所以恒，在于它能泛应曲当！此理只需反复体验、重新发现并遵循之，无须标新而立异。这是通识教育与其他人文、社科教育注重新说异解之创新殊不同伦之处。若定要说个创新，则此种创新，在不断涤除垢染，明其明德。汤之盘铭曰："苟日新，日日新，又日新。"后世所谓自新新民，皆此意也。此种创新，但须尊经用功，无须依傍新说新解。

其次，通识教育当谋求精审，而不能谋求博多。孔子在《大戴礼·哀公问五义篇》中就明确强调过"不务多而务审"的重要性。他在回答鲁哀公问"士"的本质要求时，旗帜鲜明地指出："所谓士者，虽不能尽道术，必有所由焉；虽不能尽善尽美，必有所处焉。是故知不务多而务审其所知，行不务多而务审其所由，言不务多而务审其所谓。知既知之，行既由之，言既顺之，若性命肌肤之不可易也。富贵不足以益，卑贱不足以损。若此，则可谓士矣。"今之通识教育普遍存在务多而不务审的弊病。教材泛泛而编，教师泛泛而谈，学生泛泛而学，社会泛泛而议,结果是急功近利与心浮气躁的泛滥。人们在享受社会进步的同时却普遍丢失幸福感。如果文化教育不能起到安定人心、促进幸福、增进和谐的作用,便失去了它赖以存在的价值。有鉴于此,我在通识教育课程中,紧紧把握孔子"不务多而务审"的精神,自始至终突出六经,务审而不贪多。

再次,"吾生也有涯而知也无涯"。在全球信息爆炸、人类交往频繁、知识日新月异的今天,无论是对于国学还是西学,都有浩如烟海的知识等着我们去学习和掌握。知识无涯,而生命有涯。与其在信息与知识的海洋里放浪形骸,溺水毙命,不如求仙人指路,龙宫取宝,探骊得珠。如何在青少年时期奠定坚实的中华文化根基?这就必须牢牢把握中华文化的基因和灵魂。什么是中华文化的基因和灵魂?六经是也。精通了六经,中华文化上下五千年可以若网在纲,有条不紊;精通了六经,世界文化纷繁复杂可以气定神闲,"乱云飞渡仍从容"。有鉴于此,我在通识课程中始终强调"六经一本胜读杂书万卷"的理念,号召学生去粗存精,亲近经典,信赖经典,深入经典,活用经典。

最后,现当代人文社科教育的正反两方面的经验总结出来的要求。这个教训最主要表现在多元化导致的拼盘化、大众化导致的平庸化、技术化导致的工具化、现代化导致的西方化,乃至全国高校的功利化与浮躁化。教师不安于教,学生不安于学,师生皆感不安,精神危机潜滋暗长,有识之士怃焉愍伤,深知其中症结在于废止了传统的经典教育。民间热心之士自发努力,发起经典诵读运动,教育效果显著。逐渐波及体制内的大中小学,效果之好受到专家学者的积极肯定。国学大家如任继愈、季羡林、牟锺鉴等纷纷振臂呼吁,强调通过诵读、熟背经典、美文、唐宋诗词,以达到文化熏陶、智能锻炼与人格培养的目的。实践证明,国学经典教育在以下几个方面发挥了不可替代的作用:1.弘扬中华优秀传统文化,教育学生从小热爱祖国传统文化,了解祖国优秀文化,提升人文素养。2.让学生诵读经典、理解经典,以经典诗文,陶冶学生高雅情趣,开阔胸襟,帮助学生养成良好的学习、行为习惯,培养开朗豁达的性情、自信自强的人格、和善诚信的品质。3.在诵读熟背中增大识字量、扩大阅读量、增加诗文诵读量,培养学生读书兴趣,掌握诵读技巧,培养阅读习惯和能力,使学生在诵读中增强语感,感受文言精华,提高学生的语文水平和审美能力,提升学生语文素养。4.在学校营造浓厚的阅读氛围,通过开展经典诵读活动,营造和谐的、人文的、丰富的校园文化。

四、"功夫进路"之楷定

泛论功夫,视听言动莫不可做功夫。老子"致虚""守静""观复"是功夫,佛家戒、定、慧是功夫,宋明儒察识、涵养是功夫,而我本人在通识课程中所尝试的功夫,则以主敬和改过为主。我所谓"功夫进路",只有十四个字,即敬用五事以显性,知过改过以祛习。

"敬用五事",语出《尚书·洪范》。《洪范》,即九畴:"初一曰五行,次二曰敬用五事。""五事:一曰貌,二曰言,三曰视,四曰听,五曰思。貌曰恭,言曰从,视曰明,听曰聪,思曰睿。恭作肃,从作乂,明作哲,聪作谋,睿作圣。"貌、言、视、听、思为"五事",恭、从、明、聪、睿为"五德",肃、乂、哲、谋、圣为"五功",即五事遵循五德所产生的功用。马一浮先生论之甚精,他说:"五事是气,五德是理。理行乎气中,其在貌则曰恭,在言则曰从,在视则曰明,在听则曰聪,在思则曰睿。如是则全气是理,谓之践形。其有不恭、不从、不明、不聪、不睿者,则是气之昏塞而理有所不行也。性德既隐而亦不能尽其形之用矣。"⑩可见,五事欲生五功,必须遵循五德。如何让五事遵循五德?《洪范》一言以蔽之,曰"敬用五事"。

何谓"敬"?许慎《说文·苟部》:"敬,肃也。从攴苟。"《论语》"敬事而信",朱子注:"敬者,主一无适之谓。"⑪所谓主一无适,就是心在当下,心无旁骛,无我无人,全神贯注。马一浮先生说:"心主于义理而不走作,气自收敛。精神摄聚,则照用自出,自然宽舒流畅,绝非拘迫之意。故曰'主一无适之谓敬',此言其工夫也。敬则自然虚静,敬则自然和乐,此言其效验也。敬是常惺惺法,此言其力

---

⑩ "五德""五功"之说采自马一浮先生。参见其《洪范约义》,《马一浮集》,第一册,第347—348页。
⑪ 朱子注:"敬者,主一无适之谓。"段玉裁非之。《说文解字注》:"苟部曰:'苟者,持事振敬也',与此为转注。心部曰:'忠,敬也','憼,敬也','慗,敬也',《说文》'恭,肃也','惰,不敬也',义皆相足。后儒或云'主一无适'为敬。夫主一与敬义无涉。且《文子》曰:'一也者,无适之道。'《淮南》诠曰:'一者,万物之本也,无敌之道也。'适即敌字,非他往之谓。从攴苟。攴犹迫也。迫而苟也。"实则段玉裁从文字沿革论"主一与敬义无涉",不知朱子等已旧瓶新酒另创新义也。

用也。"⑫梁漱溟先生对敬的解释则更是浅显明白,他说:"吃饭好好吃,睡觉好好睡,走路好好走,说话好好说,如此之谓敬。敬则不苟偷,不放肆。敬则心在腔子里。敬则不逐物,亦不遗物。由敬而慎,以入于独,此伍先生之学也。逐物则失心,遗物同一失心。只是即物见心,心却不随物转。"⑬

我所谓"知过改过",强调的是自知自改。自知己过,需要吾人良知觉醒,不甘沉沦。这需要在心静下来的时候才有可能。儒家慎独,正是自知己过的好机会。自改其过,需要与自己的习气做斗争,恶习一萌生即迎头痛击,久而久之,自然可以改正。而改正了过错,人是特别轻松愉快的,也特别有成就感。这种心境的收获,需要耐心辅导学生通过自己的亲身实践去体会。

五、"功夫进路"之依据

我主张在通识教育中倡导敬用五事的功夫,一方面是因为相对诸家功夫而言,儒家主敬功夫最为简要,易于实行;另一方面是因为主敬功夫至关重要,直接关乎吾人的身心健康与生活品质,而且效果显著,无任何副作用。

关于主敬功夫的简单易行,马一浮先生言之真切,他说:"圣贤之学,乃全气是理,全理即气,不能离理而言气,亦不能离气而言理。所以顺是理而率是气者,功夫唯在一'敬'字上,甚为简要,不似诸余外道之多所造作也。"⑭

我自己的切身体验也是如此。我做事的特点是,要么不做,要做就会全神贯注地做。比如,中学时代每天都要做广播体操,大多数同学都是敷衍了事,而我总是精益求精地将每一个动作做到位,以至于站在高台上的校长每次都要表扬我。我上大学以后,他还是经常在全校同学做完广播体操后的训话中热情洋溢地表扬我。说:"八七级的邓新文,就是做广播体操都是全校最认真的!"这个表扬是我最感珍贵的表扬之一,它一直鼓舞着我做事认真,心在当下。直到现在,

---

⑫ 《马一浮集》,浙江古籍出版社、浙江教育出版社,1996年10月第一版,第一册,第109页。
⑬ 梁漱溟:《这个世界会好吗?——梁漱溟晚年口述》,东方出版中心,封面。
⑭ 《马一浮集》,浙江古籍出版社、浙江教育出版社,1996年10月第一版,第一册,第525页。

无论做什么我都始终坚持心在当下,即便是大家最感无聊的开会时间,我都是认认真真地听讲。在大家普遍烦恼抱怨台上的人讲得很差劲的时候,我总是感到受益匪浅,充满感激。我对他们的抱怨不以为然,因为他们压根儿就没有认真听过,他们不是在做自己的事,就是交头接耳地说话。无论是品德还是智慧,我都认为他们是自失很多的。现在社会普遍流行的浮躁与愤青,从根本上说都是人生修养功夫的欠缺所致。所以,我暗自庆幸自己没有同流合污,我深切感受到道德修养对于生活品质的直接意义。所以,当我了解到儒家的主敬功夫时,便毫无障碍地信受奉行了。我在通识课程中将自己的切身经验告诉学生,学生亦兴味盎然,跃跃欲试。许多同学实践之后,都能尝到甜头,主敬修身的自觉性明显提高。

关于主敬功夫的重要性,我想引用马一浮先生的几段文字以证明之。他说:

《尚书》叙尧德,首言"钦明";傅说告高宗,先陈"逊志"。盖散乱心中决无智照。无智照故,人我炽然,发为骄慢,流为放逸,一切恶德皆从此生。敬之反,为肆,为怠,为慢。怠与慢皆肆也,在己为怠,对人为慢。武王之铭曰:"敬胜怠者吉,怠胜敬者灭。"《孝经》曰:"敬亲者无敢慢于人。"故圣狂之分在敬、肆之一念而已。"主忠信"即是主敬。《说文》忠、敬互训。信者,真实无妄之谓。此以立心而言。"居处恭,执事敬,与人忠",程子曰:"此是彻上彻下语。圣人元无二语。"此该行事而言,心外无事也。"礼仪三百,威仪三千",一言以蔽之,曰"毋不敬"。礼以敬为本,人有礼则安,无礼则危,故武王曰"怠胜敬者灭"也。"忠易为礼,诚易为辞",忠即敬也,诚即信也。"敬以直内,义以方外,敬义立而德不孤。"未有敬而不能为义者,即未有忠信而不能为礼者,内外一也。一有不敬,则日用之间动静云为皆妄也。居处不恭,执事不敬,与人不忠,则本心汩没,万事堕坏,安在其能致思穷理邪?故敬以摄心,则收敛向内,而攀缘驰骛之患可渐祛矣;敬以摄身,则百体从命,而威仪动作之度可无失矣。敬则此心常存,义理昭著;不敬则此心放失,私欲萌生。敬则气之昏者可明,浊者可清。气既清明,义理自显,自心能为主宰。不敬则昏浊之气辗转增上,通体染污,蔽于习俗,流于非僻而不自知,终为小人之归而已矣。外貌斯须不庄不敬,则慢易之心入之;心中斯须不和不乐,则鄙诈之心入之;未有箕踞而心不慢者。视听言动,一有非礼,即是不仁,可不念哉?⑮

《洪范》貌、言、视、听、思"五事",非敬以用之,不能合德有功。马一浮先生在阐发"敬用五事"的"敬"对于五德、五功的重要性时,更是精辟之至。他说:

> 恭者温粹敛摄,非可矫而饰也;从者理顺辞达,非可袭取也;明者烛幽洞微,非以察察为贵也;聪者声入心通,非是循声逐物也;睿者智照内发,非假强探力索也。五德之相,贯之者思;五事之用,发之者敬。故程子曰:"敬也者,体信达顺之道,聪明睿智皆由此出。"唯敬而后能知性,唯敬而后能尽性,唯敬而后能践形。……天人之精神皆聚于敬;非敬则五事无其体,非敬则五行无其用。貌敬则恭,言敬则从,视敬则明,听敬则聪,思敬则睿。貌言视听思,皆人也;恭从明聪睿,则皆天也。人而天之,敬用之效也。全气是理,即人而天。理有所不行,即性有所不尽,而天人隔矣。此是圣人吃紧为人处,思之。⑯

我主张在通识教育中倡导"知过改过"的功夫,是因为在我看来,不能祛习复性便不可能真正做到"通而不局";而非"知过改过"又不能祛习复性。因此只有祛习复性才能真正实现通识教育的初衷,而且知过改过可以说是中国传统文化的通法,无论儒家、道家还是佛家都十分看重这一基础功夫。《论语》中言改过就有六七处之多。如:

子曰:"德之不修,学之不讲,闻义不能徙,不善不能改,是吾忧也。"

子曰:"三人行,必有我师焉。择其善者而从之,其不善者而改之。"

子曰:"法语之言,能无从乎?改之为贵。巽与之言,能无说乎?绎之为贵。说而不绎,从而不改,吾末如之何也已矣。"

---

⑮ 《马一浮集》,浙江古籍出版社、浙江教育出版社,1996年10月第一版,第一册,第108—109页。
⑯ 《马一浮集》,浙江古籍出版社、浙江教育出版社,1996年10月第一版,第一册,第347页。

子曰:"君子不重则不威,学则不固。主忠信。无友不如己者。过则勿惮改。"

子曰:"过而不改,是谓过矣。"

即便是以高超峻绝著称于世的禅宗,也十分重视改过的基本功。《六祖坛经》中这类语录不少。如说:"世人若修道,一切尽不妨;常自见己过,与道即相当。"又说:"改过必生智慧,护短心内非贤"。

【邓新文　杭州师范大学国学院教授】
原文刊于《中国文化》2014年02期

现代人文教育中阿波罗的威权

阿诺德、白璧德和瑞恰慈文学思想论略

［美］W. 斯潘诺斯　著　胡继华　译

译者引言：本文作者为斯潘诺斯（William Vaios Spanos），美国宾哈穆顿大学英语和比较文学荣誉教授，海德格尔派的文学批评家，大型学术杂志《疆界2》的创立者，其学术思想延伸尼采、海德格尔和德里达的怀疑、颠覆精神，将解构方略从形而上学引入到教育教学和内政外交。对于西方传统、全球化、殖民扩张以及干预主义的外交政策，斯潘诺斯持一种"后人文主义"的立场。20世纪70年代之后，斯潘诺斯秉持"后人文主义"（post-humanism）断制，援引海德格尔的"基础本体论"、德里达的"解构方略"以及福柯的"全景监视主义"，对西方工业化、殖民主义、越南战争以及"通识教育""核心课程"的理论话语和实践活动展开了批判反思。

20世纪60年代，全球资讯内爆外殖，知识体系扩容，学术体制转型，大学"围墙"坍塌。凸显人文和古典导向的大学教育理念与教学实践，均无奈知识激增，"通识教育"遭到了"过度选修课程"的空前侵蚀。20世纪70年代，哈佛大学艺术与科学学院的"核心课程"改革方案应运而生，旋即媒体推波助澜，专家系统策略论证，众多大学跟风仿效，美国政府大力支持。一场索回遗产、重建人文、回归经典以及瞩望形而上境界的教育文化运动从美国波及全球，甚至对中国的教育话语和实践也产生了不小的冲击波。在这种锐意改革与创新氛围下，古典人文主义能否还可以鉴照当今，纠偏时弊？一种观点认为，古典人文主义以塑造

"卓越自我"、传播"美与光"、设计健康生命形象为志业,因而必须同知识爆炸逆流而上,反抗媒介霸权,回归人文经典,将迷失境界的现代人拉回正道,让教育担负起人文化成的使命。"学宗博雅,行止至善",永远是人文主义教育的目标。另一种观点认为,古典人文主义日暮途穷,历史已进入"后人文主义"时代,传统的教育已经终结,古典的"同心圆"必须打破,教育必须宽容异端,释放差异,尊重他者。"各美其美,和而不同",当是后人文主义教育的境界。

是以今观古,还是以古鉴今? 是对失落的中心殷殷回眸,还是倾心接纳涌动的差异? 是保守自我、临水鉴影、忧郁成疾,还是应答他者、敞开胸襟、安时处顺? 斯潘诺斯以为,中心既已移易,驻守中心就无异于刻舟求剑。而且,爬梳西方精神传统的脉络,人文主义话语及其教育理念、教学方式方法还无一例外地内化了权力意志。坚守古典人文中心,多少有几分助桀为虐的味道,而压制了文化差异和个体情志。从1982年开始,斯潘诺斯在他主政的《疆界2》上接二连三地发表洋洋长文,反思现代人文教育之中阿波罗的绝对威权。

这里所刊发的论文原题为"The Apollonian Investment of Modern Humanist Education: the Examples of Matthew Arnold, Irving Babbitt, and I. A. Richards",分上下两部刊发于美国激进学术刊物《文化批判》(Cultural Critique)。上部文章篇幅太长,系统考察19世纪中叶以降至20世纪初期古典人文主义、新人文主义和现代人文主义教育话语及其教育范式,以阿诺德、白璧德和瑞恰慈的批评事业为中心,反思人文主义教育与主导意识形态以及权力意志之间的隐秘关联。斯潘诺斯提出的核心命题是:"人文主义就是一种逻各斯中心主义,它凝固了一种二元逻辑。"在他看来,哈佛院系从传统人文主义者所谓的"选择过度课程"(overoptioned curriculum)之中恢复"核心课程"的计划,体现了一种症候式怀旧情绪,甚至体现了一种逆潮流而动的努力,那就是要重整"人文主义知识的共同体系"(common body of humanistic knowledge)。但是,这套体系的赫赫威仪在越战期间受到了学生反抗运动的强烈质疑。青年一代忧心忡忡地注意到,美国高等教育与针对越南人民的工业化、军事化、政治制度化的种族中心主义战争彼此合谋,沆瀣一气。斯潘诺斯指出,隐含在阿、白、瑞三大人文主义者的典范话语之中的前提,乃是海德格尔要摧毁的形而上学,德里达要解构的白色神话,以及福柯的考古学所呈现的"全景监视主义"。总之,这些隐含的前提,就是一种整体结构的律令,同政治意识形态互为表里。斯潘诺斯上下两篇,全文 8 万多字,反复论证的论点非常简单,就是说古典和现代人文主义教育推行的是强权,以整体窒息个体,以同一压制差异,以规矩方圆控制心猿意马,以"太一"烛照"杂多"———一句话,以阿波罗的权威镇压狄奥尼索斯的叛逆,以理性的清明烛照激情的苍莽。斯潘诺斯浸淫于尼采、海德格尔、德里达、福柯、德勒兹的碎片思维和血书写作之中,他的文章过分追求修辞,甚至达到了以辞害意的程度。译者以为,在其上篇第二节当中,有一段文字凝练了他对现代人文主义教育全部批判意图,值得引用,以窥其意:

不言而喻,"高风亮节""思想无羁""悲天悯人",这些积淀而成的人文主义修辞洋溢着恻隐之情,比实证主义更加成功地掩盖了全景监视模式及其强制规训的控制方式,且让批评的自由游戏鞭长莫及。也许,笔者在此想说的,弗兰西斯·培根早就做出了最为精彩的论说,他不独是现代科学而且也是"诗性人文主义"的先驱,备受万人景仰。在《新大西洲》中,培根假托其代言人说道:"吾人穷根究底,志在格物致知,了悟万物之因,隐秘之功;为人类帝国辟疆拓域,成就万物,无不可能。"

自由解放,超然无执,格物致知,甜美光辉,人文主义教育哲学家和传道授业的实践家可能用这些丽词雅意来对抗经验科学的机械抽象。然而,我们一再见证,在这些纯洁的修辞背后,却是那种高高在上、行使威权以及强权推行的形而上学的文化意象(eidos, Bildung),它同时也塑造了实证主义者边沁的全景监狱体系:同心圆,或者用 T.S.艾略特晚期玄学诗中决定基调和影响深远的本体论隐喻来说,就是"周行不殆的世界上的静止点"。这个传统之下的每一位人文主义者在表面上都辩护自由艺术(六艺之科),反对新兴"科学教育"人为物役的结果,但是他们同科学阵容之中的对手一样,无一例外地用形而上学的二元逻辑来把握知识脉络:一与多;在场与缺场;同一与差异;永恒(普遍)与时间;恒常与短暂;客观性与主观性;真理与谬误及其引发的二元伦理学隐喻体系;光明与黑暗;健康与病态;稳定性与飘忽性;目的与漂浮;生长与衰朽;阿波罗与狄奥尼索斯;最后,一言以蔽之,文化与无政府。就其全体一致地以浪漫情怀警示科学抽象而论,他们认为真正的危险乃在于,酒神精神(狄奥尼索斯)的散播,以及古典日神(阿波罗)知识的离散。总之,真正的危险在于,传统的决定性裂变导致了差异蔓生,逻各斯在现代世界的移心。一如柏拉图、阿奎那和黑格尔那样,他们假设有一种决裂的暴力侵入了创造权威的源头,永恒便向时间"堕落",进而认为后续的分裂飞散从根本上说乃是一种否定性处境——但焦虑与迷惘之病,亦不乏治愈的可能。所以,他们坚执地为疗治这个世界开具医方,主张复原一个"生气贯注"、完美无缺、和谐平衡、封闭包容、整全而又稳靠的知识领域,而这个领域根基却在于德里达所谓的"在场形而上学"之中,这是一个存在于人类堕落之前的普世而又永恒的轨范中心。

斯潘诺斯的长文下部,将现代人文主义教育的渊源追溯到罗马帝国。通过解读 T.S.艾略特的文化保守主义和宗教人文主义批评观,斯潘诺斯引领读者回到维吉尔的帝国,领略文化帝国主义及其权力意志。他进一步指出,人文主义的历史及其创造性的呈现,手段与目标都千差万别。然而,奥古斯都罗马时代,神圣罗马帝国,文艺复兴即罗马精神的复兴,英国维多利亚,艾略特所憧憬的欧洲,以及瑞恰慈所瞩望的一个世界,无论哪个时代,人文主义概莫能外,本质上都是一种殖民化。

译者翻译这篇文章,并不意味着完全认同原作者的那种后现代的解构式人文主义。这篇文章片面深刻,但充满了矛盾,还有几分利奥·施特劳斯的"隐微书写"(Esoteric writing)之风。显白处好像是在不遗余力地批判古典人文主义,在隐微处却让人觉得是在狙击甚嚣尘上的虚无主义。作者大段引用他的论辩对手的言论,读者反而觉得那些被他抨击的人文主义者及其话语依然富有魅力以及生命力。隐微之义,在字里行间。进入字里行间,就要穿透文字迷宫,这是尼采、海德格尔、德里达一以贯之的书写姿态。斯潘诺斯论及经典阐释,见于下段文字,明眼读者不难读出其中隐含的对于经典的一片崇敬之情:

惟有偶尔以最本源的方式整体上"择取正道入乎其中",我们才能够像荷马和赫拉克利特、荷尔德林和海德格尔一样,以及更激进地像福柯和德勒兹、热奈以及品钦一样,既原创地思考存在,同时又解构本体、语言、历史、文化、经济以及社会政治的知识和权力。……罗马帝国借着"人文之人"的名号殖民"希腊"的思想和语言,自此以后这个大写的同一就日渐僵化,日益腐败,主导着"博雅教育"的方向。这就为以复活差异(以及他者)之名重演同一大开了方便之门。在"存在连续体"上,自始至终如此,千年万载未变。简言之,解构人文主义的问题意识,展示了一种真正堪称"辩证唯物主义"的人文教化。

"择取正道入乎其中",以最本源的方式在整体上把握经典,进入伟大的传统连续体。难道这不是复活人文主义以及拯救濒临凋敝的教育之正道么?而今国朝学界都在重振人文主义,意图向紊乱索回和谐。但必须追问:我们距离"一种真正堪称'辩证唯物主义'的人文教化"究竟还有多远?

＊＊＊＊＊＊＊＊＊＊＊＊＊＊

本文上部刊于《文化批判》第一期,笔者通过对阿诺德、白璧德和瑞恰兹这三大人文主义典范的教育话语展开一种解构式研究,从而揭示现代人文教育的特征,乃是面对历史的断裂而一再努力拯救一种以逻各斯中心为中心的教学方法。而这种历史断裂昭示了人文主义同一种本质上逆流而动的资产阶级意识形态及其同压制性的资本主义权力结构之间的隐秘共谋、欲理还乱的关系。压制性的权力结构不仅主宰着西方工业社会的生活,而且尤其统治着现代美国的社会生活。应该强调,拙文上半部分的意图也不只是集中研究这种复杂隐秘的权力关系之过去。倒不如说,笔者的意图在于,在权力意志和复活传统博雅教育大学课程体系的潮流之间确立一种传承关系:前者塑造了现代教育话语及其实践的历史,而后者在遭到越战期间学生、黑人和妇女的抵抗运动之毁灭性打击之后,又再次涌动,蔚然成风,并得到了制度的支持。笔者正在论述的,尤其是1978年哈佛大学院系所采纳"核心课程"肇端,在威廉·本内特(William

Bennett)、国家人文教育授权委员会主席以及里根政府教育部长的议案之中臻于至境的巨大计划。这份文献冠名"索回遗产"而行世。

拙文下部力求将上部之中描绘的以小见大的历史继续延续到当今(涵盖"哈佛核心课程体系"),揭示人文主义对"核心"的夙愿,绝非复活永恒不变譬如日月光景的古希腊原创思维,而是千方百计地复活罗马帝国的事业,这种事业不由正道,以征服和殖民古希腊的思想与领土为务,据此笔者想深化对于塑造人文主义话语与实践的权力意志。换言之,笔者撰写续篇,意欲揭示现当代人文主义体制教育话语之中对于"我们的文化遗产"的夙愿,终归却奉着本体论、文学论、社会政治论之名,而完成了对差异的殖民和驯化。

一

上月十日,贝利波腾号甲板上发生了一桩悲剧。船上纠察长克拉加特察觉到,那些下三滥的船员蠢蠢欲动,酝酿某种阴谋,而罪魁不是别人,正是威廉·巴德。于是,克拉加特便将巴德传讯于船长面前。但在这个过程中,怀恨在心的巴德猛然用匕首将他刺了个透心凉。

暴力事件及其作案工具充分表明,行凶者冒名入伙,却并非英国人,而是许多取了英国绰号的外国人之一。当下服役者紧缺,他们便大量地被招募为船员了。

被害者是个中年男子,文质彬彬,行事谨慎,次等军衔,官拜七品。没有人比服役的绅士更明白,皇家海军的战斗力直接取决于他的状态。所以,从受害者的角度看,罪犯可谓罪大恶极,凶残如魅。受害者责任重大,忍辱负重而不求回报。因为他心怀强烈的家国情怀而显得更加忠诚可靠。这就像那个时代其他的情形一样,这个不幸的倒霉鬼不容置疑地否定了,如果必须否定的话,就否定了已故约翰生博士的诡异之言:家国情怀乃是恶棍的最后避难所。

罪犯因罪获刑。判罚果断,便证明行之有效,罚一警百。贝利波腾号漂泊海外,现在就无需再忧虑这等悲剧了。

麦尔维尔《比利巴德》之"水手"章

  阿诺德、白璧德、瑞恰慈堪称典范,但无论如何他们都没有穷尽伟大人文主义文本的含义。文化飞散,燕支零落,如此语境之下若想反复激活英美制度,努力复活"共同知识体系",这些文本依然影响深远。采纳哈佛核心课程,复现了这么一部历史。要充分描述这段历史,就必须反思不同的教育理论,包括托马斯·杜威,怀特海,罗伯特·哈琴斯,T.S.艾略特(《论文化的定义》),C.P.斯诺,最重要的还有 F.R.里维斯及其美国影子特里林。他们对教育与文化的沉思都致力于拓宽阿诺德英国维多利亚主义夜郎自大的种族视野和偏狭的道德语境,白璧德清教"新人文主义"独断的反现代反民主偏见,以及瑞恰慈—布鲁姆伯利"高瞻远瞩"的治疗审美主义。然而,要想显示他们的人文主义(以及《哈佛核心课程报告》的起草者们的人文主义)之间互相依附彼此关联的网络,以及将这种人文主义网络展示为一种社会政治意识形态,一种霸道权力的崇高伟业,我们只要论说这段历史就足够了。历史上的每一套话语都对上个世纪的一场具体的历史危机做出了回应。本体论,文学,文化,社会,家庭,性别,阶级,政治,种族,如此等等的各个领域的知识爆炸与"扩散"严重地危及西方人文主义主导话语的霸权。虽然每一套话语都声称不偏不倚,超然物外,但他们所做出的反应都出自充满偏见的形而上学二元逻辑,出自一种殖民逻辑,不仅拒绝让"异端"他者(知识)发言为声,为自己辩护,而且还通过将异端之声还原到等级对立之中,视之为次等的贬值的被控制的对象,从而整体上压制它的诉求。其实,人文主义虽具阿波罗的灵见,可事实上却问题重重而且一叶障目。在其持久不变的几何学隐喻之中审视其问题和盲目,则知这种回应真正取决于一种全景监禁机制,它集中监禁怪异离心性(即边缘的他者潜在的决裂和"博放"的势力),使之服务于那个习以为常、天生免疫、不可摇夺的中心。最后,我们已经看到,正如其他一切特殊话语那样,每一套话语都必须向外发动共鸣,逾越其所选的探索场所,去把握存在连续体上其他的场所,尤其是社会政治存在的场所。也就是说,每一套话语所用的概念都是那么令人不快,具体但分布不均,发展失衡,但他们都揭示了与国家权力的沆瀣一气。

笔者认为,瑞恰慈在《如何开卷有益?》(*How to Read a Page*)一书"导言"之中,第一句话就凝练了现代人文主义文化话语的一般性意旨(至少暗示了笔者正在展开的一般论说):

> 在大唐纳德山下,营火晚会上,我坐的一根横木突然滑落,这却让我的笔把 d 写成了 p,我就考虑用一个替代的题目:"不是如何读一页书,而是如何收割一页书,也许后者更好地表明了目标。"我们假设知道如何阅读;把这个单词却拼写成 reap,我们就开始琢磨,如何收割了。①

横木"滑落"(slip),让瑞恰慈震惊,而情不自禁地用笔尖将 d 写成 p,通过联想而激活了阅读与文化之间铁板钉钉的关系。更具体地说,作为耕种文化工具(犁铧)与文化成果收割之间的铁定关系。但是,如果在几何图像和同心圆型的语境之中来解读瑞恰慈的这个趣闻,而这一语境吐露了他的祖师和后学的解释学方法体系(或者思辨之器),那么,尽管有一种心照不宣的反讽游戏包含其中,我们还是可以从这个笔误之中发现瑞恰慈命定的盲目之处:"高瞻远瞩"地阅读一页书同时也是一种强暴形式,无论如何也是一种贪欲形式;耕作文化的代理(解释方法,教师,教育制度,等等),也就是犁铧之尖,它框范、驯化、平息、宰制以及利用其至强暴了大地之母——盖亚(Gea),那是一片尚未开垦却潜藏果实的处女地。在这个意义上,耕作文化,拓荒辟土,必然会气吞八荒,超越特殊文本的场所而在存在的连续体上共振共鸣,包括和涵盖范围越来越广的场所或圆圈;作为一种行动,"高瞻远瞩"的阅读就是围剿、禁锢、以差别取缔差别、开发剥夺"女性的"他者,而构成一种"父权制殖民主义"。事实上,我们对阿诺德、白璧德

---

① 瑞恰慈:《如何开卷有益?——一百个大词引导的高效阅读课》(*How to Read a Page: A Course in Efficient Reading with an Introduction to a Hundred Great Words*, Boston: Beacon Press, 1965),第 9 页。该书 1942 年由诺顿首次出版,当时他正在全力以赴地推进哈佛通识教育计划。在这一点上,也许我们应该提及,哈特曼在《拯救文本:文学,德里达与哲学》(*Saving the Text: Literature, Derrida, Philosophy*, Baltimore: The Johns Hopkins University Press, 1981)中有一章就题名为"如何收割一页书?"哈特曼书中这一章是对德里达的《丧钟》(*Glas*)的几页文字展开一种"不确定"的解读,除了这一章的题目一望便知的暗指之外,通篇没有一个字提到瑞恰慈。笔者窃以为,这种联系乃是哈特曼论点的过人之处。

和瑞恰慈的解读而揭示的那种隐秘的意识形态权威根源(无论他们表面上显得是如何的不平衡),以及更加一般更为普遍的人文主义话语霸权,正好就是这个强大的隐喻之网。圆圈、文化和殖民化在这张隐喻之网里互相渗透。在此,值得回想一下:希腊语 κυλοσ(圆形,循环)的演变最后产生的英语词组形成了"耕作"与"文化"的相关词语连续系列,而英语中的"文化"直接派生于拉丁语"cultivare",意即"耕种""改良""精作";再往前追溯,"文化"还派生于"开垦"(colere)的过去分词词根"cult-"。同时,希腊语"圆形""循环"的演变还产生了英语词组,形成了"流放地""殖民化""殖民主义"的词语连续系列,它们直接派生于拉丁语"colonia"(意即"农场""地产""定居地")和"colonus"(意即"耕种者""拓荒者""种植者""定居者"),再往前追溯,它们还派生于"colere",意即"开垦"。因而,同心圆隐喻积淀了一个多值体系的权力几何学,这是一套将自然、人类精神、男人和女人一揽子纳入社会政治容器之中的技术体系。在此,我们还值得回想一下:阿诺德、白璧德和瑞恰慈所钟爱的同心圆隐喻乃是人文化成大业的典范象征,而列奥纳多·达·芬奇神化的图形立即显影心上。

因而,在揭示这种决定他们话语的意识形态之时,解构阿诺德、白璧德和瑞恰慈的文本为我们解码哈佛核心课程体系及其所怂恿甚至煽动的大规模方兴未艾的复活"基本课程"的制度运动准备了契机;但是,在某种程度上,哈佛核心课程体系的缔造者、主持人以及相关的赞助者不是压制这一契机,就是对之视而不见。哈佛核心课程计划,以及无处不在的"朝着复活文科课程"(Towards the Restoration of Liberal Arts Curriculum)的再度定向,确实构成了振兴人文主义的历史上最新近的趋势。[②] 这种努力不单是以"核心"课程取代过度选修的课程,

---

[②] 参见柯尔顿(主编):《走向文科课程体系的复活:会议论文》(*Towards the Restoration of the Liberal Arts Curriculum*: *Working Papers*, ed., Joel Colton, New York: The Rockefeller Foundation, June, 1979)。编者在序言中指出,本卷所辑录的论文都是在那次会议上宣读的,会议发起人乃是诺尔斯(John H. Knowles),洛克菲勒基金会董事长,以及哈佛大学的一名督导(序言,第4页)。这些会议论文之中,自然包括了《哈佛核心课程报告》。这些论文显然构成了洛克菲勒基金会所支持的"人文学科委员会"全面报告出笼的语境,见《美国生活中的人文学科》(*The Humanities in American Life*, Berkeley: University of California Press,1980)。又参见《1982年职业未来委员会春季报告》,载于 PMLA 97(November,1982):941—942;本内特(William Bennett):《破碎的文科》,《华尔街日报》,1982年12月31日第10版;1983年1月本内特在美国科研院长会议上的讲演《文科公共生活》(转引自 Helene Morgan《人文学科的败坏:眼中涌动尘埃》,载于《职业》83,纽约:MLA,1983),6;以及"一流教育国家委员会"(主编):《民族风险:教育改革的紧迫性》,华盛顿,GPO,1983。

以便"逆流而动",顶住20世纪60年代学生反叛大学权威而激发的"课程增殖"潮流。同时,面对文化和社会政治动荡所激发并反过来激发文化和社会政治动荡的知识爆炸,这种努力也要重新肯定一个"共同知识体系",重新肯定象征着西方传统的一种规范或一个中心。在当前这个语境下,所谓文化和社会政治动荡,是指越南战争及其所导致的其他不和谐声音,这些声音发自心灵、性别、阶级、文化、族裔、种族,迄今为止仍然被排除或被压制,但它们威胁到我们教育制度的人文主义霸权,最后危及我们"西方"世界消费资本主义霸权。最后,更明确地说,当"国家"以人文主义精神秩序之名及其法定共识甚至公开赞赏,而向越南的土地和人民以及反对战争的大多数学生发动种族中心的战争,这种努力也要面对西方"中道之法"的彻底崩溃而暴露的解地域化欲望,面对伪装成"美"与"光"的张狂意识形态和权力机制的全面坍塌,试图挽救"中道之法"的交换价值。

在其他论文之中,笔者已经指出了"哈佛核心课程报告"与越南战争政治之间的联系,所以在此无须重复。③ 从凯勒的《理解核心:哈佛课程体系改革》之中引用两段不证自明的言论就足以说明问题。凯勒的著作可谓核心课程诞生和流布的历史"记录"。在历史"序曲"之中,凯勒宣称:"这部书无论如何都不是70年代之前、70年代中间以及70年代之后哈佛大学核心课程运动的官方'授权'记录。笔者极尽可能,努力全面而客观地记录核心课程引发的纷争,公平而准确地再现(院系代表)那些互相抵触的观点。"④然而,可以预料,这种开宗明义地写在前言之中的超然无执地研究的主张,却不能模糊这么一些事实:作者乃是一名在美国史领域训练有素的历史学家,"于1973年夏天作为副院长加盟哈佛大学,而在两周之前,罗索夫斯基(Henry Rosovsky)为复兴核心课程广泛游说,并荣登艺术科学学院院长宝座,二人密切合作,共同努力,制定规划""供职于多个要害委员会",⑤而那本书的出版者正是哈佛大学出版社。

---

③ 《教育的终结:哈佛核心课程报告》,《改革的教学法》,见《疆界2》X,No.2(1982年冬季号):1—33。
④ 凯勒:《理解核心:哈佛课程体系改革》(剑桥,1982),X。
⑤ 凯勒:《理解核心:哈佛课程体系改革》(剑桥,1982),X。

(一) 秩序的崩溃

20世纪60年代晚期,学生造反风起云涌于欧洲各国,日本和美国——在这些国家,青年群体独一无二,数量巨大,奔放不羁,且习惯地追求和平与富裕。大学,永远是享有特权而且能说会道的青年人聚集之地,(在民主国家)它几乎总是友善接纳不同政见。因此,大学就为政治行动主义提供了一种自然基础。可是,在这个时代,大学本身反而成为首选的攻击对象,这确实匪夷所思。学生的要求因专业而已,但他们处处都断言有权在大学治理和决策当中占据一种新的地位,发挥重大影响。

在美国,上述情境却因为不得人心的越南战争的军事介入而复杂化了,这就给学生造反提供了一个特殊的理由,甚至给予了一个人格化的辩护。因而,政治文化激进主义者同样都认为大学乃是这种现状的支柱和象征。但与其说它们的意识形态是哗变的强大武器,不如说是好战风格和军事修辞:不择手段,自我陶醉,民粹至上,还有道德上自以为是。不同年龄人的全部不满都发泄到反抗之中,而对于限制个体行动的约束和自我规训展开了征讨。除了一所承诺言论自由和个体自律的大学,有什么地方还能更有效地检验这些条条框框呢?[6]

(二) 寻求授权代理

1971年,哈佛法学院前院长波克(Derek Bok)担任哈佛校长,众数智囊敦促他把注意力转向本科教育。在第一次年度咨询报告中,波克校长表示:在晚近历史之内登堂入室的传道授业之士锐意进取,寻求实质性的创新,可能并非易事。不错,变革实实在在地发生了,但几乎所有的变革都采取了放松古老要求而非实施新型项目的形式……就绝大部分变革之举而言,它们几乎都是一个特定时期的产物。这么一个特定时期,大家都在批判古老传统和古代要求,因为它们几乎空无新见,无济于教育改革。

他还论述说,大学治理的改革在相当程度上限制了校长直接解决难题的能力:……大学校长的影响力将仍然是间接发生作用,围绕着他的权力,

---

[6] 凯勒:《理解核心:哈佛课程体系改革》(剑桥,1982),第29—30页。

去任命各个学院的院长,参与任命程序,以便保证院系选举通过必要的全面考量而得以完成……

但对于校长影响力的制约依然如故。回到1972年教育体制问题,波克校长竟敢在一个仍然必须养护粗暴反抗创伤的共同体之中提出潜在地分而治之的课程议题。深深地困扰着波克校长的问题仍然是:"青年人和妇女们究竟希望从文科教育之中得到什么?"对于这个问题,依然众说纷纭,"莫衷一是"……

1973年,波克任命经济学教授罗索夫斯基为艺术科学院院长。罗索夫斯基自1958年以后一直在伯克利加州大学执教,1965年离开,参加了"白色伯克利学生"(White Berkeleyans)小型运动。所谓"白色伯克利学生",是指"自由言论运动"(the Free Speech Movement)引起的校园冲突之后东迁的伯克利学生。60年代后期,他在哈佛身居经济系主任要职,执掌院系学术委员会;他提议非裔美国研究学术传统项目,其议案先被采纳,其后数月却被否决了。大学生活的政治化以及随之而来的腐败,让他再度凄迷无望,罗索夫斯基便对院系事务即"自由"与"保守"之争退避三舍。自由与保守之间的妥协,导致了1969年议案的诞生。拒绝认同于任何一个特殊学院,独立于院系之争,便让他被任命为院长在政治上可以接受。

任期第一年末,罗索夫斯基召集近乎半数的院系资深教授和行政人员,集思广益,探讨哈佛学院本科教育难题。[7]

凯勒的书承诺启蒙开悟。在这个语境下,史家笔下这些过目难忘的代表性段落的话语实践之中,最为令人难以忘怀的是,它们竟然一叶障目,看不到塑造这种话语的二元形上逻辑的自我毁灭。对于其优势地位做出了天真而又僭妄的假设,因而它不仅表明要拒绝让历史自为辩护,而且还表明它专横肆心,强行冠之以一个名称的家族,将博放和决裂的历史力量化约为主导政治体系的禁锢之中那种包罗万象的可控形式。换言之,凯勒按照人文主义对于神圣不可侵犯的

---

[7] 凯勒:《理解核心:哈佛课程体系改革》(剑桥,1982),第34—36页。

秩序边界的承诺去解释歧见的现实观点——而正是差异才能造成差异,从而公开地磨平其锋芒,收编其势力。这些复杂多重的规约之中,最可怀疑之处在于,它们将美国反恐运动描述为更大范围和导向上更为无序的国际学生运动的附属运动,因而模糊了学生将大学与国家对越战争努力等价齐观的意义;它将反战学生描述为自私自利的逃避兵役者;它将制度支持的哈佛"课程改革"描述为正义理性的自由表达。采取一种超越历史的全景监视的"永恒"视野,凯勒的人文主义记忆便成为遗忘,其"不偏不倚的历史学"也就成为尼采—福柯所谓的"发思古之幽情"(Egyptianism):

> 一部历史,功在将时间差异最后还原为一个整体,从而完成构建,因而它彻底地故步自封;一部历史,永远在激励主体的承认,将一种形式的和解归结为发生在过去的全部兴衰交替;一部历史,对于既往一切的观照暗含着时间的终结,因而乃是一段完美的发展。史家之史,在时间之外得到了支撑,宣称以一种灾难的客观性为基础展开评判。但是,惟其信仰永恒真理,灵魂不朽,以及意识永远自我同一,此等历史才是可能的。只要一种超历史的视野笼罩着历史感,形而上学就可能强行施压,使之屈服于自己的意图,且令其满足客观科学的要求,就可能强化其"发思古之幽情"。⑧

凯勒女士的话语实践表现出的利益偏执,让这种话语无能把握在她的问题意识之外任何人都心知肚明的事实:人文中心存在于别处,却同这种叙事沆瀣一气,以制度权力和国家"权力"赋予了这一中心以权威。阿波罗的眼睛在策略上故意盲目,而对于虚无(即历史,即随着时间而展示和散播的差异)的恐惧感加速了这种盲目的物化,虽然凯勒本人做出了严正的反面声明,却把《理解的核心》所讲述的故事变成了70年代前后哈佛大学历史的"官方的""权威化的"记录。我们阅读她的回忆录,却情不自禁地感觉到,她的叙述复制了那幅"宏伟蓝图";早在这些历史事件发生之前,"忧患深广"但"胆识过人"的波克校长描绘了

---

⑧ 福柯:《尼采,谱系学,历史》,参见《语言,反记忆,实践:论文与访谈集》,牛津,1977,第152页。

这幅蓝图,而他所任命的艺术科学院院长、永不言败的理想主义者亨利·罗索夫斯基教授落实了这幅蓝图。同样,我们也会情不自禁地想起,麦尔维尔的《比利·巴德》所蕴藏的史学意涵具有引人注目的预言性,但人们仍然对之普遍地置若罔闻;特别值得一提的是,那份"有案可稽"但又缺失记忆的"事件记录",发表在"那个时代一本每周出版的权威航海日志上""对于大多数怀着善意信仰而存留笔墨的人而言,这份记录乃是确定无疑的",可是就在恐怖地处决了比利·巴德数周之后,这份记录如同雪落江河,而无声无息地融入我们国家的主流生活之中。⑨

萨义德坚定地提示我们,历史上非西方文化和社会的出现,以及非形而上学社会政治美学秩序的成型,已经凸显了西方大学的霸权视野,已经把大学人文主义展示为一件破碎的工具;无论它如何强有力而且持续地追求其传统目的,它都无济于事,别无良策:

> ……窃以为,我们正处在世界史的一个特殊时期,西方大学的学术研究课程之中所解释的补偿亲近关系第一次现实地表现出排斥趋势大于包容趋势。在下之意非常简单:以欧洲文学经典为基础的人文主义知识宏大整体大厦,以及在西方大学中借着我们毫不陌生的形式而生吞活剥地灌输给学生的学术研究成果,只是代表了世界上发生的一小部分现实的人际关系与人际互动而已——在现代历史上,此乃首次。像阿诺德、白璧德和瑞恰慈一样,许多学者深信欧洲文化可以一以贯之且范围天下之广,可以毫无疑问地被看作是人类历史的中心。在这些伟大的代表中间,奥尔巴赫就算一个。有充分的理由断言,奥尔巴赫的观点再也站不住脚,最重要的一点,乃是因为它渐渐减少对长期统治着亚非拉边缘地区的北约政治世界的认可和服从。新文化,新社会,以及社会政治美学秩序涌动的前景现在要求人文主义者报以关注,坚执地认为自己不可被否定。
>
> 但是,出于完全可以理解的理由,他们真的被否定了。从根本上说,这

---

⑨ 麦尔维尔:《水手比利·巴德》,见《麦尔维尔短篇小说佳作》,Warner Berthoff 编,纽约,1962,第502—503页。

些理由相关于"我们"的文化在"人文化成"之中的投入:深信经典文本"体现、表达以及再现了我们的至善,即惟一的传统"。⑩

凯勒的文本就为拒绝、否定甚至压抑新兴知识形式提供了一个明确无误的例证。从60年代初开始,哈佛大学的真实历史就被殖民化了,作为这段历史的权威叙述,她的文本表现出一种怀旧感,对阿诺德、白璧德和瑞恰慈这些早期阿波罗教育话语充满了依恋。不仅如此,更重要的是,就其显白的编年史语境而言,她的文本还暴露了它所代表的一流体制之中霸道纵横的教育政策的异常出格的地方主义:有意或者无意,它一叶障目,完全看不到"西方"的移心,疏于或者不愿承认以及适应开放的教育文化地平线,换言之,同文化社会政治殖民主义暗送秋波,继续推行西方一般工业国家的内外政策。⑪ 凯勒文本对"哈佛课程改革"推崇备至。然而,与其说这场改革反映了教育目标为了"满足晚期二十世纪的现实需要"而发生的转型,不如说它在制度上执行了一个本科教育概念,刻意地满足"哈佛大学的需要"。也就是说,它反映了一种丧失记忆的殖民和改造的策略,意在巩固制度的霸道权威及其所代表的少数人统治的文化。自越战爆发

---

⑩ 萨义德:《世俗批评》,见《世界,文本和批评家》,剑桥:哈佛大学出版社,1983,第21页。
⑪ 近来,哈佛金斯利·博特荣膺教授(Kingsley Porter Professor)贝特(Walter Jackson Bate)在《哈佛志文》(*Harvard Magazine*,81,No.1,September-October,1982)上撰文《英语研究的危机》("The Crisis in English Studies"),对于哈佛以"崇高人文主义"为名反对知识"增殖"的战争展开一场重大的逆袭。这篇论文在文学研究专业现场所发生的作用,相当于《哈佛核心课程报告》在本科教育现场所发生的作用。根据贝特的分析,后现代对人文主义文学传统的批判,以及对迄今为止为人文主义话语所排斥和压制的多元声音的释放,都是"专业至上主义"的胜利,而将文学研究还原为"理性的空虚",留给"我们"的是"一场发生在'行业领袖'之间的潜在自杀运动",而与此同时,专业也丧失了中心,在凄苦无望的彷徨之中蔓延。(第52页)正如引自凯勒的《理解核心》的第二段文字所表明的那样,贝特亦如70年代的同仁一样志得意满,疏于理性对话,拒不面对自己的论敌【他的陈述令人不安地表明,"如果不战胜形形色色的腐朽悲观主义(即尼采之类),德里达无论如何都不可能转变成真正的主流哲学家,因为这些悲观论调显然完全否定了发现真理的可能性"】,而一味诉之于大学管理者的"理性"与"公正"权力,及其执行政策和疗治病态的行为,面对新思想与新诉求的涌动,而维持人文主义的霸权。"新大学建制创立后,一百年过去了,他们所虑及的人文主义不仅处于颓势,而且似乎还醉心于自我毁灭……;从大学与学院开明的行政机构获得最有力的帮助,对于防范它所引起的自杀(至少自我俗化),将是必不可少的"(第46页)。对贝特的有力批评,参见费希(Stanley Fish):《藐视自我的专业:文学研究的惧怕与自憎》,刊于《批评探索》,10,No.2,1983年12月(第349—364页)。笔者并不认同费希教授对于"职业人文主义"过分工具化的理解(萨义德将这种推行职业主义的倾向称之为"职业人文主义邪教"),因为这种倾向太容易服膺于"批评的制度化"。同时,笔者同意费希教授的看法:反对知识散播,将文学作为"文化遗产"来保护,贝特的这种人文主义志业乃是一种保守的政治行动,而这种政治行动反映了他所依恋的制度政治。

以来,"知识的增殖"无时无刻无处不在地危及这种权威文化。所以,再度肯定西方的和谐秩序而反对"我们新近所接触到的非传统历史以及源自他者文化的怪异思想情感",哈佛大学的教育改革政策凝缩了当代西方大学的普遍关注的焦点,它本质上是狭隘的、自私的,而且归根到底是反动的。萨义德不懈地提醒我们,对此要充满警觉,报以彻底不合作的姿态。

二

  迄今为止,任何一个以战胜者的姿态出场的人,都势必加入到凯旋的队伍之中。而现在的统治者踏着匍匐在地的人而前行。依据传统惯例,废物也被席卷在凯旋队列之中。人们称之为文化宝藏,而一个历史唯物主义者则带着警觉之心超然地观照它们。因为,概莫能外,他所巡视的文化宝藏有一个非恐怖而无法沉思的起源。他们不仅把存在归因于创造者的心灵与才智,而且归因于同时代人隐姓埋名的奉献。没有一种文明的记录不同时也是野蛮的记录。正如这种记录未能免于野蛮,野蛮也同样玷污了文明从一个所有者到另一个所有者转手的方式。因而,一个历史唯物主义者必须尽其所能地保持超然姿态。他认为,自己的使命就是违背天性刷新历史。
  ——本雅明:《历史哲学论纲》

  在《世俗批评》等论文中,萨义德成功地造成了一种"陌生化效果",人文主义文化的神秘感烟消云散,解神秘化的效果深入人心。然而,他无力唤醒与这个连续系列相依为命的他者关系问题。当然,这个问题显然是不可以草草作答的。但是,笔者还是想建议,在西方传统持续的寓言式对立的二项之间,究竟那一项为一个后人文主义者所强调,并且引领着什么样的方向。在笔者本文之中所考察的那些典范的人文主义者看来,现代工业城市呼啸疯狂的大街对于庄严的阿波罗神毫无友善可言,于是他们悲从中来,忧患不堪,充满乡愁,心系权威,呼吁拒绝"旋风之神"。白璧德将"旋风之神"称为怪异不堪的现代之离心运动。因此,这些人文主义者可能会重塑一条阿波罗式崇高圭臬,让他们再度进入儒雅清明的理智状态:对光明之神与界域之神"殷殷顾盼,梦系魂牵"。显而易见,这种努力无功而返,儒雅清明没有发生在他们身上,文化与紊乱的二元对立习惯成自然,以至于阿波罗及其崇高肃穆一再被神化,借以对抗最终不可理喻、难以收编、放肆无度和"纵欲狂欢"(巴赫金语)的一切,它不仅导致了存在的异化,而且还把原始的能量转换为具体而且多元的反抗势力。一言以蔽之,埃斯库罗斯的《奥瑞斯特亚》,欧里庇得斯的《酒神》,以及一个不同层面上的希腊悲剧诗人的羊神剧,不就为此提供了实质性的见证么?另一个典范的现代古典学家,阿诺德的同时代人(尼采),也有同样的见证:

> 正是阿波罗划出边界而让个体安宁,一再颁布自我认知的法令,提示他注意神圣的普遍规范。但是,怕就怕阿波罗的倾向将一切形式凝固成埃及木乃伊的僵硬,在为每一道特殊的波流划定水道的努力之中,阿波罗抑制了湖水的流动,因此狄奥尼索斯洪流周期爆发,冲毁了阿波罗的意志为禁锢希腊精神而划定的圆圈。[12]

换言之,到目前为止,笔者就阿诺德、白璧德和瑞恰慈的话语所说的一切,并不是他们所"讲述"的全部"故事"。笔者对这些话语的解构分析仅仅是清楚地揭示出,如果对人文主义话语缔造者推崇备至,把他们看作是志在从意识形态和政治约束中解放人类心身的知识分子,那么他们就忽略这种叙事的否定性特征:正如福柯所言,这个"故事"的其余部分一定会遭遇到这种话语构成的强制性规则。但是,这套话语的另一特征即肯定性特征从一开始也同样存在于笔者的解构性话语之中,虽然这种特征必定遭到压制而处于某种归属未决的状态。准确地说,它一直以冲突的形式存在于决定着笔者所读的人文主义文本的二元逻辑之中:第二位贬值化的词项与第一位主题化的词项(话语构成规则)彼此倾轧,互相抵触。也就是说,肯定性特征以同素异形体形式存在于笔者的解构话语之

---

[12] 尼采:《悲剧的诞生》,Francis Golffing 译本,纽约花园城:双日锚系列丛书,1956 年版,第 65 页。

中,清楚明白地处于被压迫的地位,充满了反抗意识——还可以说,它作为"被殖民的他者",作为"差异",在我们的人文主义逻各斯中心论话语之中被命名为紊乱原则,而被纳入范畴体系,备受打压,最后被制服得服服帖帖。但这紊乱原则,恰恰就是酒神的祭司、"旋风之神"的信徒心醉神迷地顶礼膜拜的原则。

在这里我们不可能详述阿诺德、白璧德和瑞恰慈所讲故事的分裂特征,不可能专题研究那些暗自摧毁其目的论叙事的绝境之网,不可能明白地昭示解—构分析从人文主义话语实践的结构性约束中究竟释放了什么。但是,尼采在《悲剧的诞生》中暗示了一种完全不同于阿诺德的晚期维多利亚英国版的"希腊古典文化"。阿诺德版本的希腊古典文化是二极化的,阿波罗对立于狄奥尼索斯,始基尺度对立于紊乱尺度。而尼采的暗示至少已经方便地暗示了这一叙述模式解构/投射倾向及其漂泊迷途。"重复"(wiederholen)批判超然无执的探索,揭示这么一种无功利之举乃是一种全景监控主义,就是含蓄地指出,人文主义者表面上从古典希腊挪来的"古典境界",即由多价聚合构成的同心圆,却绝对不是原始的,而是第二性派生的——也就是说,是一种建构。这种建构乃是一种概念化,如其词源所示,概念化是一种抽象,而抽—象又是离—析,其对象乃是一个具体事件,其方法和意图乃是理智的操控。概念化的对象是一种更加本源的思维经验,一种活生生的转瞬即逝的经验,一种现象学的经验:一种根植于人类恒定理念的结构模式,因此它从来就是一种人类学。对于希腊殊异性原创思维的阐发,丰富多彩但矛盾重重,在这些阐发方式之间执意选择,则以同语反复的逻辑赋予了这种人类学以合法性,它既体现了预定的目的,又让这一目的成为学术研究和教育实践的规范方法,使之成为一种尺度,一种标准,一种规则。它一意孤行,硬要强行终止其漂泊无定和滋生差异的旅程,所以这种规则异化了存在的真理。在《存在与时间》中,海德格尔对本体论神学的拷问表明,这种命题化的算计思维渐渐成为西方的思维规范,而在对确定性的持久探索以及对丰饶大地的不懈控制之中,存在的时间性硬化为"最高存在"(Summum Ens),"复数话语"(logos as legein)硬化为"理性话语"(logos as Ratio),解—蔽真理(a-letheia)硬化为"心物契合的真理"(Veritas)。[13]

这就是说,阿诺德、白璧德和瑞恰慈以及文艺复兴之后渐渐发展起来的广义人文主义"古典教育"传统,并不是古希腊的,或者说充其量也只不过是晚期希腊的,也就是希腊化的,因为它将一种派生的思想模式确定为原始的模式,一种为了反对"生活体验"之公然"紊乱"而必须被仿效的"阳刚"模式。海德格尔将《存在与时间》中对形而上学的拷问延伸到西方文化问题,而论及广义的人文主义。他一言以蔽之,说这种阳刚模式乃是罗马模式。海德格尔《论人文主义书简》中有一段文字影响既深且广,笔者觉得值得大段引用:

> 清晰明白论之,人文(旧译"人道")之首次被思虑与被追求,乃是在罗马民国(旧译"共和国")时代的事。"人文之人"对立于"野蛮之人"。在此,"人文之人"是指罗马人,通过"体证"从古希腊人传承而来的"人文化成",以提升和荣耀罗马的伟力威权(virtus)。他们是希腊化时代的希腊人,在智慧学园里修习了他们的文化。人文化成之宗旨,在于"学宗博雅,行止于善"(ruditio et institutio in bonas artes)。如此知解,"人文化成"(paideia)就被转译为"属人之道"(humanitas)。一个"罗马人"身上本质的"罗马之道"(romanitas)恰恰就在于这么一种"属人之道"。在罗马,我们遇到了第一种人文主义;因而,在本质上它是一种为罗马所特有的现象,因为它的出现,源于罗马文明与晚期希腊人文化成的因缘际会。所谓十四和十五世纪的意大利"文艺复兴",乃是一场"罗马之道"的复兴。因为"罗马之道"是为根本,故而其宗旨所在乃是"属人之道",以及古希腊的"人文化成"。但是,我们永远是在后来的形式之中回望古希腊文明,这本身就是以罗马人的视角以近古返观太古。文艺复兴的"罗马人"同样也对立于"野蛮人"。但是,当今所谓"非人之道"(in-humane)乃是中世纪哥特经院主义所谓的"蛮夷之道"(barbarism)。因而,人文学术(studium humanitatis)在某种意义上须溯至古代,势必也成了古希腊文明的复活,所以它永远坚守历史地理解的人

---

[13] 海德格尔:《逻各斯概念》,《存在与时间》,第 55 页以下;参见拙文《打破循环:解释学即解蔽》,《疆界2》,II,No.2(Winter 1977):427。

文主义。就德国人而言，这一传统显然就存在于温克尔曼、歌德和席勒所支持的十八世纪人文主义之中。但荷尔德林（济慈以及更晚近的奥尔森，可谓荷尔德林在英语中的对应人物）却不属于"人文主义"，正是因为他以一种比"人文主义"更为本源的方式沉思人的本质命运。⑭

海德格尔的思想对于笔者论文的意涵，是清楚明白的。高雅端庄地模仿一种意在灌输"伟力威权"的模式（"卓越自我""向心尺度""蓝皮书""组织宪章""核心课程"），阿诺德、白璧德、瑞恰慈以及范围更大的"哈佛核心课程报告"的执笔者们面对周期爆发的知识爆炸而渴望复兴的"人文化成"教育理念，不是一种误入歧途的思想，而是一种原创性的思想，在同时间与历史的对话遭遇之中，它永远甘自冒险，未免沦为一隅之见；它既不是将教育当作"解蔽"（获知真理），也不是要培育赫拉克利特、巴门尼德、阿那克西曼德、芝诺、柏拉图、亚里士多德，让哲人脱颖而出。反之，它是一种罗马式的教育，基于一种被授权的权威，从希腊人的原始时空（"存在"）体验之中造就一种抽象的精粹，一幅结构的微缩画面。否定地解释差异动力机制，这种代理教育辩护了他们的种植/拓殖，并且提供工具手段，以便让他们有效地种植/拓殖。⑮ 所以，人文化成的教育理念，意在引领桀骜不驯的弟子走出成年人黑暗的"欲望"丛林，进入正道，行止向善，恪尽

---

⑭ 海德格尔：《论人文主义书简》，见 David Farrell Krell 主编《海德格尔基本著作》，纽约，1977 年版，第 200—201 页。

⑮ 在《小说话语前史》（载于《对话想象四论》，Caryl Emerson/Michael Holquist 英译，德克萨斯大学出版社，1981 年版）一文中，巴赫金提出，离开了对立的喜剧样式，"在罗马人的文学艺术意识之中，则难以想象一种庄严的肃剧样式……在农神狂欢节上，小丑是帝王的替身，而奴隶是主人的影像，滑稽的重影亦在一切文化与文学形式之中被创造出来。所以，罗马文学，特别是低俗的民间文学之中，产生了大量滑稽拟仿之作……正是口头文学的传流以主导方式转换了许多文学形式……正是罗马人教会了欧洲文化如何放声大笑和幽默嘲笑。构成罗马书面传统的丰富的笑文化遗产之中，流传下来的数量微乎其微：这种文化遗产的传承依赖那些眉头紧锁不会发笑的人（即'高度严肃一本正经'的意识形态拥趸者，agelasts，源自希腊语，意为'不会笑的人'），他们遣词造句务求严肃，而将滑稽的艺术反映当作渎神之举而予以拒绝（譬如，对维吉尔的大量滑稽模仿所表明的那样）。"（第58—59页）巴赫金从一种略微不同的视野思索和写作，却没有直接论及低俗滑稽的民间文学与高居庙堂的官方文学之间的社会政治关系。但巴赫金提到罗马文字的监护者一脸严肃，只允许他们认为"高度严肃"的文学得以流传，这就表明了他本人对于这个问题的立场。霍奎斯特认为，如果我们把巴赫金对于滑稽文学与小说兴起之关系的学理研究理解为对斯大林主义的官方文化社会政治政策的批判评论，那么，上述可能性就被夺实了。参见霍奎斯特：《巴赫金与拉伯雷：理论即实践》，载于《介入：后现代主义，马克思主义与政治》，《疆界2》（双月主题专号），XI，No.1/2，1983 年秋冬号，第 5—19 页。

职守,忠顺于崇高的家长式权威;引领他们从阴柔羸弱变得阳刚劲道,从"野蛮人"成长为"罗马人"。"学宗博雅,行止于善",人文化成之鹄的,归根到底就是在霸权帝国之内且为霸权帝国不断产出恪尽职守、忠实可靠的臣民:"我是罗马臣民。"

这张因缘际会的巨网,无知无觉地笼罩着阿诺德、白璧德和瑞恰慈的话语。其实,他们的同侪之一,T.S.艾略特在其成熟的文化批评之中,无论他对这三位所代表的人文主义包含的地缘意识形态和世俗的夜郎自大精神展开何等尖锐的批评,但其学说仍然体现了这一主旋律。[16] 艾略特严格遵循人文主义历史构成的逻辑,由此清楚地认识到,"当代历史虚无而又紊乱,给予这一巨幅图景以形式和意蕴",误入歧途的希腊人无法拯救这个世界。[17] 同样,文艺复兴时代的欧洲人也无济于事,因为他们所继承的罗马精神已经彻底地忘却了维吉尔的象征意义,或者说让这种深刻的意涵服从于一种世俗的目的论和帝国权力。相反,了不起的是"罗马人",古典时代(奥古斯都大帝)的罗马人,罗马人的"世界"比荷马的"世界"更加可取,因为它是一个更成熟的世界,一个"更文明的充满了尊严、理性和秩序的世界"。[18] 依据人文主义的逻辑,这么一个成人世界的典范不是双目失明的荷马,而是眼观八方、灵知今古的维吉尔,其传世之作《埃涅阿斯纪》和《第四牧歌》当中的预言/伟业结构(以及驱动这一结构的"经天纬地"的本体论和意识形态,WC,第 55、67 页),不仅"矫正了""荷马世界的成人迷误",[19] 而且通过以遗传模式神化历史命运观念(fatum),而辩护了奥古斯都"罗马帝国"

---

[16] 参见艾略特:《白璧德的人文主义》、《重审人文主义》,载于《艾略特论文选》,纽约,1950 年版,第 419—428 页,以及第 429—438 页。

[17] 艾略特:《尤利西斯,秩序和神话》,载于《现代小说形式》,William Van O'Connor 主编,印第安纳大学出版社,1959 年版,第 123 页。

[18] 艾略特:《维吉尔和基督教世界》,载于《论诗与诗人》,伦敦,1957 年版,第 124 页,以下简称 VCW。关于艾略特对于经典作品观之中给予"成熟"过分的重要性,参见《何为经典?》,载于《论诗与诗人》,同上,尤其参见第 54—55 页,以下简称 WC:"假如有一个可以固定使用且最大限度地表示我的'经典'一词的意思,那么这个词就是'成熟'……一部经典之作只能产生于一种文明成熟之时,语言和文学成熟之时。经典必须是成熟心智之作。"

[19] 艾略特的同事,基督教人文主义者 C.S.里维斯在《维吉尔与后发史诗的主题:〈失乐园〉序》(重印于 Steele Commager 主编《维吉尔批评文集》,新泽西,1966 年版)一文中,清楚地论述了艾略特论述荷马的《尤利西斯》和《伊利亚特》的"不成熟性"的含义:"欧洲诗歌与维吉尔一起成长。因为有某种情绪说明,维吉尔之前的诗歌差不多都是儿戏诗歌,其魅力所在与局限所在,都取决于某种纯朴天真,在心醉神迷和极度绝望之中,都同样存在这种纯朴天真。"

(imperium romanum,艾略特语)对于支离破碎的世界之其余部分(尤其是希腊世界)百折不挠的统治诉求,并赋予这一诉求以正当性:

> 莫要担忧,赛希丽娅。宽慰汝心,氏族之命运千古不移;汝尽可一览利末王应许之城邦,甚至把胸襟宽阔的埃涅阿斯升上星汉灿烂的天宇。初衷未改,吾心不变。吾自知烦忧扰汝,从未和缓,当真心示君,吾儿当知命运之卷隐秘天机:埃涅阿斯于意大利鏖战,狂妄部族将灰飞烟灭,将为他国之民修筑城墙,安身立命……法令成文。岁月流逝,时序将至,特洛亚后裔将奴役阿伽门农、狄欧米德、阿喀琉斯的子孙,征讨过阿尔戈斯,后则君临天下。灿烂王族特洛亚血脉兮,帝王凯撒将生。天命尤里乌斯兮,帝族远祧大伊乌洛斯。寰宇之涯兮,帝国范围广大。威名震天兮,上达灿烂星空。御驾东征兮,帝王斩获无数。忧愁平息之日兮,汝涵纳之入天堂。众生终有一殁兮,虔心呼名祈祷。邪恶偃旗息鼓兮,暴行化入安详。可敬信义之神,家园之神,更有罗慕卢斯与雷穆斯贞礼立法。凶残如魅之战神兮,锁入铁铸之门内。骚乱之主双手反背,上百铜链加身,体下兵器成堆,声嘶力竭,血口张开,无序之灵,目空神明。
>
> 天神丘比特如是说,遣送墨丘利自天而降,收拾迦太基河山与城邦,与特洛亚子孙以避难之地,好让盲目于命运的王后狄多驱逐敌手于千里之外……[20]

命运观念铭刻在历史时代的"大书"之中,"荷马的英雄与埃涅阿斯命运却不相同"(WC,第129页)。艾略特记得,维吉尔通过引入命运观念而赋予帝国扩张以合法性,从而预示了"西方世界的未来"(WC,第128页)。维吉尔的文本不仅建立了"罗马帝国""罗马和平",以此作为现实化为历史的基督教"圣道"的

---

[20] 维吉尔:《埃涅阿斯纪》,C. D. Lewis 英译本,纽约,1953年版,Ⅰ,第256—263行,第283—300行。

天命神恩之最高形式(范型),更准确地说,是最高构型。[21] 此乃"时间的圆满"之中所许诺的神圣罗马帝国及其和平(VCW,第130页)。[22] 而且,在这种建构之中,他的文本还成为整个欧洲"独特经典体系的中心",占据着"准则体系"的地位,提供了"经典之作的标准"以及"经典的尺度"。"在经典体系的渐渐毁损和变型过程之中",维吉尔的文本尤其构成了更大和谐世界得以发展的有机母体(WC,第69页)。

> 窃以为,在希腊罗马伟大诗人中间,我们的经典圭臬,受惠于维吉尔甚巨……他经天纬地,而且以殊异的方式包罗万象,恰恰归因于罗马帝国和拉丁语言在我们的历史上独一无二的地位:据说这种地位服从于它的命运。在《埃涅阿斯纪》中,这种命运感上升为明晰的意识。埃涅阿斯本人自始至终都是"命运中人",他既不是冒险家也不是阴谋家,既不是流氓无赖,也无勃勃野心[注意:滥用了荷马《奥德修斯》的典故];他完成自己的使命,不受任何强制,也不服从任何武断命令,而且确实不是出乎对荣耀的欲望,而是主动让意志服从于一种更高权力,这种权力隐藏在不是引领就是阻挠他的诸神后面。他本来可以孤独终老于特洛伊,可是他溘死流亡。他无家可归,浪迹天涯,为的是一个目的,它比他所能知道的目的更为崇高,而实际上他已经认识;在属人的意义上,他既不幸福也不成功。可他是罗马的象征。埃涅阿斯之于罗马,正如古罗马之于欧洲。因而,维吉尔占据了独一无二经典之中心;他位居欧洲文明的中心,这一地位乃是别的任何一位诗人都无法分

---

[21] 当然,笔者在此是指教父时代经学家所完美践行的目的论阐释学,他们将时间/历史的激进转型纳入恒常不变的圣道天命目的,特别是将旧约事件纳入新约。虽然并没有自觉地意识到其强制性和悖谬性,笔者很久之前就已经指出,这种类型学和预成论方法构成了《大教堂谋杀案》之后艾略特戏剧与文化批评的核心。参见《近代英国诗剧的基督教传统:圣礼时代的诗学》(新泽西,1967年版)之中论及艾略特的章节。关于构型的形象阐释,参见奥尔巴赫:《构型》,载于《欧洲文学戏剧景观六论》,Ralph Mannheim 英译本,纽约,1958年版,第53—54页。
[22] "那么,这种命运……所谓何物? 维吉尔心智清明,而他的时代公众也毫不含糊,都以为命运乃是指罗马帝国。依维吉尔所见,这件事本身就是对历史的辨正,意义重大。……汝当谨记:罗马帝国已经转型为神圣罗马帝国。维吉尔为时人指点迷津,对非神圣的罗马帝国,对一切纯然世俗的帝国,示以最高境界,贞立远大理想。作为欧洲文明的传承者,吾人仍旧皆为罗马帝国的公民,因而当他写道'罗马帝国,时空无垠,永恒不朽'(nec tempora pono; imperium sine fine dedi),时间却并未证明他的过错。"

享无法攫夺的。罗马帝国与拉丁语言不是任何一个帝国、任何一种语言,而是事关其自身之独一无二命运的一个帝国、一种语言。如果一个诗人让这个帝国和这种语言在自己身上显现其意识,表现其灵魂,那么,这位诗人就属于独一无二的命运。(WC,68)[23]

艾略特认为,维吉尔作为核心的象征人物,乃是不可超越的。决定性典范仍然为当代诗人效尤,仍然为当代论者和教师传承,而在学校里仍然为当代莘莘学子修习。人们偏袒地方标准,"混合偶然与必然,暂时与永恒",厚今薄古,数典忘祖,废黜维吉尔的"帝国典则",让整个世界成为"活人专属而亡灵不占份额的财产"(WC,69)。自此以往,文学与文化的历史就渐入迷途。而维吉尔形象则可能有矫枉过正之功,帮助决断未来文学文化叙述模式。如果把注意的重心从艾略特话语的水平方向转移到连续方向上的另一处所,那么,作为经典的维吉尔文本就成为疗治历史归向安详的权威模式。早在17世纪,"感性分裂"酝酿的理智冲突,以及随之而生的知识扩散,让安详平和的历史支离破碎了。

人文主义的历史及其创造性的呈现,手段与目标都千差万别。然而,奥古斯都罗马时代,神圣罗马帝国,文艺复兴即罗马精神的复兴,英国维多利亚,艾略特所憧憬的欧洲,以及瑞恰慈所瞩望的一个世界,无论哪个时代,人文主义概莫能外,本质上都是一种殖民化。

艾略特的基督教人文主义将维吉尔的罗马圭臬神秘化(当然,更全面的叙述还必须包括贺拉斯、西塞罗和昆体良这么一些惟规则是遵的作家对于希腊原创思想的系统化),从而牺牲了荷马和早期希腊人迷乱的尺度。在这个脉络之中考量,将人文主义揭示为权力意志借以统治存在的文化工具,疏离了它的潜能,将潜能转换为报复的力量;我们就只能认为,这是一种单向运作的消极方面。人文主义的积极方面在于,它首先复活或者重演了开天辟地而妙趣横生的思想;

---

[23] 在另外一些文章中,笔者已经指出,艾略特在文化文学批评中就维吉尔、传统、"欧洲精神"所论一切,在他的诗歌之中却被解构了。参见拙文《〈荒原〉之中的重复:一种现象学的解构–分析》,载于《疆界2》,Ⅶ,NO.3(1979年春季号),第225—285页;以及《阐释学与记忆:拆解艾略特的〈四个四重奏〉》,载于《体裁》Ⅺ(1978年冬季号),第523—573页。

这种思想之宗旨(意义),"不偏不倚",又"必有忧虑",[24]必须是一种全神贯注和探幽索赜的游戏。而预设于别处的人文主义中心却将这种思想当作一种幼稚而又偏狭的心智而预先排斥在外了。据说这种心智可能释放一个紊乱的世界,同时辩护了文化殖民行为。其次,面对存在,且承认人类存在的被抛状态、分崩离析状态及其彻底时间性乃是偶然契机,人文主义还复活了一种行为举止。于是,它激发了一种具有否定能力的思想:一种水平的而非神授的全景监视的"灵见"。这么一种思想仰仗着偶然契机的尺度,让存在泰然处之,让时间永恒不变地散播的差异自然兴现。这么一种思想乃是尊重差异,造就一种重大的差异:

> "存在是怎么回事?"叩问这个问题只不过是重温或再现我们精神性历史存在的开端,进而将之转换为一个新的开端而已。这种重温或者再现完全可能,甚至还是历史的关键形式,因为它的开端乃是根本的事件。然而,重温开端之手法,的确不是将之还原为某些已经为人所知只需模仿的过去——不是的,开端必须再次开启,更加彻底底伴随着一切同真正开端形影不离的陌生、迷暗和不安。我们所理解的重温,乃是一种借着古老的方法而改善并且绵延不断的存在物,它们从开端一直延续到如今。[25]

从正面说,解构—分析完成了希腊思想的重生。希腊思想沦为被殖民的对象,或者用德勒兹和居塔里的话说,被纳入了"罗马帝国文化"的地域。[26] 解构—分析解放了那些为"人文之人"的主导话语所建构、编码、收编、压制以及异化的

---

[24] 参见克尔凯郭尔:《约翰·克里马库斯:论怀疑论者和一篇布道词》,T.H.Croxall 译注本,斯坦福大学出版社,1958 年版,第 151—152 页:"反思乃是关系的可能性。这一点也不妨表述为:反思乃是超然无执的。意识即关系,它确实携带功利考虑;因此,它有一种完美地表现为孕育性双重意义的二元性:'不偏不倚''必有忧虑'"。所以,"意识"就是对差异的意识,就是承认差异,差异总是已经在时间之中散播,而且差异事实上产生差异。海德格尔将"此在"解读为人生在世的"忧烦",其意正在于此。
[25] 海德格尔:《形而上学导论》,Ralph Mannheim 英译本,纽约花园城,1961 年版,第 32 页。又参见《存在与时间》英译本,纽约,1963 年版,第 437—438 页。
[26] 德勒兹和居塔里:《反俄狄浦斯:资本主义与精神分裂》,Robert Hurley, Mark Seem, Helen R. Lane 英译本,纽约,1977 年版。参见德勒兹:《哲学与少数派》,载于《批评》(1978):154—155。笔者的学生 Patrick McHugh 提醒我注意德勒兹这个短小而深刻的文本,让我有效地区分多数话语与少数话语,笔者深受启发,在此致谢。

现象（或曰"物自体"），但人文主义者同时又满怀忧虑地指谓、理解、认证、掌控以及解释存在的奥秘（华莱士·斯蒂文森称之为"实在的虚无"）。笔者挪用"原创"来描述"希腊"思想，绝不是说这种思想当下即是、绝对本源、完全在场。它仅仅是颠倒了主导方与顺从方的关系，二元对立逻辑纹丝不动。笔者之意，是说解构—分析/先行—谋划作为正相反对的重影，倒是暗示了一种在生存论上总是已经在奋力自我解救的思想，渴望从"文本"与"档案"定性的约束之中逃逸出来。

　　解殖民与解地域坐落在人文化成侧面，隐含着一种"培育批判意识"的文化思想。这个概念令人想起法兰克福学派，但笔者采之，意在凸显鲍洛·弗莱耶（Paolo Freire）使用这个概念而引起的社会政治直接反响。此君用"精英化"反对"大众化"来描述第三世界拉美殖民化国家疆界之内解放神学家和他们的同人所实施的"被压迫者的教学法"及其惊人的实践后果。[27] 这么一种解构/筹划的人文化成之举意在教化男人女人，养育他们以解释学暴力反抗包容性统治话语约束的积极能力，养育他们承认差别的消极能力。这些男人女人总是已经在怀疑空间化结构化消融差别的动机，同时又义无反顾地同他者遭遇，冒险展开对话。当然，无处逃脱阐释学循环，这结构化的过去之重负。唯有偶尔以最本源的方式整体上"择取正道入乎其中"[28]，我们才能够像荷马和赫拉克利特、荷尔德林和海德格尔一样，以及更激进地像福柯和德勒兹、热奈以及品钦一样，既原创地思考存在，同时又解构本体、语言、历史、文化、经济以及社会政治的知识和权力。这么一种水平方向上感兴而发的思想，揭露并展示了这种知识与权力，同时又把这种知识与权力供奉于形而上意识的祭坛，经天纬地，人为物役，天道恒常，全景监控之眼无处不在。在偶然感兴的压力下，学问之道就是回忆之道，满腹乡愁地"重拾"差异，将差异融入有教无类的大写同一。罗马帝国借着"人文之人"的名号殖民"希腊"的思想和语言，自此以后这个大写的同一就日渐僵化，日益腐败，主导着"博雅教育"的方向。这就为以复活差异（以及他者）之名重演同一大开

---

[27] 弗莱耶：《被压迫者的教学法》，Myra Berman Ramos 英译本，纽约，1970 年版，以及《培育批判意识的教育》，纽约，1973 年版。

[28] 海德格尔：《存在与时间》，第 195、363 页。

了方便之门。在"存在连续体"上,自始至终如此,千年万载未变。简言之,解构人文主义的问题意识,展示了一种真正堪称"辩证唯物主义"的人文教化。这的确不是当代历史危境(1985年)之中学术体制所要求的罗马公民之创造。反之,它是培育人民"违背天性刷新历史"的能力。假如我们将诗人济慈的矛盾律令推至极端,就不妨说它是要造就具有颠覆能力的男女(the making of negatively capable men and women)。

三

阿波罗还是狄奥尼索斯?文化还是紊乱?这就是一种教育理论及其实践的逻辑。此种逻辑之精髓,不在于超然无执、不偏不倚地探索,而在于一套尊卑有定的信念体系;此种逻辑在现代世界几乎就毫无合法性可言,无论是在精神史上还是在经济史上,无论是在社会史上还是在政治史上,概莫能外。然而,20世纪60年代人文知识支离破碎,自我摧残,修复人文知识共同体系的运动风生水起,方兴未艾。这恰恰表明,上述信念体系依然盘踞优越地位,在西方尤其是在英美世界继续享有权威地位,仍然是教育体制的纲领。人文教育秩序与物质世界之间,知识生产与语言文化经济和社会政治关系之间,存在着引人注目的重重矛盾,这就证实了学术及其精神殖民主义同霸权统治的社会政治秩序互为表里,沆瀣一气。这套信念体系突出了人文主义二元逻辑链条上的薄弱环节,同时也确定了究竟在哪一点上介入,反记忆批判才可能取得最佳效果。然而,更为重要但更为不确定的是,它为后人文主义教育的理论和实践提供了水平轴的支点。后人文主义教育乃是一种对立的文化观念,它可能逆消费社会极权主义和无序的潮流而动,在历史上以物质化的方式决定了人文主义二元逻辑的结果;同时,它又可能听命于一个移心世界的对话律令,而一小部分囿于同心圆及其强制秩序的人在历史上将这个世界神秘化和殖民化了。也就是说,这套体系暗示了一种教育理想,承诺反思由本源所派生的语言,这一本源不仅产生了王道结构,并且赋予了其正当性,笼罩着西方本体论、西方文化、西方性别关系、西方经济学、西方政治学；或者反过来说，在逻各斯中心主义的恶性循环中，它承诺反思西方本体论、西方文化、西方性别关系、西方经济学、西方政治学的王道结构，它不仅产生了由本源所派生的语言，而且赋予了其正当性。如果凝神灌注于所谓"崇高人文主义"（litterae humaniores），我们就会发现人文主义二元逻辑所集中表现的矛盾昭示了一种求学问道的方式，它以复活和重温（"先行追忆"[29]）派生的弱势概念之原始意义为己任，如同一所殖民的差异，日神所殖民的酒神，经典所殖民的开放世界性文本，高度严肃所殖民的低俗怪异，单声独白所殖民的杂语喧哗[30]——在追思怀想之中，通过文化记忆颠倒二元逻辑，让源初的强势概念臣服于派生的意义，而遗忘或压抑原始意义。这种矛盾还预示着一种求学问道的辩证法，一种批判的阐释学，它将释放迄今为止惨遭殖民蹂躏的弱势方能以己之声

---

[29] 克尔凯郭尔：《重复：实验心理学一论》，Walter Lowrie 英译并导读，纽约，1964 年版，第 33 页："惟有在彼此对立的方向上，重复与追忆才是同一运动；因为，追忆乃是后行重复（repeated backwards），而重复是先行追忆（recollected forwards）。"笔者在别处指出，先行重复与后行重复，就是克尔凯郭尔的区分：一方面，是黑格尔的追忆（Er-innerung）；另一方面，是海德格尔的重复，即把阐释学的循环理解为重复（重温，Wiederholen）。参见拙文《海德格尔，克尔凯郭尔与阐释学循环：论阐释作为解蔽的后现代理论》，载于《疆界2》，No.2(1976年冬季号)，第 464 页以下。

[30] 单声独白与杂语喧哗的区别见巴赫金的论文《小说话语前史》（载于《对话想象四论》，Caryl Emerson/Michael Holquist 英译，德克萨斯大学出版社，1981 年版）："古希腊人生活的特定历史时代，在语言学上堪称稳定的时代，单声独白的时代。在这个历史时代，一切情节，一切主体，一切主题，一切素材，以致全部形象、表达方式和表现基调，无不源自本土语言的心脏。自外而内地进入这个中心且为数众多的一切都被涵容在强大而且稳定的单语制封闭环境之中，这个封闭系统傲睨万物，带着蔑视看待蛮夷世界的杂语喧哗。单语制稳定强大，无与争锋，古希腊独具一格的文学体裁——史诗，抒情诗和肃剧诗，均出自这一心脏。这些文学体裁表现了语言中心化倾向。但是，与这些文学体裁比肩而立，尤其是源于民间文学的体裁之中，滋生并养育了戏仿和滑稽模仿形式，这些形式延续了古代语言斗争的记忆，且在语言分层化和区隔化的过程中持续得以滋养。"（第 66—67 页）

笔者在此引入巴赫金对于单声独白与杂语喧哗的区分，意在表明他的小说起源论与小说功能论同笔者的人文主义二元逻辑解构分析确有异曲同工之妙。在巴赫金看来，源自"低俗"民间的嘲笑淫荡而又猥亵，表现了戏仿、滑稽以及狂欢的本能，由此生成了一种永远"未完成的"体裁，因而小说的本质功用自始就是扰乱、决裂和摧毁抒情、肃剧、谐剧，尤其是史诗这些体裁的独占鳌头的威权，它们完美而又封闭，稳定而又强大，反映了一个没有时间因而不属历史的暂时性概念，反映了一个幽闭无光的世界，反映了一个占据统治地位的阶级与文化的精神品格。笔者承认，绝非偶然，启蒙时代以来，那些坚定地倡导经典和监护经典的人面对小说之中那些桀骜难驯的异数深深地表达了忧虑之情，而在讨论传统或者讨论殖民化历史的时候，这种忧虑之情反而采取了一种"懈怠"的形式，也就是说，他们主动失察，将乔伊斯的《尤利西斯》、贝克特的《瓦特》以及品钦的《万有引力之虹》当中的差异强行纳入一种熟悉的传统文学体裁之中。

自道其志。㉛

在另外一些论著之中,阿诺德为现时代表述人类学中心所认证的二元逻辑建立了一种包罗万象的罗马式借代结构——以部分指代整体的修辞术。㉜ 化用这种修辞术来说,后人文主义教育观念呼吁解除对"无政府状态"(anarchy)的殖民统治,消解其地域化特征,将"无序"的"意义"从"文化"的档案化至尊"意义"的统治之中释放出来。假如必须肯定地表达这种否定的律令,那么,历史危机时刻的人文化成之举,就要求彻底解放或者说主动回忆("希腊")语词的原始"意义"。先有这种意义存在,然后是本质上真正优雅的西方自我之话语实践强行赋予"混沌"(chaos)一词以派生的绝然轻蔑的意义,最后才是西方自我对一个绝对本源的祈望。一个绝对本源,意味着"一个始基"/"一团混沌"(an-arché),"无始无终","没有开端亦无终结"。如果援引海德格尔的"重复",与"解蔽"活动敷衍成戏,我们就会看到,"无政府状态"本来就是一种永远已经敞开的暂时生命体验,一种神秘惊怵(Unheimlichkeit)的体验,一种对于可能性、怪异性以及陌生性的体验,一种对于先验存在的体验:这种存在尚未开垦、尚未殖民、尚未驯化。

拐弯抹角地提到驯化和腐蚀,就让我们原地转圈,又回到了罗马人授权的区别:"蛮族人"与"罗马人"的区别。"蛮族人"本质上是防不胜防所以居心叵测的他者,而"罗马人"则是文明开化人文化成的牧者,后者(白种人)的"重大使命"是怀柔远人,通过殖民化而涵濡、柔化以及驯服前者,将帝都的权力和规训效果延伸到天远地自偏的外省。事实上,罗马人与蛮族人的对立,乃是文化与无政府状态对立的延伸。我们消解了罗马人对于蛮族人的殖民力量,并且记得,早在罗

㉛ "以己之声自道其志"(speak in their voices: to say their say),这个短语源于 Peter Szondi。笔者化用这个词语,部分意思是指:他将"语文学的精神"(philological ethos)用来批判地阐释以政治为本的官方文件,这份文件记载了制度基于"理性"而拒绝柏林自由大学的学生建立一所"批判大学"的议案。参见《论一所自由大学:一个语文学家的提议》(法兰克福,1973 年版)。还可以参见 Karl Grob《语文学的理论与实践:反思彼得·桑迪的公开之论》,载于《桑迪研究》,《疆界 2》专号,Michael Hays 主编,XI, no.3(1983年冬季号),第 176 页以下。

㉜ 《阿诺德学说的当代意义》一文的附录发表于《批评探索》第 9 卷(1983 年 3 月号)。这份文献证明,尽管备受责难,饱受质疑,二元对立逻辑及其所反映的意识形态仍然被铭刻在人文主义意识深处。关于这一点,Eugene Goodheart 的《当代阿诺德》便是明证。

马文化帝国秩序将其深刻的歧义性强行纳入"敷文化以柔远"的轨道之前,希腊语的"蛮夷"(βαρβαοσ)一词本来就是指"异邦人""非希腊人"。于是,我们顿生疑虑:为了"化解"当代历史的危机,我们罗马化的教育体制"必不可少的急务",就不是打着高雅文化公民的旗号去"重温"核心课程,而是坦然承认核心课程可能就是危机的肇因。我们开始疑虑:由于这个时代的整体匮乏,是必须复活——"重温"——无知、自私、同时共存感(地方主义、夜郎自大)呢? 还是复活——"重温"戏仿、狂欢、随机兴发、猥亵下流、低俗怪异,以及在现在看来纯属灭绝的蛮夷世界的一切? 康斯坦丁·卡瓦菲斯(Constantine Cavafys),乃是最文明化且最边缘化的诗人之一,隐含在其诗篇之中的微言大义便是以罕见的共鸣见证了上述断制。此君不是西方人,也不是东方人,他既是东方人也是西方人,是20世纪的亚历山大里亚希腊人。

> 聚集在闹市,我们等什么?
> 据说蛮夷今天要来了。
>
> 何以议事会如此不作为?
> 何以议员们干坐在那里却不立法?
>
> 因为蛮夷今天到来。
> 何以议员们不该立法?
> 蛮夷要来了,他们将会制礼作法。
>
> 我们的皇帝为何早起?
> 为何他头顶皇冠,称帝登基
> 却静坐在城邦大门前?
>
> 因为蛮夷今天到来。
> 皇帝在等着,迎接

他们的首领。实际上他
为蛮夷首领备好一纸公文，上面
他已经封赐了许多权力和名头。

为何我们的两位元首和长老
今天都身披红色绣袍出门？
为什么他们都戴上紫色水晶手镯，
指环上金光灿灿，绿宝石闪闪发亮？
为什么他们今天手拿名贵的手杖
华丽地镶嵌着金银？

因为蛮夷今天要来了。
这些物件会让蛮夷开心。

为什么高贵的演说家们如期而至
登堂开讲，自道其志？

因为蛮夷今天要来了。
他们会对修辞与雄辩感到厌倦。

为什么突然如此不安
如此迷惘？（不安与迷惘挂在脸上，不管他们是多么冷静！）
为什么大街广场突然空无一人？
为什么每一个人都茫然失措，匆匆还家？

因为夜幕落下，蛮夷却未到。
有人从边疆来
说再也没有蛮夷。

没有蛮夷,我们怎么办?

只有那些蛮夷族,才为我们指点迷津。㉝

　　重访蛮夷,让蛮夷重生,倒不是徒劳无益地铤而走险,废黜核心课程与文化传统,废黜帝都及其所划定和管辖的地域(好像这不无可能)。同时,重访蛮夷,让蛮夷重生,也不只是质疑那种从直接而狭隘的边缘性将他们教化为"罗马国民"(Civitas Romnaum)的意识形态。这么一种乾坤挪移的姿态只不过是再度强化了二元对立体系而已。解除对一个整体化时空的殖民压制,从而得以重生的蛮夷,既不是局内人也不是外来者,既非开悟者亦非迷途者,既没有安身立命也没有浪迹天涯,既不是罗马帝国的公民也不是帝国疆界之外的世界居民。他或者她,就是局内的外来者,开悟的迷途者,熟悉的异邦人。化用海德格尔笔下的荷尔德林形象,我们不妨说,他或者她就是诗意地栖居在世界与大地裂隙间的男人/女人。因而,蛮夷的重生简直就意味着建构一个反复地自我摧毁的城邦:其核心朗然兴现,其秩序霸气纵横,等级林立,权力结构沿着王朝模式代代相传,它们永远诱惑人们不断重温——这个城邦是随机偶现、即兴而发产物,总是已经开始,总是已经在路途。最后,它是指一座真正革命的城池。

【[美]W. 斯潘诺斯　美国宾哈穆顿大学英语和比较文学荣誉教授
胡继华　北京第二外国语学院文化与传播学院教授】
原文刊于《中国文化》2014年02期

㉝　C. P. 卡瓦菲斯:《等待蛮夷》,原文为希腊语,由本文作者翻译为英语。

屈原原型

屈赋的思想史意义

杨儒宾

一、前言

屈原其人与屈赋其书在中国文化史上的影响,不言而喻,相关的研究汗牛充栋。本文所说的"原型"其实也不是新颖的论述,它只是响应千百年来屈原研究的一条主轴。从司马迁、刘向、刘勰、萧统以下,屈原的人格典型地位与屈赋的文学史典范地位已告确立。但笔者认为我们如稍加调整思考的角度,未尝不可旧义新说,活化一些被蒙蔽已久的意义,笔者将从"原型"的角度介入屈原的诠释。

"原型"这个从外文翻译过来的词汇现已生根,[1]变成常见的中文学术术语。有关"原型"一词的接纳史,待研究的节目仍多。据笔者所知,目前人文科学所用的"原型"概念主要来自三个领域,首先,当然是荣格(C. G. Jung, 1875—1961)的用法,荣格的集体无意识的主要内容即是"原型",原型是类似于本能的先验性概念,它内在于每一个体的深层无意识当中,它经历人此种属长时期的历

---

[1] "原型"译自外文"archtype",此术语因荣格的使用而声名大噪。但在新柏拉图学派与在中世纪神学著作中,此术语已扮演重要角色。荣格也时常将此词语和柏拉图的"理型"做对比,以示其普遍义。荣格对比这两个词语很有参考价值,但荣格自认原型是个经验科学的概念,而非玄学语言,这项差别很关键。

史经验之积淀,构成了人潜存的生命结构,"原型"构成了人回应生活世界的基模。人在世界上有多少重要关卡,原则上即会有多少不同的回应之原型。"原型"深潜于集体无意识的深底层,它是生物学、生理学、原型心理学的经验性概念,实质上却具有康德"物自身"的地位。原型因而不可问,但它会外显或投射为原型意象,我们所能知的只是原型在意识层的投影。

第二种原型见之于耶律亚德(M. Eliade,1907—1986)的用法,如果说荣格将原型置于主体的云深不知处,耶律亚德的"原型"则置于无法穷究的时间源头,或者是超时间的源头,他的"原型"总是和神话学意义的"创造"连接在一起。在神话的世界中,任何创造性的事件都会成为尔后相似事件的模型,事件的第一次出现即是后世类似事件依循的轨范。在所有创造事件中,最重要的事件厥为宇宙的创造,宇宙创造此事件是一切自然创造或文化创造的终极依据。因此,模仿宇宙创造变成所有创造事件中最重要的典范。耶律亚德的"原型"概念紧依着他的人观与历史哲学而来,他认为在近代西欧人以外的时代与地区,这些所谓的"初民"对历史、世界、意义另有一套迥别于"现代人"的看法,他们相信这个世界的任何事件所以有意义,乃因此世内的任何事物皆因仿效或参与了神话的创造性事件,所以其存在的性格才会发生质的变化。原型因而是意义的提供者,此世的任何事件必须定时地参与神话时代的神话事件,其存在才有价值可谈。所以永恒是逆返神话时代的原型事件之时刻,而不是向前的不断创新,才是初民关心的重点,原型的永恒回归可以说是一种神话版的上古存有论。

第三种原型见之于文学批评的原型学派,弗莱(N. Frye)的原型批评受惠于荣格与弗雷泽(J. G. Frazer)的《金枝》。虽然弗莱常在他的文学批评理论与影响项的人类学及心理学理论之间作一区分,但弗雷泽的季节仪式与荣格的四象性明显地在弗莱的《批评的解析》此书中见出相应的结构。弗莱将四时的春夏秋冬与欧洲文学的四种文类:喜剧、浪漫故事、悲剧、反讽组合而成,每一文类代表一季的文化特色,喜剧描绘的是有关生之愉悦的春之讯息;悲剧描绘的是代表衰亡的秋之讯息。在弗莱的文学图像中,文学史发展的图式和四时的构造不只形式相似,其运动也相似,文学的发展由神话始,终于反讽,接着再回归于神话。文类横跨的时代幅度很大,它是外在于人的四季循环与内在的各种情感的系连物。

文学创造需要文学天才，但从遥远的距离来看，文学天才的作用也是有限的，他事实上是以个人的语言重复历史上已轮回过千千万万次的主题。

"原型"一词已逐渐变为常用的中文学术术语，如果要在传统的中文语汇找出相当的词汇的话，"典型"或"典范"庶几近之。在《尔雅》一书中，"典""刑""范"这三个字恰好都带有"常"的义涵，[2]亦即带有"常道""规范"的意味。至于两字联用的"典型"一词则出自《诗经》："虽无老成人，尚有典刑"；文天祥在《正气歌》一诗中，罗列了他心向往之的伟大人物，这些人成仁取义，以身殉道，是学者该效法的模范，文天祥因而赞叹道："典型在夙昔"。至于"典范"一词则由"典"与"范"组合而成，"典"来自文本的样式，"范"最重要的功能即是《洪范》一文所代表的"伟大的范式"之意。"典范"两字联用可能起源于萧齐，见萧子显的《南齐书》云："稽详典范，日新皇度"，[3]此处的"典范"指的自然是前代的仪轨范式；唐人韦昭度有言："用彼怀柔，式存典范"，[4]其义大抵相同。

不管是"原型"或是"典范""典型"，其义皆指范例之意，而范例意指可为不同的个人或个案所依循的模范。至于这种模范的存在依据到底是落于人的深层无意识、历史上的某一时空点或是神话时空，各家说法有别，但各说不一定构成矛盾。事实上，荣格的"原型"说即对弗莱的原型批评颇有影响。耶律亚德和荣格虽所重不同，但由耶律亚德的"圣显""圣之辩证"说，我们也可找到其神话原型和深层主体的关系，耶律亚德和荣格同样在神话叙述和主体构造之间找到本质性的关联。"原型"不管是采"神话""深层心理学"或"诗学"用法，其依据皆与主体的依据有关，也脱离不了和人格的自我完善功能之关联。

本文所用的"原型"之义也是和主体的发现与人格的养成有关，这样的立足点显然是承自中国传统的文化论述而来。在儒家的文学世界中，屈原扮演了相当特殊的角色。屈原作品是中国文学的不朽式范，就像屈原本人是中国文人不朽的典范，这是中国文学史的共识，也是儒家传统基本上接受的前提。刘勰的《文心雕龙》将《离骚》当作中国书写传统的枢纽之一。在《辨骚》篇里还赞叹屈

---

[2] "典、彝、法、则、刑、范、矩、庸、律、暨、职、秩，常也"，《十三经注疏分段标点·尔雅注疏》（台北：新文丰出版公司，2001），册19，卷1，第30页。
[3] 萧子显，《列传三十八·魏房》，《南齐书》（台北：鼎文书局，1978），卷57，第991页。
[4] 引自王钦若，《册府元龟》（台北：台湾中华书局影印本，1967），卷474，第19页，总第5662页。

原其人其文的影响道:"其衣被词人,非一代也。"何止"非一代也",应该说:屈原的影响跨越了历史时空的差距,无远弗届。本文的基础即是建立在对屈原其人其文的典范的认定上面。但笔者认为借用当代的"原型"用法,我们可以重新安排"屈原"其人其文的典范意义。

二、《离骚》或《离骚经》

屈原是国史上数一数二的大诗人,但屈原的意义远超出诗史的范围,笔者将从思想史的角度介入,将屈原其人其诗放在宏观的视野下定位。

屈原不是第一位写诗的人,但他却可视为中国诗史上第一位严格意义的诗人。[5] 屈原以妙才神思,洞鉴个体、家国与他界的奥秘,他的著作自然有思想史的意义。[6] 至于他在哲学史上的地位也逐渐蔚为议题,[7]冯友兰的《中国哲学史新编》早已将屈原列入战国晚期的哲学家。这种定位在文献证据与理论内涵上,都有理路可言。事实上,屈原在哲学史上的意义并非始于今日,前贤如朱子等人,早已注意到屈赋中蕴藏颇多义理的讯息。但笔者在本文中将更从人格原型的角度探讨屈原在中国思想史上的意义。笔者认为依中国圣凡连续性的文明模式,重要的历史事件或人物也可以取得超凡入圣的原型意义。屈原身为中国最早的诗人,他的遭遇在后代的儒者身上还会再出现,因此,屈原如何表现自己、响应时代,其模式对后人而言遂有典范的意义。

---

[5] 《诗经》已搜罗众多诗作,其中有些诗篇可知道作者,但这些作者在历史上的影响大概都是出自《诗经》的庇荫所致。具有强烈个人风格的诗作不能不起源于屈原。林庚说:屈原的出现,"使得诗坛上从此有了诗人。"其说洵是无误。林庚之说参见《诗人屈原及其作品之研究》(上海:古典文学出版社,1957),第 54 页。

[6] 文人具有思想史意义者,并非罕见,如果文人够伟大的话,他的影响有可能就会超越文学的范围,而进入思想史的领域。韩愈此文人之雄,苏东坡此一代文豪,他们的影响无疑是跨代也是跨文类区别的。他们在思想史的意义经由陈寅恪、钱穆的宣扬以后,已广为人知。

[7] 有些文人或诗人不但有思想史上的意义,他们甚至具有哲学史的意义。海德格的贺德林、铃木大拙的芭蕉、怀海德的华兹华斯都是此类人物。马一浮特别宣扬的陶渊明、谢灵运、王羲之等人也是大家耳熟能详的例子。这些诗人虽然都是写诗名家,但他们具备了"出位之思"的资格,他们被上述这些举足轻重的哲学家或哲学史家,视为真正的哲学家,他们虽以诗写思,其洞见往往比大部分哲学家的洞而不见,亦即盲见,来得重要多了。

我们的探讨首先将从《楚辞》一书的定位谈起,《楚辞》是先秦著作中少数保留得较完整的典籍,目前可见的《楚辞》版本乃是王逸在刘向奠定的基础上,再加以整编而成的。《楚辞》除了搜集屈原作品二十五篇以外,另收有宋玉以下直至王逸本人的著作,共四十二篇。这四十二篇加上屈原赋二十五篇,遂合构成《楚辞》全部的作品。《楚辞》是中国少数文本秩序较稳固的文集,从王逸编成此书以后,内容基本上没有散佚。

王逸编成《楚辞》,且为之作注,其书独能保存汉儒旧义,其有功于《楚辞》一书,可想而知矣!但王逸编《楚辞》,也留下了许多问题,其中最常受到批判的问题之一即他的选文标准何在。《楚辞》作家都效法屈赋的文体,踵武前修,这是确切无疑的;但这些作家颇有些更好的辞赋,如贾谊除《楚辞》入选的《惜誓》之外,其《鵩鸟赋》岂不更著名!王褒除选入《楚辞》集子中的《九怀》外,其《洞箫赋》岂不更有名。王逸何以选此遗彼?

王逸的选文除标准受人质疑外,他在选完各家辞赋之后,竟加上自己作的《九思》一赋,以终斯书,这一安排更引起了诸多非议。但王逸此一做法并非凿空妄造,自我作古而来,因为在他之前的刘向编纂楚人辞赋后,即加上自己所作的《九怀》,以附骥尾。刘向的做法就像王逸的下场一样,同样引起后人的非议,被认为不自量力。

王逸、刘向的选文和以自作附《楚辞》一书的举动都引发了极大的争议,南宋《楚辞》学的大家朱子纂注《楚辞》,编《楚辞集注》时,即大笔一挥,将旧本原载的《七谏》《九怀》《九叹》《九思》等辞赋删掉,也就是东方朔以下,连刘向、王逸的作品都被净化掉。在朱子辛苦撰成的《楚辞后语》六卷中,朱子对自己的选择作过说明,表示自己的增删更符合屈原赋的精神。⑧ 明末《楚辞》学大家王夫之为《楚辞》作注时,也看不惯王逸选文的冗沓不齐,因此,重新整编时,也直接地将东方朔《七谏》以下的作品连刘向、王逸拟作的辞赋一并删除。接着,王夫之在编注的《楚辞注》之后,加上自己模拟骚赋所作的《九昭》。等到入清后,戴震注解《楚辞》时,更干脆将宋玉以下的作品全部割舍,只注解屈原的作品廿五篇,

---

⑧ 书末所附《楚辞后语》六卷,是朱熹删补晁补之所编《续楚辞》《变离骚》二书而成。

并以《屈原赋注》名书。

对王逸本《楚辞》有意见者不乏其人,笔者所以特别提及朱子、王夫之、戴震,乃因他们三人的《楚辞》注或屈赋注都是注释史上的名著,三人也可以说是宋、明、清三朝举足轻重的哲人。他们三人省视《楚辞》一书时,发现其间作品的水平不一,牛骥同皂,殊不合理,因此,都居间做了些调整。所谓调整,也就是净化、纯化,他们要一部更具文学感染力、也更符合屈原精神的《楚辞》读本。

朱子、王夫之、戴震的删舍是否合理?问题恐怕还是要回到《楚辞》原书,确定这部诗史上的经典是如何编成的,答案才会有着落。刘向、王逸并非以鲁莽自大出名,他们编纂《楚辞》选文和他们将自己的作品殿于注释本之后,可能都有理路,并非杂凑所致,也不是不自量力。但贤如王夫之,当他批评刘向、王逸的做法不可思议时,竟也重蹈覆辙,居然在选集之后,附上自己的著作,难道他不怕后人也会加以"净化"吗?或许我们可以承认:王夫之的文学才情可能胜过刘向、王逸,但他所删除的刘、王的作品和他自己的作品之间的水平是否差距那么远,也许很难说定。因为关键不在作品的文学成就,而是刘向、王逸的编选另有标准。底下我们将阐述:任何人的辞赋作品一旦进入《楚辞》的世界时,意义就变了,这些作品即会依同一种思维展开自己的叙述的,文学的成就是其次的标准。笔者认为:"辞"作为独立的一种文类,可以说是围绕着屈原此人格典范及《离骚》此文学经典所展开的,"辨骚"是理解屈原的前提。

简单地说,《楚辞》一书乃是"屈原"的诠释史,而此书所理解的屈原是透过《离骚》此一辞赋显现出来的,我们不能依后世选集的眼光框住《楚辞》。《楚辞》的选文并不是依照文学标准,而是依照伦理标准,当然如能两种标准合而为一,最理想不过了。中国的文论、诗论通常很注重作品与人品的关联,我们如要论道德与文学成就的合一,很自然地首先会想到"屈原"其人。事实上《楚辞》的诸位作者恐怕也是这样定位屈原的,"能否符合或响应屈原的精神"因此成为《楚辞》选文的标准。底下,我们且看王逸对屈原以下的《楚辞》各篇章的题词,即可思过其半矣!笔者先作文抄公,罗列其言如下:

1. 宋玉者,屈原弟子也。闵惜其师,忠而放逐,故作《九辩》以述其志。(注《九辩》)

2. 宋玉怜哀屈原,忠而斥弃,愁懑山泽,魂魄放佚,厥命将落。故作《招魂》,欲以复其精神,延其年寿,外陈四方之恶,内崇楚国之美,以讽谏怀王,冀其觉悟而还之也。(注《招魂》)

3. 屈原放流九年,忧思烦乱,精神逸散,与形离别,恐命将终,所行不遂,故愤然大招其魂。(注《大招》)

4. 惜者,哀也。誓者,信也,约也。言哀惜怀王,与己信约,而复背之也。古者君臣将共为治,必以信誓相约,然后言乃从而身以亲也。盖刺怀王有始而无终也。(注《惜誓》)

5. 小山之徒,闵伤屈原,又怪其文升天乘云,役使百神,似若仙者,虽身沉没,名德显闻,与隐处山泽无异,故作《招隐士》之赋,以章其志也。(注《招隐士》)

6. 屈原与楚同姓,无相去之义,故加为《七谏》,殷勤之意,忠厚之节也。或曰:《七谏》者,法天子有争臣七人也。东方朔追悯屈原,故作此辞,以述其志,所以昭忠信、矫曲朝也。(注《七谏》)

7. 忌哀屈原受性忠贞,不遭明君而遇暗世,斐然作辞,叹而述之,故曰《哀时命》也。(注《哀时命》)

8. 褒读屈原之文,嘉其温雅,藻采敷衍,执握金玉,委之污渎,遭世溷浊,莫之能识。追而悯之,故作《九怀》以裨其词。(注《九怀》)

9. 向以博古敏达,典校经书,辩章旧文,追念屈原忠信之节,故作《九叹》。叹者,伤也,息也。(注《九叹》)

10. 逸与屈原同土共国,悼伤之情与凡有异。窃慕向、褒之风,作颂一篇,号曰《九思》,以裨其辞。(注《九思》)

上述十篇提词,无一例外,全部都是围绕着屈原其人的人格与命运展开的叙述。

《楚辞》此书的性质颇为特殊,在《汉书·艺文志》中,"赋"独立成类,不列入

《诗》的范围中,由此可见,"赋"已蔚为文学大宗,隐然足以成为《诗》的"敌国"。在"赋"目下,《艺文志》又细分为四,屈原赋与荀卿赋、陆贾赋、杂赋并列,可见汉代辞赋之作颇为兴盛。至今为止,保留较完整的辞赋只有屈原与荀卿两类,而具影响力者事实上又不能不以屈赋抢首。但《楚辞》之特别者,还不仅在于独立于《诗经》之类目之外,更特别的,乃是从《隋书》以后,《楚辞》在图书分类中,往往会独立成类,亦即除了所谓的"总集"与"别集"外,另有《楚辞》一类。⑨《楚辞》的作者包罗屈原以下十家,作品四十三篇,就形式而言,它应当列入"总集"范围内,其情况或许与后世的《昭明文选》《玉台新咏》等类型较为接近。然而,自另一个观点看,宋玉以下的《楚辞》诸家辞赋都在述屈原之志,仿效《离骚》《九歌》之体,创作的意识不强。因此,如从书籍的属性来看,《楚辞》与其列入"总集"之列,还不如视为"别集"之祖,因为屈原之前几乎没有具鲜明个性的诗人,《楚辞》恍若是屈原的诠释集。正因为"总集""别集"的分类皆有不便之处,所以《楚辞》才可独立成类,鼎足为三。《楚辞》在诗史上所代表的意义,可说是"屈原"此符号的诠释史,这种独占鳌头的格局在中国诗人中很不容易见到。

由《楚辞》一书的独特性格,我们马上触及王逸的《楚辞》对书中屈赋与屈原仿效者所作的著名区分。众所共知,王逸视《离骚》为"经",《离骚》以下的各篇章则是为此经立注,可视为"传"。"离骚经"之语颇引起后人非议,它被视为汉儒之陋说。但笔者认为"离骚经"一词的提法有个理路,它提供了我们进入《楚辞》世界的有利钥匙。因为王逸的着眼点是将《楚辞》视为同构型很高的神圣经典,《离骚》被认为是可以比照《诗经》地位的圣经,屈原其他著作及后人的仿作则可视为对此经的"传"。无疑地,"离骚经"的提法是汉代经学在文学上的反映,也可以说是同一种思维模式的渗透。然而,由王逸的注解看来,他对"离骚经"的"经"的旨趣不见得了解得很透彻。⑩ 显然,他的注语是远有所本,"离骚经"的理念前人当早已有之,王逸并不是始作俑者。或许早在汉初淮南王作《离

---

⑨ 参见《隋书·经籍志》(台北:鼎文书局,1975),卷35,志30,第1055—1091页。
⑩ 王逸以"径"注"经",其说虽非无据,但对经的宗教情感意义不能畅透言之。

骚传》时,即已有"经"的概念,否则,"传"字即无着落。

汉人视《离骚》为经,此一分类与其说是陋习,笔者毋宁认为:这是极高的洞见。在大传统的论述中,《离骚》是三代之后,唯一一部不属于"孔子以上三代圣王以下"的道统范围的圣经。[11] 在儒家经典垄断"神圣"的资源的背景下,任何独立于《六经》之外的典籍如果能够被视为"经",它如不是被视为足以补儒典之不足,就是被视为足以强化儒典原有的叙述。从王逸、刘勰的语言看来,显然他们认为《离骚》是和《诗经》的性质一致的。汉人以《离骚》为经,这种定位不仅是对诗歌极高的礼赞,代表诗的胜利。更重要的,屈原与《离骚》被汉人视为与人及世界的终极价值息息相关,因为"经"是"恒久之至道,不刊之鸿教",它们传来深刻的道之讯息。我们前文提到朱子对王逸的编选《楚辞》非常有意见,但王逸视《离骚》为经,朱子却保持难得的缄默。其实不是缄默,而是暗助成之。朱子编选楚辞体作品,将屈原二十五篇作品视为《离骚》,而后世仿效屈原其人其文者的作品则被编为《续离骚》,《离骚》一诗串起了后来者一连串的作品。

我们如果观看朱子注疏的体例,不难看出他对《离骚》与其仿效者作品的安排和注解《大学》《中庸》经、传的体例颇有相似之处,朱子这种安排不大可能是无意的。朱子晚年时值党锢,在生命日落崦嵫之际,以注解《楚辞》自遣。[12] 显然,成了圣经以后的《离骚》不再仅是诗文之楷模,它也是人生方向的指针,世界定位的罗盘。[13]

---

[11] 在儒家传统外,其他学派自然也有各家学派的标准,如墨家也有《墨经》,道家以老子之言为《道德经》,即使连医家都有《黄帝内经》。但从汉儒的观点看,这些经的神圣意都不像儒家的六经那般理所当然,其神圣叙述也不够完整。

[12] 细节参见束景南,《朱子大传》(福州:福建教育出版社,1992),第985—993页。

[13] 汉人视《离骚》为经,刘勰的《文心雕龙》视《离骚》为"文之枢纽",多少也保留了此一看法,所以他在判断《离骚》的价值时,才会不怎么高明地在《离骚》与《诗经》间作比较。但就官方所承认的"经"而言,《离骚》始终没有被列入,甚至除了晚清的刘恭冕(见《刘叔俯致刘伯山书》,《国粹学报》乙第三点,1905)少数人之外,连建议者都很少听到。但无其名,不表示历代之人没有将屈原与《离骚》视同人格与典籍最高的典范,恰好相反,视《离骚》为经的说法,代代有之。

三、抒情原型：直教生死相许⑭

如果《离骚》被提升为经，屈原的地位自然也被提升为接近"圣人"的地位，历史上当然没有发生这样的事。依据儒家的传统，从孔子以后，真正完整意义上的圣人再也没有出现过。但屈原其人、《离骚》其文都是后世文人心仪效法的范例，则是事实。那么，此一现象的具体的内涵为何？

由于屈原其人的经历与性格主要从屈赋二十五篇中见出，尤其《离骚》一文更可视为后世自传文学的鼻祖，因此，从《离骚》入手，我们可以清楚地勾勒出屈原的形貌。

《离骚》这篇中国诗史上不世出的鸿篇巨制应当是屈原晚年的作品，至少是可以回顾一生的时期所作。由于篇幅长，因此，如何区分其架构，历代注家的分段不能没有出入。但此篇巨制的构造其实还是清楚易明的，屈原叙述了从出生到决心以死明志的心理过程。整篇辞赋等于回顾了一生中主要的人生段落，这是大写意的笔法。由于人生的经历自有节奏，因此，如何划分，不见得不可以取得基本的共识。

《离骚》此长诗共有 373 句（"曰黄昏以为期"两句不算），2473 字，笔者尝试做出如下的分段及其人生历程的意义：

《离骚》分段

人生历程的意义

1.帝高阳之苗裔兮→来吾导夫先路。

---

⑭ 此语出自元好问《摸鱼儿》，"恨人间，情是何物，直教生死相许"见吴庠编，《遗山乐府编年小笺》（香港：中华书局，1982），卷 1，第 1 页。晚近因为武侠小说名家金庸将此首词写入畅销小说《神雕侠侣》，遂大为世人所知。此词下半阕尚有遗韵，但注意者少，兹录其词如下："横汾路，寂寞当年箫鼓，荒烟依旧平楚。招魂楚些，何嗟及？山鬼自啼风雨。天也妒，未信与，莺儿燕子俱黄土。千秋万古，为留待骚人，狂歌痛饮，来访雁丘处。"由此词之流行，可见出情之极致与死亡的关系。由元好问将生死、情爱置放在《楚辞》的论述下定位，也可见出屈原此骚人之深于情，本节小标题因借以标目。

得意(本质好,内外兼修)

2.昔三后之纯粹兮→伤灵修之数化。

挫折Ⅰ(与君王关系恶化)

3.余既兹兰之九畹兮→固前圣之所厚。

挫折Ⅱ(与俗世界关系恶化)

4.悔相道之不察兮→岂余心之可惩。

转向Ⅰ(为回到超历史、政治的神圣世界作准备)

5.女嬃之婵媛兮→沾余襟之浪浪。

转向Ⅱ(女嬃、重华等作为灵媒之功能)

6.跪敷衽以陈词兮→余焉能忍此终古。

远游(升天与求女)

7.索藑茅以筳篿兮→周流观乎上下。

再转向(灵氛与巫咸的指导功能)

8.灵芬既告余以吉占兮→蜷局顾而不行。

再远游(至昆仑)

9.乱曰→吾将从彭咸之所居。

结局

九段太细了,屈原的写作缠绵悱恻,情思纠结,就如司马迁所说的"一篇之中,三致志焉",亦即主题一再反复,纠谬难解。所以我们不妨再简化其结构,以清眉目。笔者认为:《离骚》虽缪悠广衍,但文章的构造仍然是很清楚的,它呈现了如下的面貌:得意→挫折→转向→远游→结尾。至于原结构中的两次的挫折、三次的转向与两次的远游,可以说是同一首命运交响曲中的特定基调之反复,美感效果的强化而已。

如果我们删掉最后一段的文字,亦即《离骚》中结尾的"乱曰"的部分,那么,《离骚》呈现出来的构造是:得意(起)—挫折(承)—转向(转)—远游(合)的构造。这种四重构造的比重很不一样,第一阶段包含从"出生"到"壮年得志"的时期,人生岁月不短,诗歌篇幅则不长。屈原论及出生,文字甚简,其作用主要是为了衬映尔后逆返"绝地天通"前的原始乐园此一母题。"得意"的叙述所占比重也不大,"欢愉之辞难工"或许是原因之一,但根本的原因在于欢愉之于屈原只能是种不堪的回忆,这段遥远的往事之所以有价值,只因它是目前这种挫折失意的心灵的一段不可分割的历史。得意固是骚人之所向,但就美学的观点论,其得意却是为了失意而存在。国家不幸诗家幸,诗家不幸诗歌幸,因为只有政治上的失意,加上国君、同僚、学生的背叛等负面的因素中介进来以后,作为诗人的屈原才会成为文学史上的巨星。

我们对这位文学史上的巨星的了解主要是从他的作品看出来的,屈原很自觉地要以诗表白他自己。《离骚》是篇灵魂受难的告白,主人翁是位不折不扣的文化英雄,但这位文化英雄的血管流动着其时少见、上古时期常见的神之血液,[15]屈原是传说中半神半人的颛顼帝的后裔。在传说中,颛顼曾因蚩尤作乱带来的恶风,厌恶人世间再也没有德馨上达天听,因此命令"重黎"断绝神人沟通的管道,人再也上不了天,神也下不了地,这就是"绝地天通"的神话母题。在《离骚》破题处,屈原特别提出他自己高贵的出身:"帝高阳之苗裔",高阳即颛顼。屈原提出此出身不是为了炫耀,而是他认定自身负有特殊的使命,和神界有特殊的沟通管道。上文所列文章结构中的"远游"即意指回返到楚国先祖也就是屈原先祖所在的"颛顼"时代及昆仑神山,"颛顼"代表的是"绝地天通"以前的宇宙轴仍联系天地神人的神话时期,"昆仑山"代表的则是"绝地天通"前的宇宙山。"昆仑"此宇宙山是与"颛顼"此神话帝王岁月对应的神秘地理,一个是时间的起点,一个是世界的中心,两次的"远游"即是要回返到这个神秘的时空点。

我们看到《离骚》显现的屈原一方面是一位很容易离体远游的巫者型人物,一方面则是一位极易与时代及自然氛围共感的道德感极敏感之人物,这两种身份在后世不容易聚拢在一个人的身上,但屈原却绾合了这两种特质的人格于一身。而他之所以能拢结这两样异质的因素,其拢结的力道出自独特的文化风土下的独特之身心特质。很明显地,因为楚国的巫教之文化风土以及屈原受教于三代大传统的贵族教育,屈原拥有容纳广阔的生活世界意义及他界意义的体质,

---

[15] 远古的诗歌所歌咏的主角多为带有神性的英雄,此一题材当是普见于各文化上古时期的现象,参见维柯(Vico, Sta)著,朱光潜译,《新科学》(北京:商务印书馆,1989),第171—180页。

但也拥有解释自己体质的论述能力。在巫教及传统身体观的影响下，屈原的主体是共感力量极强的气化主体，气化主体是一种游动的脱主体（ecstasy）之构造，诗人经由游动于主客之外的气之感通，建立起根源的情境会通模式。不同于儒、道大宗的气化主体模式，屈原这种脱主体的模式横跨了从"心气之流动"以至"离体远游"的辽阔区域，亦即横跨了诗之感通、想象以至宗教性的"灵魂之出窍"。屈原的主体之体并不是那么固定，它具有松绑甚至解体的能力。屈原不仅是人文世界的诗人，他也是叩问鬼神先祖奥秘的准巫祝人物，他上下求索于昆仑神界与政教世界。

屈原的气化主体和作品创造之关系，牵涉到晚近学界一再言及的巫教文学以及"抒情"传统。巫教文学之实在王逸的注解已可见到，但此说蔚为一种主流论述，当是二十世纪因神话学、人类学等新学科被引进中土的人文研究后，其说才显耀于世。[16] 屈原的巫教因素其实也开启了一种巫骚的传统，《离骚》也是巫系文学的典范，李贺可以是此系统的胤子——郭璞、李白诸多诗人也都浸润在习习巫风当中。"巫系文学"长期被忽视，我们如果考虑巫文化从来没有在中国绝迹，它不但在文化源头期渗进中国文化的各支脉里，[17]在后世也仍维持强悍的生命力，那么，我们当承认：它没有理由被忽视。后世学者如欲重构屈原所代表的巫系文学，此论述有说服力。[18] "巫教"与文学，甚至"巫教"与文化的关系，是可以确认无疑的。

但笔者毋宁认为：屈原的"巫教"主题之所以特殊，之所以值得大书特书，不全在宗教的议题，更在宗教与人文的交织地带。更确切地说，也就是在于他的"巫教"因素和"抒情"因素关联很深，"巫教"的"形神分离"的核心教义使得"情"可以有极大展现的空间，此空间之大使得后世只能依神思的感物连类加以创作的诗人瞠目气结，舌挢不下。"抒情"的因素也因寄托在巫术空间上，所以

---

[16] 在二十世纪新人文科学建构者王国维、刘师培等人的著作中已可见到这类论述，堂而皇之的论述则见于藤野岩友，《巫系文学论》（东京：大学书房，1969）。

[17] 参见周策纵，《古巫医与"六诗"考——中国浪漫文学探源》（台北：联经出版事业公司，1989）。

[18] 屈赋与巫风的关系言者已多，当代"文学人类学学会"的成员，尤其是萧兵，论述尤为宏富，如《楚辞与神话》（南京：江苏古籍出版社，1987）、《楚辞新探》（天津：天津古籍出版社，1988）、《楚辞文化》（北京：中国社会科学出版社，1990）等，书多，不及备载。

很吊诡的,"情"反而得以首度在诗歌领域获得彻底的解放,因而转化了巫教的世界为诗的国度,人文与超人文领域遂有奇妙的融合,《离骚》在文学史上的地位遂超过它在宗教史上的地位。

就人格典范的意义来讲,本文更侧重屈原的"抒情论"所开启的传统这个面向,有关"抒情传统"的"抒情"的前提自然是要有"情"可抒。情为何物,此议题在战国时期是诸子的共同论述。在此之前,"情"既不是哲学的议题,也不是诗歌的议题。但不管是哲人或诗人,战国人物对"情"的书写大概没有人比得上屈原。屈原之后,如论作品所表现的情的各种变容,后世诗人不管如何伟大,大概也很少有作者比得上两千三百年前这位楚国的大诗人——不见得是因为个人才性的高低,更重要的原因是文化的背景不同所致。[19] 屈原言情,[20]《离骚》更是"言情之书",[21]是可以称得上是篇"情"的独立宣言,"自今及古,文雅之士,莫不以其情而玩其辞"。[22] 然而,屈赋中的"情"不能只从后世情意性的私密主体加以论述,因为其时"抒情"的意义和诗人的自我定位以及世界的开显,关联甚深。有关"灵魂远游"以及"抒情"的议题,各有其义,笔者也已分别撰文另论,兹不赘述。[23] 值得进一步处理的问题是屈原的"灵魂"与他的抒情主体之间究竟有何关系。

"情"所以重要,乃因作为主体性内涵的"情"也是个体性原理,至少具个体性的内涵。有关"情"的起源与性质问题,学界的意见并不一致。但随着上博、郭店儒简陆续公布,"道始于情"的面貌日渐清晰。[24] "情"是战国思想界共同的论述,此义当已确立。"情"在宋明时期儒学史上的地位很重要,众所共知,在陆王心学的思想中,作为主体的具体化原理的心体是以道德情感的面目显现出来

---

[19] 参见拙作《屈原为什么抒情》,《台大中文学报》,第 40 期(2013 年 3 月),第 101—144 页。
[20] "屈原言情"一语是章炳麟对屈赋下的整体判断,此语与"孙卿效物"对照,参见章炳麟,《国故论衡·辨诗》(台北:广文书局,1977),卷中,第 131 页。
[21] 语出魏学渠序李陈玉《楚辞笺注》,引自杨金鼎等编,《楚辞评论资料选》(武汉:湖北人民出版社,1985),第 279 页。
[22] 参见陆云模仿《离骚》作的《九愍》,收入《陆云集》(北京:中华书局,1988),卷 7,第 124 页。
[23] 参见拙作《巫风笼罩下的性命之学——屈原作品的思想史意义》,中兴大学古典文学研究会编,《第 4 届通俗文学与雅正文学全国学术研讨会论文集》(台中:中兴大学中文系,2003),第 219—258 页;《屈原为什么抒情》,《台大中文学报》,第 40 期(2013 年 3 月),第 101—144 页。
[24] "道始于情",此句出自《性自命出》,参见荆门市博物馆编,《郭店楚墓竹简》(北京:文物出版社,1998),第 179 页。

的;在反理学的儒者当中,主体性只能落实在气质之性上来,而气质之性的核心内涵也可以说是情,只是此处的"情"已非带有超越意义的道德感情,而是私人性的情感。"情"的问题其实不是在宋明时期才突然出现的,很明显地,它是战国时期重要的思想课题,屈原的"抒情"也是在回应这个议题。

屈原的抒情论的特殊之处在于它的穿透力之深与延宕之广,笔者所说的深与广并非只是读者阅读的礼赞而已,而是具有人文知识的含义。因为屈原的情穿透了整个意识层,深入到灵魂深处。在屈原的思想中,个体的底层构造是以"灵魂"的形式出现的。据说初民认为死亡不可理解,[25]但人的生命有存在、不存在的变化,这是明明白白的事实,"变形"神话所以占有那么原初的地位,不难想象而知。中土所以出现一种变形意义的"化"之思想,可说为存在的连续性,也可说是为灵魂之说铺了道路。不管我们可将泰勒的"万物有灵"说修正到何等程度,他的"灵魂"假说仍是我们进入初民世界很难闭目不视的现象。[26] 笔者相信:与"身躯"脱轨的灵魂观应该可以追溯到无可纪年的上古洪荒。[27] 落到文献可考的时期来讲,灵魂之为物,其来亦已久矣,至少在西周业已形成,从早期的严/翼到后来的魂/魄,人的深层构造被视为可以比照"天/地""阴/阳"这样的相偶性原理呈现出来的。"魂"当是较高级的灵魂,它带着"主体"的个体性、同一性内涵,往上升举。"魄"则是较低级的灵魂,它下沉到土地,作为人格意义的主体性显然是被"魂"承接了。

魂魄与主体的关系极为密切,但如何切入这个主题,不易着墨,至今为止的研究也仍留下极大的空白,有待填补。笔者认为从颛顼的"绝地天通"到周公的"制礼作乐",到孔子的"敬鬼神而远之"的仁礼思想,其核心议题之一可说都是在处理主体与魂魄的关系,也可以说都是在处理巫教文化的转化问题。更落实地说,也就是转化"出神之技"的巫文化主体论,使之化为价值内在化的伦理主体论,这是使魂魄固着化于主体的世纪大工程。

---

[25] 参见列维-布留尔(Lévy-Bruhl)著,丁由译,《原始思维》(北京:商务印书馆,1987),第268—279页。
[26] 关于泰勒的"万物有灵论"参见爱德华·泰勒(E. B. Tylor)著,连树声译,《原始文化》(上海:上海文艺出版社,1992),尤其是第11章至第17章。
[27] 中国新石器时期的红山文化、良渚文化中都有相当规模的祭坛,其出土器物常沾有象征生命作用的朱砂,这些现象都显示此时的初民已具有灵魂观念,兹不赘述。

魂魄固着化于主体的工程是个艰巨的任务,是个长远的历程。大体说来,经过周公、孔子长期的文化理性的洗礼,灵魂的问题在战国时期不再是主流论述的思想课题,它已相当程度地被主体收编了。但"灵魂"的概念并没有被取消掉,众所共知,墨家就是强烈的执有鬼论者。儒家的态度很暧昧,孟、荀显然是存而不论,但在《礼记》一书中,我们却看到许多和鬼神有关的叙述。我们只要想到《礼记》的核心关怀是礼,尤其是祭祀,那么,可以理解的鬼神之问题就不可能不出现。然而,历史达到战国时期,主体的性格,尤其是"情"的问题,明显地又成为诸家共同的关怀。在无情、怯情、化情、重情诸多主张中,儒家显然支持的是"重情"论。在"重情"的系统下,人与祖先灵魂的关系被视为一种高贵的道德情操。只是此际的人与祖灵的关系,其沟通模式已步入另一个阶段,神人已异业,敬鬼神则必须远之,儒家自孔子以下已划清了情与灵魂的界限。

当"情"取代"灵魂",被儒家提升到人格的核心地位以后,很意外地,我们看到屈原反而将个体性意涵的"情"连接到"灵魂"上,因而赋予"情"与人格一种前无古人的地位。在战国时期的文献,我们虽然仍可见到少数灵魂离体的记载,然而,这种离体的灵魂与道德情感的关系到底如何?我们不得而知。我们不知道秦穆公升天,聆听钧天广乐,七日而寤,[28]到底有何特殊的用意?我们不知夏后启到天庭偷了"九歌",这桩事件到底想传给我们何种特别的含义!墨子说了不少鬼神的故事,这些鬼魂虽然有灵,也带有人之七情六欲,但我们无法从这些论述中看到一种道德的必然性。

屈原就在"灵魂"概念逐渐边缘化的氛围下步上了历史的舞台,在此,我们看到一种史无前例的情之深化,它深入到灵魂深处,灵魂的构造就是情的构造,意识与无意识之间没有压抑、变形的关系,而是直通到底。最明显的证据是屈原连在做梦中,都受到他白昼的道德意识之主宰。屈原的梦境没有弗罗伊德的性趋力,没有阿德勒的权力欲,没有荣格的原型意象,没有拉冈的境象主体,屈原深夜的梦境等同于白昼的理境。白天未竟之意,梦中续以圆成:"昔余梦登九天兮,魂中道而无杭""惟郢路之辽远兮,魂一夕而九逝。曾不知路之曲直兮,南指

---

[28] 参见司马迁,《史记》(台北:鼎文书局,1979),册3,卷43,第1787页。

月与列星"。梦境不需变形原则加以诠释,也不会被一位作为他者的无名主体所盘踞。"情"穿透了理性/非理性、意识/非意识、身体/灵魂之间的界线,梦境即现量。我们在屈原之前的文献中,不是没看到梦与灵魂的关系,但只有在屈原身上,我们第一次看到"梦""无意识""灵魂""道德情感"一体呈现的叙述。

灵魂彻底道德情感化的叙述又见于白昼有意引导的神游境界。在《离骚》的两次灵魂脱体远游之叙述中,我们看到灵魂即使脱离了躯体,来到昆仑仙境,我们的诗人仍在幻境中哀愁、感叹,仍想念下界的君王与旧乡。在幻境的日色苍茫中,屈原依然执着,结幽兰而延伫。我们更不会忘记,在《离骚》最后一次也是最壮观的一次神游——笔者相信这也是中国诗史上最壮观的一次幻游,诗人和他的庞大车队在高空中载歌载舞,神奔意驰,皇天赫戏,万象光明,一切都处在极美好的氛围中。只因一行人马,伴随着瑶象龙凤,不小心从高空中睨视到故乡,结果幻境乐园霎时笼罩了愁云惨雾,高昂的激情当场冻结,全队人马整体瘫痪在碧霄晴空之上,蜷局顾而不行。这就是《离骚》的结尾。《离骚》的结尾显示"情"的作用连他界都隔离不了,连异类的游仙也仍在情的运作范围内。"情"跃出三界外,不落五行中。在战国的"情"之论述中,屈原以诗歌的方式撞击出人存在的根源。

"情"在后世中国的行程曲曲折折。大致说来,在佛老的论述中,"情"是妨碍体道的负面性因素;但在儒家的系统中,尤其在陆王体系中,道德是透过道德情感显现出来的。道德情感被视为心灵的主要内涵,也是人类结构中先验的因素。王阳明说的"一点秉彝",指的正是"情"不可化约的价值。然而,在儒家系统中,虽然"情"也是穿透幽明的力量,但除了少数如罗近溪的例子外,"情"没有办法和"灵魂"结合。即使罗近溪这种结合道德情感与鬼魂的例子,不要说引来可以预期的"物议"之外,[29]其表现的手法也大异于《离骚》。"情"是个体性原理的"性"之主要内涵,它的本质即不能脱离不可化约的"个体性"因素,因而,也就不能脱离感性意象的呈显与情气作用的浸润。诗人在这方面的表现通常比理性

---

[29] 罗近溪晚年远行途中,其子先后染疾病亡。罗近溪得到武夷山巫者的帮忙,实行了类似民间宗教的召灵会(如台湾民间宗教的"观阴""牵亡"),父子重得沟通。据袁小修《游居柿录》(台北:台北书局,1956),第52页所说,此巫者其名为"萧胜祖"。罗近溪一代大儒牵亡的行为无疑地会引发儒林人士的反弹。参见吴震,《罗汝芳评传》(南京:南京大学出版社,2005),第139—171页。

化的儒者要来得地道。

一旦论述诗与情的关系,我们很容易想到"抒情"论述。"抒情"不管是否为中国诗歌独特的传统,但依"抒情"古义,亦即最早的使用者屈原的用例,对情的经营确实是中国诗歌的大本大宗。但屈原所立下的抒情高度,很难被超越。因为后世缺乏其抒情之空间,亦即缺乏巫文化的生活世界。当然,"抒情"不必然要洞穿幽明,离体远游,伟大的诗人曹植、陶渊明、杜甫的特色即不在此,他们的诗歌一样如金币般地光鲜响脆。但屈原的作品直透人存在的根源,化巫术空间为抒情世界,无疑地敲响了深藏于人的存在之核心因素,所以才会引发朱子、刘宗周、王夫之、戴震这批第一流哲人的应和。回荡铿锵,越界响应,连绵不绝的楚歌骚韵划破了历史的长空。

屈原原型首先见于他显现了一种"抒情"的人格原型,这种"抒情"原型的深度远远超越当代所用的抒情诗(lyric)之内涵。[30]

四、金秋原型与气化主体:喜怒通四时[31]

屈原对抒情传统的影响是无与伦比的,从读者反映理论或接受史的观点看,屈原作为"情"的体现者是无可争议的。如果儒家是性情之教,那么,屈原会成为典范人物,《离骚》会被汉人上举为经,其事不难理解。屈原何以抒情?此义既明,我们不妨追着再问:他如何抒情?《离骚》的情之内涵有何特色?屈原成为人格的典范是如何被铺陈开来的?

想到《楚辞》,我们常会想到"自然"的主题。东方文学常被认为和"自然"的关联很深,日本诗歌的"物之哀"或六朝小赋及五代词显现出的感时伤怀,连类不穷,形象特别突显。众所共知,这种特色应当是《楚辞》一书奠下的基调,而此

---

[30] 据沈国威引《明治のことば辞典》《明治大正新语俗语辞典》诸书的考证,lyric 译为抒情诗始于明治时期。参见沈国威,《近代中日语汇交流史》(东京:笠间书院,1994),第 314 页。

[31] 此语出自《庄子·大宗师》,在《德充符》篇,庄子再加按语道:"与物为春"。只有至人、圣人这种体道人物才会"与物为春",诗人以情为本,"悲秋"常多于"伤春",更不要说怡悦地赏春之情了。

基调和屈原有关。因为《离骚》以及《九章》中的屈原形象常显现为对时序的敏锐感受,此形象意味着气化主体与风土时序的共在性。由于中国是典型的季风型气候区,季节变化的节奏很明显,而以气—经脉为核心的身体图式又早就成为中国医学的基轴,因此,任何诗人处在六合四时的华夏世界中,他的气化主体很容易前意识地感受到某种同振共构的因素,这种流动性的感觉来自季节变化引起的氛围之迁移。四季当中,春秋二季引发的诸情流行之感尤为明显。[32] 因此,典型的情境自然诗乃是作者从无名的主体之跃动中,感受春秋之代序,因而引发了伤春、悲秋的情念。春秋二季相较之下,秋季引发的情动效果似乎更为明显,"悲秋"压过"伤春"。

"悲秋"和"伤春"都是"物色"文学的主要议题,"物色"议题预设了作者的无名主体流动后,既引发时序之感,同时也引发跃起的情之显相。此种"物色"诗歌模式虽早见之于《诗经》的某些篇章,比如《七月》;或早期的某些民歌,比如《越人歌》。但"悲秋"成为诗歌的重要主题应当是起于屈原与宋玉。屈原在《离骚》中言及惆怅挫折情绪时即多言及秋之景色。在《九章》与《九歌》中更多咏秋之名句,如《湘夫人》的"袅袅兮秋风,洞庭波兮木叶下";《悲回风》的"悲回风之摇蕙兮,心冤结而内伤",秋风作为引发愁感的自然因素就此与诗歌结了不解之缘。脱离了秋的布局,屈原赋即无从赋起。

然而,如果没有宋玉,屈原原型与秋天原型的关系还是没办法完整地建构起来。"摇落深知宋玉悲",正因为有了屈原这位大弟子替其师鸣抱不平,而所鸣之不平即浸没于秋之氛围中,屈原的秋之原型之造像才特别明显。宋玉善言不可见的感染人之自然力量,尤其是风与气。[33] 而论及秋之氛围者,他的《九辩》是最具典范意义的作品。《九辩》破题言:"悲哉秋之为气也!萧瑟兮,草木摇落而变衰。憭栗兮,若在远行。登山临水兮,送将归。"秋自有容,秋也有色,但秋容、秋色只有融进身体的瑟缩辣肃之感,其内蕴才可显现出来。宋玉对隐微的心绪之流动,尤其主体与自然交会之际的气之领域,体会特别深刻。他论秋气与风之

---

[32] 此陶渊明所以说:"春秋多佳日,登高赋新诗。"
[33] "风"与"气"一样,无形无状,可受而不可传。宋玉著有《风赋》,颇善言风之形状,此赋当是风入诗赋之始祖。

动人,皆从人在超主客的世界之隐暗构造中,铺陈出一种情境性的、时序性的情感。

情境性的书写中,必然是情带境语,境带情语,情境互渗。因为依定义,情境皆已先为一种流动性的气化能量所渗透。这种气化能量不宜以精神物质区分之,也无法清楚划定主客的界线,用传统的语汇讲,它毋宁是种带着能量的神化作用。这种氤氲之感是先于主客或情境之别的统一作用,它是尚未分化的整体。氛围的构成因时因地不同,因此,总是在总体上显现差异,这种总体可说是未充分被感觉化的整体。在这种美感的化而未分之构造中,隐藏了意义的总量,创造由此而发。

自宋玉树立起悲秋—气感的作品风格后,悲秋—气感的自然情境始终是中国自然诗的一种重要形态。仿效《离骚》《九辩》的辞赋,普见于后世骚坛。潘岳首创《秋兴赋》,东晋曹毗、梁元帝萧绎、宋陈善、明冯时可也都先后撰写了同一题目的赋。类似《秋兴赋》的内涵的辞赋也不少,南齐褚渊有《秋伤赋》,晋夏侯湛有《秋可哀》,李白有《悲清秋赋》,萧绎则赋《荡妇秋思赋》,这些赋无一不表示秋兴与伤秋的情绪。[34]

屈、宋的悲秋主题在诗坛上的影响也不下于对辞赋传统的影响。我们在两汉时期的诗坛,尤其是汉武帝的作品与《古诗十九首》,即可看到悲秋的情绪蔓衍至不可收拾。汉武帝的作品特别值得注意,他的《秋风辞》与《落叶哀蝉曲》皆带有屈、宋之风,[35]两首诗皆将相当私密化的情念置放在天壤气候的转移中。前首的秋风白云、草木黄叶引发"欢乐极兮哀情多"的感慨,其韵味居然有柳永、晏几道的影子。后一首描述秋夜房虚气冷,落叶飘零,主角在寂天寞夜中,缅怀佳人,政治的内涵完全消失不见了。汉武帝身为一代枭雄,但他的诗歌反映了他的个性中另有幽冷凄清的质蕴。《古诗十九首》亦然,此组诗作为中国抒情诗的典范,其特色在于它不是外向型的关怀家国社会,而是体现一种内敛于身心体气的物我融释,此际的主体,同时伴随时光共生命流逝的存在苍凉之感。"四

---

[34] 上述作品参见饶宗颐,《选堂赋话》,收入何沛雄编,《赋话六种》(香港:三联出版社,1982),第112页。
[35] 朱子将汉武帝的《秋风辞》列入《楚辞》系列,但如从时序与主体的关联着眼,此诗不如朱子未收入的《落叶哀蝉曲》来得动人。

顾何茫茫,东风摇百草。所遇无故物,焉得不速老。"难怪魏晋名士一读此诗,为之心折。

由曹魏到两晋,大诗人如曹丕、曹植、潘岳、陆机、阮籍等,无不言秋言悲,言失志坎廪,言寒气伤人,㊱他们的诗多沿承了宋玉《九辩》的传统。两晋以下,"离人心上秋"的愁绪不断弥漫于诗客骚人的著作中,"悲秋"的议题成了诗的传统。窃以为"悲秋"议题发展到了杜甫的《秋兴》八首更将秋之议题推向文学史上的高峰。杜甫一代诗圣,格调特高,其内涵已非宋玉所能笼络,但追本溯源,我们仍可从《九辩》中辨识出其源头。㊲ 有关秋之物色的系谱,流脉甚长,流域极广,上述所举只是标本式的展示,虽可说以见一斑,但也可说挂一漏万。为免滋蔓,就此止流。

秋风秋雨愁煞人,秋何曾愁?秋因有骚人墨客之心的统摄,所以才会"秋""心"合成"愁",悲秋确实是《楚辞》带出的传统。但愁绪太缠绕时,难免会儿女情多,风云气少,百炼钢化为绕指柔。难怪连深深着迷屈原人格的朱子在某些场合,都会抱怨:屈原传达出来的主题,不是"放旷",就是"悲愁",㊳学者不宜太沉溺其中。但屈原的秋之意识真的只是悲秋吗?朱子的话语有时是一时兴发之言,或针对特定议题的有为之言,当不得全盘命题的。

我们如果追溯后世"物色"文学中的悲秋主题,固然可以找到《离骚》《九章》与"悲秋"的关联,诚如前文所述,屈原作品确实含有浓厚的秋之议题,不少名句都和"秋"有关。然而,论及悲秋,后世文学史家通常先联想到宋玉,事实上,我们如仔细辨识《九辩》的结构,不难发现:宋玉塑造悲秋、落魄、失职、失意的屈原太成功了。宋玉透过了归燕、游雁、蟋蟀、白露、严霜、枯草、萎叶这些"关联客体",也借着沆寥、憭栗、萧瑟、寂漻、坎廪、惆怅、瞀乱、销铄、怵惕、郁陶等这一连串浓情郁意的联绵字,加上充分使用屈原开出的辞赋那样的新兴文体,三管齐下,造成全赋意象流动、声音缠绵的效果,宋玉成功地打造了一位"悲秋"的

㊱ 参见小川环树著,谭汝谦等译,《论中国诗》(香港:香港中文大学出版社,1986)。
㊲ 参见叶嘉莹,《杜甫秋兴八首集说》(台北:中华书局,1966)。
㊳ 陈俊民校编,《朱子文集》(台北:德富文教基金会,2000),册3,卷33,第1283页。朱子连"屈、宋、唐、景之文"一并讨论,《楚辞》作家集体遭殃。很可能屈原是受到"宋、唐、景"等人的拖累,一并受损。依朱子平日的言论,他对屈原的评价始终居高不下的。

屈原。

宋玉的成功或许也是他的失败,因为他不是不知道他老师的悲秋是政治迫害与忠贞性格交加下的产物,事实上,在《九辩》此辞赋中,宋玉也一再言及申包胥、甯戚、尧舜这些道德人物典范,也一再言及公理不彰、正义沦亡、是非颠倒、黑白错乱的时局。王逸编纂《楚辞》时,特别提及宋玉《九辩》有为屈原申冤之意,其解无误。然而,或许是比重失衡,或许真如司马迁批判的:宋玉虽效法屈原从容辞令,但"莫敢直谏",也就是骨鲠的成分少了,所以文学的效果也就不一样了。宋玉《九辩》发挥的影响即是塑造了一种"物之哀"的悲秋文学,三闾大夫的形象和宋玉同化了。而正直、忠贞、以身殉道的屈原形象却模糊化了,甚至被遗忘掉了。文学的影响和作者的用心不一定一致,相反的例子也是有的。

从宋玉后,屈原的公共形象总是愁云惨雾,浓郁得化不开。这种公共形象不但见之于后世连绵不断的悲秋诗文,我们读屈原最可靠的传记,亦即《史记》的《屈原贾生列传》,司马迁所描绘的屈原即是"行吟泽畔,颜色憔悴,形容枯槁";另一篇同样重要却不甚著名的《屈原外传》,沈亚之除说及女媭的捣衣石,"时当秋风夜雨之际,砧声隐隐可听也"外,特别提到屈原的精灵"郁而未散",所以"犹时仿佛占断于江潭泽畔、蒹葭白露中耳。"蒹葭白露、憔悴枯槁的屈原似乎成了他的特殊造像,秋的意义好像也局限于这种沉湎缴绕的郁情愁绪中。

但如果屈原愁思所反映的秋之意象那么清楚的话,我们不宜忘了,他的忠贞受迫害的公共形象更清楚,而且,宣扬屈原人格原本即是《楚辞》此书之所以值得被编成的理由。"秋"不一定只和"悲"做伴,秋也可以和情绪以外的道德情感与道德德目做伴。在中国传统的五行图式中,忠贞、正直、严肃、悲哀,这些意识德目都可统摄在"义"此大总名的德目下,"义"与"悲""秋"合为一组,同样是"金"行下的属员。郑玄注《礼记·中庸》有云:"金神则义",此注今人凡论及"五行"之旨义者,常会援引此注以为证,郑玄之解其实是汉人通义。

在汉代的气化宇宙观中,天地人的各种质性是被统合在五行的图式下的,这种知识的分类常被视为粗浅、原始,前近代思维下的产物。然而,这种分类方式固可视为原始,但原始未必没有哲学与心性经验的依据。在萧吉的《五行大义》(此书可视为"五行说"的百科全书)一书中,我们看到他引许慎"金,禁也"的声

训,并下断语道:"其时,秋也"。接着,他又引申道:

> 《礼记》云:"秋之为言愁也。愁之以时察守义者也。"《尸子》云:"秋,肃也。万物莫不肃敬恭庄,礼之主也。"《说文》曰:"天地反物为秋。"其位西方。[39]

"秋""愁""守义""肃敬""反物"等这些语汇全可化为"金"的属性,我们如果将"金""秋"对调,这些质性也可以说是"秋"的属性。我们如再进一步,将这些德目原封不动地用于屈原身上,也完全可以说得通。尤其"反物"一义更值得留意,因为在春生夏长的岁月,物不需返;就像在冠盖得意的岁月,常人不会想到自我或世界存在的基础的问题。反躬自省是要有机缘的,司马迁说:"人穷则返本",任何人或民族通常只有走到山穷水尽之处,才会想到源头,也才会有开创新局的可能性。"返本"也是"反物"之义,而司马迁的"返本"之语正是用来描述屈原的作品时有对"本"的追求。萧吉引了《礼记》《尸子》《说文》诸书,作者不同,主题相融。可见萧吉这样混用秋、义、愁等自然语汇、心理语汇、道德语汇,其来有自,并非一家一人的特殊观点,而是公共论述。

如果论者仍然认为萧吉的说法带有太多阴阳术数的讯息,其知识成分值得怀疑的话,我们不妨考虑来自体验哲学的证词。众所共知,理学修行传统中一直有将四时—四端—四情—四德比配的论述。[40] 语其大者,程颢的《识仁篇》、朱子的《仁说》、刘宗周的《读易图说》所言最为剀切。在这种理学的世界图式中,哀、秋、义、羞恶是被视为一体的,学者如果静心体会,他可以在寂天默地、万物消融的"独"之境界中,感受到隐微之气中的哀与义。自然界的春夏秋冬四时的秋气、内在意识界的喜怒哀乐的哀气、道德论域的仁义礼智四德的义德,这些不同领域的事物被视为在本真的境界中即是一体浑流的。由于当代的学术气氛对"形上学"一词颇反感,也不认为价值之源可自外于意识主体,所以理学家

---

[39] 萧吉,《释名》《五行大义》(上海:上海书店,2011),卷1,第2页。
[40] 关于朱子的四德论,参见陈来,《朱子思想中的四德论》,《台湾大学人文社会高等研究院院讯》第6卷第1期(总第18期)2011春,第31—32页。

这种"混用"还是不容易得到共鸣。然而,我们不妨再度确认:上述的论点不只见于当代哲学史家归类为宇宙论导向的哲人如程颢,也见于心性论系统殿军的刘宗周,所以不存在哪一个系统的理学家混用了价值与自然语汇的问题。[41] 一般说来,理学家的论述焦点一旦从心性论焦点移至存有论或宇宙论焦点,上述的自然、情感、知觉、道德感混用的论题即容易出现,刘宗周所说尤为透彻。

论及"义"的地位,我们很容易想到程朱理学特别强调世界的规范,因而也特别强调理或义的功能,所谓"敬义立而德不孤矣"。有了这样的背景,如再考虑朱子具有宇宙论的情怀,那么,义、秋与金行的关系应该会特别被强调出来。事实确也如此,我们且看朱子底下的话语:"义,便是惨烈刚断底意思";"义是肃杀果断底"[42]朱子的论点与《五行大义》的说法不是很一致吗?朱子之所以不敢以"词人之赋"看待屈原的作品,主要的原因即在屈原带有不可掩抑的忠贞、正义的人格特质。

我们将"义"的因素带进"秋"的论述中,并没有增添新的诠释因素,因为宋玉的《九辩》原本即是要突显屈原忠贞却受迫害的命运。正义与悲秋是《九辩》的主题,也是屈赋的主题,但同样也是后世仿效《离骚》者的主题,欧阳修《秋声赋》说:"夫秋,刑官也,于时为阴;又兵象也,于行为金,是谓天地之义气,常以肃杀而为心。"[43]欧阳修自是解人。落在五行图式中作解,一种软心肠的语汇(悲秋)加上硬心肠的语汇(正义),"金"行的定义才是完整的。落在人格典范上理解,只有一种缠绵纠结的愁绪加上一种坚硬清刚的义感,两者组合,才造就了血气淋漓的屈原。一言以蔽之,我们只有完整地绾结了"愁"与"义"这两种因素,屈原的金秋原型才可能呈现出圆满的图像。

---

[41] 劳思光对北宋理学家的主要批评即集中于此点。
[42] 上述引文参见《朱子语类》(北京:中华书局,1999),卷6,第110、106页。
[43] 参见欧阳修,《欧阳文忠公集·居士集》(台北:台湾商务印书局,四部丛刊初编缩本,1979),卷15,第4页。

五、拟骚传统

如上所述，我们知道：（一）《楚辞》是以《离骚》为经，其他的十五家、六十六篇辞赋（包含屈原自己其余的廿四篇）全都是《离骚》的传；（二）屈原是抒情文学的典范人物，《离骚》是抒情文学的巅峰之作，屈原体现了抒情原型；（三）《楚辞》的特色包含了悲愁与忠贞见弃的议题，情感语汇与自然语汇可以流通，金秋的原型于此可见。确立了这三点结论，我们不妨再反思屈原作品作为原型之内涵。

在本文第一节所列的原型的意义中，我们指出弗莱的四季文体说影响颇为深远。由于弗莱的论点是放在西洋文学脉络下立论，我们很难硬将他所列的格式移之于中国文学。然而，恰恰好在屈原的作品上面，我们看到了一种平行的例子。依据前文对《楚辞》的分析，我们确认《楚辞》以《离骚》为经，其他六十六篇为传，换言之，六十六篇都是在语言形式与内容上仿效《离骚》的体制与内涵，亦即它们都运用了《离骚》的语式（长句、助词以"兮"字为主云云）与忠贞、伤悲的内容。《离骚》可以说是这六十六篇的模本，也就是"原型"。由于有了"拟骚"这样的文体，楚骚的原型地位在此跨出了第一步，而且是一大步。

自从屈原撰写了《离骚》之后，后世仿效者络绎不断，《楚辞》本身就是《离骚》传统第一度的大集结。我们且再举汉、宋这两个关键的时代，略进一解。一般都认为《楚辞》对汉赋的影响很大，事实上，"辞""赋"二词的内容也很难彻底地划分。然而，汉赋可以分为两类，一类是类似咏物的赋，最明显的代表是《昭明文选》一开卷所看到的《两都赋》《两京赋》《三都赋》那样的巍巍巨制。这些体物浏亮的汉赋铺排壮观，意象雄伟，深奥的名词与晦涩的状词并排列队而至，天地四方充塞了代表帝国光荣的自然景物。就内容看，与《离骚》无甚瓜葛，屈原对这些体物赋的作者而言，不可能被视为原型人物。

然而，汉赋的类型有二，除了那些歌咏"物"，尤其歌咏与帝国秩序密切相合的大赋之外,另有些符合"恻隐古诗之义"的"贤人失志之赋",[44]这些赋几乎无一不用《楚辞》体的形式表现出来,也可以说都是仿效《离骚》的作品。徐复观说:"此乃文学的形式与内容的自然符应。这不是说新体诗的赋,便不能写批评性的文学;而是批评性的文学动力,乃出于作者郁勃悲愤的感情而楚声则较之新体诗的赋,更适宜于表达郁勃悲愤的感情,汉代的文学家,便自然而然地采用了形式"。[45] 汉赋这种两分的格局给我们很大的启示,因为同样是赋,汉兴的新赋"竞为侈丽闳衍之词",没有风谕之义。但凡效法《离骚》的拟骚之赋都有"失志"与"忠贞"的主题,反过来说,凡汉魏文人想表达"失志"与"忠贞"情感时,也常借助楚骚体表达之。

这种拟骚体的谱系在宋代又做了一次大规模的整理,发端者是晁补之,继起者是朱子。晁补之和朱子同样在"赋"的传统中,撷取和《离骚》相合者,编为一集,而将不合标准的赋,剔除在外。晁补之所编者为《续楚辞》与《变离骚》,朱子所编者为《楚辞后语》,《楚辞后语》其实也是另一本《续楚辞》。晁补之编选的两书不易见到,但朱子的编纂大体依循晁本而来,所以《楚辞后语》如视为晁、朱两人合作的产物,也未尝不可。《楚辞后语》所录赋家自荀子至吕大临,共五十二篇,此书可以说是自王逸编选《楚辞》后,另一次大规模的楚骚体作品的集结。

朱子续选拟骚作品,标准很明确,他说:"盖屈子者,穷而呼天,疾痛而呼父母之词也。故今所欲取而使继之者,必其出于幽忧穷蹙、怨慕凄凉之意,乃为得其余韵,而宏衍巨丽之观,欢愉快适之语,宜不得而与焉!"[46]所以有些赋即使带有屈赋的模样,精神却不甚相肖,如宋玉的《高唐》《神女》、曹植的《洛神》、扬雄的《甘泉》诸赋,朱子都不选。我们如果比较朱子和《汉书·艺文志》的话语,不难发现他们的标准是一致的,甚至连用语都很近似。他们都将辞赋一分为二,一种是"宏衍巨丽"的,一种是"贤人失志"的。更干脆地说,一种是屈原的,一种是

---

[44] 《汉书·艺文志》云:"春秋之后,周道寖坏,聘问歌咏不行于列国,学《诗》之士逸在布衣,而贤人失志之赋作矣。大儒孙卿及楚臣屈原离谗忧国,皆作赋以风,咸有恻隐古诗之义。其后宋玉、唐勒,汉兴枚乘、司马相如,下及扬子云竞为侈丽闳衍之词,没其风谕之义"。见班固著,《汉书》(台北:鼎文书局,1978),卷30,第1756页。两种赋的对照在后文将提到的朱子身上,我们还会看到类似的论点。
[45] 徐复观,《中国文学论集》(台北:台湾学生书局,1976),第371页。
[46] 引自《朱子文集》,卷76,第3841页。

非屈原的,"屈原"成了标准,屈原精神是辞赋的本质。

屈原精神的体现即是一种"拟骚"的文体,依据姜亮夫的统计,历代"拟骚"的赋有192篇,[47]事实上,当然不只这些篇章。[48]"拟骚"的赋不管在体制上或内容上都与《离骚》同调,它们都用楚骚体表达一种忠贞、失志、愤懑的腔调,它们也都将这种失志哀愁的心绪摆在秋的背景下,然后以带着"兮"字的长句表达出来。秋是文人失意的隐喻,一连串的秋天意象即是一连串的失意情绪的自然对应物。[49]

拟骚之赋以《离骚》为典范,事实上受到宋玉《九辩》的影响也不小,文如其人,拟骚作品在本质上乃是以屈原其人作为为人行事的仪型。然而,拟骚之赋除了文类的影响这种历史性传承的影响关系外,它们几乎无一例外地,都将"忠贞而挫折"的主体与秋的意象:包含可见的鸿雁、衰柳、晚蝉、白露、芦苇……与不可见的身心感受,如缩瑟内敛的身体感觉,以及悲愁怨郁的哀感连接在一起,这样的连接是如何产生的?其正当性如何证成?

二十世纪的主体观有一样显著的特色,此即主体的体字带有流动、跃出的性格,它和周遭的氛围分不开,而这个所谓的周遭的界线是不确定的,躯体以外的空间都属于周遭。这种流动跃出的主体形象在海德格身上显现出最典型的表述,所谓在世存有的主体。但回到中国的传统来,这种流动的主体毋宁是种共法,凡是将"心"与"气"结合的哲人都具有这样的思想倾向,我们在《庄子》或《易经》上,也看到相似的表述,这种表述通常以游、化、气的状词和神、心这类的名词结合在一起。如果主体是在世的存有,那么,东亚洲大陆秋天常见的秋之景象会和秋天气候引发的萧瑟之感连接在一起,其事可想而知。在这点上,后世中国的诗人、词客捎给我们极丰富的消息,"高树晚蝉,说西风消息",西风则说深秋的消息,深秋更呢喃道及骚人深层心事的消息。说到底,何止高树、晚蝉、西风

---

[47] 参见姜亮夫,《绍骚隅录》,收入《楚辞书目五种》(上海:上海古籍出版社,1993),第404页。
[48] 崔富章,《楚辞书目五种续编》,又继添绍骚作品42种。饶宗颐,《楚辞录》也立"拟骚"一目,收录从扬雄至王诒寿等46人的作品。参见廖栋梁,《灵均余影——古代楚辞学论集》(台北:里仁书局,2010),第105页。崔、饶两人的补充仍然不可能完整,明清鼎革之际的文人学者即多仿效《离骚》的贤人失志之赋,这些作品多不见于上述这些书目。姜亮夫的编目已说过:"不全不尽,举一隅以见义",其说洵是。
[49] 也就是艾略特(T. S. Eliot)说的关联客体(objective correlatives)。

会带来秋的消息,大诗人的每一首秋感之诗,比如说杜甫的《秋兴》里的每一首诗之意象:急风、高天、啸猿、落木、萝月、荻花……这些意象合起来即是"秋兴","秋兴"所兴者自然是诗人心绪。诗人游目秋景所及,引发了"万里悲秋常作客,百年多病独登台"的悲秋之感,以及身世飘零之念。事例繁多,兹不赘引。

身为原型人物,屈原的独特在于他身上显现出正义之感、衰朽体气与暮秋天气的同构关系,换成语言的表达方式,也就是身心语汇与自然语汇之间有种平行而呼应的关系。对主体性高度发达、发达到已接近切断与自然脐带的虚拟世界的当代人而言,身心结构与自然韵律间的关系很难想象会有紧密的关联。即使仅就我们的日常经验而言,我们也很难想象"秋"会和"愁"有关,更不要说和"义"的关联了,因为我们即使还不算丧失感动的能力,但至少已严重减杀了对秋的感受了。

正义的"屈原"何以悲秋呢?这种连接有无深层的含义?代屈原想,屈原的人格有可能特别敏感,也不无可能具备了解体的巫之体质,所以或许会有过度发达的联想能力。但我们不宜忘了:屈原也曾是理性的官僚集体的一员,他拥有意志力极强的主体性格,他对情绪、血气与天气的理解应该和今日未曾失掉感受大自然能力的人士相去不远,我们对屈原特别的联结能力应当另有所说。笔者认为:我们不该忘了屈原是在什么状况下抒情赋诗的!屈原提及心之哀戚、忠贞之感与秋的关系时,他不是用日常的语言表达之,他从事的是灵魂探险的诗歌创造,他的创造力来自集体无意识的深处。诚如荣格一再指出的:伟大的诗人或艺术家的创造不是依私人性的潜意识的能量而发的,创造力出自深不见底的灵魂深处,也就是出自集体无意识处。[50] 他所带来的意象是民族或人类共同的资源,这样的资源藏于人性的底层,却因此物象(所谓原型)接近于物自身的状态以致无法契近,因此,常人也就难以觉识之。伟大的诗人以其独特的创造力揭开了灵魂的奥秘,将此不可见的原型转化为可识的意象,屈原正是带来"自然与精神联系"的智慧火炬的普罗米修斯。他带来了火炬,照亮了道路以后,后世的效法者也跟着发现了自然与身心相连的实相,一种特别的叙述文类就此产生。

---

[50] 参见荣格,《论分析心理学与诗歌的关系》,此文收入荣格著,冯川苏译,《心理学与文学》(北京:三联书店,1987),第 108—123 页。

屈原的创作主体揭举了秋气、哀戚、衰朽体气与正义之间的关系，这种连接流动于身体内外之间，依荣格的用语讲，这种连接正是"神秘参与"的体现。[51] 荣格借自 Lévy-Bruhl 的这个术语引发了不少的争辩，如果此词语意味着"初民"和现代人的思维模式完全一样，这样的论点自然难以成立。然而，如果说在主体深处，比如说：荣格所说的集体无意识处，内外的界线非常模糊，因此，发生于此层面的事件具有一种共时性或准共时性的性质，内在的身心事件和外在的自然事件变为同一事件的不同叙述，这种设想未必不可成说。[52] 在东方的体验哲学里，深入性命之奥的哲人常主张：学者在寂天寞地中可辨识出一气流行中自有兴起隐沉的段落，或为春夏秋冬，或为喜怒哀乐，或为非自然也非心理指涉的元亨利贞。依新现象学的论点，秋气、正义、物之哀、衰朽之感的联结也未尝不可成说，因为氛围与内在的感受之间，并非独断的联系，而是有种共构性。[53] 如我们再借米德的社会行为主义进一解，用以解释众多个体之所以会有类似的反应模式，乃因人身的体系与社会群体之间，经长期的演化历程之后，自然有种先验的响应机制，社会行为先于自我的意识。[54] 体验哲学与新现象学、社会行为主义论及人身、社会与自然的关系，所论深浅不同，大体而言，体验哲学会将此关联提升到超越的层次，新现象学着重意识与自然共构的现象，社会行为主义者则着重演化生理学的作用。但这无碍于他们共同主张：在人有自觉的意识之前，人格深处已有身心与自然相连的脐带，这种隐藏的身体图式是"自然人"得以成立的先验条件。

在二十世纪上半叶，屈原是否实有其人，学界曾有讨论。这个问题现在关心的人不多了，笔者也不认为有太多讨论的价值。但即使历史上的屈原不存在，他

---

[51] Lévy-Bruhl 用"神秘参与"界定"原始心态"，参见同氏著，丁由译，《原始思维》（北京：商务印书馆，1987）。"神秘概念"之义见于全书，尤其第二章，第 62—98 页。

[52] "同时性原理"（或译为"共时性原理"）乃荣格晚年颇自珍的一项假说，参见《论同时性》，收入 C. G. Jung 著，拙译，《东洋冥想的心理学》（台北：商鼎出版社，1993），第 250—266 页。相关研究参见拙作《同时性与感通——荣格与易经的会面》，收入朱晓海编，《新古典新义》（台北：学生书局，2001），第 113—150 页。

[53] 参见伯梅（Gernot Böhme）著，谷心鹏、翟江月、何乏笔译，《气氛作为新美学的基本概念》《当代》，第 188 期，2003 年 4 月，第 10—33 页。

[54] 参见米德（H.Mead）著，赵月瑟译，《心灵、自我与社会》（上海：上海译文出版社，1992），尤其莫里斯所作的《导言》，第 4—29 页。

的意义也不会减杀,因为他早已成为原型。原型克服了时间,或者说:原型役使了时间,历史是原型道成肉身不能不需要的载体。屈原之成为原型,从"屈赋"一词即可见出,《离骚》一首长诗即建立了一个长远的传统。

六、结论:灵均的余影[55]

屈原的《离骚》之所以成为经,变成后世一系列拟骚作品的范式,以及屈原之所以能成为挫败英雄这样的典范,确实是有一部分的历史条件的。在政权未曾理性化的君王制度下,官僚的得意失意很不可测,命运往往是由偶然的因素决定的。可以想见的,脱离《离骚》创作的历史背景,很可能《离骚》与屈原的典范地位就会改变。我们不妨想象:在当代的民主制度下,一位仕途挫折的知识人,他即使有屈原的才华,很可能不会写出《离骚》,也不见得会和《离骚》起共鸣,因为"得意""失意"之事是可预期的。既然可以理性地预期,因此,也就可以情感地接受,也就没有必要抒发"中情"。[56] 丘吉尔选举失败了,他就安然下台,因为,"酒店打烊了,顾客就得离开"。泰勒(C. Taylor)的伟大理念不为选民所接受,他只好继续在学院传播理念,不会去寻觅汨罗江。

政治制度改变,或者社会风气、文化样式不同,确实会影响屈原及《离骚》作为文化史上某种"原型"的地位,比如:拟骚体的作品有可能不再有人创作,即使创作了,也不会有太重要的文化意义,《离骚》在这种文体上的典范地位自然会逐渐淡化成明日黄花,历史的意义大于当代的意义。但《离骚》的内涵并不拘限于"拟骚体"此文体的形式,它的文字所承载的内容更为重要。屈原及《离骚》的性质诚然脱离不了历史的形塑,但他们之所以能够成为原型,并不全是由历史条件所决定的。因为"忠贞受难"的情节不只发生在楚国的政治事件的脉络中,它

---

[55] "灵均余影"语出刘勰,《文心雕龙·时序》:"世渐百龄,辞人九变,而大抵所归,祖述《楚辞》,灵均余影,于是乎在。"参见《文心雕龙》(台北:台湾商务印书局,四部丛刊初编缩本,1979),卷9,第9页。
[56] "中情"是屈原常用的一个语汇,在他的作品中共出现五次,这么频繁的次数显示其赋有极想传达的内在之情。

也会发生在任何的历史事件里,同样也会发生在任何的社会结构当中。如果亚里士多德说"人是政治的动物"此命题可以成立;再进一步,如果傅柯说的"权力关系无所不在"是无诤法;更进一步说,如果吠陀哲学、叔本华说及的"无明意志是人的本质"此义无从逃避,那么,公平/不公平、得意/失意的故事就不可能有终结的时候,而屈原的原型也就不可能消失,因为它存在于"人"的命运之内。

屈原——《离骚》原型不可能会过时的,因为它既筑基于人必然会受限制的人格结构与社会结构里,也是意义冲动的原型,它提供了人在世界中的一种价值的定位。它告诉我们:人只有在因义受难时,才会回复到自己的本性,就像大自然只有当秋气凋落了高木、清化了潦水以后,山山水水才会呈现自己的本来面目一样。人的节奏和自然的节奏有共构性,这种共构性是千万年演化过来形成的生命机制。在"木落水尽山崖枯"的氛围中,凛冽气息也会带给我们生命讯息和自然契机的联系点,因义受难因此是有意义的。

"屈平辞赋悬日月",李白的判断相当精准。

【杨儒宾　台湾清华大学哲学所讲座教授】
原文刊于《中国文化》2014 年 02 期

我为什么研究董仲舒

周桂钿

我从 1979 年开始研究董仲舒,到现在三十多年了。我有一些体会与感想。现将其中最主要的列出,请方家指正。

一、汉代新儒家

秦代对儒学采取的是焚书坑儒政策,几十年后的汉朝实行独尊儒术政策。这个大变局,就是中国历史上一个大转折。对于儒学的态度,统治者(秦始皇与汉武帝)为什么会有这么大的变化?除了形势变化(从战乱到稳定)和统治者个人因素之外,我以为还有儒家与儒学的变化。哪个儒家能够看清形势,根据社会的需要,特别是统治者的需要,做出自己的努力,展示自己的才华,就可能成功立业,名垂青史,流芳百世;看不清形势,不能为社会做出贡献,那就会随草木同枯,消失于茫茫史海之中。

汉代新儒家参与政事,有成功者,也有失败者。如贾谊是有改革思想的大儒,却由于改革幅度大和反对势力强而遭到排挤,大谋未逞而英年夭折。晁错也是儒者,曾从伏生学习《尚书》。因建议削藩,逢吴楚七国之乱,被汉景帝所冤杀。汉武帝元年,"上乡(向)儒术,招贤良,赵绾、王臧等以文学为公卿,欲议古立明堂城南,以朝诸侯。草巡狩封禅改历服色事未就。会窦太后治黄老言,不好儒术,使人微得赵绾等奸利事,召案绾、臧,绾、臧自杀,诸所兴为者皆废。"(《史记·孝武本纪》)他们的牺牲,也算是儒学复兴的代价。

为当时统治者服务成功的新儒家主要有陆贾、叔孙通、公孙弘、董仲舒四人。

陆贾。刘邦建立汉朝以后,陆贾时时在刘邦面前称颂儒家的经典《诗》《书》,刘邦说:"乃公居马上而得之,安事《诗》《书》!"老子骑在马上打出来的天下,还要《诗》《书》做什么!陆贾说:"居马上得之,宁可以马上治之乎?且汤、武逆取而以顺守之,文武并用,长久之术也。昔者吴王夫差、智伯极武而亡,秦任刑法不变,卒灭赵氏。乡(向)使秦已并天下,行仁义,法先圣,陛下安得而有之?"(《史记·郦生陆贾列传》)这段话非常重要。大意是:武力可以夺取天下,夫差、智伯、秦,都是只用武力而灭亡。汤、武都是用武力夺取天下,然后用文的办法顺守天下。文武并用,才是长久之术。就是说,刘邦用武力得天下,得天下后,就要改用文的办法治理天下,怎么能在马上治天下呢?刘邦听明白了,要陆贾总结历史成败的经验教训,陆贾写成《新语》十二篇。每一篇宣读以后,都得到刘邦认可,"未尝不称善",而且"左右皆呼万岁"(同上)。这就是说,刘邦得天下以后,要用儒学治理天下。陆贾用通俗的语言讲儒学治理天下的道理,得到新统治者的认可。

叔孙通。在《史记》卷九十九有传。他跟随刘邦以后,推荐了很多壮士,许多弟子有意见。他说:"汉王方蒙矢石争天下,诸生宁能斗乎?故先言斩将搴旗之士。诸生且待我,我不忘矣。"刘邦得天下后,许多功臣名将"饮酒争功,醉或妄呼,拔剑击柱",刘邦正为这事发愁。这时,叔孙通建议征聘鲁诸生一起制订朝廷礼仪。叔孙通到鲁地招聘诸生,有两个儒生不肯来,说:"公所事者且十主,皆面谀以得亲贵。今天下初定,死者未葬,伤者未起,又欲起礼乐。礼乐所由起,积德百年而后可兴也。吾不忍为公所为。公所为不合古,吾不行。公往矣,无污我!"叔孙通笑曰:"若真鄙儒也,不知时变。"所事十主,何污之有?孔子游说诸侯,何止十主?管仲背主事仇,得到孔子的赞扬。这俩儒生何其陋矣!积德百年,礼乐可兴,这种说法,不知有何根据。周公制礼作乐,何尝积德百年?以

580

"古"为准,不知时变,"真鄙儒"!孔子讲"权"的重要性,在那些自以为是坚定的纯粹儒者那里,成了最不重要的,甚至是背叛的表现。貌似坚定的儒者,他们只能导致儒学的毁灭,何能传承儒学?实质上是对儒学的真正背叛。没有应变创新的儒家,儒学怎么能流传至今?

叔孙通按照刘邦简单易行的要求,制订刘邦容易做到的礼仪。他真正理解了礼的精神是"因时世人情为之节文者也","颇采古礼与秦仪杂就之",将古代的礼制与秦代的礼仪进行综合创新(杂就之)。叔孙通理解儒家礼制的精神,又能从实际出发,制订适合当代的朝廷礼仪制度。效果如何?要看实施的结果。在仪式中,"自诸侯王以下莫不振恐肃敬","竟朝置酒,无敢欢哗失礼者"。刘邦很高兴,"吾乃今日知为皇帝之贵也。"叔孙通的弟子"悉以为郎",他将皇帝奖赏的五百斤金赐给诸生,诸生乃皆喜曰:"叔孙生诚圣人也,知当世之要务。"(《史记·刘敬叔孙通列传》)用儒家精神解决"当世之要务",才能实现儒学的价值,也才能发展儒学。

叔孙通知道当世最需要解决的问题是什么,应当采取什么样的方法,如何解决。叔孙通的特点就是"通",通达,能适应变化了的形势,不同于鄙儒、迂儒、腐儒。他能随机应变,为朝廷秩序,为社会和谐,为巩固中央集权制度,做出了重大贡献,为统治者稳定统治做了必要的事情,也为自己以及弟子争得地位与荣誉。叔孙通推荐人才与制订礼仪,都是适应并服务于中央集权制度的。刘邦因此感到皇帝的高贵,群臣"振恐肃敬""无敢欢哗失礼",充分体现了"君为臣纲"的中央集权制度的特点。这表明王权是社会秩序的代表,当时这是最先进的社会制度。当时不可以实行现代的民主制度,因此,有些学者根据现代化民主的观念,批判古代,包括汉代的中央集权制度,是不合时宜的,是违背历史唯物主义的。

公孙弘。他是能随机应变的人,虽然研究理论不深,但他熟悉官场潜规则,又善于以儒学包装汉武帝的决策。汉武帝非常满意,留在身边,任三公,至八十岁死于丞相任上,封平津侯。司马迁描述他的特点是"每朝会议,开陈其端,令人主自择,不肯面折廷争。于是天子察其行敦厚,辩论有余,习文法吏事,而又缘饰以儒术,上大说之。二岁中,至左内史。"他与朱买臣辩论,承认错误,说自己是"山东鄙人,不知其便若是。"汲黯批评他官高禄厚,却很节俭,是欺诈伪装的表现。汉武帝问他,他说有这回事,说管仲上拟于君,晏婴下比于民,齐国皆治,并且表扬汲黯忠。"天子以为谦让,愈益厚之。"自己节俭,钱花在宾客上,"家无所余"。他提倡:"知所以自治,然后知所以治人。"(以上《史记·平津侯传》)"公孙弘以《春秋》白衣为天子三公,封以平津侯。天下之学士靡然乡(向)风矣。"公孙弘为学官,提倡儒学教化,得到汉武帝批准,"自此以来,则公卿大夫士吏斌斌多文学之士矣。"可见,公孙弘在当时影响很大,成为儒者倾慕的榜样。辕固生告诉公孙弘:"公孙子,务正学以言,无曲学以阿世!"(以上《儒林列传》)所谓"曲学以阿世",就是修改理论为政治服务,也算一种与时俱进。"无曲学"是否意味着理论僵化?那也就没有汉代新儒学了。不改,哪有什么新?

董仲舒。他的著作主要有《贤良三对策》与《春秋繁露》。主要思想是大一统论、天人感应说与独尊儒术。董仲舒这三方面的理论价值,可以说立了万世之功。大一统论,强调"屈民而伸君",全国统一于皇帝,保证了全国政治的统一和领土的完整,维护了新创造的中央集权制度,使中国形成民族复杂、人口众多的大国。天人感应说限制了皇帝个人的私欲,达到"屈君而伸天"的作用,协调了君民之间矛盾,调整统治者与被统治者之间的关系,使矛盾尽量缓和,不使激化。在没有民权的时代,这是促进社会和谐的重要方式,具有巨大的意义。进入现代社会以后,西方的民主观念传入中国以后,许多人都极力批判中国古代的中央集权专制制度。但是,在两千多年前的汉代,建立与维护中央集权制度,代表着最先进的文化,也是最文明的意识形态。在以后的发展中,中国的富强无不与此相联系。独尊儒术,屈君而伸天,天又是由儒者按儒学来解释,已经暗含独尊儒术的意思。汉代独尊儒术奠定了以儒学为主干的中华民族魂。董仲舒为政治服务,不是简单地为当时的政策作论证,而是为整个民族的兴盛与发展、整个社会的长治久安作宏观长远的设计。

在这里介绍的四人中,陆贾协助陈平平定诸吕,维护汉室江山,得以寿终。叔孙通得到刘邦欣赏,"乃拜叔孙通为太常,赐金五百斤。"当时就被弟子称为圣人。后又为"太子太傅",汉惠帝登基,他又为太常,"定宗庙仪法"。司马迁给叔孙通的总评价是:"叔孙通希世度务,制礼进退,与时变化,卒为汉家儒宗。"公孙弘任相、封侯,显赫一时,在社会上产生巨大影响。司马迁专门为他单独立传,而董仲舒只是在《儒林列传》的最后挂上一号,算是续貂而已。"汉兴至于五世之间,唯董仲舒名为明于《春秋》,其传公羊氏也。"这是司马迁对董仲舒的最高评价。按班固的说法,这四人的贡献,以董仲舒为最大。董仲舒的贡献是经过一百年以后才逐渐显现出来的,因此,班固在《汉书》中为他单独立传,收入《贤良三对策》全文,并称他是"群儒首",又为"儒者宗"。与此同时,在《汉书》中,公孙弘却与卜式、倪宽合传。前三人都是在政治上解决具体难题,为统治者排忧解难,做出一时贡献,而董仲舒则是从理论上解决了整个封建时代的根本问题,立了万世之功。

　　汉初新儒家各有自己的贡献,受到的礼遇是不相同的。从此可以看出两点:一、能够为统治者服务的才能受到尊重。二、服务方式有两种:一是为统治者排忧解难,解决实际问题;二是为统治者出谋划策,建立新的治国理念。前者是操作层面,后者是观念层面。两相比较,当时的统治者和思想界更重视前者。前者在社会上,作用明显,影响巨大。因此,叔孙通、公孙弘都受到重视,享受荣华富贵一辈子。董仲舒则属于后者,在理论上有巨大贡献,而在实际上没有太大影响,当政者也不那么重视。陆贾介于二者之间,既有操作层面的,也有理论层面的。他说《诗》《书》,论下马治天下,著《新语》,就是理论方面的贡献。董仲舒的政治哲学理论对以后的两千多年的中国产生了巨大影响,形成中华民族的传统观念,奠定了中华民族魂。大一统论的影响,使国家统一成为民族意识的重要内容。天人感应论的影响,以至明清时代还有天坛,皇帝在正月上辛日还要到天坛祭天,起了国家宗教的作用。独尊儒术仍然是中华民族的观念,孔子成为中华文化的形象代表。

二、董仲舒的理论贡献

　　董仲舒的理论贡献主要有三项:大一统论、天人感应、独尊儒术。
　　首先,大一统论。
　　这一理论是董仲舒对历史经验教训的总结,也是古为今用的典型例子。此前虽有统一的思想,如周代的"溥天之下,莫非王土,率土之滨,莫非王臣"(《诗经·小雅·谷风之什》)以及春秋时代的五霸都以尊周为口号。战国时代不再尊周,各国也都想统一天下。诸子百家也都不同程度地表达了统一天下的愿望,如墨家的"尚同"思想。秦始皇用实力统一了天下,要将思想统一于法家,"以法为教""以吏为师"。由于"一断于法"的片面性,秦朝很快灭亡了,这也就宣告了失败。汉人总结秦亡教训,以为是好大喜功,于是反其道而行之,选择了战国时期黄老的"无为之治"。中央无为,诸侯觊觎。贾谊提出警告,没有人相信,几十年后,终于暴发吴楚七国之乱,晁错提出削藩,不幸冤死。如果说秦朝好大喜功,偏左,那么汉初无为之治,则过右。董仲舒总结历史教训,认为乱世产生于君权旁落。周天子权威衰微,出现礼崩乐坏,诸侯纷争,有了数百年的春秋战国的乱世。实现大一统,才能免除战乱,人民得以安居乐业。于是董仲舒提出"屈民而伸君",民主要指诸侯王,要服从皇帝,才能实现大一统;诸侯王如果各行其是,就会出现分裂割据的局面,陷于战乱。远的有春秋战国的大乱,近的则有景帝时代的吴楚七国之乱,都说明统一的重要性。

秦朝统一了,却也乱了,为什么?君主如果任意胡来,权力不受制约,这也会导致混乱。西方讲权力不受制约会导致腐败,中国历史上也是这样,"尧为匹夫,不能治三人;而桀为天子,能乱天下。"(《韩非子·难势》引《慎子》言)如何防止桀之类的人当天子,如何使天子不敢纵欲,或者不能乱天下?这自然是复杂的问题。过去,周朝敬天保民,以天命论使天子不敢胡来。天命论经过荀子批评以后,特别是经过秦王朝不信天命的观念的影响,如何才能让后人相信天命,就增加了不少难度。但是,皇帝只怕天命与祖先,还得搬出天命来。董仲舒对天命进行了一番加工,重新加以论证,强调"屈君而伸天",给有至高无上权力的皇帝加上"天"这副精神枷锁。这就演绎出天人感应理论。"屈民而伸君"加上"屈君而伸天",就可以维护统一大业,又不会由于权力不受制约而产生动乱。董仲舒用解释《春秋》经典的办法,强调天子要谨慎语言,不能随便乱说。董仲舒在对策中说:"《春秋》大一统者,天地之常经,古今之通谊也。"大一统的实现必须从皇帝自己做起,董仲舒对汉武帝说:"臣谨案《春秋》谓一元之意,一者,万物之所从始也,元者,辞之所谓大也。谓一为元者,视大始而欲正本也。《春秋》深探其本,而反自贵者始。故为人君者,正心以正朝廷,正朝廷以正百官,正百官以正万民,正万民以正四方。四方正,远近莫敢不壹于正,而亡有邪气奸其间者。是以阴阳调而风雨时,群生和而万民殖,五谷孰而草木茂,天地之间被润泽而大丰美,四海之内闻盛德而皆徕臣,诸福之物,可致之祥,莫不毕至,而王道终矣。"(《汉书·董仲舒传》引董仲舒对策文)从此以后,历代统治者都重视维护统一的政治局面,谁为统一做出贡献的就是民族英雄,名标青史,流芳百世;谁破坏统一,搞分裂,就是卖国贼、民族败类,奇耻大辱,遗臭万年。南宋著名诗人陆游在临死前留下遗言,表达自己的心愿:"死去原知万事空,但悲不见九州同。王师北定中原日,家祭无忘告乃翁。"这一首诗传颂长久,也说明它反映了中华民族的传统精神。

大一统有一个中心,这个中心就是天子。全国人都要服从天子,天子就必须首先"正心",正心才能正身,"其身正,不令而行",这样才能正朝廷、正百官、正万民、正四方。天下都正了,人类社会和谐了,人与自然界万物也和谐了,那么,天地之间就成为极乐世界。天子要成为臣民的榜样,那就要对天子的思想有所制约,不能随心所欲,言行都要谨慎。董仲舒在《春秋繁露·立元神》中说:"君人者,国之元,发言动作,万物之枢机,枢机之发,荣辱之端也,失之毫厘,驷不及追。故为人君者,谨本详始,敬小慎微……累日积久,何功不成?"君就是国家的本,他的言行影响极大,一旦失误,就无可挽回。所以要非常谨慎小心。道理讲了,皇帝听不听则另说。因此需要找一些让他敬畏的东西,董仲舒找到的就是天。于是他在对策上下功夫论证天人感应。

其次,天人感应。

首先董仲舒提出天人感应是有基础的。周代敬天保民,虽经荀子批判,天对人的影响,在社会上仍然有深厚影响,高水平的思想家还有相当浓厚的兴趣。集天下高明人士集体编撰的《吕氏春秋》,在《应同篇》中说:"凡帝王者之将兴也,天必先见祥乎下民。……类固相召,气同则合,声比则应。鼓宫而宫动,鼓角而角动。平地注水,水流湿。均薪施火,火就燥。……祸福之所自来,众人以为命,安知其所。"五行相胜说在春秋时代就已经流行,《孙子兵法》就有"五行无常胜"的说法。邹衍用五行相胜解释朝代更替,形成"五德终始"说。秦始皇不相信天,对五德终始说却很相信,他认为周朝是火德,秦朝胜周朝,是水胜火,于是认为秦朝是承水运,色尚黑,数用六,改黄河为德水。我们可以从《史记》中看到,秦代及汉初,天命论相当流行,秦将蒙恬临死,喟然长叹曰:"我何罪于天,无过而死乎?"(《蒙恬列传》)他受迫害,就想到是否得罪于天。项羽战败,自刎乌江时说:"此天之亡我,非战之罪也。"(《项羽本纪》)刘邦患病,吕后要请医生看病,刘邦说:"吾以布衣提三尺剑取天下,此非天命乎?命乃在天,虽扁鹊何益?"(《高祖本纪》)公元前181年发生一次日食,日是阳,日食是阴袭阳,吕后认为这是上天对她严厉谴责。《吕太后本纪》载:"己丑,日食,昼晦。太后恶之,心不乐,乃谓左右曰:'此为我也。'"汉文帝二年发生日食,他就下诏说:"人主不德,布政不均,则天示之以灾,以诫不治。"(《孝文本纪》)政治家信天,理论家也讲天,如陆贾说:"治道失于下,则天文变于上。"(《新语·明诚》)社会有这种心理,董仲舒自然可以利用这种心理,来构建自己的理论体系。

其次,要制约皇帝至高无上的权力,就要论证天人感应。天人为什么会感应?是如何感应的?怎么知道天人是相互感应的?据此,如何应对?这些问题都解决了,统治者才能相信,天人感应说才能确立起来。

天与人为什么会感应?董仲舒根据当时最新的研究成果,同类相感。董仲舒在《春秋繁露》中提出:"天者,万物之祖,万物非天不生。"(《顺命》)"为人者,天也。"人是天所创造的。因此天与人是同类的,"以类合之,天人一也。"(《阴阳义》)有数量的,天与人相合,如天有十二个月,人也有十二个大骨节,天有366天,人有366个小骨节,这叫"人副天数"。人有喜怒,天有阴阳,人有五脏,天有五行,如此一一对应。从天生人到人副天数,说明天人同类,于是根据天人同类与同类相感,自然推出天人感应。董仲舒也举出共鸣共振现象来说明同类相感。阴阳相感的例子很多,日月是天上的阴阳,天上的月是阴之宗,对地面的阴性类事物就有影响,如《吕氏春秋·精通》载:"月也者,群阴之本也。月望则蚌蛤实,群阴盈。月晦则蚌蛤虚,群阴亏。夫月形乎天,而群阴化乎渊。"父母与子女"一体而两分,同气而异息",也会"忧思相感""两精相得"。《应同篇》载:"鼓宫而宫动,鼓角而角动。"董仲舒根据这些认识,做出理论分析:"此物之以类动者也,其动以声而无形,人不见其动之形,则谓之自鸣也。又相动无形,则谓之自然。

其实非自然也,有使之然者矣。物固有实使之,其使之无形。"董仲舒根据看不见的相动关系,认为是相动无形,否认自然、自鸣的说法。天与人是怎么感应的?同类相感,阴类与阴类相感,阳类与阳类相感。同样道理,善类与善类相感,恶类与恶类相感。皇帝做了好事,上天就会降下瑞物,表示嘉奖;皇帝做得不好,上天就会降下怪异灾祸,表示警告与惩罚。这就是灾异谴告说。因此,一旦出现灾异,皇帝就要自省,看有什么事处理不当,给予纠正。天人会有感应,为什么许多人看不到,那是因为相动无形,一般人不了解,聪明的人可以从许多现象中体会出来。对于如何应对,董仲舒认为皇帝要学习儒家经典,特别是《春秋》。可以从中了解圣人的意思,而圣人的意思代表了上天的意志。

很显然,董仲舒这个说法是正确的,他以此推论出天人感应也是相动无形的,不能否定相互感应的关系。这就未必是科学的。有的人也许坚持科学观特别彻底,认为应该全盘否定董仲舒的天人感应论。实际上,人在地球上生活演化发展了千百万年,人与自然环境关系密切,毋庸置疑。有一些现象也确实存在,如月的运行与地球海洋的水有密切关系,与人体的血液循环也有关系。女人属于阴,月经来潮与月相应,中国古人认为这也是阴类同性相感。天的昼夜寒暑对人体也有周期性的影响,科学名词叫节律。当然还有一些当时科学水平解决不了的现象,董仲舒也用来说明还有很多不理解的现象,现代科学也未必都能解释。如他在《郊语》中说:"人之言:酝去烟,鸱羽去眯,慈石取铁,颈金取火,蚕珥丝于室,而弦绝于堂,禾实于野,而粟缺于仓,芫荑生于燕,橘枳死于荆,此十物者,皆奇而可怪,非人所意也。夫非人所意而然,既已有之矣,或者吉凶祸福、利不利之所从生,无有奇怪,非人所意如是者乎,此等可畏也。孔子曰:'君子有三畏:畏天命,畏大人,畏圣人之言。'彼岂无伤害于人,如孔子徒畏之哉!以此见天之不可不畏敬。"这十种现象,"非人所意",不是人所能理解的。它们确实存在,究竟吉凶祸福,会产生利不利,不得而知,因此非常可怕。孔子说畏天命,天命如果不会伤害人类,孔子为什么害怕。他的结论是:不能不敬畏天。任何对大自然的重大改造,都会招来大自然的报复。这也是可怕的。无数事实已经如此,改造大自然不可不慎重。人们已经觉醒,过去打虎是英雄,现在打虎是犯罪。这就是觉醒的一种表现。保护环境,保护生态,保护大自然,都是当今世界性的课题。

　　最后,天人感应对后代皇帝有很大的影响,汉代皇帝,汉武帝以后的各代皇帝(宣、元、成、哀),遇到日食、地震等自然现象,就要下诏罪己,免收或减收赋税,采取一些措施安抚灾民,虽然不是重大改革,有些具体措施,对于安定民心,也起了不小的作用。东汉光武帝所下此类诏书最多,例如建武五年夏四月发生旱灾和蝗灾,光武帝下诏说:"久旱伤麦,秋种未下,朕甚忧之。将残吏未胜。狱多冤结,元元愁恨,感动天气乎?"(《后汉书·光武帝纪》)同时下令减罪赦囚。建武六、七年下过类似的诏书。建武十一年二月下诏说:"天地之性人为贵,其杀奴婢,不得减罪。"(同上)十年间下过六次诏书,再三强调要释放奴婢。建武二十二年九月,河南南阳地震,光武帝下诏曰:"日者地震,南阳尤甚。夫地者,任物至重,静而不动者也。而今震裂,咎在君上。鬼神不顺无德,灾殃将及吏人,朕甚惧焉。"(《后汉书·光武帝纪》)同时令南阳地区免租、减罪等。这对灾民渡过难关是有帮助的。以后历朝历代的皇帝不断有祭天的活动,说明"天"成为中国传统的崇拜对象。这不仅在统治者那里,而且在民间也很有市场。至今有的地方结婚仪式仍然有拜天地这一节目,如有人说有过结婚仪式,就说"拜过天地"。在思想家那里,董仲舒的天人感应论,也是可以理解的。王充是反对天人感应的,但他对董仲舒却另眼看待。他说:"六经之文,圣人之语,动言'天'者,欲化无道、惧愚者。"圣人所说的天,"及其言天犹以人心,非谓上天苍苍之体也。"(《论衡·谴告》)他认为董仲舒也像古代圣人,"言君臣政治得失,言可采行,事美足观……虽古圣之言,不能过增。"(《论衡·案书》)董仲舒设土龙致雨,王充是不同意的,但他却为董仲舒辩护,说"仲舒用之致精诚,不顾物之伪真也。"(《论衡·死伪》)认为董仲舒设土龙,其中包含合理性与政治意义,"览见深鸿,立事不妄,设土龙之象,果有状也。"(《论衡·乱龙》)汉代学者如司马相如《封禅文》、刘向《洪范五行传》、扬雄《剧秦美新》、班彪《王命论》、班固《典引》等都讲"符瑞之应"(见柳宗元《贞符》序及韩醇注)。南宋赵彦卫在《云麓漫抄》赞中说:"董仲舒、刘向于五行灾异,凡一虫一木之异,皆推其事以著验。二子汉之大儒,惓惓爱君之心,以为人主无所畏,惟畏天畏祖宗,故委曲推类而言之,庶有警悟。学者未可遽少之也。"(《云麓漫抄》卷十四)清代学者皮锡瑞在《经学通论·易经》中说:"古之王者恐己不能不失德,又恐子孙不能无过举也,常假天变以示警惕……后世君尊臣卑,儒臣不敢正言匡君,于是亦假天道进谏,以为仁义之说,人君之所厌闻,而祥异之占,人君之所敬畏。陈言既效,遂成一代风气。故汉世有一种天人之学,而齐学尤盛。"他在《经学历史·经学极盛时代》中说:"当时儒者以为人主至尊,无所畏惮,借天象以示儆,庶使其君有失德者犹知恐惧修省。此《春秋》以元统天、以天统君之义,亦《易》神道设教之旨。汉儒借此以匡正其主。其时人主方崇经术,重儒臣,故遇日食地震,必下诏罪己,或责免三公。……后世不明此义,谓汉儒不应言灾异,引谶纬,于是'天变不足畏'之说出矣。近西法入中国,日食、星变皆可预测,信之者以为不应附会灾祥。然则,孔子《春秋》所书日食、星变,岂无意乎?言非一端,义各有当,不得以今人之所见轻议古人也。"近代学者梁启超曾说:"民权既未能兴,则政府之举动措置,既莫或监督之而匡纠之,使非于无形中有所以相慑,则民贼更何忌惮也。孔子盖深察夫据乱时代之人类,其宗教迷信之念甚强也。故利用之而申警之……但使稍自爱者,能恐惧一二,修省一二,则生民之祸,其亦可以消弭。此孔子言灾异之微意也,虽其术虚渺迂远,断不足以收匡正之实效。然用心良苦矣。江都最知此义,故其对天人策,三致意焉。汉初大儒之言灾异,大率宗此旨也。"(《饮冰室丛著》第二卷)现代新儒家徐复观先生也承认汉儒用天人感应说"控制皇帝已发生相当的效果"(《两汉思想史》卷二《王充论考》)。如何定性天人感应论的哲学性质?按过去的两分法,当然可以定为唯心主义。很明显,这种哲学是为当时的政治服务的,它的性质也应该由对应政治的性质来定。当时地主阶级是上升时期的进步阶级,所实行的是当时先进的封建制度,为这种封建制度服务的当然就是先进文化。说天人感应论有进步性、合理性,自然也不为过。皮锡瑞的"言非一端,义各有当"说法,值得思考。从不同的角度审视一种理论,可以得出不同的结论。理论是复杂的,社会也是复杂的,怎么可以只有一条线索、一个标准呢?董仲舒探讨的是政治哲学,要从政治角度来评价,才是适当的。它不是宇宙论哲学,用唯物主义与唯心主义来定性,就是张冠李戴。实践是检验理论的标准。在两千多年的中国政治实践中,许多政治家奉行之,获得好效果,许多思想家给予理解与好评。我们据此对董仲舒政治哲学的历史地位,给予适当肯定,是可以成立的,对于张冠李戴者给予纠正,也是有意义的。

第三,独尊儒术。

关于天人感应,天是什么?需要儒家进行解释,儒家当然按儒学来解释。于是天就变成了儒学的代表。皇帝要敬天,自然就要独尊儒术。董仲舒的天人感应与独尊儒术都是为政治服务的,就是政治哲学体系中重要的构成部件。

独尊儒术以后,儒家的几本教材就成为经典,《诗经》《尚书》《礼》《周易》《春秋》这五经成为天下士子努力学习、注释、讲授的教材,形成一门特殊的学问——经学。经学是两千年前的儒家经典解释学。汉代的学术特点就是经学,各家各派都是通过注经、讲经,发挥自己的思想,创立新的思想体系,形成各种经学派别。而这些经书在两千多年中被反复研究、讨论过,每一时代都有所发现,更加丰富。西方哲学的发展,是推翻前人的体系,建构自己的新体系。中国传统哲学是继承前人的思想,加入自己的新思想。虽然有时也讨论经书真伪问题,而他们的基础仍然是经学。有了经学的权威性,思想的统一性就具有了超稳定性。经学还是以理性为主,崇经过头,就出现了谶纬,毕竟缺乏理性,虽然盛极一时,不久就消沉了。而经学则历久弥新,对社会理解的深刻性,令人信服。经书不断增加,后来有九经、十一经,最后,清代阮元编了《十三经注疏》,算是固定下来,增加进去的是在历史上经过检验被认可的儒家典籍如"三礼":《仪礼》《周礼》《礼记》,以及《春秋》三传,《论语》《孟子》《孝经》《尔雅》等。

中国历来有追求思想统一的传统,墨子讲"尚同","凡里之万民,皆尚同乎乡长,而不敢下比。乡长之所是,必亦是之;乡长之所非,必亦非之……凡国之万民,上同乎天子,而不敢下比。天子之所是,必亦是之;天子之所非,必亦非之。去而不善言,学天子之善言;去而不善行,学天子之善行。天子者,固天下之仁人也。举天下之万民,以法天子。夫天下何说而不治哉?"(《墨子·尚同中》)墨子要求万民统一于乡长,乡长统一于国君,国君统一于天子,天下都统一于天子。墨子所讲的"尚同"就是"上同",要求天下万民上同于天子,以天子之是非为是非。"尚同"就是统一思想、统一是非的典型说法。荀子也有统一思想的愿望,他在《非十二子》中批评了六派十二子,包括子思、孟子那一派儒家,认为以孔子、子弓为代表的那一派儒家应该成为统一的核心。韩非主张"以法为教""以吏为师",实际上就是用法家思想来统一天下的思想。由于秦王朝很快就灭亡了,法家思想也就成了殉葬品。虽然法家思想不时髦了,但是,"圣人不能无法以治国","徒善不足以为政",法是治国的必要工具,法家的思想仍然在新统治者中实际运用着。汉朝建立时,吸取秦朝教训,采取了无为而治,崇尚黄老道家的自然无为的治国方针。汉景帝时出现吴楚七国之乱,这才放弃无为而治的方针,转而崇尚儒学。由于儒学在稳定社会、缓和矛盾、恢复秩序方面有特殊的作用,统治者希望实现和谐秩序,维持长治久安,选择了儒学。独尊儒术就是在这样的条件下提出来的。这个儒学是汉代新儒学,是汉代新儒家吸收先秦诸子百家的思想精华,重新建构起来的能够适应新时代的新儒学。从思想理论方面说,董仲舒政治哲学可以说是集大成者。班固因此称他为"儒者宗""群儒首"。从此以后,大约在两千多年中,历朝历代基本上以儒学作为统一思想的基础,迄今为止,孔子仍然是中华传统文化的形象代表。

有的学者提出,汉武帝并没有独尊儒术,因为当官的未必都是儒家。这就将独尊儒术做了绝对化的理解。司马迁生活于汉武帝时代,《史记》著成于汉武帝时代。《史记》以皇帝作为"本纪",诸侯为"世家",公卿大夫以及各色突出人物归入"列传"。以儒家创始人孔子入"世家",为孔子弟子立《仲尼弟子列传》,为历代儒家作《儒林列传》,其他学派如道家、墨家、法家、阴阳家都没有享受这种规格。如果没有独尊儒术,那么,如何解释这种现象呢?

班固在《汉书·公孙弘卜式倪宽传》中说:"汉之得人,于兹为盛。儒雅则公孙弘、董仲舒、倪宽,笃行则石建、石庆,质直则汲黯、卜式,推贤则韩安国、郑当时,定令则赵禹、张汤,文章则司马迁、相如,滑稽则东方朔、枚皋,应对则严助、朱买臣,历数则唐都、洛下闳,协律则李延年,运筹则桑弘羊,奉使则张骞、苏武,将率则卫青、霍去病,受遗则霍光、金日磾,其余不可胜纪。是以兴造功业,制度遗文,后世莫及。"汉武帝所立的丰功伟业,与这些贤才的奉献和创造分不开。汉武帝时代人才最盛,汉宣帝时代也很盛,"孝宣承统,纂修洪业,亦讲论六艺,招选茂异,而萧望之、梁丘贺、夏侯胜、韦玄成、严彭祖、尹更始以儒术进,刘向、王褒以文章显,将相则张安世、赵充国、魏相、丙吉、于定国、杜延年,治民则黄霸、王成、龚遂、郑弘、召信臣、韩延寿、尹翁归、赵广汉、严延年、张敞之属,皆有功迹见述于世。参其名臣,亦其次也。"为什么会如此之盛? 班固又说:"汉兴六十余载,海内艾安,府库充实,而四夷未宾,制度多阙。上方欲用文武,求之如弗及,始以蒲轮迎枚生,见主父而叹息。群士慕向,异人并出。卜式拔于刍牧,弘羊擢于贾竖,卫青奋于奴仆,日䃅出于降虏,斯亦曩时版筑、饭牛之朋已。"天下太平,需要人才来参预政治,帮助建立制度。汉武帝虚心诚敬,以蒲轮迎接枚乘,见到主父偃,十分感慨,相见恨晚。汉武帝这种求贤的态度,对贤才具有强大的吸引力。"群士慕向,异人并出"。汉武帝又从社会最底层发现、提拔一些优秀突出的人才。如果没有汉武帝的积极态度,那么,他们就不可能得以发挥自己的才华,创立丰功伟绩。"公孙弘、卜式、倪宽皆以鸿渐之翼困于燕爵,远迹羊豕之间,非遇其时,焉能致此位乎?"选择这些人才不拘地位,就像过去殷代武丁从傅险版筑中发现傅说,"举以为相,殷国大治。"(《史记·殷本纪》)也像齐桓公将饭牛于车下的宁戚提拔出来当大夫,"任之以国"(《史记·鲁仲连邹阳列传》及《集解》)。古代统治者能够从地位很低的人群中选拔优秀人物,委以国政,就是非常不容易的事情,也是被传为美谈的英明之举。汉武帝也能这样发现贤才,选拔杰出人物,当然也是英明之举。由于汉武帝的英明,众多贤士才有机会充分发挥自己的才华。众多贤士的才华的充分发挥,才有汉武帝时代的盛世。当政者与贤才互相配合,共同努力,是建功立业的保证。君臣之间,君应该是主导方面,因此,司马迁说:"士贤能而不用,有国者之耻。"(《史记·太史公自序》)

以上五十多人是史家认定的杰出人物,我们查他们的传记,他们出仕的方式主要有因父亲而出仕的,明经的,被当政者发现提拔的,当官者推荐的,自荐的,参加对策的,察廉的,奉献财物任官的。因父亲而出仕的,称为"任子",共有12名;明经出仕者有9名,"萧望之、梁丘贺、夏侯胜、韦玄成、严彭祖、尹更始以儒术进";被当政者发现并提拔的和对策的,各有5名;推荐的,察廉的,捐钱的各3名;自荐的有2名。还有个别是积功劳的,经商出身的,靠外戚关系的,好黄老言的各一人,还有6名情况比较复杂,难以归类的。"任子",占四分之一强。明经加上对策,最多,14名,也占四分之一强。提拔、推荐、察廉,这三种方式,都是政府通过规范形式选拔的,有11名,也是四分之一强。明经与对策,主要是儒家学派的。其他学派只有一名是好黄老之言的,其他形式选拔的也多是学习过儒学的人。在《史记·儒林列传》中,董仲舒的弟子当了大官的(遂者)就有兰陵褚大、广川殷忠、温吕步舒。任大夫、郎、谒者、掌故者还有数百人。董仲舒的子孙也都由学问而当了大官。

在《汉书·儒林传》中载胡毋子都。文中又提到董仲舒。"而董生为江都相,自有传。弟子遂之者,兰陵褚大,东平嬴公,广川段仲,温吕步舒。大至梁相,步舒丞相长史,唯嬴公守学不失师法,为昭帝谏大夫,授东海孟卿、鲁眭孟。"

这段话,《汉书》基本上是抄《史记》的,只是"殷忠"变"段仲",形近音近而误。另外,《汉书》增加一个东平嬴公。开始,嬴公学守师法,进行教学,没有当官,因此,司马迁没有将他列入"遂者"。后来,嬴公当了昭帝时代谏大夫,可能司马迁并不知道。嬴公当了谏大夫,他的学问又影响了几代人,在班固看来,嬴公则是董仲舒的高足弟子,不能不加上。从《史记》《汉书》来看,董仲舒的弟子、后学、子孙当了大官的不少,也都是学了儒学的。这显然是"独尊儒术"的结果。

三、总评董仲舒

首先,我将董仲舒与孔子、朱熹并列为中国历史上对全社会影响最大的三大思想家。孔子是儒学创始人,董仲舒是经学大师,汉代新儒学的代表,朱熹是理学大师,宋代新儒学的代表。以后虽然也还有一些大师如元代的吴澄、明代的王阳明、黄宗羲、王船山等,影响都不及前三者久远广大。孔子的影响是无与伦比的,朱熹的《四书集注》作为科举考试的必读书。而董仲舒承前启后,起了关键的作用。孔子儒家在先秦只是百家中的一家,虽是显学,却没有独尊的地位。从汉代开始升到独尊的地位,奠定了中华民族的精神主干。李英华 2009 年 6 月 17 日下午在德州召开的董子文化研讨会上提出要增加周公。周公确实是大思想家,因为材料不足,胡适写《中国哲学史大纲》,毛泽东讲中国传统文化,都从孔子讲起,可能也是这个原因。

其次,董仲舒哲学是典型的政治哲学。哲学可以分为三大类:求真的科学哲学,求善的政治哲学,求美的艺术哲学。宗教哲学也属求善的范围。过去根据董仲舒讲天人感应,说他是神学目的论的唯心主义哲学家。董仲舒不探讨宇宙本原问题,只研究社会治理问题,是政治哲学,不属于宇宙论哲学中的唯心主义。董仲舒虽讲"天不变,道亦不变",在《春秋繁露》中可以看到他的许多说法是富有辩证法的。他借用《春秋》与阴阳五行理论,阐发自己的政治哲学,同时也融会先秦诸子百家的优秀成果,根据汉代的社会实际,构建适应汉代社会的儒学体系。因此,董仲舒哲学体系具有综合创新的意义。孟子说孔子是集大成者,董仲舒同样也是集大成者。孔子、董仲舒、朱熹都是求善的政治哲学家。

第三,研究董仲舒思想要摆脱疑古思潮的影响。在疑古思潮影响下,中国古籍几乎都不可信,随便找一点理由,便轻易加以否定。例如有人根据《史记》没有记载天人三策,就说天人三策是班固伪造的。董仲舒三策与汉武帝策问相联系,班固敢伪造汉武帝的策问吗?有的说《春秋繁露》不是董仲舒的著作,而是后人伪造的。理由是汉代没有这个书名,后代才有。汉代也没有《史记》,只有《太史公书》,难道《史记》也不是司马迁所著,而是后人伪造的?这种怀疑在疑古时代十分流行,由此影响到日本以及西方各国学者。这是需要纠正的。我们对经典要有崇敬的心态。席泽宗院士回忆,他的老师叶企孙对他说:"写文章要经得起时间的考验,一篇文章30年以后还站得住,才算过硬。"如果一本书三百年以后还站得住呢?那一定是文化精品!三千年后还站得住呢?那就是经典!我们读经典著作的时候,要怀着崇敬的心态,同情的理解,采取学习的态度,而不是轻蔑的心态,挑刺的眼光,否定的观念。如果不是要继承什么优秀成果,那我们为什么要读它呢?有的说"二十四史"都是为帝王将相树碑立传的,都是文化垃圾,应该抛入历史垃圾堆。我问他看过"二十四史"没有,他说没有。这说明忽视历史是无知的表现。杜甫有诗句曰:"尔曹身与名俱灭,不废江河万古流。"轻蔑古籍的人都在历史中被淘汰了,古籍仍然不断流传下去。谈儒色变,是从"五四"到"文革"批儒积弊的后遗症。有一些人蔑视古人经典,一味地"创新",经过炒作,有时也会产生轰动效应,时髦一时。这些都只能是速生速灭的文化垃圾,不到30年,就都被淘汰了。每一个人都可以去查30年以前发表的东西,看还有多少东西还站得住。要知道,创新要以继承为基础。继承包含批判。无产阶级不批判继承资产阶级的,如何创新?

第四，读书要有"皓首穷经"的精神。古籍流传久远，由于时代的变迁，读起来不容易理解。如果不能细心阅读，深入思考，那就难以领会其中深意。正如司马迁所说："好学深思，心知其意"。汉代有些人读儒家的书，头发白了才弄懂一本经书。我们现在不必那样，但是还需要这种精神。有一个青年学者花了六年时间埋头读《周易》经传，写出两本专著，都获得全国性大奖。另一青年学者花六年时间细读《全宋文》，也写出两本获奖的专著。还有学者也是花六年时间潜心研究，写出颇有影响的大部头专著，确立了自己的学术地位。也有一些人急功近利，想走捷径，下载资料，拼凑文章，忙碌十年，却写不出高水平的论文，这叫"欲速则不达"。投机取巧，自作聪明，最后，"聪明反被聪明误"。书要自己一个字一个字地读，谁也代替不了，什么条件也改变不了。有钱可以雇人扫地，不能雇人代替读书。学问是积累的过程，不断读书，是积累的过程。不断思考，也是积累的过程。做学问是细水长流，厚积才能薄发。

第五，富而后教正当时。《论语·子路篇》载："子适卫，冉有仆。子曰：'庶矣哉！'冉有曰：'既庶矣，又何加焉？'曰：'富之。'曰：'既富矣，又何加焉？'曰：'教之。'"这段记载的大意是：孔子到卫国去，他的弟子冉有为他赶车。孔子说："人真多呀！"冉有问："人已经很多了，又该怎么办？"孔子说："使他们富裕起来。"冉有又问："已经富裕了，又该怎么办呢？"孔子说："对他们进行教化。"后人对这段话归纳为"富而后教"，是孔子儒学的重要思想。富以后，如果不进行教育，那就会坠落、腐败。君子富起来后，不能骄傲，"富而无骄"，还要"富而好礼"。如果富裕了，不能及时给予教育，新富起来而又缺乏教育的人容易骄横为暴，严重危害社会。按孟子的说法，这种人就跟禽兽差不多。"饱食暖衣，逸居而无教，则近于禽兽。"（《孟子·滕文公上》）富而不教，将"为富不仁"。

综合起来，汉初的数十年，正好经历了孔子所说的三个阶段：就是巩固政权，安定社会；恢复生产，发展经济；加强教育，繁荣文化。汉初数十年的发展历程，是否有规律性？后代是否可以从中吸取经验教训？值得研究。

【周桂钿　北京师范大学哲学系教授】
原文刊于《中国文化》2010年02期

修身与治国

董仲舒身心修炼的功夫论

彭国翔

引 言

迄今为止,相对于先秦、宋明以及现代,汉代儒学的研究未免薄弱,长期以来似乎缺乏应有的推进。以汉代儒学最为重要的人物董仲舒而言,虽然既有若干研究成果的发表和出版,也有相关的学术会议召开,但董仲舒思想中内在具有的一些方面,比如身心修炼的功夫理论,在既有的研究成果中还未见应有的探讨。大体有两方面的原因:一是相关的文献没有受到正视,二是问题意识的局限。不过,带着某种特定的问题意识去解读董仲舒的文献,然后加以阐释,固然不失为一种研究的方法和取径,但笔者认为,立足于研究对象自身的原始文献,内在于文献固有的义理脉络,至少就哲学思想史的研究而言,应当是必由之路。即便是带有特定问题意识的诠释,也不能完全脱离这一基础。

就笔者阅读所见,在既有的有关董仲舒思想的研究中,《春秋繁露》卷七《通国身第二十二》、卷九《身之养重于义第三十一》以及卷十六《循天之道第七十七》这三篇文献,都是极少为研究者引用并加以分析的,而其中恰恰包涵有关身心修炼功夫的完整论说以及"修身"与"治国"紧密相关的思想。① 这既有可能是研究者在文献运用上的自觉审慎,也有可能是缺乏对于这三篇文献的重视。关于前者,涉及哪些文献可以作为研究董仲舒思想的根据这一问题。《隋书·经籍志》始著录《春秋繁露》一书,但刘歆所著记载西汉杂史的《西京杂记》中已经提到董仲舒作《春秋繁露》。不过,宋代以来,一直有学者如程大昌(1123—1195)、程廷祚(1691—1767)、戴钧衡(1814—1855)、苏舆(1874—1914)、戴君仁(1901—1978)等人质疑《春秋繁露》中许多篇章并非出自董仲舒之手,尤袤(1127—1194)、黄云眉(1897—1977)等更怀疑整个《春秋繁露》是伪书,而朱熹甚至也以尤袤之说为据,认为不是董仲舒的著作,所谓"尤延之以此书为伪。某看来不是董子书"(《朱子语类》卷八十三)。现代日本学界一些学者如庆松光熊、田中麻纱、近藤则之等人,承历史上中国学者的余绪,对于《春秋繁露》一书是否能够作为董仲舒的文献依据,也持颇为怀疑的态度。但是,这种过度的怀疑不但历史上一直存在不同意见,②近年来更是受到了一些学者的有力批评。长期在日本求学和任教的邓红曾经有专文检讨日本学界关于《春秋繁露》伪篇问题的争论,反驳了从庆松光熊到田中麻纱再到近藤则之等日本学者认为《春秋繁露》存在大量伪篇的观点。③ 徐复观先生曾经论证《春秋繁露》"只有残缺,并无杂伪"。④ 最近,基于对《春秋繁露》的最新校释,中国大陆地区的资深学者钟肇鹏更是进一步对历史上各种质疑逐一回应,指出《春秋繁露》完全可以视为研究董仲舒的代表作,"其中有残脱错讹,而无伪篇"。⑤

美国学者桂思卓(Sarah Queen)有专书研究《春秋繁露》。根据徐复观将《春秋繁露》一书的内容分为三类,即"董氏的《春秋学》""董氏的天的哲学"和"有

---

① 有学者对《循天之道》中的部分文字有所触及,但要么根据传统的看法,仅仅视之为养生之道,如徐复观:《两汉思想史》卷二(上海:华东师范大学出版社,2001),第253—254页,董仲舒部分第十节《董氏的天的哲学之三——天人关系》中第四部分《天与养生》;要么从现代的视角观察,仅仅归之为性健康的问题,如余治平:《唯天为大》(北京:商务印书馆,2003),第340—350页。
② 如南宋楼大防(生卒不详)、黄震(1213—1280)和近人金德建(1909—1996)等人。
③ 邓红:《日本中国学界有关〈春秋繁露〉伪篇问题的论争》,见其《董仲舒思想研究》(台北:文津出版公司,2008),《附录三》,第264—276页。
④ 徐复观:《两汉思想史》卷二,第195页。
⑤ 钟肇鹏:《春秋繁露考辨》,见其《春秋繁露校释》(校补本)(下)(石家庄:河北人民出版社,2005),《附录七》,第1188—1196页。其中特别还针对汤用彤先生在《汉魏两晋南北朝佛教史》中认为《循天之道》"非董子所作"的说法进行了辨证。

学术史的视域

关郊天即朝廷礼制的探讨",⑥桂思卓将《春秋繁露》各篇文字进一步分为五类，分别是：注解章（exegetical chapters）、黄老章（Huang-Lao chapters）、阴阳章（Yin-yang chapters）、五行章（Five-phase chapters）和礼仪章（ritual chapters）。但与徐复观不同的是，桂思卓不认为《春秋繁露》的作者可以归于董仲舒一人。她认为《春秋繁露》很可能是不同的作者在不同时期编撰的一部集成。⑦ 桂思卓之说不无道理，这也是古已有之的看法。然而，桂思卓的问题在于：她并不能够准确地断定哪些篇章是出自董仲舒，而哪些篇章是出自董仲舒之外的他者。认为《春秋繁露》是不同作者不同时期的合成之作，也不过是缺乏足够文献基础的推测。事实上，她立论的根据只是《春秋繁露》各篇之间在思想和表述上并不一致。她的五部分的分类，也只是指出了《春秋繁露》一书中的不同方面。但是，正如以往诸多学者以及最近钟肇鹏先生指出的那样，这种不一致以及思想内涵的多方面性，也可以是董仲舒在不同时期思想的变化以及他吸收融汇各家的反映。因此，桂思卓虽然对《春秋繁露》各篇进行了细致的研究，但其贡献并不在于推翻《春秋繁露》的作者是董仲舒一人的看法。后者虽然也是一种推断，可如今尚不能证伪。

　　本文的出发点，是将《春秋繁露》视为董仲舒思想的反映，尤其是将本文所要引以为据并详加分析的《循天之道》《身之养重于义》以及《通国身》三篇作为董仲舒修身和治国思想的依据。在这三篇文献中，最能反映董仲舒身心修炼功夫论的是《循天之道》和《身之养重于义》这两篇，其中又以《循天之道》的内容最为充分。而《通国身》一篇，则是董仲舒将修身与治国连为一体思想的集中表现。当然，在《循天之道》《身之养重于义》中，也有一些涉及治国思想的文字。这也说明，对董仲舒来说，修身与治国具有密不可分的关系。在笔者看来，这三篇文字中所表达的身心修炼的功夫论思想，正是对先秦孟子以来儒家功夫论的发展，并不能仅仅根据其中直接引用了不少黄老的语汇，就认为其思想属于黄

---

⑥ 这是徐复观在其《两汉思想史》卷二董仲舒部分的划分。第三部分"有关郊天即朝廷礼制的探讨"，原见于香港中文大学1975年出版的《两汉思想史》卷二中。但是，2001年华东师范大学出版的《两汉思想史》卷二中则删去了这一部分。这是需要提请读者注意的。

⑦ 参见 Sarah Queen, *From Chronicle to Cannon: The Hermeneutics of the Spring and Autumn, According to Tung Chung-shu*, Cambridge University, 1996, chapter 4.

老。桂思卓将这一部分内容归为"黄老章",认为"这些篇章的显著特征之一是缺乏对于儒家文本的兴趣",⑧尤其是她认为《循天之道》一篇对于儒家经典的征引只有《诗经》,⑨未免失察。事实上,《循天之道》中直接征引并继承了孟子和公孙尼子的"养气"论。也正是在这个意义上,笔者认为,董仲舒继承和发扬了先秦儒家身心修炼的功夫论。以下,笔者将基于对《循天之道》《身之养重于义》以及《通国身》三篇文字的分析,结合相关的文献,展示董仲舒有关身心修炼的功夫理论,并探讨他对于修身与治国之间密切关系的看法。依笔者之见,董仲舒身心修炼的功夫论以"中和"为目标,以"养气"为途径,包涵天人同构、身心同构、义利同构和德政同构四个方面的内容。

一、"中和"与"养气":天人同构

在《循天之道》开始的一段,⑩董仲舒即提出了两个重要的命题:一是"循天之道以养其身,谓之道也";一是"能以中和养其身者,其寿极命"。这两个命题所在的完整脉络如下:

> 循天之道以养其身,谓之道也。天有两和,以成二中,岁立其中,用之无穷。是故北方之中用合阴,而物始动于下;南方之中用合阳,而养始美于上。其动于下者,不得东方之和不能生,中春是也;其养于上者,不得西方之和不能成,中秋是也。然则天地之美恶在?两和之处,二中之所来归,而遂其为也。是故东方生而西方成,东方和生,北方之所起;西方和成,南方之所养长;起之,不至于和之所,不能生;长之,不至于和之所,不能成。成于和,生必和也;始于中,止必中也。中者,天地之所终始也;而和者,天地之所生成也。夫德莫大于和,而道莫正于中。中者,天地之美达理也,圣人之所保守

---

⑧ Ibid, p.85.
⑨ Ibid, footnotes 40.
⑩ 该篇文字传统上分为五段。《春秋繁露校释》(校补本)分为九段。

学术史的视域

也。《诗》云："不刚不柔,布政优优。"此非中和之谓与？是故能以中和理天下者,其德大盛；能以中和养其身者,其寿极命。⑪

从先秦以来,各家各派都将"道"视为最高的思想和实践的范畴。什么是"道",也历来是最难言说的。所以老子才有"道可道,非常道"之说。这里,董仲舒开宗明义,认为能够遵循天道以养其身,这就是"道"。但是,怎样才算是"循天之道以养其身",需要一个标准。这个标准就是"中和"。这一段的最后一句,"能以中和理天下者,其德大盛；能以中和养其身者,其寿极命",即是指出判断是否做到了"循天之道以养其身"的衡量准则,在于"中和"的实现。至于引《诗经》中"不刚不柔,布政优优"的话,⑫以及所谓"能以中和理天下者,其德大盛"的表达,则反映了董仲舒将"养身"与"治国"关联起来的思想。这一点,下文将有专门讨论,此处不赘。

"中和"的观念自然并非董仲舒首创,《中庸》所谓"中也者,天下之大本也；和也者,天下之达道也","致中和,天地位焉,万物育焉",已将"中和"作为一个极其重要的概念。上引文中一段：

> 中者,天地之所终始也；而和者,天地之所生成也。夫德莫大于和,而道莫正于中。中者,天地之美达理也,圣人之所保守也。

说明董仲舒继承了《中庸》以"中和"为天下之大本达道的思想。事实上,在《循天之道》中,后面还有两处提到"中和",都将其视为天地之道的最高价值。

> 天地之经,至东方之中,而所生大养；至西方之中,而所养大成。一岁四起业,而必于中。中之所为,而必就于和,故曰和其要也。和者,天之正也,阴阳之平也,其气最良,物之所生也。诚择其和者,以为大得天地之泰也。

---

⑪ 《春秋繁露校释》（校补本）,第1023页。标点略有改动。
⑫ 引文出自《诗经·商颂·长发篇》,《毛诗》作"敷政优优",《齐诗》作"布政优优"。《孔子家语·正论篇》、《后汉书·陈宠列传》、《文选》王元长永明十一年《策秀才文》中俱作"布政优优"。

天地之道,虽有不和者,必归之于和,而所为有功;虽有不中者,必止之于中,而所为不失。⑬

中者,天地之太极也,日月之所至而却也。长短之隆,不得过中。天地之制也,兼和与不和,中与不中,而时用之,尽以为功。是故时无不时者,天地之道也。顺天之道,节者,天之制也;阳者,天之宽也;阴者,天之急也;中者,天之用也;和者,天之功也。举天地之道,而美于和,是故物生皆贵气而迎养之。孟子曰:"我善养吾浩然之气者也。"谓行必终礼,而心自喜,常以阳得生其意也。公孙之养气曰:"里藏,泰实则气不通,泰虚则气不足;热胜则气耗,寒胜则气滞;泰劳则气不入,泰佚则气宛至;怒则气高,喜则气散;忧则气狂,惧则气慑。凡此十者,气之害也,而皆生于不中和。故君子怒则反中,而自说以和;喜则反中,而收之以正;忧则反中,舒之以意;惧则反中,而实之以精。"夫中和之不可不反如此。⑭

董仲舒将"中和"视为"天道"的极致,并没有超出《中庸》的观念。所不同者,只是他将"中和"与"阴阳""四方""四时"的观念相配合,体现了其哲学思想与众不同的特色。

《循天之道》开篇的一段文字,是以"养身"为中心的。"循天之道以养其身",这是对"养身"的一般规定。"以中和养其身",则是对"养身"进一步的内容规定。能够使身体达到"中和"的状态,就会长寿。那么,如何达到"中和"这一"养身"的理想状态呢?董仲舒认为,必须通过"养气"来实现。其实,在上引两段文字中,他已经将"中和"与"养气"关联起来了。

在上引第一段中,董仲舒认为,"和者,天地之正也,阴阳之平也,其气最良",表明"和"本身就是气的一种状态。作为阴阳二气的一种最佳状态,所谓"最良""和"的特点是"平"。第二段中,董仲舒更是征引孟子与公孙尼子的养气说,⑮来论证"中和"之气必须通过"养"来实现,所谓"贵气而迎养之"。换言之,

---

⑬ 《春秋繁露校释》(校补本),第1034页。
⑭ 同上。
⑮ 按:《汉书·艺文志》载儒家有《公孙尼子》二十八篇,《养气》即《公孙尼子》中之篇名。

从这两段的语脉来看,对于董仲舒而言,"中和"本来就是宇宙以及人体中阴阳二气最为均衡和圆满的一种状态。当这种状态在人身得以实现时,"养身"也就获得了"其寿极命"这一最为理想的效果。

董仲舒引公孙尼子所论十种"气之害",可以说已经指出了具体的"养气"的方法。从中,我们能够看到,身体状态的十种不同情况,分别对应"气"的十种偏离"中和"的状态。

> 泰实→气不通
> 泰虚→气不足
> 热胜→气耗
> 寒胜→气滞
> 泰劳→气不入
> 泰佚→气宛至
> 怒→气高
> 喜→气散
> 忧→气狂
> 惧→气慑

这里所谓"不通""不足""耗""滞""不入""宛至""高""散""狂"以及"慑",都是气的运行和流通没有达到"中和"的表现。因此,"养气"的方法,自然首先就是要化除这十种"气之害"。

由于房事是最为耗损精气的行为,董仲舒即以之为例,具体说明了应当如何"养气"。他说:

> 处其身所以常自渐于天地之道,其道同类,一气之辨也。法天者,乃法人之辨。天之道,向秋冬而阴来,向春夏而阴去。是故古之人霜降而迎女,冰泮而杀止。与阴俱近,与阳俱远也。天地之气,不致盛满,不交阴阳。是故君子甚爱气而游于房,以体天也。气不伤于以盛通,而伤于不时、天并。

> 不与阴阳俱往来,谓之不时;恣其欲而不顾天数,谓之天并。君子治身不敢违天。是故新牡十日而一游于房,中年者倍新牡,始衰者倍中年,中衰者倍始衰,大衰者以月当新牡之日。而上与天地同节矣,此其大略也。然而其要皆期于不极盛不相遇。疏春而旷夏,谓不远天地之数。[16]

这里"君子甚爱气"和"君子治身"中的"爱气"和"治身",即是"养气"之意。房事不能与四时阴阳二气的节奏相配合,称为"不时";恣欲过度,不顾天数,称为"天并"。二者都是不知"爱气""治身"的表现。房事就频率而言,三十岁的年轻力壮者十日一次,四十岁的中年人二十日一次,五十岁者四十日一次,六十岁者八十日一次,七十岁者十个月一次。从四时的季节讲,房事在春夏两季应当较为稀疏,不宜过于频繁。这样才符合天地之道的节奏,所谓"上与天地同节","不远天地之数"。当然,具体的频率如何并不绝对,关键在于根据年龄和身体的状况有所节制。[17]即所谓"不致盛满,不交阴阳","不极盛不相遇",如此方能做到"爱气""治身"。

房事所涉及的"爱气",自然主要是就人体而言,所以这里和"爱气"相连的是"治身"。但是,"养气"和"爱气"中的"气",显然并不限于人体内部之气。即便在上引有关房事的文字中,已经可以清楚地看到,董仲舒所论之"气",是"天地之气"。因此,"养气"是"养天地之精气",并且要配合四时的"节气",并不是作为人的个体在与外部世界隔绝的情况下孤立地修养身体之气的行为,而是一个个体之气向外界的"天地之气"保持开放,不断吸收"天地精气""吐故纳新"的过程。这一点,董仲舒也有明确的说明:

> 故天地之化,春气生而百物皆出,夏气养而百物皆长,秋气杀而百物皆死,冬气收而百物皆藏。是故惟天地之精气,出入无形。而物莫不应,贵之

---

[16] 《春秋繁露校释》(校补本),第1043页。
[17] 如《玉房秘诀》即谓:"年二十,常二日一施;三十,三日一施;四十,五日一施。年过六十以去,勿复施焉。"按:《玉房秘诀》早佚。今本初为清人叶德辉辑自日人丹波康赖所著《医心方》卷二十八,后收入《双梅景闇丛书》。

至也,君子法乎其所贵。⑱

由此可见,"养气"所涉及的,并不只是"人"的因素,同时还有"天地"或者说"天"的因素。就此而言,通过"养气"而达到"中和"的状态,是一个天人同构的关系和过程。并且,若论"气"的本源,更需要归之于天地。在终极的意义上,"天"仍然是一个决定性的因素。所谓"君子治身不敢违天",强调的正是这一点。

对于这种天人同构的关系,董仲舒还从人之寿命长短的问题进行了论证。只是在这里,侧重由"天"转向了"人"。在《循天之道》的最后一段,董仲舒说:

> 天下之人虽众,不得不各雠其所生,而寿夭于其所自行。自行可久之道者,其寿雠于久,自行不可久之道者,其寿亦雠于不久。久与不久之情,各雠其生平之所行,今如后至,不可得胜,故曰:寿者雠也。然则人之所自行,乃与寿夭相益损也。其自行佚而寿长者,命益之也;其自行端而寿短者,命损之也。以天命之所损益,疑人之所得失,此大惑也。是故天长之而人伤之者,其长损;天短之而人养之者,其短益。夫损益者皆人,人其天之继欤?出其质而人弗继,岂独立哉!⑲

在《循天之道》倒数第二段的最后一句,董仲舒也提到人的寿命长短虽然"受于天",但"养有得失",所谓:

> 短长之质,人之所由受于天也。是故寿有短长,养有得失,及至其末之,大卒而必雠,于此莫之得离,故寿之为言,犹雠也。⑳

---

⑱ 《春秋繁露校释》(校补本),第1032页。
⑲ 《春秋繁露校释》(校补本),第1054页。
⑳ 《春秋繁露校释》(校补本),第1050页。

在董仲舒看来,人的寿命长短虽由天命所定,但后天的行为,会对既定的天命发生损益的作用。善的行为会使人的寿命增加,恶的行为会使人的寿命缩短。这种天人之间彼此影响的同构关系,董仲舒称之为"雠"。最后一句所谓"岂独立哉"的反问,正是意在强调天与人之间这种相互作用、彼此影响的同构关系,指出了人与天地并立,有参赞天地化育的能力。[21] 这一点,同样是继承了《中庸》的思想。以往的研究认为董仲舒思想的主要特色在于"天人感应",这种"雠",可以说就是"天人感应"的一种表现。不过,以往"天人感应"的说法过于强调了"人"这一方对于天道的被动反映。事实上,从这里董仲舒强调人们主体的善恶行为会对其命定的寿命发生影响这一论断来看,人并不只是被动地反映天道,而本身就是天道运行过程中的一个重要的参与因素。

在"养气"这一天人同构的过程中,主体行为的价值和道德因素,是"气"是否能够得"养"的一个重要方面。换句话说,"养气"必须是一个包含确定价值取向的道德行为。对此,董仲舒不仅在上引文字中提到,即"自行端"与"自行佚"的对照,在《循天之道》的另外两段,董仲舒更是明确指出了"养气"所包含的价值与道德要素。他说:

> 故仁人之所以多寿者,外无贪而内清净,心平和而不失中正,取天地之美,以养其身,是其气多且治。……天之气常动而不滞,是故道者亦不宛气。苟不治,虽满不虚。是故君子养而和之,节而法之,去其群泰,取其众和。[22]
>
> 凡养生者,莫精于气。是故男女体其盛,臭味取其胜,居处就其和,劳佚居其中,寒暖无失适,饥饱无过平,欲恶度礼,动静顺性,喜怒止于中,忧惧反

---

[21] 中国思想传统中天人关系尤其"天人合一",其思想内涵有一个演变的过程。余英时先生在其"Between the Heavenly and the Human"一文(收入杜维明和 Mary Evelyn Tucker 合编的 *Confucian Spirituality*, Vol.1, Crossroad Publishing Company, 2003, pp.62—80)中有精要的说明。在中文中,他在给李建民《生命史学:从医疗看中国历史》一书所作序文中,也对"天人合一"的思想内涵在中国思想史上的演变有钩玄提要的说明。参见余先生《会友集》(增订版,台北:三民书局,2010),第 189—193 页。最近,余先生又刚刚完成了一部专门讨论"天人合一"思想的英文专著,中译本已在出版中。本文所论"天人同构",在含义上与 Charles Hartshorne 所代表的过程神学(process theology)中上帝与人类之间"双向超越"关系的思想有类似之处,但董仲舒以及儒家并不接受基督教神学"无中生有"(creatio ex nihilo)的观念,对天的理解当然也不同于上帝。此当别有专论,此处不赘。

[22] 《春秋繁露校释》(校补本),第 1040 页。

605

学术史的视域

之正,中和常在乎其身,谓之得天地泰。得天地泰者,其寿引而长;不得天地泰者,其寿伤而短。[23]

如此看来,"养气"不是一个与价值无涉的行为,"外无贪而内清净,心和平而不失中正",本身即是一种价值取向,而"仁人"一说,更是将"养气"所包含的价值与道德因素表露无遗。这样看来,通过"养气"而要达到的"中和",作为"气"的一种圆满的状态,所谓"得天地泰",不仅是一种自然生命的成果,同时也是一种价值与道德生命的成就。也正是这一点,使得董仲舒的"养气"说与单纯的黄老道家养生思想区别开来。

二、"养气"与"养心":身心同构

《中庸》里面对于"中和"的规定是"喜怒哀乐之未发谓之中,发而皆中节谓之和"。显然,"中和"在这里描述的是一种情感和心理的状态。同样,在《循天之道》中,对于董仲舒来说,达到"中和"的"养气"功夫,同时也是一个"养心"的过程。

上一节引文中董仲舒所引公孙尼子之说中,有这样一段话:

> 怒则反中,而自说以和;喜则反中,而收之以正;忧则反中,而舒之以意;惧则反中,而实之以精。

这里所谓"怒""喜""忧"和"惧",说的都是人们的情感和心理状态。这句话也是表明"中和"不仅仅是一种"气"的状态,同时也是一种"心"的状态。因此,达致"中和"就不仅需要"养气",同时还需要"养心"。这一点,董仲舒在《循天之道》也有明确的说明。

---

[23] 《春秋繁露校释》(校补本),第1049—1050页。

为什么"养气"同时意味着"养心"？因为对董仲舒来说，气和心本来一体相关。更进一步而言，"气"的根本处即在于"心"。他说：

> 民皆知爱其衣食，而不爱其天气。天气之于人，重于衣食。衣食尽，尚犹有间，间气而立终。故养生之大者，乃在爱气。气从神而成，神从意而出，心之所之谓意。意劳者神扰，神扰者气少，气少者难久矣。故君子闲欲止恶以平意，平意以静神，静神以养气。气多而治，则养身之大者得矣。[24]

这里"天气"一说，意在强调"气"并不限于人体自身之气，而是天地之气。"爱气"一说，也就是"养气"之意。对此，我们前文已经指出。这里需要特别注意的，是董仲舒明确提出了他对于"气""神""意""心"四者之间关系的看法。在指出"养生之大者，乃在爱气"之后，董仲舒紧接着指出"气从神而成，神从意而出，心之所之谓意"。这里，"气""神""意""心"的逻辑关系展现为：

心→意→神→气

由于"气"追本溯源仍在于"心"，"爱气""养气"最终也必须落实在"心"的层面，由此可见"心"较之"气"而言的优先性。这一点，董仲舒在《循天之道》的另一段话中说得很明白：

> 凡气从心。心，气之君也，何为而气不随也？是以天下之道者，皆言内，心其本也。[25]

不过，由于"心"与"气"之间存在着"意"和"神"这两个不可化约的环节，"爱气"与"养气"的功夫，就必然不能脱离"意"和"神"。具体来说，由于"意劳者神扰，神扰者气少，气少者难久矣"，那么，"爱气"与"养气"之功，首先就在于

---

[24] 《春秋繁露校释》（校补本），第1048页，标点略有改动。
[25] 《春秋繁露校释》（校补本），第1040页，标点略有改动。

如何避免"神扰"。至于如何避免"神扰",则在于如何避免"意劳"。由于"心之所之谓意",避免"意劳",又必须从"心"入手。如此,从心→意→神→气这一逻辑结构来看,具体的"养气"功夫便展现为一个"闲欲止恶以平意,平意以静神,静神以养气"的过程。显然,这里所谓"闲欲止恶",借用《大学》的语汇来说,正是"正心"的功夫。如果能够在"心"上做到"闲欲止恶",由于"意"是"心之所之",那么,"意"就会"平"。一旦做到"平意",由于"神从意而出",那么,"神"就会"静"。一旦做到"静神",由于"气从神而成",那么,"气"就会得其"养"。

从"闲欲止恶"到"平意",从"平意"到"静神",从"静神"到"养气",我们可以看到,对董仲舒来说,"养气"的功夫和"养心"的功夫密不可分。如果从现代"身心关系"的角度来看,董仲舒的"养气"与"养心",显然可以说是一种"身心同构"的关系。身体是否能够延年益寿,必然与心理和精神方面的状态密切相关。因此,在上引"凡气从心。心,气之君也,何为而气不随也?是以天下之道者,皆言内,心其本也"这句话之后,董仲舒紧接着说道:

> 故仁人之所以多寿者,外无贪内清净,心平和而不失中正,取天地之美,以养其身,是其气多且治。[26]

此处"外无贪内清净"与"闲欲止恶"彼此一致、相互呼应,都是"养心"的功夫。而"养心"做到"心平而不失中正",也就是"取天地之美,以养其身,是其气多且治"的"养气"功夫。

前已指出,"养气"本身是一个价值与道德行为,"养心"更是如此。而这种"养心"和"养气"一体同构的身心修炼功夫,在作为自然生命的身体方面,会产生"多寿"的效果。在这段话之后,董仲舒也以自然界长寿的动物"鹤"和"猿"为例,指出了一些具体的"养气"之法,他说:

> 鹤之所以寿者,无宛气于中,是故食冰。猿之所以寿者,好引起末,是故

---

[26] 《春秋繁露校释》(校补本),第1040页。

气四越。天气常下旋于地,是故道者亦引气于足。天之气常动而不滞,是故道者亦不宛气。气苟不治,虽满必虚。是故君子养而和之,节而法之,去其群泰,取其众和。高台多阳,广室多阴,远天地之和也,故圣人弗为,适中而已矣。[27]

这里,我们再次看到,"气"是否得其"治"与"养"的标准,仍在于"中和"。

三、"养身"与"重义":义利同构

《春秋繁露》中《对胶西王越大夫不得为仁》一篇中有这样一句话:"仁人者,正其道不谋其利;修其理,不急其功,致无为而习俗大化,可谓仁圣矣。"[28]在《汉书·董仲舒传》里,这句话被班固重新表述为"正其谊不谋其利,明其道不计其功"。后者远较前者广为流传,成为董仲舒"重义轻利"思想的经典表达,更是受到后来历代儒家学者尤其宋明理学家的高度推崇。

不过,董仲舒这种在"义利"之间取"义"斥"利"的义利观,就其思想的各个方面来说,并不是绝对的。至少就其身心修炼的功夫论来说,"利"与"义"就并非一种相互排斥的关系。在《身之养重于义》开篇,[29]董仲舒指出:

> 天之生人也,使人生义与利。利以养其体,义以养其心。心不得义,不能乐;体不得利,不能安。义者,心之养也;利者,体之养也。[30]

这里的"体"和"心",大致对应于现代汉语中的"身"(body)和"心"(mind-heart),分别指人的物质、自然的生命以及精神、价值的生命这两个不同的方面。

---

[27] 《春秋繁露校释》(校补本),第1040页。
[28] 同上,第603页。标点略有改动。
[29] 该篇文字传统的版本做一段。《春秋繁露校释》(校补本)将该篇文字分为四段。
[30] 《春秋繁露校释》(校补本),第589页。标点略有改动。

609

这两个方面虽然不同，但却又不可分割，共同构成人的生命整全。而先秦以来古典儒学文献中的"身"，往往兼指物质、自然的生命以及精神、价值的生命。以英文来解释的话，"养身"中的"身"所对应的并非"body"，而是"self"，实兼"body"和"mind-heart"两者而言。用以上这段话中董仲舒的语汇来说，就是兼指"体"和"心"两个方面。后世宋明儒学中使用频率极高的"修身"一语中的"身"，其实也是兼指人的形躯、身体和精神、心志两方面来说的。因此，"养身"就意味着同时"养其体"和"养其心"。用我们现代的语言表达，"养身"正是身心修炼的功夫。而就"利以养其体，义以养其心"来看，如果说"体"和"心"需要并重，那么，"义"和"利"两个方面显然是缺一不可的。"天之生人也，使人生义与利"这开篇的首句，其实正是首先指出了"义"和"利"对于人来说是两种天然的不可或缺的价值。

在这个意义上，如果说《循天之道》中以"中和"为目标的"养气"兼"养心"的身心修炼功夫展现为一个"天人同构"和"身心同构"的过程，那么，在《身之养重于义》中，董仲舒的"养身"又是一种"义利同构"的身心修炼。

既然"身"兼"体"和"心"两个方面，指出了"义者，心之养也；利者，体之养也"，也就表明了对于"修身"来说，义利不但需要并重，而且也是一体相关的，正如"体"和"心"合于一"体"那样。不过，在上引文之后，董仲舒紧接着又说：

体莫贵于心，故养莫重于义，义之养生人大于利。[31]

本来，"体"和"心"虽然不可分割，构成生命的整全。但分别而言，"体"和"心"的所指又各有侧重，前者主要是指人的物质、自然生命，后者则主要指的是人的精神、价值生命。但是，当董仲舒说"体莫贵于心"时，似乎已经不仅仅是在分别生命的两个方面的前提下，强调人的精神、价值的生命比物质、自然的生命更为可贵，而是同时将"心"直接视为"体"的最为可贵的部分。这样一来，"体"和"心"这生命两个不同方面之间的差异，似乎已经泯然无际了。但是，对于

---

[31] 《春秋繁露校释》（校补本），第589页。

"体"和"心"之间的关系来说,无论是二者所指侧重的不同,还是彼此之间的连续一体,从董仲舒的这一段话中,我们都可以看到,就"养身"而言,董仲舒虽然没有将"义"和"利"彼此对立而取"义"斥"利",却在"义"与"利"二者之间仍然不免坚持前者的优先性。[32]

这里,对本文语境中所使用的"同构"一词的含义,笔者要顺带略加说明。就"义利同构"来说,正如以上论述所示,"同构"首先意味着"义"和"利"两个因素彼此交关,对于"养身"来说不可偏废,应当并重;但另一方面,若一定要在两个因素之间进行价值上的比较,又必须意识到"义"较之"利"更为优先。前一个方面的"交关"和"并重",是实践层面的;后一个方面的"优先",是价值层面的。这是"同构"一语所包含的两个方面的含义。这种"同构"的意义,不但适用于"义利"关系,也适用于"天人"关系和"身心"关系。在前文的分析中,我们已经看到这一点。

事实上,不仅就身心修炼的功夫来说,"天人""身心"和"义利"之间具有这种同构的关系。进一步来看,对董仲舒而言,在身心修炼和治理国家这所谓"修身"与"治国"两者之间,同样存在这样一种"同构"的关系。

四、"治身"与"治国":德政同构

如前文曾经提到的,在《循天之道》第一段末尾,董仲舒已经有将"修身"与"治国"关联起来的话语。他引《诗经》中"不刚不柔,布政优优"的话语,认为这就是"中和之谓",并紧接着指出:

> 是故能以中和理天下者,其德大盛;能以中和养其身者,其寿极命。

"以中和理天下",说的即是"治国";"以中和养其身",说的即是"修身"。

---

[32] 桂思卓将"身之养重于义"翻译为"For Nourishing the Self, Nothing Outweighs Righteousness",无疑是正确的。只是"义"翻译成"righteousness"是否恰当,或可商榷。

而在《身之养重于义》开头论述了养身与重义的问题之后,接下来的文字整个都是在讨论如何治国的问题。

> 民不能知而常反之,皆忘义而殉利,去理而走邪,以贼其身而祸其家。此非其自为计不忠也,则其知之所不能明也。今握枣与错金以示婴儿,婴儿必取枣而不取金也。握一斤金与千万之珠以示野人,野人必取金而不取珠也。故物之于人,小者易知也,其于大者难见也。今利之于人小,而义之于人大者,无怪民之皆趋利而不趋义也,固其所暗也。㉝

这一段文字中,董仲舒以婴儿"取枣而不取金"和野人"取金而不取珠"的喻例,指出老百姓("民")通常具有"小者易知""大者难见"的特点,因而往往不明道理("暗"),"皆趋利而不趋义",不免因小失大。

紧接着上引这段话之后,董仲舒讨论的对象由"民"转向了他心目中理想的君主。他说:

> 圣人即事明义,以照耀其所暗,故民不陷。《诗》云:"示我显德行。"此之谓也。先王显德以示民,民乐而歌之以为诗,说而化之以为俗。故不令而自行,不禁而自止,从上之意,不待使之,若自然矣。故曰:圣人天地动、四时化者,非有他也,其见义大故能动,动故能化,化故能大行,化大行故法不犯,法不犯故刑不用,刑不用则尧、舜之功德。此大治之道也,先圣传授而复也,故孔子曰:"谁能出不由户,何莫由斯道也。"㉞
>
> 今不示显德行,民暗于义不能照,迷于道不能解,固欲大严憯以必正之,直残贼天民,而薄主德耳,其势不行。仲尼曰:"国有道,虽加刑,无刑也;国无道,虽杀之,不可胜也。"其所谓有道无道者,示之以显德行与不示尔。㉟

㉝ 《春秋繁露校释》(校补本),第593页,标点略有改动。
㉞ 同上,第595页,标点略有改动。
㉟ 同上,第597页,标点略有改动。

这里的"圣人""先王"和"先圣",即董仲舒心目中圣王合一的理想君主。只有圣明的君主"显德以示民",通过"示显德行"的治国之道,老百姓才能够不再"趋利而不趋义",从"暗于义不能照,迷于道不能解"这种因小失大的状态中觉醒。而君主是否能够向百姓显示德行,也就是一个国家"有道"还是"无道"的标志。百姓能够"不令而自行,不禁而自止,从上之意,不待使之,若自然矣",显然是儒家仁政理想之下的一个结果。董仲舒引孔子之语和尧、舜之例,而将君主"显德以示民"的治国方式称为"大治之道",显然是先秦孔孟以来儒家仁政、王道和德治政治思想的一贯反映。

由上可见,这种将"养身"和"治国"关联起来的思想,在《循天之道》和《身之养重于义》中已经有所反映。不过,最能够集中体现这一思想的,大概要算是《通国身》这一篇文字了。

《通国身》一篇文字不长,全文如下:

> 气之清者为精,人之清者为贤。治身者以积精为宝,治国者以积贤为道。身以心为本,国以君为主。精积于其本,则血气相承受。贤积于其主,则上下相制使。血气相承受,则形体无所苦。上下相制使,则百官各得其所。形体无所苦,然后身可得而安也。百官各得其所,然后国可得而守也。夫欲致精者,必虚静其形。欲致贤者,必卑谦其身。形静志虚者,精气之所趣也。谦尊自卑者,仁贤之所事也。故治身者,务执虚静以致精。治国者,务尽卑谦以致贤。能致精,则合明而寿。能致贤,则德泽洽而国太平。㊱

这段文字包涵"治身"与"治国"两个方面的内容。笔者特意将"治国"部分的文字用底线标出,以便与"治身"部分的文字分开。我们将底线的文字单独列出,即成以下完整的论述:

> 人之清者为贤,治国者以积贤为道。国以君为主,贤积于其主,则上下

㊱ 《春秋繁露校释》(校补本),第417页,标点略有改动。

学术史的视域

相制使。上下相制使,则百官各得其所。百官各得其所,然后国可得而守也。欲致贤者,必卑谦其身。谦尊自卑者,仁贤之所事也。治国者,务尽卑谦以致贤。能致贤,则德泽洽而国太平。

而剩下的文字则同样变成这样一段完整的文字:

气之清者为精,治身者以积精为宝。身以心为本,精积于其本,则血气相承受。血气相承受,则形体无所苦。形体无所苦,然后身可得而安也。夫欲致精者,必虚静其形。形静志虚者,精气之所趣也。故治身者,务执虚静以致精。能致精,则合明而寿。

画线文字所成的一段,显然讲的是治国之道。在董仲舒看来,"国以君为主",作为一国之主,君主要"卑谦其身",才能够获得贤明之士的辅佐。能够延揽天下的贤明之士,所谓"积贤""致贤",使之为国家效力,做到"上下相制使",就可以使"百官各得其所",于是,国家也就可以"得而守"了。如此君臣相协,就可以实现"德泽洽而国太平"的长治久安。

而余下自成一段的文字,则与《循天之道》中的文字相呼应,讲的是"治身"和"养气"之道。这一段话中,首先说明"精"是"气之清者",然后指出"治身"的关键在于"精"的积聚。既然"精"是"气之清者",而"治身"即是"积精",那么,"治身"也就是"养气"了。不过,无论是"积精"还是"养气",又必须归结到"心"上,因为"心"是"身"的根本,所谓"身以心为本"。当然,这里的"身"其实是兼"心"与"体"("形"和"体")二者而言的。用现代的观念和语言来说,这里的"身"不只是身体或肉体,而是同时包含精神(心)和身体(身)两个方面的。只有将精气的积聚灌注到"心"上,所谓"精积于其本",身体也才能够由于"血气相承受"而获得"无所苦"的健康状态。身体健康,整个身心("身")才能得到最终的安顿。所谓"形体无所苦,然后身可得而安也"。至于如何"致精",则必须从"形"(身体)和"志"(精神)这身心两个方面同时入手,所谓"形静志虚"。这里,我们再次看到董仲舒"治身""养气"的论述是一种身心修炼的功夫论,具有鲜明的"身心同构"的特点。

根据以上对《通国身》整篇文字的拆解和分析,我们可以看到,其中"治身"与"治国"这两方面的内容,完全可以分开来各自表述。而即使分开来各自表述,两方面的内容也完全彼此完整而融贯。那么,董仲舒为什么要将两段完全可以各自独立表述的文字嵌在一起作为一段文字来说呢?

显然,对董仲舒来说,"治身"和"治国"不是两个孤立的环节。如果说《通国身》这一篇文字的言说对象主要是君主,那么,虽然这篇文字本身似乎并未交代两者之间的关系。但是,仔细审视《通国身》一篇并结合《春秋繁露》中的其他相关文字,我们就会看到,对于君主而言,"治国"与"治身"在实践上具有相当的类似性。这一点,我们只要对比并玩味"卑谦其身"和"虚静其形"两种功夫所包含的高度一致性即可明了。不仅如此,对于君主来说,自我的"治身"更是构成其"治国"的基础。一个不能"形静志虚"的君主,显然无法做到"谦尊自卑"。而不能"卑谦其身""以致贤",也就无法做到"上下相制使"和"百官各得其所"。这样的话,君主自己既不能"明而寿"和"德泽洽",国家自然也就无法"得而守"和"太平"了。因此,对董仲舒而言,"治身"与"治国"表现为一种"德政同构"的关系。事实上,《通国身》的篇名本身,尤其其中的"通"字,再也鲜明不过地表达了董仲舒视"治国"与"修身"为一体的观念。这一点,也正是儒家传统"内圣外王"思想的反映。"外王"并不是"内圣"的直接延伸,双方各有其自身独立的领域。但"外王"又必须以"内圣"为基础,如此才会有真正的"善政"而不是徒具形式的合理性。

如果我们不限于本文所着力分析的这三篇文献,而是扩展到整个《春秋繁露》,我们就会发现,在董仲舒的思想世界中,人的个体存在("身")、社会与国家("国")以及整个宇宙("天""天地"),整个呈现为一种一体同构的关系和过程。这一点,其实也是以往董仲舒研究中最为学者津津乐道的所谓"天人感应"和"灾异"思想的实质所在。此外,将"治身"与"治国"紧密关联在一起讨论,这一特征也并非董仲舒当时的独唱,而是汉代较为普遍的一种思维方式的反映。不过,这两点既非本文的主旨,且海内外学者以往所论多有,㊲也就无须在此赘言了。

五、结语

本文的目的在于详人所略,尝试揭示董仲舒研究中以往受到忽略的一面,以求对推进汉代儒学的研究略做准备。根据以上的分析,我们可以看到,儒家传统身心修炼的功夫理论,并没有在汉代湮灭而要等到宋明儒学的兴起后才有长足的发展。在董仲舒的思想中,已经包含了一套完整的身心修炼的功夫论。先秦公孙尼子的"养气"说,由于"文献不足征",其思想内涵如今不得其详。㊳ 孟子"知言""养气""不动心"以及"尽心、知性、知天"的功夫论,笔者另有专论。大体而言,我们可以说,在包罗和融通诸家之说的基础上,董仲舒将"天人""身心""义利"和"德政"连为一体,极大地丰富和发展了先秦儒家身心修炼的功夫论。总而言之,董仲舒身心修炼的功夫论具有以下几个方面的特征。

首先,现代汉语中"身"和"心"的所指,在董仲舒处分别是"形""体""气"和"心"。而董仲舒所说的"身",则是同时包涵了"形""体""气"和"心"这两个方面的。因此,现代汉语中的"身心修炼",在董仲舒的话语中,就是"身之养"。所谓"修身""养身""治身",就董仲舒而言,都不只是单指其中"身"的方面,而恰恰是同时兼指"身"与"心"两方面而言的身心修炼功夫。对董仲舒来说,笛卡尔意义上的"身心二元论"是不可想象的。人的"形躯""身体"和"心志""精神"一定是彼此渗透、一体交关的。董仲舒身心修炼的功夫论,可以说再次印证和具体诠释了儒家甚至整个中国哲学中身心一如、彼此交关的观念。

㊲ 比如,海外学界中李约瑟(Joseph Needham)较早就指出了中国古代思维方式中将人类和自然视为一个完整的生命有机体(organism),见其 Science and Civilization in China, Vol. 2, History of Scientific Thought, Cambridge: Cambridge University Press,1956。席文(Nathan Sivin)则留意到了秦汉思想中"养生"与"治国"之间一体性的思维方式,见其为《黄帝内经·灵枢》节译部分所写的导言,见 W.T.de Bary 和 Irene Bloom 合编的 Sources of Chinese Tradition 卷一, p. 273。

㊳ 杨儒宾曾经根据现存的有限文献,探讨了公孙尼子的"养气"说及其与孟子思想的关系,参见杨儒宾:《论公孙尼子的养气说——兼论与孟子的关系》,《清华学报》新 22 卷 3 期,1992。

其次，无论是"养气""养心"还是"养身"，董仲舒身心修炼的功夫都不只是单纯的自我修养，而是将个体的身心修炼置于人类和宇宙一体相关的整体与有机脉络之中。从董仲舒的论述来看，"中和"所描述的原本就既是人体与宇宙间一气流行的均衡与和谐，又是人心与天地之心彼此交感的安定与平和，如《天辨在人》一篇中所谓"天乃有喜怒哀乐之行，人亦有春夏秋冬之气者，合类之谓也"，[39]《阴阳义》一篇中所谓"天亦有喜怒之气、哀乐之心，与人相副。以类合之，天人一也"。[40] 因此，作为个体身心修炼的终极境界，"中和"也只有在自我的"一体之气"与充塞于整个宇宙的"天地之气"彼此之间的一气流行之中，在自我的喜怒哀乐与天地之心的交感共振之中，或者说，在儒家的"天地万物为一体"中，才能达致。

第三，身心修炼的功夫既是自然生命的滋养，同时也是价值与道德生命的完善。正如孟子已经指出，气若非"集义所生"，不免于"气馁"那样，董仲舒也强调了"心"在"养气"与"治身"这一身心修炼或者说"身之养"的过程中所发挥的主导作用。而"养心"的关键，在于"仁义"，所谓"养莫重于义"。"仁人"能够"外无贪内清净"与"闲欲止恶"，"心"得到了"义"的滋养，也就自然会获得"气多且治"的长寿效果。在这个意义上，"重义"对于"养身"的身心修炼来说，都可以说是"大利"。孟子所谓"集义"而养"浩然之气"的观念，以及后来阳明学所谓"养德而养生在其中"的思想，[41]和董仲舒身心修炼功夫论中"义利同构"且"重义"的看法，都是彼此一致的。这一点，也是儒家传统身心修炼功夫论的一个基本特征。

最后，董仲舒身心修炼的功夫论，就本文取材文献的脉络而言，其主要的言说对象应当是一国的君主。也正是因此，"治身"与"治国"才密不可分，君主的"治身"，甚至成为其"治国"的必要条件。这一特征在《通国身》一篇中格外明显。不过，作为身心修炼的"修身"功夫，自有其独立的意义，也不必一定关联于"治国"而只能为君主所实践。事实上，我们可以看到，在《循天之道》中，身心修

---

[39] 《春秋繁露校释》（校补本），第748页，标点略有改动。
[40] 同上，第767页，标点略有改动。
[41] 参见彭国翔：《良知学的展开——王龙溪与中晚明的阳明学》（台北：学生书局，2003；北京：三联书店，2005），第五章第三节中"养德与养生"的部分。

炼功夫的实践主体，其君主的色彩就极为淡薄。换言之，正如《大学》所谓"自天子以至于庶人，一是皆以修身为本"，所有人都可以践行儒家身心修炼的功夫。董仲舒之所以有时会强调"修身"与"治国"之间的同构关系，不是要把儒家身心修炼的功夫限定为君主的专利，而毋宁是认为君主由于掌握大权，对天下苍生负有重大的义务和责任，因而更应当通过身心修炼以提升和完善自我的德性与自然生命，从而确保天下的大治与太平。如果我们不限于本文取材文献的脉络，就更应当可以看到身心修炼功夫实践主体的普遍性了。也正是因为这一特征，到了宋明理学，身心修炼的"修身"功夫就不再与君主的"治国"密切相关，而益发显示出其实践主体"自天子以至于庶人"的普遍性。晚明儒学所呈现的民间化色彩，正是这一普遍性的写照。另一方面，由于汉代以降君主极权日益强化，儒家身心修炼的"修身"功夫反倒越发不是君主的日常生活的实际功课，而无奈只能成为儒家士大夫"格君心之非"的道德劝诫了。董仲舒将"修身"的言说对象指向"治国"的君主，其实无形中已经显示了这一中国传统政治的宿命。

【彭国翔　北京大学高等人文研究院教授】

原文刊于《中国文化》2011 年 02 期

苏东坡:传统批判与环状思维

关于中国的"近代"问题[①]

[德]顾　彬　著　马树德　译

　　一段时间以来,有一种很流行的看法,认为宋代(960—1279)是中国近代的开端[②]。我个人却宁愿把它看作是一个新的时期,因为如果近代真的始于宋代,那么新事物就不仅出现在政治、经济和社会的各个领域,而且同样要表现于上层建筑。在哲学方面,已经有了关于人、宇宙和社会的种种设想,然而在文学中,我却觉得还缺乏类似的例证。让我们回到日本学者吉川幸次郎有关宋代文学的观点上来[③],我将以苏东坡(1037—1101)为例,讨论一下有关文学上"近代"到来的假说。按照这种假说,苏东坡的作品被认为是对"近代"之前一千年意识形态的一种根本性的批判。如果此说成立的话,吉川幸次郎有关宋代精神的理论(喜悦替代忧伤)就可以扩展为一种对传统的彻底批判。赖纳特·西蒙在他的一部论述苏东坡早期诗歌的专著[④]中指出,苏东坡1071年至1087年之间创作的词所表现的,更多的是一种忧郁心境,而非超然心态。这种异议对我来说由于下述的理由变得无关紧要:我想,新事物不会是突然间出现的。它们也许以一些传统的东西作前导,也许完全地来源于传统,但在其出现的时刻,旧的东西早已被抛弃。

[①]　本文发表在德国波恩大学汉学系主任顾彬(Wolfgang Kubin)教授主编的《袖珍汉学》(minima sinica)1992年第二期。
[②]　譬如迪特·库恩(Dieter Kuhn)所著《宋代——其文化反射镜中的一个新社会》"导言"。Weinheim:Acta Humaniora 1987.
[③]　吉川幸次郎:*An Introduction to Sung Poetry*.Harvard 1969,第24—38页。
[④]　Rainald Simon:*Die frühen Lieder des Su Dong-po*,Frankfurt:Peter Lang 1985,第115、129、465页。

学术史的视域

重要的是,即使它们被认为与时代潮流相悖,它们对于一部作品和它的时代总还是有影响的。因此在这里我看出一个问题,它并不涉及对于传统的可能的回归,而关系到对一些事物的评价,这些事物在下文中将格外引人注目,因为它们被看作是对汉、唐时期世界观的批判。现在要讨论的问题是苏东坡关于"自在精神"的设想的性质。到目前为止,对这个问题,有两种截然相反的观点最具代表性:林语堂[5]和吉川幸次郎认为那是一种反抗更确切地说是一种抗议的哲学,而安德鲁·马奇和乔治·哈赤却强调说这是一种顺天知命的观念[6]。因此在我看来,澄清这两种对立的观点是非常必要的,因为这样就可以把与宋代相关的"近代"命题在文学的范围内具体化,更确切地说可以寻到它的根源。由于苏东坡在以批判的目光对待传统思维的同时,仿佛也抱有一种"反叛的"态度,若真是如此,我们就有可能在他身上找到这样一种在西方揭开了现代序幕的潜能;而依第二种观点,我们也许能在他那里看到一个那种思维的先驱(即回归到它的完成者陶渊明身上)。文学家鲁迅(1881—1936)曾不止一次地把这种思维当作"顺应与忍让"的民族弊病加以抨击,而德国汉学家鲍吾刚则随便地称之为明代(1368—1644)以来的"庸人的宁静"[7]。

在下文中,我想以两个名篇为例,探究一下苏东坡思维的本质问题。这两个作品虽有不少人译过,但却少有人分析。让我们先来看看中秋词《水调歌头》:

丙辰中秋,欢饮达旦,大醉,作此篇,兼怀子由。

明月几时有?把酒问青天。不知天上宫阙,今夕是何年。我欲乘风归去,又恐琼楼玉宇,高处不胜寒。起舞弄清影,何似在人间!

转朱阁,低绮户,照无眠。不应有恨,何事长向别时圆?人有悲欢离合,月有阴晴圆缺,此事古难全。但愿人长久,千里共婵娟。

这首词的核心是对人生短暂提出的疑问,其答案并没有脱离一种环状观念

---

[5] Lin Yutang:*The Gay Genius.The Life and Times of Su Tungpo*,London:Heinemann 1948,第147页。
[6] Andrew L. March:"Self and Landscape in Su Shih", in:*Journal of the Oriental Society* 86(1966),第384页。George C. Hatch:"Su Shih",in:*Herbert Franke;Sung Biographies*,Wiesbaden:Steiner 1976,第930、945页。
[7] Wolfgang Bauer:*China und Hoffnung auf Glück*,München:Hanser 1971,第356—363页。

的传统框架,它既被认为是对汉(前202—220)至唐(618—907)所遗留下来的思维的批判,又被看作是一种新的思维的开端。虽然在这里,用时髦的说法,与condition humane(人的环境)有关,但这个答案却意味着一种伤感的本体化,且把人的体验置于自然过程之中。在这种非社会性的伤感之上,那种主宰自然中生生灭灭的力量也显现了出来。

这篇1076年创作于密州(在今山东省)的词作分为上下两片,两片中都涉及对于时间的看法,但层次却不同。上片把时间置于月亮和天空组成的永恒之中,并首先在这种联系中构想出一个天国的轮廓。下片紧跟上片末尾提出的对传统的(不死)死亡想象的批判,把对时间的描述具体化了。正是在月影移动的"今夕",诗人和逗留在济南的弟弟"千里"相隔。这种个人对于时间的具体看法通过一个"古"字被带入了人类历史,以至于我们看到了一个有关时间的四重视角:1.永恒;2.夜晚;3.个体的生存期限(人长久);4.人类的生存期限(古)。

正如到目前为止的一些评论所说,只把这首词首句的发问追溯到李白(699—761)的诗作《把酒问月》,而且是开头的两句"青天有月来几时?我今停杯一问之"是不够的⑧。重要的是,这里提问的对象不是李白诗中的明月,而是青天,我认为这与《楚辞》中《天问》的传统有关。我不想把这个提问理解为现代意义上的表示怀疑的方式,我的看法与中国的文学批评相一致,却与西方的观点相悖,即不把它看作"谜",而把它理解为存在的问题,理解为"多情的我"的发问,为的是为自己和读者找到一个有关人生有限的问题的答案,因为这个问题从汉到唐一直十分敏感。在这段时间内,生命被理解为一种短暂的、献给死亡的存在,历史被理解为不可阻挡的衰亡过程⑨。

这样一种看法的结果,就是人试图通过(想象中的)升天、药物以及瑜伽功等求得长生不老或者至少是延年益寿,我习惯于称之为"觉醒式幻想"。与这种传统相联系的是词的第五句,这里的动词"归"十分重要,修饰它的是一种道家有关升天的表达法"乘风"。回归只能有一个目的地,那就是祖居之地或者起码

---

⑧ 参看 Sun Yu:*Li Po——A New Translation*, Hongkong:Joint Publishing 1982,第232—235页。
⑨ 参看 Wolfgang Kubin:*Das lyrische Werk des Tu Mu*(803—852), Wiesbaden:Harrassowitz 1976,第39—49页; Wolfgang Kubin:*Der durchsichtige Berg*, Wiesbaden:Steiner 1985,第242—256页。

是家乡。而建有宫阙且有长生不老的仙女"嫦娥"居住的明月,就如同是"多情的我"的原来的故乡。站在生时被称为"谪仙"的李白的角度,我们在这里不也感觉到了一个与现世格格不入的主体吗?令人惊讶的回答随即出现在词的第六、七句中,之所以令人惊讶,是因为它不仅是冷静的,而且是富于理性的:其理由"寒"虽然符合客观事实,但在一个坚决地走向觉醒的人听起来,一定充满着世俗气。这样去思考和论证,标志着在唐代才出现的尘世和仙界的关系现在已不可更改地被打破了,而且向着不利于仙界的趋势发展。"另一个"世界的存在没有被否认,但是作为可能的精神之所,其意义已受到了局限,甚至受到了质疑。

进一步的限定或者也是一种重新的定位出现在上片的最后两句。这里不仅有重新解释,而且也有对李白批评性的影射,即针对他《月下独酌》组诗中的第一首也是最有名的一首:

> 举杯邀明月,
> 对影成三人。
> ……
> 我歌月徘徊,
> 我舞影零乱。
> ……
> 永结无情游,
> 相期邈云汉。

由此,认为苏东坡词不仅批判传统,而且专门批判李白的说法也许就有了根据。虽然,当月光照耀下的尘世就要变成仙境时,前述的两句词取消了这个世界和那个世界的界限,但是透过这样的看法,仙境的价值还是被贬低了,而尘世的地位却有了提高。于是可以得出这样的结论:日后,再没有必要像李白在其最后两句诗中所表露的那样登天邀游,因为这个世界充实而美好。

人生有限的问题在词的下片中得到了进一步的阐释。汉字"圆"的多义性在这里起了重要的作用：与人们通常要举家团聚（团圆）的中秋节相关联，在这里，它代表了人们绝对无法实现的团聚。作为周而复始的时间的一部分，这个字的意思是月亮圆缺的自然过程。最后，借助于与"全"字文字上和含义上的接近，它涉及生存的不完美问题。这个问题非常容易解决，而且是通过对立事物"自然"的辩证法来解决的。这些对立事物按照一种不容置疑的顺序排列："悲"出现在"欢"之前，"离"出现在"合"之前，乌云密布出现在晴空万里之前。这样的一种顺序便有了一种批判传统的意味。如果在过去的一千年里人们看到的只是悲伤和离别，那么现在，呈现在人们眼前的却是欢乐和重逢。悲伤和离别并没有由此被否认，但它们的专一性却变成了一种辩证的急切心情的接合点。这些东西在词的最后一节中通过调换顺序暗示了出来：像期望的那样，"缺圆"变成了"圆缺"，这样，完满便摆在了缺陷之前，于是生命不再仅仅被看作是消极与积极事物的更替，而且也是好事与坏事的接续。

尽管这里已经出现了对传统的批判，但在苏东坡的作品中却仍可以找到大量的表现六朝和唐代传统历史观的例证。然而这种表现却又不是直露的，它有时就隐含在那种新的超然态度里。明显的例子便是那首《念奴娇·赤壁怀古》，它生动而形象地描写了发生在公元208年曹操和周瑜之间的赤壁大战，词中，诗人发出了对于人生短暂和历史间歇性的传统悲叹。这种仿佛是对历史的虚构虽然有仿效唐代诗人杜牧（803—852）的痕迹，但却传递出了一种相似的现实中的失落，正是这种失落导致了对历史事实的随意支配。可是由于诗人是站在旁观者的立场之上，因而也就明显地表示出了与传统看法的距离。诗人在词的结尾处简洁而明了地写道："多情应笑我"。尽管此句被批评性地放在词尾，但看上去好像还是一种迟疑不决的态度。可是，同样是1082年7月作于湖北黄州的《前赤壁赋》却表明，苏东坡已经准备在他的作品中对此前一千年的思维作也许是最彻底的分析与阐释了。

前 赤 壁 赋

壬戌之秋，七月既望，苏子与客泛舟于赤壁之下：清风徐来，水波不兴。举酒属客，诵明月之诗，歌窈窕之章。少焉，月出于东山之上，徘徊于斗牛之间。白露横江,水光接天。纵一苇之所如,凌万顷之茫然。浩浩乎如冯虚御风,而不知其所止;飘飘乎如遗世独立,羽化而登仙。

于是饮酒乐甚,扣舷而歌之。歌曰:"桂棹兮兰桨,击空明兮溯流光,渺渺兮余怀,望美人兮天一方。"客有吹洞箫者,倚歌而和之。其声呜呜然,如怨,如慕,如泣,如诉,余音袅袅,不绝如缕,舞幽壑之潜蛟,泣孤舟之嫠妇。

苏子愀然,正襟危坐,而问客曰:"何为其然也"?客曰:"'月明星稀,乌鹊南飞',此非曹孟德之诗乎?西望夏口,东望武昌,山川相缪,郁乎苍苍,此非孟德之困于周郎者乎?方其破荆州,下江陵,顺流而东也,舳舻千里,旌旗蔽空,酾酒临江,横槊赋诗,固一世之雄也,而今安在哉!况吾与子渔樵于江渚之上,侣鱼虾而友麋鹿,驾一叶之扁舟,举匏樽以相属,寄蜉蝣于天地,渺沧海之一粟。哀吾生之须臾,羡长江之无穷,挟飞仙以遨游,抱明月而长终——知不可乎骤得,托遗响于悲风。"

苏子曰:"客亦知夫水与月乎?逝者如斯,而未尝往也;盈虚者如彼,而卒莫消长也。盖将自其变者而观之,则天地曾不能以一瞬;自其不变者而观之,则物与我皆无尽藏也,而又何羡乎!且夫天地之间,物各有主,苟非吾之所有,虽一毫而莫取。惟江上之清风,与山间之明月,耳得之而为声,目遇之而成色;取之无尽,用之不竭,是造物主之无尽藏也,而吾与子之所共适。"

客喜而笑,洗盏更酌。肴核既尽,杯盘狼藉。相与枕藉乎舟中,不知东方之既白。

这篇散文虽有不少的西文译本,但却不能说已被"破译"了出来。就是有些注家的详尽注释也还是遗留下了一系列问题。弗里德里希·比朔夫(Friedrich A. Bischoff)对每个字的象征性诠释,以及一种政治性的附会,与文中表露出的不同观点是不相符的。因此,从文学的角度看,像比朔夫那样,把文中的两个声音——彼此对立的观点 A 和观点 B 解释为是对苏东坡和王安石冲突的影射,也是站不住脚的。譬如说,吹洞箫者(观点 A)引用的曹操的诗句,就不能解释为是对苏东坡的可比较的失败的暗示,而应该理解为是逃避人生的传统看法,是对观点 B 的反驳。这里涉及一个有关忧伤问题的辩论。下面的阐释将极力寻找一条捷径,以搞清字与字、行与行之间多义和相互矛盾之处。我倾向于这样的假说,即一方面,它是批判传统的继续,另一方面,它又是解决"忧伤问题"的尝试。这再一次被看作是一个本体化过程,文中,除了江水的画面之外,诗人重新以月亮为例发展了圆与缺的辩证法。

散文大致分为三个部分:1.秋夜泛舟和它的作用(一个对已达到的和可达到的仙界乐土的想象;洞箫吹奏和对悲伤起因的提问);2.回答(观点 A);3.反驳和观点 B 的进一步扩展(答案)。从内容上看,作品的铺开也与这三段相对应,从"乐"过渡到"悲",再由"悲"过渡到"喜"。在这个过程中,风格上也同样选用了三种不同的形式:哲学式的讨论,叙事般的记述,抒情诗一样的情调。三个段落以及形式的连接极具艺术性,那就是有关"秋"的广阔的语义场及其特殊的组成部分——明月和江水(这里指的是长江)。对这样一个语义场,文中只能作简洁的勾画:秋,满月(望),白露,明月,水中之月(水光、空明),洞箫声,乌鹊,怀中之月(抱明月),作为争论的一个部分的山间之明月。和明月相联系的是长生不老的想象(嫦娥),是空旷的想象(空、虚),而江水又象征着空间的无限广大,它用"万顷""茫然""浩浩"加以表现。与这种无限相对,诗人形象地写出了人的有限:把一叶扁舟比作一片苇叶,并用"孤""扁"等形容词加以刻画。更巧妙的是一些特定词语的重复使用:文章开头写到了"清风",这个词在有关现象世界的辩论(观点 B)中再一次出现;还有,在对《诗经》篇章的引用中所暗含的对美人的向往(诵明月之诗,歌窈窕之章),紧接着便在主客合唱中公开地表达了出来。

这篇散文中唯一没有疑问的是第二部分,这部分阐发了一种有关历史与人存在的传统观点,这个观点在汉唐时期一直占据统治地位,那就是"一世之雄"的曹操而今安在?曹操在世时,尽管大权在握,尽管雄心勃勃,最终却抵抗不了命运的无理专横而走向死亡,且没能给后世留下什么。由于历史是一个永不停止的衰亡过程,而今变得更糟,因此,诗人用双重的方式赋予自身和周围的环境以相对性:1.通过与曹操对比:在他的伟大面前,现世的人不过是渔樵之辈;2.通过驾一叶扁舟游于广阔的天地之间。这样一种理解的结果就是向往着与神仙相遇,同游月宫。然而这两个被认为可以实现的结果却是与第一部分相矛盾的,因为第一部分中已透露出,另一世界已伸手可触。这是在前面所引《水调歌头》中就曾出现过的一种想象。持观点 A 的人由此违背了自己在开头为客人们生动地解释了的观点,即把赤壁之下、长江之上变得越来越模糊的远处的喧闹用佛教观点解释为"冯虚",用道教观点解释为"御风",并且在这种与尘世的脱离(遗世独立)中把变化的可能性理解为"羽化"和"登仙"。可是,不管是吹洞箫者的谈话,还是此前的描述,都是和这种主观臆想的天地调和相矛盾的。因为"乐"几乎没有得到——这种欢乐曹氏家族一直在排遣忧伤的出游中去追求——因此它马上就被重新收回。在主客合唱的歌中,既没有涉及此时此地,也与神仙无关,它唱出的只是天那一方无法达到的美人居住之所。另一方面,那洞箫声使所有的人——包括"多情的我"在内——黯然神伤,此外,更难理解的是洞箫声竟能传到水怪(蛟)的隐蔽之地,竟能使某个船上的寡妇(嫠妇)落泪。从形式上看,为了把吹洞箫者引向他的观点,并为寻找一个普遍可以接受的解决忧伤问题的答案打下基础,这种"断裂性"是必要的。

在第三部分中,"多情的我"所建议的通向人的存在问题的合理化之途径又分成两个层次:第一层次传达了一种传统的感知方式的批判,特别是在唐代诗歌中这种方式多有表现;第二层次描述了一个正确观察的理论。为了达到反驳对方观点的目的,事物在空间和时间上无可挽回地消失——这里最有名的例子也许就是李白的《将进酒》:"君不见,黄河之水天上来,奔流到海不复回。""多情的我"使用了眼前的例子——长江和月,长江水一去不复回,而月不论圆还是缺总是一样的,这里出现了一种环状思维,它道出了一种"缺欠辩证法"的背景:无论是充实还是欠缺,都不是一成不变的,它们总处在运动之中且可以相互补充。此外,万物由一个造物者"先验"地配给一个可见的主体,这个主体感知到了事物可视、可听的特点,而且它们"取之不尽,用之不竭"。就这个方面来说,在新儒家的整个思想中,"我"是依赖人的认识而存在的一切现象的主宰,在"我"与世界之间没有任何界限。

如果从本文提到的三篇作品中得出一条理论是合理的,那么,在对传统的解释中便可把苏东坡的处事方式总结为:虽然,一方面苏东坡拒绝了从汉到唐期间逐渐形成的生命感觉和与之相联系的感知方式,但是,这种拒绝出现在对一种环状思维的回归中,始终没有脱离传统。打破传统的同时还为传统留下了一扇后门,以至人们不得不提到一种内在系统的批判。以这样一种思维,苏东坡便站在了一个新时期的起点之上,而不是站在"近代"的开端。

【［德］顾　彬　德国波恩大学汉学系教授

马树德　北京语言学院汉语学院副教授】

原文刊于《中国文化》1996 年 01 期

朱陆无极太极之辩

周敦颐《太极图》与《太极图说》的矛盾

张立文

无极太极之辩,朱陆以后,继续五百来年,影响深远。这个辩论,并非仅是无极的有或无、先或后的问题,而是一个具有理论思维意义的哲学问题。

无极太极之辩,是由朱陆对周敦颐《太极图说》的不同理解而引起的,但他们忽视了《太极图说》与《太极图》之间的内在矛盾,朱陆以后,其后学围绕无极太极进行的争论,都没有注意到这一点,即使到今天,亦不例外。

首先,将《太极图说》与《太极图》作一比较,朱熹所定的《太极图说》:"无极而太极,太极动而生阳,动极而静,静而生阴,静极复动。一动一静,互为其根。分阴分阳,两仪立焉。阳变阴合,而生水火木金土。五气顺布,四时行焉。五行,一阴阳也。阴阳,一太极也。太极本无极也。五行之生也,各一其性。无极之真,二五之精,妙合而凝。乾道成男,坤道成女。二气交感,化生万物。万物生生,而变化无穷焉。"

《太极图》虽来自道士陈抟的《无极图》,但《太极图说》却以儒家贵刚尊阳、崇动有为的思想修正道家或道教的贵柔尊阴、崇静无为。因此《太极图说》在叙述次序上,先动后静,先阳后阴,先男后女。这与先秦称阴阳,阴在阳先不同。阴先阳后,体现了一种重阴的思想,比较明显表现在《泰》䷊《否》䷋两卦的卦象上。

《泰》卦坤上乾下,即阴气下降,阳气上升,阴阳相交,故万物化生。《否》卦乾上坤下,阳气上升,阴气下降,两不相交,故闭塞不通。《泰》卦《象》以"内阳外阴，内健外顺"是"天地交而万物通"，《否》卦《象》以"内阴外阳，内柔外刚"为"天地不交而万物不通"的表现。到了汉代董仲舒明确了阴阳次序是，阳尊阴卑，阳外阴内（男外女内），阳先阴后，以后儒家都效法董仲舒。周敦颐的《太极图说》体现了儒家的这个思想。但《太极图》仍保留了道家先阴后阳，先女后男的思想。朱熹所定《周子太极图》（见《太极图解》，《性理大全》本）便是如此，图见右。儒道两家思想的差异，拙著《传统学引论》第二章第三节有详述。

其次，就《太极图》自身结构来看，亦表现了儒道的矛盾。《太极图》自上至下第二圈黑白相交为《水火匡廓图》，亦称《坎离匡廓图》。右半边构成坎卦卦象，左半边构成离卦卦象。坎为水，离为火，故坎下为水，离下为火。然而，坎在《文王八卦次序》中是中男，离是中女（见下图）：

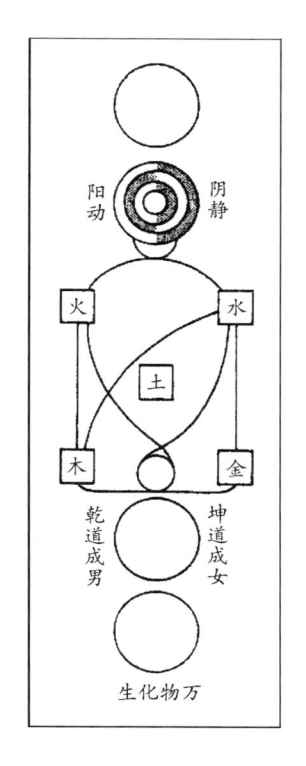

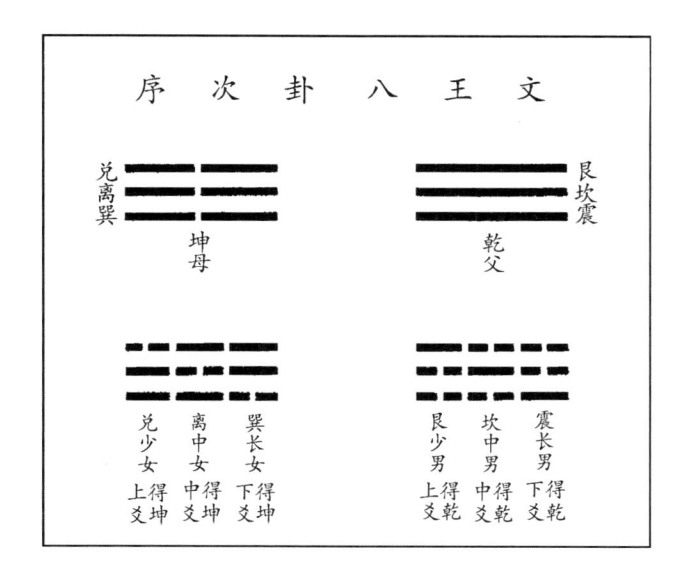

《文王八卦次序》亦非后世所撰，而本于《说卦传》（见下页）。而与坎（中男）相对应的是"坤道成女"，与离（中女）相对应的是"乾道成男"，不相符合；也

学术史的视域

与《文王八卦次序》的乾父坤母不合。

> 乾天也故稱乎父坤地也故稱乎母震
> 一索而得男故謂之長男巽一索而得
> 女故謂之長女坎再索而得男故謂之
> 中男離再索而得女故謂之中女艮三
> 索而得男故謂之少男兌三索而得女
> 故謂之少女　索求也謂揲蓍以求爻也
> 　　　　　　　男女指卦中一陰一陽之
> 爻而言。
> 此第十章。

再次,坎卦卦象的卦画是奇数,离卦卦象的卦画是偶数。依据《系辞传·上》:"天一,地二,天三,地四……"的原则,奇数为阳,偶数为阴。阳奇阴偶,阳男阴女。与坎相对应的应是男阳,而不应是女阴,与离相对应的应是女阴,而不应是男阳。

《太极图说》与《太极图》及《太极图》自身之间的矛盾,究其原因:(1)尽管《太极图说》融合儒、释、道,但毕竟以儒家思想为主导而吸收释、道思想,其宗旨是儒家思想。就此而言,周敦颐开出了儒、释、道融合为新儒学的道路,对以后理学家有启迪作用,故朱熹以周敦颐为理学宗主。但《太极图》沿袭道教《太极先天之图》(《道藏·洞玄部灵图类·上方大洞真元妙经图》,如下页左图)。此图第二圈为坎(☵)乾(☰),五行次序和坤道成女、乾道成男排列则同。但清胡渭在《易图明辨》中认为,《太极先天图》与朱震在宋绍兴甲寅(1134)所进周敦颐《太极图》(见下页中图)相同,这是不确切的。笔者曾在《宋明理学研究》中指出两者之六异(参见该书第108—109页)。尽管有此六异,但基本格局、框架、次序,确有相同之处。这就是说,周敦颐在改造《太极先天图》时,承袭多于创新,而未能把《太极图说》的思想贯彻于《太极图》之中。这样,便出现了破绽或矛盾。

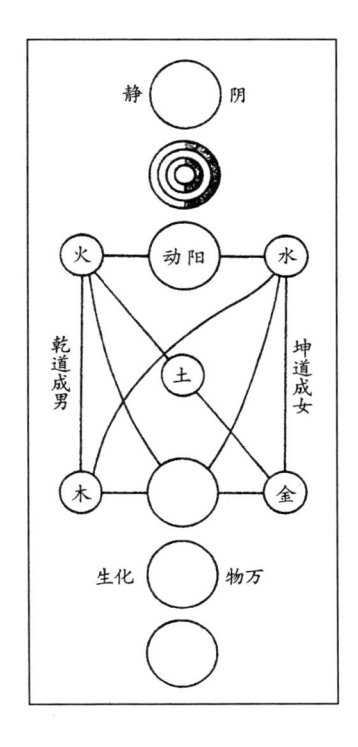

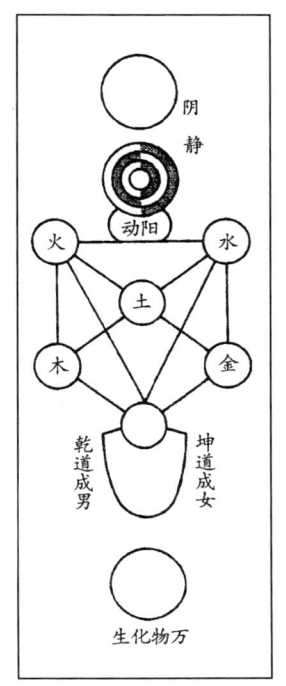

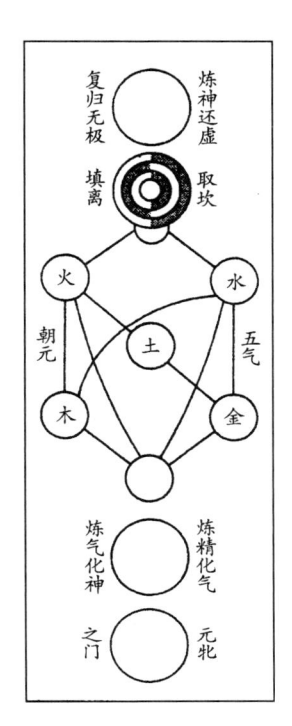

（2）朱熹一再说明周敦颐《太极图》来自道士陈抟。陈抟曾依《太极先天图》而作《无极图》（如上右图）：黄宗炎说："周子得此图，而颠倒其序，更易其名，附于大易，以为儒者之秘传。"（《濂溪学案下》，《宋元学案》卷十二）尽管周敦颐把《无极图》由下而上的"成丹之法"，从元牝之门（得窍）→炼精化气，炼气化神（炼己）→五气朝元（和合）→取坎填离（得药）→炼神还虚，复归无极（脱胎求仙）。修改为由上而下的宇宙万物化生的《太极图》，但图的形式一仍其旧，五行排列次序亦无变化。周敦颐的《太极图》即脱胎于此。况且周敦颐《太极图》与《太极先天图》有更多相似之处，可见改变图式之不易，而带有更多的道家或道教的意味，而与《太极图说》相抵牾。这便是矛盾的症结所在。

《太极图说》与《太极图》之间，以及《太极图》自身的矛盾、抵牾或不相符合，表现了周敦颐在综合儒、释、道三家思想过程中，并非天衣无缝，而有照顾不周或疏忽之处，这是一种思想体系初创阶段所不可避免的。因此，一种成熟的思想体系的建构，往往需经过几代人的共同努力；一个学派的建立，也往往如此。

《太极图说》首句"无极而太极",陆九韶和陆九渊兄弟认为不能在"太极"之上加"无极"二字,否则便是蔽于老氏之学。朱熹认为"无极而太极",是借"无极"以说明理的无形,又借"太极"以说明理的实有,理即是"无形而实有",它与气、阴阳、器构成了形而上和形而下的关系。如果说西方哲学以唯物主义与唯心主义来划分哲学的派别或性质的话,那么,中国哲学便是以形而上与形而下来划分的。《周易·系辞》:"形而上之谓道,形而下之谓器。"道是原理,道理、精神;器是器物、物质。这种区别从先秦到宋明,一直贯穿在中国哲学中。陆九渊反对朱熹把理与气、道与器区分为形而上与形而下,认为理气、道器、太极阴阳都是形而上。这是由有无"无极"而涉及形而上与形而下的问题。

除有无"无极"之争外,还有无极是否在太极之先的问题,朱熹认为"无极而太极",无极是"无声无臭"(《太极图说解》),"无方所形状",并不是说"太极之上,别有无极",而是说"无此形状,而有此道理"。这就是说,无极是形容、说明太极的状态的,而非太极之外别有一个无极的存在。

但是在淳熙十五年(1188),朱熹从《国史·周敦颐传》中见到《太极图说》首句是"自无极而为太极",认为"自""为"两字是修《国史》者的妄增,要洪景庐删去,遭到洪的拒绝。另外"临汀杨方得九江故家传本",首句为"无极而生太极",意与"自无极而为太极"同,而与"无极而太极"异。"九江故家传本"并非杜撰,而有所据。祁宽在《通书后跋》中说:"《通书》即其所著也;始出于程门侯师圣,传之荆门高元举、朱子发。宽初得于高,后得于朱,又后得和靖尹先生所藏,亦云得之程氏,今之传者是也。逮卜居九江,得旧本于其家。"(《周子全书》卷十一)这便是家传本的传授线索。假如"自无极而为太极"或"无极而生太极"可立,那么,陆九渊和朱熹之诠释均不可立。因为这两句的句式,都认为在太极之外、之上有一个无极,无极是派生太极的。不仅无极别为一物,而且太极亦为一物。这与朱熹、陆九渊两人的解释均不相符合。

既然是"自无极而为太极"或"无极而生太极",就应当在《太极图》中标明,即使是"无极而太极",朱熹自己所定的《太极图》,也不标出。考朱震《汉上易卦图》上卷中《周子太极图》,毛奇龄《太极图说遗议》中所引朱震所进周子《太极图》以及《性理大全》所引朱熹所定《太极图》,都没有标出"无极而太极",或其他字样。就是《道藏·洞真部灵图类》所载《周子太极图》(图如右)亦不载"无极而太极",唯黄宗羲在《宋元学案·濂溪学案》中所载《太极图》,首圈标明"无极而太极"。

究其原因:其一,宋代"自无极而为太极""无极而生太极""无极而太极"三说并存,未定为一。朱熹道学,不仅未定为一尊,而且屡遭排斥,严申"道学之禁",道学被朝廷定为"伪学",道学家成为"逆党",并立《伪学逆党籍》,不可能以朱熹的"无极而太极"统一其他两说,人们可对此三说采取存疑的态度。

其二,如果《太极图说》首句为"自无极而为太极""无极而生太极",那么,在《太极图》的《水火匡廓图》(《坎离匡廓图》)之上应有二个圆圈才相符合。一以表示"无极",一以表示"太极"。然而,《太极图》的《水火匡廓图》之上,只有一个圆圈,无法标明"无极"和"太极"。而《太极图》的图式,基本上已固定,《水火匡廓图》之上只一个圆圈,不好增加一个圆圈,故在首圈不标明无极、太极,亦为一种考虑。

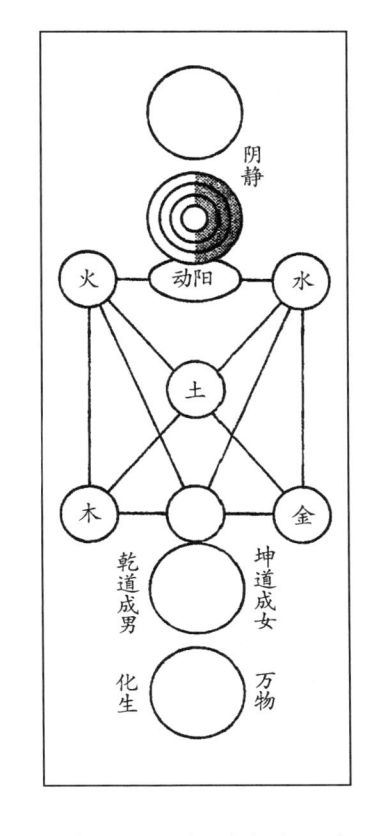

其三,黄宗羲在《宋元学案·濂溪学案》中所引《太极图》首圈为"无极而太极"。一是,元明以来,朱熹学说成为占统治地位的官方哲学,一切以朱熹学说的是非为是非。因此,经朱熹所定的"无极而太极"便代替其他两说,而成为正确的说法;二是,朱熹的"无极而太极"经长期的流传,不仅十分普遍,而且深入人心。人们对于朱熹的说法不再采取存疑的态度,而以为是真理。黄宗羲恐怕就是在这种情况下,把《太极图》首圈标为"无极而太极"的。

朱熹所定的《太极图说》和《太极图》,可能考虑到《太极图》的《水火匡廓图》之上只有一个圆圈,难以表示"无极而生太极"或"自无极而为太极"的关系,故定为"无极而太极",以"无极"说明"太极"的无形,即"无形而但有理"(《答陆子美》,《朱文公文集》卷三十六)。就此而言,朱熹以"无极而太极",亦非妄改,而有所依。陆九渊认为在"太极"之上,不应增加"无极",可能也基于这种考虑。在这点上,朱熹和陆九渊是相通的。如把"无极"与"太极"看成二物,或"太极"之上增加"无极",都需要在《太极图》的《水火匡廓图》上增一圆圈,这就破坏了《太极图》的固有框架。

【张立文　中国人民大学教授,孔子研究院院长】

原文刊于《中国文化》1990年01期

朱熹的逃禅归儒与潮州之旅

郭伟川

朱熹于宋高宗建炎四年(1130)生于福建之南剑州尤溪县,原籍则为安徽婺源(今属江西),因其生长、仕宦生涯及学术活动大都在福建,故其学说,世称闽学。朱熹述作甚富,为宋代理学之集大成者。其思想及学说,对宋后历代的礼治,影响甚巨。他是儒学史上一位极具代表性的关键人物。

朱熹早岁及晚年,均曾在邻近潮汕的闽南地区做过地方官,而且亲莅潮州,《朱子大全》录其所作《次韵潮州诗六首》,吴颖顺治《潮州志》且存其游揭阳岭时所咏《飞泉岭》诗,可为之证。朱熹于宋高宗绍兴十八年(1148)十九岁时中进士,名列第五甲第九十人。是年同科进士有四位潮州人,其中揭阳人林大受名列四甲,稍前于朱熹;而揭阳人郑国翰、陈式及潮阳人石仲集则与朱熹同列五甲。[①]在这些人中,朱熹与郑国翰之交谊最为笃厚。其潮州之旅,既为公务,也应国翰之邀,时间约在绍兴二十六年(1156),朱熹任泉州府同安县簿,是年秋七月秩满,冬奉檄走旁郡时,其事容后再述。朱熹第二次来闽南做官是在宋孝宗淳熙十六年(1189)十一月诏知漳州,翌年宋光宗绍熙元年(1190)四月到任。治漳期间,朱熹行"经界法",以抑豪强而济贫困。对此,王夫之曾大加赞许:"其为法也,均平详审,宜可行之天下而皆准。"[②]漳潮二州自古关系十分密切,唐陈元光

[①] 吴颖《潮州志·科名部》。
[②] 王夫之《宋论》卷十二。

奏置漳州以控闽粤,事涉潮州甚多,方史已有详述,兹不具论。而韩愈刺潮州,朱熹知漳州,唐宋二大儒后先辉映,对这同为闽南方言区的潮漳文化历史所造成的巨大影响,人所共知,足成美谈。至于朱熹早岁深耽内典,出入佛老达十年之久,而同安时期由于受李侗的影响,儒释是非观念常交战于胸,及绍兴二十六年冬奉檄走旁郡,在潮州深受韩愈精神的感召,从而更坚定其逃禅归儒的决心——有关这些事,却不是许多人所知道的。

要了解朱熹的思想转变过程,首先须从他的家学渊源谈起。而时代环境对其思想的影响,则为关键的原因。

据《朱文公行状》云:朱父名松,号韦斋,"以儒名家,擢进士第,入官尚书郎,兼史事,以不附和议去国。文章行义,为学者师"。《朱熹年谱》则云:"初韦斋师事罗豫章,与延平(侗)为同门友,闻杨龟山所传伊洛之学,独得古先贤不传之遗意,于是益自刻厉,痛刮浮华,以趋本实,日诵《大学》《中庸》之书,以用力于致知诚意之地。"③可知朱熹生长在一个理学名儒的家庭。而朱松对朱熹也悉心栽培,寄望甚殷,曾手书苏轼《昆阳赋》以授熹,为说古今成败兴亡大致,熹"慨然久之"。绍兴十一年(1141)宋高宗听从秦桧之和策,订立丧权辱国的"绍兴和议",向金国屈膝称臣,同时于是年屈杀岳飞父子,制造令亲者痛、仇者快的历史冤狱。朱松上表反对和议,遂遭贬黜饶州。眼见昏君奸佞甘愿认贼作父,苟且偷安,使华夏礼制备受凌辱,儒家道统置于何地!因此心灵与信念大受打击,朱松失望之余,乃乞"罢官奉祠"于建州(今建瓯市),筑"环溪精舍"于城南,专心教子。时朱熹年十二,在内心上对国耻家仇留下不可磨灭之印象,而朱松出世消极的思想,肯定对年少的朱熹发生极大的影响。以家居为"精舍",显与禅宗结下不解缘。此应是朱熹习佛之始。越二岁,朱松病亡。临终前虑及家贫不能活朱熹母子,乃嘱之曰:"籍溪胡(宪)原仲、白水刘(勉之)致中、屏山刘(子翚)彦冲,此三人者,吾友也;学有渊源,吾所敬畏,吾即死,你往父事之,而唯其言之听。"④及后,刘子羽、子翚兄弟接朱熹母子至崇安县五夫里(今武夷山市五夫乡,距城五十七公里)居住,在生活上予以照顾,在学业上给朱熹以指导,前后历五年之久。这段

---

③ 清王懋竑《朱子年谱》。
④ 引自王铁藩《朱熹在福建的史迹》。

时间,刘氏兄弟显然对朱熹影响颇巨。刘子羽虔信看话禅,子翚则笃信默照禅,而五夫里附近的开善寺住持道谦,则指导朱熹修习参悟的径山禅。朱熹师事道谦一直至绍兴二十五年谦师圆寂为止。⑤ 其受佛理禅辉之熏陶,前后竟达十年之久。朱熹曾提及少年时期狂读佛老及其他书籍的情形:"某旧时亦要无所不学,禅、道、文章、楚辞、诗、兵法,事事要学,出入时无数文字,事事有两册。"⑥

朱熹所处的年代,整个社会,自皇帝至臣民,既首重儒学,又兼好佛老,是一个鼓励三教和会的时代。当年道谦与其师宗杲,都是以佛兼通儒老的高手,故朱熹学佛,也在于贯通佛老儒以和会三教。这在当时是一种社会风气。宋孝宗在专论三教同道的御文中主张以儒治国、以道养身、以佛修心,这是极具代表性的。但宋代重文,故也重儒,因此佛道二教之地位不能与之比肩,唯有附丽于儒学,这是理学产生于宋代的根本原因。⑦ 笔者认为,历代皇帝之崇佛佞道,根本原因大多并非他们对内典或道经真有兴趣,深加研究,服膺其理,而是出于禳灾求福,企求享乐长寿,尤其事涉生死攸关的心理因素使然。佞道者,好其丹术灵药以冀今生不老,羽化登仙,如宋徽宗自称"教主道君皇帝",崇奉的首席大神是"长生大帝君",玉皇及老子且在其次;而崇佛者,则望能轮回转世以求重生。实质上都是出于同样的道理,显示所有皇帝对权位永恒的眷恋。故历史上皇帝因服用道士丹药而致死者,数以十计。仅唐代即有太宗、高宗、宪宗、穆宗、敬宗、武宗、宣宗共七帝,可谓前仆后继,踏着先帝的脚印前进。他们冀求长生而反速其死,但历代好此道者,执迷不悟。由于上述原因,故宋明理学得以越代而相续,盖也出于皇室之鼓励,这是显而易见的。朱熹于青少年时期着力于参禅悟道,出入空妙之域累十余载之久,正是在这种历史背景下造成的。

那么,是什么原因促使朱熹逃禅归儒呢?

这显然有若干方面的因素。首先,朱熹于绍兴二十三年赴泉州府任同安县主簿,途经延平拜见理学名儒李侗。李侗与朱熹的父亲是共事一师的同门朋友,

---

⑤ 引自束景南《朱熹佛学思想渊源与逃禅归儒三部曲》,载《朱熹、教育和中国文化》,北京燕山出版社1991年版。

⑥ 引自束景南《朱熹佛学思想渊源与逃禅归儒三部曲》,载《朱熹、教育和中国文化》,北京燕山出版社1991年版。

⑦ 参阅拙作《论韩学启于唐而盛于宋的历史背景》,载《历史文献研究》北京新二辑。

因此对这个故人的遗孤是尤予关怀的。殊知朱熹一见面即大谈佛学,当即遭到李侗的当头棒喝,要他从分殊去体认理一。朱熹的家学渊源所赋予的"儒根"被触动了,从此儒释思想在他内心发生交战,他痛下功夫研习儒经,在哲学的歧路上进行痛苦的反思。他的这段心路历程,后来曾予表白:"余之始学,亦务为笼统宏阔之言,好同而恶异,喜大而耻于小,于延平之书,以为何多事若是,心疑而不服。同安官余,反复思之,始知不我欺矣。"⑧——从这段话可知,"同安官余"是朱熹逃禅归儒的重要转折点。但这官之"余",考诸事实,笔者认为应指绍兴二十六年其同安秩满之后,乃为关键之时间。因为绍兴二十三年他初见李侗之后,思想开始波动,但仍出入佛老。同年秋他还与同僚至泉州北山谒奠唐代摩尼教主呼禄法师祠墓,且有《与诸同僚奠北山过白岩小憩》诗记其事。⑨ 摩尼教俗谓"吃菜事魔教",又称"明教",于唐高宗时传入中国。武宗会昌废佛,摩尼教因"取《金刚经》一佛二佛三四五佛,以为第五佛",⑩故同遭法难。至宋,改尚宽和,自皇室以下均倡和会三教,故摩尼教也乘时复兴。泉州于北宋元祐年间设置市舶司,遂成为东西方交通的门户、中外贸易的大商埠和文化交汇的重镇。随着西方人士在泉州居停频繁,摩尼教及西来的伊斯兰教、基督教、婆罗门教在泉州遂与佛教和平共处,同时并兴。如前所述,朱熹治佛老之学是博采众家的。摩尼教既尊《金刚经》,又好道家的《化胡经》,亦佛亦道,故为适在泉州的朱熹所喜,是可以理解的。后来庆元党禁时沈继祖将其曾习摩尼教之事,也入以罪,谓:"剽张载、程颐之余论,寓以吃菜事魔之妖术,以簧鼓后进。"⑪可以从侧面反映朱熹与摩尼教的关系。而泉州开元寺至今尚存其所撰书"此地古称佛国,满街都是圣人"的门联,也可证明他在同安初期思想上还没有很大的转变。但随着时间的推移,李侗与儒学对他的影响越来越大。至绍兴二十五年,他的佛学导师僧道谦圆寂,朱熹内心上倾向于改事李侗以服膺儒学,也就免去拂逆师门之忌了。绍兴二十六年秋,朱熹任同安主簿秩满,在泉州候批书,其间,有近半年的时间他埋

---

⑧ 引自赵师夏《跋延平答问》。
⑨ 引自束景南《朱熹佛学思想渊源与逃禅归儒三部曲》,载《朱熹、教育和中国文化》,北京燕山出版社1991年版。
⑩ 《佛祖统纪》卷四十八。
⑪ 《道命录》卷七上。

首于研习儒经,并奉檄走旁郡,而潮州之旅,显然更坚定了其逃禅归儒的决心。

关于朱熹走旁郡的时间,历来诸家年谱均定为绍兴二十六年冬。[12] 旁郡者,潮州为其一也。泉州、漳州均属闽南地区,与潮州相毗邻,且同属闽南语系。而潮州为韩公驱鳄之乡和兴学育才之地;北宋余靖《开元寺记》已云"潮于岭表为富州,开元于净屠为冠寺,畅师于僧官为极选";陈尧佐则有"海滨邹鲁是潮阳"之赞誉,故潮州乃朱子必至之地,而典籍艺文对此也皆有载录。吴颖顺治潮志艺文部中有《飞泉岭小记》,内中载朱熹莅潮轶事:

> 飞泉岭壁立万仞,周回数十里,有泉悬空而下,势若飞翔。宋邑人郑进士建亭其上,朱文公大书"落汉鸣泉"四大字刻亭中。黄佐通志曰:"古揭岭即此地。"裴氏《广州记》云:"此秦戍五岭之一也。"

"邑人郑进士"即绍兴十八年与朱熹同榜同甲进士揭阳人郑国翰。是次朱熹入潮,除公务外,也应国翰之邀,且寓其家。及后相偕入蓝田飞泉岭书庄,朱熹手书"落汉鸣泉"四大字,揭诸亭中,复镌岭之危壁上。事见吴颖顺治志所附"流寓"。

朱熹游揭阳岭时,且有七绝一首,以记名区胜概:

飞泉岭
梯云石礫羊肠绕,转壑飞泉碧玉斜。
一路风烟春淡薄,数声鸡犬野人家。[13]

此诗《朱子大全》漏收,应予补入。《大全》有朱熹《次韵潮州诗六首》并卒章之韵纪事诗一首,颇能道出朱熹对潮州之观感以及由此所引发的思想观念的变化。兹选录如下:

---

[12] 据各家《朱子年谱》。
[13] 吴颖顺治潮志《古今文章部》。

濠上斋　二首

其　一

黄堂理事余,便坐永兹日。
语默趣虽殊,晦明心本一。
旧闻真体露,已叹群疑失。
迨此复几年,定知久纯白。

其　二

道若大路然,奈此人好径。
即事昧良心,离动觅真静。
安知濠上翁,妙入玄中境。
偶寄郡斋闲,无欲民自正。

《濠上斋》第一首,笔者认为十分重要,因为可证朱熹绍兴二十六年同安县簿秩满冬奉檄走旁郡之疑案,而关键乃在首句"黄堂理事余",显示朱熹此次莅潮,确为公务而来,盖因"黄堂"乃州守衙门,朱熹其时为官职卑微之同安县簿,秩满奉檄出差潮州,在州守衙门办妥公事之后,被招待在郡斋,无所事事,故云"黄堂理事余,便坐永兹日"。大概郑国翰其时尚未邀其作飞泉岭之游,故颇有百无聊赖之感。但笔者却赖本诗首句而解出此八百余年来之历史疑案,因为历来诸家年谱仅言朱熹绍兴二十六年同安秩满"奉檄走旁郡",均未明言"旁郡"何指,本篇可确证"旁郡"即潮州。此事谅对日后之朱子研究,不无小补吧。

《濠上斋》二首颇含谈禅说理意味,正合朱熹早年诗风,而意念上与其同安时期之思想脉络也颇衔接。从诗中,可窥见朱熹对潮州之民风淳朴颇为嘉许,故有"迨此复几年,定知久纯白"及"无欲民自正"之句。

闲　坐

坐啸无余事,淡然尘虑希。
闲中自怡悦,妙处绝几微。

韩子成今古,颠师果是非。
悠然发孤些,千载傥来归。

销　寇

年来揭阳郡,牢落海阴墟。
云峤无幽子,潢池有跖徒。
单车亦已税,蔓草不须锄。
比屋弦歌里,功高化鳄图。

《闲坐》《销寇》二诗十分重要,因诗中透露出朱熹逃禅归儒之消息——这表现在他对唐代大儒韩愈发自内心的赞颂:"比屋弦歌里,功高化鳄图。"潮州之成为海滨邹鲁和礼义之邦,这与韩公之德泽敷布,大有关系。而潮州也成为举世祀韩最隆之地,不仅江山姓韩,而且建祠立碑,崇奉备至。苏轼在《潮州韩文公庙碑》中云:"潮人之事公也,饮食必祭。"碑文中对韩公大加礼赞:"文起八代之衰,道济天下之溺,忠犯人主之怒,而勇夺三军之帅。"这对读书人来说,确具震撼性的感召作用。朱熹十一岁时,其父曾手书苏轼《昆阳赋》以令其明古今成败兴亡之理,朱熹"慨然久之",可见对苏轼早存景慕之心。而苏轼所赞颂的韩愈,能以儒而令一邦之民风丕变,这证明儒家积极入世的精神有益于社会民生。尤其当时北方大片土地沦于金人铁蹄之下,南宋半壁江山时时有被侵略的危险。当此之时,志节之士,皆意图恢复,儒家所倡之公忠体国、成仁取义之论,堪为时代之号角。而佛老本义皆倡"空无",以默坐禅而论,一味主张静坐,蹈空守虚以处于与外界隔绝,使内心达致寂灭的境界。如此终日危坐,于国家民族何益?朱熹体认实胜于虚之理,导致其思想哲学上的大彻大悟,终于令其走上逃禅归儒之路。其诗中有"韩子成今古""千载傥来归"之句,这正是他思想转变的纪实之作。可见在潮州对韩愈的景崇,是朱熹逃禅归儒的主要动力之一。后来他还循着韩愈由潮州量移袁州之路,去追寻这位先儒的遗迹。《朱子大全》卷五有《到袁州二首》,兹录如下:

学术史的视域

> 其　一
> 马蹄今日到袁州，山木萧槮四面愁。
> 多谢晚来风力劲，朔云塞月共悠悠。
>
> 其　二
> 袁州刺史几何人？韩李流芳独未泯。
> 道丧时危今日意，九原遗恨一时新。

朱熹所处的年代，恰为外患内忧交集的南宋中期，正所谓"道丧时危"之际，他想起这位当年振溺起弊、流芳千古的袁州刺史，不禁感慨万千。诗中充满了对韩文公的景仰和认同。

宋高宗绍兴三十一年（1161），距朱熹来潮之后五年，金国悍然撕毁和议，由完颜亮亲率大军六十万分路南侵，企图一举消灭南宋。在此国族存亡之秋，朱熹热血沸腾，与国家人民休戚与共。当宋兵抗金大捷之时，他喜不自胜，鼓舞欢呼：

> 胡马无端莫四驰，汉家原有中兴期。
> 旌裘喋血淮山寺，天命人心合自知。[14]

在《次子有闻捷》一诗中，朱熹更写道：

> 杀气先归江上林，貔貅百万想同心。
> 明朝灭尽天骄子，南北东西尽好音。

这些慷慨激昂的爱国主义诗篇，是朱熹思想上焕发儒家精神的反映。这种激情是蹈空守虚、追求寂灭心境的禅家所没有的。自此，朱熹走上了真儒的不归路，在内心上服膺儒家的理念，而且对他早年所沉迷的禅学在很大程度上予以否定。如乾道中他与湖湘派彪德美等进行论战时，就直接以儒批释：

---

[14] 朱熹《闻二十八日之报，喜而成诗》。

> 释氏虽自谓惟明一心,然实不诚心体;虽云心生万法,而实心外有法,故无以立天下之大本,而内外之道不备。……若圣门(按:即儒家)所谓心,则天序、天秩、天命、天讨、恻隐、羞恶、是非、辞让,莫不该备,而无心外之法。故孟子曰:"尽其心者,知其性也;知其性,则知天矣。"存其心,养其性,所以事天也。是则天人性命岂有二理哉![15]

笔者认为,朱熹对儒释二学的取舍,是体认实胜于虚的道理。自此他毕一生之力,皓首穷经。其中也有潮州和韩学之研究,包括《考韩文公与大颠书》《修韩文举正例》《韩文考异序》及《书韩文考异前》。[16] 潮刻大字《韩文考异》即其所撰,可见朱熹对潮州韩学之研究发挥了极大的推动作用。

宋孝宗隆兴元年(1163)即距朱熹来潮后七年,朱熹撰成《论语要义》及《论语训蒙口义》;而从淳熙二年至十年,仅以八载之功,即撰成《程氏遗书》《论孟精义》《资治通鉴纲目》《古今家祭礼》《论孟集注》《论孟或问》《诗集传》和《周易本义》等十五部儒经和理学的专著和辑注论集。[17] 当宋光宗绍熙元年(1190)朱熹六十一岁抵漳州知郡事,其间,撰注《四经四子书》,刊布之日,有《漳州谒先圣文》及《刊四经成告先圣文》,以告慰于孔孟先师,使"六经大训,炳若日星,垂世作程,靡有终极"。[18] 而朱熹最终也成为儒学史上一位划时代的关键人物。

然而,考其漫漫而修远的思想学术道路,同安时期朱熹固然儒释观念交战于胸,但绍兴二十六年秩满奉檄走旁郡,其潮州之旅所引起的思想变化,却是他逃禅归儒的重要转折点。另一方面,潮州有幸得韩、朱唐宋二大儒思想源流之沾溉,宜其成为"海滨邹鲁";而游宦流寓至此,皆誉为"礼义之邦",洵非偶然也。

一九九三年八月二十六日

【郭伟川　泰国华侨崇圣大学中华文化研究院教授】
原文刊于《中国文化》1994 年 02 期

---

[15]　《朱文公集》卷三十《答张钦夫》书十。
[16]　见《朱子大全》。
[17]　据《朱熹·年谱》,周大同著,台湾商务印书馆1971年版。
[18]　朱熹《刊四经成告先圣文》。

王守仁"四句教"新解

张立文

在程、朱"道学"已为正统的明代,先前曾与程、朱"道学"相抗衡的象山之学,在长期"泯然无闻"之后,被王守仁所继承和发扬。他敢冒"天下之讥",一洗陆九渊"无实之诬"①,改变"是朱非陆"之"论定",以使"于今且四百年"②的陆学,恢复其"圣贤之学"的地位。由于王守仁的这种历史作用,故后人把他和陆九渊并称为陆王"心学"。黄宗羲说:

> 有明学术,从前习熟先儒之成说,未尝反身理会,推见至隐。所谓此亦一述朱,彼亦一述朱耳。……自姚江指点出良知人人现在,一反观而自得,便人人有个作圣之路。故无姚江,则古来之学脉绝矣。③

黄宗羲认为,王守仁指点出良知人人现在的人人作圣之路,使孟子人皆可以为尧舜的内圣学脉承接下来。内圣之学是指人的道德理性的自觉,通过道德修养的笃行,以完善人的德性人格。先秦以来,各家道德觉解差分,往往是方术遮

---

① 《答徐成之·二(壬午)》,《王文成公全书》卷21。
② 王守仁在《答徐成之·二》中说:"象山独蒙无实之诬,于今且四百年,莫有为之一洗者。"考陆九渊生于1139年,王守仁生于1472年,相距333年。四百年之说,恐是一个整数而已,并非精确计算。
③ 《姚江学案》,《明儒学案》卷10,《黄宗羲全集》第7册,第197页。

蔽了道术④,功利湮没了德性。王氏坚挺道德良知的现在,凸显德性心体的自知,通过"四句教"宗旨的呈现,当下落在本体与工夫上。本体是天地万物与人的所以然者,是乃度越的形而上者,王守仁谓为心体;通过格致诚正道德修持的笃行,以体证本体,本体发用而不容已地表现为道德行为的过程,即是工夫。无工夫,本体无可呈现;无本体,工夫无可依据。本体内在于工夫,工夫内在于本体,而不在外。本体工夫圆融和合,即本体即工夫,这是王守仁四句教的著意所在。

一、天泉证道

王守仁(1472—1529)⑤,因曾筑室会稽阳明洞,学者称为阳明先生。尽管王氏学术生命、政治生命艰难坎坷,波澜多变,经三变而始入门,又三变而达成熟;从照着讲,到接着讲,再到自己讲,从百死千难中得来,但其哲学理论思维的"正法眼藏",晚年经殚精竭虑,将其学术思想凝结为四句,作为立教宗旨,后被称为王门"天泉证道"四句教:

> 德洪与汝中论学,汝中举先生教言曰:"无善无恶是心之体,有善有恶是意之动,知善知恶是良知,为善去恶是格物。"德洪曰:"此意如何?"汝中曰:"此恐未是究竟话头。若说心体是无善无恶,意亦是无善无恶的意,知亦是无善无恶的知,物是无善无恶的物矣。若说意有善恶,毕竟心体还有善恶在。"德洪曰:"心体是天命之性,原是无善无恶的。但人有习心,意念上有善恶在,格致诚正,修此正是复那性体功夫。若原无善恶,功夫亦不消说矣。"是夕侍坐天泉桥,各举请正。先生曰:"我今将行,正要你们来讲破此

---

④ 参见拙著《内圣外王新释》,《儒学与人生》,《张立文文集》第32辑,第37—45页,韩国学术信息出版社,2009。
⑤ 王守仁卒于嘉靖七年十一月二十九日。(钱德洪《阳明先生年谱》,《王文成公全书》卷三十四,《附录三》)如依公元计算,则应为1529年1月9日。各书均作1528年,应予更正。

意。二君之见正好相资为用,不可各执一边。我这里接人原有此二种。利根之人直从本源上悟入。人心本体原是明莹无滞的,原是个未发之中。利根之人一悟本体,即是工夫,人己内外,一齐俱透了。其次不免有习心在,本体受蔽,故且教在意念上实落为善去恶。功夫熟后,渣滓去得尽时,本体亦明尽了。汝中之见,是我这里接利根人的,德洪之见是我这里为其次立法的。二君相取为用,则中人上下皆可引入于道。若各执一边,眼前便有失人,便于道体各有未尽。"⑥

"四句教"是王守仁主体精神发扬的心学教言,是其思想精华的提炼,是其生前最后的学术思想的总结。然其两大弟子对此体认却发生分歧。王畿认为心、意、知、物都无善无恶,即本体便是工夫,本体、工夫、境界融突和合,为四无说。钱德洪主张人有习心,需修格致诚正,用工夫以复本体,而倡四有说。四无与四有的论争,深深地影响阳明后学对四句教的体认。其实四句教既非四无,亦非四有,是即四无即四有,统摄四无四有的融突和合体。王氏两种教法,乃一体两面,为接引利根的人与中下根的人入道而设计⑦。可以相资为用,不可各执一边。王守仁对钱德洪、王畿说:"此原是彻上彻下工夫。利根之人世亦难遇,本体工夫一悟尽透。此颜子、明道所不敢承当,岂可轻易望人。人有习心,不教他在良知上实用为善去恶工夫,只去悬空想个本体,一切事为俱不着实,不过养成一个虚寂。此个病痛不是小小,不可不早说破。"⑧四句教本是彻上彻下流行贯通的。他认为利根的人世上难遇,即使颜渊、程颢也不敢承当,不可轻易望人,而现实的人,是有习心的其次的人,要教导他们在良知上着实修为为善去恶工夫,而不可悬空虚寂想个本体。由此来体认王守仁的四句教教旨的本真,是基于挽救当时社会的危机,化解习心的贼害,恢复天理良知,还原心体的明莹无滞。这才是他真实的心境。

---

⑥ 《传习录·下》,《王文成公全书》卷3。另见《年谱》,《王文成公全书》卷34,王畿:《天泉证道纪》,《龙溪王先生全集》卷1,万历十五年(1587)刻行。
⑦ 历代对"四句教"论争不断,如周海门的《九解》与许敬庵《九谛》的辩难,管志道的《问辩》与顾宪成《质疑》的辩难,以及东林学派、刘宗周、黄宗羲的检讨和反思等。
⑧ 《传习录·下》,《王文成公全书》卷3。

王守仁嘱咐钱德洪和王畿:"已后与朋友讲学,切不可失了我的宗旨。(按即四句教)……只依我这话头随人指点,自没病痛。"⑨又载:"二君以后再不可更此四句宗旨,此四句中人上下无不接着。我年来立教,亦更几番,今始立此四句。"⑩他一再交代不可更改此四句宗旨,此四句不仅具有现实性、普遍性、适用性,而且以此自修,直跻圣位。这是对自我主体说的,对他主体来说,以此接引人,更无差失。他自我反思,尽管自己思想几番变化,但此四句教是他在致良知之后体贴出来的哲学理论思维逻辑的总纲,纲举目张,抓住这四句宗旨的纲目,王守仁哲学理论思维的内在逻辑理路便可圆融贯通无碍。

我人体认王守仁哲学理论思维的神妙,也可由此而登入其堂奥,十字打开,呈现其神思。现按照王守仁心学理论思维逻辑演化的逻辑时空次序,重新梳理解读四句教,可分为三个逻辑层次:一是有善有恶意之动的生存世界;二是为善去恶是格物和知善知恶是良知的意义世界;三是无善无恶是心之体的可能世界。

二、有善有恶意之动

在现实生存世界,正如王守仁所说,利根的人是在世难遇的,那是极少数人。绝大多数人是根器"有习心在"的人,心体随人在世而显于外,由于受外物所蔽,意念发动便落在有善有恶上。他认为"今天下波颓风靡,为日已久,何异于病革临绝之时"⑪。国家政治腐败,君主昏庸,宦官专权,藩王谋逆,农民暴动,社会已临绝境。究其原因,归根到底,在于人心中有贼。"故凡慕富贵,忧贫贱,欣戚得丧,爱憎取舍之类,皆足以蔽吾聪明睿知之体,而窒吾渊泉时出之用。若此者,如明目之中而翳之以尘沙,聪耳之中而塞之以木楔也"⑫。心体的意念循理而发为善,顺躯壳起念,便会爱慕富贵,忧戚贫贱,讲究得失,于是遮蔽了心体,窒塞了渊

---

⑨ 《传习录·下》,《王文成公全书》卷3。
⑩ 《年谱》,《王文成公全书》卷35。
⑪ 《答储柴墟二》,《王文成公全书》卷21。
⑫ 《答南元善》,《王文成公全书》卷6。

学术史的视域

泉。由计较私利的私意出发，必落在有恶的意上。

在程朱理学已沦为士子们争夺功名利禄的工具情境下，学风日丧，天理不昌。"圣人之学，日远日晦，而功利之习，愈趋愈下。其间虽尝瞀惑于佛老，而佛老之说，卒亦未能有以胜其功利之心，虽又尝折衷于群儒，而群儒之论，终亦未能有以破其功利之见。盖至于今，功利之毒，沦浃于人之心髓，而习以成性也，几千年矣"[13]。士子们如入百戏之场，精神恍惑，如病狂丧心的人；君臣等皆昏迷颠倒，为私利而争功利建霸业。

无论是百姓的慕富忧贫，士子们的功名利禄，还是君臣等争霸业，归根结底，都是已发的意之动，发为有善有恶。意之发而中节为和为善，发而不中节为恶。他说："心之发动，不能无不善，故须就此处着力，便是在诚意。如一念发在好善上，便实实落落去好善；一念发恶恶上，便实实落落去恶恶。"[14]意之动就是心意念的发动，意念的发动便有留滞、有执、有着，于是意念须在诚意上着力，发在善上即为善；不在诚意上着力，发在恶上即为恶。譬如"性之本体原是无善无恶的，发用上也原是可以为善，可以为不善的，甚流弊也原是一定善，一定恶的……皆是执定，就知是错"[15]。性本体是喜怒哀乐的未发，未发是无善无恶的，喜怒哀乐发用是否中节，可以为善，可以为恶，都是一种执定，即执着。又譬如"喜怒哀惧爱恶欲谓之七情，七者俱是人心合有的，但要认得良知明白……七情顺其自然之流动，皆是良知之用，不可分别善恶，但不可有所著。七情有善，俱谓之欲，俱为良知之蔽"[16]。人心合当有七情，但不可以有所执着，一执着便是欲，欲便生恶。七情着了一分意思，便得过分；过分便不得其正；不得其正便为恶所著。

凡人都生活在生存世界里，人为了生存不能不与天地万物、社会人际、物质生产发生交往活动；人在获取衣、食、住、行的需要中，投入了生命智慧和主体情感。因此，七情是人心合有的，意识、意念、意欲是不能无所动的，所以讲"有善有恶是意之动"，也可以讲是心气之动。薛侃在除花间的杂草，而问王守仁，为什么天地间善难培养，恶难去？王守仁回答说："天地生意，花草一般，何曾有善

---

[13] 《答顾东桥书》，《传习录·中》，《王文成公全书》卷2。
[14] 《传习录·下》，《王文成公全书》卷3。
[15] 同上。
[16] 同上。

恶之分。子欲观花,则以花为善,以草为恶。如欲用草时,复以草为善矣。此等善恶,皆由汝心好恶所生,故知是错。"薛侃说:"然则无善无恶乎?"王守仁说:"无善无恶者理之静,有善有恶者气之动。不动于气,即无善无恶,是谓至善。"⑰王守仁认为,以花草来分别善恶,这是从表面现象看善恶,是把善恶作支离二分起念。其实,花草本身无善恶,花和草是一样的。之所以其有善恶,是人主体心意的爱好与厌恶而产生的价值评价。由于主体价值观差分,便存善恶的评判。人的善恶在生存世界的人群生活价值中是实存的。

"有善有恶者气之动",静是体,动是用。静未尝无,常觉而常应;动未尝有,常定而常寂。"所谓'动亦定,静亦定'者也,心一而已。静其体也,而复求静根焉,是挠其体也。动其用也,而惧其易动焉,是废其用也。故求静之心即动也,恶动之心非静也,是之谓动亦动,静亦动,将迎起伏,相寻于无穷矣。故循理之谓静,从欲之谓动。欲也者,非必声色货利外诱也,有心之私,皆欲也。故循理焉,虽酬酢万变皆静也,濂溪所谓主静无欲之谓也,是谓集义者也。从欲焉,虽心斋坐忘,亦动也"⑱。动静都是存定的工夫,静体动用为一心的体用。主体心去求静,就是动心;厌恶动,心便不能静。主体心的动静的标准是循理和从欲。循理即使酬酢万变也是静;从欲既指声色货利的引诱,也指私心、私意的发动,即使依庄子的心斋坐忘也是动。这就是从欲之意念发动,便有恶。从欲之意念,便是一种"心中贼"。

之所以有循理与从欲的分离,即程朱等理与心二分,是由于否定"心即理"理论思维的所造。随着春秋的更替、认知的深化,原来"致广大,尽精微"的朱熹哲学理论思维逻辑,在社会、人生的实践中出现了内在的冲突和破绽。这个破绽和冲突集中表现为:理性本体与感性实在、抽象的度越现实的先在理与具体的去格一件一件的物、伦常道德规范与人们践履行为之间。朱熹烦琐和费神地格一事一物,以求穷心外之理的实践,使得心与理、理与物之间的裂缝愈来愈拉大了。鉴于这种情况,王守仁不得不度越朱熹,解构朱熹哲学理论思维逻辑结构,重新构建有别于朱熹的哲学,这是历史和思想演变的必然趋势。

---

⑰ 《传习录·上》,《王文成公全书》卷1。
⑱ 《答伦彦式》,《王文成公全书》卷5。

朱熹哲学理论思维逻辑结构的核心理念是以理与气、太极与阴阳、道与器、知与行、道心与人心、天理与人欲、天命之性与气质之性等的分二、对待为基本话题，当然也注意这些范畴之间相互联系的不离层面，这是其逻辑结构内在运行机制所需要的，形而上、形而下的区别在很大程度上被凝固了。王守仁哲学理论思维逻辑的核心观念是强调道心与人心、知与行、心与理、形而上与形而下等的融突和合。他把本来从具体的、现实的、感性中度越出来的抽象的、先在的、理性的理、太极、道等形而上本体范畴，使其与具体的、现实的、感性的相合一，以化解朱熹哲学理论思维逻辑结构的破绽和冲突。

当王守仁在构建其心学哲学理论思维逻辑时，首先面临着如何从现存的程、朱道学而开出心学，如何度越外在的道体（理体）与内在的心体二分，使其合一，心体如何统摄道体（理体）的问题，以使"有善有恶意之动"的心意与循理相融合。

王守仁年轻时格竹子的失败，使他对原来所笃信的朱熹"格物穷理"之说发生动摇，萌发了解构朱熹哲学理论思维逻辑结构的念头。然而，如何穷得理？这个问题并未解决，于是他转而求诸释、老。佛教万象皆幻，以空为真，"万法唯识"，"一切唯心"和道教"以无生有"的思想，不能不对"出入于佛、老者久之"的王守仁思维发生影响。王守仁哲学思维在解决心与理的关系中，如何把理纳入心中，使有善有恶的心意的发动，即使酬酢万变，也能循心内的理，而不外求的问题。

以往虽曾有陆九渊体察到朱熹哲学理论思维逻辑结构中心与理二分的冲突，主张"心即理"，但在一些问题上仍然沿用程、朱观点，在论述心与理的关系中，有把心与理并列的道德价值取向，说明他还处在一种未圆融之中。王守仁明确指出朱熹理与心二分，而造成了心外以求理的弊病。他在《答顾东桥书》中说：

> 晦庵谓："人之所以为学者，心与理而已。"心虽主乎一身，而实管乎天下之理，理虽散在万事，而实不外乎一人之心。是其一分一合之间，而未免已启学者心理为二之弊，此后世所以有专求本心，遂遗物理之患，正由不知心即理耳。夫外心以求物理，是以有暗而不达之处，此告子义外之说，孟子

所以谓之不知义也。心一而已,以其全体恻怛而言,谓之仁;以其得宜而言,谓之义;以其条理而言,谓之理。不可外心以求仁,不可外心以求义,独可外心以求理乎?[19]

王守仁"心即理"说既是为纠朱熹以心、理为二的弊病,而使心意所发循理,也是其建构有别于朱熹哲学的心学理论思维体系的需要。其"心即理"论题的着眼点又是从格竹失败而来的,"朱子所谓格物云者,在即物而穷其理也。即物穷理,是就事事物物上求其所谓定理者也。是以吾心而求理于事事物物之中,析心与理而为二矣。"[20]在他看来,朱熹"以吾心而求理于事事物物之中",不仅分体认主体(吾心)和体认客体(事物之理),这就把事物之理排斥在心外,无疑以心与理为二。他要把两者合而为一,而主张"心即理",认为"外心以求物理"为告子的"义外"之说。

理在王守仁哲学思维逻辑中,似是一个不和谐的逻辑范畴,但却表现了王守仁如何克服朱熹之理的苦心,因而,它既是其构建其理论思维体系的需要,也是其"存天理、去人欲"的道德培养的诉求。理为主体道德心意的已发,意之所发有善有恶之理。他说:

> 理也者,心之条理也。是理也,发之于亲则为孝,发之于君则为忠,发之于朋友则为信。千变万化,至不可穷竭,而莫非发于吾之一心。[21]

由于心意之理所发的对象不同,其呈现亦不同,故有忠、孝、信等道德价值的区别或变化。尽管其间千变万化,不可穷尽,但归根结底,不过是道德主体心意的所发。

理作为道德主体的心意所发动,必须无私意,才能体认天理。薛侃问王守仁,"尝闻先生教,学是学存天理。心之本体即是天理,体认天理,只要自心地无

---

[19] 《传习录·中》,《王文成公全书》卷2。
[20] 《答顾东桥书》,《传习录·中》,《王文成公全书》卷2。
[21] 《书诸阳伯卷(甲申)》,《王文成公全书》卷8。

私意?"王守仁回答说:"如此则只须克去私意便是,又愁甚理欲不明。"㉒天理是至善的,克去私意,私意就不会发动,便不会导向恶,就能体认天理,主体人的心意和行为活动也能循理而不从私欲、私意。

循理而不从私意,就是存天理、去人欲的涵养工夫。去得人欲,方识天理。正如陆澄所问,有习心的人,总有所偏倚。"偏倚是有所染著。如著在好色、好利、好名等项上,方见得偏倚。若未发时,美色名利皆未相著,何以便知其有所偏倚?"王守仁说:"虽未相著,然平日好色、好利、好名之心,原未尝无。既未尝无,即谓之有。既谓之有,则亦不可谓无偏倚。譬之病疟之人,虽有时不发,而病根原不曾除,则亦不得谓之无病之人矣。须是平日好色、好利、好名等项一应私心扫除荡涤,无复纤毫留滞,而此心全体廓然,纯是天理,方可谓之喜怒哀乐未发之中,方是天下之大本。"㉓人的好色、好利、好名的私心、私意的发动,就与天理隔离了,这是主体人之所以造成心与理二分的病根所在。只有把此私心、私意荡涤干净,纤毫不滞留,方可讲是未发之中,便是廓然大公,自然感而遂通,自然发而中节,自然物来顺应循理,自然心即理。

"心即理"是王守仁的"立言宗旨"。他说:

> 诸君要识得我立言宗旨。我如今说个心即理是如何?只为世人分心与理为二,故便有许多病痛。如五伯攘夷狄,尊周室,都是一个私心,便不当理;人却说他做得当理,只心有未纯,往往悦慕其所为,要来外面做得好看,却与心全不相干。分心与理为二,其流至于伯道之伪而不自知;故我说个心即理,要使知心理是一个,便来心上做工夫,不去袭义于义,便是王道之真,此我立言宗旨。㉔

"心即理"不仅针对分心与理为二而言,而且是针对有善有恶意之动的好色、好利、好名的私心的时病而发。明中叶的官吏、士子均尊奉程、朱道学。他们

㉒ 《传习录·上》,《王文成公全书》卷1。
㉓ 《传习录·上》,《王文成公全书》卷1。
㉔ 《传习录·下》,《王文成公全书》卷3。

"外假仁义之名,而内以行其自私自利之实"。口讲的和做的完全相反。于是功利之徒假天理之近似以济其私,而以欺于人。王守仁认为,分心与理为二,则是造成上述病痛的根源,他为化解道德价值心意与践履伦理道德之间的冲突,"当理"与"不当理"的不同体认以及对"王道"与"霸道"不同看法,而主张把理安置在人的心中,"心即理"。他以为这样便能消除天理道德价值与好色、好利、好名私意之间的冲突和王与霸、当理与不当理的矛盾。既然"心即理",为什么还有善与不善呢?"或曰:'人皆有是心,心即理,何以有为善,有为不善?'先生曰:'恶人之心,失其本体。'"㉕失其本心,人的目、耳、鼻、口、心都无体了,就会以万物的色、声、臭、味、是非为体。换言之,心意的发动,就着在了色、声、臭、味、是非上,便有不善。

如何实践"心即理"? 他说:"夫物理不外于吾心,外吾心而求物理,无物理矣。遗物理而求吾心,吾心又何物邪。"㉖"天下宁有心外之性,宁有性外之理乎,宁有理外之心乎?"㉗心就是理,理就是心;理是心中之理,理具于心中。外心求理,则无理;遗理求心,则无心。故理不在心外。因此,当徐爱问:"至善只求心,恐于天下事理,有不能尽?"王守仁回答说:"心即理也,天下又有心外之事,心外之理乎?"㉘所以,心与理合而为一,不分内外。"理一而已矣,心一而已矣,故圣人无二教,而学者无二学"㉙。若以心与理不离,实已分心与理为二。因其为二物,所以讲不离、不分。假如说陆九渊的"心即理"是指心感而遂通,与理相契合,那么,王守仁所说的"心即理"便是心理不二,心内在蕴涵理。

理为心所安顿,心自己安顿自己,就是理。

"又问:'心即理之说。程子云:在物为理,如何谓心即理?'先生曰:'在物为理,在字上当添一心字。此心在物则为理,如此心在事父则为孝,在事君则为忠之类。'"㉚

㉕ 《传习录·上》,《王文成公全书》卷1。
㉖ 《答顾东桥书》,《传习录·中》,《王文成公全书》卷2。
㉗ 《书诸阳伯卷(甲申)》,《王文成公全书》卷8。
㉘ 《传习录·上》,《王文成公全书》卷1。
㉙ 《博约说(乙酉)》,《王文成公全书》卷7。
㉚ 《传习录·下》,《王文成公全书》卷3。

程颐和朱熹都认为"人人有一太极,事事有一太极",即人、物都有理,此理是心外之理,是离心而存在的。王守仁的门人便提出既然在物为理,理便与物相联系,岂能谓"心即理"？这便是理在心外,抑或理在心内之辨,王守仁为把在物之理内在道德化、伦理化,泯灭心与理之间的界限,便断然地认为,"在物为理"的"在"字上应添一"心"字,成为"此心在物为理",理之在物,乃心的安顿,这样一添,心便为主,"心即理"。

如果对"在物为理"需添一"心"字的话,那么,"心体"自身是无须添一分的。他说:"夫万事万物之理,不外于吾心,而必穷天下之理,是殆以吾心之良知为未足,而必外求于天下之广,以裨补增益之,是犹析心与理而为二也。"㉛若以心为未足,则必求心外之理、之物,其结果是分"心与理为二",陷入程、朱之弊。万理具在心中,心毋需外求,求理于心中,"心即理"。

在王守仁心与理的逻辑关系中,虽然当心异化为自己的对待面——物时,理作为心的道德理性呈现在事亲、事君等对象物上。似乎"万事万物之理",是外于吾心的,实际上,心与理是合一的。作为心的异化物的理,无疑是要复归到心内,事事物物之理回归心,以便完善其"心即理"的理念,以化解心与理分二而产生的道德理性与私意私欲、善与恶的冲突和危机,使现实生存世界回归天理良知。

如果说,王守仁以心与道德律令及自然法则的关系,来表示"心即理"的话,那么,心与物的关系,在王守仁的哲学理论思维逻辑中,实是自我与非我、无与有的关系。作为自我心,从本质上说,便是主体心意识。在他看来,人的自我心是唯一的存在,它既是理性,亦是意志;它具有无限的智能创造力、生命力和活动力。由于他凸显自我主体道德心的能动性和主体精神功能,即使主张"心外无物",也不能不预设主体心之外的非我——物,作为主体自我心的对待面,以便证明"有善有恶意之动"所产生的功用。他说:

意之所用,必有其物,物即事也。如意用于事亲,即事亲为一物;意用于

㉛ 《答顾东桥书》,《传习录·中》,《王文成公全书》卷2。

治民,即治民为一物;意用于读书,即读书为一物;意用于听讼,即听讼为一物。凡意之所用,无有无物者。㉜

主体意识、心意发用、发动于其对象,如事亲、治民、读书、听讼等行为活动,便存在导向善恶的可能,这是现实生存世界所实存的情境。譬如"发之事父便是孝。发之事君便是忠。发之交友、治民便是信与仁。只在此心去人欲存天理上用功便是"㉝。意之发动,事父、事君、交友、治民,而为孝、忠、信、仁,这便是导向善的价值道德伦理。

王守仁"有善有恶意之动"的生存世界的核心价值,是人的生命存在,而人的生命存在,各有其生存的内涵、方式、性质,也各有其价值导向,错综复杂,形形色色。面对生存世界的政治的、思想的、道德的、制度的种种善恶的冲突,虽然王守仁体认到其根本的根缘"是意之动",但如何化解和消除这个根本的根缘,便进入到"为善去恶是格物"和"知善知恶是良知"的意义世界的第二层次。

三、为善去恶是格物

中华文化人文精神的价值意蕴是人的生命存在,人作为生命活动者,其首先的价值是人如何生存着,便构成人的生命存在与天地万物、社会、政治、经济、文化、制度,以及人在生存实践活动中所发生各种交换关系、生存方式,产生了有善有恶意之动的生存世界的景象。

当人在实践生命存在的生存世界中,人便思议人为什么生存着?追究人活着为什么?如何活着才有价值和意义?便进入意义世界的思议。成德成圣是王守仁人生意义的追求,如此必须实践为善去恶的格物工夫。他由于抗疏救戴铣而触犯太监刘瑾,庭杖后被谪贵州龙场驿,经千难万险到了万山丛棘、蛇虺魍魉、蛊毒瘴疠的龙场驿,在此环境恶劣、仕途坎坷、贬官谪居的生死关头,如何选择自

㉜ 《答顾东桥书》,《传习录·中》,《王文成公全书》卷2。
㉝ 《传习录·上》,《王文成公全书》卷1。

己人生价值,追求自己人生意义?他"自计得失荣辱皆能超脱,惟生死一念,尚觉未化,乃为石椁自誓曰:'吾惟俟命而已!'日夜端居澄默,以求静一……因念:'圣人处此,更有何道?'忽中夜大悟格物致知之旨,寤寐中若有人语之者,不觉呼跃,从者皆惊。始知圣人之道,吾性自足,向之求理于事物者,误也"[34]。患难在磨炼人的主体意志,劳作是强健人的肉体筋骨。日夜端居反思,虚静敬一,思议人生,追究意义,探赜哲理,证言《五经》,心向圣人,圣道澄明。王守仁在外在自我主体受到非人的强压下,内在自我主体得以觉醒张扬。在这种情境下,才会真正领悟到人生的价值和意义。王守仁是在人生意义世界的激荡中,大悟"格物致知"之旨。

这一大悟,不仅与程朱格物说决裂,而且度越陆九渊沿袭程朱格物之累。他说:"朱子所谓格物云者,在即物而穷其理也。即物穷理,是就事事物物上求其所谓定理者也。是以吾心而求理于事事物物之中,析心与理为二矣。夫求理于事事物物者,如求孝之理于其亲之谓也;求孝之理于其亲,则孝之理其果在于吾之心邪?抑果在于亲之身邪?假而果在于亲之身,则亲没之后,吾心遂无孝之理欤?……以是例之,万事万物之理,莫不皆然,是可以知析心与理为二之非矣。夫析心与理而为二,此告子义外之说,孟子之所深辟之。务外遗内,博而寡要……谓之玩物丧志,尚犹以为不可欤。"[35]他以"即物穷理",喻为"求孝之理于亲"。进而以亲没,吾心是否存有"孝之理"的诘难,说明朱熹"析心为理为二"之非,抨击这是"务外遗内","玩物丧志"。证明"心即理"为是。但这并不是对《大学》经典文本本身的否定,相反他的《大学问》对《大学》文本做了创新的诠释,代表了中国古典诠释的新形态。

王守仁提出了自己对"格物致知"的理解:

> 若鄙人所谓致知格物者,致吾心之良知于事事物物也。吾心之良知,即所谓天理也。致吾心良知之天理于事事物物,则事事物物皆得其理矣。致

---

[34]《年谱》,《王文成公全书》卷32。
[35]《答顾东桥书》,《传习录·中》,《王文成公全书》卷2。

> 吾心之良知者,致知也;事事物物皆得其理者,格物也。是合心与理而为一者也。㊱

如果说朱熹的"即物穷理"是就事事物物上求所谓理,即从心外之物中体认形而上本体理的话,那么,王守仁则认为"吾性自足",无须求理于事事物物,而只要推致"吾心良知"于事事物物,"事事物物皆得其理"矣,这便是由心体内推致事物,即由内到外,这便是朱、王之异趣。

朱、王格物致知之异,不仅表现在体认对象理在心外事物上,抑还理在心中,心外无理,而且体现在格物致知的目标上,如果说朱熹为体认物中形而上本体理的话,那么王守仁在于由意之所动而发生的有善有恶的冲突,人心好色、好利、好名所导致恶的价值趋向。格物就是为化解这个冲突和价值趋向,以求达到为善去恶的目的。就此而言,格物的工夫,就是诚得自家意的工夫。《传习录·下》记载:

> 先生曰:先儒格物为格天下之物,天下之物如何格得?且谓一草一木亦皆有理,今如何去格?纵格得草木来,如何反来诚得自家意?㊲

"诚得自家意",只有意诚,才能去"恶人之心",和制造恶的"心中贼"。"及在夷中三年,颇见得此意思,乃知天下之物,本无可格者,其格物之功,只在身心上做。"㊳"格物之功",不可在物上做,应在"身心上做"。

格物如何心上做?王守仁诠释说:"我解格作正字义,物作事字义。"㊴又说:"物者,事也。凡意之所发必有其事,意所在之事谓之物。格者,正也。正其不正以归于正之谓也。正其不正者,去恶之谓也;归于正者,为善之谓也。夫是之谓格。"㊵释物为事,与朱熹有相似处;然释格为"正",则与朱熹别。"格字之义,

---

㊱ 《答顾东桥书》,《传习录·中》,《王文成公全书》卷2。
㊲ 《王文成公全书》卷3。
㊳ 《传习录·下》,《王文成公全书》卷3。
㊴ 《传习录·下》,《王文成公全书》卷3。
㊵ 《大学问》,《王文成公全书》卷26。

学术史的视域

有以至字训者,如'格于文祖''有苗来格',是以至训者也。然格于文祖,必纯孝诚敬,幽明之间,无一不得其理,而后谓之格。有苗之顽,实以文德诞敷而后格,则亦兼有正字之义在其间,未可专以至字尽之也。如'格其非心''大臣格君心之非'之类,是则一皆正其不正以归于正之义,而不可以至字为训矣。"[41]格兼有至和正二义,如"格于文祖""有苗来格"可以至为训;"格其非心""大臣格君心之非"以正为训。如以"格物"为"穷理",便会以"穷理"属知,而谓"格物"未尝有行,"此后世之学,所以析知行为先后两截,日以支离决裂,而圣学益以残晦者,其端实始于此"[42]。这便是分知行为二元的根源。

格为正,物为事。"格物",便是"格心之物"或"正心之物"。"故格物者,格其心之物也,格其意之物也,格其知之物也。"[43]如何要格心、意、知之物？因为意之所发有善有恶,人容易"动于欲,蔽于私"[44],因此,"格物"就是正人的意念,即主体自身的道德意识,以去意之动的私欲昏蔽,"胜私复理",以达到为善去恶,"止于至善"的境界。在王守仁的视阈中,事物是心意的所发或所在的呈现,因此,他所说的"格心之物""格意之物""格知之物",都是指格心中的物或意中的物。由于"心之物""意之物"包括了"物欲",所以他说:"正心者,正其物之心也。诚意者,诚其物之意也。致知者,致其物之知也。"[45]正心、诚意、致知是指正物心、诚物意、致物知而言。在这里物心、物意、物知,是指心、意、知在物的呈现。换言之,"正者正此也、诚者诚此也、致者致此也、格者格此也"[46],这里的"此"是指吾心,即指心意说的。

王守仁训格为正,正其不正为去恶工夫,归于正是为善工夫,正其不正以归于正,便是"为善去恶是格物"教法的表述。为善去恶的道德修养,应是"既去恶念,便是善念,便复心之本体矣。譬如日光,被云来遮蔽,云去光已复矣。若恶念既去,又要存个善念,即是日光之中添燃一灯"[47]。心体的良知本来是善的,心意

---

[41] 《答顾东桥书》,《传习录·中》,《王文成公全书》卷2。
[42] 同上。
[43] 《答罗整庵少宰书》,《传习录·中》,《王文成公全书》卷2。
[44] 《大学问》,《王文成公全书》卷26。
[45] 《答罗整庵少宰书》,《传习录·中》,《王文成公全书》卷2。
[46] 同上。
[47] 《传习录·下》,《王文成公全书》卷3。

发动的恶念,犹如云雾遮蔽了心体的日光,去恶念犹如去云雾,日光更明亮。这种去恶为善的修身工夫,就是正其不正以归于正的格物工夫。"何谓修身?为善而去恶之谓也。吾身自能为善而去恶乎?必其灵明主宰者欲为善而去恶,然后其形体运用者,始能为善而去恶也。故欲修其身者,必在于先正其心也。然心之本体则性也,性无不善,则心之本体本无不正也。何从而用其正之功乎?盖心之本体本无不正,自其意念发动,而后有不正。故欲正其心者,必就其意念之所发而正之。凡其发一念而善也,好之真如好好色。发一念而恶也,恶之真如恶恶臭,则意无不诚,而心可正矣。"⑱"灵明主宰者"是指心体,心体欲为善去恶,格物是心体所运用的修身工夫,修身必须先正心,心体本来是正的,但由于意念的发动,有善有恶,而有不正,所以要正其不正以归于正的格物工夫,即为善去恶的修养工夫。

之所以心有不正,是由于意念的发动,因而诚意,是正其不正以归于正的格物的下手处。"如意在于为善,便就这件事上去为,意在于去恶,便就这件事上去不为。去恶固是格不正以归于正,为善则不善正了,亦是格不正以归于正也。如此则吾心良知无私欲蔽了,得以致其极,而意之所发,好善去恶,无有不诚矣。诚意工夫,实下手处在格物也。若如此格物,人人便做得人皆可以为尧舜,正在此也。"⑲意念发在善上就去做,发在恶上就不去做,去恶为善,格不正以归于正,这样意之所发无不正,无不诚。如此格物诚意,人人都可以做得尧舜,即人人可以达到成德成圣的意义世界。

四、知善知恶是良知

王守仁人生价值的意义世界,如波涛起伏。当其平藩功成、踌躇满志之日,也是被宦官献谗陷害之时。"自经宸濠、忠泰之变,益信良知真足以忘患难,出

---

⑱ 《大学问》,《王文成公全书》卷26。
⑲ 《传习录·下》,《王文成公全书》卷3。

生死,所谓'考三王,建天地,质鬼神,俟后圣',无弗同者。"[50]良知是其从炼狱般生命的体验、心灵的磨砺中悟得。当外在自我主体再次惨遭迫害的情况下,内在自我主体在百死千难中挺立起来,便会更加珍惜人生的价值和尊严。"某于此良知之说,从百死千难中得来,不得已与人一口说尽。"[51]在内在自我主体精神的驱动下,王守仁既立功,又立言,从事功上实现自己人生价值,又从理论思维学说上构建自己人生意义。立德、立功、立言并行兼得。

就致良知之教的立言来说,"吾'良知'二字,自龙场之后,便已不出此意,只是点此二字不出。与学者言,费却不少辞说。今幸见出此意,一语之下,洞见全体,直是痛快,不觉手舞足蹈"[52]。自龙场悟道以后,默坐澄心,内在自我主体支撑着其精神世界的意义追寻和价值创造,体贴着自己哲学理论思维最精粹、最易简的表述概念。王守仁经冥思苦想,豁然贯悟,体贴出"良知"二字,其无限喜悦的心情,手舞足蹈的激情,这种对学术的敬畏和虔情,是吾人也能感受到的。

由此而有"知善知恶是良知"之教。所谓良知,"良知者,孟子所谓'是非之心,人皆有之'者也。是非之心,不待虑而知,不待学而能,是故谓之良知。是乃天命之性,吾心之本体,自然灵昭明觉者也。凡意念之发,吾心之良知无有不自知者。其善欤,惟吾心之良知自知之。其不善欤,亦惟吾心之良知自知之。是皆无所与于他人者也。故虽小人之为不善,既已无所不至,然其见君子,则必'厌然掩其不善,而着其善'者,是亦可以见其良知之有不容于自昧者也。今欲别善恶以诚其意,惟在致其良知之所知焉尔。何则?意念之发,吾心之良知既知其为善矣,使其不能诚有以好之,而复背而去之,则是以善为恶,而自昧其知善之良知矣"[53]。其意是良知是孟子提出的概念,王守仁以其对生命的觉解和追求智慧的品格,其哲学的智能创新便需要回到中华哲学元创期的先秦哲学中来,寻求灵感的启示。正如雅斯贝尔斯(Karl Jaspers,1883—1969)所说:"人类一直靠轴心时代所产生的思考和创造的一切而生存,每一次新的飞跃都回顾这一时期,并被它

---

[50] 《年谱》,《王文成公全书》卷33,"忠泰"指宦官张忠、许泰等。
[51] 《年谱》,《王文成公全书》卷33。
[52] 钱德洪:《刻文录序说》,《王阳明全集》首卷,上海,世界书局,1936。
[53] 《大学问》,《王文成公全书》卷26。

重燃火焰。"㊄王守仁终于体贴出本体与工夫一齐收摄的简易而贴切的致良知的范畴表述。"近来信得'致良知'三字,真圣门正法眼藏"㊟。致良知即本体,即工夫,一齐圆融,双双呈现,"合着本体,方是工夫,做得工夫,方是本体"㊱。本体与工夫相依相济。

良知作为不虑而知、不学而能的先验的、普遍的、灵昭的、明觉的心体,是无所不知,无所不能的。因而内在自我主体意念的发动,其善与不善,即"有善有恶是意之动",吾心的良知无有不自知的,这就是"知善知恶是良知"之教。良知自知善恶,而不依他者。小人无所不至的为不善(恶),见君子为善道德品格,而厌弃其不善,即去恶为善,格其不正以归于正,也可见其良知没有被自昧。只有良知存而不昧,吾心的良知便能自知善与不善。这便是之所以能"为善去恶是格物"的根据所在。

意念的发动,吾心的良知自知其为善为恶,分辨善恶,而能诚意,而导向善。如果诚意而不导向善,就是违背诚意,便是以善为恶,自昧知善的良知。意念发动,良知既知其为不善,不能诚而厌恶它,反而践履它,便是以恶为善,亦是自昧其知恶的良知。"知善知恶是良知",本是良知自知的本有功能,若自昧其知善知恶的良知,就会导致善恶不辨,甚至善恶颠倒。"意念之所发,吾之良知既知其为不善矣,使其不能诚有以恶之,而复蹈而为之,则是以恶为善,而自昧其知恶之良知矣。若是则虽曰知之,犹不知也。意其可得而诚乎!今于良知之善恶者,无不诚好而诚恶之,则不自欺其良知而意可诚也已。"㊟自昧知善知恶的良知,虽讲知,但实不知,良知之善诚好之,良知之恶诚恶之,这样才不自欺其良知,而做到意诚。

之所以造成良知既知为善而不能诚以好之,而复背而去之,既知为不善而不能诚以恶之,而不去禁止,究其原因,是由于知行的分离。于是他与程朱知行二分相对,而主张知行合一。"外心以求理,此知行之所以二也。求理于吾心,此

㊄ 雅斯贝尔斯:《历史的起源与目标》,第14页,北京,华夏出版社,1989。
㊟ 《年谱》,《王文成公全书》卷33。
㊱ 水野实、永富青地整理:《稽山承语》,《中国文哲研究通讯》,台北,"中研院"中国文哲研究所,1998。
㊟ 《大学问》,《王文成公全书》卷26。

圣门知行合一之教。"⑱然王守仁"知行合一"主要为针砭"有善有恶是意之动"的时弊而发。"今人学问,只因知行分作两件,故有一念发动虽有不善,然却未曾行,便不去禁止。"⑲道德认知与道德实践相脱离,不善的念头就不能去掉。"我今说个知行合一,正要人晓得一念发动处,便即是行了。发动处有不善,就将这不善的念克倒了,须要彻根彻底,不使一念不善潜伏在胸中,此是我立言宗旨。"⑳

所谓"宗旨",是指主要的旨趣或目的。王守仁出于针砭的情怀和社会责任感,认为把知行分二的弊端,是给不善的恶念以庇护和生存的地盘。于是他把"一念发动处",说成"即是行了",是为了克倒那不善的念头。王守仁举例说:"要晓得一念动处便是知,亦便是行。如人在床上思量去偷人东西,此念动了,便是做贼。若还去偷,那个人只到半路转来,却也是贼。"㉑他在《南赣乡约》中规定:"尔等父老子弟,毋念新民之旧恶,而不与其善。彼一念而善,即善人矣,毋自恃为良民,而不修其身;尔一念而恶,即恶人矣。人之善恶,由于一念之间,尔等慎思吾言,毋忽。"㉒他所说的"一念而善,即善人",实与禅宗"放下屠刀,立地成佛"相似;"一念而恶,即恶人",是指"犯上作乱",或触犯宗法制法律而言。如"往往有因小忿,投贼复仇,残害良善,酿成大患"㉓。由一念之小忿,以致酿成动乱的大患,对此,只有"呈官诛殄"。若"阳为良善,阴通贼情,贩卖牛马,走传消息,归利一己,殃及万民者"㉔,也要"呈官究治"。其实,"一念发动处"是善是恶,还是属于意念、意识范围,并未见之于行为活动,即并未构成善行与恶行。将"一念发动处","即是行了",那是着了王守仁的"知行合一"论的克倒一念不善在胸中的需要。

王守仁的"知行合一"论,也是针对宦官、贪官、大官僚对于宗法伦理纲常的破坏而发的。明中叶政治腐败,阉宦专权,藩王贵戚、官僚地主不仅贪婪地攫取

---

⑱ 《答顾东桥书》,《传习录·中》,《王文成公全书》卷2。
⑲ 《传习录·下》,《王文成公全书》卷3。
⑳ 《传习录·下》,《王文成公全书》卷3。
㉑ 《阳明先生遗言录》上,《中国文哲研究通讯》1998年。
㉒ 《王文成公全书》卷17。
㉓ 《南赣乡约》,《王文成公全书》卷17。
㉔ 同上。

人民膏血，而且也肆无忌惮地违反宗法纲常伦理道德，这便加深了社会的危机，而于君主统治也有害而无利。王守仁说：

> 本地大户，异境客商，放债收息，合依常例，毋得磊算。或有贫难不能偿者，亦宜以理量宽。有等不仁之徒，辄便捉锁磊取，挟写田地，致令穷民无告，去而为之盗。今后有此，告诸约长等与之明白，偿不及数者，劝令宽舍，取已过数者，力与追还，如或恃强不听，率同约之人鸣之官司。⑥⑤

一些为富不仁的大户，收取高利，兼并土地，欺压民众，致使贫苦农民生活无出路，而去"为盗"。王守仁从维护整个宗法社会制度出发，一方面限制一下大户的不仁，抑制土地兼并；另一方面他关心民众疾苦，不要"竭泽而渔"，逼民为盗，酿成大患。

在王守仁看来，有些宦官、藩王、贵戚，口头上大讲忠、孝，实际上不忠不孝；表面上"仁义道德"，背地里"男盗女娼"，知行分离。朱宸濠既属皇帝宗室，不是不知道忠，但不去行忠；不是不知道孝，但不去行孝，其危害很大。《传习录·上》曾载：

> 爱曰："如今人尽有知得父当孝，兄当弟者，却不能孝，不能弟。便是知与行分明是两件。"先生曰："此已被私欲隔断，不是知行的本体了。未有知而不行者，知而不行，只是未知。圣贤教人知行，正是要复那本体，不是着你只恁的便罢。"⑥⑥

知孝而不能行，当悌而不能悌，是被"私欲"的意念所隔断、所蔽的结果，不符合圣贤所教的"知行本体"。如果把知行分为两件，那无疑为口头上讲忠、孝、仁、义，而行为上却不忠不孝，为不善而恶遗留地盘。王守仁把一念发动"便是行了"，就是要彻底克倒恶的意念，消灭为恶的行为活动。王守仁之所以提出

---

⑥⑤ 《南赣乡约》，《王文成公全书》卷17。
⑥⑥ 《王文成公全书》卷10。

"知行合一",显然是为了医治社会上人们知善知恶而不为善去恶的这种种病痛而发的。

"知行合一"是把道德意念与道德行为融合为一,收摄在良知之中,良知自知善恶,便能行善去恶。知善就行善,知恶就去恶,这便是"知善知恶是良知"之教。

良知何以能知善知恶?王守仁给良知规定:良知是心的虚灵明觉。他说:"良知者,心之本体,即前所谓恒照者也。"[67]"心者,身之主也。而心之虚灵明觉,即所谓本然之良知也。"[68]尽管王守仁反对朱熹的析心与理、知与行、道心与人心为二的学说,但他从朱熹的分二中,为转而超拔圆融心的唯一性提供了机遇,把排除了私欲和外物干扰的本心及从一块血肉的人心升华为良知,良知便是一个虚灵明觉的恒照体,自然知善知恶。作为度越身心的"良知",便是度越了器的道。"夫良知即是道。良知之在人心,不但圣贤,虽常人亦无不如此。若无有物欲牵蔽,但循着良知发用流行将去,即无不是道。"[69]"良知即天道。"[70]在这里"良知"是离身心而又在身心之中的主体精神,但在王守仁的哲学理论思维逻辑中主体即是本体。

良知是造化的精灵。王守仁认为良知具有造化的功能。良知何以为造化的精灵?《传习录·下》记载:"先生曰:良知是造化的精灵,这些精灵,生天生地,成鬼成帝,皆从此出,真是与物无对。"[71]"生天生地,成神成帝",脱胎自《庄子·大宗师》的"神鬼神帝,生天生地"。良知作为"造化的精灵",天地鬼帝都从精灵中造化出来,它度越了与物有对的品格,圆满无缺、无少亏欠的形而上精灵。

作为造化精灵的良知,既是天地鬼帝的根源,那么离了良知,天地万物就无了根源。譬如草木瓦石无良知,便不可以为草木瓦石;天地没有良知,亦不可以为天地。这是因为,自然界的风雨露雷,日月星辰,禽兽草木,山川土石,原来是与人属于一体的。天地万物的发窍之最精灵处,便是人心的一点灵明。

---

[67] 《答陆原静书》,《传习录·中》,《王文成公全书》卷2。
[68] 《传习录·中》,《王文成公全书》卷2。
[69] 《答陆原静书》,《传习录·中》,《王文成公全书》卷2。
[70] 《惜阴说》,《王文成公全书》卷7。
[71] 《王文成公全书》卷3。

良知统摄有无动静。如果说,朱熹的理是寂然不动,借气而动静、造化,那么王守仁便来得简易得多,良知内蕴着动静的潜能,从良知本体说,"良知无动静,动静者,所遇之时也"⑫。动静是良知所遇的时机,有无动静都为良知所统摄。从有动静说:"良知即是易,其'为道也累迁,变动不居,周流六虚,上下无常,刚柔相易,不可为典要,惟变所适'。此知如何捉摸得。"⑬易为变易,由于事物处于不断的运动过程中,因此,上下没有常规,刚柔相互转化。"天道之运,无一息之或停,吾心良知之运,亦无一息之或停。"⑭运即良知所遇的机运,良知即天道,良知的运行变化和天道一样,"无一息之或停"。

"吾心良知之运",说明良知蕴含着动静运行的机能。尽管王守仁说过良知之妙用流行,此妙用,即良知体用一源。他说:

> 天地之化是个常动常静的,何也?盖天地之化自始至终,自春至冬,流行不已者,常动常静。天地亘古亘今,不迟不速,未尝一息之违者,常动常静也。自其常静而言之谓之体,自其常动而言之谓之用。动中有静,静中有动,体中有用,用中有体。故曰动静一机,体用一源。推之事物,莫不皆然。⑮

若将动静分体用,便有以动静为二之嫌。王守仁以即体即用、即动即静,"无动无静,体用一源者也"⑯。静可现体,动可现用,体用一源。

王守仁所说的动静,不仅是指日月风雷自然界事物说的,而且也指人的心理情感活动,即未发和已发说的。"良知即是未发之中,即是廓然大公,寂然不动之本体,人人之所同具者也。"⑰良知处在未发之中的寂然不动状态时,则"无前后内外,而浑然一体者也"⑱。已发便是感而遂通。然未发和已发也浑然一体,

---

⑫ 《稽山承语》,《中国文哲研究通讯》,1998。
⑬ 《传习录·下》,《王文成公全书》卷3。
⑭ 《惜阴说》,《王文成公全书》卷7。
⑮ 《阳明先生遗言录·下》,《中国文哲研究通讯》1998年第3期。
⑯ 《阳明王先生语要》,《防卫大学校纪要》第77辑。
⑰ 《答陆原静书》,《传习录·中》,《王文成公全书》卷2。
⑱ 同上。

不可以动静分而为二。他认为未发与已发是相互渗透、相互包容:"未发在已发之中,而已发之中未尝别有未发者在;已发在未发之中,而未发之中未尝别有已发者存,是未尝无动静,而不可以动静分者也。"⑦⑨动静"体用一源",未发、已发浑然一体,此一源、一体,便是"吾心良知","人人自有定盘针,万化根缘总在心"⑧⑩。动静、未发、已发都是良知所遇之时的当下呈现。"天地气机,元无一息之停。然有个主宰,故不先不后,不急不缓,虽千变万化,而主宰常定,人得此而生;若主宰定时,与天运一般不息,虽酬酢万变,常是从容自在,所谓'天君泰然,百体从令';若无主宰,便只是这气奔放,如何不忙?"⑧①天地事物千变万化,一息不停,但有一个主宰常定,它犹如"天君",发号施令,而百体服从天君的命令。

良知即天理。"良知即是天理,致良知即是当理"⑧②。王氏"良知即是天理"命题的提出,较之心即理命题要完善,内涵要明确而不失于笼统。"明道云:'吾学虽有所受,然天理二字却是自家体贴出来。'良知即是天理。体认者,实有诸己之谓耳。"⑧③天理在《礼记·乐记》中与人欲对言,为人生道德准则,二程以天理为形而上价值本体。王氏以良知为价值标准,所以良知为天理,自然成理。良知作为度越和照临于经验善恶意念上的天理,它既是心体内在的价值准则,又是价值评价的主体,良知对意念的评判,亦表现为知善知恶的过程。

良知作为应然之知,"良知是天理之昭明灵觉处,故良知即是天理。思是良知之发用,若是良知发用之思,则所思莫非天理矣。……若是私意安排之思,自是纷纭劳扰。……盖思之是非邪正,良知无有不自知者,所以一认贼作子,正为致知之学不明,不知在良知上体认之耳"⑧④。灵觉不是指认知意义上的知觉,天理的昭明灵觉是指道德自身所具有的道德自觉。良知既是"是非邪正"的价值标准,亦是伦理价值标准。他说:

盖良知只是一个天理自然明觉发见处,只是一个真诚恻怛,便是他本体。故

---

⑦⑨ 《答陆原静书》,《传习录·中》,《王文成公全书》卷2。
⑧⑩ 《咏良知四首示诸生》,《王文成公全书》卷20。
⑧① 《传习录·上》,《王文成公全书》卷1。
⑧② 《王阳明与周道通答问书》,《浙江学刊》1996年第5期。
⑧③ 《与马子莘》,《王文成公全书》卷6。
⑧④ 《答欧阳崇一》,《传习录·中》,《王文成公全书》卷2。

致此良知之真诚恻怛以事亲,便是孝;致此之真诚恻怛以从兄,便是弟;致此良知之真诚恻怛以事君,便是忠,只是一个良知。⑧⑤

事亲孝、从兄弟、事君忠,都是良知真诚恻怛的当下呈现,孝和悌,乃是"孟氏尧舜之道,孝弟而已者,是就人之良知发见得最真切笃厚,不容蔽昧处提省人,使人于事君、处友、仁民、爱物,与凡动静语默间,皆只是致他那一念事亲从兄真诚恻怛的良知。"⑧⑥又说:"见父自然知孝,见兄自然知弟,见孺子入井自然知恻隐,此便是良知。"⑧⑦把事亲从兄孝悌的致良知致之于事君、处友、仁民、爱物及一举一动伦理道德,即是良知的天理昭明灵觉处,亦即知善知恶是良知之教落实。

所谓致良知。致是指至乎其极,是指向极致的运作过程。简言之,致良知即是"至极之良知",是推致扩充良知到极点的工夫。致良知,即本体即工夫,本体工夫融突和合。作为本体的良知,自然流行发用为工夫,流行发用的工夫是良知本体的呈现。良知流行发用的过程,是良知推致、扩充到事事物物,其间往往有物欲牵蔽,私欲窒塞,于是便需要克除私欲障碍,由工夫而良知本体。对于去欲、求放心,这是自家工夫。"自家工夫不可放过,不可影过,不可混过。"⑧⑧只有这样才能做得工夫实。"做是工夫,方见本体","做工夫的,便是本体。"⑧⑨由本体而至工夫,由工夫而至本体,生生不息,而达圣的境界。

致良知,即虚即实,虚实融突和合。"问:'乾坤二象'。曰:'本体要虚,工夫要实'。"⑨⑩良知本体是虚而不实,工夫是实而不虚。本体良知若实,便不能造化、包罗万象;工夫若虚,便陷空疏。譬如克除私欲障碍、灭人欲、求放心的工夫,必须实实在在地去做;孝亲、忠君等道德规范,必须切实地去做;学、问、思、辨亦必须踏踏实实地实行,来不得半点虚假。良知犹无形的太虚,工夫有形色的实功。致良知,使虚实的和合达到化境。

致良知,即知即行,良知与笃行和合。"良知也者,是所谓天下之大本也;致

---

⑧⑤ 《答聂文蔚二》,《传习录·中》,《王文成公全书》卷2。
⑧⑥ 同上。
⑧⑦ 《传习录·上》,《王文成公全书》卷1。
⑧⑧ 《稽山承语》,《中国文哲研究通讯》,1998年第3期。
⑧⑨ 同上。
⑨⑩ 《稽山承语》,《中国文哲研究通讯》,1998年第3期。

是良知而行,则所谓天下之达道也。"㉛人皆有良知,这是每个人毫无例外地先验具足的,但能致之与不能致之,却有极大的差分。致良知就是不要欺他,"实实落落依着他做去"。㉜良知是天下的大本,致良知而行,是天下的达道,无达道,大本不能行,无大本,达道无知指导,大本达道相即相合,只有依良知大本实实落落去行,这便是致的工夫,即达道工夫,以达知善知恶的融突和合境界。

五、无善无恶是心之体

人不仅追求人生价值,实践意义世界为善去恶、知善知恶价值的落实,而且追寻价值理想,设计安身立命、终极关切的精神家园,以获得精神的慰藉或安抚。因为人总是不满足于人生活于其中的既存的现实世界,总想度越现实生存世界和意义世界,而想望更美好、更完善、更快乐的可能世界,这相当于王守仁所说的"无善无恶是心之体"的形而上本体世界。

所谓"无善无恶是心之体"的心体,"心体是天命之性,原是无善无恶的"。由于"天命之性,纯粹至善"。㉝所以无善无恶,是明德本性,是心的本体,"至善也者,心之本体也。动而后有不善,而本体之知,未尝不知也"㉞。心体至善,是未发状态,已发而有不善,未发的心体,无善无恶,是超然善恶的形而上者。

所谓心体,其内涵有:心体为天地万物的主宰。"人者,天地万物之心也。心者,天地万物之主也。心即天,言心则天地万物皆举矣,而又亲切简易,故不若言人之为学,求尽乎心而已。"㉟主体人之所以为天地万物的心,是因为"大人者,以天地万物为一体者也……大人之能以天地万物为一体也,非意之也,其心之仁本若是,其与天地万物而为一也"㊱。人心的仁本之心与天地万物为一体。这样

㉛ 《书朱守乾卷》,《王文成公全书》卷8。
㉜ 《传习录·下》,《王文成公全书》卷3。
㉝ 《大学问》,《王文成公全书》卷26。
㉞ 《大学古本序》,《王文成公全书》卷7。
㉟ 《答季明德》,《王文成公全书》卷6。
㊱ 《大学问》,《王文成公全书》卷26。

人便可为天地立心。天地本无心,以人之心为心。心体为天地万物的主宰,心体就是天,讲心体,天地万物都总括无遗了。

心体如何统摄天地万物？王守仁与学生有一段对话：

> 问:"人心与物同体,如吾身原是血气流通的,所以谓之同体;若于人便异体了,禽兽草木益远矣,而何谓之同体？"先生曰:"你只在感应之几上看,岂但禽兽草木,虽天地也与我同体的,鬼神也与我同体的。"请问。先生曰:"你看这个天地中间,什么是天地的心？"对曰:"尝闻人是天地的心。"曰:"人又什么教做心？"对曰:"只是一个灵明。""可知充天塞地中间,只有这个灵明。人只为形体自间隔了。我的灵明,便是天地鬼神的主宰。天没有我的灵明,谁去仰他高;地没有我的灵明,谁去俯他深;鬼神没有我的灵明,谁去辨他吉凶灾祥。天地、鬼神、万物离却我的灵明,便没有天地、鬼神、万物了。我的灵明离却天地、鬼神、万物,亦没有我的灵明。如此,便是一气流通的,如何与他间隔得！"[97]

心与物同体,圆融和合,有这样几个层次:首先,学生提出心体与物之间如何同体的问题,如果理解为人心与身体各部分肌体之间的关系,则由于它们同处于一个肉体之中,应是同体的。倘若我与别人或草木禽兽,则如何同体？即心体与万物如何融合？王守仁的回答是"只在感应之几上看"。所谓"感应",是外在事物对人心有所感,人心对外在事物有所应;"几",《周易·系辞下传》云:"几者,动之微,吉之先见者也。"这样,"感应之几",便是人心与外物发生感应的始端之时,这时正是人心的感觉通过感官与外物发生联系,由于人心与外物存在着这种联系,而使人心与草木、天地、鬼神具有一种同体性;其次,当问题进一步追究,学生质疑:从"感应之几"上看,为什么同体？王守仁并没有做深入论证,而显露了其哲学思辨的欠缺。于是,他采取以答为问的方法,来摆脱理论上的破绽。只得以"人是天地的心",心是一个"灵明"为答。这样,在兜了一个小小的圈子后,问

---

[97] 《传习录·下》,《王文成公全书》卷3。

题又回到了"人者,天地万物之心也;心者,天地万物之主也"的前提下。由此,他对灵明做了发挥,说明灵明充塞天地中间,"我的灵明"是天地鬼神的主宰,又与天地、鬼神、万物"一气流通",既宣布"我的灵明"是天地、鬼神的统摄基础,又表明"我的灵明"与天地、鬼神、万物同体。既以"感应之几上看"为同体,自然可"一气流通"。两者之间并无差分。再次,当王守仁在论证"我的灵明"与天地、鬼神、万物相互不离,互以对方作为自己存在的条件时,此时之我的灵明,已作为一个哲学理论思维形而上学本体的范畴,已非感性的概念,即把我心提升为普遍的、度越的心体。因此,当学生又问:"天地、鬼神、万物,千古见在,何没了我的灵明,便俱无了?"[98]这个问题包含两层意思;首先,没有"我的灵明"之前,天地鬼神万物千古已存在了,何以天地、万物、鬼神离却我的灵明,便没有了天地、鬼神、万物了呢? 其次,"没了我的灵明",天地、鬼神、万物是否俱无了? 王守仁回答说:"今看死的人,他这些精灵游散了,他的天地万物尚在何处?"[99]王守仁把天地、万物的普遍性、度越性,换成"他的天地、万物",即与他同体的;换言之,我的灵明的天地、万物;进而,把学生提出的"我的灵明"换成死人的精灵;然后借死人"精灵游散",即失去了活人的"感应之几",证明天地万物的不存在。

心体为万物的逻辑化生者。如果说朱熹在化解理化生物的难题时,是采取援气入其哲学逻辑结构,作为沟通理化生物的中介环节的话,那么,王守仁便简单得多,他是采用心体自身运动的方法来化解的。他说:"位天地,育万物,未有出于吾心之外也。"[100]又说:"人人自有定盘针,万化根缘总在心。却笑从前颠倒见,枝枝叶叶外头寻。"[101]

"位天地""育万物""万化根缘",都在心体。这样便赋予了心体以定位天地,化育万物的功能。王守仁讥笑朱熹等格物穷理,枝枝叶叶外头寻,颠倒了心与理的关系,以理在心外,外心以求理,结果是徒劳无功,不能穷得理。理在心内,心体位天地、育万物,而又度越万物。《传习录·下》记载:

---

[98] 《传习录·下》,《王文成公全书》卷3。
[99] 同上。
[100] 《紫阳书院集序》,《王文成公全书》卷7。
[101] 《咏良知四首示诸生》,《王文成公全书》卷20。

先生游南镇,一友指岩中花树,问曰:"天下无心外之物,如此花树在深山中自开自落,于我心亦何相关?"先生曰:"你未看此花时,此花与汝心同归于寂;你来看此花时,则此花颜色一时明白起来,便知此花不在你的心外。"[102]

友人质疑花树在深山中自开自落,与我心何关?说明花树不以我的"意之所在"与否为转移。王守仁认为,只有当你看见花树,此花的颜色便明白起来;此花树未被人看见时,则此花和你的心"同归于寂"。证明"心外无物",此花不在心外。

所谓"寂",《说文》"无人声也",《广韵》"静也",有"寂静"之意;佛教有"寂灭"之义。"寂灭"是梵语涅槃的义译。有本体寂静,离一切诸相的意思。佛教以死,称涅槃或圆寂,有返本归真之意。在佛教看来,涅槃或圆寂,并不是不存在,而只是人的肉体死了,灵魂仍存。因此,"寂灭"只是说离相归真返本,而非不存在之义。"寂静"只是一种事物运动的特殊形态,亦非不存在之意。从"寂"的两种解释中,均得不出通常认为,当人没看到花时,人没有感觉到它,便不能认为花是存在着的结论。你来看与未看的作用,是使花树进入人的视阈与未进入人的视阈,即是否进入感应之几之中。只有我心与花树进入感应之几,才会发生花树明白起来与否的问题。在这里并没有否定物现象的存在,尽管物存在着,却存在于心内。因为心是其哲学理论思维逻辑的形而上学范畴,物不能超越于心体之外。由而他主张"心外无物,心外无事,心外无理,心外无义"[103]。物、事、理、义,都不在心外,无论是事物现象,还是义理道德,都在心内。在心体之外,一切都是无。心体是普遍的、完满的、具足的世界精神。

心体作为度越性极高、涵摄力极强的和合本体,及最完美的世界精神,自然是无善无恶的,它无所执着、无所滞留,是心体道德灵明的度越意境,是主体精神的终极家园的可能世界。可能世界是一个虚拟世界、无性世界,但它与佛道二教所讲的无与虚有异。"仙家说到虚,圣人岂能虚上加得一毫实?佛氏说到无,圣

---

[102] 《王文成公全书》卷3。
[103] 《与王纯甫书第二》,《王文成公全书》卷4。

人岂能无上加得一毫有？但仙家说虚,从养生上来。佛氏说无,从出离生死苦海上来。却于本体上加却这些子意思在,便不是他虚无的本色了,便于本体有障碍。圣人只是还他良知本色,更不着些子意在。良知之虚,便是天之太虚。良知之无,便是太虚之无形。日月风雷,山川民物,凡有貌象形色,皆在太虚无形中发用流行,未尝作得天的障碍。圣人只是顺其良知之发用,天地万物,俱在我良知的发用流行中,何尝又有一物超于良知之外,能作得障碍。"[104] 佛道二教讲虚讲无,是从养生和出离生死上说的,这不是虚、无本有的本色、本真,是有碍本体的圆融洞彻的。心体良知的虚是天的太虚,其无是太虚的无形。由于其虚而犹如旷远无穷的幽谷,具有包容万事万物的开放性、吸纳性。若具实体性,就不能包容诸多形相、无形相。虚则虚灵不昧,由虚方能通灵,而无障碍、遮蔽、滞住和迷惑,一切障、蔽、住、迷都是不自知的昧。[105] 由于其无形,而无有形的障碍、遮蔽,所以能统摄一切形相、无形相,并造作一切形相、无形相。

　　心体良知的这种天之太虚和无形的品性,故能去形骸分别尔我的间隔,以天地万物为一体,"视天下犹一家,中国犹一人";又能去"私欲之蔽,以自明其明德,复其天地万物一体之本然"。[106] 作为不虑而知的良知,是主体性心体的本色、本真性的具有,其虚其无也是其本色,这是从心体良知的本体上说的。由于其虚无本色的品性,从其发用流行的用上说,凡有貌象形色的日月风雷、山川民物,都没有成为天之太虚的障碍,而在太虚无形中发用流行,也即在我心体良知中发用流行。"良知本体原来无有,本体只是太虚。太虚之中,日月星辰,风雨露雷,阴霾馐气,何物不有？而又何一物得为太虚之障。人心本体亦复如是。太虚无形,一过而化,亦何费纤毫气力。"[107] 良知本体即是心体,只是太虚,原来无有,换言之,即无善无恶的无有,然心体良知的发用流行,而有日月星辰,等等。由于是心体良知的发用流行,圣人又顺其发用流行,任何一物都不会成为太虚的障碍。"太虚之中,何物不有？而无一物能为太虚之障碍。盖吾良知之体,本自聪明睿知,本自宽裕温柔,本自发强刚毅,本自齐庄中正文理密察,本自溥博渊泉而时出

---

[104] 《传习录・下》,《王文成公全书》卷3。
[105] 《化四障的良知》,《儒学与人生》,《张立文文集》第32辑,第325—329页。
[106] 《大学问》,《王文成公全书》卷26。
[107] 《年谱》,《王文成公全书》卷34。

之,本无富贵之可慕,本无贫贱之可忧,本无得丧之可欣戚,爱憎之可取舍……其于富贵、贫贱、得丧、爱憎之相,值若飘风浮霭之往来变化于太虚,而太虚之体,固常廓然其无碍也。"[108]良知本体,本自具足、完满,一切富贵、贫贱等形相,往来变化于太虚之中,而于太虚之体廓然无碍。

然而只有有道的人,才能体认到此。"惟有道之士,真有以见其良知之昭明灵觉,圆融洞彻,廓然与太虚而同体。"[109]通达与良知之体同体的境界。这个境界是即本体即工夫,即有心即无心,即幻即实的境界。天泉证道之后,"先生起行征思、田,德洪与汝中追送严滩,汝中举佛家实相幻相之说。先生曰:'有心俱是实,无心俱是幻;无心俱是实,有心俱是幻。'汝中曰:'有心俱是实,无心俱是幻,是本体上说工夫。无心俱是实,有心俱是幻,是工夫上说本体。'先生然其言"[110]。此近似禅诗的话语,是乃直觉的机锋。佛教实相是指万事万物真相,即万有本体,与法性、真如异名同实。就其万法的体性说为法性,从其体真实常住意义上说为真如,就其真实常住为万法实相意义上讲为实相。幻相是指如幻无实体。王守仁认同王畿的解释,前二句是从本体上说工夫,后二句是从工夫上说本体。心体是实相,心体的良知发用流行,是知善知恶的基础,而达与太虚同体。无心体实相,做工夫便无根据,本体即工夫;良知必须收致推致,工夫必须做到位,心体才能呈现。不致良知,工夫未到,是无实相虚幻的有,是从工夫上说本体。这里所说"有心俱是幻",是与实相的"良知太虚,便是天之太虚"的虚幻,有本质的差异。实相心体良知,是天之太虚境界,亦即其价值理想的可能世界。

这个实相心体的可能世界,是道德心灵的度越意境,是主体性精神的终极家园,是人和天和、人乐天乐的天人共和乐的心身体验。王守仁说:"乐是心之本体。仁人之心,以天地万物为一体,欣合和畅,原无间隔。来书谓'人之生理,本自和畅,本无不乐,但为客气物欲搅此和畅之气,始有间断不乐'是也。时习者,求复此心之本体也,悦则本体渐复矣。"[111]心体实相,太虚之乐,是仁人之心与天地万物一体无间隔的太虚世界,也是一个至善至美的天人共欣合和畅的和合可

---

[108] 《答南元善》,《王文成公全书》卷6。
[109] 同上。
[110] 《传习录·下》,《王文成公全书》卷3。
[111] 《与黄勉之二》,《王文成公全书》卷5。

能世界。

"乐是心之本体",这种本体性快乐的价值指针,是心灵本然真乐。"乐是心之本体,虽不同于七情之乐,而亦不外于七情之乐。虽则圣贤别有真乐,而亦常人之所同有。但常人有之而不自知,反自求许多忧苦,自加迷弃。虽在忧苦迷弃之中,而此乐又未尝不存。但一念开明,反身而诚,则即此而在矣。"[112]心体的快乐既不同于七情之乐,又不外于七情之乐。圣贤所具有的心灵本然真乐,是平常人所共同具有的,但常人不自知而自迷,往往被忧苦所困扰,只要一念开明而悟,便可回复心体之乐。王守仁批评那些自加迷弃心体之乐,而求短暂七情之乐者,是乃堕入"骑驴觅驴"的遮蔽,只有反身而诚,开明觉悟,便能显现太虚心体的精莹明亮,圆融无碍,体悟心体之乐。"吾心自有光明月,千古团圆永无缺。山河大地拥清辉,赏心何必中秋节。"[113]太虚心体犹如一轮光明月,千古以来,中秋团圆的浓浓亲情之乐,是心灵本然的真情的怡然快乐。心体之乐,与明月相映辉,这是一种滋润着真情、亲情的天人共和乐的太虚心体的价值理想的和合可能世界。"人若复得他完完全全,无少亏欠,自不觉手舞足蹈,不知天地间更有何乐可代。"[114]是天地无可替代的快乐。

太虚心体之乐是基于生命智慧的尚方宝剑,是摧枯拉朽、日新盛德、生生不息的永恒活火、中秋之月,以心体良知太虚为利器的人类智慧,相续否定了巫术、图腾等自然宗教,迎来了人类哲学思维的觉醒,又否定了自然哲学、宗教神学,实现了人文精神的解放,这条人类自我批判的哲学智慧之道,在王守仁的百死千难中体贴来的太虚心体良知,开出了融突儒释道三教和程朱道学与陆九渊心学的太虚心体良知即本体即工夫的理论思维逻辑体系,推动了中国哲学理论思维的新生面的化生。

王守仁欣合和畅地在"四句教"世界里漫游,心体良知"如明镜然,全体莹彻,略无纤尘染着"[115]地呈现,它是"天植灵根,自生生不息,但着了私累,把此根

---

[112] 《答陆原静书》,《传习录·中》,《王文成公全书》卷2。
[113] 《中秋》,《居越诗三十四首》,《王文成公全书》卷20。
[114] 《传习录·下》,《王文成公全书》卷3。
[115] 《传习录·上》,《王文成公全书》卷1。

戕贼蔽塞,不得发生耳"[116]。只有去掉私累、邪思枉念,便能点铁成金,"人皆可以为尧舜者以此"[117]。人人平等地都可成圣。这是因为吾心的良知与圣人一般,"圣人气象不在圣人,而在我矣"[118]。不管是"愚夫愚妇",还是圣人,圣人气象、成圣根基每个人都具有,就在于主体的体认。

王守仁心学理论思维体系的建立,在人性上打破了以往人性的品级性,建构平等的人性平台,把成圣权平等地下放给每个人,人人可依据自身主体的努力,而通达成圣之路,人性的尊严得以确立。在哲学思维上,推倒了外在"天理"的权威,使心体良知从"天理"压迫下解放出来,主体性意志得以挺立;在价值观上,掀翻了在尊奉天理中饿死事小、失节事大的情境,使人的价值和自尊逐渐觉醒;在学风上,批判八股式僵死化、教条化了的学风的桎梏,使学术自由的学风得以化生。后来顾宪成说:"当士人桎梏于训诂词章之间,骤而闻良知之说,一时心同俱醒,况若拨云雾而见白日,岂不快哉!"[119]描述了一种学术新生所带来变化的欣喜之情。刘宗周则赞其为继往圣之绝学者,"先生承绝学于词章训诂之后,一反求诸心,而得其所性之觉曰良知,因示人以求端用力之要,曰致良知。良知为知,见知不囿于闻见。致良知为行,见行不滞于方隅。即知即行,即心即物,即动即静,即体即用,即工夫即本体,即下即上,无之不一,以救学者支离眩骛、务华而绝根之病,可谓震霆启寐、烈耀破迷,自孔、孟以来,未有若此之深切着明者也。"[120]对王守仁理论思维的主要内涵、特质、作用、影响做了简明的阐释。

心学理论思维体系建立之时,也就面临分化解构之日。理论思维只有不断自我反思、自我否定,才能不断自我度越、自我创新。王守仁后学,黄宗羲按地域将其分为浙中、江右、南中、楚中、北方、粤闽、泰州等七系。他们都依据对心体良知的理解予以阐释,对生存、意义、可能三个不同层次世界的不同侧重加以阐发,对"四句宗旨"或主四无,或倡四有,或靠向理学,或流为禅学,已无王守仁临绝顶的气象。

---

[116] 《传习录·下》,《王文成公全书》卷3。
[117] 《传习录·上》,《王文成公全书》卷1。
[118] 《启问道通书》,《传习录·中》,《王文成公全书》卷2。
[119] 《小心斋札记》卷3。
[120] 《师说·王阳明守仁》,《明儒学案》卷首,《黄宗羲全集》第7册,第14页。

王守仁后学的分化和心学理论思维解构的命运,从哲学理论思维自身逻辑演化来看,其原因是多方面的。如王门弟子根器利钝、动机背景、性情志趣、意识观念等的差分,而对王学的体认诠释亦异;由于心体良知道德精神境界,被超拔为"惟精惟一"的纯粹化、灵根化,便远离了百姓日用,在生存世界不能起着指导和规矩的效用;心体良知的价值理想的虚无之境,既是智慧的尚方宝剑,也是思维的两刃剑。这种虚无之境,只有上根利器的人才有可能参透其玄机,而绝大多数中下根钝器的人,就难以把握其奥妙[22],这样天泉证道本身就种下了分化解构的危机,这就难怪王门两大弟子钱德洪和王畿有四无、四有的分解。虽然王守仁生前一再交代"四句教"是即本体即工夫,即工夫即本体,彻上彻下,完满圆融。但阳明死后,弟子们有的"把缆放船",有的"悬崖撒手"。后学中又无统领者,王门后学呈现多元分化现象,也是时代理势使然。心学在解构程朱道学的同时,自身也面临解构的危机。

【张立文　中国人民大学教授,孔子研究院院长】

原文刊于《中国文化》2010 年 01 期

---

[22] 张立文主编:《中国学术通史·宋元明卷》,祁润兴撰《理学的转折和解构》章,北京,人民出版社,2004。

崔述学术中的几个问题

邵东方

崔述(1740—1816),字武承,号东壁,直隶大名(今河北省大名县)人。作为清代乾嘉时期的学者,他对当时所存关于上古历史的文献进行了较系统地考辨。崔述的全部著作以及后人研究崔述的主要论述均已收入顾颉刚(1893—1980)编订的《崔东壁遗书》(上海古籍出版社,1983年重版。以下凡引自此书,简称《遗书》,并注页数;除崔述本人著作外,均注明作者、篇名)。但由于种种原因,崔述的考据学不为清儒所重视,其学术在清代学术界没有产生很大影响。随着二十世纪二十年代古史辨派的兴起,崔述的疑古思想为胡适(1891—1962)、顾颉刚等人所看重。胡适称崔述的《考信录》"在清代要算一大奇书"[1],将他誉之为"科学的古史家"[2]。顾颉刚也说:"我们今天讲疑古辨伪大部分只是承受和改进他〔崔述〕的研究。"[3]经他们鼓吹,崔述学术复昌,其著作大有造于当时兴盛一时的疑古与辨伪之学,"东壁遗书几于一时人手一编"[4]。然而前辈学者们论述崔述学术时,择精语详,津津乐道,多推重其成就;而论其不足时,则往往一带而过,不求责备于前贤。本文遵照不为贤者讳的古训,拟于崔述学术中的几个问题略申己见,以冀补前贤所说未备于万一。

---

[1] 胡适:《自述古史观书》,顾颉刚编:《古史辨》第一册上编,上海:上海古籍出版社,1982年重印本,第22页。
[2] 胡适:《科学的古史家崔述》,《遗书》第952页。
[3] 顾颉刚:《崔东壁遗书序》,《遗书》第60页。
[4] 钱穆:《读崔述洙泗考信录》,《综合月刊》1974年第11期。

一、疑古与尊经

崔述以其疑古见著于现代学术界,而他的疑古主要是怀疑战国、秦、汉间古书中对上古史(即战国以前的历史)的记载。自"五四"以来,许多前辈学者有意无意地过高评价了崔述的疑古精神,如胡适、钱玄同都说崔述是"二千年来的一个了不得的疑古大家"[5]。可是他们却忽略了崔述疑古思想的渊源和承袭关系。举例而言,崔述对关于三皇五帝的各种传说的怀疑,被认为是很有勇气地打乱了传统的三皇五帝古史系统。崔述指出:"羲、农以前未有书契,所谓三皇、十纪帝王之名号,后人何由知之。"(《遗书》第 28 页)而且,"古者本无皇称,而帝亦不以五限"。(《遗书》第 27 页)他还指出"古帝以五德相终始说不足信",理由是战国以前原无此说。(《遗书》第 49 页)崔述的这些说法被古史辨派推崇为特别的见识。实际上崔述敢于怀疑"三皇五帝"说并非其创说,而是在很大程度上继承了宋代学者对三皇五帝说的怀疑。宋代疑古风盛,北宋的欧阳修(1007—1072)在修《新唐书》时、刘恕(1032—1078)在《资治通鉴外纪》中、南宋的魏了翁(1178—1237)在《古今考·高帝纪》里都对三皇五帝说表示了怀疑。[6] 以此可知,崔述对古书和古史的怀疑是因袭了宋儒的疑古思想。当然在疑古上,宋人与崔述还是有区别的:宋代学术空气较自由,故宋人敢于疑经;而崔述只疑传,而且又是作为古史来疑。不过,无论宋儒还是崔述都是为维护圣道而怀疑经传的。我们还应看到,儒家经典最重视的是"先王"即"三王",孔子(前 551—前 479)、孟子(前 372—前 289)均未言及三皇五帝,"经传述上古皆无三皇之号"。(《遗书》第 26 页)崔述是为了维护儒家的道统,才怀疑三皇五帝说的。他说:"孔子祖述尧、舜,孟子叙道统亦始于尧、舜。"(《遗书》第 18 页)这当然不会触犯正统儒家思想

---

[5] 《玄同先生与适之先生书》,顾颉刚编:《古史辨》第一册上编,上海:上海古籍出版社,1982 年重印本,第 27 页。
[6] 参见刘起釪:《几次组合纷纭错杂的"三皇五帝"》,《古史续辨》,北京:中国社会科学出版社,1991 年版,第 116—117 页。

的。另外,宋元以降,各代朝廷对三皇五帝的祭祀逐渐废弛,三皇五帝的权威日渐式微,故崔述在当时怀疑传统古史说,显然不会引起什么问题了。吕思勉(1884—1957)说:"《崔东壁遗书》,近人盛称其有疑古之功,此特门径偶然相合。"⑦这一评价是很有道理的。

崔述的疑古还受到了刘知幾(661—721)的启发和影响。刘知幾在《史通》中曾斥责刘向(前 77 —前 6)和嵇康(224—263)认战国寓言为实事之误,而且他还以《左传》为据来驳秦汉之书。崔述由此得知,秦汉时书讲古史多有不可靠处,其原因是"战国之时,邪说并起,寓言实多,汉儒误信而误载之"。(《遗书》第 6 页)于是,他说:"故今为《考信录》,于殷、周以前事但以《诗》《书》为据,而不敢以秦、汉之书遂为实录,亦推广《史通》之意也。"(《遗书》第 6 页)可是刘知幾与崔述在疑古上还是不尽相同的。刘知幾对各种异说,参会疏通,使学者知古书之妄及古说之虚。他主要是考辨古史和训说古经而非辨别古籍的真伪,他的疑古在于怀疑古史记载的真实性。刘知幾在《史通·疑古篇》里说:"古文载事,其词简约,推者难详,缺漏无补。遂令后来学者,莫究其源,蒙然靡察,有如聋瞽。今故诠其疑事。以著于篇。"⑧崔述虽然也疑古史记载之不实,但他比刘知幾更进一步,知道从古书本身之真伪疑起,这无疑是受了宋人辨伪思想的影响。可是另一方面,刘知幾在《史通》的《疑古》和《惑经》篇中大胆怀疑古代圣人,如《疑古》篇中的十条就是疑《尚书》和《论语》对圣人的夸张。而崔述疑古是为了卫护圣贤之道;在他看来,圣人是不能被怀疑的。因此,较之刘知幾,崔述的怀疑精神是有所逊色的。当然刘知幾生活在唐代,那时对思想的控制不如清代严厉,故刘知幾的异端色彩较重。可以说,崔述的疑古思想一方面是受到了前代学者的启发,另一方面又在不少地方未能超出前人的认识水平。

梁启超(1873—1929)曾称赞崔述及其《考信录》道:"此书虽非为辨伪而作,但他对于先秦的书,除《诗》《书》《易》《论语》外,几乎都怀疑,连《论语》也有一部分不相信。他的勇气真可佩服。"⑨但是崔述的疑古是在尊经基础上进行的,

---

⑦ 吕思勉:《论学集林》,上海:上海教育出版社,1987 年版,第 117 页。
⑧ 浦起龙:注《史通通释》,上海:上海古籍出版社,1978 年版,第 381 页。
⑨ 梁启超:《中国近三百年学术史》,《梁启超论清学史二种》,上海:复旦大学出版社,1985 年版,第 390 页。

他对古书和古史进行怀疑的标准是以《六经》(实际是《五经》)为根据的。崔述说:"《考信录》但取信于《经》。"(《遗书》第 4 页)例如,他作《唐虞考信录》的原则是:"《尚书》以经之,传记为纬之,其传而失实者则据《经》《传》正之。"(《遗书》第 51 页)在这里,他是以某种权威去怀疑其他古书,即以圣人之书怀疑后人之记载。在崔述看来,把经书作为疑古考辨的标准出于两个理由:首先,从史学的角度来说,经书中包含着大量的史学内容,是研究上古史最基本的材料。崔述指出:"三代以上,经史不分,经即其史,史即今所谓经者也。"(《遗书》第 20 页)他的这一主张有其合理内核,那就是大体与所记史事同时的材料,由于各种原因而造成的错误要少,故其可据性就相对高。正如顾颉刚所说:"他[崔述]的'载籍极博,犹考信于六艺'[按:即六经]这个标准,在考古学没有发达的时候,实在不失为一种有效的方法,尤其是在战国、秦、汉间百家异说杂然并起的时候,因为《六艺》中的史料比较还算纯粹,著作时代也是比较的早呵。"[10]其次,从道德的角度来说,经书代表着圣人之道。崔述认为:"圣人之道,在《六经》而已矣。……《六经》以外,别无所谓道也。"(《遗书》第 2 页)他又说:"圣人之经犹日月也,其贵重犹金玉也,伪作者岂能袭取其万一。"(《遗书》第 10 页)尽管《六经》为载道之书是儒家历来的共同看法,又尤为宋学的程朱学派所强调。可是从崔述的看法里,仍然可以析出合理的因素,那就是在鉴别史料价值时,除了看其形成的时代以外,还要注意其作者的可靠性。也就是说,即便是当时当场的人所记的事,也会由于记事人的价值取向和能力水平的不同而使史料真实性的程度产生很大差异。在崔述心目中,无论就道德还是智力而言,圣人都远超过一般人;他自然就认为圣人的经书最为可信。以《六经》为标准体现了尊经崇圣,因而在清代的政治环境里,崔述自是可以"名正言顺"地从事疑古。

由上可知,崔述是在承认经书中材料最为可靠的前提下从事考证的;然而以经书为标准去怀疑古书、古史并判断其可信性,必然会使崔述的考证工作受到极大的约束。顾颉刚说:"只有司马迁和崔述,他们考信于《六艺》。凡《六艺》所没有的,他们都付之不闻不问。这的确是一个简便的对付方法。但《六艺》以外的

---

[10] 顾颉刚:《崔东壁遗书序》,《遗书》第 26 页。

东西,并不曾因他们的不闻不问而失其存在,既经有了这些东西,难道研究历史的人可以闭了眼睛不看吗? 况且就是《六艺》里的材料也何尝都是信史,它哪里可以做一个审查史料的精密的标准呢?"⑪崔述过分相信经书,尤其迷信《诗经》《今文尚书》两书。他说:"居今日而欲考唐、虞、三代之事,是非必折衷于孔孟而真伪必取信于《诗》《书》。"(《遗书》第921页)因而他不能对经书内容作客观的判断。在《夏考信录》里,他不加分析地把《尚书》《洪范》《尧典》《禹贡》篇都当作夏代的原始作品。可是这几篇很明显是属于战国后期的作品,因为其中关于唐、虞、夏禹时期的记载与战国中期以前关于上古时代的传说不相符合,而且这几篇中体现的大一统国家的观念当是战国后期人的思想。再如,他十分相信《尚书》的《甘誓》《汤誓》篇,认为这两篇都是商代的作品。其实仔细读来,《甘誓》文字平易好懂,显系晚出著作⑫。

依照古史学者徐旭生(1893—1976)的观点,古史研究的史料有所谓原始性的等次性,即将未经系统化的材料和经过系统化的综合材料分等的方法⑬。这种分法颇有见地。早期经书是未经系统化的材料,可视为第一手材料(primary sources);而战国和秦汉的著作是经过系统化的材料,可看作第二手材料(secondary sources)。从现代史学的观点来看,两者虽有轻重之分,但均是研究历史的必不可少的材料⑭。重视原始记载固然重要,可是对研究上古史来说,真正的第一手材料极为有限,所以不得不退而求其次去利用后世的追记。然而崔述拘于尊经,或是轻视第二手材料,或是混淆第一手与第二手材料的界限。例如,在对周公是否曾摄政称王的问题上,崔述认为,既然五经之一的《尚书·金縢篇》中没有周公摄政的记载,那么作为第二手材料的《小戴礼记》中无论有多少关于周公摄政称王的说法也是没有史料价值的。(《遗书》第201—202页)因为在他看来:"考三代之事,虽一名一物之征皆当取信于经,其次则参考于传;不

---

⑪ 顾颉刚:《中国上古史研究讲义》,北京:中华书局,1988年版,第1页。
⑫ 参见蒋善国:《尚书综述》,上海:上海古籍出版社,1988年版,第200—202页。
⑬ 参见《中国古史的传说时代》,北京:文物出版社,1985年版,第33页。
⑭ 参见亨利·斯蒂芬斯(Henry J. Steffens)、玛丽·迪克森(Mary Jane Dickerson):《历史写作指南》(WRITER'S GUIDE: HISTORY),列克星敦(Lexington):希思公司(D. C. Heath and Company),1987年版,第70—90页。

得但据《戴记》之言,途信以为实也。"(《遗书》第354页)又如,崔述在《丰镐考信录》中将《左传》作为备考的材料;而在《洙泗考信录》里,《左传》又成了主要的第一手材料。

由于崔述尊信经书,所以他对儒家经典之外的诸子百家,尤其是战国、秦汉人的著作,采取一概怀疑和排斥的态度。崔述说:"大抵战国、秦、汉之书皆难征信,而其所记上古之事尤多荒谬。"(《遗书》第5页)他还说:"汉儒习闻其说[按:指诸子百家之说]而不加察,遂以为其事固然,而载之传记。若《尚书大传》《韩诗外传》《史记》《戴记》《说苑》《新序》之属,率皆旁采卮言,真伪相淆。"(《遗书》第3页)崔述因崇奉经书而轻易贬黜作为研究上古史第二手资料的汉人的著作,其中包括《史记》这样重要的一部史书。事实上,在上古史的研究中,经常出现因第一手材料缺乏而使用第二手材料的现象,只要采取慎重的态度,第二手材料仍然具有很高的史料价值。司马迁(前145—前89)在《史记》中曾采用了大量的第二手材料;然而两千年后,王国维对甲骨文的研究证实了《史记·殷本纪》中的商世系。崔述的这种绝对怀疑和否定的态度必然导致对战国、秦、汉著作中大量有价值史料的忽视。其实在他本人的研究中,崔述也时常无法避免使用第二手材料。譬如,崔述为了证明成王之不年幼的可信性,曾引证了"唐叔归禾"的故事。(《遗书》第201页)不过,"唐叔归禾"仅见于《书序》和《史记·周本纪》[15],而按照崔述的凡例,这两种书只具有"备览"的第二手材料的作用;可是他还是利用这一条第二手材料去证实周武王去世时,成王不幼的事实。

钱穆(1895—1990)曾指出:"崔氏之于古史,有信之太深者,亦有疑之太勇者。"(《遗书》第1048页)无论是信之太深还是疑之太勇,都与崔述尊信经书和迷信圣人的思想基础分不开。举例而言,顾颉刚曾指出"《易传》言庖牺氏王天下",本是一个破绽,崔述因为相信《易传》,故回它辩护道:"按唐、虞以前未闻有称王者。'王天下'云者,据三代之称而加之上古者也。此《传》之所以不逮《经》,学者不可以辞害意也。以崔氏这样疑古,而蔽于感情也会做出曲解。"[16]崔述的这种感情其实是一种唯"经"是从的心结。又由于疑古太勇,崔述考辨时,

---

[15] 司马迁:《史记》,北京:中华书局,1959年版。第一册,第132页。
[16] 顾颉刚:《顾颉刚读书笔记》,第二卷,台北:联经出版事业公司,1990年版,第783—784页。

"因多有陷于轻率者"[17]。比如《史记·孔子世家》记:"防叔生伯夏,伯夏生叔梁纥。"[18]而崔述认为此文不见于其他经传,故此条只能列为备览。对此钱穆说:"崔氏疑古太勇,将使读古书者以轻心掉之,而又轻于下断,病不在前人之书,特在治考证者之轻心。"[19]此言的确切中事理。

大体上说,古代中国学者的疑古,所本为荀子(前313—前238)所言:"信信,信也。疑疑,亦信也。"[20]即据所信以致其疑,疑当疑而坚其信,终归于信。崔述也是同样,他以疑古为手段,目的是通过厘清史事以使古圣贤帝王之灿然大明于世。所以,尽管崔述疑古意识极强,古书中凡可疑者均疑之,有时出于卫道的需要,他甚至对儒家的个别经典,如《古文尚书》,以及《论语》的一部分都产生怀疑;但是他对儒家思想体系和价值观信而不疑。胡适说:"他[崔述]著书的最初动机并不是要考证古史,不过是要推翻传说,回到古经,以存理想中的'圣人之真'。"[21]这是洞见症结之见。由于崔述是"主于尊经而为之考信"[22],那么他对古书和古事的怀疑是不可能贯彻到底的。就怀疑古书的程度而言,崔述远不逮清初辨伪家的阎若璩(1636—1704)。阎若璩在对《古文尚书》辨伪时,有人问他:"子于《尚书》之学信汉而疑晋疑唐,犹之可也;乃信史传而疑经,其可乎哉!"阎若璩回答说:"何经,何史,何传,亦唯其真者而已。经真而史传伪,则据经以正史传,可也。史传真而经伪,犹不可据史传以正经乎!"[23]由此可见,阎若璩不仅疑史传,还敢于疑经。而崔述囿于尊经,虽敢破传,却不敢破经。吕思勉说:"崔氏所疑,虽若精审,然皆以议后世之书则是,以议先秦之书则非。"[24]因之,崔述的疑古只限于以圣人之书疑后代之书,这样的怀疑可以说是一种浅显有限的怀疑。用近代哲学的术语说,这种建立在尊经基础上的怀疑是一种独断的怀疑论(dogmatic skepticism)。

---

[17] 钱穆:《读崔述洙泗考信录》,《综合月刊》,1974年第11期,第128页。
[18] 司马迁:《史记》,北京:中华书局,1959年版,第1905页。
[19] 钱穆:《读崔述洙泗考信录》,《综合月刊》,1974年第11期,第125页。
[20] 梁启雄注:《荀子简释》,北京:中华书局,1956年版,第65页。
[21] 胡适:《科学的古史家崔述》,《遗书》第989页。
[22] 钱穆:《崔东壁遗书序》,《遗书》第1046页。
[23] 阎若璩:《尚书古文疏证》第十七,《皇清经解续编》卷28。
[24] 吕思勉:《论学集林》,上海:上海教育出版社,1987年版,第177页。

二、辨伪与考信

崔述著书题名曰《考信录》,而他考信的方法在于辨伪。在史学研究中,辨伪和考信虽是相互密切联系的,却属于不同的范畴。依照崔述的说法,辨伪就是"辨古事之是非,古书之真伪"。(《遗书》第 440 页)而考信则是要考核出可信之书以证可信之史。从学术方法的角度来看,辨伪主要依靠揭露矛盾(记载的矛盾,逻辑的矛盾,记载与常识、常理的矛盾等);而考信则要依靠罗列证据(即最有权威的证据,经过辨伪考验或经过分析而被证实的证据),证据越多、越有系统、越有权威性,则越好。从学术内容的角度来看,辨伪的目的是把伪书揭示出来,使之不能乱真。而考信则是弄清历史客观过程之真相。近代西方学者通常把判断文献的证据可靠性(authenticity of evidence)当作"外考证(external criticism)的对象,而将考核其可信性(credibility of evidence)作为"内考证"(internal criticism)的对象[25]。一般说来,中国传统学术中所说的辨伪较为接近"外考证",而考信则近于"内考证"。

外考证主要是检验文献的可靠性,即史料的真伪。崔述在这方面做出了一定的成绩,他对《古文尚书》《今本竹书纪年》的辨伪皆是如此。但是我们应注意到,崔述在辨伪中对伪书采取的是一种绝对否定的态度。实际上,一部书即使是伪书,其价值也不应当一笔抹杀。编造伪书也必须要有素材,伪书本身不过是把各种材料拼凑起来,因此伪书中的材料可以成为研究伪书成书时代历史的宝贵资料。在古希腊,有题名为色诺芬(Xenophon)者的《雅典政制》(RESPUBLICA ATHENIENSIUM)。现在学术界已从语言与内容上证明此书非色诺芬所作,而出于他人之手,并且很可能在色诺芬年幼之时已有此书。[26] 因此,如说此书为色诺

---

[25] 罗伯特·谢弗(Robert Jones Shafer):《史学方法指南》(*A GUIDE TO HISTORICAL METHOD*)之第五、六章,霍姆伍德(Homewood):多尔西出版社(The Dorsey Press),1974 年修订版。
[26] 参看哈蒂·弗希里(Hartivig Frisch):《雅典政制》(*THE CONSTITUTION OF THE ATHENIANS*),纽约:阿诺出版社(Arno Press),1976 年重版,第 89—105 页。

芬所作,它便是一本伪书。如就其成书年代与内容来说,它则仍是一种很重要的史料。只要不用此书来说明色诺芬的思想而用来说明古希腊史上的其他问题,它仍然是有史料价值的。这个例子对于辨伪工作很有启示,可惜崔述在当时不能理解这一点。

崔述在考辨古书时总是以静止和机械的眼光看待古书的流传。然而随着近年来考古发现的新成果,李学勤先生提出了在古书的产生和流传的过程中值得注意的十种情况,即佚失无存,名存实亡,为今本一部,后人增广,后人修改,经过重编,合编成卷,篇章单行,异本并存,改换文字㉗。根据这些现象,他指出:"对古书形成和传统的新认识使我们知道,大多数我国古代典籍是很难用'真''伪'二字来判断的。"㉘而崔述在辨伪过程中,却仅凭依所谓非真即伪的原则来判定某书的可靠性。就以《孔子家语》而言,崔述轻易断言其为伪作,并断言:"今之《家语》乃[王]肃之徒所撰,以助肃而攻[郑]康成者。"(《遗书》第593页)可是李学勤先生援引陈士珂的《孔子家语疏正序》,指出:"从新发现看,《家语》还是有渊源的,只是多经增广补辑而已。"㉙此说比较符合《家语》流传的实际情况。由此可见,轻易地判断某书为伪书,将会导致去否定大量有价值的古代文献。

崔述把学术工作的重点放在辨伪上,这有其精到的一面,因为不去伪就难以存真。然而诚如王元化先生所言:"以怀疑精神探究古史本无可非议,但以辨伪规范古史,则未免过于简单。"㉚辨伪只是文献研究的初级阶段;人们需要通过分析和解释(interpret)文献的内容来解释历史上的问题,这就是文献研究的内考证阶段㉛。进行内考证,需要有历史的知识和对人性的洞察。若要辨别文献作者的可信性,就需要有一个不可缺少的前提,即全面地了解文献作者,譬如其价值取向、智力水平、所处环境、写作能力,以及为人作风,等等。而崔述虽然勇于疑古并善于发现古书中的问题,但他在对经书的作者或圣人的认识上,却没有超过

㉗ 李学勤:《对古书的反思》,《李学勤集》,哈尔滨:黑龙江教育出版社,1989年版,第42页。
㉘ 同上,第46页。
㉙ 李学勤:《李学勤集》,哈尔滨:黑龙江教育出版社,1989年版,第43页。
㉚ 王元化:《读书》,1992年第7期,第73页。
㉛ 约翰·托斯(John Tosh):《历史研究法》(*THE PURSUIT OF HISTORY*),伦敦:朗曼(Long man)公司,1984年版,第53—54页。

其同时代人的水平。正由于这一原因，崔述在考辨《尚书》诸篇的作者时就产生了偏差。由于迷信圣人太深，他不敢相信《大诰》《康诰》为周公称王时所作。其实只要认真研读《周书》诸诰，即可从内容上论证《大诰》《康诰》确为周公所作，因为各诰中的主要的思想乃至语言表述都是一致的。因此，既然较后诸篇出于周公，那么《大诰》《康诰》自然也应出于周公。崔述虽自称"生平不好有成见"（《遗书》第 16 页），可是在周公是否摄政称王的问题上，他宁可相信《金縢》中的默证（argument from silence），而不肯相信《大诰》《康诰》中的明证。因为在《大诰》中周公是被称为王的，崔述以为这种如非大逆、亦是不道的事，作为圣人的周公是绝对不会去做的。试看《丰镐考信录》中的《周公相成王》（上、中、下三篇）（《遗书》第 200—220 页）和《周公事迹附考》（《遗书》第 222—224 页），经崔述考释出的周公根本就不像一位古代伟大的政治家和思想家。倘若周公的形象和作为果真如此，那么孔子、孟子和荀子是绝对不会把他崇拜为圣人的，他的思想也不可能成为先秦儒家思想的重要渊源。崔述竭力想把周公考得更像圣人（如说周公不敢摄政称王），结果适得其反，周公反倒不像圣人了。这是他在学术上去伪存真的主观努力与所取得的实际成绩之间发展不平衡的悲剧。

　　在分析解释文献时，究竟是依靠常识（common sense）还是靠专门知识（specialized knowledge）来解决其中的历史问题？崔述有偏重前者的倾向。的确，由于史料匮乏，在适当的条件下历史上的某些问题是可以运用常识来分析和解决的。不过，这样做必须考虑到两个方面的因素。其一是古今基本未变的因素。比如，古希腊的亚里士多德（Aristotle）说，埃伊纳（Aegina）岛曾有奴隶四十七万。可是近世西方学者对此说质疑，理由是该岛面积尚不足四十平方英里，现代人口仅约有八千八百人。有人估计该岛在古代充其量只能容纳一万三千至两万左右的人口[32]。由于古今的面积和资源情况并无变化，所以该岛在古代有四十七万奴隶之说是十分可疑的[33]。这样的怀疑虽据常识，却很有道理。其二是古今有变化的因素。比如古代的礼制（像《仪礼》），在今天看来其内容是极不合

---

[32] 见《波利古希腊罗马百科词典简编》（*DER KIEINE PAULY：LEXIKON DER ANTIKE*），斯田加特（Stuttgart），1964 年版，第 160 页。

[33] 格罗茨（Gustave Glotz）：《古代希腊之运作》（*ANCIENT GREECE AT WORK*），纽约：艾尔弗雷德·诺普夫公司（Alfred A. Knopf），1926 年版，第 199—200 页。

理的,但这套制度用于当时的社会是极为正常的现象。崔述在考辨古史中没有能够把握这样的区分,常以今人的标准作为推理的根据,结果造成了考证上的一些失误。

总的说来,崔述在判断文献的可靠性方面成绩较好,而在判断文献的可信性方面,问题就比较多了。崔述否定周公称王之说,便是一个比较典型的例子。在讨论周公是否摄政称王时,崔述首先以"情理"[按:在此指人类的正常结婚与生育的年龄,这是古今基本不变的因素]不合推论大、小《戴记》所记之悖谬与不实,以证明成王年幼说之不可信(《遗书》第 200—201 页)。他指出:"武王老而始崩,成王不容尚幼,而世乃以为成王年止十三,周公代之践阼。"(《遗书》第 7 页)崔述用正常人的婚姻与生育的年龄来判断武王去世时成王不可能年幼,是颇有说服力的,因为古今的人类在婚姻与生育的年龄上不会有悬殊的差别。因此,人们可以用现代关于婚姻、生育年龄的常识,即基本不变的因素,去判断古代的某些问题。但是更多的历史问题与此性质并不相同。例如周公执政称王或摄王是周初立国未稳与政治危机严重所产生的必然结果。这一史实本是战国、秦、汉各家学派的一致说法[34]。可是从宋儒到崔述,只要他们看到关于周公曾经"践天子之位"或"践阼而治"的记载,就视为十分严重的问题。他们轻则说周公"非摄位,但摄政";重则如崔述竟说:"周公不但无南面之事,并所称成王幼而摄政者亦妄也。"(《遗书》第 200 页)崔述和宋儒都是根据自己所处时代的常识,力图否定周公曾经摄政称王的事实,因为在他们的时代,如果大臣竟然"践位""践阼",那就是大逆不道,实属十恶不赦之列。而王国维(1877—1927)则根据对殷代与周先公时期"兄终弟及"制度的专门知识作出判断说:"周公之继武王而摄政称王也,自殷制言之,皆正也。舍弟传子之法,实自周始。当武王之崩,天下未定,国赖长君。周公既相武王克殷胜纣,勋劳最高,以德以长,以历代之制,则继武王而自立,固其所矣。"[35]唯其古今政治制度不同,所以以后代人的常识去判断古代的周公摄政问题,那是无法得出正确结论的。

崔述在《考信录》中还习惯以故事比喻的形式来说明考辨古书的问题,他曾

---

[34] 参见顾颉刚:《周公执政称王:周公东征史事考证之二》,《文史》第 23 辑(1984 年),第 1—9 页。
[35] 王国维:《殷周制度论》,《观堂集林》卷十,北京:中华书局,1959 年版,第 455—456 页。

以烟草商杨氏卖字号的故事来分析古人托名作伪书的原因。他说:"州中鬻烟草者,杨氏最著名,价视他肆昂甚,贸易者常盈肆外。肆中物不能给,则取他肆之物,印以杨氏之号而畀之。人咸以为美;虽出重价,不惜也。"(《遗书》第 10 页)但是从逻辑上说,杨氏卖字号和古书辨伪并非类比(analogy)。《墨子·经下》说:"异类不比(原作吡)。"㊱那么,崔述的异类而比就成了逻辑学上的无类比附(disanalogy)。古代学者中存在这类问题的人并不少见,崔述不免于此并不使人感到意外。不过,我们知道这并不是一种合乎逻辑的方法。而崔述不能够了解到这一点,所以在讨论考辨古书方法时发生了偏差。

崔述学术的精到之处仅限于发现古书中的矛盾,从而达到破除传统的古史体系。在建设古史上,他却大为逊色。崔述的能力主要表现在寻找问题和发现矛盾,而不是解决问题。吕思勉说,崔述"虽能多发古书之误,实未能见古事之真"㊲。这确是一语中的。例如,崔述的《经传禘祀通考》是他论礼著作中较精的一篇(《遗书》第 496—512 页)。他把前人对禘祀的解释中的矛盾之处一一揭示出来,以证明那些传统说法皆不可信。因此顾颉刚称赞崔述此文"极有发展观点"㊳。但是崔述以为他考辨的任务是破而非立(当然,他于此是无意识的),所以禘祀究竟是怎么一回事,又应该如何说明其源流,他却解释不清,只好在结论中说:"然则学者于禘,从经、传而置后儒之说焉,可也。即不然,从其多而置其少焉,可也。"(《遗书》第 511 页)

顾颉刚认为:"他[崔述]根本的误处,是信古史系统能从古书中建立起来,而不知古书中的材料只够打破古史系统而不够建立古史系统。"(《遗书》第 64 页)离开考古资料与铭文材料,的确不能建立古史系统,这是崔述在当时无法领悟到的问题。但是,古书中的材料除了可以用来打破古圣贤王的古史系统以外,是否也可有助于建立正确的古史系统呢?依我之见,答案是肯定的。不过崔述只力求从古书中去找矛盾以求辨伪,却忽略了从古书中寻找有价值的真材料。就周公摄政称王问题来看,崔述破成王年幼说甚精,但他不相信《大诰》《康诰》

㊱ 孙诒让:《墨子间诂》,北京:中华书局,1955 年版,第 202 页。
㊲ 吕思勉:《论学集林》,上海:上海教育出版社,1987 年版,第 177 页。
㊳ 顾颉刚:《顾颉刚读书笔记》,第二卷,台北:联经出版事业公司,1990 年版,第 917 页。

为周公称王时所作,这说明了他对史料价值很高的《尚书·周书》缺乏深入的正面研究。这样的后果,用胡适的话来说,就是"我们现在读他的古史诸录,总不免觉得,古史经过他的大刀阔斧的删削之后,仅仅剩下几十条最枯燥的经文了"(《遗书》第1045页)。上古史的材料本来就很少,而经过崔述辨伪后所能保留下来的更是寥寥无几,根本无法考出或协助考出一部信史。以上所引顾颉刚的话对这一点亦有所忽略。然而顾颉刚本人长期研究《尚书》并做出了重大贡献,这一实践证明他还是通过发掘古书中的有价值的真实资料来协助建立正确古史系统的。顾颉刚的方法是辨伪与考信并取,而崔述仅偏重前者。因此,崔述的《考信录》从正面建树(即考出一部上古信史)的角度来看,其学术贡献是有限的。可以说,崔述在古史研究中是破有绩而立不足。

三、"学非汉宋"?

清代经学研究中的汉学和宋学之分是清代汉学家的提法,意在自别于宋学[39]。清人所说的宋学主要是指讲究心性的理学,而非宋儒的疑古辨伪之学。江藩(1761—1831)在《国朝宋学渊源记》中所记载的都是理学家。在清代,虽然统治阶层并无偏袒汉学或宋学的倾向,然而在编纂《四库全书》的过程中,汉学家们却在其中大显身手[40]。他们的专门学问,如目录学、版本学、校勘学和考据学等都发挥了作用。这也是汉学在乾嘉时期风靡一时的原因之一。

宋儒一方面将汉儒章句之学变成心性之学,另一方面进行疑古辨伪。宋代学术在多方面开创了清代学术的先河。在辨伪问题上,欧阳修和朱熹(1130—1200)的著作对清代的辨伪疑古有很大影响。朱熹学说中的义理部分变成明代学术的主流,但是其学说中的考辨怀疑精神,在清初顾炎武(1613—1682)身上

---

[39] 参看余英时:《从宋明儒学的发展论清代思想史》,《历史与思想》,台北:联经出版事业公司,1976年版,第89页。
[40] 参见肯特·盖伊(R. Kent Guy):《皇帝的四库全书》(*THE EMPEROR'S FOUR TREASURIES*),剑桥(Cambridge):哈佛大学出版社,1987年版,第124—140页。

学术史的视域

体现出来,并逐渐成为清学的主流。清人姚永概(1866—1944)曾说:"与吴先生[汝纶](1840—1903)谈国朝诸家所治之业,号曰汉学;自今思之,一一皆原于宋人,不过就其遗绪发皇张大之耳。即谓之宋学,亦无不可也。"㊶陈澧(1810—1882)更是明确地说:"读朱子书,以为国朝考据之学源出于朱子。"㊷这都说明清代汉学继承了宋学中"道问学"的传统。崔述的学术主要是受到了宋代学者疑经辨伪思想的影响。他出身于宋学世家,幼承庭训,深受其父崔元森(1709—1771)的濡染。崔述说:"先君课[崔]述兄弟读书,务令极熟,每举前人'读书千遍,其义自见'之语以勖之。"(《遗书》第470页)他还说,先君"教人治经,不使先观传注,必使取经文熟读潜玩,以求圣人之意"(《遗书》第920页)。这些办法均来自宋儒,特别是朱熹的治学方法。朱熹说:"学者观书,先须读得正文,记得注解,成诵精熟。注中训释文意、事物、名义,发明经指,相穿纽处,一一认得,如自己做出来底一般,方能玩味反覆,向上有透处。"㊸因此胡适认为,崔元森的学问是"宋学中的朱学;他的儿子崔述也是宋学中的朱学"㊹。胡适的这一看法已被学界广泛接受,其中也包括西方的学者㊺。胡适的说法大体不错,但似嫌笼统而又无论证。崔氏父子虽同为尊朱,但在实际上还是有所区别的。朱熹的学问包含义理和考据两个方面,而崔元森只崇信朱子学说中的义理部分,譬如他十分崇信讲求心性之学的陆陇其(1630—1692)。崔述说,他父亲对"陆稼书先生之《大全困勉录》《松阳讲义》,尤所爱玩"(《遗书》第470页)。汪师韩(1707—1774)为崔元森撰墓志铭时也写道,崔氏"独恪遵紫阳,而尤爱玩当湖陆清献公之书,躬行以求心得"㊻。陆氏是极力尊朱黜王的,于此也可见崔元森为学的倾向。

崔述早年虽受其父的教诲和影响而笃信理学;可是他在成年以后,对宋学中的义理部分则逐渐失去了兴趣,"反而求之六经以考古帝王圣贤行事之实"㊼。

㊶ 姚永概:《慎宜轩笔记》卷十。转引自顾颉刚:《顾颉刚读书笔记》第六卷,台北:联经出版事业公司,1990年版,第4161页。
㊷ 陈澧:《东塾读书记·自述》,上海:商务印书馆,1936年,第1页。
㊸ 黎靖德编:《朱子语类》卷十一,北京:中华书局,1986年版,第191页。
㊹ 胡适:《科学的古史家崔述》,《遗书》第955页。
㊺ 劳伦斯·施耐德(Laurence Schneider):《顾颉刚和中国的新史学》(KU CHIEH-KANG AND CHINA'S NEW HISTORY),伯克莱(Berkeley):加州大学出版社,1971年版,第94页。
㊻ 汪师韩:《闇斋先生墓志铭》,《遗书》第468页。
㊼ 刘师培:《崔述传》,《遗书》第940页。

他将学问的重心转向了朱熹的考据之学。崔述谈到这一转变的原因时说:"余年三十始知究心《六经》,觉传、记所载与注、疏所释往往与经互异。……顾前人罕有言及之者,屡欲茹之而不能茹,不得已乃为此录疑辨明之。"(《遗书》第2页)这样,崔述的学术工作是以文献学为主。从崔述的著作里,我们注意到他从不研究理气心性。他认为:"世儒所谈心性之学,其言皆若甚高,而求之于用殊无所当。"(《遗书》第16页)崔述对陆王心学持批评态度。他说:"若宋张九成(1092—1159)、陆九渊(1139—1193),明陈献章(1428—1500)、王守仁(1472—1529),皆以高才绝学,甘为异教,别立宗门,簧鼓世人。"(《遗书》849)宋儒对《四书》的重视程度甚至超过《五经》。如程颐(1033—1107)说:"学者当以《论语》《孟子》为本,《论语》《孟子》既治,则《六经》可不治而明矣。"[48]可是崔述对列《四书》于《五经》之上不以为然,颇有微词。他甚至批评朱熹"以《大学》《中庸》跻于《论》《孟》,号为《四书》。其后学者遂以此二篇加于《诗》《书》《春秋》诸经之上。然则君子之于著述,其亦不可不甚也夫"(《遗书》第13页)。他还注意到明清学人只重《四书》风气的不良后果,那便是形成了一种"学者多束书不读,自举业外茫无所知"的局面(《遗书》第7页)。崔述说自己是"不敢言上达之事,惟期尽下学之功,故于古帝王圣贤之事,尝殚精力以分别是非真伪,而从无一言乃于心性者"(《遗书》第16页)。他所说"下学"的意思是研究人事,而非心性天理。崔述的这些看法显然不同于宋学中的正统派,同时也表明他治学偏重宋学的考据方面。所以我们不能简单地将崔述归为理学家。

　　清代汉学的内容包括训诂、校勘、辨伪、版本、目录和辑佚之学,而训诂是最主要的部分(包括文字学和音韵学)。清代的汉学家主张"读书先识字",如惠栋(1697—1758)说:"经之义存乎训,识字审音,乃知其义。"[49]清末张之洞(1837—1909)在《书目答问》所附《姓名略》小序中也说:"由小学入经学者,其经学可信;由经学入史学者,其史学可信。"[50]崔述重视由经学入史学,而于由小学入经学则不甚经意。崔述基本上不以文字训诂为工具进行考证,而是采取以经书与其他

---

[48] 程颐:《遗书》卷二十五,《二程全书》,上海:中华书局,四库备要本,1930年。
[49] 惠栋:《九经古义述首》,《皇清经解》卷359。
[50] 范希曾编:《书目答问补正》,北京:中华书局,1963年重印本,第221页。

古籍互证的方法来印证史事的正误。梁启超说道:"他[崔述]把春秋以后诸子百家传说的古事,一件一件的审查。"[51]说明崔述是把主要精力放在史事的考证而非经书的文意。为什么崔述不以文字训诂为主要手段?除了上述原因,梁启超所说的"考证学非北人所长,抑非其所嗜"[52],看来也是其中原因之一。

清代汉学家大多宗郑玄(127—200),而郑玄"受贾[逵]、马[融]之学而兼采今文"[53]。故他在解经时,凡遇到矛盾的地方,总喜欢巧加弥缝,以调和古今的方法将矛盾遮掩过去。大部分汉学家,如惠栋在其所著《禘说》中,都是沿用郑玄的方法。崔述在考证上,如他在《经传禘祀通考》中,却不搞弥缝调和。当然在具体的考证方法上,崔述也受到了汉学家的一定影响。清代汉学家在研究中运用形式逻辑学的地方很多,如归纳、演绎、推理。崔述在《考信录》里也经常使用这些方法,例如他据"典籍之兴,必有其渐。……必无甫有文字即有史官之理"而推论史官始于黄帝之时的说法之不可信(《遗书》第25页)。等他又以"黄帝之时尚无史册,安得有书传于后世"来驳黄帝作《素问》《灵枢》之说(《遗书》第36页)。可是我们也应看到,清代汉学家治学非常谨慎,在使用归纳法时,力求遍搜例证以归纳出结论;使用演绎法时,则力图根据已被证明的定论进行演绎推论;故他们对著书立说慎重,态度较为客观。而崔述则受了宋人影响,在考证中主观推断因素较多。比如,胡适所指出的崔述否认佛肸召孔子的例子[54],钱穆所指出的崔述否认殷周之间曾有君臣关系的例子[55],都可以说明崔述学风中主观武断的一面。

清代汉学家治学是考据和辨伪并行,譬如惠栋以考据闻名,但他也进行辨伪工作,写出了《古文尚书考》这样的辨伪著作。在辨伪方面,崔述和汉学家取径类似。然而从另一方面看,崔述虽注意到了古书不可靠和古史不可信,但他本人的考据能力较之同时代的汉学家还是有相当差距的。譬如在《古文尚书》辨伪的功力上,崔述的《古文尚书辨伪》不及阎若璩的《古文尚书疏证》和惠栋的《古

---

[51] 梁启超:《古书真伪及其年代》,北京:中华书局,1962年版,第43页。
[52] 梁启超:《近代学风之地理的分布》,台北:台湾商务印书馆,1956年版,第16页。
[53] 廖平:《今古学考》卷下,《六译馆丛书》,成都:存古书局,1912年刻本。
[54] 胡适:《崔东壁遗书序》,《遗书》第1044页。
[55] 钱穆:《崔东壁遗书序》,《遗书》第1048—1049页。

文尚书考》。崔述在辨伪时既没有读过阎、惠等人的研究成果，又未能把前人对《尚书》的理解错误和未能理解之处指出来并加以纠正。不少前辈学者认为，尽管崔述不知道阎若璩、惠栋、段玉裁（1735—1815）对《尚书》的考辨，却与他们有不谋而合之处，如顾颉刚就说："清代学者的书，他[崔述]见得很少，但能暗合，如辨《古文尚书》则合于阎若璩，辨《孔子家语》则合于孙志祖（1737—1801），辨《竹书纪年》则合于朱右曾。"（《遗书》第63页）也有西方学者认为，以中国历史的悠久而言，阎、惠、崔三人可以说是"同时"（simultaneity）考辨出《古文尚书》为伪书[56]。但实际上，崔述对《古文尚书》的辨伪在年代上晚于阎、惠二人，故不能视为"同时"的巧合。如果说崔述对伪《古文尚书》考辨是一种"暗合"的话，他应该设法寻找前人对《尚书》考辨的著作，以免重复或掠美之嫌。钱大昕（1728—1804）对其读史所得"间与前人暗合者，削而去之。或得于同学启示，亦必标其姓名。郭象、何法盛之事，盖深耻之也"[57]。这才是治学的正确态度。

这里还应当指出的是，尽管崔述的著作晚出，他的成果却没有达到和超过前代学者的研究水平。崔述考证中提出了六条证据，以证明《古文尚书》为伪书（《遗书》第583—587页）。可是其中的内容多已在阎若璩的《古文尚书疏证》里出现过了。例如，崔述的六条考证中，第一、二、三条的内容，已见于阎书的第二条证据；第四条考证，阎若璩在他的第二十四条证据里也已论及；第五条考证也在阎书的第五条证据中谈过；第六条考证则已在阎书里的第十四、十五、十六、十八等条证据中分别指出。尽管阎若璩在《古文尚书疏证》中的考证比较烦琐，条理不甚清晰，但是学术内容比崔述的《古文尚书辨伪》精密丰富得多。所以有的学者在比较崔述和阎若璩辨伪方法时说："审辨古书之伪，阎氏治学至精。"[58]再如，崔述在对今本《竹书纪年》辨伪时（1804年），竟没有利用《四库全书总目提要》（成书于1793年，1795年在浙江翻刻，始在全国流传）中的专辨《竹书纪年》之伪的详赡条目。崔述在《竹书纪年辨伪》（《遗书》第460—463页）里提出十条证据以证明今本《竹书纪年》之伪。可是他的十条证据除第一、三、十条未见于

---

[56] 本杰明·埃尔曼（Benjaming Elman）:《从理学到朴学》（FROM PHILOSOPHY TO PHILOLOGY），剑桥（Cambridge）:哈佛大学出版社，1984年版，第223页。
[57] 钱大昕:《廿二史考异·序》，长沙:商务印书馆，1937年版，第1页。
[58] 苏庆彬:《阎若璩胡渭崔述三家辨伪方法之研究》，《新亚书院学术年刊》第3期，1961年9月，第61页。

《四库提要》外,其余七条都已在《四库提要》里提到,或有所涉及,而《四库提要》所列十四条中尚有许多为崔述所未知者[59]。倘若后代学者的研究不能有所新发现或超越前人,那么即便他通过个人独自研究得出了类似结论,其客观价值也是有限的。

在经学研究中应如何对待汉儒的注疏？在这个问题上,崔述的态度与当时的汉学家们是截然不同的。崔述指责清代汉学家"但以为汉儒近古,其言必有所传,非妄撰者"(《遗书》第 3 页),又说他们"但据后人之训诂,遂不复考前人之记载"(《遗书》第 446 页)。在崔述看来,取证于经书无须通过汉人的注释。胡适注意到崔述在方法上和汉学家相异趣,他说:"汉学运动想假道于汉儒以至六经,而崔述要推翻秦、汉百家言以直接回归到六经。"(《遗书》第 968 页)崔述的"考信于六经"就是思想史上所说的"回归原典"(return to original sources)的形式。然而"回归原典"不能单纯地理解为仅注重原文(original texts),其中应包含两层内容,即原典本身的可靠性以及对原典解释的正确性,汉人著作的重要性正在于后者。崔述认为:"彼汉人之说经,有确据者几何,亦但自以其意度之耳。"(《遗书》第 10 页)齐思和(1907—1980)认为这是崔述"真高出当时笃信汉儒的经学家之上"的见解[60]。崔述的这一看法虽然包含了某些合理的成分,比如人们不能完全凭战国以后的文献去说明上古的历史,因为这些文献流传既久、已失旧观,其中必然掺入了后人对古史的理解或曲解,然而合理的成分一旦被极端化,便会转化为治史之蔽。崔述"穷经薄章句"(《遗书》第 754 页)的原则就是走向了极端。

汉儒遍注群经应该说是历史上对先秦文献的第一次系统的整理。在对古代文献的研究中,注释(commentaries)对于本文(texts)是不可缺少的。注疏学的传统不仅存在于中国,世界其他文明中也同样存在,所以有的西方学者称之为"普遍性的注释心态"(universal commentarial mentality)[61]。

对研治上古史的人来说,汉人的著作既是界限,又是联系。这也就是说,汉

---

[59] 永瑢等:《四库全书总目提要》,卷四十七,史部三,台北:台湾商务印书馆,1965 年重版,第 1022—1024 页。
[60] 齐思和:《中国史探研》,北京:中华书局,1981 年版,第 344 页。
[61] 约翰·亨德森(John B.Henderson):《经文、圣典与注释》(SCRIPTURE, CANON, AND COMMENTARY),普林斯顿(Princeton):普林斯顿大学出版社,1991 年版,第 89 页。

人的传注既使我们隔离经典一层,又是我们理解经典的通道。客观的历史只存在于连续的进程中,所以对于历史的理解也只有在连续的理解进程中才能实现。因而,"如果只有经书而无经解,那么随着时世迁移和语言变化,经书也就越来越读不通,当然经学最终就会失去其存在理由"[62]。传注对经从来就有两种作用,一方面可能是正确解释,另一方面又可能是歪曲理解。根据西方解释学的理论,注释的任务是在已成为过去的历史性和现存的现实性之间的难以逾越鸿沟上架起一座桥梁[63]。汉儒对于古文献的解诂中固然包含了他们的曲解;可是一旦离开他们的解诂,譬如抛开《说文解字》《尔雅》,现代的人们将失去理解甲骨文、金文的津梁。崔述仅仅注意到"秦、汉以来传注之言往往与经抵牾,不足深信"(《遗书》第705页),可是他不曾想到,正是由于他对战国、秦、汉学者著作缺乏深入的研究,他所考出的信史显得单薄无力。对于战国、秦汉人所注释和解说的古书古史,只能采取扬弃(Aufheben)的而不是简单抛弃的态度。只有这样,历史与当代、本文和解释才能构成一个有机的整体。

崔述对清代儒学内部的所谓汉宋之争持批评态度,他说:"今世之士,醇谨者多恪遵宋儒,高明者多推汉儒以与宋儒角,此不过因幼时读宋儒注日久,故厌常喜新耳。其实宋儒之说多不始于宋儒;宋儒果非,汉儒安得尽是。理但论是非耳,不必胸中存汉、宋之见也。"(《遗书》第362页)对于宋学,他认为:"大抵宋儒之说沿于汉、晋诸儒者十之九;然沿于他人者犹少而沿于刘歆、王肃者颇多,是诚不可解也。"(《遗书》第362页)同时崔述又指斥清代汉学家"竭才于章句之末"(《遗书》第20页)。因此道光年间,杨道生认为,崔述是"学无汉、宋惟其是"[64]。张之洞在《书目答问·姓名略》里也把崔述列为汉宋兼采的经学家[65]。近年来有人也据此称赞崔述治学是超越了儒学家派的藩篱,博采众长自成一体,为超家派解经法[66]。其实,崔述批评宋学和汉学在很大程度上是起因于他自己对心性之

---

[62] 刘家和:《史学和经学》,《北京师范大学学报》,1985年第3期。
[63] 理查德·帕尔默(Richard E. Palmer):《解释学》(HERMENEUTICS),西北大学(Northwestern University)出版社,1969年版,第251—252页。
[64] 《〈崔东壁先生遗书〉题词》,《遗书》第924页。
[65] 范希曾:《书目答问补正》,北京:中华书局,1963年重印本,第223页。
[66] 路新生:《论崔述的超家派治学解经法》,《江淮论坛》,1987年第4期,第93—100页。

学和训诂之学的不满和偏见,以及羽翼朱熹考据之学的企图,如他说:"自近世以来,才俊之士喜向新奇,多据前人注疏,强词夺理以驳朱子。"(《遗书》第 17 页)崔述既不入清代汉学主流,比如阮元(1764—1849)编《皇清经解》时未收《考信录》,很可能是认为崔述的经学研究不正统,又不讲究宋学的心性之学,因此清代理学家如唐鉴(1778—1861)、刘鸿翱(1779—1849)、谢庭兰等因此而对他大加攻击[67]。顾颉刚说,崔述"决不成一宋学家,也决不成一汉学家"[68]。这表明了崔述自己既不想当宋学家,但又没有走上汉学家的道路。从学术的源流上看,崔述基本上只是继承了宋学的考据怀疑部分,其学术中虽兼有汉学和宋学的成分,并未达到超越经学家派的境界。清人汪廷珍(1757—1827)说,崔述"考据详明如汉儒,而未尝墨守旧文而不求夫心之所安也;辨析精微如宋儒,而未尝空执虚理而不核夫事之实也"[69]。后来《清史稿》也沿袭这一说法[70]。但是这种评论未免是过誉之词。还是吕思勉所说较为切实:"崔氏治学,虽若深密,然其宗旨实与宋人同。"[71]

四、博与精

治学应该有志于博还是有志于精呢?对此,崔述主张读书要"贵精不贵多"(《遗书》第 11 页)。他在考辨古书古史时,一般是以精读而非博览取胜。崔述对他的学生陈履和(1760—1825)说:"余尝闻之,学以专而精,知以少而当。"(《遗书》第 477 页)他还举"买菜求益"的成语以说明治学应宁缺毋滥,否则将是贪而无益(《遗书》第 11 页)。崔述实际是将对杂的厌恶迁怒于博。例如,实现博的一项重要条件便是读书广泛。可是崔述认为:"若徒逞其博而不知所择,则

---

[67] 唐鉴:《大名崔先生学案》;刘鸿翱:《〈洙泗考信录〉辨》;谢庭兰:《书崔东壁〈考信录〉后》,见《遗书》第 1064—1075 页。
[68] 顾颉刚:《〈崔东壁遗书〉序》,《遗书》第 63 页。
[69] 汪廷珍:《〈考信录〉序》,《遗书》第 923 页。
[70] 赵尔巽:《清史稿》,北京:中华书局,1977 年版,第 13271 页。
[71] 吕思勉:《论学集林》,上海:上海教育出版社,1987 年版,第 177 页。

虽尽读五车、遍阅四库,反不如孤陋寡闻者之尚无大失也。"(《遗书》第 3 页)崔述错误地认为,学贵于精,读书不必多。崔述的确读书不多,他自己就承认说:"鄙陋少文,学问不广。"(《遗书》第 922 页)这一点从《考信录》中所参考和引用的有限书目就可以看出。在这方面,与博极群书的同时代汉学大师们相比,崔述是不能望其项背的。对此,前辈学者却往往替崔述开脱。如顾颉刚说:"他[崔述]以一生贫困,没有买书的力量,故读书并不甚多。"[72]但生活贫困、无钱购书并不表明一个人就要少读书。扬州学派汪中(1744—1794)的家境要比崔述更为穷困,他"少孤贫,力不能就传,因鬻书诣人家学舍中……游书肆,与书贾交,借阅经史百家,博究古籍,能别白是非真伪"[73]。但是汪中读书广博,治经吴皖并重,又研究先秦诸子,成为当时少有的著名学者之一。

孤学无友为学人所戒,故乾嘉时期的汉学家多能交相师友,交流学术,这是实现通博的有利条件。然而崔述与并时的汉学大家几无往来,他仅在早年见过孔广森(1752—1786)。数十年后,崔述读到孔氏的《大戴记补注序录》时说:"余昔会试时,曾与检讨[按:指孔广森]相识,年甚少也。数十年不相见,不意其学刻苦如是。"(《遗书》第 408 页)孔广森仅活了三十四岁,崔述读孔书时却不知道他早已去世,可见其消息之闭塞。此外,崔述在晚年曾同一位汉学家戚学标(1742—1825)[因戚氏时在临近的涉县任知县]通过信,讨论三代经界问题。由于崔述交游不广,又无师承,再加上当地文风的影响,这就形成了他在学术上的孤陋寡闻。所以,他对前代和并时学者的研究成果所知甚少。譬如,他虽然对《古文尚书》作辨伪,却不知道或未读到前人研究《古文尚书》的大量著作。

崔述之所以独学和寡交游并非单纯的地理条件所造成,他虽生活在远离江南汉学中心的北方,但当时南北学者往来甚多,并未因籍贯而互相隔阂。例如,清代学者纪昀(1724—1805)也是河北人,他"总持四库,万卷提纲,一手编著"[74]。由纪昀总其成的《四库全书总目提要》显示了他的渊博知识,时称大手笔。崔述的孤学无友也不是因为他的官职卑微(他曾做过福建罗源、上杭的知县)所致。

---

[72] 顾颉刚:《〈崔东壁遗书〉序》,《遗书》第 63 页。
[73] 孙星衍:《汪中传》,《孙渊如先生全集》,上海:商务印书馆,1935 年版,第 236 页。
[74] 朱珪:《祭同年纪文达文》,《知足斋文集》,卷六,畿辅丛书本。

学术史的视域

在当时的知名学者中,段玉裁也仅官至知县,而汪中则终身未仕。特别值得注意的是在清代学术界,学者们重视学术成就而不计较官位高低。例如,戴震(1724—1777)只不过是翰林院庶吉士,却执当时的汉学界之牛耳。真正的原因看来还得归于崔述本人的心理状态。崔述颇为执着自信,他鄙视他人的学术为杂,而自诩为精;崔述又认为同时代的汉学家眼光不敏锐,不能从古书中发现问题,他说:"今世之世,矜奇者多尊汉儒而攻朱子,而不知朱子之误沿于汉人者正不少也。"(《遗书》第13页)因此他傲视汉学家,从不主动和他们来往。当他途经苏扬一带时,从不拜访在世的汉学大师们。同时代的学者(主要是汉学家)或不知崔述其人,或对他有看法(认为他学识不渊博),所以也没有和他多往来。章学诚(1738—1801)曾应大名知县张维祺之邀到大名讲学一年,可是崔述没有找他进行学术交往。崔述自己就曾感叹道:"余为《考信录》,罕有人过而问焉者。"(《遗书》第481页)他的妻子成静兰(1740—1814)曾写诗生动地描绘崔述道:"半生辛苦文几篇,才高可惜无人识。"[75]由于过度自大,只有别人对他五体投地,崔述才愿意与之往来。因此在崔述的一生中,仅有滇南石屏的陈履和向他投师问学。陈履和来自偏远地区,"见闻寡少,知识谫陋"[76];又颇为内向,"负性硁硁,不与人妄通一刺"[77]。由于陈履和在经历和性格上和崔述有相似之处,故对崔述一见倾倒。两人的师生之谊又鲜为他人所知,以致陈履和的朋友刘大绅(1747—1828)提出疑问:"将毋海楼[按:陈履和之表字]私其师而不欲公之于世耶?"[78]这大概也是自乾嘉至清末崔述寂寂无闻的原因之一。

张光直先生主张:"研究古代中国不是'专业',而是'通业'。要研究得深入透彻,历史、古文字、美术、考古……均需涉猎。"[79]可是崔述片面强调精,所以他不能认识到博学对于治学的重要意义。就考证而言,人们需要具有目录学、版本学和校勘学等方面的知识。而崔述恰恰缺乏这些治学的基本功夫。例如,崔述的《五服异同汇考》本是一篇很为平常的论礼作品,可是他在此篇《小引》中说,

---

[75] 成静兰:《赠君子》,《遗书》第784页。
[76] 陈履和:《客京师时致书》,《遗书》第481页。
[77] 陈履和:《崔东壁先生行略》,《遗书》第941页。
[78] 刘大绅:《崔东壁先生行略跋》,《遗书》第945页。
[79] 卢惠芬:《古中国,新发现——考古学家张光直专访》,《光华》1992年第8期,第134页。

崔述学术中的几个问题

此书属稿与订正经历多年,"然久未敢以示人者,唐之改制详载于《开元礼》,明之改制详载于《孝慈录》,而二书余皆未之见,但据《唐书》《明史》所述而已"(《遗书》第 623 页)。他多次向人打听这两种书,都未得到答复。崔述于嘉庆七年(1802 年)从福建卸任回乡,路经苏州城,仍是遍觅不获。直到他既老且病,找书无望,崔述才不得已将这部书稿付梓。其实崔述寻找了几十年也未见到的《大唐开元礼》就收在《四库全书》中(见《全书》之史部政书类,凡一百五十卷)。镇江文宗阁(建于乾隆四十四年,即 1779 年)、扬州文汇阁(建于乾隆四十六年,即 1781 年)、杭州文澜阁(建于乾隆四十九年,即 1784 年)中均藏《四库全书》,当时的读书人可以到这三阁中读书和抄书。崔述北归时,曾经路过这三个地方。他本来可以到三阁中的任何一阁去查书或者托人抄书。可是他到苏州书肆去找书,足见他对《四库全书》的目录不熟悉。此外《通典》中所引《大唐开元礼》虽非全本,但也可资参考。何况《通典》是常见书,在当时并不难找。他寻书未果的真正原因在于他缺乏作为博之基础的目录学知识。而与崔述同时代的经学家多能认识到这一点,如王鸣盛(1722—1798)就指出:"目录之学,学中第一要紧事,必从此问途,方能得其门而入。"[80]崔述在苏州买到张宗泰的《校补竹书纪年》,但是他并不知《四库提要》已有关于《竹书纪年》的三条提要。崔述还在《竹书纪年辨伪》里说,古本《竹书纪年》因"唐末五代之乱而失之"(《遗书》第 460 页)。但如果他稍微细心地读一下《四库提要》,就会知道古本《竹书纪年》直到北宋还没有失传[81]。这表明,他未曾阅读参考过治学门径之书的《四库提要》。这些都说明崔述找书、买书时带有盲目性,不会按目录学查书。

崔述学术的固陋处颇可发噱,而其精到处又咄咄逼人。他以自己的精到之处傲视他人,不屑与他人往来;而他的固陋与主观又使其他饱学之士不屑与他往来。这样,他在需要参考书籍时,不知道从何找起;在需要交换学术意见时,又没有师友可以一同商讨。崔述自己曾感叹道:"若[崔]述者其学固无足取,而亦绝无人相问难者。……读书虽有所得,而环顾四壁,茫然无可语者。"(《遗书》第 978 页)于是,崔述只好"奋其私智",他的学问也就只能走向偏锋了。崔述的

---

[80] 王鸣盛:《十七史商榷》,上海:商务印书馆,1937 年重版,第 1 页。
[81] 永瑢等:《四库全书总目提要》,卷四七,史部三,台北:台湾商务印书馆,1965 年重版,第 1023 页。

"精"仅是精在发现古书中的问题和寻找文献记载间的矛盾,但是他对古书的解释并不见得精。他对此既无兴趣也欠功力,这是令人惋惜的。崔述所崇敬的著名学者如顾炎武、朱熹都是"赖博以成精"。朱熹就说过:"近日学者多喜从约,而不于博求之。不知不求于博,何以考验其约?"[82]朱熹可以说是儒家"道问学"的样板,而崔述的"精"只能算是半个"道问学",并且与宋人主"尊德性"者的"少而精"也有性质上的不同。崔述始终未能认识到:所谓精,就是要把一个问题内在的多方面的矛盾都予以解释和解决。例如要精通一部史书,就是要全面了解和掌握与此书有关的天文、地理及各科制度知识;而没有博是达不到这种精的。同样,所谓博,就是要既掌握多方面的知识,又善于看出其间的相互关系,非此便是杂而非博;而没有精也是达不到这种博的。这也就是章学诚所说的:"学贵博而能约,未有不博而能约者也……亦未有不约而能博者也。"[83]总结地说,造成崔述学术中问题的根本原因在于,他既无师友指点,又不知为学之门径与方法。

历史上的任何学者都不可能避免其学术上的局限性。凡有成就者皆难免有所蔽,而且其蔽往往又为其成就所造成。崔述也是如此。其学术中的问题,皆有思想上与学术方法上之原因,如不加以分析,则有可能引起另一方面的影响,即会使人们误以为疑古与辨伪乃轻而易举之事,从而无根据地或根据不足地怀疑古书与古史。迷信古书、古史与轻疑古书、古史,从形式上看是相反的两极,但实质上则殊途同归,两者都会把古代的信史化为乌有。尽管本文着重讨论了崔述学术中存在的一些问题,但绝无全盘否定崔述学术成就之意。作为后辈学人,笔者在此谨套用崔述的话,余"非敢自谓继武先儒,聊以效愚者千虑之一得云尔"(《遗书》第2页)。对于前人的学术,应当是一方面继武前修,另一方面发其蔽而纠其失。唯有如此,学术事业方能一代代地有所前进。

附识:本文属稿期间,曾先后向刘家和、王元化、冒怀辛(以上为通信)、郭颖颐诸先生请益,启悟良多,至足铭感;脱稿后又承刘师家和先生细阅一遍,多所是

---

[82] 黎靖德编:《朱子语类》卷十一,北京:中华书局,1986年版,第188页。
[83] 章学诚:《文史通义·博约篇》,北京:古籍出版社,1956年版,第49页。

正,谨此深致谢忱。惟文成于仓促,又因篇幅所限,涉略未周,疏漏不当之处,在所难免;凡此种种,均当由作者自负。文内提到学术前辈时,凡称先生者,均为笔者曾直接受到教诲的老师。

1992年11月写于美国夏威夷州檀香山市

1993年3月改订

【邵东方　美国国会图书馆东方部主任】

原文刊于《中国文化》1994年01期

颠覆天下篇

熊十力与《庄子·天下篇》

刘小枫

现代新儒家开宗大师熊十力对《庄子·天下篇》情有独钟,《读经示要》多次提到这篇文献,专门论及庄子时,亦仅涉《天下篇》和《大宗师篇》。十力不认为《天下篇》是庄子后学所作,而认为"当是庄子自序",因为"其评判诸家,见高而识远。文奥而义丰,恐非庄子莫能为"。[①] 十力一生著述的主要成就同样见于"评判诸家,见高而识远",倘若如此,十力先生对《天下篇》情有独钟也就可以理解了。毕竟,《天下篇》是中国最早的学术史经典文献。不过,这篇"庄子自序"之所以让十力先生感到"极亲切",首先因为《天下篇》让他看到了何谓"独与天地精神往来……"的"见高而识远"(《全集》卷三,第 776 页)——十力晚年自号"漆园老人",想必与此有关。

新中国成立初期,十力先生写下七万言长函《论六经》,致林伯渠、董必武、郭沫若,"并恳代陈毛公赐览",信中论及六经无不以《天下篇》中著名的六经概说作导引。[②] 随后对诸子甚至整个中国传统思想的具体评判,也先引《天下篇》中的文辞(参见《论六经》,第 762 页),显得言之无不依据《天下篇》。《天下篇》的六经概说前面有一大段文辞,这应该是理解《天下篇》作者自己的六经概说的

[①] 《读经示要》卷二,引文据《熊十力全集》(萧萐父主编,湖北教育出版社,2001),卷三,第 776—779 页,以下凡引熊十力文献均据《熊十力全集》版,随文注篇名和页码。

[②] 《论六经》见《熊十力全集》卷五,下引随文注篇名和页码。

前提和指引,十力的《论六经》并未提到这段文辞,想必预设我们已经熟悉这段文辞。③《天下篇》开篇第一句"天下之治方术者多矣,皆以其有,为不可加矣!"——这话不仅对我们理解十力所身处的学术语境非常恰切,对理解十力的六经论说也富有启发:所谓"皆以其有"的意思是,无不"自以为得古圣王之道"(顾实语)。十力学术"推原《大易》,陶甄百氏"(十力自语),其宏大之志就是要提出"不可加矣"的新"道术"——用今天的术语来表达可称为新"道学"。如果要充分理解十力评判儒家六经的方式以及如何推衍出自己的新"道术",学到应该从他那里学到的东西,我们就必须首先亲自阅读《天下篇》开头的著名"总论",搞清楚《天下篇》作者如何说"古之所谓道术"。

> 古之所谓道术者,果恶乎在?曰:"无乎不在。"曰:"神何由降?明何由出?""圣有所生,王有所成,皆原于一。"(《庄子·天下篇》)

《天下篇》作者以连续两个修辞性设问的方式来说明"古之道术":首先问从前是否有"道术"。开首说"天下之治方术者多矣",现在则问,从前是否真的有"道术",明显意在今昔对比:"古之所谓道术者"与如今"天下治方术者多矣"形成对照。古之学术称"道术",今之学术称"方术"——道术与方术的差异,就是古今学术品质的差异。

差异在哪里?于是作者有第二个修辞性设问:"神何由降?明何由出?"——回答是"圣有所生,王有所成,皆原于一"。第二个修辞性设问承接前句的"无乎不在",因此"神何由降?明何由出?"更像是在解释"古之所谓道术"的品质,随后的答曰"圣有所生,王有所成"同样如此。由此来看,"神""明""圣""王"当指道术之"在"的四种样式,或者说道术的四种品质。"皆原于一"表明,凡道术无不出自"一"这一最高的在。"一"是道术之为道术的品质规定,"神""明""圣""王"则是"一"的四种样式,列举顺次很可能隐含着某种等级秩

---

③ 《天下篇》的名家笺释不少,本文主要依据顾实、钱基博疏释(见张丰乾编,《庄子天下篇注疏四种》,北京:华夏出版社,2009;此编中高亨笺注过于疏略,马叙伦援佛释庄,皆不取)和谭戒甫《庄子·天下篇校释》,见刘小枫、陈少明编,《经典与解释》(第27辑),北京:华夏出版社,2007。

序或源流关系。

随后是著名的天下七品说——《天下篇》作者分述了天下人七种类型,但这与古之道术有什么关系呢？或者我们可以问,为什么作者要通过区分天下七品来说明古之道术"无乎不在"呢？反过来也应该想,如今"天下之治方术者"与区分天下七品又有什么关系呢？

《天下篇》作者首先提到四种人：天人、神人、至人、圣人——这四种人的名称与"神""明""圣""王"四者在数目上刚好对应,但在语词上没法对应：

> 不离于宗,谓之天人；不离于精,谓之神人；不离于真,谓之至人。以天为宗,以德为本,以道为门,兆于变化,谓之圣人；……（《庄子·天下篇》）

"王"者没有出现在这四品人之中——"王"者哪里去了？"神何由降？明何由出？"句首列"神",现在首列"天人",明显不能对应。不过,如果我们想到"皆原于一",那么,起头的"不离于宗"的"天人"可能与"一"直接对应,这样看来,随后的神人、至人、圣人便刚好与"神""明""圣"对应。唯一的问题仍然是,这样就没有了"王"的位置——我们只能暂且记住这个问题,一时不得其解,就得存而不解。

作者依次列举天下七品中的前四品皆用"人"字。再往下三品为君子、百官、民,无一用"人"之称,似乎天下"人"者少,君子百官多,最多的当然是"民"。我们显然不能说君子、百官、民不是"人",只能说这三品之"为人"与前四品之"为人"确乎不同。何以不同,经文接下来就做了具体说明。仅仅从名称看,目前也许可以说,天人、神人、至人、圣人之所以称"人",因为他们都极为罕见,在人世的历史长河中出现只会是单数；君子、百官、庶民从不罕见,只会是复数,无法用单数"人"称之。道术"无乎不在"看来仅在于前四品人,君子、百官、民并不具有"道术"。不妨设想,如果君子、百官、民也治"术",是否就是"方术"呢？这样设想至少有助于我们理解,为何如今"天下治方术者多矣"——用如今的新颖说法,这叫"公共知识界"的形成。

《天下篇》作者对前三品人的品性描述都很简短,均为四字句,甚至可以说仅一个字:天人、神人、至人分别对应"宗""精""真"。对于这三种人来说,唯一的共同之处在于,他们都受"不离于……"的生存方式规定。当说到"圣人"时,品性描述陡增至十六字句,生存方式的规定不再是"不离于",而是"以……"的凭靠。这无异于说,圣人的生存受到某种限制。圣人之下的三品人同样如此,其生存方式的首要规定是凭靠、依托。这样看来,在天下七品的上下秩序中,圣人与下三品人有更多共同之处。圣人凭靠"天""德""道"三者,似乎刚好与上三品对应:天人怀宗,神人怀精,至人怀真。但圣人怀有三者吗?恐怕不然,因为作者说的是圣人凭靠"天""德""道",而非"宗""精""真",我们恐怕不能说两者没有差异。何况,作者说的是圣人"以……",而非"不离于",我们恐怕不能说"以……"与"不离于……"的生存方式没有本质差异。

倘若如此我们就得问,差异的根源是什么?可以推想两种情形:要么因为圣人品性不及前三品,要么因为圣人的处身位置与前三品不同。

从经文来看当是后一种情形,因为经文说,圣人"兆于变化"。这段文辞以"运无乎不在"结尾,也许我们可以把"运"理解为"兆于变化"之所为。从而,圣人的"道术"与上三品的道术有品质上的差异。圣人与前三品的首要差异在于:圣人处身于"无乎不在"的"变化"之中,天人、神人、至人则无不超乎"变化"之上。"运无乎不在"结尾之后,接下来就是著名的六经总论,因此,要理解《天下篇》作者的六经总论,必须先理解道术"无乎不在"到"运无乎不在"的这段文辞。

虽然圣人凭靠天德道,由于"兆于变化",想必圣人之为人比天人、神人、至人之为人难为:圣人既要凭靠天德道,又得"兆于变化"。相比之下,上三品为"人"要容易得多,他们仅仅需要"不离于……",并不需要"兆于变化"。圣人之下的君子为"人"想必也要容易得多,因为君子所凭靠的东西不如圣人高,不是宗、精、真或天、德、道,而是仁、义、礼、乐:

> 以仁为恩,以义为理,以礼为行,以乐为和,熏然慈仁,谓之君子……(《庄子·天下篇》)

我们知道,仁、义、礼、乐是圣人所作,而非上三品所作,从而是圣人道术的体现——所谓圣人"外王之第一道术"(顾实语)。圣人既是单数的罕有之"人"的下限,也是道术的下限。在圣人之上,道术有不离于天、德、道三种,在圣人之下没有道术。圣人道术作仁、义、礼、乐,意味着圣人要求君子凭靠仁、义、礼、乐来生活,而非凭靠上三品所"不离"的天、德、道来生活——由于有了仁、义、礼、乐,"兆于变化"被"熏然慈仁"替代了,从而君子的生存比圣人容易且安稳得多。反过来看,既然君子的生活方式凭靠的是圣人所作的仁义礼乐,那么,君子的生活显然得受圣人支配,当称圣人为"王"。倘若如此,圣人就有了两个身位或名相,分别对天和地:圣人和王者。这样来看,前面遗留的"王"者哪里去了的问题也就迎刃而解。回头再看"神何由降?明何由出?"和"圣有所生,王有所成"两句,我们会觉得,"神""明"似可重叠为一,"圣""王"亦可重叠为一,正如"降""出"可重叠为一,"生""成"可重叠为一。于是,"神""明"和"圣""王"的排列由四变二,在上归一。

"王者"在我们看来已经是至上者,但这仅仅对君子或者所有下三品而言如此,圣人心里清楚,自己之上还有三品。由此来看,在天下七品中,圣人身位最为奇特,上通天、下接地。可是,严格来讲,各个品级的生活方式都得上通天、下接地,上不沾天、下不沾地的生活不仅累人,而且不安稳。因此毋宁说,对不同品级而言,"天"和"地"的水平位置不同:君子的"天"最高不过至于圣人,他并不知道圣人之上的"天",古之圣人也不会把自己知道的"天"告诉君子,遑论告诉百官和庶民。圣人所知的"天"并非君子所知的"天",正如百官所知的"天",并非庶民所知的"天"。倘若如此,笼而统之地谈论"知天",天下很可能会大乱。

作者接下来说到百官——既然圣人为王者,百官自然也属圣人统领:

> 以法为分[区分、度制],以名[位、名分]为表[标记],以参[权衡,按法和名考量]为验,以稽[计算、考究]为决,其数一二三四是也,百官以此相齿。(《庄子·天下篇》;方括号中文字为引者据前引笺释本所加,下同)

与君子凭靠圣人所作的仁义礼乐来生活不同,"百官"的生活方式凭靠法、名、参、稽。我们看到,君子与百官的生存样态判然有别:君子因恩、理、行、和而

"熏然慈仁",百官则因分、表、验、决而"其数一二三四",刻板地依次按法名参稽四则行事。但与仁义礼乐一样,法名参稽亦为圣人所制——所谓圣人"外王之第二道术"。这让我们想起韩非子所说的"法术",明言法名参稽见于《奸劫弑臣》篇,这个篇名看起来就让人骇然:

> 夫有术者[掌握法术者]之为人臣也,得效[献出]度数[法度术数]之言[主张、看法],上明主法,下困[制服]奸臣,以尊[从]主安[定]国者也。是以度数之言得效于前,则赏罚必用于后矣。人主诚[假如真正]明于圣人之术,而不苟于世俗之言,循名实而定是非,因参验而审言辞。(《韩非子·奸劫弑臣》)④

这里清楚表明,"法术"为"圣人之术",是圣人制作的道术。"人主诚明于圣人之术"表明,韩非笔下的君主、"人主"绝非圣人,遑论"圣王",不过有如百官统领或管带——用现在的话说,有如官僚科层的领班,若不"独裁",就没法使得百官"其数一二三四"依法行事。反过来看,这位百官统领或管带虽为"人主",其"独裁"也不可僭越法度。

既然百官所凭靠的法名参稽与君子所凭靠的仁义礼乐皆是圣人所作道术,我们难免会问:君子与百官是什么关系?这相当于问,法名参稽与仁义礼乐是什么关系。可以设想的两者关系似乎不外乎两种:要么君子与百官为上下关系,要么为并列关系。上下关系意味着,君子统领百官,仁义礼乐支配法名参稽。如果是并列关系,两者应对的就是不同的"变化",如韩非告诉我们的,在运道之中,法名参稽并不比仁义礼乐更不重要。

无论如何,我们很难设想第三种可能:君子与百官相互代替。君子凭靠仁义

---

④ 《韩非子》一书校勘一直未善,著名的王先慎本仍有不少校勘舛误。"文革"前陈奇猷的《韩非子集释》(中华书局,1958;上海人民出版社,1974)和梁启雄的《韩子浅解》(中华书局,1960)也存有不少问题。现今最善的校注本成于"文革"末期,即南京大学校注组的《韩非子校注》(江苏人民出版社版 1982)。这部有工人、士兵参与的集体成果实际由著名文史学家周勋初主持,新版修订本由周勋初独立修订(江苏凤凰出版社,2009),附有《史记》中的《韩非子列传》注释。本文所引《韩非子》及其释读,主要依据这个《韩非子校注》修订本,并参考陈奇猷《韩非子新校注》,上海古籍出版社版,2000。

礼乐为生，但君子不治民，百官要具体地治民，君子代替百官意味着仅用仁义礼乐治民——韩非告诉我们，绝对不可，必须以法名参稽治民。反过来看，百官也不可代替君子，因为从《天下篇》来看，百官的性分比君子低，何况仅靠法名参稽并不足以治民。不过，这并非意味着法名参稽与仁义礼乐没有关联。我们从经文中可以看到，法名参稽四者并不匹配，用今天的话来说，"法""名"为实词，"参""稽"为动词；与此不同，仁义礼乐皆为实词。"法""名"必有所依或必有所出，若从仁义礼乐中找寻所依或所出，则当是"义"之"理"和"礼"之行则，而非"仁"之"恩"或"乐"之"和"。

由此来看，古之圣人兼通儒术和法术，制作两类道术来规范两个不同品次的人，大有道理：君子与百官不可相互取代，正如法名参稽与仁义礼乐缺一不可——我们难免想起《礼记·乐记》中的说法："礼乐刑政，其极一也；所以同民心而出治道也。"即便君子身为百官，也当凭靠法名参稽为治，退官后再办私塾讲授仁义礼乐，若不为官，则当一生琢磨仁义礼乐。正如圣人若降身为君子，当凭靠仁义礼乐为生，而非凭靠天德道施教，甚至会说自己连成为君子都很难。

《天下篇》作者最后说到"民"——何谓"民"？

> 以事为常，以衣食为主，蕃息畜藏，老弱孤寡为意，皆有以养，民之理也。（《庄子·天下篇》）

民的性分和生活凭靠事、衣食、蕃、畜，还在意"老弱孤寡"。可以看到，民与君子的生存方式判然有别，"民之理"绝非"以义为理"的君子之理，遑论圣人和上三品，因此中间隔着百官。[5] 如果仁义礼乐和法名参稽皆为古之圣人的道术，那么，事食蕃畜就当是圣人"外王之第三道术"。然而，第三道术与前两种道术

---

[5] 亚里士多德在《尼各马可伦理学》中区分了三品人的生活方式："大多数人和最为天然的人显得并非没有理由地根据人们所过的生活来假定，快乐就是善，就是幸福。由于这个理由，他们满足于一种沉溺享乐的生活。所以，有三种生活方式尤其被认为是主要的生活方式：刚刚提到的那种[生活]以及政治的生活和沉思的生活。大多数人显得完全是受奴役的，因为他们宁愿过属于脑满肠肥的牲畜般的生活，当然，他们碰巧得到允许，因为大多数有权力的人也分享撒尔达纳帕鲁斯的感觉"（1095B14–21，依据Joe Sachs英译本迻译，撒尔达纳帕鲁斯是公元前九世纪的亚述国王，他的座右铭是："吃喝玩乐，其他任何事情都不值得抬一下指头"）。

差别之大,实在不可同日而语,以至于《天下篇》作者描述第三道术的语式也随之变化。

韩非在激烈抨击儒墨的《五蠹》篇中说过,"民之政计,皆就安利如辟[避]危穷",与《天下篇》所说的"民之理"相符。对比之下,我们当能更好地理解十力《论六经》的革命性:在阐释《周官》这部十力眼中的自由民主大同世的规划书时,十力首先要求保障"民之理",目的并非为了满足"民之理",而是要改变"民之理",使得民人改变性分,个个成为"熏然慈仁"的士君子。

在《天下篇》的七品说中,"天"字出现两次:首先是"天人"之"天",然后是圣人"以天为宗",君子以下不再说到"天"。如果天德道是上三品的"术",仁义礼乐是圣人"兆于变化"替君子所作的"道术",那么,上三品罕有之人不屑于仁义礼乐就不奇怪了。反过来看,事食蕃畜是圣人"兆于变化"替民人所作的"道术",倘若民人模仿上三品不屑于仁义礼乐,不仅可笑,而且很危险。

民人是否应该模仿君子凭靠仁义礼乐为生呢?这个问题有如《孟子·告子下》一开始出现的那个著名问题:有人问孟子弟子,礼与食孰重,色与礼孰重,孟子弟子皆答曰"礼重"。于是这人进一步问:

> 以礼食,则饥而死;不以礼食,则得食,必以礼乎?亲迎,则不得妻;不亲迎,则得妻,必亲迎乎?(《孟子·告子下》)

这问题刁钻,明显在找茬,孟子弟子无言以对,求问孟子。孟子说,这个问题很容易回答啊,三言两语打发了问题。孟子的打发方式是釜底抽薪式的反问:

> 取食之重者与礼之轻者而比之,奚[何]翅[只有]食重?取色之重者与礼之轻者而比之,奚翅色重?往应之曰:"紾[扭转]兄之臂而夺之食,则得食;不紾,则不得食,则将紾之乎?逾东家墙而搂其处子,则得妻;不搂,则不得妻,则将搂之乎?"(《孟子·告子下》)

那人起初问的是礼与食色孰重,孟子的回答是:食色与礼的轻重根本没法放在一起相比,何以可能提出如此连常识也不及的问题。显然,孟子要求民人的生活方式当受到"礼"的规范,从"亲迎"来看,"礼"指具体礼俗或礼法。但那人问礼与食孰重、色与礼孰重,并非没来由,因为"食色性也"。孟子轻易打发了进一步的刁钻之问,不等于原初的问题得到解答。毕竟,人与人不同,"食色性也",民人要达礼可能也并不容易。《孟子·告子下》紧接着出现的一则对话似乎与此有关:有人问,"人皆可以为尧舜,有诸?"孟子说,当然可以啊。那人进一步问,难道"食粟"者(即普通民人)也可以做到文王和汤的份?

这个问题同样刁钻,孟子没有回避,而是直接回答:

> 夫人岂以不胜为患哉?弗为耳。徐行后长者谓之弟,疾行先长者谓之不弟。夫徐行者,岂人所不能哉?所不为也。尧舜之道,孝弟而已矣。子服尧之服,诵尧之言,行尧之行,是尧而已矣;子服桀之服,诵桀之言,行桀之行,是桀而已矣。(《孟子·告子下》)

初看起来,我们并不清楚,那人问的是"食粟"者在哪方面可以做到文王和汤的份。孟子的回答让我们清楚看到,这里的语境仍然是礼俗:那人问的是"食粟"者在达礼而非比如说为王方面可以做到文王和汤的份。从而,两则对话明显有前后关联,前则对话的话题是"食粟"者有否必要达礼,现在的话题是"食粟"者能否达礼。提问者用"食粟"者岂能做到文王和汤那样来刁难孟子,孟子毫不含糊地用并非"不能"而是"不为"回击了刁难。从而,理解"人皆可以为尧舜"必须与"尧舜之道,孝弟而已矣"联系起来,才没有脱离孟子的原义。尽管那人问得刁钻,在能否达礼这一问题上把"食粟"者与圣王拿来作比,孟子仍然给予了肯定回答,因为比的是孝悌之道——在前则对话中,孟子否定轻(食色)重(礼)可比,在后则对话中,孟子却肯定轻(食粟者)重(文王和汤)可比。倘若把"人皆可以为尧舜"等同于人皆可成佛或皆可明心见性成圣人并非"不能"而是"不为",就未免过于夸张。

可见,与《天下篇》的七品说一样,孟子承认"民之理"是事食蕃畜,但民人生活仍然得受仁义礼乐和法名的规范和约束,并非要改造"民之理",使"食粟"者变成君子,遑论上升为圣人、至人、神人、天人。与孟子所谓"人皆可以为尧舜"相关,《荀子·性恶》篇辨析"涂之人[常人]可以为禹"更为明晰。首先,荀子明确说,"凡禹之所以为禹者,以其为仁义法正也",而非明心见性知天成圣智。常人"可以为禹"指常人情性当受"仁义法正"约束,因为,"今人之性恶,必将待师法然后正,得礼义然后治"。第二,荀子强调,应该通过政治教育使常人"以其可以知之质,可以能之具,本[按照]夫[那]仁义法正之可知可能之理"(《荀子·性恶》),自觉养成符合仁义法正的习性。换言之,常人不能以自己不知、不能"为禹"为由,拒绝服从仁义法正——除非经过现代启蒙教育,常人能够把"仁义法正"视为封建余毒,然后个个成了自由主义者。荀子说,"今使涂之人伏[依从]术[方法]为学,专心一志,思索孰察,加[累]日县[通"悬",持续]久,积善而不息,则通于神明,参于天地矣。故圣人者,人之所积而致矣"(《荀子·性恶》)——如果有谁把这句话单独摘引出来,我们一定会以为,荀子说的是心性形而上学教育。在荀子的文脉中,这话很清楚是在说政治教育:所谓"通于神明""参于天地"乃至积而致圣之"学",要求常人"思索孰察"的是"仁义法正之可知可能之理"。第三,即便有了这样的政治教育,常人"可以为禹"仍然不等于常人必然"能为禹"。面对这种可能性,荀子并没有主张采取强制措施,非要常人"为禹"不可:常人"虽不能为禹,无害可以为禹。足可以遍行天下,然而未尝有遍行天下者也。夫工匠农贾,未尝不可以相为事也,然而未尝能相为事也"(《荀子·性恶》)——荀子的儒学切于人事而非形而上的天理,刻于竹简非常清楚。

十力的看法与此不同,他告诉我们,儒者当然知道"民以食为天",但《大学》把"理财归之平天下,而宗本于恕",也就是"视人如己……天下全人类皆经济平等,即各足其食,乃得有余裕以开通其神明,而复其性矣"(《韩非子评论》,全集卷五，第333页）。⑥ 十力熟悉《天下篇》，所谓"得有余裕以开通其神明"，想必指"食粟"者只要满足了"食色性也"就应该而且能够成为至人、神人，因为"复其性"并非"能"与"不能"而是"为"与"不为"的问题。因此：

> 儒之道未尝不使人足食，而必使人复其性，即充其灵性生活，而人不仅为求食之下等动物。……夫以经济改革号召当世者，是食道也。（《韩非子评论》，前揭，第333页）

这无异于说，民人之"性"本来也与圣人一样或应该与圣人一样"以天为宗"，由于万恶的封建专制，民人之"性"本有的"上达"可能性才惨遭泯灭。十力胸怀自由民主理想，他的宏远大志是，让民"性"从"民之理"中解放出来，上达天人。在阐释《周官》时，十力告诉我们，"春官大司乐掌成均之法，以治建国之学政，此与地官掌教相联系，最有深意"——深意就在于，学政的目的是"欲人之上达而有立"：

> 上达者，达其万殊之一本而已，易言之，达吾自性而已，达吾与天地万物同体之本命而已。穷理不至于此，便是庄生所谓"小知间间"，佛氏所谓"世智辩聪，非真知也"（真知必有礼乐之涵养，方可上达）。学不至于上达，即不了吾生与天地万物同体之真，不识自性具足无穷德用，其生活常陷于内外有畛、物我对峙与盲目追求之中，而丧其灵性，陷于物化，故不能有立也，此真人道之忧也。（《论六经》，全集卷五，第726—727页）

---

⑥ 十力说，"儒者固曰'民以食为天'，非不注重乎此"（《评论》，第333页）——史载似乎与此有出入。《史记》卷九十七《郦生陆贾列传》记载，"郦生因曰：'臣闻知天之天者王事可成，不知天之天者王事不可成。王者以民人为天，而民人以食为天。'"据唐人司马贞《史记索隐》考索，《管子》云：'王者以民为天，民以食为天。'能知天之天者斯可矣。"如此说来，此言原本并非出自儒者。即便按十力的说法，管子"不纯为法家，实深于儒术"（《读经示要》卷一，全集卷三，第599页），史载也与之有出入。楚汉相争时，因家贫落魄成为"狂生"的读书人郦食其自荐于沛公，替沛公出谋划策夺取天下。他用"王者以民为天，而民以食为天"喻说何谓王者"知天下之所归"："臣闻之，知天之天者，王事可成；不知天之天者，王事不可成。王者以民为天，而民以食为天"（《汉书》，卷四十三）——这明显是说，王者当以民之"天"而非圣人之"天"为"天"。沛公不喜欢儒生，他听得进"民以食为天"的道理，想必与他讨厌儒生有关。反过来看，倘若郦食其真的是儒生，他在自荐于沛公辅佐夺取政权时当经过一番乔装打扮——班固记叙郦食其自荐时，重墨强调了沛公对儒生的厌恶：见儒生就摘下儒冠来往里面撒尿。

我们知道,"下学而上达"语出《论语·宪问》,是夫子回答有志成为君子的弟子时的自况之辞。

  子曰:"莫我知也夫!"子贡曰:"何为其莫知子也?"子曰:"不怨天,不尤人,下学而上达,知我者其天乎?"⑦

可以看到,"下学而上达"是孔子之志的表达。但孔子这话是什么意思呢?如果要恰切理解这五言,恐怕首先得注意孔子说这话时的语境和说话对象。"宪问"章的话题主要围绕何为君子,孔子说,"君子道者三,我无能焉:仁者不忧,知者不惑,勇者不惧"——不忧、不惑、不惧是君子自道的政治伦理,显然,并非"食粟"者谁都能达到这三"不",孔子说自己也难以做到(比较"若圣与仁,则吾岂敢"。《论语·述而》)。由此看来,孔子心目中的君子之道远比十力说的"达吾与天地万物同体之本命"的"大智""真知"要低得多。可以肯定,十力属于天生就有极高智性的那类人。在孔子门人中,子贡也是这类智性极高之人,孟子说过,"子贡智足以知圣人"(《孟子·公孙丑上》)。或者可以设想,这类智性极高之人要成为君子应该相对容易一些。然而,孔子对子贡说"不怨天,不尤人,下学而上达,知我者其天乎?"又是什么意思呢?

孔子这句话源于他的一句自我感叹:"莫我知也夫!"——这句感叹要么可能是孔子自己真的禁不住发出的感叹,要么可能是为了诱导子贡而刻意发出的感叹。就孔子的智慧和节制能力来讲,前一种情形不大可能。子贡果然问"莫知子"是什么意思,表明情形很可能是后一种。倘若如此,孔子随后的自况之辞就是在调教天生有极高智性的子贡。在我们看来,如果要教育一个智性天赋很高的人,多半应该把这类人的心志引向"天道",启发智性天赋"达吾与天地万物同体之本命";再不然就是引导他向下认识人事之理。可是,孔子用自况之辞启发子贡,既非引他向上、也非引他向下("不怨天,不尤人"),而是引向天地之间

---

⑦ 义疏参见简朝亮,《论语集注补正述疏》,唐明贵、赵友林校注,中册,华东师范大学,2012。

的状态——"下学而上达"是给极高的智性天赋安排的一个恰切的在世位置。⑧ 所谓"下学"指"下学人事",学会懂得低的东西自有其道理,如《中庸》所言。

> 君子之道费[用之广]而隐[体之微]。夫妇之愚,可以与知焉,及其至也,虽圣人亦有所不知焉;夫妇之不肖,可以能行焉,及其至也,虽圣人亦有所不能焉。天地之大也,人犹有所憾。(《中庸》)

所谓"上达"指什么呢,或者"上达"到何处呢? 在这段对话前面,我们读到孔子说"君子上达,小人下达"。皇侃对这句话的义疏是,"上达者,达于仁义也。下达谓达于财利。所以小人与君子反也"——所谓"达于仁义"就是君子之道,与《天下篇》所言相合。就"仁者不忧,知者不惑,勇者不惧"来看,君子之道不是至人、神人、天人之道,而是政治性的人世之道。因此,故书中有"盖闻前哲首务,务于下学上达,佐国理民,有云为也"(《后汉书·张衡传》)的说法。事实上,在整部《论语》中我们都没有看到夫子诲人"性"与"天道"之理,既然如此,我们就很难把这里的所谓"上达"理解为"达其万殊之一本"的"自性"和"与天地万物同体之真"——即便所有宋明大儒都这样来理解"上达",也不足为凭,因为,宋明儒的理解很可能已经受到佛家道理的牵制。

对极高的智性天赋,孔子没有鼓励"上达"至知"吾生与天地万物同体之真"的知"天"知"性",而是鼓励献身仁政。从而,"下学而上达"为智性之人所指引的成德方向是转向审慎地关切属于人事的政治——《中庸》所谓君子的"天下之达德"无非是政治伦理。⑨ 不仅如此,孔子还用这句自况之辞启发有极高的智性天赋的子贡明白:达致仁政其实难乎其难,绝非只要君子尽其所能就一定能成就

---

⑧ 《汉书》卷二十《古今人表》把人分为上、中、下三流,每流再分上、中、下三品,共三流九品。"上上"品为圣人,不见至人、神人、天人三品,若上流为君子,则有智人、仁人、圣人三品。君子"上达"虽可达致圣人,实际上至多达致"上中"品的"仁人"。在《古今人表》中,子贡位列"上下"品的"智人",低于"上中"品的"仁人",离"上上"品的"圣人"差得远。
⑨ 据统计,《论语》中"学"字凡六十五见,"均不出政治、伦理范围,其中尤以'学礼'为主"。著名的"五十以学易,可以无大过矣",若按古训"易"为"亦",则当读作"五十以学,亦可以无大过矣"。于是,孔子"曾否学《易》,尚不宜骤然肯定"(赵纪彬,《论语新探》,前揭,第208页)。倘若如此,"学"之"上达"几与形而上之知无涉。

仁政,仁政的实现更多还得靠际遇。在"不怨天,不尤人,下学而上达,知我者其天乎"句之后,我们读到孔子又说,"道之将行也与?命也。道之将废也与?命也"(《论语·宪问》)——所谓"道之将行",绝非天下人人成为至人,而是实现基于礼制的仁政,如孟子所说,"孔子进以礼,退以义,得之不得,曰:'有命'"(《孟子·万章上》),而非进以"天",退以"德",得之不得曰"道"。这样来看,所谓"不怨天,不尤人"似乎就是在告诫智性很高的子贡:即便你智性非凡,也并非可以成就自己的大志。

在《论语》"为政"章中,夫子还有一段著名的自况之辞涉及为"学":"吾十有五而志于学,三十而立,四十而不惑,五十而知天命,六十而耳顺,七十而随心所欲不逾矩"——如果这句自况辞中的从"志于学"到"知天命"有助于我们理解"下学而上达",那么,所谓从"志于学"上达"知天命"就不会是"识自性具足无穷德用",反倒是懂得"自性"并不"具足无穷德用"。毕竟,即便智、仁、勇三德俱全,"天下国家可均也,爵禄可辞也,白刃可蹈也,中庸不可能也"(《礼记·中庸》)。⑩ 如果生不逢时,不能有功于仁政,所谓"上达"也并非"识自性具足无穷德用",而是退修采善贬恶的纪事:"夫子行说七十诸侯,无定处,意欲使天下之民各得其所。而道不行,退而修《春秋》,采毫毛之善,贬纤介之恶"(刘向,《说苑·至公》)。孟子把孔子作《春秋》与禹抑洪水、周公兼并夷狄相提并论:"孔子成《春秋》而乱臣贼子惧"(《孟子·滕文公下》)——禹和周公成就具体政绩,孔子仅仅修书而已,用现在的说法叫作"不关心现实",何以相提并论?因为孔子退修纪事切合"不怨天,不尤人""下学而上达"的用政之志。

我们读韩非书,多少也可以感觉到其言足以让"乱臣贼子惧",即便《春秋》所垂治世之法与韩非所荐治世之法在法理上有所不同。换言之,韩非为文亦可视为"下学而上达"的努力。无论如何,"下学而上达"的取向是切实的追求德政的政治实践,而且是对天生智性不凡者的要求。相比之下,十力凭靠自己超常的智性眼力,无视孔子"下学而上达"之言的语境和教育对象,把"下学而上达"陶

---

⑩ 十力把孔子的"五十而知天命"理解为一念万德俱备的通天"知者证知":"《论语》五十知天命之知,孟子知性之知,皆默识义。犹佛氏证量也"(《读经示要》卷一,《全集》卷三,第643页)。看来,十力一旦习得佛家证量,难免臆度夫子:"孔子五十知天命之境,其生心动念,即是天命昭著。故曰知者证知"。(《读经示要》卷二,《全集》卷三,第718—719页)

甄为形而上学的教化原则,进而用来普遍规导所有品性的人。十力要求民人"下学而上达",并非如今我们所说的人人有读书当白领的权利,而是打造"新民",要求民人学习"达吾与天地万物同体之本命"的"真知"。⑪ 十力告诉我们,所谓"民",古人训为"瞑""冥",指劳苦庶众"泯无所知"。但民不能"下学而上达",仅仅因为贫穷:"古者盖以天下劳苦大众,其生活甚窘,不得从事学问、发展知识,故因其冥昧无知而命之曰民"(《与友人论张江陵》,全集卷五,第645页)——十力这样说的时候没有注意到自己的一个矛盾:与"天下劳苦大众"相对的贵族富人虽然"坐食租谷"(十力引《诗·节南山》训"富人"为"贵族坐食租谷者"),仍然未见得都去"从事学问、发展知识",进而"下学而上达"。当然,我们不必苛求这类微不足道的笔误,毕竟,十力关心的是打造"新民"这一堪称古今之变的伟大理想——谁质疑这一理想,就可以说他反自由民主,或者干脆说他反[历史之]动:

> 仲尼祖述尧舜而明治道,首注重下民阶层利害,而急欲提醒其自觉、自动、自主、自治之力,故于《尚书·帝典》开宗明义曰"协和万邦,黎民于变时雍"。此欲结合万邦之劳苦下民,使其变动光明,而成雍和太平之盛治也。《大学》之教有三纲领,而新民居次。后文即引《康诰》作新民以释之。作者,作动义。新者,革新义。此言劳苦下民,当教之兴起改革,不当长受宰割于统治阶层也。至孟子,直曰"民为贵"。荀卿曰"上下易位,然后贞",则承孔子六经大义而弘阐之,尤为激切。汉人畏吕政焚坑之祸,始不敢言思想,乃以考据之业媚皇帝,干禄利。直是二千数百年,以帝制宰割下民为天经地义、固定而不可易者。(《与友人论张江陵》,全集卷五,第645—646页)

由此来看,十力的六经论说的要害在于,以"内圣"形而上学颠覆《天下篇》中的"外王"——结果会怎样呢?按十力的设想,我们将会走向天下大治。他没有设想也很可能会出现天下大乱,对此我们完全可以理解,因为,即便出现天下

---

⑪ 十力在《读经示要》卷二(《全集》卷三,第642页)中如此教导我们:"立己己达,自明,自新也。立人,达人,新民也。……达即君子上达之达。但上达意义极深远。《易》曰:穷理、尽性、至命,则上达之极旨也。"

大乱,也不过是达到天下大治的必经之途。

阅读《天下篇》有助于我们深入理解十力,反过来看,深入理解十力,也有助于我们深入理解《天下篇》。在结束人之七品的描述时,《天下篇》作者说:

> 古之人其备乎!配神明,醇天地,育万物,和天下,泽及百姓。明于本数[礼法度数为本],系于末度[刑名为末],六通四辟,小大精粗,其运无乎不在。(《庄子·天下篇》)

这句文辞颇费解,首先,"古之人"指谁?恐怕不会指所有七品,"泽及百姓"表明至少不包含"民",甚至也不包括君子和百官,因为作者用"人"称七品到"圣人"为止。"配神明,醇天地,育万物,和天下"看起来正好对应天人、神人、至人、圣人,但天人、神人、至人的生活方式是"不离于……",至多可以说"配神明,醇天地",既不必"育万物"也无须"和天下"。由此看来,唯有"圣人"不仅得"配神明,醇天地",而且必须"育万物,和天下",以致最终"泽及百姓"。

倘若如此,"古之人"仅指居于七品中间的"圣人"一品。那么,何谓圣人"其备乎"?一方面,圣人与上三品相通,因此"配神明,醇天地",一方面圣人"兆于变化",必须"育万物,和天下"。为此,圣人必须"明于本数,系于末度,六通四辟,小大精粗,其运无乎不在"。所谓"明于本数"指前面说到的百官所依,所谓"系于末度"指千官万品之所守。圣人与"王"者身份重叠得到进一步确证,因为,所谓"六通四辟,小大精粗,其运无乎不在"说的正是"帝王"——《庄子·天道篇》开篇就说:

> 天道运而无所积,故万物成;帝道运而无所积,故天下归;圣道运而无所积,故海内服。明于天,通于圣,六通四辟于帝王之德者,其自为也,昧然无不静者矣!(《庄子·天道篇》)

在《天下篇》的七品论中,我国思想史上非常著名的所谓"内圣外王"得到并非不清楚的表述。⑫ 随后《天下篇》作者才说到六经：

> 其明在数度[礼法度数]者，旧法、世传之史尚多有之；其在于《诗》《书》《礼》《乐》者，邹鲁之士、缙绅[儒服]先生多能明之。《诗》以道志，《书》以道事，《礼》以道行，《乐》以道和，《易》以道阴阳，《春秋》以道名分。（《天下篇》）

不必说"显然"，但的确不难看到，六经总论与天下七品论内在地勾连在一起，而且尤其值得注意的是，两者的联系环节在于"其明在数度者，旧法、世传之史尚多有之"——换言之，圣人的外王之术已见于六经。反过来说，六经体现的是古之圣人的"道术"："旧法、世传之史"就是"古之道术"。

不过，作者起初仅提到《诗》《书》《礼》《乐》四经，与君子凭靠的仁义礼乐庶几相合。"邹鲁之士、缙绅先生多能明之"表明，四经是用来教育君子的：志、事、行、和与仁义礼乐刚好相配。这意味着，"配神明，醇天地，育万物，和天下"是古之圣人外王之术的基础。但前面说到的法名参稽到哪里去了？六经涉及法名参稽之术吗？

《天下篇》作者两次历数六经，第一次仅提到四经，且未作具体说明，第二次才完整列数六经，并具体说明了各经性质。为了更好地理解经文，我们值得对经文发问，为什么作者要分两次列数六经，第一次不提《易》和《春秋》？因为《易》是形而上学书，《春秋》是昭示离升平世走向自由民主大同世的法典？十力先生就这样认为，但《天下篇》作者未必这样认为。如果六经是圣人所作，那么，六经就是用来培育君子的。可是，谁会成为君子呢？君子从哪里来？显然只能来自尚不是君子但有志成为君子的民中少年。但民中少年何以知道自己有志成为君子？《天下篇》作者列数六经，首列"言志"的《诗经》。君子之教以《诗经》为始，其用意兴许是，民中少年通过习《诗经》相互识别：圣人通过《诗经》向民中少年

---

⑫ 如此看来，《庄子》与《韩非子》有如姐妹篇——或者说，整部《韩非子》的宗旨恰恰是"古之[圣]人其备乎……小大精粗，其运无乎不在"。韩非所讲的圣人既"配神明，醇天地，育万物"，而且"和天下，泽及百姓"，其"术"为"明于本数，系于末度，六通四辟"。

展示何谓"志",少年通过学习《诗经》辨识自己的天性是否有"志"——即便"君子"指贵族子弟同样如此。显然,从小习诵过《诗经》的贵族子弟亦不在少数,并非个个都发明了心志,因为即便贵族子弟也并非个个有心志,更不用说许多贵族子弟或民中少年连"言志"的《诗》都没有心性读下去。

接下来要学习的是"道事"之《书》和"道行"之《礼》,即便对于没有心志的贵族子弟或民中少年,知道"事""礼"仍然有实用价值,对于有心志的贵族子弟或民中少年,则绝非仅有实用价值——"道和"的《乐》则不然,仅仅对有心志的贵族子弟或民中少年有意义。可以设想,没有心志的贵族子弟或民中少年学到《乐》时,难免哈欠连天。倘若如此,《天下篇》第一次仅列数四经,很可能暗含一个初级教育的意图:陶甄贵族子弟或民间子弟中潜在的高贵天性——《诗》辨识心志,《乐》陶冶心志。

天生没有向上心志的贵族子弟或民中少年的教育到此为止,诗、书、礼、乐是作为礼法之国民的每个人应该且必须具备的政治知识。天生有向上心志的贵族子弟或民中少年的教育则不能到此为止,他们得进一步学习《易》和《春秋》,但这并非意味着把他们引向心性形而上学。"《易》以道阴阳"看起来是说,《易》的性质是形而上学,因为阴阳合为太极。可是,《天下篇》作者对《易》的说明与"《春秋》以道名分"连在一起。所谓"名分"在十力先生或我们看来,当然是封建专制的基础——按十力的说法,"名分"是封建专制者的杰作。但"《春秋》以道名分"紧接"《易》以道阴阳",很可能意味着"名分"之分源于"阴阳"原则,因此是自然的杰作——用今天的语汇来说,《易》不是形而上学之书,而是"君子以制数度"(《易》节卦)的礼法之理书。⑬ 回过头来看,诗、书、礼、乐四经中的《礼》经实际已经包含"名分"。既然《礼》是圣人所作,"名分"就是圣人所作的法度——韩非的老师说过,"圣人积思虑习伪,故以生礼义而起法度,礼义法度者,是圣人之所生也"(《荀子·性恶篇》)。"《易》以道阴阳,《春秋》以道名分"明示的是"名分"与"阴阳"的关系,或者说《易》是圣人赖以"生礼义而起法度"的依据。

《天下篇》作者在说到六经时才出现"名分",但前面的天下七品说看起来不

---

⑬ 一门心思玄思形而上玄极者自然只会想到"阴阳"与太极的关系,韩非思考的是实践政治智慧,"阴阳"让他想到的恐怕会是男女之别。《庄子》罕言女人,《韩非子》则说到各色女人。

也是一种"名分"之分吗？的确如此，但七品说不是礼制的区分，而是心性的区分，因此不能称为"名分"，恰切地说，应该是性情自然的"性分"。七品说的"性分"不仅并非圣人所作，而且规定了圣人的性分。"礼"之名分为圣人所作，意味着圣人基于七品性分的自然秩序制作出"礼"之"名分"。由此看来，在述说六经之前，《天下篇》作者先述说天下七品确有其道理。

经过前四经的教育，如果天生有向上心志的贵族子弟或民中少年的确有心成为君子，以四经滋养自己的一生足矣，何以还需进一步学习《易》和《春秋》？如果我们考虑到另一种可能性，就不难理解了：如果贵族子弟或民中少年成为君子之后还需要他为官呢？我们知道，《春秋》之史充满乱礼法"名分"之实，可见政治现实并不总是符合礼法度数，如何治乱是圣人始终得面对的实际难题。圣人治世不可能靠一人之力，必须培育君子；君子必须学习《易》，不是为了寻求形而上的玄极，而是为了临事不乱，因此也得习《春秋》。⑭ 由此看来，《易》和《春秋》与《诗》《书》《礼》《乐》四经有所不同，关键在于，圣人必须培育君子面对含混的实际政治应该具备的法、名、参、稽能力：君子当清楚地知道，一旦为官，必须以法、名、参、稽为治，或者说，圣人不得不要求君子的"熏然慈仁"体现为法度节制。

从而，《天下篇》的六经总述进一步解释的是七品说中的君子和百官：君子若为百官，必须以法、名、参、稽为治。六经总论明示的是，圣人用六经教育君子时，要求君子当有所明的东西。圣人为"王"要在培育君子，若君子教育失败，乱世必至。出现这样的世道，便唯有凭靠严法为治，在"今学者"看来难免残忍。但圣人为王最难的又恰恰是教育君子——儒家诸子经书无不是要教育君子明白应该明白的道理。如果教育君子失败，圣人为王就不可能达成以"一贯三"。我们知道，"王"字含义有如其竖一贯三字形本身。但何为竖一、何为贯三，理解起来也难。从《天下篇》七品说来看，也许可以说：上"一"为前三品，下"一"为民品，中"一"为君子和百官，竖"一"当指王者，否则圣人何能以"一贯三"。倘若如

---

⑭ 《孟子·离娄下》有"王者之迹熄而《诗》亡，《诗》亡然后《春秋》作"句，历代文史家说到《春秋》几乎无不称引，但也几乎无不忽视《离娄》下篇结尾所讲的男女春秋故事，并以这样的句子作结："由君子观之，则人之所以求富贵利达者，其妻妾不羞也，而不相泣者，几希矣。"

此,圣人以"一贯三"为"王"基于天下七品差序格局——《韩诗外传》云:

> 孔子抱圣人之心,彷徨乎道德之域,逍遥乎无形之乡。倚天理,观人情,明终始,知得失,故兴仁义,厌势利,以持养之。于时周室微,王道绝,诸侯力[以武力]政[征伐],强劫[威逼]弱,众暴[欺凌]寡。百姓靡[不]安,莫之纪纲,礼仪废坏,人伦不理。于是孔子自东自西,自南自北,匍匐救之。

如果把竖"一"理解为《天下篇》"皆源于一"之"一",就意味着圣人当以"一"化三,抹去上中下三品差异。十力的理解就如此,因为他说,孔子是大哲人为王:"王者往也,义理之宗,天下之所归往,故大哲人亦是无位之王。孔子称素王,是其例也"(《摧惑显宗记》,全集卷五,第 409 页)。因此,在十力看来,孔子作《周官》的设想是打造新民,使民上达至人,最终达致人人为天人的自由民主大同世。按十力对《周官》经中学政的解释,"勉为圣智"是"《周官》之社会主义"性质的要核,因此《周官》规定"每月朔察其民"德行,发现有好表现就要表扬,"以风励众庶,熏染成俗,驯至天下之人人皆有士君子之行,而太平大同可致矣"(《论六经》,第 703 页)。[15] 与《天下篇》的七品说对照,我们才明白,十力重释六经是出于民主圣人的大志:颠覆天下性分秩序——由此来看,十力论六经无不先引《天下篇》的六经概说,无异于是在变乱六经。

十力没有想到,士君子增多后,走向太平大同世可能更难,因为,随着士君子增多而来的首先是"天下之治方术者多矣"。这一可能性并非没有历史根据,韩非《五蠹》篇面对的恰恰是"天下之治方术者多矣"的政治局面:"士民纵恣于内,言谈者为势于外,内外称恶,以待强敌"(《五蠹》)。正因为如此,在紧接《五蠹》篇的《显学》篇中,韩非提出了著名的非儒墨主张:

> 自愚诬之学、杂反之辞争,而人主俱听之,故海内之士,言无定术[宗旨],行无常议。夫冰炭不同器而久,寒暑不兼时而至,杂反之学不两立而

---

[15] 十力把古之"士"分为两类:在官位的为"士大夫",不在官位的为"草野之士"。(《与友人论张江陵》,第 645 页)

治。今兼听杂学缪［谬］行、同异之辞［互相矛盾的言论］，安得无乱乎？听行如此，其于治人又必然矣。(《韩非子·显学》)

韩非具体列举了"今世之学士语治者"的两种"同异之辞"："与贫穷地以实无资"要求均贫富，"敬贤士，先王之道也"的诉求则难免贫富不均，因为均贫富就很难做到"敬贤士"。韩非看到"仁义辩智，非所以持国"(《五蠹》)，才主张限制"今世之学士语治者"的辩智——如今叫作"理性的沟通商讨"。但韩非的意思仅仅意味着杜绝"今世之学士"以"仁义辩智"取代法名参稽，而非废除学问本身。十力的看法却不同，他把韩非针对"今世之学士语治者"的文辞视为"反智"论，并据此把韩非的言论定性为反"人道"：

> 人者，有灵性、有德慧、有自由之至物，故必充其刚健、纯粹、升进而不物化之本性……故必有科学以明物察伦，而后智周万物；有哲学以发扬理性，有文学以宣达情思，而后浩然与天地精神往来；有群性生活，亦有个人自由等要求，故于政治经济等制度常有不安现状而力求改进之高尚理想。韩非废绝一切学术，又毁行修，行毁而失德，学绝而无智，是使人断灭灵性生活也。(《韩非子评论》，全集卷五，第382—383页)

这话表明，十力主张一种堪称"普智"论或公共理性论的政治哲学。他非常看重自己的这段话，从"人者，有灵性、有德慧、有自由之至物"至"亦有个人自由等要求"逐句疏释，对待自己的话胜过对待经典故书——对韩非的文辞本身，他反倒随意得多，仅抽取出"冰炭不同器而久，寒暑不兼时而至"两句详加驳斥。十力说，这话表明韩非缺乏科学认知，"格物未周，操术不审"。起初我们会以为十力搞错了，因为韩非此言并非在格物致知，而是以此比喻"同异之辞"的"杂反之学不两立"，以至于人主无所适从。其实，十力从自然科学知识角度反驳韩非，仅仅是为了先让自己获得一个看似客观且无法辩驳的立场。之后他马上就说，佛家讲过众生无量，孟庄也讲过物之不齐物之情也……言下之意，自己当然知道，众生智量不齐，"智胜者竭其智，力强者尽其力。人之生也，禀受不齐，发展遂异,必欲万姓千名之智与力范以一型而齐之,此上帝所不能为"。(《韩非子评论》,前揭,第384页)但十力说,这并不能得出全民普智论不能成立的论断。十力对韩非的反驳不仅不顾韩非原文在说什么,而且强迫韩非承认,其主张无异于迫使孔子、墨翟、苏格拉底、亚里士多德、康德"执末披甲"——十力质问韩非,如果在今天他命令韩非"身入瑶寨之乡亲尝滋味,将可忘圣智成己成物之功德否耶"。(《韩非子评论》,前揭,第384页)不难设想,韩非若在今日,难免会被问得哑口无言,满脸涨得通红。反过来看,十力的自由民主理想最终是,让众生个个实现孔子、墨翟、苏格拉底、亚里士多德、康德那样的潜在智能。毕竟,我们并不知道民人中谁有这样的上智,如果不鼓励全民搞哲学,难免会扼杀上智于萌芽状态。十力并不否认,民人需要耕战,但若民人成为"圣智裁成辅相之群,则耕战利钝之相去奚止天壤之隔"。(《评论》,第384页)所以,十力反驳韩非在《显学》中对儒墨君子的严厉驳斥时说:

> 蛮民诚有朴质,然蛮俗崇尚之美行,其合于伦理者几何?吾料韩非不愿效也。不有圣人行修之尊,群俗何由变动光明?甚矣!韩非之陋也。(《韩非子评论》,第384页)

如果我们也翻开《显学》来读,而非仅看十力怎么说,我们就不难看到,韩非倒还真的回答过十力的普智论:

> 今或[有人]谓人曰:"使子必智而寿。"则世必以为狂[诳,欺骗]。夫智,性[天性,本性]也;寿,命也。性命者,非所学于人也,而以人之所不能为说人,此世之所以谓之为狂也。谓之不能然,则是谕[明白告诉]也,夫谕,性也。以仁义教人,是以智与寿说也,有度[法度]之主弗受也。(《显学》)

韩非这话无异于说,十力"以仁义教人"的主张在世人听起来非常正确,但世人不知结果是"世必以为狂[诳]"并不足怪,奇怪的是十力自己不知道自己必以为诋。

《天下篇》作者说过六经要旨之后,马上就说到世以为诋——我们当能体会到,在《天下篇》作者看来,世以为诋不过是因为有人变乱六经所致：

> 天下大乱,贤圣不明,道德不一。天下多得一察焉以自好。譬如耳目鼻口,皆有所明,不能相通……内圣外王之道,暗而不明,郁而不发,天下之人各为其所欲焉以自为方。悲夫！

【刘小枫　中国人民大学文学院教授】

原文刊于《中国文化》2011 年 02 期